景印香港
新亞研究所

新亞學報

第一至三十卷
第二八冊・第十七卷

錢穆先生百年誕辰紀念論文集
總策畫　林慶彰　劉楚華
主　編　翟志成

景印香港新亞研究所《新亞學報》（第一至三十卷）

景印本・編輯小組

總策畫

林慶彰　劉楚華

主編

翟志成

編輯委員

卜永堅　李金強　李學銘　吳　明　何冠環

何廣棪　張宏生　張　健　黃敏浩　劉楚華

鄭宗義　譚景輝

編輯顧問

王汎森　白先勇　杜維明　李明輝　何漢威

柯嘉豪（John H. Kieschnick）科大衛（David Faure）

信廣來　洪長泰　梁元生　張玉法　張洪年

陳永發　陳　來　陳祖武　黃一農　黃進興

廖伯源　羅志田　饒宗頤

執行編輯

李啟文　張晏瑞

（以上依姓名筆劃排序）

景印香港新亞研究所《新亞學報》（第一至三十卷）

景印香港新亞研究所《新亞學報》第二八冊

第十七卷　目次

國史大師錢穆教授生平及其著述	李木妙	頁 28-11
唐代揚州南通大江三渠道	嚴耕望	頁 28-195
鴉片戰爭前的中英茶葉貿易	全漢昇	頁 28-249
明嘉靖年間（1522-1542）中國對安南莫氏政權的處理政策	鄭永常	頁 28-269
略論柳、蘇、周三家詞用韻之寬嚴	韋金滿	頁 28-295
播州事件——明代邊政之個案研究	李龍華	頁 28-309
從宋太祖崇儒看學風之產生	趙效宣	頁 28-327
中國學術思潮之流變	金達凱	頁 28-397
民族主義運動對南洋兄弟煙草公司的影響	吳玉英	頁 28-449
宋代轉運使之任用制度	謝興周	頁 28-471

景印香港新亞研究所《新亞學報》（第一至三十卷）

景印本・第十七卷

第十七卷

新亞學報

新亞研究所

景印香港新亞研究所《新亞學報》（第一至三十卷）

景印本・第十七卷

第十七卷

新亞學報

新亞研究所

景印香港新亞研究所《新亞學報》（第一至三十卷）

景印本・第十七卷

本所創辦人兼首任所長

錢穆先生百年誕辰紀念

景印香港新亞研究所《新亞學報》（第一至三十卷）

新亞學報編輯略例

（一） 本刊宗旨專重研究中國學術，以登載有關中國歷史、文學、哲學、

　　　 教育、社會、民族、藝術、宗教、禮俗等各項研究性的論文為限。

（二） 本刊由新亞研究所主持編纂，外稿亦所歡迎。

（三） 本刊年出兩期，以每年二月八日為發行期。

（四） 本刊文稿每篇以五萬字為限；其篇幅過長者，當另出專刊。

（五） 本刊所載各稿，其版權及翻譯權，均歸本研究所。

景印香港新亞研究所《新亞學報》（第一至三十卷）

新亞學報第十七卷

目　錄

李木妙	國史大師錢穆教授生平及其著述 ………………… 1
嚴耕望	唐代揚州南通大江三渠道 ……………………… 185
全漢昇	鴉片戰爭前的中英茶葉貿易 …………………… 239
鄭永常	明嘉靖年間（1522－1542）中國對安南莫氏
	政權的處理政策 …………………………… 257
韋金滿	略論柳、蘇、周三家詞用韻之寬嚴 ………… 283
李龍華	播州事件──明代邊政之個案研究 …………… 297
趙效宣	從宋太祖崇儒看學風之產生 …………………… 315
金達凱	中國學術思潮之流變 …………………………… 385
吳玉英	民族主義運動對南洋兄弟烟草公司的影響 ……… 437
謝興周	宋代轉運使之任用制度 ………………………… 459

景印香港新亞研究所《新亞學報》（第一至三十卷）

國史大師錢穆教授生平及其著述

李木妙

自　　序

　　國史大師錢賓四教授不幸於公曆一九九○年八月卅日捐館台北，噩耗當晚經由電子傳媒播出，木妙即以沉痛的心情通宵整理八、九年前舊稿——錢氏傳略；同時在新亞師長的鼓勵下，補編錢氏年表、錢氏著作目錄及錢氏主要史學著作等提要，刊布於近期《新亞學報》第十七卷。

　　先生歸道山後，除香港的《新亞生活》、《法言》、台北的《聯合報》、《中國時報》、《中央日報》、《傳記文學》、《亞政評論》紀念特輯及若干報刊評論、零散悼念文章之外，至今並未有關錢氏生平結集；木妙編輯前述文字，並蒐集先生生平照片，以表示對一代史學宗師深切的懷念與哀悼。

　　拙作標題以「國史大師」尊稱先生，僅因筆者是歷史專業出身，平時拜讀錢氏的史學著作較多，對他這方面的成就與貢獻印象較為深刻，至於錢氏其他方面的著作雖略有涉讀，但因個人學淺，不敢妄為論列。當然，對於各界學者推崇錢氏為「國學大師」，木妙是絕對同意的。

　　本書在輯寫過程，除承蒙業師全漢昇院士的鼓勵之外，嚴師耕望院士、國立台灣大學歷史系逯師耀東教授、新亞研究所總幹事趙潛先生尤為多所提示，而香港樹人學院文學院院長兼前歷史系系主任湯師定宇教授則為本書撰作的原始鼓動者；書成又蒙香港

中文大學副校長金耀基教授、新亞書院校長梁秉中教授,香港大學中文系系主任趙師令揚教授,國立台灣大學中文系何佑森教授、香港大學中文系何師沛雄教授、陳耀南教授、單周堯教授、香港中文大學哲學系唐端正教授、嶺南學院文史系胡詠超教授、中央研究院歷史語言研究所何漢威博士、國立中正大學歷史研究所林榮祿博士、香港公開進修學院文史系張偉國教授、香港樹仁學院歷史系翁碩輝學長、香港浸會學院歷史系李金強學長等提供寶貴的意見,摯友前香港嶺南學院歷史及翻譯學系賴瑞和博士代譯英文提要等,特此致以最誠摯的謝意!

書中有關的資料,得到台北錢胡美琦師母、蘇州錢行師兄、錢輝師姐、國立中央圖書館、中央研究院近代史研究所圖書館、國立政治大學社會資料中心高玉泉先生、香港中文大學副校長室秘書韋太、新亞書院錢穆圖書館許瑞成先生、新亞生活發刊室、新亞研究所圖書館館長羅馬德敏師母、香港大學圖書館香港資料中心、中文系秘書羅世略先生、導師黃啟華、曾漢棠等學長的協助或提供資料,一併於此鳴謝。又香港嶺南學院文史系許振聲、張志堂兩同學協助電腦中文文字輸入,香港新亞研究所史學碩士班楊嘉俊、楊映輝、余志康、香港樹仁學院歷史系李克強、劉志輝、劉沛昌等諸位同學校對本文,及新亞、港大、嶺南、樹仁等其他師友、同事、同學的鼓勵,亦感激不盡。筆者才疏學淺,而輯刊倉卒,錯漏難免,敬祈　各界學術先進,不吝賜教。

辛未年仲夏　李木妙序於香港大學中文系

錢穆先生遺像

壹、國史大師錢穆教授傳略

一、前　言

錢穆先生是我最敬愛的當代愛國民族史學家，雖然未能親聆他生前的訓誨，可是他的《國史大綱》、《國史新論》、《中國歷代政治得失》、《中國歷史研究法》、《秦漢史》、《近三百年學術史》、《中國史學名著》、《中國思想史》、《中國學術通義》、《中國學術思想史論叢》、《先秦諸子繫年》、《國學概論》、《學籥》、《史學導言》和《兩漢經學古今文平議》等著作，卻在我的腦海中投下了巨大的激波；它不但轉移了我的興趣（由文學而至史學），而且引導我追溯古史、注視傳統，更是我探索現代中國史學發展歷程的驅力之一。

然則只讀其書、聞其名，而未知其人、其事，這是多麼遺憾的一回事！正因此之故，錢先生的傳奇性亦與其他的歷史事件般成爲我心中一大未決的懸案。及至中學畢業，跨進了高等教育的領域後，才得悉於系主任湯定宇教授（錢氏在清華大學歷史系的學生），同時得到新亞師長的鼓勵，竭力收集有關錢氏生平的資料；從錢先生的史學著作、近人對他的側記、《八十憶雙親》及發表在逯耀東老師主編的《中國人》雜誌中轉載之「師友雜憶」等，於一九八二年夏整理出他生平從事學術奮鬥成功的輪廓來。從今年（1990）八月三十日晚上六時二十五分亞洲電視的新聞報導中，驚聞一代史學宗師逝世台北的噩耗，乃通宵再整理八、九年前的舊稿——錢氏傳略，以表深切的哀悼！

二、錢氏生平概況

錢穆（1895－1990）原名思鑅，字賓四，別署「未學齋主」，①亦有公沙、與忘、梁隱、孤雲和藏雲等筆名，齋名未學齋、補讀舊書樓、思親彊學室、素書樓，江蘇省無錫縣南門蕩口鎭人氏；②生於清末光緒二十一年六月初九日（民國紀元前十七年七月三十日）。現就錢氏「先世淵源」及

一生中「童年時期」、「少年時期」、「青年時期」、「壯年時期」、「中年時期」和「晚年時期」等階段分述如下：

(一)先世淵源

錢氏先世係五代吳越武肅王錢鏐後，十八世祖始遷延祥鄉之嘯傲涇，乃「鉅富之家」，且為七房、五世同堂的繁盛氏族。誠如他在民國六十三年（1974）八月十五日至二十日於《中央日報》副刊所發表的「八十憶雙親」一文說：

余生江蘇無錫南延祥鄉嘯傲涇上七房橋之五世同堂，當自余之十八世祖某公。其時已為鉅富之家，擁有嘯傲涇兩岸良田十萬畝。而上無父母，下無子女，僅夫婦兩人同居。十八世祖年三十左右，嬰衰虛之疾；遠近名醫，百藥罔效，病情日見沉重。一日，十八世祖母〔勸〕告其夫〔獨居西院〕；……越三年，接出，病態全消，健復如常。十八世祖母言：「……惟為君子嗣計，已為物色品淑宜男者兩人……。君與此兩女同房，斷可無慮。」十八世祖勉從之。此下遂生七子，在嘯傲涇上分建七宅，是為七房橋之由來。③

他又說：

七房中人丁衰旺不一，初則每房各得良田一萬畝以上，繼則丁旺者愈分愈少，惟丁衰者得長保其富。故數傳後，七房貧富日以懸殊。大房丁最旺，六世祖以下，至余之曾祖父乃得五世同堂。曾祖父兄弟兩人，長房七子，次房五子，又分十二房；故祖父輩共十二人。……先祖父鞠如公，即生四女兩男共六人。故余有四姑母、一伯父，先父最小為一家之幼。其他家以此為推；故五世同堂各家，分得住屋甚少，田畝亦寡。自余幼時，一家有田百畝、二百畝者稱富有，餘只數十畝；而余先伯父及先父，皆已不名一尺之地，淪為赤貧。老七房中有三房，其中兩房，至余幼年皆單傳，一房僅兩兄弟，各擁田數千畝至萬畝。其他三房，則亦貧如五世同堂。④

雖然傳至其伯父時，家道中落，但仍是書香世代。他且說：

> 七房橋全族書香未斷，則僅在五世同堂之大房，先曾祖父繡屏公：
> 國學生，前清嘉慶庚午生；先祖父鞠如公：邑庠生，道光壬辰生。
> 先曾祖父繡屏公之事，余已不知，不妄述。先祖父鞠如公，有手鈔
> 《五經》一函，由先父以黃木版穿綿帶裹紮，並鐫親書「手澤長存」
> 四字。……先兄告余，先祖父所長在音韻。……家中又有大字木刻
> 本《史記》一部，由先祖父五色圈點，並附批注，眉端行間皆滿。
> 余自知讀書，即愛《史記》，皆由此書啟之。……先父諱承沛，字
> 季臣，前清同治丙寅生。⑤

先生祖父錢鞠如（1832－1868）專治《五經》（詩、書、禮、易、春秋）、
《史記》，中年體弱多病，三十七歲卒，祖母四十一歲。當時他的父親年
僅三歲，便有「神童」之稱，雙目炯炯發光，在祖母督教之下，發奮苦讀
於素屋堂後破屋。十六歲時縣試入泮，他曾以案首第一名為秀才；可惜體能
衰弱，入泮後凡三赴鄉試，皆病倒考場，不終試而出，此後遂絕意功名，
曾一度設館授徒。由於父親擅長詩、賦，作文「託意高、結體嚴」而老有
秋氣；曾模擬《公羊傳》文體，時人競相傳頌，聲名大噪，遠近從學者前
後達四十人；且為人秉正仗義，排難解紛，不以個人私利介懷，深受族人
鄰里所尊崇。⑥他的父親曾因族中懷海義莊經營管理不完善，而屢次申訴
於無錫縣署，結果撤換管理人員、重訂撫卹細則，使五世同堂一房孤寡得
免饑寒；又有長洲縣某村富家錢姓新寡，被迫強嗣一子藉奪其家產，寡孤
求救，他的父親出面調處，結果孤兒螟蛉獲留，寡婦亦保存其家產。⑦

李木妙　國史大師錢穆教授生平及其著述

錢氏世系表

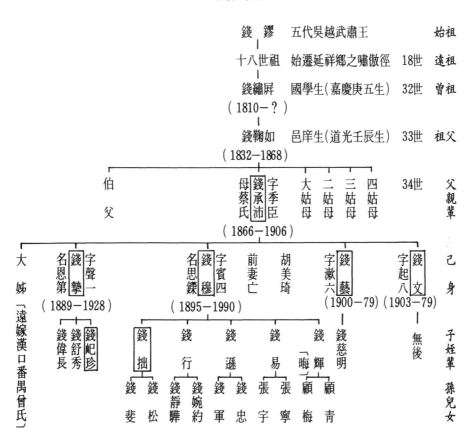

(二)童年時期（1895-1903）

他的父親錢承沛（1866－1906）於十六歲中秀才那年，即與其母蔡氏（1866－1941）成婚，共育四女、五男；然其父非常疼愛子女。至於錢氏早年，據他自述：

> 余之生，哭三日夜不休。先父抱之繞室，噢咻連聲。告先母曰：「此兒當是命貴，誤生吾家耳。」自余有知，先父自鴻聲里夜歸，必攜食物一品，如蛋糕酥糖之類，置（床前）案上，覆以帽或梡。余晨起揭視，必得食。⑧

錢氏七歲時，便入私塾，誦讀《大學》章句序及至《孟子》。然而他天資

「聰慧」，記憶力特強。據他自述：

> 翌日上學，日讀生字二十，忽增爲三十；又翌日，余幸能強記不忘，
> 又增爲四十。如是遞增，日讀生字至七八十，皆強勉記之。⑨

在錢氏童年求學時代，他曾回憶在課堂上一段很有趣的故事：

> 因離室小便歸座，塾師喚至其座前，曰：「汝何離座？」重擊手心
> 十掌。自是余不敢離室小便，溺褲中濕。歸爲先母知之；問余，不
> 敢答。問先兄，以實告；先母亦不作他語。⑩

一年後，私塾停辦，父親爲了他們兄弟倆的學業問題，而舉家遷居於蕩口
鎮大場上「克復堂」西偏，並訪得華姓名師，於是他每天偕兄長往「克復
堂」東偏讀書，當時老師講授《史概節要》和《地球韻言》兩書；半年後，
塾師忽病，經年沒有再教書，同學們羣集庭院鑿池養魚，因此學業荒廢。
他闔家又遷到大場上之北另一街，租一向北大樓居住；他終日沉迷小說，
經常躲在庭院的大石堆後背牆而坐閱讀小說，每當天暗時，更爬上屋頂來
閱讀，因此患了近視，當時他僅八歲。⑪九歲時，他便已熟讀《三國演義》，
所以曾隨其父至鴉片館當衆表演，背誦「諸葛亮舌戰羣儒」一節，描聲繪
影、生動活現，一時傳爲美談。然其父知他聰敏過人，從不作正面教誨而
多作側面啓發，任其自悟。據他憶述：

> 某一時期，先父令先兄讀《國朝先正事略》諸書，講湘軍平洪楊事。
> 某夜，值曾國荃軍隊攻破金陵，李成典、蕭孚泗等先入城有功。先
> 父因言，此處語中有隱諱。既爲先兄講述，因曰：『讀書當知言外
> 意。寫一字，或有三字未寫；寫一句，或有三句未寫。遇此等處，
> 當運用自己聰明，始解讀書。』余枕上竊聽，喜而不寐。然亦不知
> 所講何書，此後乃以枕上竊聽爲常。⑫

又說：

> 先父對余課程，似較放任，不加督促。某夕，有兩客來閒談，余臥
> 隔室，聞先父告兩客：『此兒亦能粗通文字。』舉余在學校中作文，

> 及在家私效先兄作散篇論文，專據《三國演義》寫關羽論、張飛論
> 等數十篇，私藏不予先兄知之，乃先父此夜亦提及，余驚愧不已。
> 此後遇先父教導先兄，時亦許余旁聽。⑬

顯然童年時期的錢穆，深受良好家庭教育的影響，尤其是父親的身教和言
教；而早期的私塾教育，又爲他日後對經、史、子、集等國學的研習與
傾向中國史地的研究奠立良好基礎。

(三)少年時期（1904-1911）

民國紀元前八年（1904），錢氏年逾十歲，適值清廷推行改革，鄉間
開始新教育，是時鎮上成立了「果育學校」，他在父親的督促下就讀
於初等一年級，其兄則就讀高等一年級。⑭然則少年時代的錢穆，深受《自
（修）學篇》的影響，爲他一生努力向學、從不鬆懈的精神動力。據他自
述：

> 我在前清光緒年間，讀小學的時候，因爲作文成績特優，老師獎賞
> 一本課外讀物，我至今還記得書名是《自學篇》，由蔣百里先生從
> 日本翻譯過來的，其中記述了四十多位歐洲自學成功的名人小傳，
> 一篇篇刻苦勤學的奮鬥故事，使我讀了大受感動。⑮

此外，錢氏民族意識，深受是時體育老師錢伯圭（革命黨人）的啓發，他
在《師友雜憶》中記載：

> 體操先生爲余之同族伯圭先生，乃鴻聲里人，遊學於上海，後始聞
> 其乃當時之革命黨人。一日，攬余手，問余：『聞汝能讀《三國演
> 義》，然否？』余答：『然。』伯圭師謂：『此等書勿再讀。此書
> 一開首即云天下合久必分，分久必合，一治一亂，此乃中國歷史走
> 上了錯路，故有此態。若如今歐洲英、法諸國，合了便不再分，治
> 了便不再亂。我們此後正該學他們。』余此後讀書，伯圭師此數言
> 常在我心中。東西文化孰得孰失，孰優孰劣，此問題圍困住近百年
> 來之全中國人，余之一生亦被困在此問題內。而年方十齡，伯圭師

即耳提面令，揭示此一問題，如巨雷轟頂，使余全心震憾。從此七十四年來，腦中所疑，心中所計，全屬此一問題。余之用心，亦全在此一問題上。余之畢生從事學問，實皆伯圭師此一番話有以啟之。伯圭師隨又告余：『汝知今天我們的皇帝不是中國人嗎？』余驟聞，大驚訝，云不知。歸，詢之先父，先父云：『師言是也。今天我們的皇帝是滿洲人，我們是漢人，你看街上店舖有滿漢云云字樣，即指此。』余自幼即抱民族觀念，同情革命民主，亦由伯圭師啟之。⑯

中年後，他喜治史地，亦是受高班國文老師顧子重等的引導；而華紫翔先生則教授各體文賦，這對錢氏後來深厚國學基礎、治學蹊徑影響至鉅。當時錢氏曾以文章優異，而兩度獲準跳班升級。⑰

不久其姊在僑居上海的四姑丈、母之介紹，遠嫁漢口番禺曾氏；但其父自赴滬送嫁歸後，因患「肺病」而不能起床逾三個多月之久，並於民國紀元前六年（1906）四月二十四日上午十時病逝，享年四十一歲，時錢氏才十二歲；其兄錢摯年十八，六弟錢藝年七歲，八弟錢文年三歲。⑱同年，他舉家又自蕩口鎮遷居後倉浜（即果育小學之隔鄰），而一家五口生活依賴本族懷海義莊的撫卹，其母更以父親的遺言、遺行教誨他們兄弟。據他回憶：

先母（蔡氏）不識字，十六歲來歸。余幼小初有知識，即側聞先母與先姊、先兄之日常相語。及後知識漸開，乃知先母凡與子女言，絕非教誨，更無斥責，只是閒話家常；其話家常，則必及先祖母、祖父，必以先祖母、祖父為主。一家生活，雖極貧苦枯寂，然余兄弟在當時，實不知有所謂貧苦，亦不知有所謂枯寂。惟若先父之靈，如在我前，如在我左右，日惟以獲聞先父之遺言，遺行為樂事。⑲

少年時代的錢穆，喜歡他父親遺下的兩本窗課，他曾於《八十憶雙親》中說：

先父既卒，先兄及余所見，尚留有當時窗課兩本，皆律賦及詩，不

李木妙　國史大師錢穆教授生平及其著述　　11

見有八股文及其他存稿。余時時喜誦此兩冊窗課，惜今皆忘之。猶
憶兩題：一曰「春山如笑賦」，乃短篇，余特愛其景色描寫。由七房
橋南望，僅見秦望山一抹。余長而喜誦魏晉以下及於清人之小品駢
文，又愛自然山水，殆最先影響於此。又一題曰：「岳武穆班師賦」，
以十年之功廢於一旦爲韻，全篇共分八節，每節末一句，各以此八字
押韻。乃集中最長一篇，余尤愛誦。余自幼即知民族觀念，又特重
忠義，蓋淵源於此。⑳

他的父親死後，雖然諸親族羣爲其兄介紹職業，都被他的母親以「學業未
成」所拒絕。民國紀元前四年（1908），「常州府中學堂」新成立，其兄
考取師範班；他則考取中學班，當時他僅十四歲。翌年，兄長以第一名畢
業，並就任爲「又新小學」校長，辭謝義莊卹金，同年合家遷返七房橋，
次年完婚。錢氏肄業常中三年有多，深得校長（監督）屠孝寬（字元博）
的愛護，而治學則深受史地老師呂思勉（字誠之）的影響最大，師徒成名
後，仍經常往來切磋學問，錢氏《國史大綱》曾經呂氏作最後校閱，再交
由香港商務印書館付梓。㉑民元前二年（1910），於四年級期終考試前夕，
他與劉復（半農）等五人被推爲學生代表，晉見校長，要求學校於次年增
減課程，以未蒙允許，憤而退學，並剪去長辮。翌年（1911）春，在校長
屠孝寬的推介下，他又轉學南京私立鍾英中學就讀五年級；暑假在家，忽
患「傷寒症」達三月之久，且因誤食藥物而幾至於死。及病後九月返校，
卻因革命風潮而關閉，於是乘南京最後一班車赴上海才轉回家。此後，助
兄長組織七房橋自衞隊，並任教官。㉒

縱使錢氏尚未完成中等教育，可是他在少年時代七年餘的中、小學生
活裡，深獲良師教益；他以後待人處事、治學方法、事業基礎和人生志趣
一一皆根植於這一時期的優越環境。他的學生嚴耕望氏且說：「尤可歎異
者，清末民初之際，江南蘇常地區小學教師多能新舊兼學，造詣深厚，今
日大學教授，當多愧不如，無怪明清時代中國人才多出江南，先生少年時

代雖然經濟環境極為困難，但天資敏慧，意志堅定，而稟性好強，如此優良精神環境中，耳濡目染，心靈感受自能早有所立，將來發展，自不可量！㉓

(四)青年時期（1912-1922）

民國元年（1912）春，兄恩第易名摯，他亦將思鑅易名穆。是時他已十八歲，「因鄉闈未靖，不忍又遠離，亦無從籌學費」，㉔故此輟學在家，當時家境貧困，再昇讀大學機會甚微，便決心刻苦自學，擬定讀書計劃：先攻《四書》（論語、孟子、中庸、大學），再續《五經》（詩、書、易、禮、春秋），是年元旦，獨自一人在「又新小學」閉戶誦讀《孟子》，七日而畢。㉕期間自修，他且說：

> 余又在家中先父遺書中獲得大字木刻之《史記》一書，有批點、有圈注。余讀而悅之，後知其圈點批注皆移錄歸方評點本，並旁採《史記菁華錄》等書，皆出先祖父手筆。又得小字石印本毛大可《四書改錯》一書，盡日攻讀，至下午日光漸淡，常攜赴庭中讀之；書中謂朱子注有如是多之錯誤，大為驚奇。自後知讀清代乾嘉諸儒書始此。㉖

後來為謀生計，得鴻聲里遠房姪錢冰賢的介紹，便尊兄命赴七、八里外的秦家水渠「三兼小學校」任職，教高級班兼初級班課，諸如國文、史地、英文、數學、體操和音樂等，每週講課36小時，月薪國幣14元，為他從事教育生涯的開始；於此期間，錢氏頗獲創辦人秦仲立先生（錢冰賢內姪）禮遇，常和他交往論學，得益匪淺。誠如錢氏回憶：

> 一日，仲立取架上浦二田《古文眉詮》一冊，大字木刻，裝潢精美。……仲立言，同是選幾篇古文，何以姚氏《古文辭類纂》甚得後代推尊，而浦氏書視之遠遜，兩書高下果何在。……因曰：「先生所問，余素未想及，然此實一好問題，他日研思有得，當再請益。」事踰數年，余思欲窺姚選用意，當遍讀姚選以外之文；遂立意先讀

唐宋八家，至《王荊公集》，而余意大變。凡余於《荊公集》中所尤喜者，姚多不錄；於是又念紫翔師蕩口暑期講習班所授，乃從治古文轉治理學家言，爲余學問闢一新境界。㉗

又借閱秦家豐富閉架藏書，先後遍讀嚴復氏譯著，如《斯賓塞羣學肄言》、《穆勒名學》等書，錢氏因而對近代西洋新學說亦產生興趣。

翌年（1913）春，錢氏轉入蕩口鎮「鴻模小學」（即前果育小學）任教，授高三國文及史地課，每週約24小時，授課時數較三兼小學減三分之一，而月薪則反而增至20元；是時，錢氏常以未能進入大學讀書爲憾，但他仍勤讀北大必考的參考書如章學誠《文史通義》和教本夏曾佑《中國歷史教科書》（後改名爲《中國古代史》），尤以後者使他得益甚大。㉘他說：

余又讀夏曾佑《中國歷史教科書》……得益亦甚大。如三皇五帝，夏氏備列經學上今古文傳說各別；余之知經學之有今古文之別，始此。……又余讀夏氏第一册，書末詳鈔《史記・十二諸侯年表、六國年表》等，不加減一字，而篇幅幾占全書三分之一以上；當時雖不明夏氏用意，然余此後讀史籍，知諸表之重要，則始此。及爲《先秦諸子繫年》，更改《史記・六國年表》，亦不可謂最先影響不受自夏氏。㉙

次年（1914）夏，無錫縣創辦六所高等小學，其中「縣立第四高等小學」設在梅村鎮，校舍借用市區泰伯廟，錢氏兄弟應該校校長華澄波先生的聘請前往任教，每週授課18小時，課時又較「鴻模小學」減少四分之一；但鴻模拒不放行，錢氏不得以仍兼鴻模課。每週乘船往返蕩口、梅村兩鎮途中仍手不釋卷，閱讀《史記・李斯列傳》等；在第四高小課堂時，錢氏曾離題萬丈，講夜枕所得「臂壁形聲右文」，㉚卻深獲縣中督學格外賞識撰文報導，因而名揚南通等外縣。㉛是年，七房橋老家五世同堂第一進發生火災，幸無人居；又明年（1915）第三進「素書堂」發生大火，他的先祖手抄《五經》、點評《史記》及父親窗課，盡付一炬；家居兩遭火災，「五

世同堂」荒殘不堪，無屋可居，乃再度遷家至蕩口鎮。[32]

民國六年（1917）秋錢氏結婚，不久母蔡氏患胃病，經月不能進食，後雖得丁仲祜藥方治癒；為了照顧母親，他遂於次年（1918）夏辭去「縣立第四小學」教職，再回蕩口鎮「鴻模學校」任教。此下一年（1919），錢氏讀書、靜坐為他任教小學以來最專、最勤的一年。又一年（1920）秋，錢氏僅26歲，自薦后宅鎮「泰伯市立第一初級小學」擔任校長，即致力於學校規章、課程生活化、廢止體罰和白話文教學實驗等教育改革，同時有感於杜威教育理論與我國傳統教育思想不一致，故亦擬在實驗中研究。[33]他本來多任教高年級課，偶然間轉入初級小學，據他解釋有兩個原因：

> 余之決意轉入初級小學，厥有兩因：一因報載美國杜威博士來華，作教育哲學之演講，余讀其講詞，極感興趣；但覺與古籍所載中國古人之教育思想有不同，並有大相違異處；因念當轉入初級小學，與幼童接觸，作一番從頭開始之實驗，俾可明白得古今中外對教育思想異同得失之究竟所在。二則當時大家提倡白話文，初級小學教課書已全改白話文體，而余在民國七年曾出版一部《論語文解》，專為指示學生作文造句謀篇之基本條件而作；極思轉入初小，一試白話文對幼童初學之利弊得失所在。[34]

錢氏在后宅教讀，因積勞成疾而忽患肺病，遂於十年（1911）春轉任泰伯市立圖書館館長。自民元（1912）起，至民國十一年（1922）秋十餘年間，錢氏輾轉於附近鄉間：諸如秦家水渠、蕩口、梅村、后宅等四處小學任教。[35]他在這段時間，每晚刻苦自修，攻讀古籍。據他在中學任教時的學生麋文開君曾有以下記述：

> 他先在蕩口鎮附近幾處鄉村小學教書，每晚刻苦自修，攻讀古書。他沒有先生指導，自己埋頭閱讀，有讀不通的，讀了一遍，再讀兩三遍，一定要推考前後文讀通才罷手。有時疑心書上字句印錯了、印顛倒了，便試擬改正它。他讀《墨子》時，把字句改正了不少。

李木妙　國史大師錢穆教授生平及其著述　　**15**

後來查閱商務印書館的《辭源》，知道有清朝孫詒讓校正的《墨子閒詁》，便進城託文華書局向上海去買來。那知把《墨子閒詁》翻開一看，很多地方正與他自己校改的完全相同，於是對自修古書得到了絕大的信心，興趣也增加了，格外努力用功。雖然冬夜窗外冰雪凝寒，他仍每天在窗下盤膝兀坐，一手按摩著冷僵的雙足潛心自修。這樣刻苦地暗中摸索，終於養成了一套無師自通的讀書本領。但他也已做了十年的小學教員。㊱

其實十八歲前的錢氏，已博覽羣書；對於所能借得之書，「常深夜倚枕，繼燭私誦」。㊲任職小學以後，則課餘，「偶得一日或數刻之清暇，燈前人靜，精力未灰，展紙疾書，獲成篇，積累旣多，稍得系統，乃逐一翻書參考，遇及異同，過寫眉端，積久之後，更復改寫。」在刻苦自修中，他讀了許多書，也寫了不少文章，並出版了他第一部單行本著作《論語文解》。㊳它雖然於民國七年（1918）十一月出版，但卻是他在無錫省立第四高等小學任教時作的。㊴青年時代的錢氏深受中國古代的先哲、先賢如諸葛亮、王陽明和曾文正的影響。他曾說：

> 在我的青年時代，正是滿清末年，當時的一般父兄師長，通常是以諸葛亮、王陽明、曾文正，這三位道德、文章、事功兼備的人物，作爲勗勉子弟們師法的楷模。我一逕遵奉諸葛武侯的「謹愼」，王陽明的「知行合一」，曾文正的「紮硬寨，打死仗」，作爲做人的格言，生平受他們三位先賢的影響最深。㊵

然而錢氏受悟一事，即身體力行。如他自幼即抽香煙，就讀常州中學時便有煙癮，歸家又抽水煙，後交秦仲立復抽旱煙；後來在梅村縣四教「勸戒煙」一課，自愧自己抽煙，何以教誨學生，於是決心戒除煙癖近數十年，直至任江南大學文學院院長，因討厭開會頻繁，才再抽煙作消遣。又如讀曾文正家訓，敎人讀書，必首尾通讀全書；而錢氏當時讀書則多隨意翻閱，認爲必須戒除，因此以後讀書，便從頭到尾逐篇閱讀，全書讀完，再讀他

書。復如讀一本講衛生的書，論人生不壽，多由日常忽略衛生；自念父祖等親長亦多不能高壽，引以爲恥辱，於是痛下決心，力求日常生活規律化，如靜坐、散步等作息有定時。⑪同時，錢氏爲學善模仿、善變化，喜知新、勇創見，而能悉心追求，每從細小事故中徹悟大道理，如此種種，均在這十年鄉教期間表露無遺。⑫正如他有一年教《論語》課，恰好讀了馬文通氏《論字法》，便仿其例論句法，積年逐成《論語文解》一書。又如讀《墨子》，開卷便看出錯誤，於是逐條改正，而成《讀墨閣解》一稿，後見孫詒讓《墨子閒詁》，證據確實、取材淵博，即知自己的孤陋寡聞，自此他遊情於清代乾嘉以來校勘、考據、訓詁學；可是他生前讀書自子部入（即先從韓柳古文「唐宋八大家」入門，再上溯先秦孔孟儒學，並涉及古今史籍），而與清儒多由經學入門的方法迴異，卻殊途同歸。然而當時錢氏已逐月閱讀《新青年》雜誌，西方新思潮紛至湧來，但是他決心溫舊知新，堅持民族道統，擇善固執，終未爲時代潮流所捲走。⑬

(五)壯年時期（1923-1932）

民國十一年（1922）九月，錢氏辭去「后宅小學」及「泰伯市立圖書館」館長等職，轉至無錫縣立「第一高等小學」（即前清楊氏創辦「竢實學校」）任教，月薪24元。他到校未滿一月，便接到福建「廈門集美學校」（爲南洋商人陳嘉庚兄弟創辦）來電及聘書，月薪80元，是他生平首次獲中學聘書；於是辭去小學教職，應「常州中學堂」低班同學施之勉（當時任集美教務長）邀請，經上海乘輪赴廈門，任教集美中學部高三和師範部高三共兩班之國文課。開課首講「曹操述志令」，它不見於《文選》，陳壽《三國志》亦未收錄，只見於裴松注中引魏武的故事，從來未受讀者重視，錢氏卻認爲它反映了漢末建安時代古今文體的重大轉變（五言詩興起、散文亦有變化），同時顯示曹氏父子三人在中國文學史上的貢獻，使班中學生聽後大爲欽佩，亦足見錢氏講學論說慧眼獨到。⑭

一年後（即民國十二年），因集美爆發學潮，他逐在錢基博先生的推

李木妙　國史大師錢穆教授生平及其著述　　**17**

介下轉入無錫「江蘇省立第三師範」任教國文課等，先後長達四年（1923-1927）之久；按該校規例，國文老師隨班遞升，從一年級到四年級畢業，再任教一年級。錢氏當初爲一年級班主任，臨時兼二年級課，除教國文一科外，逐年兼開新課，如首年「文字學」、次年「論語」、三年「孟子」、四年「國學概論」，教師各自編撰講義；他第一年教「文字學」，講六書要義，沒有出版，第二、三年編寫《論語要略》、《孟子要略》，第四年撰《國學概論》，後來陸續出版，並開始編撰《先秦諸子繫年》等書。⑤課餘受梁啓超影響，自修日文，「識其字母，略通其文法」，後試譯日人林泰輔《周公及其時代》的一部分而爲《周公》一書。民國十五年（1926）春，后宅小學時同事趙君自滬來錫，邀他加入中國國民黨，並贈予孫中山先生的《三民主義》一書，讀後大感欽佩，認爲「其他現代人一切著作之上」，卻婉拒入黨，他以爲「他日余學有進，當對此書致力闡揚；苟入黨，則成爲一黨人，尊黨魁、述黨義，國人認余爲一黨服務，效力有限。余不入黨，則中國人尊一中國當代大賢，宏揚中國民族精神，一公一私，感動自別。」⑥

　　民國十六年（1927），錢氏已三十三歲。是年秋，在他三師同事胡達人先生的推薦，轉入「省立蘇州中學」（前清紫陽書院舊址)任教高班國文兼班主任。⑦任教三年（1927－1929）中，他對於這個歷史名城的蘇州，內外遠近名山勝跡、園林古利，諸如三元坊、孔子廟、南園遺址、書攤舊肆等遊覽無遺。課餘，他更埋首撰寫《先秦諸子繫年》，先後完成《國學概論》講義，《墨子》、《王守仁》諸稿，又曾發表多篇論文及《孟子要略》等書，並開始與名學者胡適之（1891－1962）、川人蒙文通與史學家顧頡剛（1893－1980）等來往。⑧尤以後二者對錢氏繫年一稿頗爲賞識，據他回憶：

　　（蔣錫昌）得三師校刊，將余此篇講辭(「先秦諸家論禮與法」)轉示其同事蒙文通。……文通見余講辭，乃謂頗與其師（當時蜀中大師

17

頁　28－27

廖季平）最近持義可相通；遂手寫一長札，工楷，盈萬字，郵寄余。
及余在蘇中，文通已至南京，在支那內學院聽歐陽竟無講佛學。一日，
來蘇州訪余，兩人同遊靈巖山，直至太湖濱之鄧尉。時值冬季，余
與文通同乘一轎，……而文通又手攜余《先秦諸子繫年》稿，轎中
得暇，一人獨自披覽。語余曰：『君書體大思精，惟當於三百年前
顧亭林諸老輩中求其倫比，乾嘉以來，少其匹矣。』及近蘇州城，
文通讀繫年稿未畢，但急欲行，遂攜余稿返南京。㊾

他又回憶說：

又一日，陳天一又偕顧頡剛親來余室；是亦余與顧頡剛之第一次見面。
頡剛家居蘇州，此次由廣州中山大學轉赴北平燕京大學任教，返家
小住。見余桌上諸子繫年稿，問：『可攜返舍下一詳讀否。』余諾
之。隔數日，天一又來，告余：『頡剛行期在即，我兩人能偕往一
答訪否。』余曰：『佳！』兩人遂同至頡剛家。頡剛言：『君之繫
年稿僅匆匆繙閱，君似不宜長在中學中教國文，宜去大學中教歷史
。』因云：『彼離廣州中山大學時，副校長朱家驊騮先，囑其代為
物色新人，今擬推薦君前去。又告余：『彼在中山大學任課，以講
述康有為今文經學為中心。此去燕大，當仍續前意並將兼任《燕京
學報》之編輯任務。』囑余得暇為學報撰稿。余與頡剛初相識僅此
兩面。㊿

在顧頡剛氏的推薦下，廣州中山大學來電致聘，他於校長汪典存先生的挽
留下，在蘇中再任教一年。對於錢氏自南北返以後的生活情況，前新亞研
究所導師牟潤孫教授亦說：

十四年（1925），奉軍南下，閭里大受其擾。學校輟業，先生家亦
遭劫掠，困窘無以為活，售《論語要略》稿於商務印書館（十二年
在無錫師範時講義也）。其年冬(十月)，奉浙之戰又起，滬寧人心大震，
先生乃專意著述，以忘外氛。先生著《先秦諸子繫年》始於講《論

語》，考孔子生卒行事，賡續數歲弗報，迨十七年國民（革命）軍北伐，復避囂鄉居，始成卷帙。明年《國學概論》成書，上論經子，下及義理、考據文章諸家得失，均探溯其本源，爲平情近理之言，先生治學規模粗具其中。[51]

然而民國十七年（1928）爲錢氏最不幸的一年。是年秋後，家庭發生一連串不幸事故，據他自述：「兒殤妻歿，兄亦繼亡，百日之內，哭骨肉之痛者三焉，椎心碎骨，幾無生趣。」[52]錢氏面臨此一倫常之劇變，其悲傷慘痛的心情可想而知。民國十八年（1929）春，錢氏在蘇州續娶夫人張一貫，同年婉辭廣州中山大學的聘約，仍留蘇州中學。[53]民國十九年（1930），錢氏於顧頡剛的推薦下，在《燕京學報》第7期（民國19年6月）發表「劉向歆父子年譜」，[54]文中他指出康有爲的《新學僞經考》一書，曲解史實，抹煞反證有廿八處之多，以舉證詳密，立論堅確，震撼當時北方學術界，因而被推爲劃時代之傑作，故當時學術界有「南錢北胡」之說。論者以胡氏爲一開拓型學者，深受西方學術觀點的影響而有開創風氣之功；錢氏則爲一篤實型學者，從中國舊學出發而以學識淵博而備受推崇。[55]然而各大專院校原開設之「經學史」及「經學通論」諸課（均主康南海今文家言），多於同年秋後停開；是年他應聘赴北平「燕京大學」任講師；[56]時年三十六歲，這是他踏進事業成功階梯的起步。他後來回憶當時的感想曾說：

余在小學任教十載又半，初到集美，爲余事業上一大轉進。然余未先有他處接洽；一年，即匆匆離去。在中學任教整整八年，初到燕大，又爲余職業上另一大轉進，又僅及一年，即匆匆離去，亦未先有他處接洽。余性頑固，不能適應新環境，此固余之所短。然余每告人，教大學有時感到不如教中學；教中學又有時感到不如教小學。此非矯情，乃實感，必稍欠乃心安。然亦終於離小學入中學，離中學入大學，此亦可謂又一無可奈何之事矣。[57]

大學規模畢竟與中、小學有別，他曾因要求重批學生考試分數事，而體會

到自己與校方的賓主角色，更意識到職業和生活的不同，認爲於職業以外當另求生活；在大學裡任教，他以爲應該專心於自己的學業上，以便將知識傳授給學生，盡可能少干涉校中其他雜務，務使職業與生活不產生衝突，故此他決心任教大學，絕不願擔任行政事務。[58]他在「燕京大學」國文系任教大一、大二國文，據他的燕大學生李素（英）在《燕京舊夢》中記載：

> 賓四老師精研國學，又是一位淵博多才，著作等身的好老師，採用舊式教授法，最高興講書，往往莊諧並作，精彩百出，時有妙語，逗得同學們哄堂大笑。……賓（四）師是恂恂儒者，步履安詳，四平八穩，從容自在，跟他終年穿着的寬袍博袖出奇地相稱。他臉色紅潤，精神奕奕，在課室裡講起書來，總是興致勃勃的，聲調柔和，態度閒適，左手執書本，右手握粉筆，一邊講，一邊從講台的這端踱到那端，周而復始。他講到得意處忽然止步，含笑面對眾徒，眼光四射，彷彿有飛星閃爍，音符跳躍。那神情似乎顯示他期待諸生加入他所瞭解的境界，分享他的悅樂。他並不太嚴肅，更不是孔家店裡的偶像那麼道貌岸然，而是和藹可親，談吐風趣，頗富幽默感，常有輕鬆的妙語、警語，使聽眾不禁失聲大笑。所以賓（四）師上課時總是氣氛熱烈，興味盎然，沒有人會打瞌睡的；而且他確是一位擅長誘導和鼓勵學生的好老師。[59]

他在課餘續增補《先秦諸子繫年》一書，又先後發表《先秦諸子繫年考辨略論》、《關於老子成書年代》等學術性論著，而備受矚目。但教會學校環境、外國行政語言和西式辦公作風，錢氏終感不易適應，所以在燕大任教一年即辭職。

民國二十年（1931）夏，錢氏在顧頡剛先生的預先安排下，於蘇州得國立「北京大學」歷史系寄來副教授的聘書；赴任後，國立「清華大學」亦來聘請兼課。他在北大歷史系，首年開必修課程「中國上古史」、「秦漢史」和選修課「近三百年中國學術史」（第三年北大歷史系仍開此課）；

當時北平研究「中國上古史」風氣特盛，錢氏在北大上課好像登上「辯論場」，可是他屢創新說，如「言老子出孔子後，又言出莊周後」等是，除歷史系學生之外，本校哲學系學生、政治系學生、外校學生、日本學生、甚至同事夫人們亦來旁聽。⑥有關錢氏是時學術主張，他且說：

> 孟眞與頡剛雖一時並稱（胡）適之門下大弟子，但兩人學術路向實有不同。頡剛史學淵源於崔東壁之考信錄，變而過激，乃有古史辨之躍起。然考信必有疑，疑古終當考；二者分辨，僅在分數上。如禹爲大蟲之說，頡剛稍後亦不堅持；而余則疑《堯典》、疑《禹貢》、疑《易傳》、疑《老子》出莊周後，所疑皆超於頡剛。然竊願以考古名，不願以疑古名；疑與信皆須考，余與頡剛，精神意氣仍同一線，實無大異，而孟眞所主者(西方史學的德國蘭克學派)，則似尚有迥異於此者。⑥

錢氏認爲談實際政治，不可忽視以前制度；於是根據北大「由教授自由開講一課」的規定，翌年（1932）選修課程改開「中國政治制度史」，系主任陳受頤（講授「西洋中古史」）則以爲民國已是民主共和新時代，中國先秦以下君主專制政治不必再研究，雖出面阻撓而無效。開課時，歷史系學生竟無一人選課，法學院院長周炳霖教授認爲政治系學生不僅要知西洋政治，還須了解中國政治，遂着令政治系全班學生選聽此課，稍後歷史系學生亦多來旁聽。⑥後來將該課程講義，簡輯成《中國歷代政治得失》一書出版，其要旨又散見於《國史大綱》。

(六)中年時期（1933-1954）

民國廿二年（1933）秋，他單獨任教「中國通史」等課程，並聘常來北大旁聽的學生賀次君爲助教。後來又迫於情面，在國立「北京師範大學」和私立「燕京大學」兼課，而且他與胡適、馮友蘭等爲當時北平三位最「賣座」的教授之一；所以上課時，無論怎樣大的教室也容納不下聽講的學生。⑥甚至有些學生連續聽他的「中國通史」課長達六年之久，誠如他說：

中國通史乃文學院新生之必修課，亦有文學院高年級生及其他學院諸生，復有北平其他諸校生前來旁聽。每一堂常近三百人，坐立皆滿。有一張姓學生，自高中三年級即來聽課，余在北大續授此課，前後凡四年，張生每年必至。余又在西南聯大續任此課兩年，張生亦先後必至，余知前後續聽此課歷六年之久者，惟為張生一人。彼告余，余之每年任課所講內容不斷有增損，而大宗旨則歷年不變。彼謂於余歷年所講變動中，細尋其大意不變之所在，故覺每年有新得，屢聽而不厭。如張生亦可謂善用其心矣。[64]

在北平各大學任教之中，他對「北京大學」的尊師精神尤為惦念於懷，他曾回憶說：

在北大任教，有與燕京一特異之點。[65]各學系有一休息室，系主任即在此辦公，一助教常駐室中，系中各教師，上堂前後，得在此休息。初到，即有一校役奉上熱手巾擦面，又泡熱茶一杯。上堂時，有人持粉筆盒送上講堂。退課後，熱手巾熱茶依舊，使人有中國傳統尊師之感。[66]

民國廿四年(1935)十月，錢氏與顧頡剛、錢玄同、姚從吾、孟森、徐炳昶等百餘人，聯名上書國民政府（當時主席林森），催促早定抗日大計。十二月《先秦諸子繫年》上、下冊由商務印書館出版，全書四卷約30萬言，計考辨163篇，附通考四、附表三；顧頡剛在《當代中國史學史》中評：「錢穆先生的《先秦諸子繫年考辨》，雖名為〈先秦諸子的年代考辨〉，而其中對古本《竹書紀年》的研究，於戰國史的貢獻特大。」[67]

錢氏在北平前後凡八年（1930－1937），曾多次旅遊八達嶺、萬里長城、蘆溝橋、大同、綏遠、包頭、開封、洛陽、西安、山東濟南、曲阜、漢口、九江、廬山、武昌等地；購書逾五萬多冊，約二十萬卷，其中不少秘藏珍本，自謂「歷年薪水所得，節衣縮食，盡耗於此」；[68]認識了不少名學者，除胡適、顧頡剛、蒙文通前在蘇州已認識之外，還有馮柳漪、傅斯年、司

徒雷登、章太炎、孟森、繆鳳林、陳寅恪、湯用彤、熊十力、梁漱溟、馮芝生、錢玄同、吳宓雨、張曉峯、張孟劬、東蓀兄弟，其他在北平有所捧手者如：郭紹虞、張星烺、陳援菴、馬叔平、吳承仕、蕭公權、楊樹達、聞一多、余嘉錫、容希白、肇祖兄弟、向覺民、趙萬里、賀昌羣等。[69]同時出版《墨子》、《王守仁》、《國學概論》、《惠施公孫龍》、《老子辨》和《中國近三百年學術史》等書。[70]

民國二十六年（1937）七月，抗日軍興，不久北平淪陷；十月錢氏隻身偕湯用彤、賀麟等匆匆離開北平，自天津乘船南下香港，然後經廣州赴湖南長沙，任教於戰時「長沙臨時大學」，由北大、清華和南開等大學組成，並隨文學院經衡州遷設南嶽。同年冬，以戰火南移，錢氏率師生二百餘人組湘、黔、滇旅行團，準備由衡州徒步赴昆明；後因嚮往桂林至陽朔一帶的山水，遂加入諸教授赴廣西車隊，同行有馮友蘭等數十人，分乘兩車抵桂林。民國廿七年一月，暢遊桂林、陽朔；同年春，經鎮南關、安南前往昆明。四月，「長沙臨時大學」在昆明改名爲「西南聯合大學」，文學院在蒙自上課，他仍授「中國通史」。[71]學校課程集中安排在星期四、五、六日晚間，故每週星期四上午應昆明各報館約，必寫星期論文一篇，輪流分交各報發表；午後赴距山八華里之車站，轉乘火車赴昆明上課，星期日一早返回宜良山上居所。[72]同時，在學生陳夢家的鼓勵下於民國二十八年（1939）六月，在雲南宜良北山之「岩泉下寺」撰成《國史大綱》，爲戰時振奮人心的強心劑。[73]在此期間，據他說：

> 二十六年(1937)秋，蘆溝橋(倭難)猝發，學校南遷，余藏平日講通史筆記底稿數冊於衣箱內，挾以俱行。取道香港，轉長沙，至南嶽。又隨校遷滇，路出廣西，借道越南，至昆明。文學院暫設蒙自，至是轉輾流徙，稍得停蹤，則二十七年（1938）之四月也。自念萬里逃生，無所靖獻，復爲諸生講國史，倍增感慨。學校於播遷流離之餘，圖書無多，諸生聽余講述，頗有興發，而苦於課外無書可讀，僅憑

口耳，爲憾滋深。因復有意重續前三年之綱要，聊助課堂講述之需。是年五月間，乃自魏晉以下，絡續起稿，諸生有志者相與傳鈔；秋後，學校又遷回昆明，余以是稿未畢，滯留蒙自，冀得清閒，可以構思。而九月間空襲之警報頻來，所居與航空學校隔垣，每晨抱此稿出曠野，逾午乃返，大以爲苦。乃又轉地至宜良，居城外西山岩泉下寺，續竟我業，……又嫌體例文氣詳略之間，均有不類，乃重復改爲。直至今年之六月，而全稿始竣，則先後亦十有三閱月矣。⑭

《國史大綱》寫完，適值昆明屢遭空襲，錢氏遂於民國二十八年（1939）夏攜稿偕湯錫予經河內到香港，交商務印書館付印；並乘便赴上海，回蘇州探母，擇居幽靜的「耦園」。他的太太亦帶子女自北平經上海，返蘇州會面。⑮他在昆明臨行前，顧頡剛氏向美國哈佛燕京學社協商得款，爲流亡成都西郊華西壩的山東「齊魯大學」成立國學研究所，他應聘爲該所主任，旋即東歸；及後在淪陷區的蘇州侍候母病，乃通函顧氏請假一年，顧氏覆函允受薪，囑他主編《齊魯學報》半年刊，並在上海接洽出版。⑯民國廿九年（1940）夏，錢氏逕香港飛抵重慶，重返大後方；再轉成都「齊魯大學」（當時借用南郊的「華西大學」校舍），在北郊崇義橋的賴家園（距成都城約廿餘里）主持「國學研究所」，有研究生十餘人。同時，他又兼「齊魯大學」課，每週由賴家園坐公雞車穿城赴南郊華西壩。⑰後來他的學生嚴耕望氏回憶在齊魯「國學研究所」的情形說：

賴家園僻處鄉野田疇間，竹樹小溪環之，爲讀書佳境，研究員、助理員十餘人，各自鑽研，每星期六舉行講論會一次，每月出外旅行一天。講論會分組輪流，每次一位先生兩位助理員講演或報告，然後共同討論。其時余亦來所從先生學問，深感得益處，乃在講後聽先生評論是非得失，或作補充。往往諸生提出具體豐富之資料，得出正確結論，但不能伸論此項結論之意義，經先生加以發揮闡明，乃見此項結論意義重大。如此教示，真如畫龍點睛，乃見生動靈活，

啟發諸生能於深入研究得出結論後，站在堅強材料基礎上，作籠照全局之凌空發揮，以顯現論著之光輝性。⑱

民國廿九年（1940）二月，他的母親蔡氏病逝蘇州，享年七十七歲；⑲同年三月十九日，他由成都赴遷徙在嘉定的「武漢大學」歷史系講授「中國政治制度史導論」和「秦漢史」兩課約一月，嚴師耕望院士即是時的學生；期間亦應馬一浮之邀，往設在岷江對岸樂山上的「復性書院」演講「中國傳統政治」。⑳十月轉赴重慶「中央大學」任歷史研究所導師，次年（1941）應教育部之請，至青木關開會，討論有關歷史教育問題。㉑民國三十一年（1942）秋，錢氏在成都蒙戰時最高統帥 蔣中正委員長兩次召見；翌年應邀赴陪都重慶「復興關」中央訓練團作學術演講，為戰時鼓舞士氣。㉒是年春，他又應張曉峯之邀，赴播遷遵義的「浙江大學」講學一月，北大時學生李埏經常陪他出遊；此後，即埋首讀書寫作，相繼完成《清儒學案》、《中國文化史導論》等書。㉓同年秋，齊魯大學國學研究所停辦，他應文學院院長羅忠恕的聘請，即轉入「華西大學」任教，並應校長黃季陸氏之邀兼課「四川大學」。㉔民國三十四年（1945）八月抗戰勝利，錢氏以體弱多病，不耐舟車之苦，仍留「華西大學」一年；後鑒於時局擾攘，暫不欲返回平津京滬等東南地區，遂應滇人于乃義之聘，於民國三十五年（1946）秋扶病至昆明「五華書院」任教，講授「中國思想史」等課，又兼任「雲南大學」課務；㉕然而當時雲大校風日壞，左傾教授多仇視他，據他記述：

其時雲大校風，乃與余初至昆明時大不同；反動風潮時有掀起，蓋受西南聯大之影響。自余離開聯大後，左傾思想日益囂張，師生互為唱和。聞一多尤為跋扈，公開在報紙罵余為冥頑不靈。……後一多遇刺身亡，余再往昆明，親赴其身亡處憑弔。……今遭亂世，思想錯雜，一多不知抉擇，而又自視過高，心懷不平，遂激而出此，罹此凶災，亦可憫憐。抑同時知識分子迷途失身者何限，浪擲一生，而又遺禍他人，斯誠當前一大悲劇也。聯大既散歸北方，

> 而雲大踵起；每去上課，校門外大墻上遍貼大字報，余必駐足巡視，
> 意見橫決，殊堪嗟嘆。⑧

民國三十六年(1947)夏，錢氏由昆明飛返上海，適值無錫「棉紗大王」、「麵粉大王」榮宗敬、榮德生兄弟創辦無錫私立「江南大學」(位於太湖之濱)，遂於民國三十七年春（1948）應聘擔任文學院院長兼史地學系教授，⑧並認識哲學系教授兼教務長唐君毅氏。⑧翌年（1949）二月，徐州已落入共軍手中，他偕唐君毅氏應廣州私立「華僑大學」校長王淑陶之聘南下，認識同事趙冰(蔚南)；五月又於廣州遇見張其昀，相告已約謝幼偉、崔書琴等人擬在香港辦學校，同時邀錢氏參予，他乃毅然答應。後張氏奉中國國民黨總裁蔣中正電召，離穗赴台，錢氏旋即隨僑大遷徙香港。⑧他在此期間的重要撰作，除《中國文化史導論》、《清儒學案》之外，還有《教育與文化》、《政學私言》、《湖上閒思錄》和《莊子纂箋》等書及有關論文多篇。

民國三十八年（1949）夏，錢氏即南避抵達香港，在毫無經濟憑藉的情況下與謝幼偉、崔書琴等人創辦「新亞文商書院」夜校。是時創辦經過，他在「新亞書院創辦簡史」中曾說：

> 民國三十八年（1949）春假，余與江南大學同事唐君毅，應廣州私立華僑大學聘，由上海同赴廣州。一日，在街頭，忽遇老友張曉峯。……告余：『擬去香港辦一學校，已約謝幼偉、崔書琴，亦不久當來。』此兩人乃余素識。……曉峯邀余參加。余謂：『自民國二十六秋起，屢荷浙大之邀，僅赴遵義作一短期停留，有負盛情，每以為憾。此次來廣州，本無先定計劃，決當追隨，可即以今日一言為定。』曉峯又告余：『近方約集一董事會，向教育部立案，俟事定再告。』但此後不久，聞曉峯已得蔣總統電召去台北矣。⑨

他又說：

> 余在僑大得識同事趙冰，一見如故。秋季僑大遷回香港，趙冰夫婦

李木妙　國史大師錢穆教授生平及其著述　　27

與余偕行，余即宿其家。……嗣又得教育部（當時部長杭立武）函
邀孔子誕辰作公開演講重返廣州。乃聞幼偉、書琴兩人已抵港，
進行創辦學校事，而余在香港竟未獲與彼兩人謀面。校名爲「亞洲
文商學院」，由幼偉約其友人劉某爲監督，派余任院長。余去函聲
明：『決踐宿諾，返港共事，惟院長一職，萬不願任。一則人地生
疏；二則粵語、英語均不所習，定多困難；三則與監督劉君素昧平
生。懇幼偉、書琴另商。』不日，幼偉、書琴特囑曉峯原邀之第三
人治經濟者返粵。攜幼偉、書琴函，面告一切，促余速返港。迨余
抵港，晤及幼偉、書琴，乃知依港例，申請創辦學校，必由監督一
人出面負責。劉君夙居香港，與幼偉熟稔，故請其任此職，俾便與
香港教育司接頭。並謂院長一職，亦已正式立案，成爲定局，極難
臨時更動。此後校中一切事，彼兩人必盡力應付。余見事已如此，
只有勉允。⑨

當時「亞洲文商（夜）學院」僅租用九龍油麻地偉晴街「華南中學」的教
室三間；又在附近砲台街租得空屋一間，作爲學生的宿舍。同年秋十月正
式在夜間上課，陸續招有港、台新生約六十人（其中由大陸流亡的港生四
十、台生約二十），由崔書琴任教務長，教員有唐君毅（哲學）、張丕介
（經濟）、羅夢冊（歷史）、程兆熊（文學）等。翌年春，得上海商人王
岳峯之助，租香港英皇道海角公寓爲教室。民國三十九年（1950）秋，王
氏斥資購校舍三層；學校即遷往九龍深水埗桂林街，擬改爲日校，監督劉
氏不允，遂向香港教育司另行註冊爲一不牟利學校—「新亞書院」，⑨其
創辦宗旨「在上溯宋明書院講學精神，並旁採西歐導師制度，以人文精神
教育爲宗旨，溝通世界東西文化。」⑨是時崔書琴夫婦離港赴台，校務由錢
氏一人主持，設董事會，聘趙冰爲董事長，董事有王岳峯、沈燕謀、蔡貞
人和梁寒操等人，而專任、兼任教授則添吳俊昇（後任副校長）、任泰（英
文）、劉百閔、羅香林（歷史學）、張維翰（國文）、衞挺生（經濟學）、

陳伯莊（社會學）、楊汝梅（銀行學）等，均屬國內政、學界負名望碩學宿儒，陣容之強盛，香港大學中文系亦遠不能比，深受香港教育司所重視，因此對於新亞特多通融，有所請求，皆蒙接受，甚少為難。[94]然而錢氏之所以創辦新亞書院，據他說：

> 我創辦「新亞」的動機，是因為當初從大陸出來，見到許多流亡青年，到處徬徨，走投無路，又不是人人都有機會到台灣來；而我覺得自己是從事教育工作的人，怎忍眼看他們失學；同時，也覺得自己祇有這條適當的路可以走。[95]

又據他回憶當時情況：

> 學生來源則多半為大陸流亡之青年，尤以調景嶺難民營中來者占絕大比數。彼輩皆不能繳學費，更有在學校天台上露宿，及蜷臥三、四樓之樓梯上者。每遇晚間八、九時返校，樓梯上早已不通行，須多次腳踏襪被而過。或則派充學校中雜務：如掃地、擦窗等，可獲少許津貼。……至香港居家者，因見學校規模窮陋，應考取錄後，亦多改讀他校。否則亦隨例請求免費，或求免一部分。總計全校學生不到百人，而學費收入則僅得百分之三而已。[96]

正因此之故，學校財政益困，所以他說：

> 其時學校經費日形窘迫，而同人課務則不甚煩重。不得已乃規定鐘點計薪，任課一小時受酬港幣二十元。同人堅持余必支最高薪，乃任課十時，月薪港幣兩百。依次而下，至港幣八十、一百不等，然僅為一時維持之計。[97]

與此同時，又設公開學術講座，他回憶說：

> 新亞初創時，又設一公開學術講座，每週末晚上七時至九時在桂林街課室中舉行。校外來聽講者每滿座，可得六十人至八十人左右。學生留宿校內者，只擠立牆角旁聽。[97]

總之，新亞創校早年的艱鉅歷程，可從錢氏手稿的「新亞書院校歌」

李木妙　國史大師錢穆教授生平及其著述　　29

中反映出來。所謂：「手空空，無一物；路遙遙，無止境。亂離中，流浪裏；餓我體膚、勞我精。艱險：我奮進！困乏：我多情！千斤擔子兩肩挑，趁青春，結隊向前行……。」[99]這不但是錢氏辦學的血淚寫照，而且是「新亞精神」[100]的具體表現！

　　民國三十九年（1950）冬，由於新亞的財政危機，錢氏在全校同人的力促下赴台北作學術演講，[101]並獲總統府每月從辦公費中節省出港幣三千元款額支助新亞。據錢氏在「屢蒙總統召見之回憶」一文中記述：

> 總統席間，垂詢香港及新亞情形。我之此來，本爲新亞經濟困竭，擬懇政府援助，然不願向總統申述，只詳告香港之一切。此後在教育部長程天放先生家晚餐敘談，行政院、黨部、僑委會各有關機構皆參加。我報告經濟情況，學生百分之八十以上皆免費；教師薪水，從我起，一律以任課鐘點計算，一小時港幣二十元。我一人任課最多，得最高薪，亦不超過港幣兩百元。全校只一職員，無工役，一切打掃雜務，全由學生分任。惟薪水及其他雜費，如水電紙筆郵費等，最低非港幣三千元，不足維持。偶商得捐助，支票皆不肯開收付雙方名字。以此倍極困難，當與預會人表示，新亞員生，絕大部份皆來自大陸，政府當絕對支持。經濟最低限度所需，政府必照顧支付。惟是晚行政院長陳辭修先生未在座，當俟報告再作定案。總統府秘書長王雪艇先生發言，奉總統面諭，新亞津貼，可由總統府辦公費中劃出與政府所給對等之數。今所定按月港幣三千元，行政院方面須待立法院通過，總統府方面即可按月支給。此後新亞月費，幾乎專仰總統府之辦公費救濟，直待數年後獲得美國耶魯、哈佛兩大學援助，始由新亞自動請總統府停撥。[102]

翌年（1951）冬，錢氏再赴台北洽商在台創辦新亞分校，但因政府無意再增設大學而罷。又次年（1952）三月，應何敬之邀請赴台作五次學術演講；[103]另又應朱家驊之邀，爲「聯合國中國同志會」在淡江文理學院的「驚聲堂」

作學術演講，因被墮落水泥塊擊中而入院養傷。[104]及至民國四十二年(1953)夏，新亞得美國「耶魯大學」（YALE UNIVERSITY）每年二萬五千美金協款，而使經費問題得以解決；是年秋，新亞書院獲得美國「亞洲協會」的資助，成立新亞研究所於九龍太子道。然而錢氏與「雅禮協會」代表接觸經過，他曾回憶說：

> 民國四十二年（1953）初夏，美國「耶魯大學」歷史系主任盧定教授來香港，約其在其旅邸中相見，蘇明璇陪往。……是晨，盧定告余，彼受雅禮協會董事會之託，來訪香港、台北、菲律賓三處，以學校與醫藥兩項為選擇對象，歸作報告，擬有所補助，俾以繼續雅禮協會曾在中國大陸長沙所辦醫院及學校兩事未竟之業。……相晤後數日，盧定即去台北。返港後，又約相見；盧定告余，彼不擬再往菲律賓，已決定以新亞一校為雅禮合作對象。並囑余，分擬年得美金一萬、一萬五、兩萬之三項預算，由俾攜歸，俟董事會斟酌決定。余遂寫一紙與之，定年得一萬則另租一校舍，一萬五則頂一校舍，兩萬則謀買一校舍。盧定見之，大表詫異，云：『聞君校諸教授兼薪微薄，生活艱窘，今得協款何不措意及此。君亦與學校同仁商之否。』余答：『君與余屢見面，但未一至學校。』余因指桌上茶杯云：『如此小杯，注水多，即溢出。余等辦此學校，惟盼學校得有發展，儻為私人生活打算，可不在此苦守。如學校無一適當校舍，斷無前途可望，請君先往新亞一查看。』……盧定臨別前告余，彼返美後，雅禮董事會定於新亞有協助。惟君對此款仍當作學校日常開支，至於校舍事，容再另商。又約另一美人蕭約與余見面，……今居港，有事可約談。及盧定返美後，來函云：『補助費按年二萬五千美元。』又超原定最高額之上。[105]

民國四十三年（1954）五月，香港「新亞書院」正式接受美國「雅禮協會」經費援助，乃具函辭謝台北總統府的贈款。是年秋，新亞即以雅禮協款，

李木妙　國史大師錢穆教授生平及其著述　　31

在九龍嘉林邊道租一新校舍；於是學生分別於嘉林邊道及桂林街兩處上課。是時胡美琦於師大畢業後，重返香港任職新亞，而錢氏因勞碌過度而致胃病劇發，得胡美琦照顧，後來結婚。於此期間，他先後出版《中國傳統政治》、《中國社會演變》、《文化學大義》、《中國歷史精神》和《中國思想史》等著作及論文多篇。

(七)晚年時期（1955-1990）

　　民國四十四年（1955）三月，中華民國教育部特以「學術獎章」及獎金致贈錢氏，以便表揚他的學行；是年春，新亞研究所獲「哈佛燕京學社」資助，設立獎學金，添置藏書、出版學報、研究論文，正式公開招生，並請香港教育司派員監考，取錄後修業兩年，經所外考試委員會（港大教授劉伯閔、羅香林和饒宗頤）閱卷考試，始獲畢業；成績優異者，得留所作研究員。[106]同年七月，錢氏獲「香港大學」授予名譽法學博士學位，時年六十一歲。[107]是年秋，錢氏又應教育部邀請赴台北；十月，他被任命為「文化教育訪問團」團長與副團長凌鴻勛，率領團員潘重規、毛子水、黃君璧、鄧萃英和莊嚴等五人赴日本東京、奈良和京都等地訪問政、學、商、軍各界約一月，並在「京都大學」及「東京大學」作學術演講。[108]次年新亞書院又得「福特基金會」的支持下，經香港政府撥地，在九龍農圃道建新校舍；民國四十五年（1956）一月十七日，即將退休的港督葛量洪主持新亞新校舍奠基典禮，而當時依傳統慣例曾埋下鐵函，其中包括：《孝經》、《大學》、《中庸》、《論語》、《孟子》、《老子》、《心經》、《金剛經》、英文《新約聖經》、及該時錢幣和報刊等十七種，錢氏曾親書銘文（「四五孟春旬又七，新亞奠基埋置此；後有發者考往跡，所南心史等例觀。」）於中華民國完整地圖之背面，並有新亞全校師生題名。（見沈燕謀《南邨日記》）該年暑後落成遷入，至是風雨飄搖中的新亞基礎遂穩定。[109]同月三十日，錢氏與胡美琦小姐結婚。他回憶與胡氏感情發展經過時說：

余妻胡美琦，江西南昌人。先曾在廈門大學肆業一年，其父家鳳秀公，曾掌贛政。民國三十八年（1949），闔家避難來港，美琦亦由廈門來。……民國三十九年（1950）暑秀公家遷台北，美琦獨留港寄居熊式輝天翼家。……美琦在新亞就讀僅一年，亦去台北。及余在台北驚聲堂受傷，臥病於中心診所，時美琦服務於台中師範之圖書館，特告假來台北視余病。余出院，轉赴台中休養，美琦遂於每日下午圖書館服務公畢後來護侍，留同晚餐而去。星期日來，則同去台中公園散步，如是爲常。暑後，美琦轉學台北師範學院，即此後之師範大學。民國四十三年暑畢業後又來港，遂又得日常相見。美琦以余胃病時發，久不癒，學校事煩，一人住校飲食不宜，乃概允余締婚之請。於九龍鑽石山貧民窟租一小樓，兩房一廳，面積皆甚小。廳爲客室兼書室，一房爲臥室，一房貯雜物，置一小桌，兼爲餐室。婚禮在九龍亞皆老街「更生俱樂部」舉行，僅新亞同事眷屬共十餘人參加。⑩

翌年（1957）二月，新亞始創藝術專修科。民國四十七年（1958）一月，夫人胡美琦進入美國「加州柏克萊大學」教育研究院深造，次年（1959）春輟學返港，後隨顧青瑤研習國畫。是年秋，雅禮協會又增撥協款，爲新亞正式成立藝術系，聘陳士文爲系主任。同時錢氏應「耶魯大學」東方研究系的邀請，偕夫人經日本東京、夏威夷，赴美講學半年。在港新亞校務則由副校長吳俊升教授代理，他在耶魯講授「國學概論」、「先秦諸子」和「國學座談」等三門課，並由同系李田意教授（即今香港嶺南學院中文系系主任陳炳良教授的老師）隨堂作義務繙譯；學期結束，錢氏更榮獲「耶魯大學」頒授名譽人文博士學位。⑪六月三十日，耶魯大學校長在舉行第259屆畢業典禮中，特請李田意教授用國語誦讀特備對錢氏的中文頌詞：

　　錢穆先生：你是一個古老文化的代表者和監護人，你把東方的智慧帶出了樊籠，來充實自由世界。你是新亞書院的創辦人和校長，在

李木妙　國史大師錢穆教授生平及其著述　　　　　　　　**33**

教育中國青年的事業上，耶魯是你的同志和擁護者。耶魯大學鑑於你個人的天才，和你在學術上的成就，特授你榮譽人文學博士學位。⑫

他在耶魯大學講學之後，即於同年七月離開紐海文（New Haven），前往紐約（New York）、華盛頓（Washington）、芝加哥（Chicago）、三藩市（San Francisco）、西雅圖（Seaffle）及加拿大的多倫多（Toronto）等地遊覽訪問；曾赴哈佛大學、哥倫比亞大學等參觀，然後到英國參觀牛津、劍橋、倫敦各大學，並與英國大學聯會高級當局交換「香港中文大學」之籌設計劃，嗣後順道遊覽巴黎（Paris）、波昂（Bonn）、羅馬（Rome）、雅典（Athens）等歐洲諸名城；同年十月初，忽接新亞來信，學校有事（新亞內部為國慶日懸「青天白日滿地紅」國旗事有齟齬），促急歸，他即縮短行程，匆匆離巴黎轉赴羅馬，折返回香港，完成他第一次出國環球旅行。⑬又適值當時港府有意在「香港大學」以外另成立一新大學，遂以新亞書院、聯合書院、崇基學院為對象。據錢氏回憶：

崇基、聯合，新亞之三校，皆為得美國方面之協助者；港府似乎意有不安，乃有此創辦一新大學之動議。崇基、聯合均同意，新亞同人則多持異見。余意新亞最大貢獻在救濟了先期大批難民青年之就學機會。今則時局漸定，此種需要已失去；而新亞畢業生，非得港府承認新亞之大學地位離校謀事，極難得較佳位置。儻香港大學外，香港政府重有第二大學，則新亞畢業生出路更暢，此其一。又國內學人及新起者，散佈台、港、美歐各地日有加，儻香港再辦一大學，教師薪額一比港大。此後絡續向各地延聘教師，亦可藉此為國儲才。香港政府所發薪金，亦取之港地居民之稅收。以中國人錢，為中國人養才，受之何媿。三則辦一大學，當如育一嬰孩，須求其逐年長大成人。⑭

於是他手創的「新亞書院」就在民國五十二年（1963）成為「香港中文大學」成員之一；然而對於新大學的命名及校長人選的任用，錢氏曾提出重

要意見。他回憶說：

> 富爾敦又來，初面，又詢余有關校長事仍持初意否。余告以：『余所爭乃原則性者，他日物色校長人選，余決不參一議。』富爾敦頷首不語。有關新大學一切爭議，至是遂定。又議校名問題，或主取名「中山大學」，或主取名「九龍大學」，其他尚有多名，久不決。余謂：『不如逕取已用之英文名（The Chinese University of Hong Kong）直譯爲「（香港）中文大學」。』眾無異議。新校長既來，召崇基、聯合、新亞三院院長每週開一聯席會議，遇有異見，舉手多數即通過。余與富爾敦、毛勤以前彼此討論商確之情形，今則渺不可得矣。余自新亞決定參加大學，去意亦早定。⑯

十月十七日，香港中文大學採用「聯邦制」（民國六十五年改爲「中央制」）的行政架構，由崇基學院、聯合書院和新亞書院（「新亞研究所」仍留在農圃道原址，其後新亞文化基金會又先後再辦「新亞中學」和「新亞文商書院」）組合而成，李卓敏爲中大首任華人校長，錢氏以辦學理想日趨變質，中文大學變爲英文大學，遂於民國五十三年（1964）夏功成身退，並向新亞董事會辭職，惟未獲批准，只許休假一年，先生隱居青山灣開卷讀《朱子全集》；次年（1965）正式辭去「新亞書院」校長一職。錢氏的辭職，他在「關於我的辭職」一文中說：

> 我此次向董事會提出辭職申請，學校同仁、同學，有些感到很突然，其實此事我存心已久，理由極簡單。我性近講堂教課和私人研究，不喜行政工作及人事處理。回憶十四年前，流亡來港，當時在不尋常的心理狀態下，經幾位朋友迫促，答應擔任校長名義來創辦此學校；也只是暫時應承，認爲過些時，便可交卸讓別人擔當。不料此學校一開始，艱難萬狀，不好中途卸肩。我常說：『只要新亞能不關門，我必然奮鬥下去；待新亞略有基礎，那時纔有我其他想法之自由。』……以前學校用着我的長處，以後學校將用我的短處。所謂

李木妙　國史大師錢穆教授生平及其著述　35

長處,在我年輕時,即服膺前清曾文正公「紮硬寨,打死仗」這兩句話。
我幼年做學問即用曾文正此六字訣;我在新亞,也用此六字打熬。
此下情形漸不同,而行政職務日增,人事問題也日趨複雜,我不善
處理應付,此是我之所短。……後來學校決定接受教育司津貼,我
那時便心下內定,一俟中文大學成立,這是我辭去校長職務一最適
當的階段了。……不料中文大學正式成立,又經歷了漫長一段時期。
直到今年春間,富爾頓報告書已到香港,內定中文大學必於秋季開
始,我即和校內幾位同人商洽我辭職的手續。又直到中文大學正式
成立後一箇月又十天,我才提出我的辭職書。因此,此事在我說來,
並不是突然。……我並不想偷懶,只想對學術上更有貢獻。在我來
講,或許比坐辦公室出席開會,應付人事,意義更大些,這是我渴
望辭去現職惟一心情。⑯

同年錢氏接受白內瘴割除手術後,視力模糊。夏間,新加坡「南洋大學」
擬聘為校長,被他婉拒;七月,應「馬來亞大學」的邀請,偕夫人赴吉隆
坡講學一年。次年正月,在吉隆坡歡度春節,曾擬一春聯:「晚學得新知,
匯百川以歸海;忘年為述古,綜六藝以尊朱。」由於不勝馬來亞濕氣重,
錢氏胃病再度劇發,遂於二月提前返港,前後旅居大馬共八個月;其間除
教學之外,錢氏夫婦每逢假期即遍訪名勝古跡,學生陳啟雲夫婦亦經常陪
伴他們倆出遊。⑰

民國五十五年(1966)返港,他又得「哈佛燕京學社」每月港幣約
3,500元研究津貼,從事《朱子新學案》的撰述,前後歷四年完稿;適值中
國大陸爆發文化大革命,第二年(1967)五月香港發生左派暴動,八月他
夫婦決定遷居台北。十月抵台覓地建屋,與劉百閔夫婦同住「自由之家」。
對於知交浙江黃巖劉百閔(諱莊,1899－1968)教授的生平、治學與為人,
錢氏曾於「故友劉百閔兄悼辭」中說:

我和百閔兄見面乃在(民國)三十八年逃亡香港之後。……我留滯

> 港九年後十八年，往來最密者，實惟百閔夫婦。……百閔夫婦已來臺，一日在街頭遇見，百閔告我，來此不久，即獲香港大學中文系聘書，意欲再往，我亦力勸其行，……其時港大中文系主任林仰山新到，……於百閔倚仗尤至。系中一切措施，必從諮商，百閔亦竭誠相助，課務編排，出諸百閔意者爲多。又特編中文課本，經史子集歷代名作，網羅選擇，斟酌再四。……港九中學生投考港大，必先讀此本，歷年來影響於港九各中學之中文教育者，厥功至偉。港大例，任教者年逾六十，必退休，……（百閔）破例超七十。……前後任職港大達十五年。

又說：

> 百閔爲人，練達事務，通洽人情，一時流亡於港者，苦悶艱窘，大率相似，每喜羣集於百閔之門。……百閔於學述，不喜爲專家，亦絕無門户之見。其先受業於夏靈峯，嗣見知於馬一浮。……其練達事務，通洽人情似馬氏，其立身有主不踰大節似夏氏，其學尤於古經籍及宋明理學家言爲嫻熟。……其在港後之著述，先有《經子肄言》，此書本爲某報絡續寫刊，用意在爲青年指示國學門徑，非有意作爲一種學術者。……百閔於易學最所用心，上下說及十傳，幾能全部背誦，先成《易事理學序論》（又著有《經學導論》、《周易釋義》）一册，又成《周易事例通論》兩册。……其治易亦無前人之深晦玄奥，而專就事理爲說。……百閔又有一書，……乃薈粹平日論文，專論孔門之學者，似稱《孔門五論》。

及後，錢氏夫婦至台北近郊選擇地點──士林外雙溪近「東吳大學」東側，蔣總統聞知，即命「陽明山管理局」依錢氏選擇地點及設計圖則，用公帑建賓館兩層，以表示對這位「國賓級」史學大師的禮遇。不久他夫婦倆，先暫租住台北市區的金山街，次年（1967）七月才遷居台北市郊陽明山的外雙溪「素書樓」，⑱繼續爲他的《朱子新學案》撰寫。⑲翌年（1968），《中華文化

十二講》、《中國文化傳統的潛力》、《中國文化十講》等出版；同年錢氏當選爲「中央研究院」第七屆人文組院士，時年七十四歲。[120]

　　民國五十八年（1969）十一月《朱子新學案》完稿，錢氏即應張其昀的禮聘，任「中國文化大學」歷史研究所博士班導師，但不指導研究生；曾先後講授「朱子學」、「經學大要」、「先秦學術思想」、「國學導論」、「宋明理學」、「中國思想史專題研究」、「中國學術思想史研究」、「中國歷史哲學研究」和「中國史學名著選讀」等課程，研究生每週早上赴其寓所客室上課兩小時；同時又得「故宮博物院」院長蔣復聰之邀，以特聘名義爲研究員，並專爲他闢一研究室，上下午皆去，得讀《四庫全書》中，宋、元、明三朝理學諸集，續有撰述，而日常生活費用亦賴以解決。[121]此外，他曾先後兼課於國立「台灣大學」、私立「輔仁大學」、私立「東海大學」等大專院校。[122]同年應沈亦珍校長之請，抵達香港出席「新亞書院」創校二十週年紀念慶典；次年（1970）四月，應黃季陸館長之請，爲「國史館」顧問，他同時也是國立「故宮博物院管理委員會」委員；是年赴港任「香港大學」校外考試委員會委員，並應新亞書院梅貽寶校長之邀，作學術演講。[123]遷居外雙溪後，他曾偕夫人兩度到日本，兩度去南韓；先他後連任「中央研究院」院士會議第七、八、九屆評議員。六十三年（1974）七月，他偕夫人美琦於八十生辰前南遊，先住梨山賓館，又赴武陵農場，再轉天祥，最後沿橫貫公路自花蓮返台北，途中住宿四處，全程歷八日，並撰成《八十憶雙親》一文。[124]民國六十七年（1978）冬，錢氏胃病再度劇發，幾至不治；翌年春，病好始起床，而兩眼已不識人、不見字。是年雙十節前，於胃病、眼疾迭作之際，應新亞書院金耀基校長之邀，赴香港主持「錢賓四先生學術文化講座」首屆講座，講題爲「**從中國歷史來談中國民族性及中國文化**」。次年（1979）九月廿六日，錢氏夫婦再度赴香港參加「新亞書院創校三十週年紀念會」。[125]

　　民國六十九年（1980）夏，他偕夫人又返香港，與留在中國大陸三十二

年的兒子錢拙、錢行、錢遜及幼女錢暉（輝）等親人在香港會晤，相聚七日；翌年，他夫婦倆再度赴香港，和長女錢易、長姪錢偉長晤聚半月，錢氏晚年「五子女乃得於兩年內分別見面」，深感老懷大慰。⑫民國七十二年（1983），朱光潛教授由長女朱世佳陪同由北京飛港，任新亞「錢賓四先生學術文化講座」第五屆主講人；錢氏聞知後，專程亦由台飛港，與故友叙舊，並合照留念。同年四月，他應邀出席「香港中文大學」二十週年紀念講座，講演「中國文化演進之三大階程及未來之演進」。⑫次年（1984）五月十五日，錢氏與牟宗三教授更榮獲中華民國行政院第三屆「七十二年行政院文化獎」；⑫同年七月七日（農曆六月初九），值錢氏九十大慶，張其昀贈「一代宗儒」祝賀，門人余英時教授亦作「壽錢賓四師九十並序」云：

> 博大真人世共尊，著書千卷轉乾坤。公羊實佐新朝命（《劉向、歆父子年譜》），司馬曾招故國魂（《國史大綱》）。陸異朱同歸後案（《朱子新學案》），墨兼儒緩是初源（《先秦諸子繫年》）。天留一老昌吾道，十載重來獻滿樽。（其一）
>
> 滄海橫流不計年，麻姑三見水成田。左言已亂西來意，上座爭參杜撰禪。九點齊煙新浩劫，二分禹域舊因緣。闢楊距墨平生志，老手摩挲待補天。（其二）
>
> 挾策尋幽事略同，先生杖履遍西東。豈貪丘壑成奇賞，為訪關河仰古風。白鹿洞前流澤遠，蒼龍嶺上歎窮途。（蒼龍嶺乃華山絕險處，韓昌黎詩：「華山窮絕徑」，殆即指其地。《國史補》遂有韓公不得下山之傳說。先生《師友雜憶》言白鹿洞及華山韓文公故事。）儒門亦有延年術，祇在山程水驛中。（其三）
>
> 海濱回首隔前塵，猶記風吹水上鱗。避地難求三戶楚，占天曾說十年秦。（《法言》：「史以天占天，聖人以人占天。」河間格義心如故，（河間竺法雅首創格義之學。）伏壁藏經世已新。愧負當時

傳法意，唯餘短髮報長春。（其四）[129]

是年十二月廿四日，蔣經國總統特聘任為總統府資政，並派總統府秘書長沈昌煥先生親送聘書至素書樓。第二年（1985）六月九日，錢氏在素書樓上他教學生涯的最後一課，臨別贈言：「你是中國人，不要忘記了中國！」於是正式宣布自「中國文化大學」榮休，結束他七十四年（1912－1985）從事教育的生涯，時年九十一歲；[130]是月二十日晚，行政院長俞國華為錢穆教授榮休紀念，在行政院接待室以晚宴款待錢氏夫婦，並贈予「鴻儒碩望」鏡屏，同月教育部長李煥則贈予「一代宗儒」的賀匾。[131]

　　民國七十七年（1988）五月十二日，台北市議會要求市政府收回「非法被佔用的市產」，因而掀起「素書樓風波」。事件經過是：「工務審查委員會」往陽明山查察市屬財產目前使用情況，當市議會開會時，議員周伯倫提出質詢，有指出錢穆居所素書樓「既無租約，又不付租，憑甚麼無償借用？」在市議員質詢下，市工務局決定發出「存證信函」，通知錢氏預備交出公產，錢夫人聞知曾感慨說：

> 我們並非想永久住在這棟房子裡，因為錢先生對這房子已有很深厚的情感，加上最近身體狀況又不好，希望能夠等他心情比較平衡了，再行搬遷。[132]

她又說：

> 素書樓本是一塊墓地，原屬陽明山管理局，由當時的局長潘其武負責監工。因為素書樓經費有限，所以院內所見一花、一草、一木，甚至一塊石頭，全是錢先生和我慢慢地栽植起來的，才能形成今天綠蔭參天的景觀。[133]

同年市工務局向市議會工務局審查委員會提出報告，指出錢穆居所之臨溪路七十二號房舍，由蔣經國總統於民國七十二年（1983）向台北市政府借用，並由行政院院長孫運璿核可，依規定此項借用實屬合法，錢宅可使用至八十一年（1992）一月廿四日，「素書樓迫遷風波」暫告一段落。[134]十

一月，錢氏長女錢易（時任清華大學環境工程系教授，以訪問學者身份在荷蘭阿姆斯特丹的「德福特工業大學」從事研究工作）由荷蘭赴台探望老父，成爲當局開放大陸民衆赴台探親以來第一位獲準簽證進入台灣地區的大陸同胞。次月，錢易因「人大」代表身份及早年曾加入中共「共青團」事，被指參與中共叛亂組織而涉嫌叛亂案，爲此台灣最高法院檢察官孫長勛發出傳票，着令錢易依期出庭應訊；錢易聞訊，否認曾參與任何叛亂組織，並本着「君子不立危牆」的古訓，在未接到法院傳票之前，提前飛離台灣返回荷蘭。⑬民國七十八年（1989）八月，總統府資政高玉樹應邀在民進黨臨時大會上致詞時，爲其居所糾紛而大發牢騷，並接受記者訪問，不滿地指出：同樣是總統府資政，何以錢穆被當成國寶，而他卻被掃地出門。⑬他一番話，爲平靜的素書樓及其主人帶來不少困擾，也加速錢氏夫婦提早搬離素書樓的決心和步伐。對於高氏的指責，錢氏除去信《中國時報》澄清之外，還另函總統府表明將提前遷出的意願。他於信中說：

> 外雙溪素書樓乃民國五十六年（1967）先總統蔣公爲穆所建，二十年來向所無事。去年五月竟遭台北市議員指爲「非法佔用公產」。穆當年所以接受先總統之禮遇，亦以國家元首禮賢下士乃中國自古既有之傳統文化精神，足以獎勵社會風氣。……今遭指摘，因事涉私人生活，是非曲直實不宜由穆來作分辨，立即私心決定遷出素書樓，留此以待社會公論。……目前計劃最遲於明年（民國七十九年）底前遷出。總統府與台北市政府訂定借用契約於八十一年一月到期，如此則不至再增政府麻煩。又素書樓今雖歸台北市政府所有，惟國家賓館事，理應與總統府交涉，未便直接去函（台北市議會）。⑬

同月，他在夫人的陪伴下，坐着輪椅最後一次飛赴香港，參加「新亞書院」創校四十週年紀念活動，直至十月才返回台北。錢氏夫婦爲了不落人「享受特權」的口實，乃提早於翌年（1990）六月，搬離住了廿三年的外雙溪「素書樓」，並入住台北市區杭州南路自置寓所；不過他對新居一直

不適應，體力越來越差，記憶力日漸衰退，甚少出門，亦較少說話，終於八月三十日上午九時十五分逝世於該新寓所內，享年九十六歲。遺孀將遵照錢氏生前遺願把骨灰運回江蘇故鄉安葬（蘇州西山）；九月一日，李登輝總統親臨錢宅弔唁，廿六日在台北舉行公祭。錢氏留在中國大陸的四子女聞耗，申請赴台奔喪未果，僅參加九月廿九日在香港新亞書院舉行的公祭。然而有關錢氏的逝世，據當時的傳媒報導：

> 錢穆在六月才搬離「素書樓」，八月就逝世。從「素書樓」走向塵囂市區中的公寓，錢穆像是離了水的魚，喘息著說：『這裡沒有樹！』有時他喃喃問到：『為何住旅館？』這樣的心頭鬱悶，一代國學大師竟在水泥叢林中只活了二個月，昨天有學生憤憤不平的說：『如果在素書樓，老師不會走得這麼快！』……台北市議會認為「非法占用公產」，「限期一月收回」，此事二年來就一直煩惱著錢穆，他的秘書接受記者訪問時說：『此事打破了他心中的平靜，而不是打破了生活的平靜。』錢穆並非為房子而煩心，而是為「非法占用」鬱悶，錢穆一生治史研史，服膺書生風骨，「非法占用」的標籤，比殺頭還難受，……錢穆為「素書樓」所煩心，以及搬家後不適應來看，「素書樓風波」確實如他學生所言，造成了大師的提早辭世。[138]

據當時台北報章轉述錢氏遺孀胡美琦女士且說：

> 民國七十七年（1988）五月十二日，台北議會掀起「非法占用市產」事件，某議員點明外子賓四來指責，平靜的「素書樓」，像忽然中了炸彈般，往日的安寧一下子消失了。……議會開會時，完全不顧他人尊嚴，呼名喚姓，措詞刻薄，令我感慨萬千。……回想政府初遷台的幾年，社會人心浮動，賓四多次來台，向軍中、學校、社會四處講演。他的許多書，任由軍中印發，數十年來，不知有幾許萬本，他引以為榮。如果說當年文化思想的宣揚，對今天台灣的成就

也曾有過某種程度的貢獻，那麼賓四當可受之無愧。……在議會掀起「素書樓事件」的議員，是（私立）「東吳大學」的畢業生，他認爲「素書樓」的存在，阻礙了他母校的發展；也有人告訴我，東吳有些年輕的教授和此議員有相同的觀點。……二十年都等過了，一個九十四歲的老人，還能有多長的生命？爲甚麼不肯耐心的再等幾年？如果賓四能平靜地在他心愛的「素書樓」去世，死後「素書樓」若可歸東吳（大學），也算順理成章，或成教育界一段美談。

如今就算憑政治權勢取得，也將成了一件難以稱述的尷尬事。⑬

對於「素書樓風波」與錢氏的逝世，中、外不少學者議論紛紛，留美匹次堡大學許倬雲教授亦曾感慨地說：「錢氏的住宅，……爲了「占用公產」之議……民進黨的攻擊及總統府的冷淡，都令人心寒。這是一個對知識分子和智慧冷漠與輕視的時空，文化如何有重建的可能？中國文化難道就此漸滅了！」⑭

在台定居期間，錢氏先後完成《中國史學名著》、《雙溪獨語》、《孔子傳》、《中國學術思想史論叢》八冊、《從中國歷史來看中國民族性及中國文化》、《理學三書隨劄》、《朱子四書集義精要隨劄》、《周子通書隨劄》、《近思錄隨劄》、《中國學術之傳統與現代》、《中國文化叢談》、《中國文化十二講》、《中國文化精神》、《朱子新學案》五冊、《朱子學提綱》、《孔子與論語》、《孔子傳》、《理學六家詩鈔》、《靈魂與心》、《中國學術通義》、《世界局世與中國文化》、《歷史與中國文化論叢》、《中國文學論叢》、《八十憶雙親、師友雜憶合刊》、《雙溪獨語》、《現代中國學術論衡》、《中國史學發微》、《晚學盲言》上、下冊、《新亞遺鐸》等。

三、後 語

綜合而言，錢氏出生於貧寒的家庭，是一個苦學自修成功的民族史學家，如他所說：

李木妙　國史大師錢穆教授生平及其著述　　**43**

> 我是一個自修苦學出身的人，因爲幼年家境清寒，父親早已去世，使我沒有機會如一般青年人一樣，由中學到大學，從事研究、或出國深造。⑫

他十二歲便喪父，因此深受母教的影響；十八歲起在鄉間的小學執教九年，又輾轉教中學八年。經過二十年的潛心研究與艱苦奮鬥，他的光芒開始照耀全國學術界；⑬終於受到顧頡剛的賞識，而應邀任教「燕京大學」、「北京大學」，且兼課「清華大學」和「師範大學」等。抗日軍興，追隨中央政府西遷大後方，在西南聯合大學、華西大學，曾代顧頡剛主持「齊魯大學」國學研究所；勝利還都，任「江南大學」文學院院長。大陸政權易手，他隻身南避香港；深信中華民族之復興，必將由於中華民族意識之復興和對中國民族已往歷史文化傳統之自信心的復興基礎上；⑭所以幾經艱苦和挫折而創辦「新亞書院」，其後功成身退。據葉龍先生回憶：

> 新亞時期的錢氏，不僅主持校務，而且所任教的課程，並不比一般教授爲少；計先後教授課程有：「論語」、「孟子」、「中國通史」、「莊子」、「秦漢史」、「中國經濟史」、「中國社會經濟史」、「中國文化史」、「中國思想史」、「詩經」和「韓文」等。⑮

晚年返台灣定居，又先後任教於「台灣大學」、「輔仁大學」及「中國文化大學」等；他常以經師自居、人師自勉，以做一個新時代的朱子爲己任，故日常從宋明儒學，用功最深；⑯又在台北外雙溪「素書樓」寓所講授國學，並完成《朱子新學案》。其實著述是錢氏的第二生命，他曾於一年中，寫稿五百萬言的紀錄，至目前爲止成書的已逾百一十種、論文至少九百五十三篇以上約一千五百萬字。　而他猶時時不忘讀書，據他自述說：

> 雖居鄉僻，未嘗敢一日廢學；雖經亂離困阨，未嘗敢一日頹其志；雖或名利當前，未嘗敢動其心，雖或毀譽橫生，未嘗敢餒其氣；雖學不足以自成立，未嘗或忘先儒之榘矱；時切其嚮慕，雖垂老無以自靖獻，未嘗不於國家民族世道人心，自任以匹夫之有其責；雖數

> 十年光陰浪擲，已如白駒之過隙，而幼年童真，猶往來於我心，知
> 天良之未泯。⑭

他這番話，實已述說出中國自古以來學者的典範，而為這一代中國知識份子的模楷。

　　總之，「讀書、教書、著書」是貫串著他平凡而偉大的一生！尤其是他把七十多年的自己獻給教育下一代的工作上，為了教育：他淡忘了故鄉，淡忘了家庭，淡忘了妻子兒女，甚至淡忘了他自己；⑭他之「專注熱切，毫無倦意，因為他樂觀地相信不久之後，人們必將回頭尋訪固有文化；他的書要留給後世子孫，留給他們一個探尋深究的軌跡與方向。」⑮他這種好學不倦、矢志學術，投入教育工作的奉獻精神足為當代中國自由學人的典型。誠如他的女學生李素英（台大中文系教授）說：

> 賓四師的人格、道德與文章，和對教育事業的努力，對學術文化的
> 貢獻，卻跟著歲月增長，如日中天；不僅不斷地照育著己性，現在、
> 以及未來無數門生，而且也照耀和影響廣大人羣！⑮

又說：

> 提起賓四先生，我首先會想到他藹然的目光，經常透露著深遠的智
> 慧與熱誠；和講書講得起勁時，那張漲得通紅的日字臉，煥發著「自
> 得其樂」的光輝；就單是這一副無言的外表，也已經啟示我以治學、
> 做人、處事的大道理了。⑮

可見錢氏在學術、言教之外，人格、身教的影響力。嚴師耕望教授對他不平凡的一生曾作出以下的評述：

> 綜觀先生一生治學，少年時代，廣泛習讀中國古籍，尤愛唐宋韓歐
> 至桐城派古文，後始漸趨向學術研究；壯年以後，乃集中向史學方
> 面發展，故史學根基特別廣闊，亦極深厚。再就先生治學途徑發展
> 程序言，先由子學入門，壯年時代最顯著成績偏在考證功夫，中年
> 以後，以通識性論著為重。但不論考證或通識論著，涉及範圍皆甚

廣泛，如政治、如地理，亦涉及社會與經濟，惟重心觀點仍在學術思想，此乃植根於青年時代之子學愛好，是以常常強調學術領導政治，道統超越政統。近六十年來，中國史壇甚為興盛，名家大師輩出。論根底深厚，著作宏富，不只先生一人；但先生才氣磅礴、識力深透、文筆勁悍，幾無可比倫，直到晚年，後輩學人從先生問學仍感到先生思如泉湧，能隨時提出新觀點，退而思之，大多實有理據，並非恣意想像之說。惟先生天份太高，所提論點，往往如天馬行空，讀者未必人人能理解，都能接受。但先生任何論點，多富啟發性，好學深思者讀先生書，不論能否接受，皆能獲得一些啟示，激發讀者別開蹊徑，不致執着，拘守成說，不能發揮。此為先生著作除了建立本身論點之外，對於史學教育之另一項貢獻，殊為難能！⑬

錢氏雖然與世長辭，但他擇善固執的學術觀點、豐富的學術著作和遺留人間的新亞精神卻萬古長青、永垂不朽！

一九八二年五月四日初稿，八四年七月一日修正，
九零年八月三十日再修訂，同年十月三十日增補。

＊作者現為本所副教授，講授「現代中國工業史專題研究」、「明清之際海外貿易史研究」及「史學方法與量化研究」等課程。

附　註：

① 錢氏字賓四，語出《尚書‧舜典》：「賓於四門，四門穆穆。」又曾於民國25年（1936）9月24日於昆明《益世報》讀書週刊67期，曾以「未學齋主」的筆名發表「讀史隨筆」等文。

② 錢氏本出生於江蘇無錫南延祥鄉嘯傲涇上七房橋之五世同堂，及後遷居江蘇無錫南門蕩口鎮。

③ 錢穆：《八十憶雙親》（香港中文大學新亞書院校友會，民國64年），
　　頁2。

④ 同上書，頁3。

⑤ 同上註，頁7-8。

⑥ 同上註。

⑦ 同上註，頁7-13。

⑧ 同上註，頁14。

⑨ 同上註。

⑩ 同上。

⑪ 錢穆：《八十憶雙親‧師友雜憶合刊》（以下簡稱《合刊》），台北：
　　東大圖書公司，民國72年1月，頁12-13。

⑫ 同③註，頁17。

⑬ 同上註。

⑭ 同上。

⑮ 錢穆：「我和新亞書院」（呂天行筆記）《新時代》第2卷4期（民
　　國51年4月），頁36-38。

⑯ 同⑪註，頁33-34。

⑰ 同上註。

⑱ 同③註，頁18、19。

⑲ 同上註，頁23。

⑳ 《合刊》，頁7。

㉑ 同上註，頁47-48。

㉒ 同③註，頁26；又同上註，頁43，57。

㉓ 嚴耕望：「錢穆賓四先生行誼述略」（一），《新亞生活》月刊第18
　　卷第2期（1990年10月15日），頁4-6。

㉔ 同③註，頁27。

㉕ 同⑳註，頁65。

㉖ 同上註。

㉗ 同上註，頁70。

㉘ 同上註，頁74-75。

㉙ 同上註。

㉚ 據錢氏在《八十憶雙親、師友雜憶合刊》中說：「一夕，深夜，月光照床而醒；一足觸帳外牆壁，忽念「臂」與「壁」皆形聲字。「辟」屬聲，但「臂」在身旁，「壁」在室旁，凡「辟」聲似皆有旁義。如「避」，乃走避一旁；「璧」，乃玉懸身旁；「嬖」，乃女侍在旁；「譬」，乃以旁言喻正義；「癖」，乃旁疾非正病；「躄」，乃兩足不正常，分開兩旁，盤散而行；「劈」，乃刀劈物分兩旁。如是凡「辟」聲皆有義，此即宋人所謂「右文」也。是夜在床興奮不寐，連思得形聲字十數例；翌晨上第一堂國文，不講課文，乃講昨夜枕上所得。」

㉛ 《合刊》，頁76-77。

㉜ 《合刊》，頁85；又參看拙作：「錢穆教授年表」。

㉝ 《合刊》，頁85-87，92-104；又參看拙作：「錢穆教授年表」。

㉞ 《合刊》，頁92。

㉟ 錢穆：「師友雜憶」（二）《中國人》月刊，第 1 卷第10期（1979年11月），頁38。

㊱ 糜文開：「賓四先生奮鬥史」，香港《人生》雜誌，第 8 卷第 6 期（民國43年 8 月），頁11-14。

㊳ 黃肇珩：「當代人物一席話──史學大師錢穆」《由自談》第20卷第 6 期（民國58年 6 月 1 日），頁11-16。

㊴ 孫鼎宸：「錢賓四先生之主要著作簡介」《錢穆先生八十歲紀念論文集》（香港：新亞研究所，民國64年），頁434。

㊵ 同⑮註。

㊶《合刊》，頁78。

㊷ 同⑳註。

㊸《合刊》，頁79-81。

㊹ 同㊳註。

㊺ 孫鼎宸：「錢賓四先生論著年表」《中國學人》第二期（民國59年 9 月），頁151-152。

㊻《合刊》，頁116-117。

㊼《合刊》，頁122-124。

㊽ 錢穆：「師友雜憶」（二）《中國人》月刊，第 1 卷第11期（1979年12月），頁60。

㊾《合刊》，頁126-127。

㊿ 同上註，頁128。

(51) 牟潤孫：「新亞書院院長錢穆先生」《中國一週》第260期，（民國44年 4 月），頁 9 。

(52) 章羣：「略述賓四先生之生平」《人生》雜誌，第10卷第 7 期（民國44年 8 月 6 日），頁8-9。

(53)《合刊》，頁128。

(54) 該文發表於《燕京學報》第 7 期（1930年 6 月），後收入《兩漢經學今古文平議》一書。

(55) 張玉法：「大師去矣」，《聯合報》，民國79年 8 月31日。

(56) 錢穆：「師友雜憶」（三）《中國人》月刊，第 2 卷第 1 期，（1980年 2 月），頁65。

(57) 同上註，頁67 ；《合刊》，頁137-138。

(58)《合刊》，頁136-137。

(59) 李素：「燕京舊夢」，《傳記文學》期數及日期待查。

(60) 同(58)註，頁141-145，151。

(61) 同上註，頁146。

(62) 同上註，頁147-148。

(63) 同㊱註。

(64) 同(58)註，頁151。

(65) 據錢氏在《八十憶雙親、師友雜憶合刋》一書（頁136-137）中說:「余在燕大有兩三瑣事，乃成余之大問題。……又學校發通知,每用英文。……何以在中國辦學校必發英文通知？……又每到學校上課，國文系辦公室中闃無一人。儻欲喝水，非自己帶熱水壺不可，如此之類，使余不願再留。

(66) 同上註，頁153。

(67) 顧頡剛：《中國當代史學史》，頁 85。

(68) 《合刋》，頁166。

(69) 同上註，頁131-172。

(70) 同㊺註。

(71) 《合刋》頁183-187。

(72) 同上註，頁189-195。

(73) 錢穆：「師友雜憶」（五）《中國人》月刋，第 2 卷第 5 期（1980年 5 月），頁53-59。

(74) 錢穆：《國史大綱》「書成自記」（台北：國立編譯館，民國66年11月修訂再版，頁 3 。

(75) 錢穆：「師友雜憶」（六）《中國人》月刋，第 2 卷第 6 期（1980年 7 月），頁41。

(76) 《合刋》，頁204-207。

(77) 同上註，頁208-209。

(78) 嚴耕望：「錢穆賓四先生行誼述略」（二），《新亞生活》月刋第十八卷第三期（1990年11月15日），頁4-7。

㊱ 同③註，頁31。

㊵ 《合刊》，頁209-212。

㉛ 拙作：「錢穆教授年表，1895-1990」（未刊稿）。

㉜ 同㉞註。

㉝ 《合刊》頁215-217，221，219，226-227。

㉞ 錢穆：「師友雜憶」（七），《中國人》月刊，第2卷第7期（1980年8月），頁53-55。

㉟ 《合刊》，頁229-235；又「師友雜憶」（八）《中國人》月刊，第2卷第8期（1980年9月），頁37-41。

㊱ 《合刊》，頁232-233。

㊲ 同上註，頁235-237。

㊳ 拙作：《榮氏企業史（1896－1956）研究》（香港：香港新亞研究所，1990年7月），頁144。

㊴ 《合刊》，頁242-244。

㊶ 錢穆：「新亞書院創辦簡史」，《新亞遺鐸》（台北：東大圖書公司，民國78年11月），頁917-918。

㊑ 同上註。

㊒ 錢穆：「師友雜憶」（香港新亞書院）《中國人》月刊，第2卷第9期（1980年10月），頁17-19。

㊓ 錢穆：「新亞書院沿革旨趣與概況」，《新亞遺鐸》（台北：東大圖書公司，民國78年11月初版），頁6-18。

㊔ 《合刊》，頁248-250。

㊕ 同⑮註。

㊖ 同㊒註，頁19。

㊗ 同上註。

㊘ 同上。

李木妙　國史大師錢穆教授生平及其著述　　51

㊈ 錢穆：「校歌手稿」（圖片）《新亞精神》（香港：新亞研究所，1980年9月），頁6-7。

㊉ 錢穆：「新亞精神」《新亞校刊》第4期（民國43年2月25日），頁1。

㊀ 其演講辭，後收輯成《中國歷史精神》一書，於39年11月，在台北出版。

㊁ 錢穆：「屢蒙總統召見之回憶」，《中央日報》副刊，民國64年4月16日。

㊂ 錢穆：《中國歷代政治得失》序（台北：三民書局，民國63年11月台再版），頁1。

㊃ 錢穆：「師友雜憶」（香港新亞書院時代續一），香港《中國人》月刊，第2卷第10期（1990年9月），頁65-71。

㊄ 同上註。詳情可參考張丕介「新亞與雅禮合作紀實」一文，原載《人生》雜誌，第8卷第6期（民國43年8月），頁30-33。

㊅ 錢穆：「新亞書院創辦簡史」，《新亞遺鐸》（台北：東大圖書公司，民國78年11月初版），頁932-935。

㊆ 吳相湘：「錢穆闡揚傳統文化」《民國百人傳》第四冊（台北：傳記文學出版社，民國60年），頁199。

㊇ 《合刊》，頁268。

㊈ 同上註，頁270。

⑩ 同上註，頁276-277。

⑪ 錢穆：「師友雜憶」（香港新亞書院時代續三），香港《中國人》月刊，第2卷第12期（1980年11月），頁61-63。

⑫ 關國煊：「國學大師錢穆先生傳」，《傳記文學》第57卷第4期，頁23。

⑬ 同⑩註。

⑭ 錢穆：「師友雜憶」（香港新亞書院時代續二），香港《中國人》月

刊第 2 卷第11期（1980年10月），頁17-19。

⑯ 《合刊》，頁314。

⑯ 錢穆：「關於我的辭職」，《新亞生活》第 6 卷第15期（民國53年 1 月16日），頁13。

⑰ 《合刊》，頁316-317。

⑱ 錢氏在台北寓所定名爲「素書樓」，乃紀念無錫故居五世同堂之第三進「素書堂」而來；至於它的出典則無從稽考，錢氏曾以《禮記・中庸》一段作解：「君子素其位而行，不願乎其外。素富貴，行乎富貴；素貧賤，行乎貧賤；素夷狄，行乎夷狄；素患難，行乎患難。君子無出入而自得焉。」

⑲ 李紹盛：「史學家錢穆博士的治學精神」台北《中國一週》908期（民國56年 9 月），頁15；又《合刊》，頁317-318。

⑳ 李家祺：「今日朱子──錢穆先生及其著述」，台北《書評書目》第 4 卷16期（民國66年 2 月），頁24-31。

㉑ 教育部：《公私立大學及獨立學院研究概況》（台北:民國71年1月），頁724；又《合刊》，頁318。

㉒ 同⑩註。

㉓ 《合刊》，頁322。

㉔ 同上註。

㉕ 《合刊》，頁323。

㉖ 《合刊》，頁326。

㉗ 參看《新亞生活》月刊第10卷第 9 期（民國72年 5 月15日），頁10。

㉘ 「行政院文化獎評定：錢穆與牟宗三兩位教授獲獎」《香港時報》，民國73年 7 月16日，第 1 版。又 7 月17日《中央日報》社論：「當代中國知識分子的使命感」。

㉙ 參看《新亞生活》第12卷第 1 期，頁 3 。

⑬⓪ 李木妙：「錢穆教授年表，1895－1990」（未刊稿）。

⑬① 關國煊：「國學大師錢穆先生傳」，《傳記文學》第57卷第4期，頁27。

⑬② 錢穆：「非法？合法？訴說外雙溪賓館事件」，《聯合報》，民國77年5月27日。

⑬③ 同上註。

⑬④ 同上註。

⑬⑤ 其後台灣最高法院孫長勛據所得證據，認為：錢易僅在清華大學任教，「不能認為其便參加叛亂組織」，且錢易早已脫離「共青團」，又超過二十年之追訴年效，故予以不起訴處分。

⑬⑥ 「高玉樹先生的訪問」，《中國時報》，民國78年8月？日。

⑬⑦ 錢胡美琦：「遷出素書樓的始末」，《聯合報》聯合副刊，民國80年4月13日。

⑬⑧ 馬西屏：「錢穆晚年遷徙，弟子憤憤不平──「素書樓」事件，為利慾薰心的社會敲響了喪鐘！」，《中央日報》，民國79年9月1日。

⑬⑨ 同⑬⑦註。

⑭⓪ 許倬雲：「一位歷史學家成為歷史了」，《聯合報》，民國79年8月31日。

⑭① 程裕寧：「讀書、教書、寫書──錢穆大師自學成名」（十二）《東方雜誌》復刊第17卷第12期（民國73年6月1日），頁69；又盧惠芬：「為往聖繼絕學──著書、立說、誨人不倦的錢穆」《光華畫報》第7卷第4期（民國71年4月），頁52；李木妙：「錢穆教授著作目錄」，《新亞學報》第十七卷。

⑭② 同⑮註。

⑭③ 同⑭⓪註。

⑭④ 唐端正：「偉大的愛國者」，香港《人生》雜誌，第8卷第6期（民

國43年8月），頁24-25。

⑭ 葉龍：「錢穆先生軼事」，《大成》第215期，頁8。

⑭ 同⑭註。

⑭ 同上。

⑭ 錢穆：《宋明理學概述》序，頁2。

⑭ 山木：「我所認識的錢先生」，香港《人生》雜誌，第8卷第6期（民國43年8月），頁29-30。

⑭ 同⑭註。

⑮ 李素：「由祝壽想起」，香港《人生》雜誌，第8卷第6期（民國43年8月），頁9。

⑮ 同上註。

⑮ 同⑱註。

貳、錢穆教授主要史著等提要

　　本提要共收錢氏生前著作五十九種，主要側重史學部份，並按通史、斷代史和專史等分類提要，非史學類則擇要另分文化學、國學與文學、學術與人生三部分簡介。本部份參考先生原著作與序文、錢師母自台北寄來之「錢賓四先生著作目錄」、孫鼎宸先生所編「錢賓四先生論著年表」及有關書評而成。先生逝世前已整理出甚多文稿，待彙集出版後，再補記之；漏誤在所難免，敬請諸位學術先進不吝賜教，以便日後補正。

(一)通史方面

1. 《國史大綱》（部定大學用書）上、下冊，重慶：商務印書館，民國29年6月初版；又台北：商務印書館，民國41年再版，民國56年11版，644頁。

李木妙　國史大師錢穆教授生平及其著述　　55

　　民國二十年（1931）「九・一八」事變後，在傅斯年的倡議下，北京大學決定將由十五位斷代史學專家合講的「中國通史」課，改由一位講授，而錢穆即在此時被推選擔任這一教席。次年他着手編寫《國史綱要》講稿，並於廿二年（1933）秋開始講授中國通史。民國廿六年（1937）「七・七」事變後，北大南遷，他自天津乘船南下香港，經廣州轉赴湖南長沙，於戰時「長沙臨時大學」（由北大、清華、南開等大專院校組成）文學院（當時遷設南嶽）講授中國通史等課。不久，他又隨校遷昆明，並在重組的「西南聯合大學」仍授中國通史課。民國廿七年（1938）四月，他再度隨校輾轉流徙於蒙自、宜良，並於課餘重整《國史綱要》講稿；經過十三個月的時間，至民國廿八年（1939）六月，在雲南宜良城外的岩泉下寺，撰成《國史大綱》。

　　在《國史大綱》書前的〈引論〉中，他認為新通史除應簡明扼要之外，還必須具備以下兩個條件：

> 一者必須將我國家民族，已往文化演進之真相，明白示人，為一般有志認識中國已往政治、社會、文化、思想種種演變者所必需之知識；二者應能於舊史統貫中映照出現代中國種種複雜難解之問題，為一般有志革新現實者所必備之參考。前者在積極的求出國家民族永久生命之泉源，為全部歷史所由推動之精神所寄；後者在消極的指出國家民族最近病痛之證候，為改進當前之方案所本。

他又說：

> 且人類常情，必先認識乃生情感。……故欲其國民對國家有深厚之愛情，必先使其國民對國家已往歷史有深厚的認識。欲其國民對國家當前有真實的改進，必先使其國民對國家已往歷史有真實之了解。……余又懼世之鄙斥國史，與夫為割裂穿鑿之業者，必將執吾書之瑕疵，以苛其指摘，嚴其申斥，則吾書反

將以張譏國史薄通業者之談，而爲國史前途之罪人。抑思之又思之，斷斷無一國之人，相率鄙棄其一國之史，而其國其族，猶可以長存於天地之間者。亦未有專務於割裂穿鑿，而謂從此可以得我先民國史之大體者。繼自今，國運方新，天相我華，國史必有重光之一日，以爲我民族國家復興前途之所託命。

由是可見錢氏撰寫這部著作的宗旨與動機。然則《國史大綱》創新史學體例，首重政治制度，次爲學術思想，再次則爲社會經濟；三者之中，以社會經濟爲其最下層之基礎，政治制度爲其最上層之結構，而學術思想則爲其中層之幹柱，歷史事態之演變，不出此三者之外。本書自出版後，時人公論推爲近數十年來中國通史之最佳作，蓋境界之高、論議之卓，誘導國人民族感情，啟發讀者治史蹊徑，決非時下一般通史著作所能比擬，實爲近代史學之一偉著。顧頡剛推崇錢氏的《國史大綱》，在眾多的中國通史著作中，創見最多，他於《當代中國史學史》論述有關中國通史時說：

所有的通史，多屬千篇一律，彼此抄襲。其中較近理想的，有呂思勉《白話本國史》、《中國通史》，鄧之誠《中華五千年史》，陳恭祿《中國史》，繆鳳林《中國通史綱要》，張蔭麟《中國史綱》，錢穆《國史大綱》等。其中除呂思勉、周谷城、錢穆三四先生的書外，其餘均屬未完之作，錢穆先生的書最後出而創見最多。

余英時教授曾評說：錢先生的《國史大綱》無疑是最具精闢見解的「一家之言」，也是取材最豐富的史學著作。同時他認爲書中「南北經濟文化之轉移」三章尤其有絕大的見識，並說錢先生走出了自己獨特「以通馭專」的道路。已故史學繆鳳林教授更推許爲抗戰以來所僅見，時下著作實難與比擬。四十年代中，范文瀾的《中國通史簡編》，亦頗取材於錢著《國史大綱》，不過彼此解釋不同而已。

本書爲錢氏在北京大學歷史學系講授「中國通史課」的講稿，全書包括「上古三代之部」（分「中原華夏文化之發祥」、「黃河下游之新王朝」、「封建帝國之創興」三章）、「春秋戰國之部」（分「霸政時期」、「軍國鬥爭之新局面」、「民間自由學術之興起」三章）、「秦漢之部」（分「大一統政府之創建」、「統一政府文治之演進」、「統一政府之墮落」、「士族之新地位」、「統一政府之對外」五章）、「魏晉南北朝之部」（分「長期分裂之開始」、「統一政府之迴光返照」、「長江流域之新園地」、「北方之長期紛亂」、「南方王朝之消沉」、「北方政權之新生命」、「變相的封建勢力」、「變相的封建勢力下之社會形態」（上）、「變相的封建勢力下之社會形態」（下）、「宗敎思想之瀰漫」十章）、「隋唐五代部」（分「統一盛運之再臨」、「新的統一盛運下之政治機運」、「新的統一盛運下之社會情態」、「盛運中之衰象」（上）、「盛運中之衰象」（下）、「新的統一盛運下之對外姿態」、「大時代之沒落」、「黑暗時代之大動搖」九章）、「兩宋之部」（分「貧弱的新中央」、「士大夫的自覺與政治革新運動」、「新黨爭與南北人才」、「南北再分裂」四章）、「元明之部」（分「暴風雨之來臨」、「傳統政治復興下之君子獨裁」（上）、「傳統政治復興下之君子獨裁」（下）、「南北經濟文化之轉移」（上）、「南北經濟文化之轉移」（中）、「南北經濟文化之轉移」（下）、「社會自由講學之再興起」七章）、「清代部分」（分「狹義的部族政權之再建」（上）、「狹義的部族政權之再建」（下）、「狹義的部族政權下之士氣」、「狹義的部族政權下之民變」、「除舊與開新」五章），共八篇、四十六章，逾30萬言，並以綱目體行文，提綱挈領。

2. 《中國通史參考材料》，台北：東昇出版公司，民國69年11月初版，616頁。

本書是錢氏在民國廿三年（1934）秋至廿四年（1935）夏間編寫的，這是他在北大講授中國通史的第二年。他於《國史大綱》的〈書成自記〉中提及這部資料的緣起時說：

> 越一年，學者苦於聽受，羣要余爲講義。余曰：「通史大業，殊不敢輕率爲之。無已，姑約余所講爲綱要，聊備諸生筆記之一助也，可也。自是每一講，必編一綱要，僅具倫脊，悉削游辭，取便總攬，然又恐諸生久習於此，則事近策括，以謂治史可以空腹也。乃別選一參考材料副之。凡與余所講綱要相牽涉者，採摘前史陳文，或昔人考訂論著爲參考，以便學者之相閱證。《綱要》編至東漢，自縑太簡，遂未繼續。並謂講堂大義，學者自可筆記，乃獨發參考材料。

錢氏在《八十憶雙親‧師友雜憶合刊》中亦提及這部材料說：

> 下及第二年，……又增寫參考材料，就二十四史、三通諸書，凡余所講有需深入討論者，繕其原文，發之聽者，俾可自加研尋。然此工作迄唐五代而止。因史料既多，學生自加研尋亦不易，此下遂未再續。所發姑以示例而止。

由以上可知，本書係先生在北京大學講授「中國通史」課程時，爲配合教學，特爲學生選錄之參考材料，僅輯錄到五代上，未能完編。

全書分兩部分：第一部分《中國通史綱要》(上古—秦漢編)，包括「通史之意義」、「近人對於上古史之探索」、「虞夏文化之初啟」、「殷商一代史跡之蠡測」（上）、「殷商一代史跡之蠡測」（下）、「西周之封建」、「春秋時代之霸業」、「春秋時代之異族」（上）、「春秋時代之異族」（下）、「戰國之劇變」、「民間學術之興起」、「統一政府之成立」、「士人政府之成立及其理想」、「統一政府之墮落」、「士族之新地位」等十五講；第二部分《中國通史參考材料》（上古—北宋），包括「上古至先秦」、「秦漢之部」、「三國之衰象與魏

晉南北朝」、「隋唐之部」、「宋神宗熙寧變法」等五編,約近20餘萬言。此部參考材料之出版,先生事前並不知曉,事後曾表示,此書對今日學子並不適用。

至於本書流傳海外重版的經過,余英時教授於〈出版前言〉中憶述:「本書原由北京大學講義部印行,專供北大學生之用。哈佛大學楊聯陞教授偶於四十年前在北平東安市場舊書店中購得此本。後來楊先生到美國來留學,隨身攜帶了這部講義,以備個人參考之需。一九六○年錢先生訪問哈佛大學時,楊先生曾舉此書相贈,錢先生因為此書對他已不復有大用處,因此謝而未受。一九七三年夏天,我從哈佛大學請假回香港新亞書院服務,楊先生特別檢出此書送給我,以為紀念。我在新亞時曾影印了一套存放在圖書館,但並沒有作重印的打算。今年(1980)五月間黃君俊傑過寓相訪,偶然看到此本,覺得它在今天的歷史教學上依然有參考價值,應該重版。我同意他的看法,因此請他把原書帶回臺灣去洽出版事宜。」

(二)斷代史方面

3. 《秦漢史》,香港:自印本,民國46年3月初版;又台北:東大圖書公司,民國74年1月重版,76年10月再版,291頁。

本書係先生於民國20年在北京大學歷史學系和清華研究院撰寫的講義,未完編。二十餘年後,流亡海外,重獲舊稿(民國39年冬,先生赴台北,遇前北大學生張基瑞藏有《秦漢史》油印稿),遂校其偽文,稍補申語氣未足處,一仍內容舊貫,刊行出版。

全書上起於秦代統一,下迄於王莽新朝覆滅而未及東漢,分「秦人一統之局」(包括:「春秋以下政治社會學術之劇變」、「文化之西漸」、「秦始皇帝之政治措施」、「秦代之文化政策」、「秦政府之覆亡」五節)、「漢初之治」(包括:「漢高孝惠之與民休息」、「文景時代

國內外之情勢」、「文景兩朝之政治」三節）、「西漢之全盛」（包括：「學術之復興」、「武帝之政治」、「武帝之武功」三節）、「西漢之中衰」（僅「武帝一朝之財政」一節）、「昭宣以後之儒術」（包括：「漢之中興」、「儒術與吏治」、「博士之增立」、「昭宣以下之學風」四節）、「西漢一代之政制」（包括「西漢之封建」、「西漢之郡縣」、「西漢之中央官制」、「西漢之地方官制」、「西漢之封爵」五節）和「王莽之新政」（包括「王莽之篡漢」、「王莽始建國後之政治」二節）等七章共廿三節，逾16萬言。

內容重點分學術、政治及社會經濟三方面。其在學術方面，於秦漢博士官制，以及百家言與百官學之代興，皆深入之闡釋；尤其是對於秦代之焚書案及漢代之表彰六經案，皆有言人所未言者；對於新莽代漢而興起之學說思想根據特多創發。至於政治方面，封建制與郡縣遞進，曲折起伏，表裡俱陳；而對匈奴外患之應付、其步調之變化，又重農輕商的經濟政策皆有精密的探討；其言內政，皆從下層社會實際情況着眼。書中第三、第四及第六諸章，論學術復興，武帝財政及論官制等節，新義屢見，極多精采。總之，作者從學術、政治、社會經濟三者匯合而觀，指陳其變通是非之所在，更爲本書最著精神處。讀本書多可於活史方法得大啟悟，爲本書最大的貢獻。

（三）專史方面

甲、文化史

4. 《中國文化史導論》，台北：正中書局，民國40年3月初版，又民國66年9月第12版，181頁。

本書十篇，係作者於民國30年冬在四川成都賴家園撰寫，從起草至完稿，爲時約一月；又根據先生《師友雜憶》記述，成書於民國32、3年間，其中部分曾在《思想與時代》雜誌中刊載。此稿攜行篋中數年，

恐散失，民國37年 6 月交正中書局（當時是否出版尚待考證）。

全書計有「中國文化之地理背景」、「國家凝成與民族融和」、「古代觀念與古代生活」、「古代學術與古代文字」、「文治政府之創見」、「社會主義與經濟政策」、「新民族與新宗教之再融和」、「文藝美術與個性伸展」、「宗教再澄清、民族再融和與社會文化之再普及與再深入」、「東西接觸與文化更新」等共十章。其要義在使中國人回頭認識其文化之真相，書中告訴讀者中國文化的特質，應從全部歷史之客觀方面，了解他的複雜性、完整性及發展性；讀者應在歷史進程之全場面裡，求其體段，尋其態勢，看他如何配搭組織，再看他如何動進向前，庶乎對於整個文化精神有較客觀而平允之估計與認識。

5. 《歷史與文化論叢》，台北：東大圖書公司，民國68年8月初版，455頁。

本書乃先生應台北國防部總政治部約請，彙集歷年舊稿而成；總政治部原分《歷史與時代》及《從認識自己到回歸自己》兩書出版，謹供其內部分發，不對外發售，先生將原來篇目重加增訂，共收論文五十八篇約分四編，再行出版，以廣流傳。

本書於民族歷史文化，從各方面加以叙述，庶使讀者於吾民族之已往歷史與其固有文化，易於獲得其認識，為此下吾民族自救自拔之張本。方今吾國人方竭意求變求新，然一切變必有其不變者為之基礎，一切新亦必有其舊為之根源。本書專着眼在此下求變求新之基礎根源上有所指陳，使讀者易有啟悟，易有奮發，固非如已陳之芻狗，或如楚人之獻璞，苟善為破解，其中必有美玉之存藏。

乙、學術史

6. 《中國近三百年學術史》上、下冊，上海：商務印書館，民國26年5月初版；又台北：商務印書館，民國46年10月再版，民國57年4月四版，709頁。

本書乃先生在北京大學歷史系時授課的講義。由民國二十年(1931)秋起，積五年，而增刪成書，他於〈自序〉中說：

斯編初講，正值「九‧一八事變」驟起，五載以來，身處故都，不睿邊塞，大難目擊，別有會心。司馬氏表六國事，曰：「近己則俗變相類」，是書所論，可謂近已矣。豈敢進退前人，自適己意，亦將以明天人之際，通古今之變，求以合之當世，備一家之言。雖不能至，心嚮往之。蓋有詳人之所略，略人之所詳，而不必盡當於著作之先例者。

民國廿六年（1937）五月，《中國近三百年學術史》由商務印書館出版，而他在序中指出：「近代學者每分漢、宋疆域，不知宋學，則亦不能知漢學，更無以平漢學、宋學之是非。」錢氏將清代學術溯源於宋學，可謂別出心裁！他又說：「言漢學淵源的必溯晚明遺老，然而這些遺老如黃宗羲、王夫之、顧炎武等莫不寢饋於宋學，繼此而降如李塨、方苞、全祖望等，亦皆於宋學有甚深契詣，而於時已及乾隆，漢學之名始稍稍起，而漢學諸家之高下淺深，亦往往視其所得於宋學之高下淺深以為判。」他這番獨特的見解，值得注意，是故歷來談論清代學術諸書，如梁任公、章太炎等著作，亦未提及宋學，於是使人迷失學術淵源，及至錢氏發表，才披露歷史真相。此外，前人論述清代學術，每多侈言考據之學，或略述論學之語，而甚少涉及人物思想；本書則着重敘述每一人物的學思體要，並指出治學者對於天下治亂用心之所在，可說是錢氏另一創例。

全書共十四章及附表，近40萬言。首章為引論，說明近代學術導源於宋學，而宋學則導源於唐韓愈；認為不知宋學，則不能知漢學，更無以評漢宋之是非，因而略述兩宋學述概要，並說明東林學派作引言。次章至第十四章分述明清之際如黃梨洲（附陳乾初、潘用微、呂晚村）、王船山、顧亭林（附馬驌）、顏習齋李恕谷、閻潛邱毛西河

（附姚立方、馮山公、程緜莊、胡東樵、顧宛溪）、李穆堂（附萬孺廬、王白田、朱止泉、全謝山、蔡元鳳）、戴東原（附江慎修、惠定宇、程易田）、章實齋（附袁簡齋、汪容甫）、焦里堂阮芸臺凌次仲（附許周生、方植之）、龔定菴（附莊方耕、莊葆璨、劉申受、宋于庭、魏默深、戴子高、潘四農）、曾滌生（附羅羅生）、陳蘭甫（附朱鼎甫）、康長素（附朱子襄、廖季平、譚復生）等諸家的學說大要，藉以說明近三百年學術演變的大勢。楊樹達曾於《日記》中評論說：「（民國卅二年七月廿六日）閱錢賓四（穆）《中國近三百年學術史》，注重實踐，嚴夷夏之防，所見甚正；文亦足達其所見，佳書也。」

7. 《兩漢經學今古文平議》，香港：新亞研究所，民國47年8月初版；又台北：東大圖書公司，民國60年8月重印，民國67年7月再版，434頁。

　　本書收文計有：「劉向、歆年譜」、「兩漢博士家法考」、「兩漢博士家法考」、「孔子與《春秋》」和「《周官》制作時代考」共四篇，此四文皆為兩漢經學之今古文問題而發；其實此問題僅起於晚清道咸以下，而百年來掩脅學術界，幾乎不主揚、則主墨，各持門戶、互爭是非，渺不得定論所在，而考求之於兩漢經學之實況，則並無如此所云。本書之所用心，在發現古人學術之真相，具探原抉微鈎沉闡晦之奧，讀此書者當可破棄學術上一切門戶之見。

　　清代乾嘉諸儒，窮研古經籍，自稱「漢學」，以示別於宋明理學家言，而稱之為「宋學」。及清道、咸、同、光，下逮民初，乃重興今古文之爭：康有為主今學，定劉歆為偽造古文經之罪魁；章炳麟主古文經，乃以劉歆上媲孔子。本書首篇「劉向、歆父子年譜」，兼闢兩家之謬；次篇「兩漢博士家法考」，發明兩漢博士治經分今古文之真相；三篇「孔子與《春秋》」，闡述《公羊》家言，亦有符於孔子作《春秋》之餘緒；最後「《周官》著作時代考」，證明《周官》確為偽書，惟其事乃遠始於戰國。自此書出，而晚清以來一百年之經學今

古文爭論，遂得定讞；而乾嘉漢宋之爭，亦可由此推斷其無當。故凡治中國經學史，本書乃當首誦習。

8. 《清儒學案》（原稿遺失），原稿送國立編譯館，民國32年。

先生有鑑於唐鏡海撰《清儒學案》不甚精要，因此他在成都北郊「齊魯大學」國學研究所時，從西安購得參考書數十種，並以八個月的時間重寫此書，凡50餘萬言。民國32年（1943）原稿送國立編譯館，勝利還都，尚未付排；全稿裝箱運返南京，不幸箱沈江中，原稿遺失。幸有序目一篇，曾載入《四川省圖書館集刊》第三期，此文現收入民國69年出版之《中國學術思想史論叢》第八冊。

9. 《朱子新學案》五冊，台北：三民書局經銷，民國60年9月初版，2,729頁。

本書共五冊，分五十八編，約百萬言，為錢氏晚年精心傑作。本書撰述，始於民國53年夏新亞卸職之後，自7月起至58年11月完稿，前後凡六年。又民國59年再寫提綱冠於書首，書末附「朱子年譜要略」及一索引，方便讀者，易於尋究。書中大致分：一、思想方面，分「理氣」和「心性」兩部分；二、學術方面，分「經學」、「史學」和「文學」為三部分，而「經學」中，再分「易」、「詩」、「書」、「春秋」、「禮」和「四書」等諸題。又於三部之外，添附校勘、考據、辨偽諸篇，及游藝格物一篇。介乎思想、學術兩部之間者，又分朱子評述濂溪、橫渠二程諸篇，下逮評程門、評五峯、評浙學，又別著朱陸異同三篇，闢禪學兩篇等，專以發明朱子在當時理學界中之地位。

本書立意在破除門戶，皆本朱子自己言說加以剖辨闡述，而於《文集》、《語類》稱引最詳，尤重在指出朱子的思想、學術之與年轉進處；在每分題下，並不專重其最後所歸的結論，而必追溯其前後、首尾往復之演變。朱子為中國學術史上中古唯一偉人，其學問博大精深，

李木妙　國史大師錢穆教授生平及其著述　**65**

斷非陷入門戶者所能窺究；又恐讀者驟不得其承先啟後之所在，因此作者於本書前重加《朱子提綱》一篇，讀者當先讀提綱，然後再讀全書，又當於通讀全書後再重讀提綱，則朱子學術思想在中國學術思想史上的地位，更易認識。

10. 《朱子學提綱》，台北：三民書局經銷，民國60年11月初版；又大東圖書公司，民國75年1月再版，237頁。

先生自民國53年夏，發意撰寫《朱子新學案》，迄於民國58年11月，全稿告竣；因念牽涉太廣，篇幅過巨，為便利讀者，特於民國59年初夏，撰提綱一篇，近10萬言，撮述書中要旨，並推廣及於全部中國學術史。上自孔子，下迄清末，二千五百年中之儒術，旁及百家眾說之雜出，以見朱子學術承先啟後之意義與價值所在。誠如他在《序》中說：「若未能讀余《新學案》全書，窺此一篇，亦可約略得其宗趣；若求進窺全書，亦必以此書為嚆矢也。」

11. 《中國學術通義》，台北：台灣學生書局，民國64年9月初版，65年3月再版；71年3月三版，315頁。

先生以為中國學術之必有其獨特性，亦如中國傳統文化之有其獨特性，兩者相關，不可分割。本書乃彙集先生於近三十年在港台發表有關討論中國傳統學術獨特性所在的雜文，諸如：「四部概論」、「中國儒學與文化傳統」、「朱子學術述評」、「中國文化傳統中之史學」、「張曉峯《中華五千年史》序」、「中國文化傳統中之文學」、「泛論學術與師道」、「有關學問之系統」、「學術與風氣」、「關於學問方面之智慧與功力」、「學問與德性」、「擇術與辨志」等十二篇，約18萬言。民國71年三版時，又增附「中國學術特性」、「我對於中國文化的展望」兩文，乃就現代學風崇洋蔑己者進一言，求能無乖於大道。

12.《現代學術論衡》，台北：東大圖書公司，民國73年初版，279頁。

晚清之末，中國雖有康、章繼承舊學傳統，提倡今、古文經，但其時已西化東漸；民國以來，中國學術界分門別類，務爲專家，與中國傳統通人、通儒之學大相違異，循至返讀古籍，格不相入。胡適倡導白話新文化運動，或有全盤西化之說，風氣丕變，舊學無以抗衡。不幸日寇東侵，繼以中共攘取政權，國府播台，而一切情勢大變。在大陸，已無學術可言，台灣惟民主、科學兩項仍在提倡；而中國舊文化、舊傳統、舊學術，則已掃地而盡。

先生於民國64年曾著有《中國學術通義》一書，就經、史、子、集四部，求其會通和合；民國72年繼前書續撰成本書，亦逾15萬言，就近代國人所承認之學術新門類，及其新觀念，還就舊傳統，指出其本屬相通，及有得失處。全書分宗教、哲學、科學、心理學、史學、考古學、教育學、政治學、社會學、文學、藝術、音樂等十二目，加以探討。

丙、思想史

13.《中國思想史》，台北：中華文化出版事業委員會，民國41年11月；又台灣學生書局，民國66年4月增訂版，178頁。

本書綜述中國古代思想，由「春秋中晚期」（子產、叔孫豹、孔子）開始，下迄「現代」（孫中山），中經「戰國時代」（墨子、楊朱、孟子、莊子、惠施、公孫龍、荀卿、老子、韓非）、「秦漢時代」（《易傳》、《中庸》、《大學》、《禮運》、鄒衍、董仲舒、王充）、「魏晉時代」（王弼、郭象、向秀、東晉清談）、「南北朝隋唐之佛學」（竺道生、慧能、禪宗）、「宋元明時代」（周濂溪、邵康節、張橫渠、程明道、程伊川、朱晦菴、陸象山、王陽明）、「清代」（王船山、顏習齋、戴東原、章實齋）等。每一時期他選擇最主要幾家，每家又着重其主要思想，因之此書爲中國思想史提要鈎玄之作。研究

李木妙　國史大師錢穆教授生平及其著述　　**67**

思想史，不當不注意及通史與文化史，可參考《國史大綱》及《中國文化史導論》兩種及作者相關的著作。本書旨在指示出中國思想之深遠的淵源，抉發出中國思想之真實的生命，書中力求簡易通俗，然各家思想之精深博大處亦顯示無遺。學者由此窺入，明體可以達用，博古可以通今；庶乎使中華民族之將來，仍可自有思想，自覓出路。

14. 《宋明理學概述》，台北：中華文化出版事業委員會，民國42年6月；又台灣學生書局，民國66年4月修訂版，438頁。

　　本書乃先生於民國41年冬至42年春「窮一百夜之力」寫成的，其撰述的緣起，誠如作者於《序》中說：「顧余自念，數十年孤陋窮餓，於古今學術略有所窺，其得力最深者莫如宋明儒。……平居於兩學案最所潛心，而常念所見未切，所悟未深，輕率妄談，不僅獲罪前儒，亦且貽害於當代。故雖私奉以為潛修之準繩，而未敢形之筆墨，為著作之題材也。……三十八年再度流亡，去歲寫《中國思想史》，今年續成此書，此皆十年來大病大亂中所得，雖自問智慮短淺，修養工疏，而寢饋宋明理學，前後已逾三十載，聊示學者以門徑。」此書以各家思想之體系為重，讀者宜與《中國思想史》並觀，始不為此一代之思想所囿，亦可明此一代思想的所在。

　　書中取材，絕大部分根據全祖望的《宋元學案》及黃宗羲的《明儒學案》，而取捨詳略、排比條貫，別有會心，亦間有逸出兩學案外者，皆憑平日筆記。內容主要概述宋元明七百年間理學演進的趨勢，首言「宋學之興起」、次述「宋初諸儒」（胡瑗與孫復、徐積與石介、范仲淹、歐陽修、李覯、王安石、劉敞、司馬光、蘇軾、蘇轍）、三陳「中期宋學」（周敦頤、邵雍、張載、程顥、程頤、謝良佐、楊時、游酢、尹焞〔附張繹〕、王蘋、呂大鈞、呂大臨)、四叙「南渡宋學」（胡安國、胡寅、胡宏、張栻、朱熹、陸九韶、陸九齡、陸九淵、呂祖謙、陳亮、葉適、　季宣、陳傅良、唐仲友、黃榦、楊簡、金履祥、

黃震、王應麟）、五記「金元諸儒」（李純甫、趙復、姚樞、許衡、劉因、吳澄）、六寫「初期明儒」（吳與弼、吳居仁、婁諒、陳獻章、薛瑄）、七撰「中期明學」（王守仁、湛若水、羅欽順、王門諸流、錢德洪、王畿、王艮、羅洪先、聶豹、鄒守益、歐陽德、劉文敏、王時槐、羅汝芳、趙貞吉）、八述「晚期明學」（顧憲成、允成、高攀龍、孫慎行、錢一本、劉宗周）、末叙「明末諸遺老」，合計五十六標題，逾26萬言。

15. 《靈魂與心》，台北：聯經事業出版公司，民國65年2月初版，183頁。

人有靈魂與否，至今不可知；然人各有心，則各自反躬撫膺而可知。民國64年，先生八十有一，偶有所感，隨筆抒寫，忽得五篇；回檢所存舊稿七篇，共十二篇：「靈魂與心」、「孔子與心教」、「中華民族之宗教信仰」、「論古代對於鬼魂及葬祭之觀念」、「中國思想史中之鬼神觀」、「儒釋耶回各家關於神靈魂魄之見解」、「再論靈魂與心」、「重申魂魄鬼神義」、「漫談靈魂轉世」、「生命的認識」、「人生向何處去」、「人生之兩面」等皆與靈魂與心有關，遂彙集編成此書。

16. 《中國學術思想史論叢》八冊，台北：東大圖書公司，民國66年5月至69年3月初版。

本書是先生彙集其六十年來之散篇論文，有關討論中國歷代學術思想之部分，而未收入各項專書之內者。書分三編，上編自上古以迄先秦，中編自秦漢以迄唐五代，下編則自宋朝以迄現代，共有論文119篇，逾155萬言。

(一)上編：自上古以迄先秦。

1)上集：《中國學術思想史論叢》（一），民國65年6月初版，239頁。

李木妙　國史大師錢穆教授生平及其著述　　**69**

　　本册為《中國學術思想史論叢》上編之上集，以秦代為斷，內收「中國古代北方農作物考」、「中國古代山居考」、「周公與中國文化」、「讀《詩經》」、「《西周書》文體辨」、「《易經》研究」、「論春秋時代人之道德精神」等七篇。

　　書中首在考論中國古代北方農作物之大概情況，藉以映顯出中國古代北方農事的特徵；繼因古人之山耕，而兼論及於古人之山居及穴居，同時根據文字構造推本字義，而糾正許書之誤。次叙周公制體作樂及創設封建、宗法、井田之制，說明其對於中國文化的貢獻。再次從文學性與政治性綜論《詩經》，並從文體辨正《尚書·西周書》的僞造。再其次，以歷史分析的方法，從「易卦象數」、「周易上下繫辭」、「十傳的哲理」等三個層次研究《易經》，並論證〈十翼〉非孔子所作、〈易繫〉近於道家的自然哲學而遠乎儒義。最後，據《左傳》闡述春秋時代的道德觀念與道德精神，並說明其異於宗教、哲學和科學的特點。

2)下集：《中國學術思想史論叢》（二），民國66年2月初版，240-573頁。

　　本册為《中國學術思想史論叢》上編之下集，上起春秋，下迄秦代；所收論文包括：「儒家之性善論與其盡性主義」、「《易傳》與小戴《禮記》中之宇宙論」、「《中庸》新義」、「《中庸》新義申釋」、「心與性情與好惡」、「《大學》格物新釋」、「儒禮雜議之一──非鬥」、「釋俠」、「駁胡適之〈說儒〉」、「讀《周官》」、「墨辯探源」、「墨辯碎詁」、「推止篇」、「惠施歷物」、「惠學鈎沉」、「公孫龍子新解」、「公孫龍子七說」、「辯者言」、「名墨訾應辨」、「中國古代散文──從西周至戰國」等共二十篇。

69

頁　28 － 79

書中主要集中在儒、道、墨、名四家思想，其內容之異同出入，其年代之先後遞變，均有精確的分析、詳細的考訂。對於古今聚訟之問題，一一以獨特之見解，與以圓通之定論，尤其如《易傳》與小戴《禮記》諸篇之融會儒道，《大學》、《中庸》兩篇中所未經闡發之新義，「墨辯」諸篇與施惠公孫龍之間的派別分歧，莫不深入淺出，獨闢奇境；並於哲學思想以外，引申及於社會史和文學史。分別讀來，各樹一義；會合而觀，對於先秦百家，匯成一體，誠爲治該時代之學術思想所不可不讀之一書。

(二)中編：自上秦漢以迄唐五代。

1)上集：《中國學術思想史論叢》（三），民國66年7月初版，199頁。

本書乃《中國學術思想史論叢》中編之上集，起自西漢，迄於南北朝，所收論文包括：「讀陸賈《新語》」、「中國古代大史學家—司馬遷」、「司馬遷生年考」、「太史公考釋」、「劉向《列女傳》中所見之中國道德精神」、「東漢經學略論」、「略述劉邵《人物志》」、「葛洪年譜」、「魏晉玄學與南渡清談」、「袁宏政論與史學」、「讀《文選》」、「略論魏晉南北朝學術文化與當時門第之關係」等共十二篇。

書中重要部分，一在論本時代之文學，以建安新文學爲其轉捩點，溯源窮流而以昭明《文選》爲其主要題材；一在論東漢以下之門第，舉凡當時門第在政治社會上、在學術思想上、在詩文藝術上、在有關中國文化傳統之種種關係上，莫不有所闡述，可謂發前人所未發，爲考論此一時代之歷史實況者所不可不說。其他如根據陸賈《新語》，推求秦漢之際的學術，根據稀見材料，編寫葛洪年譜，以揭破神仙家言之傳說。要之隨

李木妙　國史大師錢穆教授生平及其著述　71

篇陳義，語不虛發，新見絡繹，則在讀者之自爲尋究。

2)下集：《中國學術思想史論叢》（四），民國67年1月初版，283頁。

　　本書乃《中國學術思想史論叢》中編之下集，專論關於隋唐五代部分，共收論文有：「讀王通《中說》」、「雜論唐代古文運動」、「讀《柳宗元集》」、「讀姚炫《唐文粹》」、「神會與《壇經》（上）、（下）」、「讀《六祖壇經》」、「《六祖壇經》大義」、「記《壇經》與《大涅槃經》之定慧等學」、「讀《少室逸書》」、「讀《寶誌十四科頌》」、「讀《寒山詩》」、「讀《宗密不人論》」、「評胡適與鈴木大拙討論禪」、「禪宗與理學」、「再論禪宗與理學」、「三論禪宗與理學」等十六篇。

　　書中前四篇討論王通、韓柳古文運動；其他皆論唐代禪宗，約占全冊篇幅的四分之三，主要在剖辨六祖慧能與神會之異同，其次乃屬禪宗與此下理學之關係，全書以考據方法來陳述思想，即是以歷史演變來闡發思想史承先啟後之關鍵所在。語必有證、實事求是、不尚空論，而義皆特出，讀此一編，乃可上溯魏晉、下究宋明，明瞭全中國學術思想轉變之大關鍵處。

(三)下編：自宋朝以迄現代。

1)第一集：《中國學術思想史論叢》（五），民國67年7月初版，272頁。

　　本書乃《中國學術思想史論叢》下編之第一集，所收全屬兩宋論文計有：「初期宋學」、「《廬陵學案》別錄」、「讀《智圓閑居編》」、「讀《契嵩鐔津集》」、「濂溪百源橫渠之理學」、「論太極圖與先天圖之傳授」、「正蒙大義發微」、

「二程學術述評」、「朱子心學略」、「朱子學術述評」、「周程朱子學脈論」、「程朱與孔孟」、「辨性」、「象山龍川水心」等十四篇。

北宋諸儒，其議論識見精神意氣，有跨漢唐而上追先秦之概。本書既加抉發，尤於釋氏中剔出《契嵩鐔津》一集，尤見夏蓮秋菊，其品質相異，有隨其氣候、水土而不爽如是者。本書舉濂溪、康節，南北相提並論，尤可探學風轉移之消息；於二程異同、程朱與孔孟異同、儒釋異同，抉發尤加精細，衡論尤持平。治兩宋學者，於此書甚勿忽視。

2) 第二集：《中國學術思想史論叢》（六），民國67年11月初版，236頁。

本書乃《中國學術思想史論叢》下編之第二集，專述關於宋代以後之學術，包括有元一代，以迄明初，其中收論文計有：「黃東發學述」、「王深寧學述」（附讀羅璧《識遺》）」、「吳草廬學述」、「讀《明初開國諸臣詩文集》（讀《宋學士集》、讀《劉文成集》、讀《高青丘集》、讀《蘇平仲集》、讀《貝清江集》、讀《胡仲子集》、讀《九靈山房集》、讀《方正學集》）、「讀《明初開國諸臣詩文集》續篇」（讀《楊維楨、東維子集》、讀《趙汸東山存稿》、讀《葉子奇草木子》）、「金元統治下之新道教」、「理學與藝術」等七篇。

書中黃東發、王深寧、吳草廬三家學述，叙朱學之流衍，可見元初學術思想之大概；此原爲研朱餘瀋之三篇，今併入本論叢，不另成書，以便觀省。讀《明初開國諸臣詩文集》正續篇，舉諸家詩文，以證明初從龍諸臣，或心存轑庭，或意蔑新朝，怯於進而勇於退，殊未見其揭揚「夷夏之辨」以爲民族革命之號召。作者由文論史，抉隱發微，道前賢所未嘗道，爲治吾國

李木妙　國史大師錢穆教授生平及其著述　73

史者所不可不知。他如「金元道教考」，述當時道教之新趣，以明古今之變 ；「理學與藝術」一文，則發明學術思想與藝術之相互關係，專舉繪畫一事，元代四大家亦在其內，故附此書，可為研治吾國藝術史者啟一新途。

3) 第三集：《中國學術思想史論叢》（七），民國68年7月初版，365頁。

　　本書乃《中國學術思想史論叢》下編之第三集，以討論有明一代理學思想為主，尤以陽明一派為中心，所收論文計有：「明初朱子學派流衍考」、「讀《程篁墩文集》」、「羅整菴學述」、「陽明良知學述評」、「讀陽明《傳習錄》」、「王陽明先生《傳習錄》及《大學問》節本」、「說良知四句教與三教合一」、「略論王學流變」、「王龍谿略歷及《語要》」、「摘錄《龍谿集》言禪、言三教」、「羅念菴年譜」、「讀陳建《學蔀通辨》」、「記公安三袁論學」、「顧涇陽、高景逸學述」、「讀《劉蕺山集》」、「宋明理學之總評騭」、「朱子學流衍韓國考」等十七篇。

4) 第四集：《中國學術思想史論叢》（八），民國69年3月初版，388頁。

　　本書乃《中國學術思想史論叢》下編之第四集，以討論清代學術思想為主，所收論文計有：「前期清儒思想之新天地」、「讀《朱舜水集》」、「陸桴亭學術」、「顧亭林學術」、「王船山〈孟子性善義〉闡釋」、「跋康熙丙午刊本《方輿紀要》」、「跋嘉慶乙丑九卷本《讀史方輿紀要》」、「陸稼書學述」、「呂晚村學述」、「讀張穆著《閻潛邱年譜》、再論《尚書》古文疏證」、「說姚立方《禮記通論》」、「續記姚立方《詩

73

頁 28 - 83

經通論》」、「王白田學述」、「記鈔本戴東原《孟子私淑錄》」、「讀姜白巖《尊行日記》」、「錢竹汀學述」、「讀段懋堂《經韻樓集》」、「記鈔本《章氏遺書》」、「《崔東壁遺書》序」、「讀《古微堂集》」、「羅羅山學術」、「朱九江學術」、「讀康南海《歐洲十一國遊記》」、「餘杭章氏學別記」、「太炎論學術」、「讀《清儒學案》序」等二十六篇。

作者於五十年前早有《近三百年學術史》一書，本書各稿皆在其後。前書所偏重在學術，以乾嘉經學爲中心；此書所偏重在思想，極多爲全書所未及者。最後康長素、章太炎所取材，多涉及民國時代，有意考論民國以來七十年之學術思想者，窮源溯本，此兩人更爲不可忽略。而中國四千年來學術思想傳統演變之所及，則此書實爲其殿。承先啟後，其利弊得失之所在，誠爲有志於此者所當鑽研。

17.《莊老通辨》（內收《老子辨》），香港：新亞研究所，民國46年10月初版，民國60年台北再版，420頁。

歷來涉及先秦道家，老子與莊子相提並論，而且老子通常被放在莊子之前，以顯示其地位的重要，甚至被誤會老子先出於莊子的時代；作者有鑒於此，乃根據老子《道德經》的文辭字彙及思想內容等，判斷《道德經》成書年代是戰國晚年，尙晚於莊子之書，因而推斷莊子早於老子，故本書稱爲《「莊老」通辨》，而不稱爲《「老莊」通辨》。

本書收論文十五篇，專論莊子、老子兩家的思想，而辨定其先後。先生精研莊、老思想，爲時已逾三十餘載，每篇論文皆考據與義理兼顧。書中曾收入《老子辨》（上海：大華書局，民國21年初版），包括「老子辨」、「關於老子成書年代之一種考察」、「再論老子成書

年代」三篇論文；對老子其人、其書，詳加考辨，而其所用訓詁考據方法，頗有軼出清儒舊有軌範之外。

18. 《陽明先生傳習錄及大學問節本》，香港：人生出版社，民國46年6月初版，35頁。

本書乃爲初讀王學者之便利，將《傳習錄》及《大學問》兩書擇要選錄，分別標識小題，點醒大意。希由此節本，再讀其全本全書，庶可窺其立說之精深博大處。《傳習錄節本》小目，由「立志」、「立志貴專一」、「立志在漸近」、「立志是學問原本」、「立志是徹始徹終之事」、「誠意與立志」、「誠便是良知」、「良知」、「心即理、良知即天理」、「存天理去人欲」、「知行合一」、「致良知」、「事上磨練」、「心物一體、萬物一體」、「心身一體」、「聖人─理想人格之完成」、「異端」和「拔本塞源論─理想社會之完成」等共十八目。

《大學問》節本，小目則有「明德」、「親民」、「止至善」、定、靜、安、慮、得、「修身」、「正心」、「誠意」、「致知」、「格物」九目。此爲陽明晚年手筆，乃王學要典，學者由是而入，可無歧趣。

19. 《中國思想通俗講話》，香港：自印本，民國44年3月初版；又台北：東大圖書公司，民國78年9月增訂版，78頁。

本書爲民國43年夏，先生在台北應邀作系統講演，分「道理」、「性命」、「德行」、「氣運」四講，就講稿稍加修潤而成，全書逾5萬言。原意在拈出目前中國社會所習用普遍流行的普通觀念，普通名詞，上溯全部中國思想之涵義，由淺入深，藉以描繪出中國傳統思想一大輪廓。民國78年重版，增添「中國思想通俗講話補篇」一文。

20. 《宋明理學三書隨劄》，台北：東大圖書公司，民國72年8月初版，

232頁。

本書乃彙合先生對宋代理學三書：元代劉因編《朱子四書精義集要》、北宋周濂溪《易通書》和南宋朱子、呂東萊合編《近思錄》所作劄記而成，全書逾15萬言。然朱子生平精力，主要在爲《四書集注》，惟體尚簡要，本書則又從劉書中選擇發揮。濂溪《通書》，乃宋理學家第一部著作；《近思錄》乃彙選周敦頤、張載、程顥、程頤等四家語，爲宋代理學之最本源處。本書三劄記，皆以發揮理學家之共同要義爲主。書末附有「中國文化傳統中之士」、「再論中國文化傳統中之士」、「略論朱子學之主要精神」、「中國文化演進之三大階程及其未來之演進」，均以申明理學非異於儒林以爲學。故讀本書不僅可知理學思想之大要，亦可知中國文化之大要。

21.《晚學盲言》上、下冊，台北：東大圖書公司，民國76年8月初版，1,046頁。

本書爲先生晚年雙目失明後開始構思撰述，至民國七十五年秋，時年九十二歲始定稿，誠如先生於《自序》中說：

> 八十三、四歲，雙目忽病，不能見字，不能讀書，不能閱報，雖賴早晚聽電視新聞，略知世局。又以不能辨認人之面貌，疇人廣座，酬應爲難，遂謝絕人事，長日杜門。幸尚能握筆寫字，偶有思索，隨興抒寫。一則不能引據古典書文，二則寫下一字即不識上一字，偶有誤筆，不能改正。每撰一文，或囑內人搜集舊籍，引述成語。稿成，則由內人誦讀，余從旁聽，逐字逐句加以增修。……直迄於余九十二生辰後又百日，而全稿乃定。……惟余之爲此書，亦不音余之「晚學」，爰題爲《晚學盲言》。

全書約80萬言，共分三大部份：上編、宇宙天地自然之部，如：「整體與部分」（一、二）、「抽象與具體」、「時間與空間」、

「學與變」、「自然與人文」、「變與化」、「道與器」、「物世界與心世界」（一、二、三）、「道與理」、「中庸與易簡」、「質世界與能世界」（一、二）、「人生之陰陽面」、「靈魂與德性」、「大生命與小生命」、「天地與萬物人生」；中編「政治社會人文之部」，如：「國家與政府」、「中國歷史上的政治制度」、「政與學」、「政黨與選舉」、「權與能」、「國與天下」、「政治與社會」、「羣居與獨立」、「羣與孤」、「中國家庭與民族文化」、「中國文化中之五倫」、「五倫之道」、「中國五倫中之朋友一倫」（一、二）、「中國文化傳統與人權」、「簡與繁」、「尊與親」、「色彩與線條」、「禮與法」、「教育與教化」（一、二）、「操作與休閒」、「生命與機械」（一、二）、「共產主義與世界潮流」、「道德與權力」、「道義與功利」（一、二）、「創業與垂統」、「帝王與士人」、「風氣與潮流」、「自然與人為」、「組織與生發」、「雅與俗」；下編德性行為修養之部，如：「生與死」、「樂生與哀死」（一、二）、「性與命」（一、二）、「平常與特出」（一、二、三、四）、「公私與通專」、「公私與厚薄」、「情與慾」、「天地與心胸」、「己與道」、「心之信與修」、「為己與為人」（一、二）、「性情與自然」、「手段與目的」（一、二）、「傳統與現代化」（一、二）、「歷史上的新與舊」、「辨新舊與變化」、「內與外」、「安定與刺激」、「器與識」、「孟子論三聖人」、「中與和」、「人物與事業」（一、二）、「知識與德性」、「學問或知識」、「知識與生命」、「知與情」、「修養與表現」、「為政與修己」、「進與退」（一、二、三）、「積極與消極」、「存藏與表現」（一、二）、「入世與出生」、「宗教與道德」、「平等與自由」、「文與物」、「靜與減」、「廣與深」、「多數與少數」（一、二）、「福與壽」、「同異得失」、「尊與敬」、「德行」（一、二、三、四）、「客觀與主觀」、「理想與存養」等

三大部分共九十分題，主要側重中西文化思想異同的比較。

丁、政制史

22. 《中國歷代政治得失》，香港：自刊本，民國41年11月初版，民國44年修訂；又台北：三民書局，民國63年12月重印；大東圖書公司，民國66年6月再版，146頁。

本書乃民國41年春，先生應台北國民政府戰略顧問委員會的邀請，作五次學術講演，其重點在闡述中國歷史上漢、唐、宋、明、清五個朝代的政治制度之得失，扼要地將以上五代的中央政府與地方政府組織、選舉與考試制度、賦稅制度、國防與兵役制度等作一概括性地綜述及評論。民國44年曾就此稿加以修改，尤以唐代兩稅制，明代賦稅制等，均有若干新資料補充，較原稿稍完備充實，全書約10萬言。

戊、歷史地理

23. 《古史地理論叢》，台北：東大圖書公司，民國71年7月初版，283頁。

本書彙集考論古代歷史、地理長短散文共22篇而成，約分甲、乙兩部。甲部有「周初地理考」、「古三苗疆域考」、「楚辭地名考」三篇；乙部則包括「黃帝故事地望考」、「雷學淇紀年義證論夏邑鄶鄩」、「西周戎禍考上」（附辨春秋前秦都邑）、「西周戎禍考下」（附西周對外大事略表）、「重答李峻之君對余周初地理考之駁難」、「再論楚辭地名答方君」、「秦三十六郡考」、「秦三十六郡考補」、「中國史上之南北強弱觀」、「水利與水害」（上篇：論北方黃河）、「水利與水害」（下篇：論南方江域）、「跋康熙丙午刊本《方輿紀要》」、「《禹貢》山水雜說」、「蒼梧九疑零陵地望考」、「說邢」、「說滇與昆明」、「古豫章考」、「漢初侯邑分布」、「提議編纂古史地名索引」等十九篇。

然而其主要意義有二：一則從古代歷史上之異地同名來探究古代

李木妙 國史大師錢穆教授生平及其著述 **79**

各部族遷徙之跡，從而論究其各地經濟、政治、人文進化先後之序，為治中國古代史者提出一至關重要應加注意之一節目；二為泛論中國歷史上南北兩地域經濟、政治、人文演進之古今變遷，指示出一些大綱領，同為治理中國人文地理者所當注意。要之為治歷史必通地理，提示出許多顯明之事例，內容極專門處，但亦有極普通處。

24. 《史記地名考》（附：叙例、總目、索引），香港：太平書局，民國51年10月初版，943頁；香港龍門書店，民國55年4月再版；又台北：三民書局經銷，民國57年9月重印，民國73年2月再版。

　　本書成稿於民國卅年（1941）抗戰期間，作者為奉侍老母返蘇州，改名換姓隱居婁門之耦園一年而撰成。是繼《古史地名論叢》後，對《史記》地名作一綜合的研究，全書共34卷，約80萬言，大體依照《史記》原有篇目編定，但亦有會通各篇變例者。其要目有：「中國與四裔」、「上古地名」、「《禹貢》山水名（上）」、「《禹貢》山水名（中）」、「《禹貢》山水名（下）」、「夏殷地名」、「周地名」、「秦地名」、「齊地名」、「魯地名」、「晉地名」、「楚地名」、「魏地名」、「韓地名」、「趙地名」、「梁宋地名」、「衛曹地名」、「豫章長沙名」、「吳越地名」、「燕地名」、「關中地名」、「秦漢宮宮陵廟名」、「郊祀封禪地名」、「漢侯邑名（一）」、「漢侯邑名（二）」、「漢侯邑名（三）」、「漢侯邑名（四）」、「西北邊地名」、「匈奴北胡地名」、「西域地名」、「蜀地名」、「西南夷地名」、「南粵東越地名」、「東胡朝鮮地名」等是。

　　每地名，引《史記》原文，加以詳審考證，並附按語，而成一家著述；其中不少創見，通體多以極精簡斷語寫出，別出心裁。民國37年，原稿交予上海開明書店排版，錢氏亦已親自校對完畢，未待出版，即以變亂南避香港。十餘年後，香港一書局將之排印出版，滅去作者，改以開明編譯所名義編纂；不知此書非眾手可成，苟無作者說明，讀

79

者將不獲善用。民國55年，錢氏補寫序文、例言，並由其門人王恢先生代製地名總目及索引附於書末。

己、史學與方法

25.《中國史學發微》（收入《史學導言》，台北：中央日報社，民國59年5月初版），台北：東大圖書公司，民國78年3月增訂初版，293頁。

　　本書所收論文共十四篇，近20萬言；除了曾以單刊本出版的《史學導言》之外，還包括：「國史漫話」、「中國史學之精神」、「中國歷史精神」、「中國文化特質」、「中國民族性與中國文化之特長處」、「歷史與人生」、「中國史學中之文與質」、「民族歷史與文化」、「中國教育思想大綱」、「莊子薪盡火傳釋義」、「略論中國歷史人物之一例」、「國史館撰稿漫談」和「世界孔釋耶三大宗教」等十三篇，大部分為先生近年所發表有關史學之精要綱領。

　　然而中國史籍浩如煙海，尤其中「廿五史」乃及「三通」、「九通」數說無窮但本書屬提綱挈領、探本窮源，所為極要之通。讀者即係初學，可以此得其門戶；中人可以此得其道路，老成可以此得其歸格一學之，可以隨所超詣，各有會通，人人有緣，可各誠讀。

26.《中國歷史研究法》，香港：孟氏教育基金會，民國50年12月初版；又台北：新民書局，民國59年7月再版；東大圖書公司，民國77年1月增訂版，145頁。

　　本書是先生於民國50年間，應香港孟氏教育基金會之邀請，連續作八次學術講演的實錄彙編而成。全書八講，包括：「如何研究通史」、「如何研究政治史」、「如何研究社會史」、「如何研究經濟史」、「如何研究學術史」、「如何研究歷史人物」、「如何研究歷史地理」和「如何研究文化史」，主要討論中國歷史的研究方法，分別論及研

究通史、政治史、社會史、經濟史、學術史、文化史和歷史地理等；民國76年重印時，附錄早年發表兩文：「略論治史方法」、「歷史教育幾點流行的誤解」，並略加增潤，全書逾十萬言。

近人治學，只知注重材料與方法，尤其是欲講求速成捷徑，卻不懂做學問應先有一番意義；意義不同，則所採用之材料與運用的方法，亦將隨之不同。然而錢氏治學態度卻與現代人相反，他認為研讀歷史首應探求其內在的精神，此即歷史背後所蘊藏而完成的文化。換言之，歷史乃其外表，文化則是其內容；歷史研究，了解歷史背後的文化才是目的，研究方法僅是手段。因此錢氏大作，實可另賦一名為《中國歷史文化大義》。他本此意義而分八題講演，首講通史研究方法，後述文化研究方法；其實文化史必然是一部通史，而一部通史，則最好應以文化為其主要內容。其間更分政治、社會、經濟、學術、人物與地理六分題，每一分題各有其主要內容，而以文化為其共通對象與共通骨幹；每一分題，在其共通對象——文化大體系之下，各自地位不同、分量不同，其所應着重之材料與其研究方法亦隨之不同。

27. 《中國史學名著》上、下冊，台北：三民書局，民國62年2月初版，337頁。

民國58至60年間，先生曾兩度為台北文化學院歷史研究所講授「中國史學名著」一課程，此書乃就第二次講述錄音刪述而成。內容包括《尚書》、《春秋》、《春秋三傳》、《史記》、《漢書》、《後漢書》、《三國志》、《高僧傳》、《水經注》、《世說新語》、《史通》、《通典》、《新唐書》、《新五代史》、《資治通鑑綱目》、《通鑑紀事本末》、《通志》、《文獻通考》、《宋元學案》、《明儒學案》、《文史通義》等，中國歷代史籍中，最重要的名著。

作者建議讀者須懂得一部一部地研讀史籍，除了要辨其真偽、了解其內容之外，還要進一步了解此書的作者，這樣才懂得書中所涵蘊

的一種活的精神。因為學問背後必然有一個人，易言之，文史之學背後，則每有一種藝術或說精神的存在，所以每讀一書，必定要讀此書背後之人，如此才可了解此書的時代意義與價值。

28.《中國歷史精神》，台北：國民出版社，民國40年11月初版，民國43年1月及民國64年4月再版；印尼耶嘉達：天聲日報社，民國47年7月重印；又東大圖書公司，民國65年12月修訂初版，民國73年3月修訂三版，166頁。

本書是民國40年春，先生在台北應國防部高級軍官組特約講演，前後共分七次，即「史學精神與史學方法」、「中國歷史上的政治」、「中國歷史上的經濟」、「中國歷史上的國防」、「中國歷史上的教育」、「中國歷史上的地理和人物」、「中國歷史上的道德精神」，另增附民國52年8月於國防研究院講演稿：「中國文化與中國人」、「從東西歷史看盛衰興亡」兩篇。全書九篇文章對中國歷史文化作最扼要的、淺顯的、精確的和綜合的分析。

中國的歷史源遠流長，其間治亂興替，波譎雲詭，常令治史者望洋興嘆，無從下手，讀史的人望而卻步，把握不住重點。本書作者以其淵博的史學涵養、銳利的剖析能力，將這個難題解開，使人得窺中國歷史文化的堂奧。本書不但能夠讓你在短暫期間內獲得完整的歷史概念，更能幫助你深入了解五千年來中國歷史精神之所在，從而認清我們這一代中國人所背負的歷史使命及應當努力的方向。讀此書可以增進國人對本國以往歷史之溫情與敬意，而篤信其國家有向前發展之希望。

29.《中國社會演變》，香港：中國問題研究所，民國39年10月初版，32頁。

本書說明中國歷史上社會演變的一個大體輪廓，依據歷史客觀事

實而加以分析綜合。先由中國問題研究所印成單行本，列為〈中國問題叢刊〉之一。民國42年收入《國史新論》一書。

30. 《國史新論》，香港：自刊本，民國42年5月初版，民國44、55、58、64年5月再版；又台北：東大圖書公司，民國78年3月增訂版，327頁。

　　本書曾於民國39年10月以《中國社會演變》書名，由中國問題研究所印行。民國42年5月改以《國史新論》書名出版，曾多次重印，內收「中國社會演變」、「中國傳統政治」、「中國知識分子」、「中國歷史上之考試制度」、「中國文化傳統之演進」等五篇論文；民國78年增訂版加入「再論中國社會演變」、「略論中國社會主義」、「中國歷史上的傳統政治」、「中國文化傳統中之士」、「再論中國文化傳統中之士」、「中國歷史上的傳統教育」、「中國教育制度與教育思想」、「中國歷史人物」、「中國歷史上之名將」九篇論文，全書約22萬言。

　　本書旨在求發明國史真相，這十四篇論文，有以分別、專門、變化三種眼光綜述；其中每一論題，必分古今先後及時代之不同，而提示其重要演變。各篇之間，又有其共同之本源，則在當前社會之思潮、國家動盪演進之時，其已往歷史莫不在其中發生無限的力量，誘導着它的前程，規範着它的發展，此乃人類歷史本身無可避免之大例；否則歷史將不成為一種學問，而人類亦根本不會有歷史性演變。中國近百年來，可謂走上前古未有最富動盪演進性階段，可惜國人對已往歷史之認識特別貧乏和模糊；而作者常望能就新時代的需要，探討舊歷史的真相，期能對當前國內一切問題，有一本源的追溯，與較切實情之啟示。

　　作者同時強調：「診病必須查詢病源，建屋必須先踏看基地，中國以往四千年歷史，必為判斷近百年中國病態之最重要資料，與建設

將來新中國惟一不可背棄之最踏實基礎，此層必先懇求國人之首肯，然後可以進讀吾書而無不着痛癢之責難，與別具用心之猜測。」他又建議學者可參看《中國文化史導論》、《政學私言》、《中國歷史精神》及《歷代政治得失》諸書，更可明瞭他的理論與寫作動機所在。

庚、歷史人物

31.《先秦諸子繫年》上、下冊，上海：商務印書館，民國24年12月初版；香港：香港大學出版社，民國45年6月增訂版；又台北：東大圖書公司，民國75年2月再版，624頁。

終清之世，諸子學一直不能與經學抗衡，除了幾部重要的子書之外，也一直不能受到普遍的重視，以及得到正常的發展。乾隆時，汪中容甫因表揚墨子學說而遭受政治迫害，使諸子學研究備受摧殘；清末，內憂外患交迫相侵，表現在學術上則是今古文經之爭，最後則導經學於絕路，適逢此時，諸子學再度興起。最初是王先謙著《荀子集解》、孫詒讓著《墨子閒詁》；到了民初，章太炎著《國故論衡》與《齊物論釋》、梁啟超著《墨子學案》、胡適著《中國古代哲學史》等。然而繼孫、章之後，能貫通諸子、以史學觀點治諸子學者，當首推錢著《先秦諸子繫年》一書而已。

本書始撰於民國十二年(1923)秋，積四、五載，得考辨163篇，分四卷，垂30萬言。其寫作經過，據錢氏在〈自序〉說：「一篇之成，或歷旬月，或經寒暑。少者三、四易，而後稿定。自以創闢之言，非有十分之見，則不敢輕示於人也。藏之篋笥者又有年，雖時有增訂，而見聞之陋，亦無以大勝乎其前。」民國十九年秋，他又寫〈通表〉四卷，著其結論之梗概，他認為前人考論諸子年世的通病有三：一、「各治一家，未能通貫，故治墨者不能通於孟，治孟者不能通於荀；自為起訖，差若可據，比而觀之，乖戾自見。」二、「詳於著顯，略於晦沉，故於孔墨孟荀則考論不厭其密，於是其他諸子則推求每嫌其

疏。不悟疏者不實，則實者皆虛。」三、「前人爲諸子論年，每多依
據《史記・六國年表》，而即以諸子年世事實繫之。如據魏世家六國
表魏文侯之年推子夏年壽，據宋世家及六國表宋偃稱王之年定孟子遊
宋是也。然史記實爲錯誤，未可盡據。」

　　書中錢氏據《史記・十二諸侯年表、六國年表》，考證先秦諸子
的學術師承與生平著述，上溯孔子生年，下逮李斯卒歲，前後凡200餘
年之先秦諸子學術思想的淵源遞變，無不粲然條貫，秩然就緒；從春
秋到通鑑，中間斷了80年，他逐年把它審訂出來，這無疑將晦澀兩千
年前的戰國史眞相顯露出一眞面目，把中國歷史上一個典章制度盪然
不可復徵的大漏洞補上，可見這本劃時代巨著的歷史價值與學術貢獻。
何佑森教授認爲：「從學術史的角度看，諸子繫年的價值可以說是不
讓古人，善讀此書的人，假使能對書中所考證的有關諸子生平、出處、
師友的淵源，以及學術的流變先有一番通盤的認識，然後再讀諸子書，
心中的領會自然與墨守一家之言的學者不同。」

32.《劉向歆父子年譜》（《燕京學報》第 7 期，民國19年 6 月；《古史辨》
　　第六冊），重慶：中國文化明務社，民國30年重印 ；又台北：台灣商
　　務印書館，民國69年4月初版，156頁。

　　清末康有爲撰《新學僞經考》，力主所有古文經均爲西漢劉歆僞
造，只有今文經才算是經書，而今文經則是孔子託古改制的 ；於是康
氏乃藉託古改制，以求晚清的變法圖強。但至民初，由康氏所開啟的懷
疑新學僞經風氣，沿襲至五四運動時，則形成疑古辨僞的學風，有倡
言中國古史爲後人層累假造，致使對古籍經史之存疑不信，進而懷疑
傳統中國固有的學術文化。錢氏有鑒於此風氣嚴重地損害民族精神，
即欲移風易俗、辟邪匡正和拔本塞源，必須糾正「新學僞經」的歪論，
平反古文經僞造之冤，遂撰《劉向、歆父子年譜》。

　　本書係先生依據《漢書》辨駁康有爲《新學僞經考》之謬誤而作，

對新文化運動時期偏向疑古學風加以糾正。作者曾在《自序》中指出：
「余讀康氏書，深病其牴牾（不可通者二十八端），欲爲疏通證明，
因先編《劉向、歆父子年譜》，著其事實；事實既列，虛說自消。…
…凡近世經生紛紛爲今古文分家，又伸今文，抑古文，甚斥歆、莽，
偏疑史實，皆可以返。循是而上溯之晚周先秦；知今古分家之不實，
十四博士之無根，六籍之不盡傳於孔門而多殘於秦火，庶幾可以脫經
學之樊籠，發古人之眞態。」民國四十七年八月，收入《兩漢經學古
今文平議》一書中。

是書破邪說、息謬論，震撼了當時的北方學術界，而成爲劃時代
的學術傑作。書中，他學證確鑿，一一指出康有爲氏曲解史實者多達
二十八處，清洗劉歆僞造經書的不白之冤，於是僞造古文經之說一時
爲之杜塞；同時，結束清代自道咸長期以來爭論不休的「今古文經之爭」，
平息了經學家的門戶之見，是年秋後，各大專院校停開「經學史」及
「經學通論」等諸課。自此以後，讀書人對兩千年相傳的古文經書，
以及經書中一切的記載，開始有了堅定不移的信心。

33.《周公》，上海：商務印書館，民國20年1月初版；又台北：台灣商
務印書館，民國60年2月再版，111頁。

本書係先生譯自日人林泰輔著《周公與其時代》一書的部分，書
中分：「周公之家系及性行」、「周公之活動時代」、「周公之晚年」、
「周公學術思想之概觀」等共四章。閱讀該書，當對周公生平概況、
建國創制方面的貢獻，及其與中國文化的關係和影響，必有全盤的了
解。是書簡明扼要，譯文流暢。

34.《孔子傳》（附《孔子傳略》，香港：廣學社印書館，民國64年），
台北：綜合月刊社，民國64年8月初版；又東大圖書公司，民國76年7
月再版，163頁。

李木妙　國史大師錢穆教授生平及其著述　　**87**

孔子為中國歷史上第一位大聖人。在孔子以前,中國歷史文化當已有兩千五百年以上之積累,而孔子集其大成;在孔子以後,中國歷史文化又復有兩千五百年以上的演進,而孔子開其新統。在此五千多年,中國歷史進程之指示,中國文化理想之建立,具有最深遠影響最大貢獻者,殆無人堪與孔子比倫。

本書綜合司馬遷以下各家考訂所得,重為孔子作傳。其最大宗旨,乃在孔子之為人,即其所自述所謂「學不厭,教不倦」者,而尋求孔子畢生為學之日進無疆,與其教育事業之博大深微為主要中心,而政治事業次之,對於其學術思想方面僅能擇要涉及。本書所採材料以《論語》為主,為求能獲國人之廣泛誦讀,故篇幅力求簡潔平易;而書之寫定,皆博稽成說,或則取其一是,捨其諸非。

35.《墨子》(萬有文庫,後收入「百科小叢書」),上海:商務印書館,民國20年8月初版;22年3月、24年4月再版,84頁。

本書為先生應上海商務印書館邀稿而撰,全書分「墨子傳略」(墨子的姓名、墨子的國籍和墨子的生卒年代)、「《墨子》書的內容」和「墨學述要」(初期的墨學、墨家的鉅子制度、南方墨家的崛起、中原墨派的新哲學等)三章,共約三萬字。此書解決了當時一些墨學糾紛的問題,諸如:「墨學得名的由來」、「墨子的生卒年代」、「墨學的全部系統」、「別墨學和墨經」等,下至宋、尹、惠、公孫諸家墨學的關係,書中均有獨闢蹊徑與自造一貫的見解。

36.《王守仁》(萬有文庫),上海:商務印書館,民國19年3月初版,128頁。

本書亦為先生應上海商務印書館邀稿而寫,全書分「宋學裡面留下的幾個問題」、「明學的一般趨嚮和在王學以前及同時幾個有關係的學者」、「陽明成學前的一番經歷」、「王學的三變」、「王學大綱」、「陽明的晚年思想」、「王學的流傳」、「陽明年譜」等

87

頁 28－97

八節，約近 6 萬言。此書優點，在對陽明之成學淵源及流變均有簡明的闡述，凡王學之眞精神處均有扼要闡釋。民國44年 3 月，又有增訂，並易名爲《陽明學述要》，由台北正中書局出版。

37.《黃帝》，成都：出版機構待查，民國34年初版；又台北：勝利出版社，民國43年重印；東大圖書公司，民國67年 3 月再版，116頁。

本書係民國34年（1945）先生在四川成都時，應潘公展、印維廉兩先生創編「民族偉人故事集」邀稿，口述大恉，由學生姚君筆撰，合力共成，全書近 8 萬言。民國40年間台灣某出版社曾私印，民國67年 3 月交東大圖書公司重梓問世。

38.《惠施、公孫龍》（國學小叢書），上海：商務印書館，民國20年 8 月初版。

本書始撰於民國12年（1923）春，時先生在福建廈門集美師範，首成「公孫龍白馬論注」；14年冬，續成「公孫龍新注」，又附舊稿「說惠施歷物」及「辯者二十一事」兩文，加「惠施傳略」、「施惠年表」、「惠學鉤沉」，以及「公孫龍傳略」、「公孫龍年表」、「公孫龍子新解」、「公孫龍七說」、「辯者言」、「名墨訾應辨」、「堅白盈離辨駁議」和「彙諸子繫年考惠施公孫龍事跡」諸篇，合成《惠施、公孫龍小傳》一書，實爲研究先秦思想史「名辯學」必讀之書。

辛、回憶錄

39.《八十憶雙親、師友雜憶合刊》，台北：東大圖書公司，民國72年 1 月初版，328頁。

本書係先生於民國63年撰寫《八十憶雙親》與民國71年完稿的《師友雜憶》兩書合刊。全書共三十二節，近20萬言，主要爲先生追憶往昔，雖屢經劇變，而終不能忘卻眞生命所在。讀者閱是書，可從錢氏一生中略窺八十餘年來中國社會各方面的變遷，故亦爲研尋中國現代

社會史者所必讀。誠如他在書中簡介：「余之一生，老而無成；常念自幼在家，經父母之培養；出門在外，得師友之扶翼，迄今已八十八年。余之爲余，則胥父母、師友之賜。孟子曰：『知人論世』。余之爲人不足知，然此八十八年來，正值吾國家民族多難多亂之世；家庭變、學校變，社會一切無不相與變，學術思想、人物風氣，無不變。追憶往昔，雖屢經劇變，而終不能忘者，是即余一人眞生命之所在也。年八十，遂爲《憶雙親》一書；數年後，又續爲《師友雜憶》一書。此册乃合刊此兩書，共爲一編。讀者庶亦由此角度，有以窺此八十八年來國家、社會、家庭、風氣、人物、思想、學術一切之變；而豈余之一身一家瑣屑之所萃而已乎。善論世者，其終將有獲於斯書。」

（四）其他方面

甲、文化學

40. 《文化學大義》，台北：正中書局，民國41年初版，民國63年3月五版，132頁。

本稿係先生於民國39年12月在台灣省立師範學院（即今國立台灣師範大學）連續四次八小時之演講稿；當時由師範同學楊壽彭、張恭萬、張永強筆記，又經師範教授杜呈祥整理，事後再稍加潤飾而成書。全書逾7萬言，約分爲「爲甚麼要講文化學」、「文化學是甚麼一種學問」、「文化的三階層」、「文化之兩類型」、「文化七要素」、「東西文化比較」、「文化的衰老與新生」、「世界文化之遠景」等共八個分題，另附錄「世界文化之新生」、「孔子與世界文化新生」、「人類文化與新科學」三篇短文。文化學爲一新興學問，讀本書再參考《中國文化史導論》，當可對中國文化的特質有更清晰的認識。

41. 《中國文化精神》，台北：三民書局經銷，民國60年7月初版，民國62年1月再版，212頁。

本書於民國60年，先生應蕭政之教育長之邀，爲台北「海陸空三軍軍官莒光班」講授「中國文化精神」（後改總題爲「中國文化對世界之責任」）一課程，前後凡十三次，講題分別爲「中國文化精神」、「中國文化傳統在那裡」、「中國文化的變與常」、「文化傳統中的衝突與調和」、「文化的散播與完整」、「文化的長命與短命」、「文化中之事業與性情」、「文化中和與偏反」、「文化中的自然與世俗」、「文化中的積累與開新」、「文化中的精粹與渣滓」、「文化的前瞻與回顧」、「復興文化之心理條件」共十三篇，乃彙印成書。書中見解皆先生一生在不斷的國難之鼓勵與指導下困心衡慮而得，認爲國人惟對國家民族傳統的文化有信心，始能對保護國家、捍衛文化產生莫大的責任與勇氣。

42. 《文化與教育》，重慶：國民圖書出版社，民國32年7月初版；又台北：東大圖書公司，民國65年2月再版，159頁。

本書爲先生於抗戰時期在後方成都、昆明兩地發表的時論及講稿集成，分上、下兩卷，共以論文二十篇，其中上卷論文包括「中國文化與中國青年」、「中國文化與中國軍人」、「東西文化之再探討」、「東西文化學社緣起」、「東西人生觀之對照」、「戰後新世界」、「新時代與新學術」、「《齊魯學報》創刊號發刊詞」八篇，主要討論文化、學風之趨向；下卷論文包括「改革大學制度議」、「改革中等教育議」、「從整個國家教育之革新來談中等教育」、「革命教育與國史教育」、「建國三路線」、「中國民主精神」、「政治家與政治風度」、「新原才」、「病與艾」、「過渡與開創」、「現狀與趨勢」、「變更省區制度私議」等十二篇，主要討論教育問題，並涉及政風治術。讀者可透過本書，了解抗戰中期我國教育與文化思潮。

43. 《民族與文化》，台北：聯合出版中心，民國49年6月初版，民國51

李木妙　國史大師錢穆教授生平及其著述　　**91**

年6月香港重印；又東大圖書公司，民國78年12月增訂版，119頁。

　　本書係民國48年 9 月，先生應台北國防研究院邀請，對首期學員作一連三天十堂的講演，本書即該講稿稍加修潤而成。書中分甲、乙兩部，甲部爲講義，又分上篇「中華民族之成長與發展」(包括：一、中華民族之本質，二、中國社會之結構，三、中華民族發展之經過及其前途)、下篇「中國歷史演進與文化傳統」（包括：四、中國歷史演進大勢，五、中國文化本質及其特徵，六、中國的哲學道德與政治思想）；乙部爲講演詞，分第一篇「緒論」、第二篇「中華民族之成長與發展」（第一章「中華民族之本質」、第二章「中國社會之形成」）、第三篇「中國歷史演進與文化傳統」（第一章「歷史的領導精神」、第二章「中國歷史演進大勢」、第三章「中國文化本質及其特徵」、第四章「中國傳統文化中之人文修養」）及第四篇「結言」。

44. 《中華文化十二講》，台北：三民書局經銷，民國57年10月初版，又東大圖書公司，民國74年11月再版，171頁。

　　本書是先生於民國56年11月，以中國文化爲中心，赴台灣各空軍基地作巡迴講演之講稿約有：「中國文化的中心思想─性道合一論」、「中國文化中的人和人倫」、「中國文化中所理想之人的生活」、「民族與文化」、「中國文化的進退升沉」、「中國文化與世界人類的前途」、「中國文化中的最高信仰與最終極理想」、「中國文化中的中庸之道」、「反攻復國前途的展望」和「中國文化中的武功與武德」等十篇，由空軍總政戰部彙集成書，名爲《中國文化十講》。後又增附在海陸空三軍軍官學校及陸軍第二集團軍軍官團講演：「中國歷史上的軍人」、「歷史上的人與事理」兩篇，取名《中華文化十二講》，此乃先生對中國文化作有系統講演之第四次。

45. 《中國文化叢談》（三民文庫）一、二冊，台北：三民書局，民國58

年11月初版，383頁。（**此書正在整理，擬增訂重編排印**）

本書所收，係先生近二十年來，在港九、星馬及台灣各地有關中國文化問題講演稿，共二十六篇，分上下兩冊。上冊有論文：「人類文化之展望」、「從東西方歷史看盛衰興亡」、「歷史地理與文化」、「中國文化之成長與發展」、「談中國文化復興運動」、「中國文化與中國人」、「中國歷史人物」、「中國文化與國運」、「怎樣做一個中國人」、「文化與生活」、「變與濫」等十一篇，主要就中國歷史指出中國文化之演進，及當前文化復興運動之主要途徑所在；下冊有論文：「中國人之宇宙信仰及其人生修養」、「中國傳統文化與宗教信仰」、「孔孟學說蠡測」、「中國傳統文化中之道德修養」、「農業與中國文化」、「中國歷史上的經濟」、「中國文化與科學」、「中國文化體系中之藝術」、「從中國固有文化談法的觀點」、「中國文化與海外移民」、「華僑與復興中華文化運動」、「中國社會的禮俗問題」、「中國民族之克難精神」、「知識青年從軍的歷史先例」、「復興中華文化人人必讀的幾部書」等十五篇，主要分述中國文化的各方面，諸如宗教信仰、道德修養、農村生活、社會經濟設計，以及科學、藝術、法律、海外移民等，而以中國民族之克難精神、知識青年從軍的歷史先例，此人人必讀兩篇為殿。此書深入淺出、簡明扼要，對認識中國文化之真諦及啟導人生應守之行徑多有解答。

46. 《**世界局勢與中國文化**》，**台北：東大圖書公司，民國66年5月初版，347頁**。

民國64年，先生應「台灣郵政總局」之請，彙集散文包括：「漫談歷史與盱衡世局」、「和平鬥爭——兩世界勢力之轉捩」、「一個世界三個社會」、「世界暴風雨之中心地點——中國」、「世界局勢與中國文化」、「文化與生活」、「中國人之宇宙信仰及其人生修養」、「中國傳統思想中幾項共通的特點」、「中國思想之主流」、「中國

歷史上關於人生理想之四大轉變」、「中國知識分子的責任」、「中國儒家思想對世界人類新文化所應有的貢獻」、「談中國文化復興運動」、「古器物與古文化」、「毛澤東與文化大革命」、「哲人之隕落—羅素」、「張著:《辯證唯物主義駁論》序」、「訪問日本的一些感想」、「中國今日所需要的新史學與新史學家」、「中國政治與中國文化」、「主義與制度」二十一篇,編爲〈郵光叢書〉之一,取其中一篇題名「世界局勢與中國文化」爲書名。民國65年,增錄「反攻大陸聲中向國民政府進一忠告」、「歷史眞理與殺人事業」、「理想的大學教育」、「宗敎在中國思想史裡的地位」、「中國文化與科學」(一)、「中國文化與科學」(二)、「中國文化體系中之藝術」、「中國平劇之文學意味」等十篇,逾20萬言,交由東大圖書公司出版。

47. **《從中國歷史來看中國民族性及中國文化》,香港:中文大學出版社,民國68年初版,145頁。**

本書係民國67年冬,先生應香港中文大學新亞書院的邀請,以「從中國歷史來看中國民族性及中國文化」爲題 ,爲「錢賓四先生學術文化講座」作首次學術講演,先後六次,爲時一月。內容要目包括:一、引言,二、中國人的性格,三、中國人的行爲,四、中國人的思想總綱,五、中國人的文化結構,六、結論。後據錄音寫成此集,全書近10萬言。

先生於書中主要採取比較的方法,從世界的宏觀角度,根據中國本身的歷史來分析中華民族具有「和合重於分別」的國民特性,並分別從政治、學術和社會經濟等方面,反映出中國人「集團性重於英雄性」、「人重於性」的行爲特徵;中國人的思想總綱在「統之有宗、會之有元」,而不同西方思想在講「變」求「新」;至於中國的文化結構則傾向人生內部的「道德」和「藝術」修養多於人生外面的「宗敎」與「科學」精神,認爲傳統中國是一個「士、農、工、商」四民

並存的社會型態。但先生仍堅持他一貫對中國傳統歷史文化的看法與主張，所據盡皆舊材料、舊知識，而殷切地期盼國人回頭認識自我，並祈求對本國之舊傳統、舊精神稍有了解，或於此下尋求開新自救之道。但須遵守兩個大原則：一、必需根據歷史的舊傳統，才能希望發展此下出新的未來；二、任何一種希望改造，責任只能寄托於少數人（士—具有抱負的知識分子）的身上。

48. 《中國人之宗教社會及人生觀》，台北：自由中國社，民國38年5月，頁數待查。

　　本書所收論文包括：「靈魂與心」、「孔子與心教」、「中華民族之宗教信仰」、「道家思想與安那其主義」（以上四文皆抗戰時期發表在《時代與思想》之舊作，前三篇已收入《靈魂與心》一書中）、「孟莊論人生修養之比較觀」（民國34年作，已收入《莊老通辨》一書中）和「人生三路向」（民國38年作，已收入《人生十論》一書中）六篇。

　　書中各篇雖似分立，而牽涉宗教、社會與人生等幾方面的理論，仍是從一個共通中心觀點上出發；因此各篇文字，處處互相滲透、互相補足，讀此一書，當可瞭解中國人之人生哲學。

乙、文學及其他

49. 《莊子纂箋》，香港：自印本，民國39年12月初版，民國44年2月再版，民國46年3月三版；又台北：東大圖書公司，民國74年11月重印，280頁。

　　本書集注，仿朱子體例，薈萃諸家、網羅羣言，體尚簡要、辭貴清通，尤能兼顧義理、考據、文章三方面，為此書之特點。先生治《莊子》始於辛亥，時年十七歲；執教江南大學，發意注《莊子》，迄次年二月而書成。後在台灣假中央研究院得未見書七、八種，攜赴台南

李木妙　國史大師錢穆教授生平及其著述　　　95

得靜院，晨昏覓隙，再事添列，又越月而竣，前後垂四十年。世益衰益亂，其所會於漆園之微旨者益深；讀此書者，當知先生用心之所在。本書於民國44年 2 月再版時，曾增刪改定47條 ；民國46年 3 月三版，增刪改定又69條 ；民國51年 6 月四版，增刪改定又43條，前後三版，增刪改定共約159條。

50.《四書釋義》，台北：中華文化出版事業委員會，民國42年6月初版；又台灣學生書局，民國67年7月修訂重版，407頁。

　　本書係合前在省立無錫師範執教時的講義《論語要略》（上海：商務印書館，民國14年春初版，民國19年 4 月收入商務〈萬有文庫〉中 ）、《孟子要略》（上海：大華書局，民國15年初版 ）兩書，另增〈大學、中庸釋義〉一文而成。全書逾24萬言篇幅，分論孟、學庸上下編，而兩編體例，亦不相同。今後學者欲上窺中國古代先聖賢哲微言大義，藉以探求中國文化淵旨，自當首誦《論語》，而後讀《孟子》；此兩書不僅代表儒家正統，實亦中國文化精神結晶所在。《大學》、《中庸》兩書，則言簡而義豐，辭近而旨遠，也不失為儒籍之經典，國學之鴻篇。

51.《國學概論》上、下冊，上海：商務印書館，民國25年 5 月初版，民國45年6月台一版 ；又香港：國學出版社，民國55年5月重印，381頁。

　　本書係先生任無錫「江蘇省立第三師範」及蘇州「江蘇省立蘇州中學」講席時所編講義。民國15年夏開始編著：「孔子與六經」、「先秦諸子」、「秦之焚書坑儒」、「兩漢經生經今古文之爭」、「晚漢之新思潮」、「南北朝隋唐之經學注疏及佛典繙譯」等前七章，講授於省立無錫第三師範；民國17年春撰寫：「宋明理學」、「清代考證學」、「最近期之學術思想」等後三章，則講授於省立蘇州中學。

　　全書共十章，約20餘萬言，分期叙述，對每一時代的學術思想主

95

要潮流與發展趨勢所在，略加闡發，其用意在使學者得識二千年來本國學術思想界變遷之大勢，以培養其適應開啟機運之能力。

52. 《中國文學講演集》，香港：人生出版社，民國52年12月初版，民國57年1月重印；又台北：東大圖書公司，民國72年10月增訂初版，125頁。

　　本書係先生到香港後，數年中有關中國文學之講演稿及筆記彙集成書，所收論文有「中國民族之文字與文學」、「中國文化與中國文學」、「中國散文」、「中國文學中之散文小品」、「談詩」、「中國古代文學與神話」、「略論中國韻文起源」、「釋詩言志」、「釋離騷」、「略論九歌作者」、「略談湘君湘夫人」、「韓柳交誼」、「讀歐陽文忠公筆說」、「記唐代文人干謁之風」、「中國京劇中之文學意味」等十六篇，民國72年增加後成論文十四篇，全書共三十篇，彙爲一書，改名《中國文學論叢》，由台北東大圖書公司重排印行。

53. 《理學六家詩鈔》，台北：台灣中華書局，民國63年1月初版，209頁。

　　此書乃先生於宋、明、清三代，專取邵康節、朱晦菴、陳白沙、王陽明、高景逸、陸桴亭六家詩，每家鈔逾百首，近12萬字篇幅。讀者進而窺其全集，又進而旁及諸家，庶知理學宗旨。

丙、學術與人生

54. 《政學私言》，重慶：商務印書館，民國34年11月初版；又台北：商務印書館，民國56年1月再版，204頁。

　　本書上卷：「中國傳統政治與五權憲法」、「選舉與考試」、「論元　首制度」、「地方自治」、「論首都」、「道統與治統」、「人治與法治」等七篇，爲先生於民國三十四年(1945)胃病初癒後所撰，時值「寇氛囂張，獨山淪陷，後方惶擾，訛言日興」之際，「床褥無聊，惟對報紙，……握筆排悶，隔越旬日，亦成篇幅」，所論多與時政有關，曾刊載於《東

方雜誌》，後作單本印行，他於〈自序〉中說：「凡獲七章，其所論刊，皆涉時政，此爲生平所疎，又不隸黨籍，闇於事實，洛陽少年，見譏絳灌，老不知休，更所慙恥。抑時論所尚，必有典據，或尊英美，或師列馬，螺嬴之祝，惟日肖我，其有回就國情，則以黨義爲限斷，區區所論，三俱無當，謚曰私言，亦識其實。」亦是該書命名的所在。又有三年前爲《思想與時代》撰文：「中國傳統政治與儒家思想」、「中國社會之剖視及其展望」、「農業國防芻議」、「戰後新首都問題」、「中國傳統教育精神與教育制度」、「中國人之法律觀念」、「法律新詮」、「政治家與政治風度」等八篇，附諸下卷，取相證發。全書上、下卷，共收論文十五篇，逾12萬言。

55. 《人生十論》，香港：人生出版社，民國44年6月初版，民國52年3月五又台北：東大圖書公司，民國71年7月增訂版，民國79年1月增訂五版，196頁。

　　本書乃先生於民國39年初在台灣各學校演講的舊稿彙編而成。書中雖討論有關人生的一些小問題，其實寓有人生的大道理，內容要目爲：「人生三路向」、「適與神」、「人生目的和自由」、「物與心」、「如何探究人生眞理」、「如何完成一個我」、「如何解脫人生之苦痛」、「如何安放我們的心」、「如何獲得我們的自由」、「道與命」等十講，又附錄「答程兆熊先生書」。民國71年重印新版時，字句略有修訂，並添加在香港大學文學院講演之「人生三步驟」，及在台北故宮博物院講演之「中國人生哲學」三篇，全書約13萬言。先生所論人生皆從中國舊傳統舊觀念闡發，但亦未見其現時代之新潮流、新趨勢有所違背；他主要不在稱述古人，而在求古今之會通和合。讀者淺求之，亦可得當前個人立身處世之要；深求之，則可由此進窺古籍，知得中國古人所講一套道理，仍未與現代局勢有大相反隔離。做人爲學，自信此書皆可以啟其端，爲一入門書。

56. 《湖上閒思錄》，香港：人生出版社，民國49年5月初版；又台北：
東大圖書公司，民國69年9月修訂初版，民國77年3月修訂五版，153
頁。

　　本書係民國37年春，先生執教於無錫太湖邊的江南大學，課餘應
上海《申報》副刊〈學津〉索稿而寫的。時值時局晦昧，光明難睹，
先生徜徉於湖山勝處，交融於大自然中，仰臥逍遙以自遣，逐時有閒
思隨筆抒寫，四月積稿三十篇，乃彙集成冊，全書逾10萬言。

　　本書乃一本哲學、科學、宗教、政治、社會、人生會合的論文集。
匯近古今中外，綜覽異同，而衡量其是非得失，指陳其源流、剖解其
脈胳，言淺意深、語重心長，分題明旨，全書一貫，均屬運使其極輕
鬆、極流麗的筆調，寫出其極沉潛、極其細密的心靈，亦成為上乘的
一部散文作品。此乃作者有其預感大難將臨，準備離家出國前，在湖
山勝地的優艮學府中，所悠游間，含痛抉發，字字傳神、句句入骨，
可使異地時空者讀之，亦心領神會、駕空凌虛，作亂世之針砭，為治
平之嚮導。

57. 《雙溪獨語》，台北：台灣學生書局，民國70年1月初版，326頁。

　　本書係先生於民國61年秋至62年夏之一學年，為台北陽明山華崗
「中國文化學院」歷史研究所授課，就講堂所講撰寫成文，共得三十
篇，彙集而成。此稿曾陸續刊載於該學院所編的《文藝復興》月刊；
稿成，七年後始付印，其間屢有修訂。至於所定書名，他曾於《雙溪
獨語》序云：「名之曰『雙溪獨語』，因諸生皆來余寓「素書樓」受
課，樓對外雙溪；余告諸生：『凡余所講，雖亦引經據典，述而不作，
了無新義，然諸生驟聞之，或將疑其與平日所受課不同；即在報章雜
誌及其他學人新著作中，亦少及此等話，不啻若為余今日一人之獨語。
然苟留在心頭，他日多涉古籍，當亦知非余一人之獨語也。然歟非歟，
則待諸生自定之。』

58. 《學籥》，香港：自刊本，民國47年8月初版，民國55年4月再版；又民國58年1月再版，145頁。

　　本書凡收文六篇，第五篇「近百年來諸儒論讀書」（原名「近百年來之讀書運動」）成於民國24年。其他四篇37年始作於「江南大學」，惜未經刊布，稿即遺逸；現書中所收論文：「略論孔學大體」、「本《論語》論孔學」、「朱子讀書法」、「朱子與校勘學」、「近百年來諸儒論讀書」、「學術與心術」，皆民國44、45年旅港以後的新作。

　　書中首兩篇概述孔學大體，次兩篇記敘朱子讀書法；第五篇時近俗類，堪資借鏡；末篇乃當身感觸，私所抱負，亦隨書附錄。是書命名，誠如先生於〈序目〉中說：「儻有好學之士，取而為法，亦為學入門之一途也。因名之曰《學籥》云爾。」

59. 《新亞遺鐸》，台北：東大圖書公司，民國78年11月初版，951頁。

　　民國38年10月，先生避難赴香港，創辦香港第一所流亡人士之大專院校—新亞書院（前身為「亞洲文商專科夜校」）。本書乃「新亞書院」出版之《新亞校刊》、《新亞生活雙周刊》和《新亞月刊》上，所載先生主持校政十五年期間（1949－1964），對學生之講演，以及相關資料或文稿，按出版時間先後排列，匯集而成，而在每篇下註明原刊期卷，以便讀者翻查，並供瞭解當年海外流亡人士辦學之艱辛。

　　全書收錄先生的講辭、文稿或有關資料共142篇及附錄16則，逾60萬言。其中文稿有：「亞洲文商學院開學典禮講詞摘要」、「招生簡章節錄」、「新亞書院沿革旨趣與概況」、「告新亞同學們」、「敬告我們這一屆的畢業同學們」、「新亞精神」、「新亞五年」、「歡迎雅禮協會代表講詞摘要」、「民國四十三年除夕晚會講詞摘要」、「校風與學風」、「新亞書院五年發展計劃」、「研究所計劃綱要」、「新亞校訓誠明二字釋義」、「新亞理想告新亞同學」、「農圃道新

校舍奠基典禮講詞摘要」、「告本屆畢業同學」、「雅禮和新亞雙方合作三年來之回顧與前瞻」、「第六屆畢業典禮講詞」、「第九屆開學典禮講詞」、「孔子誕辰紀念講詞」、「慶祝新亞第九週年校慶講詞摘要」、「天才技藝大會開幕詞摘要」、「第一次月會講詞摘要」、「第四次月會講詞摘要」、「發刊詞」、「惜別和歡送」、「責任和希望」、「第七屆畢業典禮講詞」、「告本屆新同學」、「孔子思想和世界現實問題」、「變動中的進步」、「國慶與校慶」、「孔道要旨」、「《新亞書院概況》序言」、「介紹張君勱先生講詞」、「中國史學之特點」、「知識、技能與理想人格之完成」、「介紹董之英先生講詞」、「擇術與辨志」、「家庭母愛與孝道」、「研究生報導指導摘要」、「通情達理敬業樂羣」、「為學與做人」、「第八屆畢業同學錄序」、「開學致詞」、「友情的交流」、「珍重我們的教育宗旨」、「讓我們來負擔起中國文化的責任」、「中國傳統思想中幾項共通的特點」、「歡迎英國大學委員會代表福爾頓博士訪問本院講詞」、「校務概況」、「新亞書院十年來的回顧與前瞻」、「本校今後的理想與制度」、「自美來函」（一）、「孫君鼎宸《歷代兵制考》序」、「人」、「何蒙夫詩境記」、「曾何兩人先生哀辭」、「自美來函」（二）、「自美來函」（三）、「自美來函」（四）、「美新港雅禮協會公宴講詞」、「自美來函」（五）、「自美來函」（六）、「三十四次月會講詞」、「中國史學之精神」、「第二期校舍落成典禮講詞」、「從西方大學教育來看西方文化」、「讓我們過過好日子」、「課程學術化生活藝術化」、「從新亞在美校友對母校的重要性」、「關於新亞之評價」、「中國文學中的散文小品」、「關於丁龍講座」、「本刊進入第四年」、「歡祝本屆畢業同學」、「競爭和比賽奇才異能」、「第十屆畢業典禮致辭」、「《論語》讀法」、「秋季開學典禮講詞」、「孔誕與校慶講詞」、「歡迎羅維德先生」、「中國儒學與文化傳統」、

「關於學問方面之智慧與功力」、「學問與德性」、「中國歷史上關於人生理想之四大轉變」、「寫在本刊五卷一期之前」、「回顧與前瞻」、「對十一屆畢業諸君臨別贈言」、「《新亞書院文化講座錄》序」、「有關學問之道與術」、「英國文化協會贈書儀式中致詞」、「校慶日勸同學讀《論語》並及《論語》之讀法」、「秋季開學典禮講詞」、「孔誕、校慶及教師節講詞」、「有關學問之系統」、「讀書與做人」、「衡量一間學校的三個標準」、「歷史與地理」、「學術與風氣」、「第三期新校舍落成典禮講演詞」、「《新亞藝術》第二集序」、「禮樂與人生」、「對十二屆畢業同學之臨別贈言」、「月會講詞」、「漫談《論語新解》」、「秋季開學典禮講詞」、「慶祝中文大學成立」、「孔誕暨校慶紀念會講詞」、「中國文化與中國人」、「關於我的辭職」、「校風與學風」、「事業與職業」、「述《樂記》大意」、「中國文化體系中之藝術」、「《新亞生活》雙周刊第七卷首期弁言」、「從中西歷史看盛衰興亡」、「學問之出與入」、「推尋與會通」、「對新亞第十三屆畢業同學贈言」、「我如何研究中國上古地名」、「上董事會辭職書」、「有關穆個人在新亞書院之辭職」、「致雅禮協會羅維德先生函」、「校慶日演講詞」、「讀《論語》新解」、「亡友趙冰博士追思會悼辭」、「趙冰博士墓碣銘」、「悼趙故董事長兩輓聯」、「〈大學〉格物新義」、「校友日講詞」、「《史記導讀》序」、「《韓文導讀》序」、「新亞二十周年校慶典禮講詞」、「人物與理想」、「我對於雅禮新亞合作十七年來之回憶」、「事業與性情」、「王道先生碑文」、「悼念蘇明璇兄」、「新亞書院創辦簡史」、「新亞四十周年紀念祝辭」，另附錄「校聞一束」（三則）、「本院半年來大事紀」、「新亞書院、亞細亞大學交換學生協定」、「校聞輯錄」、「本院南洋僑生申請免試入學辦法」、「建校九年大事記」、「錢校長赴美歐行程」、「錢校長伉儷講學歸來」、「敬悼青瑤師」等。

叁、錢穆教授年表（1895－1990）

錢穆（1895－1990），原名恩鑠，字賓四，江蘇無錫人氏。曾祖父錢繡屏（1810－？）為國學生，祖父錢鞠如（1832－1868）為邑庠生。父親錢承沛（1866－1906），字季臣，幼有神童之稱，16歲縣試入泮，以案首第一名為秀才，可惜體弱多病，三赴鄉試，均病倒科場，無功而還，便在故里設館授徒；母親蔡氏（1866－1941）賢淑持家。

1895（**清光緒廿一年　乙未**），1歲　　中日甲午戰後，簽訂馬關條約
　　7月30日（農曆六月初九），錢氏誕生於江蘇省無錫縣蕩口鎮南延祥鄉嘯傲涇上七房橋之五世同堂。

1896（**清光緒廿二年　丙申**）　2歲　　興中會成立，中俄密約簽訂
　　幼時家貧。

1897（**清光緒廿三年　丁酉**）　3歲　　中英訂立滇緬邊境及通商條約
　　長弟生，不幸夭折。

1898（**清光緒廿四年　戊戌**）　4歲　　列強瓜分中國，戊戌維新
　　童時，父夜歸必帶一些零食回來，錢氏早起必得食。

1899（**清光緒廿五年　己亥**）　5歲　　義和團之亂
　　其父體弱多病（據說患肺病），經常到鴉片館。

1900（**清光緒廿六年　庚子**）　6歲　　八國聯軍入京，慈禧等西逃
　　六弟錢藝（字漱六）生，眉上有一大痣。

1901（**清光緒廿七年　辛丑**）　7歲　　辛丑和約訂立
　　偕兄錢摯（原名恩第，字聲一）及堂兄等入私塾讀書，每日記誦生字由20個增至80個。

李木妙　國史大師錢穆教授生平及其著述　　**103**

1902（**清光緒廿八年　壬寅**）　8歲　　**京師大學堂（北大前身）開學**

年幼聰慧，強記不忘。是年舉家遷至蕩口鎮，租居克復堂西偏，偕兄就讀克復堂東偏私塾；隨華姓塾師讀《史概節要》、《地球韻事》兩書，後因塾師患病，經年不坐塾，爲免兄弟學業荒廢計，其父再度遷居。

1903（**清光緒廿九年　癸卯**）　9歲　　**清廷設立商部**

熟讀《三國演義》，能誦諸葛亮舌戰羣儒。

1904（**清光緒卅年　甲辰**）　10歲　　**日俄戰爭爆發**

進蕩口鎮〈果育小學校〉（四年制）讀初等一年級，兄讀高等一年級。八弟錢文（字起八）生。

1905（**清光緒卅一年　乙巳**）　11歲　　**革命同盟會成立，科舉廢除**

錢氏在〈果育學校〉讀二年級時，因作文成績優異，曾兩度越級升班；平時在家，父親教導兄長，他旁聽，有問題亦容許發言。

1906（**清光緒卅二年　丙午**）　12歲　　**清廷宣佈預備立憲**

5月17日（農曆四月廿四）上午十時，父親逝世，年四十一歲（1866－1906），臨死叮嚀他要好好讀書；不久再度遷居後倉浜，家計無著，靠七房橋義莊賑濟錢米過活。

1907（**清光緒卅三年　丁未**）　13歲　　**清廷詔設資政局及各省諮議局**

是年冬，他考入〈常州府中學堂〉（五年制）中班讀書，兄考取師範班。

1908（**清光緒卅四年　戊申**）　14歲　　**清廷宣布九年爲立憲期限**

是年他的圖畫科考試，因考圖被誤會譏嘲科老師，僅得0.2分，後得校長屠元博詞護調解，得發證書升級兄聲一則兼任學校理化室助理員。

103

頁 28 － 113

1909（清宣統一年　己酉）　15歲　各省諮議局開幕

復遷家返七房橋故里，適值義莊斥資創辦〈又新小學校〉，兄任校長，月薪10多元，母即辭絕懷海義莊的撫卹，生計益窘。

1910（清宣統二年　庚戌）　16歲　清廷成立資政院

是年幸獲〈果育學校〉舊師長的幫助，申請無錫城中某卹孤會獎學金，得不輟學。同年冬，於四年級考前，與劉半農等五學生代表，晉謁監督（即校長），要求明年增減課程，未獲批準，遂憤而退學；又因受譚嗣同《仁學》一書的影響，乃憤然剪去長辮。是年兄錢摯完婚。

1911（清宣統三年　辛亥）　17歲　武昌起義，辛亥革命爆發

是年春，在常中監督屠元博的推薦下，轉入南京私立〈鍾英中學〉就讀五年級；暑假在家，忽患傷寒症，誤食錯藥，幾至於死，幸得母親護養，三月才癒。10月11日乘京滬鐵路火車赴南京上學，適逢辛亥革命爆發，學校解散而輟學返家。不久，七房橋辦團練，兄任自衞隊長，他為教官。

1912（民國元年　壬子）　18歲　中華民國成立，共和肇造

是年春，他把思鑅改名為穆，兄恩第則易名摯。後為生計，在遠房姪錢冰賢的推介下，任教無錫市郊秦家水渠〈三兼小學校〉，授高級班國文、史地、英文、數學、體操、音樂等科，每週36小時，月薪國幣14元。課餘自修不懈，又自習靜坐；同年以「論民國今後外交政策」一文，獲《東方雜誌》徵文第一等獎。

1913（民國二年　癸丑）　19歲　國民黨第二次革命

是年春，轉入私立〈鴻模（果育）學校〉任教，授高三國文及史地課，每週24小時，月薪國幣24元；六弟錢藝進〈常州中學〉讀書，他在課餘自修不懈，又習靜坐。

李木妙　國史大師錢穆教授生平及其著述　　**105**

1914（民國三年　甲寅）　20歲　　**歐戰爆發，中華革命黨成立**

　　是年秋，錢氏偕兄任教梅村的〈無錫縣立第四高等小學〉，每週授課
18小時，並兼鴻模學校課；同年，五世同堂第一進發生火災，幸無人
居。

1915（民國四年　乙卯）　21歲　　**廿一條款，洪憲稱帝**

　　是年專任縣四高小，五世同堂第三進「素書堂」又發生火災，先祖手
抄《五經》、評點《史記》及其父窗課，盡付一炬，無屋可居，又再
度遷居蕩口鎮。

1916（民國五年　丙辰）　22歲　　**護國之役，帝制失敗**

　　是年，先生仍任教錫四高小；八弟錢文考進〈常州中學〉讀書。

1917（民國六年　丁巳）　23歲　　**護法之役，張勳擁清復辟**

　　是年錢氏仍任職錫四高小，秋先生完婚；陸續撰寫學術性論著，開始
學術生涯。

1918（民國七年　戊午）　24歲　　**歐戰結束，徐世昌選爲大總統**

　　是年，再回蕩口鎮〈鴻模（果育）學校〉專任一年；11月，《論語文
解》由商務出版。

1919（民國八年　己未）　25歲　　**巴黎和會，五四運動爆發**

　　是年乃錢氏讀書、靜坐最專最勤的一年，又與朱懷天合撰〈二人集〉
詩選，後合「闚有言」、「廣有言」、「續闚有言」、「續廣有言」
等共八篇爲《朱懷天先生紀念集》。

1920（民國九年　庚申）　26歲　**直皖戰爭爆發**

　　是年秋，轉入后宅鎮〈泰伯市立第一初級小學校〉任校長，即致力於
學校規章、課程生活化、廢止體罰和白話文教育實驗等教育改革。同

年冬,「愛與欲」一文於上海《時事新報》學燈以大一號字首幅刊登,爲錢氏生平在報紙投稿之第一篇。

1921(民國十年　辛酉)　27歲　　華府會議召開,中共成立

錢氏在后宅教讀,積勞成疾而忽患肺病;是年春,轉任泰伯市立圖書館館長。八弟錢文在〈常州中學〉畢業。

1922(民國十一年　壬戌)　28歲　　第一次直奉戰爭開始

是年9月,轉至〈無錫縣立第一高等小學〉任教,月薪24元;同年10月,應聘爲廈門私立〈集美師範學校〉高中部、師範部三年級國文教師,月薪80元。

1923(民國十二年　癸亥)　29歲　　孫中山在穗組大元帥府

是年6月,以學潮驟起,卻聘離開廈門集美。同年秋,在錢基博推薦下,任江蘇省立〈無錫第三師範學校〉國文教師,有學生糜文開等,並爲一年級學生編寫《論語要略》講義。

1924(民國十三年　甲子)　30歲　　直奉再戰,國民黨召開一大

爲無錫師範二年級學生編寫《孟子要略》講義。

1925(民國十四年　乙丑)　31歲　　孫中山逝世北平,五卅慘案

是年春,《論語要略》由商務初版;同年,爲無錫師範三年級學生編寫《文字學》講義。

1926(民國十五年　丙寅)　32歲　　國民革命軍北伐開始

是年春,故友趙君贈予孫中山《三民主義》一冊,並邀入黨,但被他婉拒;同年爲無錫師範四年級學生講授「國學概論」,並編寫講義。

1927(民國十六年　丁卯)　33歲　　國府定都南京,寧漢分裂

是年秋,任第四中山大學區〈蘇州中學〉(後改爲江蘇省立「蘇州中

學」）國文教師，講授「國學概論」；同年，《孟子要略》由上海大
華書店初版。

1928（民國十七年　戊辰）　34歲　　五三濟南慘案發生，北伐成功
是年夏秋之交，其妻兒及兄長均先後逝世；長姪錢偉長隨他在〈蘇州
中學〉讀高中一年級。

1929（民國十八年　己巳）　35歲　　中東路事件發生，中俄斷交
是年函辭廣州〈中山大學〉之聘，仍留蘇中；續娶張一貫，並迎養母親
至蘇州。

1930（民國十九年　辛未）　36歲　　國府宣布關稅自主，開始剿共
是年3月，《墨子》、《王守仁》由商務初版；同年秋，被顧頡剛薦
爲北平〈燕京大學〉國文系講師，發表《劉向歆父子年譜》，震動北
京學術界。

1931（民國二十年　壬申）　37歲　　九・一八事變爆發，二次剿共
是年秋，轉入〈北京大學〉歷史系任副教授，講授「中國上古史」、
「秦漢史」等課，全漢昇院士、李樹桐教授等就是他當時的學生，同
年兼教〈清華大學〉歷史系；《國學概論》（5月）、《惠施公孫龍》
（8月）先後由上海商務出版。

1932（民國廿一年　癸酉）　38歲　　一・二八事變，僞滿洲國成立
是年在北大開「中國政治制度史」，並講授「中國近三百年學術史」，
仍兼課〈清華大學〉，《老子辨》由上海大華書店初版。

1933（民國廿二年　甲戌）　39歲　　塘沽協定，國府宣布改兩廢銀
是年春偕北大史學系四年級同學作畢業旅行，行程循津浦路經泰安、
濟南至孔子故鄉曲阜，爲錢氏生平四大遠遊之首；同年秋，在北大首

開「中國通史」課，仍講授「中國近三百年學術史」，同時兼課〈燕京大學〉。

1984（民國廿三年　乙亥）　40歲　　新生活運動，剿共戰爭結束

是年，錢氏除任教北大，兼課清華、燕京外，再應〈師範大學〉歷史系之請，講授「秦漢史」。錢氏在北平前後五年購書逾50,000冊，約200,000卷，歷年薪金所得，節衣縮食，盡耗於此。

1985（民國廿四年　丙子）　41歲　　紅軍突圍流亡陝北

是年他偕清華師生經平綏鐵路，北遊大同、綏遠以至包頭。10月又與顧頡剛、錢玄同、姚從吾、孟森和徐炳昶等百餘教授上書國民政府，促早定抗日大計。12月，《先秦諸子繫年》由商務出版。

1986（民國廿五年　丁丑）　42歲　　國府公佈五五憲章，西安事變

是年夏，先生作第三次遠遊：循平漢鐵路南下漢口、赴武昌，參觀武漢大學，再轉由長江至九江，遊廬山。

1987（民國廿六年　戊寅）　43歲　　七七事變、八·一三事變爆發

是年春，錢氏又偕同清華師生作第四次遠遊：沿平漢鐵路轉隴海鐵路，向西遊古都開封、洛陽和西安；5月，《中國近三百年學術史》由商務出版。七七事變後，隨北大南遷，在長沙〈戰時臨時大學〉（後改組爲〈西南聯合大學〉）等任教，仍講授「中國通史」開始八年流亡生活。

1938（民國廿七年　己卯）　44歲　　南京淪陷，武漢不守

錢氏緊隨〈西南聯合大學〉繼續內遷大後方，由湖南長沙乘車赴桂林，換船經漓江往陽朔，再輾轉至雲南昆明、蒙自和宜良一帶。是年秋，西南聯大文學院在蒙自復課，先生講授《中國通史》，並續撰《國史大綱》。

李木妙　國史大師錢穆教授生平及其著述　**109**

1939（民國廿八年　庚辰）　45歲　　第二次世界大戰全面爆發

是年夏，因母親老病，特自雲南至河內，乘海輪到香港，將《國史大綱》稿交由滬遷港商務印書館付印，再赴上海，歸蘇州待母一年，隱居耦園，齋名曰「補讀舊書樓」（原齋名為「還讀我書樓」）。

1940（民國廿九年　辛巳）　46歲　　汪精衛在南京組偽政府

夏自滬抵香港直飛重慶，重返大後方。4月，由教育部聘為〈史地教育委員會〉委員；6月，《國史大綱》由商務初版。同年秋，應顧頡剛之請赴成都擔任〈齊魯大學〉新設國學研究所主任職，並主編《齊魯學報》半年刊。

1941（民國三十年　壬午）　47歲　　太平洋戰事爆發

1月31日（農曆年正月初五），母蔡氏病逝江蘇故鄉，享年77歲，題齋名曰「思親彊學室」。是年應嘉定〈武漢大學〉歷史系邀請，講授「中國政治制度史導論」二月，嚴耕望院士即是這受教的學生；其間亦應馬一浮之請，至設在岷江對岸樂山的〈復性書院〉演講「中國傳統政治」。12月，轉入重慶〈中央大學〉任歷史研究所導師。

1942（民國卅一年　癸未）　48歲　　國府頒布國家總動員令

是年春，應教育部邀請，赴青木關開會，討論有關歷史教育問題。錢氏返回成都賴家園齊魯〈國學研究所〉不久，顧頡剛又去職赴重慶。6月，《教育與文化》由重慶國民圖書出版社初版。同年秋，蔣中正委員長親來成都，錢氏獲兩度召見。

1943（民國卅二年　甲申）　49歲　　中美、英簽訂平等條約

是年春，應張曉峯之邀，赴貴州遵義浙江大學講學一月。後應召赴重慶復興關中央訓練團講演；七月，獲選三民主義青年團第一屆中央團部評議員。同年秋，〈齊魯國學研究所〉停辦，先生即被羅忠恕邀請至〈華

西大學〉文學院哲學、歷史系任教，講授「儒家哲學」。是年冬，又應召再至重慶復興關，爲中央訓練團高級訓練班講學一月；返成都後，胃病大發。

1944（民國卅三年　乙酉）　50歲　　國府號召十萬知青從軍
是時，〈四川大學〉遷回成都，校長黃季陸邀請錢氏往該校講學。

1945（民國卅四年　丙戌）　51歲　　日本無條件投降，抗戰結束
是年8月，抗戰勝利，錢氏以「體弱多病，不耐舟車勞頓之苦」，仍留在〈華西大學〉；同年11月，《政學私言》由重慶商務初版。

1946（民國卅五年　丁亥）　52歲　　國共政治協商、軍事調處
是年夏，錢氏由成都乘飛機赴重慶，再乘飛機直達南京轉蘇州。同年秋，應滇人于忠仁之請，赴昆明〈五華書院〉文史研究所，講授「中國思想史」課。

1947（民國卅六年　戊子）　53歲　　中華民國憲法頒布，國共談判分裂
暑假，乘飛機至上海一行；是年仍在雲南昆明〈五華書院〉文史研究所任教，同時兼課〈雲南大學〉歷史系。

1948（民國卅七年　己丑）　54歲　　國共內戰，金圓券發行
是年春，由滇東歸，任無錫私立〈江南大學〉文學院院長兼史地系教授，課餘撰述《湖上閒思錄》；同年十月應姚從吾之聘，至遷徙於蘇州的〈河南大學〉兼課，又出版《孟子研究》與《中國文化史導論》。

1949（民國卅八年　庚寅）　55歲　　大陸政權易手，國府撤守台灣
是年春，錢氏與〈江南大學〉同事唐君毅教授，應廣州私立〈華僑大學〉王淑陶的聘請，由滬赴穗。5月，《中國人之宗教社會及人生觀》由香港自由出版印行。同年秋，大陸時局緊張，先生又應張其昀之約南避

香港；並與謝幼偉、崔書琴等學者籌辦〈亞洲文商夜學校〉，借用華南中學在九龍偉晴街的課室三間；10月正式開學，招有港、台學生約60餘人。

1950（民國卅九年　辛卯）　56歲　　中共實行土改，抗美援朝
是年新亞設分校於北角英皇道海角公寓；同年秋，得上海商人王岳峯斥貲在九龍桂林街頂得新樓三楹，供作新校舍，亞洲文商即由夜校改為日校，並更名為〈新亞書院〉，錢氏任院長。同年冬赴台，先應台北省立師範學院邀請，演講「文化學大義」；繼應國防部總政治部邀請，演講「中國歷史精神」。

1951（民國四十年　壬辰）　57歲　　中共解放西藏，進行肅反
在錢氏赴台的奔跑之下，香港〈新亞書院〉的早期經費得台北總統府從府中日常辦公費項目下節省出港幣3,000元支助，直至四十三年(1954)5月止。3月，《中國文化史導論》由台北正中書局再版；11月，《中國歷史精神》由台北國民出版社出版；12月，《莊子纂箋》在香港自刊。同年冬，他再度抵台，謀設新亞分校於台中未果。

1952（民國四十一年　癸巳）　58歲　　中共進行「五反」運動
1月，《文化學大義》由台北中正書局出版；是年春，應何應欽將軍邀請赴台北，作學術演講。4月16日應朱家驊邀請為〈聯合國同志會〉作演講，借用〈淡江文理學院〉新落成之驚聲堂，演講完畢答問之際，忽被屋頂掉下的大水泥塊擊暈，即時送院急救，事後赴台中養病四月，期間任職〈台中師範學院〉圖書館的新亞學生胡美琦常來相陪，因而促成日後的婚姻。11月，《中國歷代政治得失》在香港初版，同月《中國思想史》則由台北中華文化出版事業委員會出版。

1953（民國四十二年　甲午）　59歲　　**台灣實施耕者有其田**

美國雅禮會與錢氏接洽協助發展〈新亞書院〉，每年撥款25,000美金作為辦學經費；同年秋，又得美國亞洲協會經費支助，籌辦〈新亞研究所〉於太子道。《國史新論》（5月）、《宋明理學概述》上、下册（6月）、《四書釋義》和《人生十論》（6月）先後出版。

1954（民國四十三年　乙未）　60歲　　**中共召開一次人大，批判高饒**

是年5月，新亞書院開始得美國雅禮協會的經費支助。夏錢氏赴台北，並應蔣經國之邀，在青潭〈中國青年反共救國團〉演講「中國思想通俗講話」；在〈新亞文化講座〉講演「孔孟與程朱」，同年秋，章羣（任教香港大學）、何佑森（任教台灣大學）考進新亞研究所；先生《黃帝》一書由台北勝利出版社出版。

1955（民國四十四年　丙申）　61歲　　**中共通過漢字簡化，批判胡楓**

是年春，哈佛燕京學社撥經費資助〈新亞研究所〉發展，設獎學金、添置藏書、出版學報、研究論文，並正式公開招生；3月，《陽明學述要》（正中）、《中國思想通俗講話》（香港自刊）出版。同月，錢氏榮獲中華民國教育部頒發「學術獎章」；6月，香港大學授予他名譽法學博士。10月，他率「中華民國文化教育訪問團」赴日本東京、奈良、京都等地訪問政學軍商等各界。余英時院士（新亞首屆留所研究生）以助教名義派赴美國〈哈佛大學〉深造。

1956（民國四十五年　丁酉）　62歲　　**中共公私合營完成**

1月30日，先生與胡美琦小姐在九龍亞皆老街〈更生俱樂部〉舉行婚禮，僅新亞同事眷屬十餘人參加；並租居九龍鑽石山貧民窟。是年，《先秦諸子繫年》由香港大學再版，《王陽明先生傳習錄及大學問節本》由《人生》出版，《中國學術史論集》則由台北中華文化事業出版社出版。

李木妙　國史大師錢穆教授生平及其著述　　**113**

1957（**民國四十六年　戊戌**）　63歲　　**大陸進行反右運動**

是年，新亞書院增設藝術專修科。3月，《秦漢史》在香港自刊，10月《莊老通辨》則由新亞研究所初版。

1958（**民國四十七年　己亥**）　64歲　　**中共實行三面紅旗，金門炮戰**

是年1月，夫人胡美琦赴美留學，入加州〈柏克萊大學〉教育研究院進修一年。同年，《兩漢經學今古評文議》出版。

1959（**民國四十八年　庚子**）　65歲　　**達賴喇嘛撒離西藏**

是年春，夫人胡美琦輟學返港，後隨顧青瑤研習國畫。夏赴台，九月再度抵台，在陽明山〈國防研究院〉講「民族與文化」；同年秋，美國雅禮協會增加撥款，協助〈新亞書院〉正式添設藝術系；中、西畫外，曾先設國劇團，後添國樂團，有古琴、二胡和簫笛的傳習。

1960（**民國四十九年　辛丑**）　66歲　　**楊傳廣獲世運十項運動亞軍**

是年1月，錢氏應邀赴美國〈耶魯大學〉東方研究系講學，6月30日授予名譽人文博士，7月往訪〈哈佛大學〉、〈哥倫比亞大學〉、〈芝加哥大學〉，又赴三藩市、西雅圖和加拿大多倫多等地考察，後赴英國牛津、劍橋、倫敦等大學參觀，順訪法國巴黎和意大利羅馬。是年，《湖上閒思錄》出版，新亞書院設添物理化學系。

1961（**民國五十年　壬寅**）　67歲　　**邵希彥、高佑宗駕機投奔自由**

是年，錢氏遷居沙田西林寺上層山腰一樓。《中國歷史研究法》出版。

1962（**民國五十一年　癸卯**）　68歲　　**香港掀起五月難民潮**

是時，港英曾派富爾敦氏與錢氏商討新亞、崇基和聯合三基本成員學院組成大學事宜，曾詳談「校長人選」、「學校名稱」諸問題，前者先生不參議，後者則提議取英文直譯名為「中文大學」。12月岳丈胡家鳳病逝台北，享年七十歲。

113

1963（民國五十二年　甲辰）　69歲　　大陸海河洪水，蔣經國訪美

〈新亞書院〉與〈崇基學院〉、〈聯合書院〉合併組成香港〈中文大學〉。同年，《中國文學講演集》和《論語新解》出版。

1964（民國五十三年　甲辰）　70歲　　中共支援北越反美，核爆成功

是年 7 月，錢氏向〈新亞董事會〉辭職，惟未批准，只許休假一年。先生隱居青山灣避暑小樓，開卷讀《朱子大全集》，埋首撰寫《朱子新學案》一書。同年他於接受割除白內瘴手術後，視力模糊。

1965（民國五十四年　乙巳）　71歲　　姚文元攻擊海瑞罷官歷史劇

是年夏，新嘉坡〈南洋大學〉擬聘爲校長，被他婉拒。6月，錢氏正式辭去〈新亞書院〉校長之職，結束先生在香港辦學16年的生涯；是年 7 月，赴吉隆坡〈馬來大學〉講學一年。

1966（民國五十五年　丙午）　72歲　　中國大陸爆發「文化大革命」

是年 2 月，錢氏以不勝南洋濕氣，舊病劇發，遂提前返回香港。後得哈佛燕京學社協助，按月津貼研究港幣3,500元，從事《朱子新學案》的撰述，前後歷 4 年完稿。

1967（民國五十六年　丁未）　73歲　　大陸批劉鄧，香港左派暴動

是年 5 月，錢氏應中大新亞書院學生演講「五四運動」；8月決赴台定居，10月他偕夫人遷居台北，先住「自由之家」，繼租居金山街，並任教於陽明山華岡〈中國文化學院〉歷史系、歷史研究所。

1968（民國五十七年　戊申）　74歲　　台灣實施九年國民教育

7月，錢氏當選爲〈國立中央研究院〉人文組院士，榮獲中華民國國家最高學術殊榮；是月，遷居台北市郊士林外雙溪，取齋名曰「素書樓」。同月，《中華文化十二講》出版。是年先生曾應新亞新任校長沈亦珍教授邀請，自台赴港參加「新亞二十週年校慶」。

李木妙　國史大師錢穆教授生平及其著述　　**115**

1969（民國五十八年　己酉）　75歲　　文化大革命結束，珍寶島事件

是年11月，錢氏應張其昀邀請，任〈中國文化大學〉歷史研究所博士班導師。同月，《中國文化叢談》（一、二）出版。

1970（民國五十九年　庚戌）　76歲　　中日發生釣魚台列嶼主權糾紛

5月，《史學導言》出版。是年錢氏任〈香港大學〉校外考試委員赴港，當時亦應新亞新任校長梅貽寶教授的邀請，作學術演講。

1971（民國六十年　辛亥）　77歲　　保釣運動，中共進入聯合國

《中國文化精神》（7月）、《朱子新學案》（10月）和《朱子學提綱》（11月）先後出版。

1972（民國六十一年　壬子）　78歲　　美與中共發表上海聯合公報

是年4月，錢氏當選爲〈中央研究院〉院士會議第七屆評議員；同年秋，任〈中國文化大學〉歷史研究所碩士、博士班導師。

1973（民國六十二年　癸丑）　79歲　　台灣推行十項經濟建設計劃

是年2月，《中國史學名著》（一、二）出版；9月，開始撰《孔子傳》。

1974（民國六十三年　甲寅）　80歲　　大陸爆發反擊右傾翻案風運動

是年1月，《理學六家詩鈔》出版。7月，值80歲生辰前夕，錢氏偕夫人南遊，先住梨山賓館，又赴武陵農場，再轉天祥，最後沿橫貫公路自花蓮折返台北，前後住四處，歷8日；旅程中，撰成《八十憶雙親》一文。同年9月，《孔子與論語》出版。

1975（民國六十四年　乙卯）　81歲　　蔣中正總統逝世台北

是年4月，錢氏連任爲〈中央研究院〉院士會議第八屆評議員。《中國學術通義》出版。

1976（民國六十五年　丙辰）　82歲　唐山地震，周、朱、毛死

是年2月，《靈魂與心》出版，重印《文化與教育》；6月《中國學術思想史論叢》（1－8冊）亦先後出版，12月《中國歷史精神》修訂出版。

1977（民國六十六年　丁巳）　83歲　台灣續推行十二項建設

是年5月，《世界局勢與中國文化》出版；冬胃病劇作，幾不治。

1978（民國六十七年　戊午）　84歲　蔣經國當選為第六任總統

是年春，已能起床，惟視力極差，胃病、眼疾迭作。4月，錢氏再度連任為〈中央研究院〉院士會議第九屆評議員。同年夏，由香港中文大學〈新亞書院〉校長金耀基教授等籌設的「錢賓四先生學術文化講座」正式成立；10月8日，錢氏偕夫人抵港，以「從中國歷史來看中國民族性及中國文化」為題，為該講座作首次演講；11月，應〈香港大學〉文學院院長李鍔教授邀請，在港大演講「人生三步驟」。

1979（民國六十八年　己未）　85歲　「北京之春」民主運動爆發

是年8月，《歷史與文化論叢》、《從中國歷史看中國民族性及中國文化》出版。同年錢氏偕夫人赴港，參加〈新亞書院〉創校三十週年紀念，並會晤主張協助新亞書院的前耶魯大學歷史系盧定教授。

1980（民國六十九年　庚申）　86歲　江青等四人幫被審判

是年夏，錢氏偕夫人再赴港，與留在中國大陸的兒子錢拙、錢行、錢遜和幼女錢輝歡聚一週。同年《中國哲學史》、《中國通史參考資料》先後出版。

1981（民國七十年　辛酉）　87歲　中共提出和平統一方案

1月，《雙溪獨語》出版；同年3月，錢氏為〈中央研究院〉院士會議第九屆評議員連任屆滿。是年先生又偕夫人抵香港，和長女錢易（清

李木妙 國史大師錢穆教授生平及其著述　　**117**

華大學教授，江蘇省「人大」代表）、長姪錢偉長（大陸著名力學專
家，與錢學森、錢三強號稱三錢，現任中共「政協」副主席；文革時
遭受清算鬥爭，並被勞解〔即坐牢〕廿餘年）晤聚半月。

1982（**民國七十一年　壬戌**）　**88歲**　　**中共第四次頒布憲法**
　　7月，《古史地理論叢》、《中國文學論叢》出版；是年，先生聞北
京大學為紀念哲學家湯用彤（1893－1964）九十誕辰編印論文集，特
撰「憶錫予」一文寄往中國大陸，以紀念老朋友。

1983（**民國七十二年　癸亥**）　**89歲**　　**大陸淮北雨潦成災**
　　4月，北京大學朱光潛教授應邀來香港中文大學〈錢賓四先生學術文
化講座〉講授「維科的新科學」，錢氏不顧年邁跋涉，自台北趕赴香
港會晤故友，場面至為感人。《八十憶雙親、師友雜憶》（1月）、
《宋代理學三書隨劄》（10月）先後出版。

1984（**民國七十三年　甲子**）　**90歲**　　**大陸宣布開放十四沿海城市**
　　是年3月，錢氏與香港新亞研究所牟宗三教授獲行政院頒授「七十二
年度學術文化獎」；7月7日，值90大壽，張其昀送「一代儒宗」奉
賀，弟子余英時作詩祝壽；12月，《現代中國學術論衡》出版。

1985（**民國七十四年　乙丑**）　**91歲**　　**中共宣布實施九年義務教育**
　　6月9日是錢氏告別杏壇的「最後一課」，當日包括逯耀東教授、孔令晟
上將、宋楚瑜先生等都趕赴外雙溪〈素書樓〉上課，他最後贈言是：
「你是中國人，不要忘記了中國！」於是正式宣佈自〈中國文化大學〉
榮休，結束74年從事教育的生涯（1912－1985），時年91歲。同年12
月24日，蔣經國總統特聘為總統府資政。

117

頁　28 － 127

1986（民國七十五年　丙寅）　92歲　　安徽合肥科大等學生上街遊行

3月，在《聯合月刊》上發表「丙寅新春看時局」，說明從中華民族文化前途的理想看來，中國大陸與台灣地區終應和平統一。

1987（民國七十六年　丁卯）　93歲　　台灣記者首次往大陸採訪

7月初，由《文訊月刊社》主辦的「抗戰文學研究會」，在台北國立中央圖書館國際會議廳舉行，錢氏以貴賓應邀致詞；次月，《晚學盲言》出版。

1988（民國七十七年　戊辰）　94歲　　中國大陸出現高通貨膨脹

錢氏在台北外雙溪故居一素書樓，乃已故總統命陽明山管理局負責建築的政府賓館，57年7月先生偕夫人遷入，隨後該局撤銷才歸台北市政府所有；廿餘年來市政府並未負責維護整修，是年台北市議會卻掀起所謂收回屬於市產的「素書樓風波」。

1989（民國七十八年　己巳）　95歲　　北京發生「六四屠城」事件

是年總統府資政高玉樹因佔用台北市政府宿舍,而與台北市政府發生官司糾紛，高氏在獲知官司敗訴及市政府收回宿舍決心後，不滿地指出同樣是總統府資政，何以錢穆被當成國賓，而他卻被掃出門？這番話，爲平靜的素書樓和錢氏夫婦帶來不少的困擾,也加速另覓新居的決心。

1990（民國七十九年　庚午）　96歲　　東歐發生歷史性巨變

是年6月，錢氏爲避免落人「享受特權」口實，而毅然偕夫人搬出住了23年的外雙溪「素書樓」；但錢氏對「晚年遷徙」一事難以忘懷(秘書邵世光語)，對位於鬧區的寓所也一直不能適應,有時喘著說：「這裡沒有樹！」或喃喃自問：「爲何住公寓？」又經常不明原因拒絕進食（夫人胡美琦語),據說當時又不大講話,記憶力也有些衰退。8月30日，錢氏逝世於台北杭州南路新遷寓所，享年96歲；9月26日在台

北舉行公祭，骨灰遵照錢氏生前遺願，運回中國大陸江蘇故鄉（蘇州西山）安葬。錢氏留在大陸子女聞耗，申請赴台奔喪未果，僅參加 9 月29日在香港新亞書院舉行的公祭。

甴、錢穆教授著作目錄

編　目　凡　例

1. 本編目係彙集錢氏歷年於中國大陸、香港和台灣等地區報刊發表、出版的論著或講演而成；包括編著逾百種，論文約953篇（編者深信錢氏生平發表文章逾千篇次）。

2. 本編目初稿於民國72年 3 月29日，所收論著至79年10月26日止；其中錯漏不少，有待日後增訂。

3. 本編目之分類，按作者的專著、論文分為兩部份，並按發表年份先後順次排列。

4. 本編目所列之專著，皆註明書名、出版地點、出版機構和出版年月 ；論文則註明篇名、期刊名稱、卷期、發表年月等。如有漏缺者，待查證後補正。

5. 本編目主要根據國立中央圖書館《館藏中文圖書目錄》、《八十年來史學書目》、《中國史學論文索引》、《民國學術論文索引》、《中國近二十年文史哲論文分類索引》，其他各種論著期刊索引、《新亞學報》、《新亞校刊》、《新亞生活》及近年出版書刊等。

(一)專著：

1. 《論語文解》，上海：商務印書館，民國 7 年11月初版。

2. 《朱懷天先生紀念集》，上海：自刊本，民國 8 年初版。

3. 《論語要略》（國學小叢書），上海：商務印書館，民國14年 3 月初版。

4. 《孟子要略》，上海：大華書店，民國15年初版。

5. 《周公》，上海：商務印書館，民國18年初版；56年台灣商務再版。

6. 《劉向歆父子年譜》，上海：獨立出版社，民國18年初版；69年台灣商務再版。

7. 《墨子》（萬有文庫），上海：商務印書館，民國19年 3 月初版。

8. 《王守仁》，上海：商務印書館，民國19年 3 月初版；57年台灣商務再版。

9. 《國學概論》，上海：商務印書館，民國20年 5 月初版。

10. 《惠施、公孫龍》，上海：商務印書館，民國20年 8 月初版。

11. 《老子辨》，上海：大華書店，民國21年初版。

12. 《先秦諸子繫年》上、下冊，上海：商務印書館，民國24年12月初版。

13. 《中國近三百年學術史》上、下冊，上海：商務印書館，民國26年 5 月初版；民國45年香港大學再版。

14. 《國史大綱》上、下冊，上海：商務印書館，民國29年 6 月初版；民國36、41、44、66年再版。

15. 《文化與教育》，重慶：國民圖書出版社，民國31年 6 月初版；台北：東大圖書公司，民國65年 2 月再版。

16. 《清儒學案》，重慶：爲國立編譯館寫，民國31年稿成佚失。

17. 《中國文化史導論》，重慶：正中書局，民國32年初版；民國40年 3 月台北再版。

18. 《政學私言》（人人文庫），重慶：商務印書館，民國34年11月；民

國56年 1 月台北再版。

19. 《中國政治與中國文化》，重慶：航空委員會政治部，民國53年 3 月
    初版。

20. 《孟子研究》，上海：開明書店，民國37年初版。

21. 《中國人之宗教社會及人生觀》，香港：自由中國出版社，民國38年
    5 月初版。

22. 《中國社會演變》，香港：中國問題研究所，民國39年10月初版。

23. 《中國知識份子》，香港：中國問題研究所，民國40年初版。

24. 《中國歷史精神》，台北：國民出版社，民國40年11月初版，43年 1
    月再版 ；又印尼耶嘉達：天聲日報，民國41年 7 月重版 ；台北：東大
    圖書公司，民國65年12月增訂版。

25. 《莊子纂箋》，香港：東南印務公司，民國40年12月初版，民國44年
    2 月再版，民國46年 3 月三版，民國51年 6 月四版 ；又台北：東大圖
    書公司，民國74年11月重版。

26. 《文化學大義》（八講），台北：正中書局，民國41年 1 月初版。

27. 《中國歷代政治得失》，香港：自刊本，民國41年11月初版，民國44
    年修訂 ；又台北：東大圖書公司，民國66年 6 月再版。

28. 《中國思想史》，台北：中國文化出版事業委員會，民國41年11月初
    版 ；又台灣學生書局，民國66年 4 月修訂重版。

29. 《國史新論》，香港：自刊本，民國42年 5 月初版，民國44、55、58
    年重印 ；又台北：東大圖書公司，民國70年 2 月再版，民國78年 3 月
    增訂版。

30. 《宋明理學概述》，台北：中國文化事業委員會，民國42年6月初版；
    又台灣學生書局，民國66年 4 月再版。

31. 《四書釋義》，台北：中國文化出版事業委員會，民國42年6月初版；
    又台灣學生書局，民國67年 7 月修訂重版。

32. 《人生十論》，香港：人生出版社，民國42年 6 月初版；又台北：東大圖書公司，民國71年 7 月增訂版。

33. 《黃帝》，成都：出版機構待查，民國34年初版，台北:勝利出版社，民國43年重版；又東大圖書公司，民國67年 3 月再版。

34. 《陽明學述要》，台北：正中書局，民國44年 3 月初版。

35. 《中國思想通俗講話》，香港：自刊本，民國44年 3 月初版，民國51年再版；又台北：東大圖書公司，民國78年 9 月。

36. 《中國學術史論集》，台北：中華文化出版事業委員會，民國45年初版。

37. 《秦漢史》，香港：新華印刷股份公司，民國46年 3 月初版;又台北：東大圖書公司，民國74年 1 月再版。

38. 《王陽明先生傳習錄及大學問節本》，香港：人生出版社，民國46年 6 月初版。

39. 《莊老通辨》，香港：新亞研究所，民國46年10月初版；又台北：出版機構待查，民國60年再版。

40. 《學籥》，香港：南天書業公司，民國47年 6 月初版，民國55年 4 月再版；又台北：出版機構待查，民國58年再版。

41. 《兩漢經學古今文平議》，香港：新亞研究所，民國47年 8 月初版；又台北：東大圖書公司，民國60年 8 月再版。

42. 《湖上閒思錄》，香港：人生出版社，民國49年 5 月初版，民國58年台灣再版；又台北：東大圖書公司，民國69年 9 月再版。

43. 《民族與文化》，台北：聯合出版中心，民國49年 6 月初版；香港：新亞書院，民國51年 6 月重印；又台北：東大圖書公司，民國78年12月增訂版。

44. 《中國歷史研究法》，香港：孟氏教育基金會，民國50年12月初版，民國59年 7 月台北重印；又台北：東大圖書公司，民國77年 1 月增訂版。

李木妙　國史大師錢穆教授生平及其著述　　**123**

45. 《史記地名考》，香港：太平書局，民國51年10月初版；龍門書局，民國55年 4 月重印；又台北：三民書局，民國57年再版。

46. 《孔子論語新編》，台北：台灣商務印書館，民國52年初版。

47. 《中國文學講演集》，香港：人生出版社，民國52年 3 月初版；又台北：東大圖書公司，民國57年 1 月再版，民國72年增訂版。

48. 《論語新解》上、下冊，香港：新亞研究所，民國52年12月初版；又台北：出版機構待查，民國54年 4 月。

49. 《中華文化十二講》，台北：三民書局，民國57年 7 月初版；又東大圖書出版社，民國74年11月再版。

50. 《中國文化傳統的潛力》，台北：幼獅文化事業出版社，民國57年初版。

51. 《讀柳宗元集》，香港：龍門書店，1969年初版。

52. 《中國文化叢談》（一）、（二），台北：三民書局，民國58年11月初版。

53. 《史學導言》，台北：中央日報，民國59年 5 月初版。

54. 《中國文化精神》，台北：三民書局，民國60年 7 月初版，民國62年 1 月再版。

55. 《朱子新學案》一至五冊，台北：三民書局，民國60年 9 月初版。

56. 《朱子學提綱》，台北：自刊本，民國60年11月初版；又東大圖書公司，民國75年 1 月重印。

57. 《中國史學名著》，台北：三民書局，民國62年 2 月初版。

58. 《理學六家詩鈔》，台北：台灣中華書局，民國63年元月初版。

59. 《孔子傳》，台北：孔孟學會，民國63年 8 月初版；又綜合月刊社，民國64年 8 月重印；東大圖書公司，民國76年 7 月。

60. 《孔子與論語》，台北：聯經出版事業有限公司，民國63年 9 月初版。

61. 《孔子略傳《論語》新編》，台北：廣學社印書館，民國64年10月初版。

62. 《八十憶雙親》，香港：中大新亞校友會，民國64年初版。

63. 《中國學術通義》，台北：台灣學生書局，民國64年9月初版，民國71年1月增訂版。

64. 《靈魂與心》，台北：聯經出版事業有限公司，民國65年2月初版。

65. 《中國學術思想史論叢》一至八輯，台北：東大圖書公司，民國65年6月至69年3月初版。

66. 《世界局勢與中國文化》，台北：東大圖書公司，民國66年5月初版。

67. 《統治與道統》，台北：中央研究院三民主義研究所，民國66年初版。

68. 《從中國歷史來看中國民族性及中國文化》，香港：中文大學出版社，民國68年初版。

69. 《歷史與文化論叢》，台北：東大圖書公司，民國68年8月初版。

70. 《人生三步驟》，香港：香港大學，1979年10月初版。

71. 《雙溪獨語》，台北：台灣學生書局，民國70年1月初版。

72. 《中國通史參考資料》，台北：東昇出版公司，民國70年12月初版。

73. 《古史地理論叢》，台北：東大圖書公司，民國71年7月初版。

74. 《中國文學論叢》，台北：東大圖書公司，民國71年7月初版。

75. 《八十憶雙親、師友雜憶合刊》，台北：東大圖書公司，民國72年1月；又長沙：岳麓書社，民國75年7月重印。

76. 《宋明理學三書隨箚》，台北：東大圖書公司，民國72年10月初版。

77. 《現代中國學術論衡》，台北：東大圖書公司，民國73年12月初版。

78. 《晚學盲言》上、下冊，台北：東大圖書公司，民國76年8月初版。

79. 《中國史學發微》，台北：東大圖書公司，民國78年3月初版。

80. 《新亞遺鐸》，台北：東大圖書公司，民國78年9月初版。

81. 《錢賓四先生全集》（甲編：思想學術、乙編：文史學術、丙編：文化論述）五十四冊，台北：聯經出版事業公司，民國83年月——84年7月。

以下爲先生領銜編著論文集

82. 《中國學術史論集》，台北：中華文化出版事業委員會，民國45年重印。

83. 《中西文化研究專集》，台北：國防研究院，民國53年初版。

84. 《抗戰時期的歷史教育》，香港：龍門書店，1966年重印。

85. 《張蔭麟先生紀念專刊》，香港：龍門書店，1967年重印。

86. 《明代政治》，台北：學生書局，民國57年初版。

87. 《文化與生活》（樂天人文叢書之二），台北：樂天出版社，民國58年3月初版。

88. 《中國文化與科學》，台北：進學書局，民國59年4月初版。

89. 《歷史與時代》，台北：仙人掌出版社，民國59年10月初版。

90. 《華副文粹》第一至三輯，台北：中華日報社，民國66年初版。

91. 《國學導論》（吳福助編），台北：牧童出版社，民國67年初版。

92. 《孔孟學說叢書》（中華民國孔孟學會主編），台北：黎明文化事業公司，民國70年。

93. 《傳統與現實》，台北：幼獅文化事業出版公司，民國73年初版。

94. 《中國何處去？》，台北：聯合月刊社，民國75年初版。

95. 《中國教育論文集》（上、下册），台北：東大圖書公司，民國79年12月初版。

96. 《中國儒家思想》，南京：鍾山書局，出版日期待查。

以下爲先生領銜校訂書籍：

97. 《中國歷史》第1－3册（孫國棟等編著），香港：人人出版社，民國52－54年版。

98. 《無錫縣志》四十卷（錢穆勘正），台北：台北無錫同鄉會，民國57年。

99. 《錫金識小錄》十二卷（錢穆鑑定），台北：中華書局，民國61年。

125

100. 新編《中國歷史》第1－3册（孫國棟等編著），香港：人人出版社，民國74－76年版。

101. 《中國歷史》第1－6册（孫國棟、蘇慶彬、胡詠超編著），香港：人人出版社，民國77年版。

（二）論文：

1. 「說惠施歷物」（見《先秦諸子繫年》跋），收入《惠施公孫龍》一書，民國 7 年。

2. 「辯者二十一事」（見《先秦諸子繫年》跋），收入《惠施公孫龍》一書，民國 7 年。

3. 「愛國慾」，上海《時事新報》學燈副刊，民國 9 年11月。

4. 「話希臘哲人與中國道家思想之異同」，上海《時事新報》學燈副刊，民國 9 年12月。

5. 「屈原考證」，上海《時事新報》學燈副刊，民國12年 1 月。

6. 「漁夫」，上海《時事新報》學燈副刊，民國12年 2 月。

7. 「旁觀者言」，（原刊上海《時事新報》學燈副刊），上海亞東圖書館，民國12年12月。

8. 「墨辯探原」，《東方雜誌》第21卷第 8 期，民國13年 4 月。

9. 「孔子年表（附考二則）」，《古史辨》（四）上編，民國14年12月。

10. 「編纂中等學校國文科公用教本之意見」，《新教育》第10卷第 3 期，民國16年 3 月。

11. 「中等學校國文教授之討論」，《教育雜誌》第12卷第 6 號，民國16年 6 月。

12. 「論《十翼》非孔子作」，《古史辨》（三），民國17年 6 月。

13. 「王氏《古本竹書紀年》輯校補正」，《史學與地學》第 3 期，民國17年 7 月。

李木妙　國史大師錢穆教授生平及其著述　**127**

14.「墨辯碎詁」，《蘇中校刊》第11期，民國17年 8 月。

15.「孔子略史及其學說之地位」，《蘇中校刊》第11期，民國17年8月。

16.「儒禮雜議一非鬥篇」，《蘇中校刊》第11期，民國17年 8 月。

17.「荀子篇節考」，《原學》第 1 期，出版日期待查。

18.「先秦諸子禮與法」，《蘇中校刊》，出版期數、日期待查。

19.「易經研究」，《中山大學語史週刊》第 7 卷第83/84期，民國18年 6 月。

20.「諸子系年考略」，《史學雜誌》第 2 卷第 2 期，民國19年 5 月。

21.「劉向、歆父子年譜」《燕京學報》第 1 期，民國19年 6 月。

22.「先秦諸子繫年考辨略論」，《史學雜誌》第2卷第3/4期，民國19年 9 月。

23.「荀卿考」，《古史辨》（四）上編，民國19年 9 月。

24.「田駢考（附彭蒙）」，《古史辨》（四）下編，民國19年 9 月。

25.「接子考」，《古史辨》（四）下編，民國19年 9 月。

26.「關於《老子》成書年代之一種考察」(民國12年夏初成稿)，《燕京學報》第 8 期，民國19年12月。

27.「魏牟考」，《古史辨》（四）下編，民國19年 9 月。

28.「慎到考」，《古史辨》（四）下編，民國19年 9 月。

29.「周官著作時代考『論秦詞白帝有三時』節」，《古史辨》（五），民國20年 4 月。

30.「評顧頡剛『五德終終始說下的政治和歷史』」，《古史辨》（五），民國20年 4 月。

31.「儒家哲學」，《南開週刊》第111期，民國20年 5 月。

32.「惠施傳略」，《古史辨》（六）上編，民國20年 8 月。

33.「惠施年表」，《古史辨》（六）上編，民國20年 8 月。

34.《墨子的生卒年代》，《古史辨》（六）上編，民國20年 8 月。

35. 「公孫龍傳略」，《古史辨》（六）上編，民國20年 8 月。

36. 「公孫龍年表」，《古史辨》（六）上編，民國20年 8 月。

37. 「許行爲墨子再傳弟子考」，《古史辨》（六）上編，民國20年 8 月。

38. 「周初地理考」，《燕京學報》第10期，民國20年12月。

39. 「胡適校勘學方法論」，《國學季刊》第 4 卷第 3 期，民國20年，日
    期待查。

40. 「秦三十六郡考」，《清華週刊》第37卷第9/10期，民國21年 6 月。

41. 「周官著作年代考」，《燕京學報》第11期，民國21年 6 月。

42. 「古三苗疆域考」，《燕京學報》第12期，民國21年12月。

43. 「儒家之性善說與其盡性主義」，《新中華》第 1 卷第 7 期，民國22
    年 4 月。

44. 「再論《老子》成書年代」，《古史辨》（六）下編，民國22年 5 月。

45. 「悼孫以悌」，《史學論叢》第 1 冊，民國23年 1 月。

46. 「評日人瀧川龜太郎《史記會注考證》」，《圖書季刊》第 1 卷第 1
    期，民國23年 4 月。

47. 「評夏曾佑《中國古代史》」，《圖書季刊》第 1 卷第 2 期，民國23
    年 6 月。

48. 「關於夏曾佑《中國古代史》的討論敬答海雲先生」，《大公報圖書
    副刊》第23期，民國23年 4 月。

49. 「提議編纂《古史地名索引》」，《禹貢》第 1 卷第 8 期，民國23年 6 月
    16日。

50. 「漢學與宋學」，輔仁大學《盤石雜誌》，民國23年 7 月。

51. 「楚辭地名考」，《清華學報》第 9 卷第 3 期，民國23年 7 月。

52. 「西周戎禍考」（上），《禹貢》第 2 卷第 4 期，民國23年10月16日。

53. 「唐虞禪讓說釋疑」，北大《史學雜誌》第 1 卷第 1 期，民國24年 1
    月。

李木妙　國史大師錢穆教授生平及其著述　　**129**

54.「西周戎禍考」（下），《禹貢》第 2 卷第12期，民國24年 2 月16日。

55.「黃帝故事地望考」，《禹貢》第 3 卷第 1 期，民國24年 3 月16日。

56.「子夏居西河考」，《禹貢》第 3 卷第 2 期，民國24年 3 月16日。

57.「雷學淇『紀年義證』論夏邑鄩鄩」，《禹貢》第 3 卷第 3 期，民國24年 4 月 1 日。

58.「戰國時宋都彭城考」，《禹貢》第 3 卷第 3 期，民國24年 4 月 1 日。

59.「中國史上之南北強弱觀」，《禹貢》第 3 卷第 4 期，民國24年 4 月16日。

60.「跋閻百詩《古文尚書疏證》」，《北平圖書館館刊》第9卷第3期，民國24年 5 月。

61.「水利與水害（上編：論北方河流）」，《禹貢》第 4 卷第 1 期，民國24年 9 月 1 日。

62.「跋康熙丙午刊本《方輿紀要》」，《禹貢》第 4 卷第 3 期，民國24年10月 1 日。

63.「水利與水害（下編：論南方江域）」，《禹貢》第 4 卷第 4 期，民國24年10月16日。

64.「《四庫提要》與漢宋門戶」，天津《益世報讀書週刊》第24年11月。

65.「譚戒甫《墨經易解》」，《圖書季刊》第 2 卷第 4 期，民國24年12月。

66.「《崔東壁遺書前編》序」，民國24年12月。

67.「《先秦諸子繫年考辨》自序」，《古史辨》（六）上編，民國24年12月。

68.「諸子生卒年世先後一覽表」，《古史辨》（六）上編，民國24年12月。

69.「附跋夏定域『跋康熙丙午刊《方輿紀要》』」，《禹貢》第 4 卷第 9 期，民國25年 1 月 1 日。

70. 「論兩宋學術精神」，《燕大文學年報》第 2 期，民國25年 4 月。

71. 「跋汪容甫《述學》」，天津《益世報·讀書週刊》第47期，民國25年 5 月。

72. 「跋黃汝成《日知錄集解》」，天津《益世報·讀書週刊》第56期，民國25年 7 月。

73. 「龔定菴思想之分析」，《國學季刊》第 5 卷第 3 期，民國25年7月。

74. 「康有為學術述評」，《清華學報》第11卷第 3 期，民國25年 7 月。

75. 「讀史隨筆」，天津《益世報·讀書週刊》第67期，民國25年 9 月。

76. 「論明道與新法」，天津《益世報·讀書週刊》第70期，民國25年 10月。

77. 「與顧頡剛論墨子姓氏辨書」，《史學集刊》第 2 期，民國25年10月。

78. 「論關於荊公傳說之聞鵑辨奸兩案」，天津《益世報·讀書週刊》第73期，民國25年11月。

79. 「略記清代研究《竹書紀年》諸家」，天津《益世報·讀書週刊》第75期，民國25年11月。

80. 「略論治史方法」（讀史隨筆一），《中央日報》文史副刊（一、六）民國25年11月。

81. 「略論治史方法」（讀史隨筆二），《中央日報》文史副刊（五），民國25年11月。

82. 「略論治史方法」（讀史隨筆三），《中央日報》文史副刊（六），民國25年12月。

83. 「記抄本《章氏遺書》」，《圖書季刊》第 3 卷第 4 期，民國25年12月。

84. 「對章太炎學術的一個看法」，《燕大史學消息》第 1 卷第 3 期，民國25年12月。

85. 「記漢代米價」（讀史隨筆之五），天津《益世報·讀書週刊》第83期，民國26年 1 月 14日。

130

86. 「論近代中國新史學之創造」，《中央日報》文史副刊（十），民國26年 1 月17日。

87. 「如何研究中國史」，師大·《歷史教育季刊》第 1 期，民國26年2月。

88. 「論荊公溫公理財見解之異同」（讀史隨筆之六），天津《益世報讀書週刊》第89期，民國26年 3 月。

89. 「再論楚辭地名答方君」，《禹貢》第7卷第2/3期，民國26年 4 月10日。

90. 「廬陵學案別錄」，《燕京文學年報》第 3 期，民國26年 5 月。

91. 「歷史與教育」，《歷史教育季刊》第 2 期，民國26年 5 月。

92. 「論慶曆熙寧兩次變政」（讀史隨筆之七），天津《益世報·讀書週刊》第105期，民國26年 6 月。

93. 「記姚立方《禮記通論》」，《國學季刊》第 6 卷第 2 期，民國26年 6 月。

94. 「跋饒著《魏策吳起論三苗之居辨誤》」，《禹貢》第7卷第6/7期，民國26年 6 月 1 日。

95. 「秦三十六郡考補」，《禹貢》第7卷第6/7期，民國26年 6 月16日。

96. 「建國三路線」，昆明《益世報》（星期評論）文教，民國28年1月。

97. 「病與艾」，昆明《今日評論》文教，民國28年 1 月。

98. 「過渡與開創」，昆明《益世報》星期評論，民國28年 4 月。

99. 「變更省區制度私議」，《大公報》星期日論文，民國28年 4 月。

100. 「論秦以前的封建制度」，北大《治史雜誌》第 2 期，民國28年6月。

101. 「現狀與趨勢」，雲南《國民日報》星期論文，民國28年 7 月。

102. 「社會自由講學之再興起（總論宋元明學術）」，《北大四十週年紀念論文集》，民國29年 1 月。

103. 「《齊魯學報》創刊號發刊詞」，《齊魯學報》第 1 號，民國30年 1 月。

104.「古今南北產鐵量」，《齊魯學報》第 1 號，民國30年 1 月。

105.「漢初侯邑分佈」，《齊魯學報》第 1 號，民國30年 1 月。

106.「禹貢山水雜說」，《齊魯學報》第 1 號，民國30年 1 月。

107.「說蒼梧九疑零陵」，《齊魯學報》第 1 號，民國30年 1 月。

108.「說邢」，《齊魯學報》第 1 號，民國30年 1 月。

109.「說滇與昆明」，《齊魯學報》（文教）第 1 號，民國30年 1 月。

110.「改革大學制度議」，《大公報》（星期評論）文教，民國30年3月。

111.「改革中學教育議」，《大公報》（星期評論）文教，民國30年 4 月。

112.「思親彊學室讀書記序」，《責善》第2卷第1/2期，民國30年 4 月 1 日。

113.「羅念菴先生年譜（一）—思親彊學室讀書記之一」，《責善》第 2 卷第1/2期，民國30年 4 月 1 日。

114.「羅念菴先生年譜（二）—思親彊學室讀書記之二」，《責善》第 2 卷第 4 期，民國30年 5 月 1 日。

115.「王龍谿略歷（龍谿語要）—思親彊學室讀書記之三」，《責善》第 2 卷第 5 期，民國30年 5 月15日。

116.「新時代與新學術」，《大公報》（星期評論）文教，民國30年6月。

117.「東西文化之再探討」，華西大學《華文月刊》（文教）第 1 卷第 2 期，民國30年 6 月。

118.「兩種人生觀之交替與中和」，《思想與時代》創刊號，民國30年 8 月 1 日。

119.「大學格物新釋」，《思想與時代》第 2 期，民國30年 9 月 1 日。

120.「中國傳統政治與儒家思想」，《思想與時代》第 3 期，民國30年10月 1 日。

121.「晉代之民族自卑心理—思親彊學室讀書記之四」，《責善》第 2 卷第15期，民國30年10月16日。

122.「蜀中道教先聲—思親彊學室讀書記之五」，《責善》第 2 卷第16期，民國30年11月 1 日。

123.「張道陵黃巾—思親彊學室讀書記之六」，《責善》第 2 卷第16期，民國30年11月 1 日。

124.「東漢人之養生率性論—思親彊學室讀書記之七」，《責善》第 2 卷第16期，民國30年11月 1 日。

125.「羅君偉《漢十二諸侯年表考證》序」，《責善》第 2 卷第16期，民國30年11月 1 日。

126.「中國社會之剖視及其展望」，《思想與時代》第 4 期，民國30年11月 1 日。

127.「歷史教育幾點流行的誤解」，《教育雜誌》第31卷第11期，民國30年11月。

128.「歷代絹價雜考—思親彊學室讀書記之八」，《責善》第 2 卷第17期，民國30年11月16日。

129.「唐代南方茶山之經濟形態—思親彊學室讀書記之九」，《責善》第 2 卷第17期，民國30年11月16日。

130.「中國文化傳統之演進」，收入《國史新論》，民國30年11月。

131.「中國文化與中國青年」，《大公報》（星期論文）文教，民國30年11月。

132.「中國文化與中國軍人」，《大公報》（星期論文）文教，民國30年12月。

133.「論建都」，《思想與時代》第 5 期，民國30年12月 1 日。

134.「五代時之書院—思親彊學室讀書記之十」，《責善》第2卷第18期，民國30年12月 1 日。

135.「唐代雕版術之興起—思親彊學室讀書記之十一」，《責善》第 2 卷第18期，民國30年12月 1 日。

136.「記唐人干謁之風—思親彊學室讀書記之十二」，《責善》第 2 卷第19期，民國30年12月16日。

137.「新原才」，《大公報》（收入《文化與教育》），民國31年 1 月。

138.「從整個國家教育之刷新來談中等教育」，四川省教育廳《中等教育季刊》，民國31年 1 月。

139.「中華民族之宗教信仰」，《思想與時代》第 6 期，民國31年 1 月 1 日。

140.「論古代對於古魂及葬祭之觀念—思親彊學室讀書記之十三」，《責善》第 2 卷第20期，民國31年 1 月 1 日。

141.「水碓與水磑—思親彊學室讀書記之十四」，《責善》第 2 卷第21期，民國31年 1 月16日。

142.「跋嘉慶乙丑刻九卷本《讀史方輿紀要》」，《責善》第2卷第22期，民國31年 1 月16日。　　 2 月 1 日。

143.「中國傳統教育精神與教育制度」，《思想與時代》（政學私言）第 7 期，民國31年 2 月 1 日。

144.「中國民主精神」，成都《學思》第 1 卷第12期，民國31年 2 月。

145.「釋俠」，《學思》第 1 卷第12期，民國31年 2 月。

146.「中國人之法律觀念」，《思想與時代》第 8 期，民國31年 3 月1日。

147.「政治家與政治風度」，《思想與時代》第10期，民國31年 5 月1日。

148.「中國民族之文學」，《思想與時代》第11期，民國31年6月 1 日。

149.「中國民族之文字與文字學」，《思想與時代》第12期，民國31年 7 月 1 日。

150.「論兩宋相權」，《中國文化研究所彙刊》（金陵、華西和齊魯大學合辦）第 2 期，民國31年 9 月。

151.「蘇代蘇厲考」，《文史雜誌》第 2 卷第 9 期，民國31年11月。

152.「再論大學格物義」，《思想與時代》第16期，民國31年11月 1 日。

李木妙　國史大師錢穆教授生平及其著述　　**135**

153.「戰後新首都問題」，《思想與時代》（政學私言）第17期，民國31年12月1日。

154.「中國今日所需要之新史學與新史學家」，《思想與時代》第18期，民國32年1月1日。

155.「兩漢博士家法考」，中央大學《文史哲季刊》第1期，民國32年1月。

156.「思想與大學」，《思想與時代》第20期，民國32年3月1日。

157.「孔子與心教」，《思想與時代》第21期，民國32年4月1日。

158.「五十年來中國之時代病」，《思想與時代》第21期，民國32年4月1日。

159.「道家思想與安那其主義」，《思想與時代」第22期，民國32年5月1日。

160.「古代觀念與古代生活」，《思想與時代》第23期，民國32年6月1日。

161.「法治新銓」，《思想與時代》（政學私言）第24期，民國32年7月1日。

162.「農業國防芻議」，《思想與時代》（政學私言）第25期，民國32年8月1日。

163.「古代學術與古代文字」，《思想與時代》第26期，民國32年9月1日。

164.「從秦始皇到漢武帝」，《思想與時代》第27期，民國32年10月1日。

165.「新社會與新經濟」，《思想與時代》第28期，民國32年11月1日。

166.「新民族與新宗教之再融和」，《思想與時代》第29期，民國32年12月1日。

167.「《清儒學案》序」，四川省立《圖書館集刊》第3期，民國32年12月。

168.「個性伸展與文藝高潮」，《思想與時代》第30期，民國33年1月1日。

169. 「宋以下中國文化之趨勢」，《思想與時代》第31期，民國33年 2 月 1 日。

170. 「東西接觸與中國文化之新趨向」，《思想與時代》第32期，民國33 年 3 月 1 日。

171. 「中國近代儒家之趨勢」，《思想與時代》第33期，民國33年 4 月 1 日。

172. 「易傳與禮記中之宇宙論」，《思想與時代》第34期，民國33年 5 月 1 日。

173. 「神農與黃帝」，《說文》第 4 卷，民國33年 5 月。

174. 「與繆彥威論『戰國秦漢間新儒家』書」，《思想與時代》第35期，民國33年 6 月 1 日。

175. 「辯性」，《思想與時代》第36期，民國33年 9 月 1 日。

176. 「說良知四句教與三教合一」，《思想與時代》第37期，民國33年11 月 1 日。

177. 「知識青年從軍的歷史先例」，《大公報》專論第43期，民國33年11 月。

178. 「禪宗與理學」，《思想與時代》第38期，民國33年12月 1 日。

179. 「再論禪宗與理學」，《思想與時代》第39期，民國34年 1 月 1 日。

180. 「三論禪宗與理學」，《思想與時代》第40期，民國34年 2 月 1 日。

181. 「中國傳統政治與五權憲法」（政學私言之一），《東方雜誌》第41 卷第 6 期，民國34年 3 月30日。

182. 「考試與選舉」（政學私言之二），《東方雜誌》第41卷第 8 期，民國34年 4 月30日。

183. 「論元首」（政學私言之三），《東方雜誌》第41卷第10期，民國34 年 5 月30日。

184. 「論地方自治」（政學私言之四），《東方雜誌》第41卷第11期，民國34年 6 月15日。

李木妙　國史大師錢穆教授生平及其著述　　**137**

185. 「《政學私言》自序」，《東方雜誌》第41卷第11期，民國34年6月15日。

186. 「神會與壇經」，《東方雜誌》第41卷第14期，民國34年7月31日。

187. 「學統與治統」（政學私言之五），《東方雜誌》第41卷第15期，民國34年8月15日。

188. 「論首都」（政學私言之六），《東方雜誌》第41卷第16期，民國34年8月31日。

189. 「人治與法治」（政學私言之七），《東方雜誌》第41卷第17期，民國34年9月15日。

190. 「李源澄《秦漢史》序」，民國35年2月。

191. 「金元統治下之新道教」，《五華月刊》第1期，民國35年1月；又《人生》第31卷第3期，民國55年7月16日。

192. 「孔子的心學與史學」（五華文史講座上），《五華月刊》第1期，民國35年1月。

193. 「孔子的心學與史學」（五華文史講座下），《五華月刊》第2期，民國35年2月。

194. 「孟子思想第三講」，《五華月刊》第3期，民國35年3月。

195. 「越徙瑯琊考」，《五華月刊》第4期，民國35年4月。

196. 「中國文化新生與雲南」，《五華月刊》第4期，民國35年4月。

197. 「墨子思想第四講」，《五華月刊》第4期，民國35年4月。

198. 「道家思想第五講」，《五華月刊》第5期，民國35年5月。

199. 「無限與真足」，《五華月刊》第5期，民國35年5月。

200. 「秦漢間之新儒家—易傳與中庸第八講」，民國35年。

201. 「東漢以下宗教思想之復活第九講」，民國35年。

202. 「魏晉玄學與南渡清談第十講」，民國35年。

203. 「大乘佛學—空宗第十二講」，民國35年。

137

204.「大乘佛學─相宗與性宗第十三講」，民國35年。

205.「初期宋學」，民國35年。

206.「論太極圖與先天圖之傳授」，民國35年。

207.「濂溪百源橫渠之理學」，《東方雜誌》第42卷第10期，民國35年5月15日。

208.「宋明理學之總評騭」，民國35年。

209.「談《陽明傳習錄》」，昆明《民意日報》（文史第23期）；五華學院《人生》第20卷第4期，民國35年12月。

210.「讀《康南海歐洲十一國遊記》」，《思想與時代》復刊第41期，民國36年1月1日。

211.「讀《智圓閑居編》」，五華學院《新亞學術年刊》第1期，民國36年1月。

212.「靈魂與心」，《思想與時代》復刊第42期，民國36年2月1日。

213.「三論老子書之年代」，五華學院《人生》第20卷第10期，民國36年2月。

214.「略論王學流變」，《思想與時代》復刊第43期，民國36年3月1日。

215.「春秋車戰不隨徒卒考」，《民意日報》（文史副刊第20期），民國36年4月。

216.「二程學術述評」，《思想與時代》復刊第45期，民國36年5月1日。

217.「朱子學術述評」，《思想與時代》第47期，民國36年9月1日。

218.「正蒙大義發微」，《思想與時代》第48期，民國36年10月1日。

219.「陽明良知學述評」，《學原》第1卷第8期，民國36年11月。

220.「《孟子要略》弁言」，民國37年12月。

221.「序《湖上閒思錄》」，民國37年。

222.「施之勉《古史撫實》序」，民國37年5月。

223.「《中國文化史導論》弁言」民國37年5月。

224.「周秦諸子學派論」，《學原》第 2 卷第 2 期，民國37年 6 月。

225.「郭象莊子注中之自然論」，《學原》第 2 卷第 5 期，民國37年9月。

226.「朱子心學略」，《學原》第 2 卷第 6 期，民國37年10月。

227.「人生三路向」，《民主評論》第 1 卷第 1 期，民國38年 6 月18日。

228.「適與神」，《民主評論》第 1 卷第 3 期，民國38年 7 月16日。

229.「新三不朽論」，《民主評論》第 1 卷第 6 期，民國38年 9 月 1 日。

230.「亞洲文商學院開學典禮致詞」，《新亞校刊》創刊號，民國38年10月。

231.「人生目的和自由」，《民主評論》第 1 卷第10期，民國38年11月 1日。

232.「理想的大學教育」，《民主評論》第 1 卷第15期，民國39年 1 月16日。

233.「中國共產黨與萬里長城」，《民主評論》第 1 卷第20期，民國39年4 月 1 日。

234.「反攻大陸聲中向國民政府進一忠告」，《民主評論》第 1 卷第21期，民國39年 4 月16日。

235.「物與心」，收入《新亞書院文化講座錄》（孫鼎宸編），民國39年4 月19日。

236.「理與事」，收入《新亞書院文化講座錄》，民國39年 4 月26日。

237.「回念五四」，《民主評論》第 1 卷第22期，民國39年 5 月 1 日。

238.「生理與心理」，收入《新亞書院文化講座錄》，民國39年 5 月 3 日。

239.「道德與藝術」，收入《新亞書院文化講座錄》，民國民國39年10日。

240.「世界文化之新生」，《民主評論》第 2 卷第 4 期，民國39年 8 月16日。

241.「孔子與世界文化新生」，《民主評論》第 2 卷第 5 期，民國39年 9月 1 日。

242. 「中國社會演變」（上），《民主評論》第 2 卷第 8 期，民國39年10月11日。

243. 「中國社會演變」（下），《民主評論》第 2 卷第 9 期，民國39年11月 1 日。

244. 「中國史學之精神」，收入《新亞書院文化講座錄》，民國39年11月 1 日；又《新亞生活》第 3 卷第 9 期，民國49年11月12日。

245. 「中國傳統政治」（上），《民主評論》第 2 卷第11期，民國39年12月 1 日。

246. 「羅素—哲學人之隨落」，《民主評論》第 2 卷第11期，民國39年12月 1 日。

247. 「中國傳統政治」（下），《民主評論》第 2 卷第12期，民國39年12月16日。

248. 「毛澤東的悲劇」，《中國一週》第34期，民國39年12月。

249. 「歷代與時代」，《新生報》星期論文，民國39年12月。

250. 「歷史人物講話—引言」，《政工通訊》期數待查，民國39年12月。

251. 「自然人生與歷史人生」，《政工通訊》期數待查，民國39年12月。

252. 「中國歷史上的一個大眾英雄—武聖關羽」，《政工通訊》期數待查，民國39年12月。

253. 「中國歷史上最大的一個克難人物—大禹」，《政工通訊》期數待查，民國39年12月。

254. 「中國文化與國運」，《思想與革命》創刊號，民國40年 1 月。

255. 「中華民族之克難精神」，《自由中國》第 4 卷第 1 期，民國40年 1 月。

256. 「歷史講話」，《政工通訊》期數待查，民國40年 1 月。

257. 「物、心、歷史」，《中國一週》第36卷第 1 期，民國40年 1 月。

258. 「文化三階層」，《自由中國》第 4 卷第 6 期，民國40年 3 月16日。

259.「主義與制度」，《中國一週》第46期，民國40年 3 月。

260.「中國歷史上之考試制度」，《考銓月刊》第 1 期，民國40年 4 月。

261.「中國知識分子」（一），《民主評論》第 2 卷第21期，民國40年 5 月 1 日。

262.「中國知識分子」（二），《民主評論》第 2 卷第22期，民國40年 5 月16日。

263.「人類新文化的展望」，《民主評論》第 2 卷第23期，民國40年 6 月 1 日。

264.「世界暴風雨之中心地點—中國」，《民主評論》第 2 卷第24期，民國40年 6 月16日。

265.「老莊與易庸」，收入《新亞書院文化講座錄》，民國40年 6 月14、21日。

266.「孔子論仁與命與理」，《人生》第 1 卷第12期，民國40年 7 月 1 日。

267.「近五十年中國人心目中行行的一套歷史哲學」，《自由人》第?期，民國40年 7 月。

268.「孟子論性善」，《人生》第 2 卷第 2 期，民國40年 8 月10日。

269.「《中國思想史》自序」，《香港時報》，民國40年 8 月 4 日。

270.「中國歷史上的經濟」，《思想與革命》第 1 卷第 9 期，民國40年 9 月。

271.「中山思想之新綜析」，《自由中國》第 5 卷第 6 期，民國40年 9 月16日。

272.「愛與敬」，《人生》第 2 卷第 5 期，民國40年 9 月25日。

273.「黑格爾辯證法與中國禪宗」，收入《新亞書院文化講座錄》，民國40年10月11、18日。

274.「王荊公的哲學思想」，收入《新亞書院文化講座錄》，民國40年11月29日。

275.「革命與政黨」，《新生報》，民國40年12月 8 日。

276.「中國歷史上之考試制度」，《考銓月刊》第 1 期，民國40年12月。

277.「《莊子纂箋》自序」，《民主評論》第 3 卷第 1 期，民國40年12月1 日。

278.「如何研究人生眞理—人生問題發凡之一」，《民主評論》第 3 卷第 8 期，民國41年 4 月16日。

279.「如何完成一個我—人生問題發凡之二」，《民主評論》第 3 卷第 9 期，民國41年 4 月 1 日。

280.「唐宋時代的文化」，《大陸雜誌》第 4 卷第 8 期，民國41年 4 月。

281.「新亞書院沿革旨趣與概況」，《新亞書院校刊》創刊號，民國41年 6 月 1 日。

282.「新亞書院旨趣及發展計劃」，《新亞書院校刊》創刊號，民國41年 4 月 1 日。

283.「新亞書院招生簡章」，《新亞書院校刊》創刊號，民國41年 6 月 1 日。

284.「漢代的學風」，《新亞書院校刊》創刊號，民國41年 6 月 1 日。

285.「如何解脫人生之痛苦—人生問題發凡之三」，《民主評論》第 3 卷第11期，民國41年 5 月 1 日。

286.「莊子與中庸」，《當代青年》第 4 卷第 5 期，民國41年 7 月。

287.「經學與史學」，《民主評論》第 3 卷第20期，民國41年 9 月16日。

288.「我們如何慶祝雙十節」，《中國學生週報》第12期，民國41年9月。

289.「雙十獻言」，《民主評論》第 3 卷第21期，民國41年10月 1 日。

290.「漢代制度得失」，收入《新亞書院文化講座錄》，民國41年10月12日。

291.「藝術與文學」，《人生》第 4 卷第 1 期，民國41年10月15日；又《人生》第18卷第 1 期，民國48年 5 月16日。

292.「唐代制度得失」，收入《新亞書院文化講座錄》，民國41年10月19日。

293.「如何安放我們的心—人生問題發凡之四」，《民主評論》第 3 卷第23期，民國41年11月16日。

李木妙　國史大師錢穆教授生平及其著述　　143

294.「題郭大維先生畫集」，《人生》第 4 卷第 6 期，民國42年 1 月16日。

295.「朱熹學述」，《民主評論》第 4 卷第 1 期，民國42年 1 月 1 日。

296.「三陸學述」，《民主評論》第 4 卷第 2 期，民國42年 1 月16日。

297.「朱子的思想」，收入《新亞書院文化講座錄》，民國42年 2 月22日。

298.「告新亞同學們」，《新亞校刊》第 2 期，民國42年 3 月 1 日。

299.「新亞學規（二十四條）」，《新亞校刊》第2/5期，民國42年 3 月 1 日，43年 7 月 1 日；又《新亞生活》第 1 卷第10期，民國47年10月13 日。

300.「（新亞）課程綱要」，《新亞校刊》第 2 期，民國42年 3 月 1 日。

301.「青年節告海外流亡海外的中國青年們」，《中國學生週報》第36期，民國42年 3 月27日。

302.「《宋明理學概述》自序」，《人生》第 4 卷第10期，民國42年 3 月16日。

303.「中國思想之主流」，《中國文化論集》第 1 集，民國42年 3 月。

304.「王陽明學派流變」，收入《新亞書院文化講座錄》，民國42年 4 月 5 日。

305.「論語新解─學而篇第一」（一），《人生》第 4 卷第12期，民國42年 4 月16日。

306.「論語新解─學而篇第一續」（二），《人生》第 5 卷第 1 期，民國42年 5 月 1 日。

307.「論語新解─爲政篇第二」（三），《人生》第 5 卷第 2 期，民國42年 5 月16日。

308.「中國古代大史學家─司馬遷（中國名人小傳之一）」，《民主評論》第 4 卷第 8 期，民國39年 8 月。

309.「中國道家思想的大宗師─莊周」，《民主評論》第 4 卷第10期，民國42年 5 月16日。

310.「論語新解─爲政篇第二續」（四），《人生》第 5 卷第 3 期，民國42年 6 月 1 日。

143

頁　28 － 153

311.「論語新解—爲政篇第二續」（五），《人生》第5卷第4期，民國42年6月21日。

312.「中國古代傳說中的博大眞人—老聃」，《民主評論》第4卷第11期，民國42年6月1日。

313.「孔子與春秋」，《新亞書院文化講座錄》，民國42年6月7日；又香港大學《東方文化》第1卷第1期，民國43年1月。

314.「司馬遷生年考」，《學術季刊》第1卷第4期，民國42年6月。

315.「太史公考釋」，《學術季刊》第1卷第4期，民國42年6月。

316.「論語新解—八佾篇第三」（六），《人生》第5卷第6期，民國42年7月1日。

317.「道家的政治思想」，《民主評論》第4卷第13期，民國42年7月1日。

318.「敬告我們這一屆的畢業同學們」，《新亞校刊》第3期，民國42年7月1日。

319.「漫談歷史盱衡世局」，《星島日報》增刊，民國42年8月1日。

320.「孔子的敎與學」，《祖國》第4卷第4期，民國42年10月。

321.「中國散文三講」，收入《新亞書院文化講座錄》，民國42年10月4、11、18日。

322.「希望與反省—國慶日獻詞」，《民主評論》第4卷第20期，民國42年10月。

323.「論語新解—八佾篇第三續」（七），《人生》第5卷第7期，民國42年11月11日。

324.「論語新解—八佾篇第三續」（八），《人生》第5卷第8期，民國42年11月21日。

325.「海鹽朱遇先生《史館論議》序」，《民主評論》第4卷第22期，民國42年11月16日。

李木妙　國史大師錢穆教授生平及其著述　　**145**

326. 「關於提倡民族精神教育的一些感想」，《民主評論》第7卷第12期，民國42年12月。

327. 「論語新解—八佾篇第三續」（九），《人生》第5卷第10期，民國42年12月11日。

328. 「論語新解—里仁篇第四」（十），《人生》第5卷第11期，民國42年12月21日。

329. 「論語新解—里仁篇第四續」（十一），《人生》第5卷第12期，民國43年1月1日。

330. 「駁胡適之說儒」，《東方文化》第1卷第1期，民國43年1月。

331. 「風、月、月、心—開歲獻詞」，《民主評論》第5卷第1期，民國43年1月1日。

332. 「新亞精神」，《新亞校刊》第4期，民國43年2月25日。

333. 「《中國政治思想史綱》序」，《人生》第7卷第9期，民國43年4月1日。

334. 「新亞、雅禮合作向雅禮代表致歡迎詞」，《新亞校刊》第5期，民國43年4月3日。

335. 「在現時代怎樣做個大學生」，《大學生活》創刊號，民國43年5月。

336. 「對政府的希望」，《民主評論》第5卷第10期，民國43年5月。

337. 「孔孟與程朱」（收入《新亞書院文化講座錄》唐端正記），《人生》第8卷第3期，民國43年6月16日。

338. 「新亞五年」，《新亞校刊》第5期，民國43年7月1日。

339. 「新亞書院招生簡章」，《新亞校刊》第5期，民國43年7月1日。

340. 「人民與眞理」，「民主評論」第5卷第13期，民國43年7月1日。

341. 「從中國社會看中國文化」，《幼獅學報》第2卷第9期，民國43年11月。

342. 「雙十國慶答客問」，《自由人》第376期增刊，民國43年10月10日。

145

頁 28 － 155

343.「略述中山先生之思想」，《人生》第 9 卷第 1 期，民國43年11月16日。

344.「私立（無錫）江南大學」，《中華民國大學誌》二（張其昀編），台北：中華文化出版事業社，民國43年12月。

345.「民國四十三年除夕晚會講詞」，香港《華僑日報》，民國43年12月30日。

346.「希望與實踐」，《華僑日報》，民國44年1月5日。

347.「中國儒家思想對世界人類新文化應有的貢獻」，《星島日報》十七週年特刊，民國44年。

348.「如何獲得我們的自由」（人生問題發凡之五），《人生》第 9 卷第 4 期，民國44年1月1日。

349.「新年獻詞」，《民主評論》第 6 卷第 1 期，民國44年1月1日。

350.「道理」，《民主評論》第 6 卷第 2 期，民國44年1月16日。

351.「性命」，《民主評論》第 6 卷第 3 期，民國44年2月1日。

352.「德行」，《民主評論》第 6 卷第 4 期，民國44年2月6日。

353.「答嚴靈峯先生」，《民主評論》第 6 卷第 6 期，民國44年年2月16日。

354.「氣運」，《人生》第 9 卷第 8 期，民國44年3月1日。

355.「校風與學風」，《新亞校刊》第 6 期，民國44年3月15日；又《新亞生活》第 6 卷第16期，民國53年2月21日。

356.「新亞書院五年發展計劃草案」，《新亞校刊》第 6 期，民國44年3月15日。

357.「《中國思想通俗講話》自序」，《人生》第 9 卷第 9 期，民國44年3月16日。

358.「陽明成學前的一番經歷」，《幼獅月刊》第 3 卷第 4 期，民國44年4月。

李木妙　國史大師錢穆教授生平及其著述　　147

359.「《國史新論》自序、《中國思想史》自序節略」，《人生》第 9 卷第12期，民國44年 5 月 1 日。

360.「關於提倡民族精神教育的一些感想」，《教育與文化》第 7 卷第12期，民國44年 6 月。

361.「《人生十論》自序」，《人生》第10卷第 2 期，民國44年 6 月 1 日。

362.「《新亞書院概況》序言」，《人生》第10卷第 3 期，民國44年 6 月15日。

363.「心與性情與好惡」，《民主評論》第 6 卷第12期，民國44年 6 月16日。

364.「學術學風與心術」，《工商日報》創刊三十週年增刊，民國44年 7 月 8 日。

365.「中庸新義」，《民主評論》第 6 卷第16期，民國44年 8 月16日。

366.「《新亞學報》發刊詞」，《新亞學報》第 1 卷第 1 期，民國44年 8 月 1 日。

367.「中國思想史中之鬼神觀」，《新亞學報》第 1 卷第 1 期，民國44年 8 月。

368.「王弼郭象注易老莊用理學條錄」，《新亞學報》第 1 卷第 1 期，民國44年 8 月。

369.「極權政治與自由教育」，《今日世界》第81期，民國44年 8 月16日。

370.「（新亞）研究所計劃綱要」（收入《新亞遺鐸》），民國44年10月。

371.「國慶談國運」，《民主評論》第 6 卷第20期，民國44年10月10日。

372.「新亞校訓『誠明』兩字釋義」，《新亞校刊》第 7 期，民國44年10月15日。

373.「和平與鬥爭—兩個世界勢力之轉捩」，《自由人》第85期，民國43年10月26日。

374.「袁宏政論與史學」，《民主評論》第 6 卷第22期，民國44年11月16日。

147

375. 「釋『誠明』」，《人生》第11卷第 2 期，民國44年12月 1 日。

376. 「六年回顧」，《民主評論》第 7 卷第 1 期，民國45年 1 月 1 日。

377. 「《中庸》新義申釋」，《民主評論》第 7 卷第 1 期，民國45年 1 月 1 日。

378. 「知識人格與文化教育」，《新亞校刊》第 8 期，民國45年1月17日。

379. 「農圃道新校舍奠基典禮講詞」（收入《新亞遺鐸》），民國45年 1 月17日。

380. 「中國古代北方農作物考」，《新亞學報》第 1 卷第 2 期，民國45年 2 月。

381. 「關於《中庸》新義之再申辯—謹答徐復觀先生」，《民主評論》第 7 卷第 6 期，民國45年 3 月16日。

382. 「訪問日本的一些感想」，《教育與文化》第11卷第 5 期，民國45年 3 月22日。

383. 「新亞理想告新亞同學」，《新亞校刊》第 8 期，民國45年 4 月15日。

384. 「當前的香港教育問題」，《星島日報》增刊，民國45年 8 月 1 日。

385. 「本《論語》論孔子」，《新亞學報》第 2 卷第 1 期，民國45年8月。

386. 「釋道家精神義」，《新亞學報》第 2 卷第 1 期，民國45年8月。

387. 「王陽明先生《傳習錄》及《大學問》節本」，《學術季刊》第 4 卷第 2 期，民國45年 8 月。

388. 「周公與周代文化」，《中國學術史論集》第 1 輯，民國45年10月。

389. 「國慶祝詞」，《民主評論》第 7 卷第20期，民國45年10月10日。

390. 「歷史問題與社會問題」，《香港時報》，民國45年10月。

391. 「蔣總統七十壽言」，《中央日報》，民國45年10月31日。

392. 「朱子讀書法」，《孟氏圖書館館刊》第 2 卷第 2 期，民國45年12月。

393. 「談談教育問題」（劉仕勳筆記），《人生》第13卷第 4 期，民國46年 1 月 1 日。

李木妙　國史大師錢穆教授生平及其著述　**149**

394.「《莊子·外雜篇》言性義」，《東方學報》第 1 卷第 1 期，民國46年
　　　1 月。

395.「中國畫的新時代」，《中國一週》第350期，民國46年 1 月。

396.「論春秋時代人之道德精神（上）」，《新亞學報》第 2 卷第 2 期，
　　　民國46年 2 月。

397.「論春秋時代人之道德精神（下）」，《新亞學報》第 2 卷第 2 期，
　　　民國46年 2 月。

398.「朱子與校勘學」，《新亞學報》第 2 卷第 2 期，民國46年 2 月。

399.「儒、釋、耶、回各家關於神靈魂魄之見解」，《學術季刊》第 5 卷
　　　第 1 期，民國45年 3 月。

400.「論中國歷史教學問題」，《民主評論》第 8 卷第 8 期，民國46年 4
　　　月16日。

401.「謝母萬太夫人墓碑」，《人生》第13卷第12期，民國45年 5 月 1 日。

402.「老子書晚出補證」，《大陸雜誌》第 8 卷第 9 期，民國46年 5 月。

403.「比論孟莊兩家論人生修養」，《人生》第14卷第 1 期，民國46年 5
　　　月16日。

404.「本院半年來大事記」，收入《新亞遺鐸》，民國46年，日期待查。

405.「告本（六）屆畢業同學」，《新亞校刊》第 9 期，民國46年 7 月15
　　　日。

406.「第六屆畢業典禮講詞」，《華僑日報》，民國46年 7 月15日。

407.「《西周書》文體辨」，《新亞學報》第 3 卷第 1 期，民國46年 8 月。

408.「雜論唐代古文運動」，《新亞學報》第 3 卷第 1 期，民國46年8月。

409.「歷史眞理與殺人事業」，《香港時報》七週年增刊，民國46年 8 月
　　　4 日。

410.「《莊老通辨》自序」，《民主評論》第 8 卷第17期，民國46年 9 月
　　　1 日。

149

411.「略論孔學與孔道」，《人生》第14卷第 7 期，民國46年 9 月 1 日。

412.「第九屆開學典禮講詞」，《華僑日報》，民國46年 9 月11日。

413.「物質與精神並重」，《華僑日報》，民國46年 9 月29日。

414.「效法孔子的偉大學習精神」，《華僑日報》，民國46年 9 月29日。

415.「國慶獻辭」，《民主評論》第 8 卷第20期，民國46年10月10日。

416.「慶祝新亞九週年校慶講詞」，《華僑日報》，民國46年10月14日。

417.「周公與中國文化」，《中國學術論文集》，民國46年10月。

418.「墨子思想研究指導」，《華僑日報》，民國46年11月 1 日。

419.「天才技藝大會開幕詞」（11月30日），《華僑日報》，民國46年12月 3 日。

420.「中國傳統文化與宗教信仰」，《景風》創刊號，民國46年12月4日。

421.「新亞書院首次月會徵文比賽講評」，《華僑日報》，民國46年12月3 日。

422.「雅禮與新亞雙方合作三年來之回顧」（收入《新亞遺鐸》），民國46年12月。

423.「論隱德」，《人生》第15卷第 4 期，民國47年 1 月 1 日。

424.「中國歷史上社會的時代劃分」，《人生》第15卷第 5 期，民國47年1 月16日。

425.「讀《文選》」，《新亞學報》第 3 卷第 2 期，民國47年 2 月。

426.「讀《柳宗元文集》」，《新亞學報》第 3 卷第 2 期，民國47年 2 月。

427.「讀姚炫《唐文粹》」，《新亞學報》第 3 卷第 2 期，民國47年2月。

428.「孔誕講述孔子學說」，《孔道季刊》第 3 期，民國47年 3 月。

429.「第四次月會講詞」，《華僑日報》，民國47年 3 月 6 日。

430.「應當尊重並愛護中國文化」，《華僑日報》，民國47年 3 月 8 日。

431.「張著《辯證唯物主義駁論》序」，《再生雜誌》第 1 卷第19期，民國47年 3 月16日。

李木妙　國史大師錢穆教授生平及其著述　　**151**

432.「中國文化與中國文學」，《人生》第15卷第9期，民國47年3月16日。

432.「印度三大聖典（譯本）序」，《人生》第15卷第11期，民國47年4月16日。

434.「中國文化與科學」，《青年會學術論文集》，民國47年6月。

435.「發刊詞」，《新亞生活》（雙週刊）創刊號，民國47年5月5日。

436.「惜別與歡送—爲郎家恒先生離校致辭」，《新亞生活》第1卷第5期，民國47年6月30日。

437.「責任和希望—對本屆畢業生致辭」，《新亞生活》第1卷第6期，民國47年7月14日。

438.「第七屆畢業典禮講詞」，《華僑日報》，民國47年7月15日。

439.「答張君勵『論儒家咨學復興方案』函」，《再生》復刊第1卷第22期，民國47年7月16日。

440.「告本屆新同學」，《新亞生活》第1卷第8期，民國47年9月15日。

441.「孔子思想和世界現實問題」，《新亞生活》第1卷第9期，民國47年9月29日；又《人生》第16卷第11期，民國47年10月10日。

442.「變動中的進步」，《新亞生活》第1卷第9期，民國47年9月29日。

443.「《兩漢經學今古文平議》自序」，《人生》第19卷第9期，民國47年9月16日。

444.「老莊的宇宙論」，《中國哲學史論集》第2輯，民國47年9月。

445.「國慶與校慶」，《新亞生活》第1卷第10期，民國47年10月13日。

446.「孔道要旨」，《新亞生活》第1卷第10期，民國47年10月13日。

447.「新亞校歌」，《新亞生活》第1卷第10期，民國47年10月13日。

448.「覆謝耶魯大學校長格里司伍德賀函」，《新亞生活》第1卷第11期，民國47年10月27日。

449.「覆雅禮協會董事長拉托銳德賀函」，《新亞生活》第1卷第11期，民國47年10月27日。

151

450.「論中國文學與中國文化」，《幼獅學報》第 1 卷第 1 期，民國47年10月。

451.「《新亞書院概況》序言」，《新亞生活》第 1 卷第12期，民國47年10月16日。

452.「介紹張君勱先生講詞」，《新亞生活》第 1 卷第13期，民國47年11月 4 日。

453.「中國史學之特點」，《新亞生活》第 1 卷第15期，民國47年12月22日；又《人生》第17卷第 4 期，民國48年 1 月 1 日。

454.「劉向列女傳中所見之中國道德精神」，《人生》第17卷第 1 期，民國47年11月16日。

455.「精神與物質—湖上閒思錄之一」，《人生》第17卷第6/7期，民國48年 2 月 1 日。

456.「中國文化與傳統政治理想」，《中央日報》，民國48年 2 月23日。

457.「人文與自然—湖上閒思錄之二」，《人生》第17卷第 8 期，民國48年 3 月 1 日。

458.「情與慾、理與氣—湖上閒思錄之三」，《人生》第17卷第 9 期，民國48年 3 月16日。

459.「知識、技術與理想人格之完成」，《新亞生活》第 1 卷第18期，民國48年 3 月16日。

460.「陰與陽、藝術與科學—湖上閒思錄之四」，《人生》第17卷第10期，民國48年 4 月 1 日。

461.「推介林牧野譯《美國史綱》」，《今日世界》第170期，民國48年4月 1 日。

462.「介紹董之英先生講詞」，《新亞生活》第 1 卷第20期，民國48年 4 月 8 日。

463.「無我與不朽、成色與分兩—湖上閒思錄之五」，《人生》第17卷第10期，民國48年 4 月 1 日。

464.「擇術與辨志」，《學風》創刊號，民國48年4月21日；又《新亞生活》第1卷第21期，民國48年5月4日。

465.「道與命、善與惡—湖上閒思錄之六」，《人生》第17卷第12期，民國48年5月1日。

466.「家庭母愛與孝道」，《新亞生活》第2卷第1期，民國48年5月18日。

467.「從董仲舒的思想說起」，《新亞生活》第2卷第21期，民國48年6月1日。

468.「自由與干涉—湖上閒思錄之七」，《人生》第18卷第2期，民國48年6月1日。

469.「通情達理、敬業樂羣」，《新亞生活》第2卷第3期，民國48年6月15日。

470.「鬥爭與仁慈—湖上閒思錄之八」，《人生》第18卷第3期，民國48年6月16日。

471.「爲學與做人」，《新亞生活》第2卷第4期，民國48年5月26日。

472.「陸象山思想研究指導」，《華僑日報》，民國46年6月22日。

473.「神與法、勿忙與閒暇—湖上閒思錄之九」，《人生》第18卷第4期，民國48年7月1日。

474.「《第八屆畢業同學錄》序」，《新亞生活》第2卷第5期，民國48年7月13日。

475.「科學與人生、我與他—湖上閒思錄之十」，《人生》第18卷第5期，民國48年7月16日。

476.「神與聖—湖上閒思錄之十一」，《人生》第18卷第6期，民國48年8月1日。

477.「經驗與思維—湖上閒思錄之十二」，《人生》第18卷第7期，民國48年8月16日。

478.「鬼與神、鄉村與城市─湖上閒思錄之十三」，《人生》第18卷第8期，民國48年9月1日。

479.「人生與知覺─湖上閒思錄之十四」，《人生》第18卷第9期，民國48年9月16日。

480.「秋季開學報告教務、訓導、總務情形」，《新亞生活》第2卷第6期，民國48年9月16日。

481.「開學致詞」，《新亞生活》第2卷第6期，民國48年9月21日。

482.「友情的交流─歡送雅禮代表羅維博士夫婦暨歡迎蕭約先生」，《新亞生活》第2卷第6期，民國48年9月21日。

483.「中華民族之成長與發展」，《中國一週》第583期，民國48年10月。

484.「象外與環中─湖上閒思錄之十五」，《人生》第18卷第10期，民國48年10月1日。

485.「讀書散記兩篇：讀《寒山詩》、《智圓閒居篇》」，《新亞書院學術年刊》第1期，民國48年10月。

486.「珍重我們的教育宗旨─新亞書院成立十週年紀念演講辭」，《新亞生活》第2卷第7期，民國48年10月5日。

487.「讓我們來負擔起中國文化的責任」，《新亞生活》第2卷第8期，民國48年10月19日。

488.「歷史與神─湖上閒思錄之十六」，《人生》第18卷第11期，民國48年10月16日。

489.「歡迎福爾頓博士茶會致詞─中文大學之重要」，《新亞生活》第2卷第9期，民國48年10月16日。

490.「中國傳統思想中幾項共通之特點」，《新亞生活》第2卷第9期，民國48年11月2日；《民主評論》第10卷第22期，民國48年11月1日。

491.「實質與幻像─湖上閒思錄之十七」，《人生》《第18卷第12期，民國48年11月1日。

李木妙　國史大師錢穆教授生平及其著述　**155**

492.「校務概況—錢校長致董事會報告書摘要」，《新亞生活》第2卷第10期，民國48年11月16日。

493.「性與命—湖上閒思錄之十八」，《人生》第19卷第1期，民國48年11月16日。

494.「緊張與鬆弛—湖上閒思錄之十九」，《人生》第19卷第2期，民國48年12月1日。

495.「價值觀與仁慈心—湖上閒思錄之二十」，《人生》第19卷第3期，民國48年12月16日。

496.「中國歷史演進與文化傳統」，《中國一週》第504期，民國48年12月1日。

497.「晚明清儒的學風與學術—明清思想第三講」，《新亞生活》第2卷第12期，民國48年12月14日；又《人生》第19卷第6/7期，民國49年2月1日。

498.「晚明清儒的學風與學術—明清思想第四講」（續一），《新亞生活》第2卷第12期，民國48年12月28日；又《人生》第19卷第8期，民國49年3月1日。

499.「（孫君鼎宸）《歷代兵制考》序」，《中國一週》第505期，民國48年12月28日；《新亞生活》第2卷第16期，民國49年1月29日。

500.「《斬虷段長殉難碑》記」，民國48年12月於台北。

501.「推慨與綜括—湖上閒思錄之廿一」，《人生》第19卷第4期，民國49年1月1日。

502.「直覺與理智—湖上閒思錄之廿二」，《人生》第19卷第5期，民國49年1月16日。

503.「新亞書院十年之回顧與前瞻」，《新亞生活》第2卷第14期，民國49年1月18日。

504.「晚明清儒的學風與學術—明清思想第五講」（續二），《新亞生活》第2卷第14期，民國49年1月18日。

景印本・第十七卷

505.「本校今後的理想與制度」，《新亞生活》第2卷第15期，民國49年3月1日。

506.「自美來函（一）」，《新亞生活》第2卷第15期，民國49年3月1日。

507.「晚明清儒的學風與學術—明清思想第六講」（續三），《新亞生活》第2卷第15期，民國49年3月1日。

508.「無限與具足—湖上閒思錄續完」，《人生》第19卷第10期，民國49年4月1日。

509.「歷史教學與心智修養」，《人生》第19卷第11期，民國49年4月16日。

510.「人—在日本亞細亞大學講辭」，《新亞生活》第2卷第17期，民國49年3月28日。

511.「何蒙夫詩境記」，《新亞生活》第2卷第18期，民國49年4月25日。

512.「義理與經濟—自美來函（二）」，《新亞生活》第3卷第1期，民國49年5月23日。

513.「曾、何兩先生哀辭」，《新亞生活》第2卷第19期，民國49年5月9日。

514.「守先與待後—自美來函（三）」，《新亞生活》第3卷第2期，民國49年6月6日。

515.「九歌當爲屈原作品」，《幼獅學報》第11卷第5期，民國49年6月。

「陽明之學」（上），《新亞生活》第3卷第3期，民國49年6月20

516.日；又《人生》第20卷第7期，民國49年8月16日。

517.「美新港雅禮協會公宴講辭」（收入《新亞遺鐸》），民國49年6月13日。

518.「自美來函（四）—雅禮大學贈送錢校長人文博士榮譽學位之經過」，《新亞生活》第3卷第4期，民國49年7月14日。

519.「讀《陽明傳習錄》」，《人生》第20卷第 4 期，民國49年 7 月 1 日。

520.「自美來函（五）—錢校長離雅禮以後之行踪」，《新亞生活》第 3 卷第 5 期，民國49年 7 月28日。

521.「陽明之學」（下），《新亞生活》第 3 卷第 5 期，民國49年 7 月28日。

522.「自美來函（六）—錢校長致筆者（孫鼎宸）書」，《新亞生活》第 3 卷第 6 期，民國49年 9 月28日。

523.「錢校長伉儷講學歸來」，《新亞生活》第 3 卷第 7 期，民國49年 8 月 6 日。

524.「讀《詩經》」，《新亞學報》第 5 卷第 1 期，民國49年 8 月。

525.「三論《老子》書之年代」，《人生》第20卷第10期，民國49年10月 1 日。

526.「中國文化之潛力及新生」，《少年中國晨報》，民國49年 8 月。

527.「三十四次月會講詞—離開學校八個月來之觀感」，《新亞生活》第 3 卷第 8 期，民國49年10月31日。

528.「談詩」，《人生》第21卷第 1 期，民國49年11月 1 日。

529.「第二期新校舍落成典禮講詞」，《新亞生活》第 3 卷第10期，民國49年11月28日。

530.「莊子與長生」，《人生》第21卷第 3 期，民國49年12月16日。

531.「對西方文化及其大學教育之觀感」，《新亞生活》第 3 卷第12期，民國49年12月28日。

532.「從西方大學教育來看西方文化」，《人生》第21卷第 4 期，民國49年12月31日。

533.「一個世界三個社會」，《星島日報》增刊，民國50年 1 月 1 日。

534.「讓我們過過好日子—四十九年除夕師生聯歡晚會上致詞」，《新亞生活》第 3 卷第13期，民國50年 1 月16日。

535.「以文會友以友輔仁──爲人生十年而作」，《人生》第21卷第 5 期，民國50年 1 月16日。

536.「課程學術化、生活藝術化」，《新亞生活》第 3 卷第14期，民國50年 3 月13日。

537.「從新亞在美校友說到校友對母校的重要性」，《新亞生活》第 3 卷第14期，民國50年 3 月13日。

538.「關於新亞之評價」，《新亞生活》第 3 卷第15期，民國50年 3 月27日。

539.「介紹美國總統一本著作《當仁不讓》」，《今日世界》第218期，民國50年 4 月 1 日。

540.「關於『丁龍講座』」，《新亞生活》第 3 卷第16期，民國50年 4 月10日。

541.「中國文學中的散文小品」，《新亞生活》第 3 卷第15期，民國50年 3 月27日 ；又《人生》第21卷第11期，民國50年 4 月16日。

542.「秦漢學術思想」（一），《新亞生活》第 3 卷第17期，民國50年 4 月24日。

543.「中國文學中的散文小品」（續），《新亞生活》第 3 卷第16期，民國50年 4 月10日 ；又《人生》第21卷第12期，民國50年 5 月 1 日。

544.「五十年代中之中國思想界」，《中國一週》第558期，民國50年5月。

545.「秦漢學術思想」（二），《新亞生活》第 3 卷第18期，民國50年 5 月 8 日。

546.「秦漢學術思想」（三），《新亞生活》第 3 卷第19期，民國50年 5 月22日。

547.「秦漢學術思想」（四），《新亞生活》第 3 卷第20期，民國50年 6 月 5 日。

548.「本刊進入第四年」，《新亞生活》第 4 卷第 1 期，民國56年 6 月19日。

549. 「秦漢學術思想」（五），《新亞生活》第 4 卷第 2 期，民國50年 7 月 3 日。

550. 「歡祝本（十）屆畢業同學」，《新亞生活》第 4 卷第 3 期，民國50 年 7 月15日。

551. 「第十屆畢業典禮致辭」，《新亞生活》第 4 卷第 4 期，民國50年 7 月29日。

552. 「競爭比賽和奇才異能」，《新亞生活》第 4 卷第 4 期，民國50年 7 月29日。

553. 「秦漢學術思想」（六），《新亞生活》第 4 卷第 4 期，民國50年 7 月29日。

554. 「序黎晉偉《國事諍言》」，民國50年 8 月 8 日。

555. 「中國歷史人物」（《中國歷史研究法》第六講），《新亞學術年刊》第 3 期，民國50年 9 月；《人生》第23卷第 1 期，民國50年11月16日。

556. 「中國歷史研究法」大要（上），《人生》第22卷第 8 期，民國50年 9 月 1 日。

557. 「中國歷史研究法」大要（中），《人生》第22卷第 9 期，民國50年 9 月16日。

558. 「《論語》讀法」，《新亞生活》第 4 卷第 5 期，民國50年9月28日。

559. 「秋季開學典禮講詞─儒家人格教育與現代民主制度」，《新亞生活》第 4 卷第 6 期，民國50年10月12日。

560. 「中國歷史研究法」大要（下），《人生》第22卷第11期，民國50年10月16日。

561. 「孔誕與校慶講詞─慶祝本校二十週年紀念講詞」，《新亞生活》第 4 卷第 7 期，民國50年10月26日。

562. 「魏晉南北朝文化講座」（港大校外課程部共講六次），民國50年10 月至12月。

563.「歡迎羅維德先生—於第44次月會中講」，《新亞生活》第 4 卷第 8 期，民國50年11月 9 日。

564.「王船山的孟子性善義」，《東方文化論文集》，民國50年12月。

565.「中國儒家與文化傳統」，《新亞生活》第 4 卷第10期，民國50年12月 7 日。

566.「中國散文」，《人生》第23卷第 4 期，民國51年 1 月 1 日。

567.「學問與德性」，《人生》第24卷第 1 期，民國51年 1 月16日；又《新亞生活》第 4 卷第17期，民國51年 4 月13日。

668.「關於學問方面之智慧與功力」，《新亞生活》第 4 卷第13期，民國51年 1 月27日；又《人生》第23卷第 8 期，民國51年 3 月 1 日。

569.「前期清儒思想之新天地」，《新天地》第 1 卷第 1 期，民國51年 3 月 1 日。

570.「我和新亞書院」，《新時代》第 2 卷第 4 期，民國51年 4 月15日。

571.「中國歷史上關於人生理想四大轉變」，《新亞生活》第4卷第20期，民國51年 5 月25日。

572.「《世界歷史》弁言」，香港人人書局，民國51年 6 月。

573.「寫在本刊五卷一期之前」，《新亞生活》第 5 卷第 1 期，民國51年 6 月 8 日。

574.「回顧與前瞻」，《新亞生活》第 5 卷第 3 期，民國51年 7 月 6 日。

575.「對本（十一）屆畢業諸君臨別贈言」，《新亞生活》第5卷第4期，民國51年 7 月14日。

576.「《新亞書院文化講座錄》序」，《新亞生活》第 5 卷第 4 期，民國51年 7 月14日。

577.「英國文化協會贈書儀式中致詞」，《新亞生活》第 5 卷第 5 期，民國51年 7 月28日。

578.「十三屆校慶紀念孔子讀《論語》」，《新亞生活》第 5 卷第 5 期，民國51年 7 月28日。

李木妙　國史大師錢穆教授生平及其著述　　**161**

579.「有關學問之道與術」，《新亞生活》第 5 卷第 5 期，民國51年 7 月
　　28日 ；又《人生》第24卷第10期，民國51年10月 1 日。

580.「校慶日勸同學讀《論語》並及《論語》之讀法」，《新亞生活》第
　　5 卷第 7 期，民國51年 9 月28日。

581.「秋季開學典禮講詞：充實與光輝」，《新亞生活》第 5 卷第 8 期，
　　民國51年10月12日。

582.「孔誕、校慶及教師節講詞」（宋叙五記錄），《新亞生活》第 5 卷
　　第 9 期，民國51年10月26日。

583.「《東南亞研究專刊》發刊詞」，民國51年10月。

584.「白沙先生五百卅四年誕辰紀念會講詞」，《白沙學刊》創刊號，民
　　國51年11月。

585.「《中國歷史》弁言」，香港人人書局，民國51年11月。

586.「李潤章《中國印刷術起源》序」，民國51年12月12日。

587.「《稊稗集》序」，壬寅歲暮。

588.「有關學問之系統」，《新亞生活》第 5 卷第13期，民國51年12月21
　　日 ；《人生》第25卷第5/6期，民國52年 1 月20日。

589.「讀書與做人」，《新亞生活》第 5 卷第15期，民國52年 2 月22日 ；
　　又《人生》第25卷第10期，民國52年 4 月 1 日。

590.「衡量一間學校的三個標準」，《新亞生活》第 5 卷第16期，民國52
　　年 3 月 8 日。

591.「歷史與地理」，《新亞生活》第 5 卷第17期，民國52年 3 月22日。

592.「《中國文學講演集》自序」，《人生》第25卷第 8 期，民國52年 3
　　月。

593.「學術與風氣」，《新亞生活》第 5 卷第18期，民國52年 4 月 5 日。

594.「第三期校舍落成典禮講辭」，《新亞生活》第 5 卷第20期，民國52
　　年 5 月 3 日。

161

162　　　　　　　　　新亞學報第十七卷

595.「中西學者座談中西文化問題」，《新天地》第 2 卷第 9 期，民國52
　　年日期待查。

596.「《新亞藝術》第二集序」，《新亞生活》第 5 卷第20期，民國52年
　　5 月 3 日。

597.「禮樂人生—為《新亞（生活）雙周刊》六卷首期作」，《新亞生活》
　　第 6 卷第 1 期，民國52年 5 月17日。

598.「先秦文化第一講」，《新亞生活》第 6 卷第 2 期，民國52年 5 月31
　　日。

599.「中華佛教青年會致開幕詞」（香港麗東大廈會所），民國52年 6 月
　　9 日。

600.「先秦文化第二講」，《新亞生活》第 6 卷第 3 期，民國52年 6 月14
　　日。

601.「近代中國思想界唯一的出路」，《革命思想》第14卷第5/6，民國52
　　年 6 月。

602.「對本（十二）屆畢業同學之臨別贈言」，《新亞生活》第 6 卷第 5
　　期，民國52年 7 月 8 日。

603.「月會講詞（中文大學成立情形）」，《新亞生活》第 6 卷第 5 期，
　　民國52年 7 月 8 日。

604.「《新亞中國文學系年刊》序」，民國52年 7 月。

605.「張曉峯先生《中華五千年史》序」，《中國一週》第692期，民國52
　　年 7 月。

606.「論語新解」（一），《人生》第26卷第 5 期，民國52年 7 月16日。

607.「論語新解」（二），《人生》第26卷第 6 期，民國52年 8 月 1 日。

608.「論語新解」（三），《人生》第26卷第 7 期，民國52年 8 月16日。

609.「從中西歷史看盛衰興亡」，收入《中國文化叢談》，民國52年8月。

610.「略論魏晉南北朝學術文化與當時門第之關係」，《新亞學報》第 5
　　卷第 2 期，民國52年 8 月。

611.「王船山《孟子》性善義闡釋」，《東方學報》第 5 卷第 2 期，民國 52年 8 月。

612.「與美國漢學家羅瑞南談中西文化問題」，《新天地》第 2 卷第 9 期，民國52年 8 月。

613.「論語新解」（四），《人生》第26卷第 8 期，民國52年 9 月 1 日。

614.「先秦文化第三講」處《新亞生活》第 6 卷第 6 期，民國52年 9 月 5 日。

615.「論語新解」（五），《人生》第26卷第 9 期，民國52年 9 月16日。

616.「中國古代山居考」，《新亞書院學術年刊》第 5 期，民國52年9月。

617.「漫談《論語》新解」，《新亞生活》第 6 卷第 8 期，民國52年10月 4 日。

618.「秋季開學典禮講詞」，《新亞生活》第 6 卷第 8 期，民國52年10月 4 日。

619.「論語新解」（六），《人生》第26卷第10期，民國52年10月 1 日。

620.「我如何研究中國古史地名」（收入《新亞遺鐸》），民國52年10月 3 日。

621.「論語新解」（七），《人生》第26卷第11期，民國52年10月16日。

622.「慶祝中文大學成立」，《新亞生活》第 6 卷第 9 期，民國52年10月 18日。

623.「孔誕暨校慶紀念會講詞」，《新亞生活》第 6 卷第10期，民國52年 11月 1 日。

624.「答德國三學者問儒家之道」，《新亞生活》第 6 卷第10期，民國52 年11月 1 日。

625.「論語新解」（八），《人生》第26卷第11期，民國52年11月 1 日。

626.「先秦文化第四講」，《新亞生活》第 6 講第11期，民國52年11月15 日。

新亞學報第十七卷

627.「論語新解」（九），《人生》第26卷第12期，民國52年11月16日。

628.「中國文化大義」（浸信會書院講演），民國52年11月17日。

629.「先秦文化第五講」，《新亞生活》第6卷第12期，民國52年11月29日。

630.「論語新解」（十），《人生》第27卷第2期，民國52年12月1日。

631.「先秦文化第六講」，《新亞生活》第6卷第13期，民國52年12月13日。

632.「論語新解」（十一），《人生》第27卷第3期，民國52年12月16日。

633.「香港專上教育瞻望」，《香港時報》元旦專論，民國53年1月1日。

634.「論語新解」（十二），《人生》第27卷第4期，民國53年1月1日。

635.「論語新解」（十三），《人生》第27卷第5期，民國53年1月16日。

636.「中國文化與中國人」，《新亞生活》第6卷第15期，民國53年1月16日；又《人生》第27卷第10期，民國53年4月1日。

637.「關於我的辭職」，《新亞生活》第6卷第15期，民國53年1月16日。

638.「漢代散文」，《新亞中文學刊》第2期，民國53年2月。

639.「中國文化與中國人」（續），《新亞生活》第6卷第16期，民國53年2月21日。

640.「校風與學風」，《新亞生活》第6卷第16期，民國53年2月21日。

641.「推止篇」（先秦思想界之分野），《新亞學報》第6卷第1期，民國53年2月。

642.「從朱子《論語注》論程朱孔孟思想歧異」，《清華學報》第4卷第2期，民國53年2月。

643.「事業與職業」，《新亞生活》第6卷第17期，民國53年3月6日。

644.「述《樂記》大意—爲新亞國樂而作」，《新亞生活》第6卷第18期，民國53年3月20日。

645.「《新亞國樂會特刊》發刊詞」，民國53年3月21日。

164

李木妙　國史大師錢穆教授生平及其著述　　**165**

646.「《新亞中國文學系年刊》第二期序」，民國53年仲春。

647.「序《新亞藝術》第三集」，民國53年3月。

648.「中國文化體系中之藝術」，《新亞生活》第6卷第20期，民國53年
　　4月24日；《人生》第28卷第6期，民國53年8月16日；又《美術學
　　報》第2期，民國56年10月。

649.「曾點與漆雕開」，《人生》第27卷第12期，民國53年5月1日。

650.「《新亞生活》雙週刊第七卷首期弁言」，《新亞生活》第7卷第1
　　期，民國53年5月8日。

651.「從東西歷史看盛衰興亡」（上），《新亞生活》第7卷第1期，民
　　國53年5月8日。

652.「從東西歷史看盛衰興亡」（下），《新亞生活》第7卷第2期，民
　　國53年5月22日。

653.「詩境圖（小記）」，《人生》第28卷第2期，民國53年6月1日。

654.「學問之入與出」，《新亞生活》第7卷第3期，民國53年6月5日。

655.「惜別林仰山教授」，《香港時報》，民國53年6月25日。

656.「西周至戰國之散文」，《新亞書院中國文學系年刊》第2期，民國
　　53年6月。

657.「推尋與會通」，《新亞生活》第7卷第4期，民國53年6月19日。

658.「關於新詩問題」，《文壇》第49期，民國53年7月。

659.「對新亞第十三屆畢業同學贈言」，《新亞生活》第7卷第5期，民
　　國53年7月11日。

660.「我如何研究中國古史地名」，《新亞生活》第7卷第5期，民國53
　　年7月11日。

661.「讀《明初開國諸臣詩文集》」，《新亞學報》第6卷第2期，民國53年
　　8月。

662.「上董事會辭職書」（新亞〈董事會檔案〉，收入《新亞遺鐸》），
　　日期不詳。

新亞學報第十七卷

663.「在新亞畢業典禮中有關錢穆個人辭職之演講詞」，《新亞生活》第 7 卷第 6 期，民國53年 9 月22日。

664.「詩及人生通訊」，《人生》第28卷第10期，民國53年10月 1 日。

665.「蔣母王太夫人百歲誕辰頌並序」，民國53年10月10日。

666.「人生通訊」（一），《人生》第28卷第12期，民國53年10月16日。

667.「校慶日演講詞」，《新亞生活》第 7 卷第 8 期，民國53年10月23日。

668.「談《論語新解》」，《新亞生活》第 7 卷第 9 期，民國53年11月 6 日。

669.「海濱閒居漫成四絕句」，《人生》第28卷第13期，民國53年11月16 日。

670.「朱子與校勘學」，《宋史研究》第 2 集，民國53年，日期待查。

671.「黃伯飛《微明集》序」，《人生》第29卷第 2 期，民國53年12月 1 日。

672.「亡友趙冰博士追思會悼辭」，《新亞生活》第 7 卷第11期，民國53 年12月 5 日；又《人生》第29卷第 3 期，民國53年12月16日。

673.「趙冰博士墓碣銘」，《新亞生活》第 7 卷第11期，民國53年12月 5 日。

674.「致雅禮協會羅維先生函」（收入《新亞遺鐸》），民國53年12月11 日。

675.「致貫之書論『老僧已死成新塔』之『塔』字」，《人生》第28卷第 11期，民國53年12月16日。

676.「校友日講詞」（收入《新亞遺鐸》），民國54年 1 月 1 日。

677.「《大學》格物新義」，《新亞生活》第 7 卷第14期，民國54年 1 月 26日。

678.「孔誕及教師節講詞」，《民生世紀》第 6 卷第 3 期，民國54年，日 期待查。

679.「論中華民族之前途」，《現代雜誌》創刊號，民國54年 2 月16日。

680.「續論中華民族之前途」，《現代雜誌》第 2 期，民國54年 3 月16日。

681.「《史記導讀》序」，《新亞生活》第 7 卷第17期，民國54年 3 月26 日 ；又《人生》第29卷第10期，民國54年 4 月 1 日。

682.「《韓文導讀》序」，《新亞生活》第 7 卷第17期，民國54年 3 月26 日。

683.「論朱子與程門之學風轉變」，《華崗學報》第 1 期，民國54年6月。

684.「魏晉文學」，《新亞書院中國文學系年刊》第 3 期，民國54年6月。

685.「題陳巖野先生墓圖（五）」，《人生》第30卷第 3 期，民國54年 7 月16日。

686.「談學問」，《東南亞學報》第 1 卷第 6 期，民國55年 1 月。

687.「檳城專題三講—談人生、談人格平等、談學問」，《東南亞學報》 第 1 卷第 6 期，民國55年 1 月。

688.「老子論宇宙原始」，《李氏文獻》第 1 卷第 2 期，民國55年 3 月。

689.「總統蔣公八秩華誕祝壽文」，《蔣總統與中華民族》，民國55年 ？ 月。

690.「人生四階層」（附英譯），《人生》第31卷第 1 期，民國55年 5 月 16日。

691.「人生三講」（附英譯），《人生》第31卷第 2 期，民國55年 6 月16 日。

692.「儒學與師道」，《人生》第31卷第 5 期，民國55年 9 月16日。

693.「中國思想之主流」，《中國文化論集》第 1 冊，民國55年 9 月。

694.「從中西文化看歷史盛衰興亡」，《中國文化論集》第 1 冊，民國55 年 9 月。

695.「歷史地理與文化」，（《中國文化論集》第 1 冊），民國55年 9 月； 又《東西文化》第 4 期，民國56年10月 1 日。

696. 「序陳著《四書道貫》」，民國55年10月10日。

697. 「談中國文化復興運動」（《中國文化叢談》二），《人生》第32卷第2期，民國55年11月16日；又《人生》第33卷第2期，民國56年6月10日。

698. 「梓閒話三篇」，《人生》第32卷第2期，民國55年11月16日。

699. 「復興中國文化運動與中小學國語國文教材問題」，《中國一週》第867期，民國55年12月；又《教育與文化》第349/350期，民國56年1月30日。

700. 「唐宋時代文化」，《宋史研究集》，民國55年，日期待查。

701. 「中國的人文精神」，《新天地》第6卷第3期，民國56年5月1日。

702. 「各級學校國語文教材之商榷」，《新天地》第5卷第11期，民國56年1月1日。

703. 「中國現代思想」（一），《青年戰士報》，民國56年5月，日期待查。

704. 「中國現代思想」（二），《青年戰士報》，民國56年5月，日期待查。

705. 「中國現代思想」（三），《青年戰士報》，民國56年5月，日期待查。

706. 「中國現代思想」（四），《青年戰士報》，民國56年5月，日期待查。

707. 「記朱子論當時學弊」，《政大學報》第15期，民國56年5月。

708. 「中國傳統文化的潛力」，《革命思想》第22卷第5期，民國56年5月。

709. 「四部概論」（上編），《人生》第33卷第5期，民國56年9月10日。

710. 「四部概論」（下編），《人生》第33卷第6期，民國56年9月16日。

711. 「與華僑朋友論中國文化」，《藝文志》第27期，民國56年12月。

李木妙　國史大師錢穆教授生平及其著述　**169**

712. 「華僑與復興中華文化人人必讀的幾部書」，《中國文化叢談》(二)，民國56年12月17日。

713. 「中國文化復興運動一週年」，《青年戰士報》，民國56年12月，日期待查。

714. 「中國文化對西方世界的貢獻」，《革命思想》第12卷第5期，民國56年12月，日期待查。

715. 「朱子從遊延平始末記」，《清華學報》第6卷第1/2期，民國56年12月。

716. 「論變與濫」，《自由談》第19卷第1期，民國57年1月1日。

717. 「故友劉伯閔兄悼辭」，《中央日報》，民國57年1月25、26日。

718. 「談朱子的論語集註」，《孔孟月刊》第6卷第5期，民國57年1月28日。

719. 「人之三品類」，《革命思想》第24卷第2期，民國57年2月。

720. 「身生活與心生活」（桴樓閒話之二），《革命思想》第24卷第3期，出版期數及日期待查。

721. 「人學與心學」（桴樓閒話之三），《革命思想》第24卷第4期，出版期數及日期待查。

722. 「中國文化與國運」，《青年戰士報》，民國57年2月，日期待查。

723. 「展望反攻復國的前途」（上），《自由報》，民國57年3月，日期待查。

724. 「展望反攻復國的前途」（下），《自由報》，民國57年3月，日期待查。

725. 「略談當前史學界」，中國歷史學會年會第四屆大會，民國57年3月16日。

726. 「中國文化之成長與發展」，《東西文化》第10期，民國57年4月1日。

169

727.「朱子的史學」，《華崗研究通訊》第4期，民國57年，日期待查。

728.「中國文化十二講」，《青年戰士報》，民國57年，日期待查。

729.「《中國文化十二講》序」，《青年戰士報》，民國57年，日期待查。

730.「史學與文化復興」（中華文化復興推行委員會），民國57年，6月3日。

731.「從中國固有文化談法的觀念」，《中華文化復興月刊》第1卷第4期，民國57年6月29日。

732.「文化與生活」（教育部文化局《中華文化之特質》），《中央月刊》第1卷第1期，民國57年9月22日；又《中華文化復興論叢》第2期，民國59年6月。

733.「民族與文化」，《中華文藝復興月刊》第1卷第2期，民國57年4月29日。

734.「孔孟學說蠡測」（《中國文化叢談》二），《中央日報》，民國57年9月28日；又《教育與文化》第369/370期，民國58年9月30日。

735.「中國文化的進退升沉」，《人生》第33卷第5期，民國57年10月16日。

736.「反攻復國的展望—歷史決定在人道與理」，《青年戰士報》，民國57年，日期待查。

737.「國史規模的宏偉—國史漫談之一」，《自由報》，民國57年，日期待查。

738.「善變日新的中國—國史漫談之二」，《自由報》，民國57年，日期待查。

739.「綿延悠久、歸於自然—國史漫談之三」，《自由報》，民國57年，日期待查。

740.「分合與統一—國史漫談之四」（上），《自由報》，民國57年，日期待查。

李木妙　國史大師錢穆教授生平及其著述　　171

741.「分合與統一——國史漫談之四」（下），《自由報》，民國57年，日期待查。

742.「四書義理之展演」，《孔孟學報》第17期，民國57年11月3日。

743.「朱子之辨偽學」，《國立中央圖書館特刊》（慶祝蔡蔚棠先生七十榮慶論文集），民國57年11月。

744.「朱子治學方法」，金門朱子祠落成典禮講，民國57年12月16日。

745.「跋《半痴詩禪集》」，《中央日報》副刊，民國57年12月25日；又《人生》第33卷第9/10期，民國58年4月16日。

746.「六祖壇經大義」，佛教文化講座第41次講，民國57年12月28日。

747.「農業與中國文化」，《中華文化復興月刊》第2卷第3期，民國58年3月1日。

748.「讀書隨劄：一、葛洪年譜，二、陸賈新語，三、讀姜白巖行日記」，《大陸雜誌》第38卷第5期，民國58年3月15日。

749.「讀佛書三篇：一、讀寶誌十四科頌，二、讀少室逸書，三、讀六祖壇經」，《大陸雜誌》第38卷第5期，民國58年3月15日。

750.「記抄本章氏遺書」，《國立中央圖書館館刊》第2卷第4期，民國58年4月20日。

751.「我人今日所需之歷史知識」，《國魂》第289期，民國58年，日期待查。

752.「再論關於壇經眞偽問題」，《中央日報》副刊，民國58年6月18、19日。

753.「中國之師道」，《自由談》第20卷第7期，民國58年7月1日；又《教育與文化》第381、382期，民國58年9月30日。

754.「中國人之宇宙信仰及其人生觀修養」，《東亞季刊》復刊號，民國58年7月1日。

755.「記朱子之文學」，《東方雜誌》第3卷第1期，民國58年7月。

171

756.「記朱子之文學」（續），《東方雜誌》第 3 卷第 2 期，民國58年 8
月。

757.「朱子學提要」（一），《中華文化復興月刊》第 2 卷第 8 期，民國
58年 8 月 1 日。

758.「朱子學提要」（二），《中華文化復興月刊》第 2 卷第 9 期，民國
58年 9 月 1 日。

759.「徐著《中華民族之研究》序」，《中國一週》第1015期，民國58年
9 月 8 日。

760.「新亞辦學之宗旨」（新亞創校二十週年紀念會講），民國58年 9 月
28日。

761.「朱子學提綱」（三），《中華文化復興月刊》第 2 卷第10期，民國
58年10月 1 日。

762.「人類登陸月球與歷史前瞻」，《東亞季刊》第二期，民國58年10月
1 日。

763.「王君子廓《禹貢釋地》序」，《中西文化》第28期、《中國一週》
第1018期，民國58年10月 1 日。

764.「二十週年校慶典禮—首任校長錢穆先生講詞」，《新亞生活》第12
卷第 8 期，民國58年10月24日。

765.「人物與理想」，《新亞生活》第12卷第10期，民國58年11月21日。

766.「朱子學提綱」（四），《中華文化復興月刊》第 2 卷第11期，民國
58年11月。

767.「朱子泛論心地工夫」，《中華文化復興月刊》第 2 卷第12期，民國
58年12月 1 日。

768.「朱子之通鑑綱目」，《壽羅香林教授論文集》，民國59年 1 月。

769.「青年之責任—與青年書之一」，《中央日報》副刊，民國59年，日
期待查。

李木妙　國史大師錢穆教授生平及其著述　　**173**

770.「史學導言之一」（上），《中央日報》副刊，民國59年3月21日。

771.「史學導言之一」（下），《中央日報》副刊，民國59年3月22日。

772.「治史所必備之一番心情—史學導言第二講」，《中央日報》副刊，民國59年3月23日。

773.「治史所必備之一番心情—史學導言第二講」（續），《中央日報》副刊，民國59年3月24日。

774.「治史所必備之一番心情—史學導言第二講」（續），《中央日報》副刊，民國59年3月25日。

775.「治史所必備之一番心情—史學導言第二講」（續），《中央日報》副刊，民國59年3月26日。

776.「歷史上的時間與事件—史學導言第三講」，《中央日報》副刊，民國59年3月27日。

777.「歷史上的時間與事件—史學導言第三講」（續），《中央日報》副刊，民國59年3月28日。

778.「歷史上的時間與事件—史學導言第三講」（續），《中央日報》副刊，民國59年3月29日。

779.「歷史上的時間與事件—史學導言第三講」（續），《中央日報》副刊，民國59年3月30日。

780.「歷史上的時間與事件—史學導言第三講」（續），《中央日報》副刊，民國59年3月31日。

781.「歷史上的人物—史學導言第四講」，《中央日報》副刊，民國59年4月1日。

782.「歷史上的人物—史學導言第四講」（續），《中央日報》副刊，民國59年4月2日。

783.「歷史上的人物—史學導言第四講」（續），《中央日報》副刊，民國59年4月3日。

173

新亞學報第十七卷

784.「歷史上的人物—史學導言第四講」（續），《中央日報》副刊，民國59年4月4日。

785.「歷史上的人物—史學導言第四講」（續），《中央日報》副刊，民國59年4月5日。

786.「中國教育制度與教育思想」，《中華文化復興月刊》第3卷第4期，民國59年3月29日。

787.「中國教育制度與教育思想」（續），《中華文化復興月刊》第3卷第5期，民國59年5月1日。

788.「周冠華著《荀子字義疏證》序」，《藝文志》第58期，民國59年5月。

789.「陸桴亭學述」，《圖書季刊》第1卷第1期，民國59年7月。

790.「序陳固亭《明治時代中日文化的連繫》」，中華叢書編審委員會，民國59年8月13日。

791.「正中書局再版《朱子語類》序」，《新時代》第10卷第8期，民國59年8月。

792.「孔子之心學」，《孔孟學報》第20期，民國59年9月28日。

793.「中國傳統文化與中國師道」，《人生》第34卷第1/2期，民國59年9月28日。

794.「我和陳通伯」（《中央報》副刊，民國59年，10月6、9日），《傳記文學》第17卷第4期，民國59年10月。

795.「中國史學名著—《尚書》」，《文藝復興》第1卷第12期，民國59年12月1日。

796.「中國史學名著—《春秋》」，《文藝復興》第2卷第1期，民國60年1月1日。

797.「黃東發學術」，《圖書季刊》第1卷第3期，民國60年1月。

798.「黃帝的故事」（一），《國魂》第302期，民國60年1月。

799.「談談人生」（1－5），《中央日報》副刊，民國60年，日期待查。

800.「中國史學名著—《春秋三傳》」，《文藝復興》第14期，民國60年
2月1日。

801.「我對於雅禮新亞合作十七年來之回憶」，《新亞生活》第13卷第15/
16期，民國60年2月10日。

802.「中國史學名著—《左傳》」，《文藝復興》第15期，民國60年3月
1日。

803.「錢竹汀學術」，《故宮文獻》第2卷第2期，民國60年3月。

804.「王貫之哀辭」，《中央日報》副刊，民國60年3月14日；又《人生》
第34卷第5期，民國60年6月1日。

805.「黃帝的故事」（二），《國魂》第304期，民國60年3月。

806.「中國史學名著—《史記》」（上），《文藝復興》第16期，民國60
年4月1日。

807.「中國史學名著—《史記》」（下），《文藝復興》第17期，民國60
年5月1日。

808.「學術與人才」，《國魂》第306期，民國60年5月。

809.「中國史學名著—《漢書》」，《文藝復興》第18期，民國60年6月
1日。

810.「黃帝的故事」（三），《國魂》第307期，民國60年6月。

811.「中國史學名著—范曄《後漢書》和陳壽《三國志》」，《文藝復興》
第19期，民國60年7月1日。

812.「黃帝的故事」（四），《國魂》第308期，民國60年7月。

813.「綜論東漢到隋的史學衍進」，《文藝復興》第20期，民國60年8月
1日。

814.「黃帝的故事」（五），《國魂》第309期，民國60年8月。

815.「中國史學名著—《高僧傳》、《水經注》、《世說新語》」，《文
藝復興》第21期，民國60年9月1日。

816. 「黃帝的故事」（六），《國魂》第310期，民國60年9月。

817. 「事業與性情」，《新亞生活》第14卷第3期，民國60年9月28日。

818. 「中國史學名著——劉知幾《史通》」，《文藝復興》第22期，民國60年10月1日。

819. 「黃帝的故事」（七），《國魂》第311期，民國60年10月。

820. 「中國知識分子的責任」，《中央報》專載，民國60年10月10日。

821. 「中國史學名著——杜佑《通典》」（上），《文藝復興》第23期，民國60年11月1日。

822. 「火珠林占易卜國事」，《中央日報》專載，民國60年11月4、5日。

823. 「中國史學名著——杜佑《通典》（附吳競《貞觀政要》」（下），《文藝復興》第24期，民國60年12月1日。

824. 「黃帝的故事」（八），《國魂》第313期，民國60年12月。

825. 「發揚東方歷史文化自本自根開創道路」，《海外文摘》第203期，民國60年12月20日。

826. 「中國歷史名著——歐陽修《新唐書》與《新五代史》」，《文藝復興》第25期，民國61年1月1日。

827. 「中國史學名著——司馬光《資治通鑑》」，《文藝復興》第26期，民國61年2月1日。

828. 「中國史學名著——朱子《通鑑綱目》與袁樞《通鑑紀事本末》」，《文藝復興》第27期，民國61年3月1日。

829. 「中國史學名著——鄭樵《通志》」，《文藝復興》第28期，民國61年4月1日。

830. 「上道先生碑文」，《新亞生活》第14卷第16期，民國61年4月28日。

831. 「中國史學名著——馬端臨《文獻通考》」，《文藝復興》第29期，民國61年5月1日。

832. 「中國史學名著——黃梨洲的《文獻通考》、全謝山的《宋元學案》」，

《文藝復興》第30期，民國61年 6 月 1 日。

833.「中國史學名著──從黃全兩學案講到章實齋《文史通義》」，《文藝復興》第31期，民國61年 7 月 1 日。

834.「余君英時《方以智晚節考》序」，《中國學人》第 4 期，民國61年 7 月。

835.「羅整菴學述」，《圖書季刊》第 2 卷第 1 期， 國61年 7 月。

836.「中國史學名著──章實齋《文史通義》」，《文藝復興》第32期，民國61年 8 月 1 日。

837.「孔孟的心性學」，《中央日報》副刊，民國61年 8 月16日。

838.「孔子與中國文化及世界前途」，《東吳學報》第 2 期，民國61年 9 月。

839.「舜的故事」，《國魂》第324期，民國61年11月。

840.「禹的故事」，《國魂》第325期，民國61年12月。

841.「王白田學述」，《圖書季刊》第 3 卷第 3 期，民國62年 1 月。

842.「呂晚村學述」，《圖書季刊》第 3 卷第 3 期，民國62年 1 月。

843.「理學與藝術」，故宮博物院講，民國62年 1 月23日。

844.「《中國六十年之史學》序」，《華學月刊》第14期，民國62年 2 月。

845.「湯的故事」，《國魂》第327期，民國62年 2 月。

846.「中國文化的武功與武德」，《青溪》第69期，民國62年 3 月。

847.「孟子學大義述」，《中央日報》副刊，民國62年 5 月 4 日。

848.「雙溪獨語」（一），《文藝復興》第41期，民國62年 5 月 6 日。

849.「顧亭林學述」，《圖書季刊》第 4 卷第 2 期，民國62年10月。

850.「總統蔣公大壽祝辭」，《青年戰士報》，民國62年10月31日。

851.「雙溪獨語」（二），《文藝復興》第42期，民國62年 6 月11日。

852.「雙溪獨語」（三），《文藝復興》第43期，民國62年 7 月11日。

853.「雙溪獨語」（四），《文藝復興》第44期，民國62年 8 月11日。

854.「雙溪獨語」（五），《文藝復興》第45期，民國62年9月11日。

855.「雙溪獨語」（六），《文藝復興》第46期，民國62年10月11日。

856.「雙溪獨語」（七），《文藝復興》第47期，民國62年11月11日。

857.「雙溪獨語」（八），《文藝復興》第48期，民國62年12月11日。

858.「研朱餘瀋」，《圖書季刊》第4卷第3期，民國62年12月。

859.「民族自信心與尊孔」，《中央日報》副刊，民國62年12月26日。

860.「雙溪獨語」（九），《文藝復興》第50期，民國63年3月11日。

861.「雙溪獨語」（十），《文藝復興》第51期，民國63年4月11日。

862.「蔣總統與中國文化」，《反攻雜誌》第395期，民國63年4月。

863.「雙溪獨語」（十一），《文藝復興》第53期，民國63年6月11日。

864.「中國近世歷史之轉變」，《中華文化復興月刊》第7卷第7期，民
   國63年7月1日。

865.「雙溪獨語」（十二），《文藝復興》第54期，民國63年7月11日。

866.「八十憶雙親─六之一」，《中央日報》副刊，民國63年8月15日。

867.「八十憶雙親─六之二」，《中央日報》副刊，民國63年8月16日。

868.「八十憶雙親─六之三」，《中央日報》副刊，民國63年8月17日。

869.「八十憶雙親─六之四」，《中央日報》副刊，民國63年8月18日。

870.「八十憶雙親─六之五」，《中央日報》副刊，民國63年8月19日。

871.「八十憶雙親─六之六」，《中央日報》副刊，民國63年8月20日。

872.「孔子之爲人及其學與教」，《中華文化復興月刊》第7卷第9期，
   民國63年9月1日。

873.「人類文化與東方、西方」（第三屆大陸問題研討會講演），民國63
   年9月10日。

874.「雙溪獨語」（十三），《文藝復興》第55期，民國63年9月11日。

875.「中國歷史上的傳統政治─四之一」，《中央日報》副刊，民國63年
   9月21日。

876. 「中國歷史上的傳統政治—四之二」，《中央日報》副刊，民國63年
9月22日。

877. 「中國歷史上的傳統政治—四之三」，《中央日報》副刊，民國63年
9月23日。

878. 「中國歷史上的傳統政治—四之四」，《中央日報》副刊，民國63年
9月24日。

879. 「中國歷史上的傳統教育」（上），《中央日報》副刊，民國63年9
月29日。

880. 「中國歷史上的傳統教育」（中），《中央日報》副刊，民國63年9
月30日。

881. 「中國歷史上的傳統教育」（下），《中央日報》副刊，民國63年10
月1日。

882. 「雙溪獨語」（十四），《文藝復興》第56期，民國63年10月11日。

883. 「文化復興中之家庭問題」，《中央日報》副刊，民國63年10月15日。

884. 「東方人的責任」，《中央日報》副刊，民國63年10月20日。

885. 「雙溪獨語」（十五），《文藝復興》第57期，民國63年11月11日。

886. 「雙溪獨語」（十六），《文藝復興》第58期，民國63年12月1日。

887. 「雙溪獨語」（十七），《文藝復興》第60期，民國64年3月1日。

888. 「讀趙汸《東山存稿》」，《書目季刊》第8卷第4期，民國64民3
月16日。

889. 「雙溪獨語」（十八），《文藝復興》第61期，民國64年4月1日。

890. 「屢蒙總統召見之回憶」，《中央日報》，民國64年4月16日。

891. 「蔣總統之高瞻遠矚」，《中央日報》，民國64年4月17日。

892. 「蔣總統與中國文化復興」，《中華文化復興月刊》第8卷第5期，
民國64年5月。

893. 「雙溪獨語」（十九），《文藝復興》第62期，民國64年5月1日。

894.「雙溪獨語」（二十），《文藝復興》第63期，民國64年 6 月 1 日。

895.「雙溪獨語」（廿一），《文藝復興》第64期，民國64年 7 月 1 日。

896.「雙溪獨語」（廿二），《文藝復興》第65期，民國64年 9 月 1 日。

897.「雙溪獨語」（廿三），《文藝復興》第66期，民國64年10月 1 日。

898.「雙溪獨語」（廿四），《文藝復興》第67期，民國64年11月 1 日。

899.「雙溪獨語」（廿五），《文藝復興》第69期，民國65年 1 月 1 日。

900.「雙溪獨語」（廿六），《文藝復興》第70期，民國65年 3 月 1 日。

901.「雙溪獨語」（廿七），《文藝復興》第71期，民國65年 4 月 1 日。

902.「雙溪獨語」（廿八），《文藝復興》第72期，民國65年 5 月 1 日。

903.「雙溪獨語」（廿九），《文藝復興》第73期，民國65年 6 月 1 日。

904.「讀張穆《閻潛邱年譜》再論《尚書古文疏證》」，《書目季刊》第 10卷第 1 期，民國65年 6 月16日。

905.「雙溪獨語」（三十），《文藝復興》第74期，民國65年 7 月 1 日。

906.「紀念總統蔣公九秩誕辰—談復興中華文化兼覘當前國運」，《中央日報》，民國65年10月31日。

907.「讀宗密《原人論》」，《書目季刊》第10卷第 3 期，民國65年12月16日。

908.「讀書與遊歷」，《華副文粹》第一輯，民國66年。

909.「略論中國社會演變」，《史學論集》第 3 冊，民國66年 4 月。

910.「讀《契嵩鐔津集》」，《書目季刊》第11卷第 1 期，民國66年 6 月16日。

911.「朱子學流衍韓國考」，《新亞學報》第12期，民國66年 8 月15日。

912.「悼念蘇明璇兄」，《新亞生活月刊》第 5 卷第 2 期，民國66年10月15日。

913.「總統蔣公與中國文化」，台北《大華晚報》，民國67年 4 月 5 日。

914.「明代大儒《邱文莊公叢書》序」，《文藝復興》第97期，民國67年11月 1 日。

915. 「從中國歷史來談中國民族性及中國文化」（楊遠紀錄），《新亞生活》第 6 卷第 3 期，民國67年11月15日。

916. 「錢穆先生致雅禮協會諸董事函」，《新亞生活月刊》第 7 卷第 2 期，民國68年10月15日。

917. 「我對中國文化的展望」，《書目季刊》第13卷第 4 期，民國69年 3 月16日。

918. 「蔣故總統與中華民國」，《中央日報》，民國69年 4 月 2 日。

919. 「維新與守舊——民國七十年來學術思想之簡述」，《幼獅雜誌》第16卷第 2 期，民國69年12月。

920. 「中西知識問題」，《文藝復興》第118期，民國69年12月1日；又收入《文史選集》第 3 輯，中央日報社，民國70年 4 月初版。

921. 「中國文化傳統中之士」，《台灣日報》，民國70年 9 月？日。

922. 「再論中國文化傳統中之士」，《台灣日報》，民國70年10月？日。

923. 「學術傳統與時代潮流」，香港《大成》第111期，民國72年2月1日。

924. 「中國文化特質」，台北：陽明山莊印，民國72年 9 月，日期待查。

925. 「中國文化演進之三大階程及其未來之演進」，《文藝復興》第143期，民國72年 6 月 1 日。

926. 「歷史與人生」，《聯合報》副刊，民國73年，日期待查。

927. 「中國史學中之文與質」，發表刊物及日期待查。

928. 「新亞與雅禮協會合作三十週年慶祝酒會致辭」，《新亞生活》月刊第12卷第 1 期，民國73年 9 月15日。

929. 「回憶黃季陸先生」，《傳記文學》第45卷第 4 期，民國74年 8 月。

930. 「紀念張曉峯吾友」，《傳記文學》第47卷第 6 期，民國74年11月。

931. 「憶湯用彤與蒙文通」，四川《文史雜誌》創刊號，民國74年，日期待查。

932. 「丙寅新春看時局」，《聯合月刊》，民國75年 2 月。

933.「憶孟實」，台北《聯合報》，民國75年3月？日。

934.「中國民族性與中國文化之特長處」，《聯合報》，民國75年4月？日。

935.「憶錫予」，《紀念湯用彤九十誕辰論文集》，北京：北京大學，民國75年，日期待查。

936.「先總統蔣公九六誕辰獻辭」，《青年戰士報》，民國75年7月31日。

937.「莊子『薪盡火傳』釋義」，《聯合報》副刊，民國75年，日期待查。

938.「民族歷史與文化」，《海華雜誌》22期，民國75年，日期待查。

939.「略論中國歷史人物之一例」，《國史館館刊》復刊第1期，民國76年1月。

940.「中國社會主義與學生運動」，《聯合報》，民國76年3月？日。

941.「二十五週年頌詞」，《傳記文學》期數待查，民國76年6月。

942.「國史館撰稿漫談」，《國史館館刊》復刊第2期，民國76年9月。

943.「世界孔釋耶三大教」，《萬象月刊》期數待查，民國77年3月6日。

944.「新亞與日本亞細亞大學交流學生計劃週年賀辭」，《新亞生活》第16卷第5期，民國78年1月5日。

945.「新亞四十週年紀念祝辭」，《新亞生活》月刊第17卷第1期，民國78年9月15日。

946.「新亞書院創辦簡史」（一），《新亞生活》月刊第7卷第1期，民國78年9月15日。

947.「新亞書院創辦簡史」（二），《新亞生活》月刊第7卷第1期，民國78年10月15日。

948.「新亞書院創辦簡史」（三），《新亞生活》月刊第7卷第1期，民國78年11月15日。

949.「新亞書院創辦簡史」（四），《新亞生活》月刊第7卷第1期，民國78年12月15日。

950.「新亞書院創辦簡史」（五），《新亞生活》月刊第 7 卷第 1 期，民國79年 1 月15日。

951.「中國文化對人類未來可有的貢獻」，台北《聯合報》，民國79年10月26日。

952.「中國教育思想大綱」，發表刊物及日期待查。

953.「天人合一觀」（未刊稿）。

本文撰作期間，蒙教育部博士後研究經費贊助。謹此銘謝！

The Life and Works of Professor Chien Mu, 1895 – 1990

國史大師錢穆教授生平及其著述

by Muk Miu LEE（李木妙）

The article is made up of Four Parts: (1) a biography of Chien Mu; (2) abstracts of his major works on history; (3) a chronicle of his life; (4) a bibliography of his writings. The First Part deals with his life in various periods. The Second Part consists of abstracts of some 59 works by Chien Mu, mainly historical writings, divided into General Histories, Histories on Specific Dynasties, and Specialized Works. The Third Part is a chronicle of Chien's activities from 1895 to 1990, along with a chronological record of major contemporary events during this time. The Fourth Part is a listing of more than a hundred monographs and about 953 articles written by Chien, with full bibliographical details.

唐代揚州南通大江三渠道

嚴耕望

　　本文爲隋唐通濟渠考之第五章。通濟渠北自洛陽漕渠經洛水黃河段、汴水段、淮水山陽瀆（古邗溝）段，至揚州。揚州南通大江，一般只知古邗溝南端一渠道；實則自揚州南通大江有中西東三渠道，古邗溝至揚子津、瓜洲入大江，乃其正南渠道，即中道，尚有西渠，西至白沙（今儀徵）入江，東渠東至海陵（今泰縣），又分數支入江，不限於正南揚子一渠也。渠道有三，故要分三節考論各渠之流程與交通情況，並及沿渠市鎮之盛衰。因爲此文乃全書之一章，故文中往往提及前章內容，未加刪改，以存其舊。又本文寫作期間，曾獲教育部專案研究費之補助，並此申謝。

　　揚州南通大江之漕渠，分南西東三支。南渠南經揚子（江都南三十里，今江都縣西南十五里揚子橋）至瓜洲，渡江至潤州治所丹徒縣（今鎮江），即京口。西渠至白沙（今儀徵縣）渡江至下蜀（今句容北六十里江濱），趨上元縣（昇州，今南京）。東渠東經海陵縣（今泰縣）渡江趨常州。肅宗上元元年，劉展叛入廣陵，李峘與潤州刺史韋儇屯兵京口（即丹徒）守北固，插木以塞江口。展設疑兵於瓜洲（江都南三十里），若將趨北固者，而陰軍白沙，自上流濟，襲下蜀，峘軍自潰。朝廷使田神功討劉展，入廣陵，展退守潤州。明年正月，神功遣范知新自白沙濟，西趨下蜀；鄧景山自海陵濟，東趨常州；神功自將由瓜州濟江，「展將步騎萬餘陣於蒜山（潤州城西三里）以待。會大風，「神功不得渡，還軍瓜洲，而范知新等兵已至下蜀。」是劉展由廣陵南渡，取南西兩路；田神功由廣陵南渡取南西東三路。此

三路線亦皆漕渠水道也①。北宋時代，此三渠路流程運作仍略如唐舊②。

①劉展、田神功事，皆詳通鑑二二一、二二二肅宗上元元年二年紀。今地詳下文。按通鑑二一九至德二年紀，永王璘叛據江南，李成式與李銑合兵討之。銑軍揚子，成式判官裴茂軍瓜步。胡注，「揚子今眞州治所。」按宋之揚子縣爲眞州治所（今儀徵），但唐之揚子縣在揚州城南三十里揚子津，南對瓜洲，詳下文南渠首段注⑤揚子縣條。此瓜步謂瓜步山，在白沙西，是亦兩路也。（舊一〇七永王璘傳作瓜步洲伊婁埭，後只云「至瓜步洲，廣張旗幟。」新八二璘傳直作伊婁埭。按瓜洲伊婁埭與揚子爲一線，而璘自江陵東下至當塗，則廣陵西路之白沙瓜步山一帶不容不守，故通鑑作瓜步，謂瓜步山，是也，非瓜洲；實以伊婁埭，更誤。）

②宋史九六河渠志六，發運司官屬向子諲上言，「宜於眞州太子港作一壩，以復懷子河故道。於瓜洲河口作一壩，以復龍舟堰，於海陵河口作一壩，以復茱萸、待賢堰，使諸塘水不爲瓜洲、眞、泰三河所分。」此即爲唐之三渠也。

(一) 南渠

南渠取揚子、瓜洲至京口者，前章考明，漕渠由茱萸灣折西南，入州城東水門，斜貫城中，出南水門。又約三十里至大江北岸，有揚子津，津隔江南對潤州治所京口城四十里①。通鑑，大業元年，「開邗溝，自山陽至揚子入江。」即此渠道也。揚子津爲大江渡口，文獻偶稱揚子渡。此江自隋世已知名，屢見史册②。煬帝臨江津置揚子宮，蓋亦名臨江宮③。唐世，渠口置二斗門，以時啓閉，以節水量，以利舟航④。唐初見置揚子鎮，高宗永淳元年置揚子縣，在州城直南微西三十里，即揚子津地⑤。置館驛，孟浩然詩云，「林開

揚子驛，山出潤州城」，是也⑥。

①孟浩然有宿揚子津寄潤州長山劉隱士詩云：「日夕望京口，煙波愁我心。」（全唐詩三函三冊浩然集一。）又有揚子津望京口詩云：「北固臨京口，夷山近海濱。」（同上浩然集二）又劉禹錫罷郡姑蘇北歸渡揚子津云，「金山舊遊寺，過岸聽鐘聲。」（全唐詩六函二冊禹錫集五。）盧綸泊揚子津，「山影南徐（即潤州）暮，千帆入古津。」（英華一六四）據此諸詩，揚子津即南對京口。按寰宇記一二二揚州，「南至大江三十里，渡江至潤州七十里。」則津在揚州城南三十里之江岸，隔江南對京口四十里也。

②通鑑大業元年事，見卷一八〇。按隋書六五吐萬緒傳，「劉元進作亂江南，以兵攻潤州。……緒率眾至揚子津，……因濟江，……解潤州圍。」通鑑揚子，即此津也。通鑑此條之外，又屢見揚子之名，如次：

開皇十年，陳故地盡反，楊素「帥舟師自揚子津入，擊賊帥朱莫問，於京口破之。」（卷一七七，胡注，「楊子津在揚子縣南；京口今鎮江府。」）

大業六年「二月己未，上升釣臺，臨揚子津，大宴百僚。」（卷一八一）

大業九年，吳郡朱燮、晉陵管崇寇掠江左。帝命「趙六兒將兵萬人屯揚子……以備南賊。……崇遣其將陸顗渡江夜襲六兒。」（卷一八二）

武德二年，沈法興據毗陵。李子通據海陵，圍陳稜於江都，稜求救於法興。法興使子綸救之，軍揚子。子通克江都，縱擊綸，大破之。（卷一八七）

武德七年三月，擊輔公祏。辛卯安撫使任瓌拔揚子城。（卷一九〇）按新九〇任瓌傳，「輔公祏反，詔以兵自揚子津濟江討之。」開元二十六年，「潤州刺史齊澣奏：自瓜步濟江迂六十里，請自京口埭下直濟江，穿伊婁河二十五里，即達揚子縣，立伊婁埭。從之。」（卷二一四）

至德二載，江東採訪使李成式與河北招討判官李銑合兵討永王璘。銑兵數千軍于揚子。（卷二一九）

元和四年，李巽奏程異爲揚子留後。（卷二三七）

光啟三年四月，畢師鐸圍揚州，屯於揚子，宣州秦彥遣兵三千，至揚子助之，遂陷廣陵。（卷二五七）

據此諸條，或云揚子，或云揚子津，或云揚子城，或云揚子縣，或云揚子留後。留後即鹽鐵揚子巡院也，詳後文。

揚子津者，廣陵南至江南，必早有津渡，惟其名不顯。自隋開皇大業，通鑑始見有揚子津之名。又隋書吐萬緒傳，亦見上引。唐代此津名極常見，詳下引。而白居易開成二年三月三日祓禊洛濱，「鬧於揚子渡。」（全唐詩七函七冊居易集三三），徐鉉登甘露寺北望，「芳草遠迷揚子渡。」（同前十一函五冊鉉集一。）又舊五代史一一八，周世宗紀，顯德五年二月丁卯，駐蹕廣陵。癸酉，幸揚子渡，觀大江。」稱爲揚子渡，蓋揚子津之又名。

③揚子宮　隋書地理志下，江都郡江陽縣有揚子宮。寰宇記一二三揚州江都縣，「澄月亭、懸鏡亭、春江亭，在縣南二十七里揚子宮西，三亭皆隋煬帝置。」是揚子宮亦當在江都縣之南約三十里之譜，即江津揚子縣相近處。又臨江宮條引隋書云，「大業十三年二月，大駕出揚子，幸臨江宮。大會，賜食，並百僚亦餞於凝暉殿庭，……羽旆龍旌，橫街塞陌二十餘里」七十餘字。紀勝三七揚州景物目下引隋書志，全同。但檢隋書紀志，不獲。臨江宮即揚子宮歟？

④揚子斗門　開元水部式殘卷（敦煌吐魯番唐代法制文書考釋第二七、鳴沙石室佚書），「揚州揚子津斗門二所，宜於所管三府兵及輕疾內，量差分番守當，隨須開閉。」按此斗門當爲江水通州城之渠水之斗門，如瓜州斗門也。以地近江津，故云揚子津斗門耳。

⑤揚子鎮、揚子縣　舊志，永淳元年分江都縣置揚子縣。新志同。輿地紀勝三八眞州揚子縣目引元和志，「本漢江都縣地；舊揚子縣城，唐高宗時，廢鎮爲縣，因鎮爲名。」楊爲揚之形僞。寰宇記一三〇建安軍永鎮縣目，同。字不譌。其地望，劉禹錫晚步揚子遊南塘望沙尾（全唐詩六函二冊禹錫集二）云，「客遊廣陵郡，晚出臨江城。」此即揚子縣，地臨江濱也。通鑑大業元年，胡注，「揚子

今眞州（今儀徵）。」至德二年，胡注亦云「即今眞州治。」但開元二十六年，胡注疑之云：「按舊書本紀，齊澣開伊婁河於揚州南瓜州浦，則今之瓜州運河也。但揚子縣今爲眞州治所，安能二十五里即達揚子縣？若自瓜洲達揚子橋則二十五里而近。今之揚子橋或者唐之揚子縣治所，橋以此得名也。」按此論甚是。檢寰宇記一三〇建安軍，「本揚州白沙鎭地，僞吳順義三年，改爲迎鑾鎭……建隆三年升爲建安軍，雍熙三年仍割揚州之永鎭縣以屬焉。」「永鎭縣，西北五十五里。」謂在軍之西北五十五里也。然軍之四至條云「東至揚州六十里，東南至永貞縣寧鎭江口六十五里。」則縣又在軍之東南，是自相矛盾。檢一統志揚州府卷古蹟目，揚子廢縣條引寰宇記，唐揚子縣，南唐改永貞縣，「西北至（建安）軍五十里。」則今本寰宇記「西北」當作「東南」。建安軍後改名眞州，即唐揚子縣在宋眞州之東南五十五里，在揚州城直南略西之地，正約宋之揚子橋矣。惟輿地紀勝三八眞州揚子縣目引儀眞志，「舊治在縣南一十五里萬應鄉。」蓋脫「東」字，又誤「五」爲「一」也。紀要二三揚州儀眞縣目云東南十五里，即據紀勝耳。縣在眞州東南五十五里，則與上考揚子津地望相當，蓋即津置縣耳。

⑥揚子驛　丁仙芝渡揚子江詩云：「桂檝中流望，空波兩畔明，林開揚子驛，山出潤州城。」（全唐詩二函七冊）又孟浩然集亦有此詩（同上三函三冊浩然集二），惟第二句作「京江兩畔明。」本注「一作空波」。又張又新煎茶水記（全唐文七二一）：「煮茶記云，代宗朝，李季卿刺湖州，至維揚，逢陸處士鴻漸……因之赴郡，抵揚子驛。」事亦見廣記三九九陸鴻漸條。上文揚子津條引吳融詩「紀行文字徧長亭」亦即此驛也。是此驛在揚州之南，南對潤州城，即在揚子津、揚子縣地無疑。

縣當漕渠通大江水口、渡江津濟處，故爲揚州外口，既居南北軍道之衝要，亦爲東西江運、南北渠運之樞紐。六典，天下望縣八十五，淮南道內惟江都、揚子預其數，正見此縣在東南半壁之特殊地位①。唐代中葉，鹽鐵漕運爲長安軍政命脈所繫，故置揚子鹽鐵巡院，東南諸道鹽場（？）皆

受其管轄。巡院後或直兼江淮以南兩稅使②。唐末，巡院且或特置巡官，專營東南福廣海運③。劉晏主運，又特於揚子置造船十場，亦因工商、交通之宜也④。揚子縣、津在交通上之地位如此，故商旅極衆，頻見詩篇。盧綸詩云「千帆入古津」，白居易詩云「鬧翻揚子渡」，吳融詩云「揚子江津十四經，紀行文字徧長亭」，皆見其交通之盛況⑤。

①揚子望縣　唐制三都城內曰京縣，城外曰畿縣，其次則望縣地位最高。六典三，望縣八十五，絕大多數在北方；南方惟劍南道爲多，江南道七，淮南道惟江南、揚子兩縣，足見兩縣居要衝而繁榮也。檢唐會要七〇州縣分望道目‧淮南道新升望縣條，揚州之江都縣，開元四年二月二十六日升；揚子縣，大歷八年五月升。此與六典不合，蓋揚子縣初升在開元末以前，後曾降格，大歷八年復升格歟？

②鹽鐵巡院　新五四食貨志四云：
鹽鐵使劉晏……上鹽法輕重之宜……自（江）淮北，（唐會要八七轉運鹽鐵總敍作「自江淮北」是也，新志奪「江」字。）置巡院十三，曰揚州、陳許、汴州、廬壽、白沙、淮西、甬橋、浙西、宋州、泗州、嶺南、兗鄆、鄭滑，捕私鹽者，姦盜爲之衰息。然諸道加榷鹽錢，商人舟所過有稅。」

時在大歷中，意在遏私鹽，稅商貨也。是劉晏始制，揚州有揚州與白沙兩院。其後廢置增省不常。惟揚州院之名極少見，而揚子院則常見。如徐粲以貞元初主揚子院，見舊一二三班宏傳。程异以貞元末爲鹽鐵轉運揚子院留後；元和初，復爲揚子留後。元和中，崔倰、程异繼爲揚子留後，並見舊四九食貨志下。咸通中，溫庭筠乞索於揚子院；見舊一九〇下文苑傳。廣明元年，高駢奏改揚子院爲發運使，爲宋代江淮發運使所本，見通鑑二五三僖宗紀並胡注。按舊四八食貨志上，「長慶元年三月，……鹽鐵使王播奏，揚州白沙兩處納榷場，，請依舊爲院。」會要八八鹽鐵目，同。是此兩處曾降格爲納榷場，至是復爲院，據會要本條前段文字，院即榷鹽院也。揚子近州城，所謂揚州場院者，蓋即揚子場院也。考會要八八

鹽鐵目，長慶「四年五月勑，東〔江？〕都、江陵鹽鐵轉運留後，並改爲知院者，從鹽鐵使王涯請也。」則院置官曰知院，如廣記二五二吳堯卿條引妖亂志，高駢署堯卿知泗州院，知浙西院，又知揚子院兼榷醶使。上引史料，多云爲留後者，鹽鐵轉運使之留後也。

按舊四九食貨志下云：

> 元和……六年，……以揚子鹽鐵留後爲江淮已南兩稅使，江陵留後爲荆衡漢沔東界，彭蠡已南（「已南」會要作「南及日南」是）兩稅使。……八年，以崔倰爲揚子留後、淮嶺已來兩稅使，崔祝爲江陵留後，爲荆南已來兩稅使。」會要八七轉運鹽鐵總敍目略同，可校。又舊一三五程异傳，「元和初，……復爲揚子留後，累檢校兵部郎中淮南等五道兩稅使，……江淮錢穀之弊多所鏟革。」

據此，則留後職位顯極重要。復考會要八七轉運鹽鐵總敍目，貞元末，「時鹽鐵轉運有上都留後，以副使潘孟陽主之；王叔文權傾朝野，亦以鹽鐵副使兼學士爲留後；故鹽鐵副使之俸至今獨優。」舊食貨志，略同。按其時鹽鐵使治浙西、淮南，故上都置留後，其職至重，是揚子院留後之職亦重，非知院之比矣。

復次，沈亞之杭州場壁記（全唐文七三六）云，「京兆韋子諒……有能名，……崔稜爲揚子留後使，聞其行，遂邀署之，……吏權大增。」杭州固在揚子留後轄境也。又沈亞之淮南都梁山倉記（同上）云，「元和九年隴西李稼爲鹽鐵官，掌淮口院，……乃與揚子留後使議之，……遂創庾於淮南都梁山。」是蓋自淮以南，皆隷揚子留後使之實證。

③鹽鐵巡官督海運　唐會要八七漕運目：「咸通三年五月，南蠻陷交趾，徵諸道兵赴嶺南。……軍屯廣州乏食。潤州人陳磻石詣闕上書，言江西湖南泝流運糧，不濟軍期。……臣弟聽思昔曾任雷州刺史，家人隨海船至福建往來，大船一隻可致千石，自福建不一月可至廣州。得船數十艘，便可致三五萬石。……乃以磻石爲鹽鐵巡官，往揚子縣，專督海運，於是軍不闕供。」督沿海福廣海運，而委鹽鐵巡官駐揚子，是亦以揚州爲南北交通樞紐，東南物資運輸之中心耳。

④造船場　唐語林一政事上，「劉晏……始於揚州造轉運船……載

江南穀麥，自淮泗入汴，抵河陰，每船載一千石。……晏初議造船，……乃置十場於揚子縣，專知官十人，競自營辦。」按通考二五國用考三漕運條引蘇東坡論綱梢欠折利害奏狀，亦云晏在揚州造轉運船；但不云置十場於揚子縣。

⑤唐人詩篇頻見揚子之名。除前引孟浩然宿揚子津、揚子津望京口、渡揚子江（此詩可能丁仙芝作）三詩，及劉禹錫晚步揚子遊南塘望沙尾，罷郡姑蘇北歸渡揚子津兩詩外，如祖詠有泊揚子津（全唐詩二函九冊）。李白橫江詞云，「橫江西望阻西秦，漢水東連揚子津。」（同上三函四冊白集六）盧綸泊揚子津云，「山影南徐暮，千帆入古津。」（文苑英華六四）（全唐詩五函二冊綸集四，有此詩，題作「泊揚子江岸」，觀詩句，即在江津。）吳融有題揚子津亭云，「揚子江津十四經，紀行文字徧長亭。」（同上十函七冊融集一）皆此津也。又白居易開成二年三月三日被襖洛濱云：「鬧翻（一作於）揚子渡，蹋破魏王堤。」（同上七函七冊居易集三三，白長慶集六六）亦即此津。觀盧吳白三詩，尤見揚子津商旅渡者極眾，至為熱鬧。

　　古代廣陵南臨大江，江面遼闊，魏文帝南侵至廣陵，欲渡江，見波濤洶湧，歎曰「嗟乎，固天所以隔南北也！」①唐世，揚子縣、揚子津南與潤州京口對岸，江闊四十餘里，或四十五里②。江中有沙洲，為江水沖積而成，其形如瓜，故曰瓜洲，簡曰瓜州，俗稱亦曰瓜步、瓜步洲，蓋江南謂江滸繫舟可上下處曰步，故瓜洲亦有瓜步之名也，與六合（今縣）之瓜步山不相涉。洲之南北幅度約二十里之譜，分大江為南北兩流。南流廣十八里，北流較狹，蓋不過數里。此段江面既有瓜洲沙磧之橫阻，故南北舟航，由京口北航，繞經瓜洲沙尾，至揚子縣，迂迴六十里。開元二十六年，潤州刺史齊澣奏請掘斷瓜洲浦為運渠，二十五里，曰伊婁河，即李白詩、鑑眞傳所謂新河，宋名瓜洲運河也。由潤州京口北航大江之南流二十里，入伊婁渠。渠口內置斗門，有雙橋，是

8

爲伊婁埭，候潮漲落，以節水量，以利舟航；商船通過，官收其課。蓋即成尋記所謂瓜州堰也。舟浮渠入斗門，北航至洲北岸，渡大江之北流，直達揚子縣，漕運大便③。按唐代前期，江面廣闊至四十里或四十五里，瓜洲沙面積尙小，海潮尙能湧入揚州郭內，故李頎詩云，「揚州郭裏見潮生。」但唐代後期，洲之北浦，江沙淤積日廣，北流漸塞，瓜洲幾與揚子縣江岸相接，海潮亦不入州城，故李紳云，「大曆以後，潮信不通。」影響揚州當渠道水口交通之優勢④。不但如此，其後瓜洲蓋因江沙淤積愈高，影響伊婁河牀上升，斗門入水亦愈困難，此觀北宋成尋行記已可徵知。至明代，則瓜洲漕河已高於大江數尺，更增加此條漕渠水運之困難⑤。北宋時代，眞州（即唐代西渠之白沙，今儀徵縣）取代揚州在南北水運上之地位，置江淮發運使⑥，即因揚州南渠已大失水運價値之故。

①魏文臨江興歎，事見三國志吳書二孫權傳裴注引吳錄。通鑑七〇魏文帝黃初六年紀採其說。但其時大江寬度不詳。唐代江面寬度考論如注②。

②唐代大江寬度　寰宇記一二三揚州江都縣目‧大江條，「南對丹徒之京口，舊闊四十餘里，謂之京江，今闊十八里。」紀勝三七揚州景物目上引元和志，同；則寰宇記蓋亦本之元和志也。今本元和志揚州卷已佚。其二五潤州八到目云，「北渡江至揚州七十里。」丹徒縣目，「北固山在縣北一里，下臨長江，其勢險固，因以爲名。……江今闊十八里。」寰宇記揚州卷四至目，「南至大江三十里，渡江至潤州七十里。」而同書八九潤州四至目云，「北渡江至揚州六十三里」，又云「東北至揚州界四十五里。」據此諸條所記方向里程，可綜合言之：揚州城南至江濱三十里，即上述州城南至揚子縣、揚子津道。由揚子南渡江四十餘里或四十五里至潤州。元和志、寰宇記皆云「江今闊十八里」者，中葉以後，江中瓜洲北與江岸

相接，江流只剩瓜洲南對京口之江面十八里耳。舊一二九韓滉傳，元琇判度支，「條奏滉督運江南米至揚子凡一十八里；揚子以北皆元琇主之。」按瓜洲本南隸潤州；自大曆中，北屬揚州揚子縣，由潤州舟航十八里至瓜洲南岸即入揚子縣境，此亦瓜洲之南大江南流寬十八里之證。

③瓜洲一曰瓜步、開伊婁河　元和志揚州卷已佚。寰宇記揚州卷亦無瓜洲之名。（繆荃縣元和志闕卷逸文卷二有瓜洲鎮一條，云「在（江都）縣南四十里江濱，昔爲瓜洲村，蓋揚子江中之沙磧也，狀如瓜字，遙接揚子渡口。自開元以來，漸爲南北襟喉之地。」云據寰宇記所引。按今本寰宇記實無此文。似出紀勝，然紀勝不云據元和志。又逸文又據寰宇記輯合瀆渠一條。檢今本寰宇記雖有此條，但不云出元和志。復檢嚴觀元和補志卷六，已有此兩條，云係寰宇記錄元和志原文。是繆氏實採嚴輯，皆誤書也。按寰宇記全書極少自云出元和志；凡此類，皆當檢勘。）通鑑所見亦惟前引肅宗上元中兩條。考舊九玄宗紀，開元二十六年，「潤州刺史齊澣開伊婁河於揚州南瓜洲浦。」是爲瓜洲見史之始。又劉長卿有瓜洲道中送李端公南渡後歸揚州道中寄詩（全唐詩三函一冊長卿集一）時間當亦與齊澣事相先後。李白題瓜洲（一作州）新河餞族叔舍人賁（太白全集二五、全唐詩三函六冊白集二四），「齊公鑿新河，萬古流不絕。」即指齊澣事。紀勝三七揚州景物目上，有瓜洲條云：

「在江都縣南四十里江濱，相傳即祖逖擊楫之所也。昔爲瓜洲村，蓋揚子江中之沙磧也。沙漸漲出，其狀如瓜，接連揚子渡口，民居其上，唐立爲鎮。今有石城三面。」

方輿勝覽四四，同。按瓜洲在江都縣南四十里，前考揚州城南至大江三十里，江干有揚子縣、揚子津，則瓜洲北岸去縣津約十里，即大江北流之寬度殆約十里。然實可能不到十里，詳下文。

伊婁河渠道爲齊澣所開，建伊婁埭。舊紀，開元二十六年條述其事云：

「潤州刺史齊澣開伊婁河於揚州南瓜洲浦。」

會要八七漕運目詳之云：

（開元）二十六年十一月五日，潤州刺史齊澣奏，常〔當〕州北界

隔吳江至瓜步江為限，每船渡繞瓜步江沙尾，紆迴六十里，多為風濤所損。臣請於京口埭下，直截渡江二十里，開伊婁河二十五里，即達揚子縣，無風水災，又減租腳錢，歲收利百億。又立伊婁埭，皆官收其課。迄今用之。」

此與唐紀同書一事，而作瓜步江沙。舊一九〇中，新一二八齊澣傳，敘事里距皆與會要同。惟作瓜步、瓜步沙。又舊傳作京口塘，新傳作伊婁渠而已。寰宇記八九潤州丹徒縣目、新志潤州目，亦書此名作瓜步。是五處皆與舊紀作瓜洲浦者異，但為一地則無疑。

然中古時代，除此瓜洲一名瓜步，在揚州城南四十里大江中、今為瓜州鎮者之外，其稍上游約近百里別有瓜步地名，見史時代，較瓜洲之瓜步為早，此即六合縣南江邊之瓜步山、瓜步城也。地書始見此瓜步名者，如寰宇記一二三揚州，六合縣在州西一百一十里。瓜步山在「縣東南二十里，東臨大江。」紀要二三揚州府儀眞縣目，瓜步山在揚州之西一百二十里。瓜步山見史較早，劉宋元嘉二十七年（450），魏太武帝南侵，至瓜步山，一作瓜步，事見宋書文帝紀、索虜傳、魏書太武紀、及通鑑一二五。而瓜洲之名，至唐開元間始見載籍如上文。但自此之後，瓜洲地位日見重要，而六合之瓜步則否。唐代文獻中雖仍多瓜步之名，但多指揚州直南四十里之瓜洲而言，非六合之瓜步也，上揭唐會要、齊澣兩傳等所記齊澣開渠事即為一例。茲再舉六例如下：

其一，舊一〇七永王璘傳，安祿山反，璘為江陵大都督，欲闚江左，遣兵擊吳郡採訪使李希言，殺丹徒太守閻敬之，江左大駭。廣陵郡採訪使遣李銑軍揚子，「裴茂以廣陵步卒三千，同拒於瓜步洲伊婁埭。」「茂至瓜步洲，……耀于江津」，璘始有懼色，退奔晉陵。此瓜步洲明為揚子以南江中之瓜洲，絕無可疑。

其二，舊三七五行志，開元十四年，「潤州大風，從東北，海濤奔上，沒瓜步洲，損居人。」按六合之瓜步在江北，不屬潤州；且亦非洲，不得為海濤所沒，故此瓜步洲實即永王璘傳之瓜步洲無疑，即瓜洲也。

其三，舊一二九張延賞傳，大曆中，出為淮南節度使，「邊江之瓜洲，舟航湊會，而懸屬江南，延賞奏請以江為界。」而新一二七同傳，作瓜步。是稱瓜洲為瓜步。

其四，劉長卿毘陵送鄒結先赴河南充判官（全唐詩三函一册長卿集三）云，「芳年臨水怨，瓜步上潮過。」按毘陵即常州，在潤州東南，由常州北赴河南，正當取瓜洲揚州路，此瓜步即瓜洲渡也。

其五，皇甫冉同溫丹徒登萬歲樓（全唐詩四函七册冉集二），「江客不堪頻北顧，塞雁何事復南飛，丹陽古渡寒煙積，瓜步空洲遠樹稀。」（一作劉長卿詩。）按此瓜步亦顯爲瓜洲，與六合之瓜步山無涉。

其六，廣記一五五崔從條，「寶曆二年，崔從鎮淮南。五月三日，瓜步鎮申，浙右試競渡，船十艘，其三船平沒於金山下，一百五十人俱溺死。（出獨異志）」按船沒金山下，事去六合之瓜步百里以上，何緣申報？惟瓜洲在金山對岸，故能申之耳。

凡此諸事，所言瓜步顯指揚州直南、潤州直北江中之瓜洲而言。就余留意所及，其確然指六合之瓜步而言者，僅得兩則。其一，廣記三五五廣陵賈人條，「廣陵有賈人，以柏木造牀，製作甚精……載之建康，賣以求利。晚至瓜步，微有風起，因泊山下。」（出稽神錄）按瓜洲無山，此當指瓜步山，西南近對建康，當其地也。其二，九域志五，眞州揚子縣有瓜步鎮，六合縣有瓜步山。按鎮山分屬兩縣，似鎮不在瓜步山，有在瓜洲之可能。然檢同卷揚州江都縣有瓜洲鎮。則眞州之瓜步鎮不在瓜洲亦無疑。

據此而言，唐宋文獻所云瓜步多指瓜洲而言，非必瓜步山之瓜步。余初讀齊澣兩傳，疑新傳作瓜步，乃字誤；再檢會要，亦作瓜步，甚以爲疑。今有此進一步瞭解，則記瓜洲事而云「瓜步」者，正不足異。嘉定鎮江志六丹徒縣云，「案今揚州西南二〔三〕十里有瓜州，土人云，其洲爲瓜步也。」則習俗殆通稱瓜洲爲瓜步，非字誤也。

按南朝唐宋時代，南方稱江湑繫舟可上下處曰步。贛水注，豫章郡治南昌縣。「贛水北出際西北，歷度支步，是晉度支校尉立府處。步即水渚也。」御覽七五浦目云：「（任昉）述異記曰，上虞縣有石馳步，水際謂之步也。瓜步在吳中，吳人賣瓜於江畔，因以名也。江中有魚步、龜步，湘中有靈妃步。（任昉文可能止此。）按吳楚謂浦爲步。」此殆最早之史證。今通作埠。各家辭書引唐宋詩文多條爲證。其最具體者，如韓愈柳州羅池廟碑（昌黎集三一），「宅有新屋，步有新船。」尚書左丞孔戣墓誌（昌黎集三三），爲嶺南

節度使,「蕃舶至,泊步,有下碇之稅,……公皆罷之。」朱注:「步水岸邊處,碇錘舟石。」柳宗元永州鐵爐步志(全唐文五八一),「江之滸,凡舟可縻而上下者曰步。」吳處厚青霜雜記卷三,「嶺南謂水津爲步,言步之所及,有罾步,即漁者施罾處;有船步,即人渡船處,然今亦謂之步,故揚州有瓜步,洪州有觀步,閩中謂水涯爲溪步。」是也。今九龍有深水埗,蓋猶其遺意。則瓜洲之稱爲瓜步者,蓋本當作瓜洲步,省洲,則爲瓜步矣。

又據上文引齊澣兩傳及唐會要等史料,瓜洲橫阻於京口與揚子縣之間,漕船不能直達,須繞經瓜洲沙尾,迂迴六十里,故齊澣創議,由京口向北直航二十里至瓜洲南岸,此二十里航程即爲大江南流之寬度。由洲南岸開漕渠二十五里至洲之北岸,曰伊婁河,再航大江北流,直達揚子,共計縮短航程六十里。則洲之南北幅度至多二十五里,或僅二十里之譜耳。前考大江南北總寬度約四十餘里或四十五里,以此計之,北流寬度殆不過數里歟?

伊婁河,至宋已無其名,紀勝三七揚州景物目下,「伊婁河即揚子鎭以南至江運河也。」嘉定鎭江志六河目丹徒縣伊婁河條,「今無其名,疑今瓜洲北至揚子運渠是其地。」又通鑑二一四,開元二十六年伊婁河胡注,「今瓜洲運河,是也。」所說甚是。又按唐大和上鑑眞東征傳,天寶七載,居揚州崇福寺,「七月二十七日發自崇福寺,至揚州新河,乘舟下至常州界狼山。」其後自廣州北還,自江寧縣「歸揚府,過江至新河岸,即入揚子亭。」韓茂莉曰,此「新河即伊婁河;(唐宋之際揚州經濟興衰的地理背景,中國歷史地理論叢1987年第一輯。)是也。李白題瓜洲新河餞族叔舍人賁(全唐詩三函六冊白集二四),「齊公鑿新河,萬古流不絕。」正稱伊婁河爲新河。李白此詩又云「豐功利生人,天地同朽滅,兩橋對雙閣,芳樹有行列……海水落斗門,潮平見沙汭。」是有斗門,候潮水,蓋即前引唐會要所云伊婁埭。又成尋記三,熙寧五年九月十日至潤州京口堰,十一日越堰,十二日出水門,渡揚子江,入流〔瓜〕洲內,至水門駐船,……申一點潮生,「曳水中木入船,過一里到著派〔瓜〕洲堰宿。」十三日卯時越堰,午時至揚子鎭。同記八(回程)熙寧六年五月六日,由揚州至派〔瓜〕洲堰。申時左右脅轆轤牛各五頭次曳越,出船渡揚子江,入潤州京口堰。此來回紀程甚詳,所謂

派州堰，「派」必爲「瓜」之形誤，即唐伊婁堰也。

④李頎詩、李紳文，皆見前章論揚州城引李紳入揚州郭小序（全唐詩八函一册紳集三）。隋書煬帝紀下，大業十三年十一月「有石自江浮入于揚子。」即海潮水盛，湧石入城耳，此蓋尋常事，惟十一月，爲非時耳，故特記之，以爲災異也。

⑤成尋記已詳引見第六章渠道規制與渠道淤廢第四節堰埭建置與操作。明代瓜洲漕河高於大江數尺，見天下郡國利病書卷十八。

⑥詳下第二節西渠白沙段。

瓜洲上置瓜洲鎮（今鎮 E119°22'，N32°15'）、瓜洲驛，又有瓜洲渡（今渡）、瓜洲市。瓜洲爲舟艫津湊，開伊婁渠時，置伊婁埭，官收其課。瓜洲渡蓋與埭皆在洲南江濱、渠之南口，南對京口，航程二十里；北至揚子縣驛約三十里。鎮、驛、市蓋在渡北近地，蓋亦有爲伊婁渠開通後所形成者歟？按唐中葉以前，揚子縣濱臨大江，揚子津爲舟航湊會之地；其後大江北流漸淤，舟航湊會蓋漸南移至瓜洲渡、瓜洲鎮矣①。陸游書憤云：「艫船夜雪瓜洲渡，鐵馬秋風大散關」②，正見大江河床之變遷影響渡口之南移耳。

①伊婁埭收課　見會要八七及兩書齊澣傳，前伊婁河條已引。瓜洲鎮者，前引紀勝錄元和志文，瓜洲本爲村，「唐立爲鎮」。又前引廣記一五五崔從條，寶曆二年有瓜步鎮，即瓜洲鎮。九域志・江都縣有瓜洲鎮。按通鑑二二一上元元年胡注，「今揚州江都縣南三十里有瓜洲鎮，正對京口北固山。就此里數言，似在瓜洲北岸；然云正對北固山，又可能在洲之南境。檢一統志揚州府卷關隘目、津渠目，瓜洲鎮「在江都縣南四十里江濱」，瓜洲渡「在江都縣南四十五里渡口，與鎮江府相對。」中國地圖及ONC-10，瓜洲鎮均在今大江之濱（E119°22'，N32°15'），蓋渡口北近處。　瓜洲驛者，劉長卿有瓜洲驛奉餞張侍御公拜膳部郎中（略）充賀蘭大夫留後使之

嶺南時侍御先在淮南幕府及瓜洲驛重送梁郎中赴吉州兩詩（皆見全唐詩三函一册長卿集四），時約在至德年間或稍後。則此驛亦頗早。又許渾瓜洲留別李詡（全唐詩八函八册渾集八）云，「孤館宿時風帶雨」，蓋亦在瓜洲驛也。　瓜洲渡者，高蟾瓜洲夜泊詩（全唐詩十函五册）云，「一夕瓜洲渡頭宿，天風吹盡廣陵塵。」又廣記三三二蕭穎士條云，「蕭穎士爲揚州功曹，秩滿南遊，濟瓜洲渡，船中有二少年……（出集異記）」此亦一證。同書三四一鄭瓊羅條，「段文昌從弟某者，貞元末，自信安還洛，暮達瓜洲，宿於舟中，……（出酉陽雜組）。」此蓋亦在瓜洲渡也。瓜洲渡爲由瓜洲南渡至潤州京口而設，必在洲南江濱，伊婁河口。上引一統志揚州卷，今渡在江都縣南四十五里，與鎮江府相對。又山川目大江條，「江都縣瓜洲渡口與江心金山寺相對。」蓋古渡原址也。　瓜洲市者，廣記三五五楊副使條云，「壬午歲廣陵瓜州〔洲〕市中，有人市菓實甚急。」有鎮、有驛、有渡，其有市固宜。

②陸游書憤，見劍南詩集卷一七。

瓜洲渡南對潤州之京口，江面航程二十里，京口即丹徒（今縣），孫權曾徙鎮之，故名京城。後遷建業，而常置督於此。城因山爲壘，俯臨浦口，故云京口。自後歷東晉、南朝，常爲建業之門戶，置重兵，即北府，爲南朝之重鎮①。至唐，又有金陵之名②。

①此段綱文據元和志二五、寰宇記八九潤州及丹徒縣目。參紀要二五鎮江府及丹徒京口條。志云孫權以爲京口鎮，記云置京都督，此皆後代名辭。按三國志五一孫韶傳，孫何爲將軍屯京城，姪韶續治京城，世其官，後孫楷爲京下督。蓋爲督將，尚無鎮戌之名。晉書六二祖逖傳，居丹徒之京口，此似爲京口地名之早見者。其後常爲重臣所鎮。通鑑八八晉建興元年書祖逖事。胡注：「孫權，謂之京城。有京峴山在其東；其城因山爲壘，俯臨江津，故曰京口。與元和志說小異。

②金陵　金陵之名，一般皆指建康，晉書六五王導傳，議曰，「建

康古之金陵。」此建康名金陵之早見者。然唐代潤州京口亦有金陵之名。如劉長卿送許拾遺還京（全唐詩三函一册長卿集二），「萬里辭三殿，金陵到舊居，文星出西掖，鄉月在南徐，故里驚朝服，高堂捧詔書。」按南徐即京口，則此金陵謂京口也。此爲唐人詩篇最早見之例。他如李紳罷浙東觀察北歸途中紀行諸詩，次第有却望無錫芙蓉湖，重到惠山，毘陵東山，却到金陵登北固亭，宿瓜洲，入揚州郭等篇（全唐詩八函一册紳集三）。其宿瓜州云，「煙昏水郭津亭晚，迴望金陵若動搖。」此兩金陵係指京口而言，絕無問題。又趙璘因話錄六，「崔公慎由廉察浙西」，下文云「徵詔至金陵」。此亦謂潤州治所丹徒之京口也。復考張祜有題金陵渡云「金陵津渡小山樓」，「兩三星火是瓜州」。亦指京口之津渡而言，詳下蒜山渡條。韋莊秦婦令云，「適聞有客金陵至，見說江南風景異。」陳寅恪校箋謂此金陵，實指潤州之丹徒，並引李德裕鼓吹賦序「余往歲剖符金陵」爲證。是也。唐人詩文歷歷可指，當時亦稱京口爲金陵，必矣。

城西北一里，有北固山，高數十丈，斗入江中，三面臨水，其勢險固，故名。天景清明，登望海口，實爲壯觀，瞻望廣陵，鳥道五十餘里，如在青霄中，故江南城守，或置重兵於此，以伺北寇也①。山上有甘露寺。蓋南朝所建，李德裕鎮浙西，重建。唐人題詠者極多②。會昌毀佛，德裕奏請此寺獨存，收集管內諸廢寺中名賢畫壁盡置於此③，殆與成都大慈寺東西媲美④。

①南史五一梁宗室臨川王宏傳附蕭正義傳，「初京城之西有別嶺入江，高數十丈，三面臨水，號曰北固。……上（梁武帝）……敕曰，此嶺不足須固守，然京口實乃壯觀，乃改曰北顧。」此爲記北固形勢之最早見者。今略據元和志二五、寰宇記九八潤州目，及紀勝七鎮江府景物目，參紀要二五鎮江府丹徒縣北固山條及一統志鎮江府山川目書之。就唐言，前引通鑑肅宗上元元年，劉展入據廣陵，將渡江侵潤州，李峘守京口，而置重兵於北固。正以北固爲潤州京口形勢之地也。

②甘露寺　寰宇記八九，同上目，「甘露寺在城東角土山上，下臨大江，晴明軒檻，望見揚州，內有梁武帝天下第一山六字。」嘉定鎮江志八丹徒僧寺條，「甘露寺在北固山，唐寶曆中李德裕建，以資穆宗冥福。時甘露降此山。乾符中寺焚，裴璩重建。」注引潤州類集，熙寧中發現德裕所藏舍利，並手記云「創甘露寶利以資穆皇之冥福。」紀勝七潤州景物目下，略同。而紀要二五鎮江府丹徒縣北固山條，「今有甘露寺據山上，三國吳甘露中所建。」又至順鎮江志九，甘露寺條，至順，寺焚復建，僧明本爲紀略云「按圖志，寺建於三國甘露年間，至唐李德裕割地以闢其址。」是其說亦頗早。按唐人甘露寺詩甚多，寰宇記八九潤州丹徒縣甘露寺條，引盧肇、張祜、周樸〔朴〕、孫昉〔魴〕詩。檢張祜有題潤州甘露寺（全唐詩八函五冊祜集一），盧肇（同上九函一冊）、周朴（同上十函五冊）、孫魴（同上十一函四冊）皆有題甘露寺。雖皆爲後期人，然周朴詩云，「層閣疊危壁，瑞因（一作因成）千古名。」按朴寓閩中，死於黃巢之亂，上距德裕寶曆建寺不過五十年之譜，似不得謂之千古。又嘉定鎮江志甘露寺條引多景樓記，「梁時二鑊尚存。」亦未必盡僞。按僧傳所見，孫吳時代，江南僧寺尚極少，已建此寺之可能性固不大，但南朝佛教極盛，寺刹繁興，南徐京口爲重地，亦繁榮區，此處建寺，極有可能；李德裕又重建之耳。

(3)諸山靈迹志（斯529，收入敦煌地理文書滙集校注）「（潤州）李德裕所建甘露寺，迴在湄山上。吳道子畫迹尋附□□此寺置，……李太尉建寺成日，天下好畫和壁移寺，海內名人，不追自至，可次此寺一千佛、五百羅漢，至今總在。」時在五代後唐時代。李德裕建寺收集名畫之因由，郭若虛圖畫聞見志卷五言之最詳。其會昌廢壁條云，「唐李德裕鎮浙西日，於潤州建功德佛宇，曰甘露寺。當會昌廢佛之際，奏請獨存，因盡取管內廢寺中名賢畫壁，置之甘露，乃晉顧凱之、戴安道，宋謝靈運、陸探微，梁張僧繇，隋展子虔，唐韓幹、吳道子畫。」又嘉定鎮江志八丹徒僧寺條，引米芾寶晉集、甘露寺悼古詩序云，「寺壁有張僧繇四菩薩、吳道子行腳僧。元符末爲火所焚，六朝文物掃地。」據知其保存東南方文物不少。

④參拙作唐五代時期之成都第六節寺觀與佛道兩敎大聖慈寺條（嚴耕望史學論文選集頁246）。

京口城西三里，北固山西南西約四五里，江岸有蒜山，以多澤蒜受名。山臨江絕壁（今銀山在江岸之南已頗遠）。晉隆安中，孫恩浮海，奄至丹徒，京師震恐，劉裕敗之於此。劉宋元嘉二十六年顏延之有車駕幸京口侍遊蒜山作詩①。唐有蒜山渡，爲京口北通瓜洲之主要渡口，日渡蓋數百人，許渾有蒜山津三詩，足見行旅之盛②。上元中，田神功自瓜洲渡江，劉展步騎萬人，陣蒜山以待之；五代馬仁裕監蒜山渡，首悉廣陵有變，即日渡江定亂。尤見此渡在軍鎮交通上之地位③。宋元間此山曾淪入江中，但今因江沙淤塞，已在大江正流七八里之南，即今銀山④。

①隋書地理志下，江都郡延陵縣有蒜山。元和志二五潤州丹徒縣，蒜山在縣西九里，山臨江絕壁，……山多澤蒜，因以爲名。」寰宇記八九，同；惟「西九里」作「西北三里」。紀勝七潤州景物目上作「城西三里，大江岸上。」按孫恩事詳通鑑一一二晉隆安五年。胡注亦云，「今在鎮江府城西三里。」今從之。顏延之車駕幸京口侍遊蒜山作云，「入河起陽峽，踐華因削成，巖險去漢宇，襟衞徙吳京。」（文選二二）略見此山早期形勢。朱長文春眺揚州西崗寄徐員外（全唐詩五函一冊）云：「瓜步早潮吞建業，蒜山晴雪照揚州。」按瓜步山在揚州西百里以上，眺望不可及。上文考證，唐宋時代，瓜洲俗稱瓜步，此蓋又一例。詩人趁韻，故用步字，實謂瓜洲也。蒜山、瓜洲爲揚州南道大江南北渡口，故朱詩聯繫語之耳。

②蒜山即一渡口，除上引朱長文詩外，許渾有將赴京師蒜山津送客還荆渚（全唐詩八函八冊渾集三），泊蒜山津聞東林寺光儀上人物故（同上九）、登蒜山（一本有津字）觀發軍（同上十）三詩。舊一七四李德裕傳，徐州節度使王智興請於泗州置僧壇歛財，江淮之民渡淮落髮，規避徭賦，德裕奏論曰「今於蒜山渡點其過者一日一

百餘人。」又亳州言出聖水，可愈疾。德裕又奏曰：「江東之人，……每三二十家都顧一人取水，……昨點兩浙、福建百姓渡江者日三五十人。臣於蒜山渡已加捉搦。」前者謂渡江落髮爲僧者，後者謂渡江取聖水者；外加其他商旅，日當數百千人，足見此渡甚繁忙，故許渾一人有三詩也。

③劉展重兵屯蒜山事，詳通鑑二二一，已見前引。馬仁裕事，詳陸游南唐書六本傳。此兩事，正見蒜山渡與瓜洲南北相對之形勢。

④嘉定鎮江志二津渡目，「蒜山渡今西津渡也。」檢紀要二五丹徒蒜山條引舊志，「山寬可容萬人，宋元間淪入於江。今西津渡口水中孤峯是也。」一統志鎮江府卷山川目引府志同。按今日大江沙漲，江面正流已在金山之北三四里以上，蒜山在金山之南去江更遠，即今銀山是也，參看姚荷生鎮江名勝古蹟首頁略圖與頁55。

南朝時代，有蒜山，又有西津，並非一地，蓋極相近。舊志云，蒜山即西津口外水中之孤峯。唐詩有西津亭，宋人以爲即蒜山渡，蓋可信①。又唐張祜有金陵渡詩云，「金陵津渡小山樓」，「兩三星火是瓜州。」明爲瓜州對岸之渡口，蓋即蒜山渡、西津渡之異名也②。

①宋書九五索虜傳，元嘉二十七年，拓跋燾自彭城南至瓜步（山），欲渡江，太祖大具水軍守江岸，防戍十餘處，蒜山、北固、西津、練壁、譙山，各有專人駐守。則西津與蒜山各別一地，但上段注④，紀要引舊志，云蒜山即今西津渡口水中之孤峯，蓋可信，是極相近。故同注引嘉定鎮江志津渡目蒜山條，「蒜山渡今西津也。」唐人許渾京口津亭送張崔二侍御詩（全唐詩八函八冊渾集二）云，「愛樹滿西津，津亭墮淚頻。」此西津可作京口西面津渡解，亦可作京口之一津名解。據上引宋明清志書，蒜山渡在今西津渡，則許渾此詩之西津亭必即蒜山南江岸之西津渡耳。

②張祜題金陵渡（全唐詩八函五冊祜集二）云，「金陵津渡小山樓，一宿行人自可愁，潮落夜江斜月裏，兩三星火是瓜州。」嘉定

鎮江志二津渡目，丹徒縣西津渡條引此詩，（作杜牧詩，誤。）本注：「詩人指京口曰金陵。按張氏行役記，甘露寺在金陵山上，李約初至金陵，於李錡坐，屢讚招隱寺標致，是也。」是謂此詩金陵渡即宋西津渡，唐之蒜山渡。今觀此詩，建康去瓜州實太遠，絕不可能看到瓜州炊火，且建康亦非海潮所能到。前於京口城條，歷舉唐人詩文，京口實有金陵之名，張祜此詩，金陵渡即在京口，殆可斷言。京口北航瓜州之渡口，惟蒜山渡常見史册，故疑金陵渡即蒜山渡之異名也。

南朝以來常於津濟衝要處置埭堰，以節水量，收取舟航稅。唐代京口有京口埭，一名京口塘，蓋當江南運河通大江之渠口，地在蒜山渡或相近，出埭則由津渡北航至瓜州①。

①京口埭　前於瓜州、伊婁河條引會要八七，齊澣奏，「臣請於京口埭下直截渡江」，開伊婁河云云。舊傳作京口塘。按梁書武帝紀下，大同十一年三月詔曰：「四方所立屯、傳、邸、冶、市、埭、桁、渡、津稅，……有不便於民者，尚書州郡各速條上，當隨言再省除。」足見南朝置埭抽稅。京口埭殆必甚早。成尋參山記三，熙寧五年九月十日至京口堰駐船。十一日申時，「以牛十四頭，左右各七，越堰」，「堰下河船駐宿」。十二日「即時出船，……過一里，出水門向揚子江，廣大如海。」即此京口埭也。一統志鎮江府卷隄堰目，「京口閘在丹徒縣西北京口港口，距江一里，即漕河口也。」殆爲中古時代之故址。

中國史上，南北兵爭，常北强而南弱。曹魏文帝、北魏太武南侵雄圖，皆爲大江波濤洶湧而受阻①。按大江下游揚子江段，江面廣闊，文獻所見，揚州（古廣陵）、潤州（今鎮江）間，唐代中葉以前，北岸渡口揚子津至南岸渡口蒜山渡（又名西津），江面寬達四十至四十五里。但江中流沙淤積，形成瓜洲，分大江爲南北兩流，其後北流漸淤，瓜洲南岸之瓜洲渡取代揚子津之地位，爲北岸渡口，但南航至蒜山

渡仍有二十里航程（今已不到十里）②江流仍甚壯闊，海濤
上湧，波浪洶險，李紳早渡揚子江詩云：「日衝海浪翻銀
屋，江轉秋波走雪山。」正狀其波濤之驚險③，故仍爲舟航
所忌，時有覆溺之禍④。

①魏文事，見三國吳書孫權傳裴注引吳錄，通鑑七〇魏文黃初六年
紀採錄，引詳前論大江寬度段。太武事見北魏書太武紀眞君十一年
紀，與通鑑一二五宋文帝元嘉二十七年紀。

②此段前文已詳考論之。

③李紳詩收入全唐詩八函一册紳集二。

④唐代此段江面，屢見翻船慘變。如唐大和上東征傳，天寶二載，
「十二月，舉帆東下，到狼溝浦，被惡風漂浪，波擊船破。」云云。
又如廣記一五五崔從條，金山江心，一次翻船三艘，溺死一百五十
人。新書五行志三，天寶十載「廣陵大風，駕海潮，沈江口船數千
艘。」皆其史例。

蒜山、瓜洲南北津渡間二十里航程，江心有金山，孤聳
波濤中，爲南北渡航所經，地在北固山正西、京口城西北，
皆約三里，蒜山西北約兩里①。一名浮玉山，勢如顆玉，浮
於江心强風駭浪中，如欲飛騰，故名②。山上有金山寺，爲
古今名利，張祜詩云，「樹色中流見，鐘聲兩岸聞。」殊見其
形勢③。北宋時，此寺規模仍極大，成尋入宋，自天台北
遊，謂爲入宋所見「第一莊嚴寺」，故記其殿閣樓臺，詳至二
百餘字④。惟江沙日漲，水漸淤淺，至百餘年前，金山已漸
與南岸連接，今日不但陸行可達，而且大江正流已遠在山北
三四華里之外⑤，此山遂失昔日江上波濤之形勢！

①通鑑二二二上元二年，劉展據潤州，田神功自廣陵進「軍於瓜
州。（正月）壬子濟江。展將步騎萬餘陳於蒜山。神功以舟載兵趨

金山，會大風……神功不得渡，還軍瓜洲。」又舊書一二九韓滉傳，建中中，為潤州刺史、鎮海節度使。「陳少遊時鎮揚州，以甲士三千人臨江大閱，滉亦以兵三千人臨金山，與少遊相應，樓船於江中，以金銀繒綵互相聘賚。」此兩事，殆金山之早見唐史者，已明山在瓜洲、蒜山間江面航道中，元和志二五潤州丹徒縣，「氐父山在縣西北十里。晋破苻堅，獲氐賊，置此山下，因以為名。今土俗亦謂之金山。」通鑑胡注：「金山在大江中，南直西津渡口，去潤州城七里。」紀勝七鎮江府景物目上亦云「金山在江中，去城七里。」按今金山在鎮江市區西北角，從西火車站北行一里餘即達，是甚近，蓋七里為正。（金山、蒜山去京口城里數，宋人志書皆較元和志為少，是否城址或城之範圍有變動？）又紀要二五鎮江府金山條引里道記，「金山北岸為瓜洲渡，南岸直西津渡口，俗所謂西馬頭也。」西津渡近蒜山，胡注與里道紀著作時代，蒜山已淪入江中，故云南直西津渡耳。

②寰宇記八九潤州丹徒縣，引圖經云，金山「本名浮玉山，因頭陀開山得金，故名金山。」紀勝亦云舊名浮玉。一統志鎮江府卷山川目引周必大雜志，「此山，大江環繞，海風四起，勢欲飛動，故南朝謂之浮玉。」下述四面洞崖甚詳。參紀要二五鎮江府丹徒縣金山條。李紳憶萬歲樓望金山（全唐詩八函一册紳集二）云，「水浮天險尚（一作上）龍盤。」小序云，「里言金山有龍盤護。」蓋謂波濤洶盛，撼顆玉小山，如欲浮動，故想像中當有神龍盤護，始能穩定不沒耳！

③張祜詩見其題潤州金山寺（全唐詩八函五册祜集一），「樹色」一作「樹影」。劉禹錫罷郡姑蘇北歸渡揚子津（同上六函二册禹錫集四）亦云「金山舊遊寺，過岸聽鐘聲。」蓋江面空闊，孤島鐘聲，清遠悠揚，數十里外仍可隱聞，此亦金山寺之一勝也。

④成尋參天台五臺山記三熙寧五年九月十日條，自京口「乘小舟……渡揚子江，參金山寺，一名浮玉島，江中孤山絕山也。」下文記山寺甚詳悉，並謂自入唐以來「今日見第一莊嚴寺也。」足見其盛。

⑤唐宋時代，金山在江水中，故張祜題金山寺云，「僧歸夜船月」。前引成尋記亦乘小船，參金山寺。下迄明清仍爲江水環繞，姚荷生鎮江名勝古蹟引明人莫啓詩云，「金山屹立大江心，四面波濤映梵林。」清人楊啓京口山水記云：「金山在西七里大江中。」按楊啓距今不過百數十年。然江濤擁沙，宋人蔡寬夫詩話已云，「予在丹徒時，聞金山之南有漲沙，安知異日，金山不與潤州爲一耶！」（亦姚書所引。）此語今已應驗。自丹徒步行驅車皆可直達金山寺，不勞操舟矣。不但如此，據姚書首頁略圖，今金山之北有夾江，去山一華里餘，夾江北有大片沙灘，沙北乃大江正流，已在山北至少三華里之外。

(二) 西渠

古代邗溝南端僅一渠口接大江，約在今江都縣西南不遠處。東晉永和中，通江渠口淤塞，乃於上游開歐陽埭（今儀徵縣東北十里約今新城鎮），引江水東至廣陵入邗溝。遂爲南朝建康、廣陵間最捷便交通線，亦爲軍道之要①。

①水經注三〇淮水注述邗溝云：
　「自永和中，江都水斷；其水上承歐陽埭，引江入埭，六十里至廣陵城。」
按此謂晉永和中，江都縣南之邗溝通江水口淤斷，而自上流歐陽地別開一口，引江水入溝也。歐陽埭在今儀徵縣東北十里。謝靈運奉使，自建康至彭城勞軍，所作撰征賦云，「爰薄方輿，廼屆歐陽，入夫江都之域，次乎廣陵之鄉。」（宋書六七本傳。）正行此渠道。通鑑記南朝建康、廣陵間軍事行動，屢見歐陽地名，如卷一二九宋孝武大明三年，沈慶之擊廣陵王誕於廣陵；卷一三九齊明帝建武元年，王廣之襲南兗州（廣陵）；皆取道歐陽。卷一六一梁武帝太清二年，侯景叛圍臺城，蕭正表立柵歐陽，聲言入援，而陰受景命，斷援軍之路，且欲東襲廣陵。胡注皆以爲眞州閘。紀要二三揚州儀眞縣，歐陽城在縣東北十里。一統志揚州府卷，古蹟目同。復

23

檢一統志揚州府關隘目，新城鎮在儀徵縣東十里，運河所經，爲商民湊集之地。近出揚州交通遊覽圖，此運河西段亦著新城地名，仍爲繁榮地也。疑歐陽城與今新城鎮相近。

唐代揚州通江漕渠之西支，由州城向西南約六十里至白沙①，濱臨大江，有白沙洲（今洲在儀徵縣東南江濱）②。南齊書，建康上下江濱有白沙洲，爲軍戍處，疑即其地③。亦即東晉南朝之歐陽埭相近地也。此白沙雖爲唐代文獻所常見，但至唐末五代始見稱爲鎮④，鎮之出江口（疑今舊江口，在縣東南十里。）爲西江巨舟發碇之所⑤。宋代運河如故，南去江往往不滿一里。皆承六朝水運故道也⑥。按明清迄今，儀徵、江都間之運河由儀徵東流十里至新城鎮，又三十里至石人頭鎮，又東十五里，會於官河（今瓜洲與江都間運河），會口在江都縣西南約十餘里之三汊口⑦，蓋亦即略循中古運河故道耳。

①唐代揚州西通白沙之支渠。舊史雖似無明文，然用兵行旅取揚州、白沙道者則多可考見。如上節引通鑑二二一、二二二肅宗紀，劉展、田神功先後皆由廣陵進軍白沙，襲下蜀。又舊一二六陳少遊傳「（建中）四年十月，駕幸奉天，度支汴東兩稅使包佶在揚州，……所總賦稅錢帛約八百萬貫在焉，少遊……脅取其財物。」佶「懼禍奔往白沙，……託以巡檢，因急棹過江，…至上元，復爲韓洸所拘。」新二二四，略同。又徐鉉將過江題白沙館（全唐詩十一函五冊鉉集一）「少長在維揚，依然認故鄉，金陵佳麗地，不道少風光，稍望吳臺（謂揚州吳公臺或謂楊吳國都，皆指廣陵而言。）遠，行登楚塞長。」此皆揚州西取白沙道至建康之明徵。

復考劉長卿奉送從兄罷官之淮南（全唐詩三函一冊長卿集一）「萬艘江縣郭，一樹海人家，揮袂看朱紱，揚帆指白沙。」此云由揚州舟航至白沙。從兄罷官之淮南者，蓋之揚州之西淮南境內之某地如滁和等州，道經揚州也。此爲揚州舟航至白沙較早之例證。又如舊一七二令狐綯傳，龐勛自桂州擅還至浙西，「沿江自白沙入濁河，

嚴耕望　唐代揚州南通大江三渠道　209

剽奪舟船而進。」出高郵界。新一六六，同。按通鑑二五一咸通九年紀，龐勛「泛舟沿江東下，……過浙西入淮南，淮南節度使令狐綯……給芻米」，縱之過高郵入淮。則龐勛顯然以舟師自大江過白沙東入濁河運渠，折北經高郵而北。又廣記二二〇陶俊條，「吉州刺史張曜卿，有儓力陶俊……有腰足之疾……張命守舟於廣陵之江口，因至白沙市，避雨於酒肆。……有二書生……與藥二丸，……俊歸舟吞之，……疾亦多差，操篙理纜，尤覺輕健，白沙去城八十里，一日往復，不以爲勞（出稽神錄）。」同書三五〇顏濬條，「會昌中，進士顏濬下第，遊廣陵，遂之建業，賃小舟抵白沙。同載有青衣……曰幼芳，姓趙，……亦之建業。……及抵白沙，各遷舟航。」相約。「言訖各登舟西去，……至建康。中元會於瓦官閣。（出傳奇）」（按掃葉山房本無此條，嚴一萍校勘記據鈔宋本補。）是則明見唐代揚州城西至白沙江口，有舟楫之利，且一日可往還。

此白沙、揚州間水道，上引廣記陶俊條云八十里；而通鑑二七三後唐同光二年紀，胡注云，白沙「其地東至揚州六十里，南臨大江，渡江而南至金陵亦六十里。是不同。按寰宇記一三〇建安軍，本揚州白沙鎮，東至揚州六十里。與胡注同。陶俊條，蓋謂其速，故侈言之耳。

②其地望，上引寰宇記，建安軍「本揚州白沙鎮地。」按宋建安軍後升爲眞州。紀勝三八眞州景物目下，白沙洲在州前。考劉商白沙竇常宅觀妓（全唐詩五函六冊商集二）云「揚子澄江映晚霞，柳條垂岸一千家，主人留客江邊宿……。」則鎮即臨江岸。檢紀要二三揚州儀徵縣，白沙鎮「在縣城南濱江，即白沙洲。」一統志揚州府卷山川目，白沙洲「在儀徵縣南，濱江地多白沙，唐白沙鎮以此名。」似白沙鎮即在今儀徵城南極近地。然下文引一統志揚州卷運河條，儀徵、江都間運河西端，入江有東西兩口，東口曰舊江口，西曰下江口。同卷關隘目，舊江口巡司，「在儀徵縣東南十里，明洪武初置，尋移於縣南三里汊河口。則去今六百年前早有此江口。按前引廣記陶俊條，泊舟江口，又歐陽修于役志，景祐三年七月丙戌，由揚州舟行至眞州，旋移舟溶溶亭，以入客舟。戊戌入客舟，泊涵虛

25

亭，庚子次江口，次日啟航入江。此兩見之江口可能即一統志之舊江口，在今儀徵縣東南十里之江岸歟？若然，則中古白沙鎮當在今儀徵稍東，或竟與東晉南朝之歐陽埭相近歟？鎮南江濱即江口矣。

③按上引白沙、白沙洲皆唐中葉以後事，考南齊書五七魏虜傳，建元初，虜寇至，江北居民皆驚走，乃於梁山、慈姥、冽洲、三山、白沙洲、蔡洲、長蘆、菰蒲、徐浦各置軍額不等。此當在沿江軍事要地，疑即唐之白沙、宋之眞州也。

④唐代文獻常見此白沙之名，只前引各條已不少；但云鎮，則似頗晚。前引寰宇記，建安軍「本揚州白沙鎮地。僞吳順義二年改爲迎鑾鎮。通鑑二七三後唐同光二年，「吳王（楊溥）如白沙，觀樓船，更命白沙曰迎鑾鎮。」紀勝三八眞州古迹目，白沙鎮條引儀眞志，「舊白沙鎮也，吳順義四年（？）改白沙鎮爲迎鑾鎮。」則白沙爲鎮，必在同光之前。通鑑二一九至德二年紀胡注，「今眞州治所唐之白沙鎮也。」上推置鎮年代至唐代是也。

⑤輿地紀勝三八眞州景物目上，「運河在城之南，其東與維揚通。」勝覽四五眞州，同。據宋史九六河渠志六，運河有泄水斗門八所，去江不滿一里（宣和三年條。）此即唐代白沙東通揚州之水道。蓋亦與東晉南朝之歐陽埭水道略相一致。惟據廣記顏濬條，揚州至白沙間運河，似只通航小舟，由白沙出大江至金陵則當另換舟，蓋大舟。復考歐陽修之役志（歐陽文忠公集第十四冊），景祐三年南貶，自汴州乘船南航，經揚州至眞州，換客船由江口西至江寧府。蓋先自偃小舟南航，至眞州即唐白沙，始換乘客船，蓋亦大船也。
唐國史補下云：

「舟船之盛盡于江西，編蒲爲帆，大者或數十幅，自白沙泝流而
上，常待東北風，謂之潮信。」

此正謂白沙爲大船發航之起點，亦正以白沙爲大都市揚州向西水運兩重要江口之一耳。

⑥見注⑤。

⑦明清迄今，儀徵東至揚州仍有運河。紀要二三揚州府江都縣官河

條云，「邗江，亦曰合瀆渠，今為漕河。蓋江南之漕，廣陵當其咽喉。上江來者，至自儀眞，下江來者，至自瓜洲，會於揚子橋，東北行過府城東……」又揚子橋條云，「運舟自儀眞達者，四十里至石人頭，入江都界。又十五里至揚子橋；自瓜洲達者，三十里亦至揚子橋，合於官河，東折北行經府城東，蓋總會之所也。」又檢一統志，揚州府卷山川目，運河條，「即古邗溝水，舊曰官河。北自淮安府山陽縣界南流入。……經府城東北繞城而南，至揚子橋三汊口，分為二支：一支西南流，經儀徵縣東，又分為二，一南流至舊江口入江，一西南流至下江口入江，為上江運糧入河之口。一支南流，即伊婁河，至瓜洲鎮西南入江，為江南糧運入河之口。」此所述甚簡明。紀要云，儀徵運河東至石人頭四十里者，檢一統志揚州府卷關隘目，新城縣「在儀徵縣東十里，運河所經，為商民湊集之地。又東三十里為石人頭鎮，接江都縣界。」則運河由儀徵向東十里至新城鎮，又三十里至石人頭鎮，又十五里至三汊口也。一統志揚州山川目，「三汊河在江都縣西南十五里。府志，儀徵、瓜洲之水於此與江都合流，故名。」檢今稍詳地圖，多有此運河，上引揚州交通遊覽圖，尚有新城地名。則今運河仍與明清時代相同，殆與中古白沙運河亦頗相當。

　　白沙鎮不但東有漕渠通揚州城，亦可陸行北經天長直達泗洲①。復得西取滁河水路趣東關（今巢縣東南四十里濡須水上），下濡須水（今或名運漕河、裕溪河），入巢湖，取淝水、潁水路，經廬、壽、潁、陳諸州北至汴洛，可為汴河漕路之輔線；而濡須、東關北運，固漢代以來之一主要南北運路也②。

①寰宇記云，建安軍，北至天長軍一百二十里，西北至泗州二百八十里。此即一路，經天長至泗州也。輿地紀勝三八眞州，引壯觀記，謂其「陸走泗上不三日」，即謂此路。

②關於西北取東關水路者，新食貨志三云：
「李納、田悅兵守渦口，梁崇義搤襄、鄧，南北漕引皆絕，京師

大恐。江淮水陸轉運使杜佑以秦漢運路出浚儀，十里入琵琶溝，絕蔡河，至陳州而合。自隋鑿汴河，官漕不通。若導流培岸，功用甚寡。疏雞鳴岡首尾，可以通舟，陸行纔四十里。則江、湖、黔中、嶺南、蜀、漢之粟可方舟而下，繇白沙趣東關，歷潁、蔡，涉汴抵東都，無濁河、沂淮之阻，減故道（汴河道），二千餘里。會李納將李洧以徐州歸命，淮路通而止。」

按建中初，汴河、漢水東西兩漕路皆阻絕，杜佑不得已提出此條漕運路線，雖爲權宜之計，但東關北通潁蔡，實亦漢代以來南北交通重要水運路線。東關者，寰宇記一二六廬州巢縣，「東關山在縣東四十里。按顧野王輿地志云，巢湖西北至合肥界，湖東四十里，東南有石梁，鑿山通水，是名關口。……本屬和州，亦隸巢縣。高峻險峽，實扼要之所，天下有事，必爭之地。吳魏相持於此，南岸吳築城，北岸魏置柵。」又一二四和州含山縣，「東關在縣西九十里。」下引輿地志略同。實則在含山西南，巢縣東南四十里，當濡須水道（約E117°55'，N31°30'）。東關水道北通潁蔡，爲中古南北交通之一重要水道，別詳陳潁壽廬道篇。至於白沙之去東關，水道應有兩條。其一大江線，自白沙出江口，西南上航至濡須水下口（即柵江口、新婦口，在和縣南，采石上游），轉入濡須，至東關，入巢湖而北。其一取滁水上航。按滁水爲大江下游北側、僅次於巢湖濡須水之第二大支源。水經注有滁水篇，惜已佚。據寰宇記（卷一二六廬州愼縣、一二四和州含山縣、一二八滁州清流縣、全椒縣四條），滁水源出愼縣（今合肥東北）西暴禿古塘，東南流經大峴山西北，逕大峴亭，山在含山縣西北十三里，又東逕全椒縣南十六里處，又東逕滁州清流縣（今滁縣）東三里（此疑有譌字），又東南流入六合縣境，至瓜步，入大江。按杜佑旣云「無沂淮之阻」，大江風濤更甚於淮，故其擬議中白沙至東關之運道，應不取大江，而取滁水路。滁水至瓜步入江。寰宇記一二三揚州六合縣，瓜步山在縣東南二十里，東臨大江。一統志‧江寧府卷，六合縣東北〔南〕至儀徵縣治五十里。檢今各圖，方位里距皆合，而滁水入江之口在瓜步儀徵之正中間E119°左右，去儀徵不過二十里上下，故白沙運糧西至滁口極易，可知杜佑擬議，必由白沙水運出江，至滁口，或由陸運至滁口，泝滁而上至大峴山區，再換陸運數十里至東

關，循濡須、巢湖、肥水而北，皆水運矣。唐六典三戶部云，淮南道「其大川有滁肥之水，巢湖在焉。」正是此一水運路線。

白沙地當交通要衝，故置館驛①。大曆中劉晏主鹽鐵轉運，於全國運網要衝地置鹽鐵巡院十三所，白沙與揚州（在揚子縣）各居其一②，蓋各當江南漕運入廣濟渠兩口之一，因之商旅增繁，有市肆，民戶殷盛③。

①館驛　前引徐鉉將過江題白沙館（全唐詩十一函五冊鉉集一），明為由廣陵赴金陵之作。又貫休有避寇白沙驛作（全唐詩十二函五冊貫休集六），亦為此白沙地無疑。

②鹽鐵巡院　劉晏主鹽鐵轉運，於全國漕運樞紐地置鹽鐵巡院十三，揚州、白沙各置巡院，見新食貨志四，本篇第三節已詳引。會要八八鹽鐵目，長慶元年三月，「鹽鐵使王播奏揚州、白沙兩處納榷場，請依舊為院。」蓋終唐世未廢。

③前引廣記二二〇陶俊條，「吉州刺使張曜卿有傔力者陶俊，有腰足之疾，……守舟於廣陵之江口，因至白沙市，避雨於酒肆，同立者甚衆（出稽神錄）。」是白沙有市，酒肆甚盛。又前引劉商白沙宿竇常宅觀妓（全唐詩五函六冊商集二）云，「揚子澄江映晚霞，柳條垂岸一千家，主人留客江邊宿……。」此為揚州之白沙無疑。按商舉大曆進士，是唐中期人。白沙沿江地帶已有千家之譜，足見全市鎮民之不少，晚期當更盛。

至唐代末期，揚州直南之揚子津蓋淤塞益甚，海潮不通，故漕渠通江之水口南移至瓜洲渡，北去揚州五十餘里，轉不若白沙居上游江潮入渠之為易，是以白沙在南北運輸上之地位已漸居揚子、瓜洲之上。至五代時期，吳都江都，而徐溫及其義子李氏居金陵，遙執國政，其後李氏立國，號大唐，以金陵為西都，揚州為東都。故揚昇間之關係驟較揚潤

間爲密切。吳主至白沙，觀樓船，徐溫自昇來觀，遂改白沙鎮爲迎鑾鎮①。周取揚州，進征南唐（金陵），宋人承之，皆由白沙向金陵，白沙之地位益重，故宋太祖乾德元年陞置建安軍，眞宗陞置眞州②。按乾德二年，「初令京師，建安、漢陽、蘄口，並置場榷茶。」足見五代入宋之際，其地在南北漕渠商運上之地位已突過揚州揚子津③。其後即以其「當東南之水會」，故置江淮發運使，以縮東南財賦之北運，治眞州，不治揚州，遂盡奪揚州在唐代漕口之地位，萬商畢集，爲諸州之冠，揚州比之，已大爲衰落。④

①揚氏建國曰吳，都廣陵，然權臣徐溫及其義子李氏，皆居昇州，遙執國政，故揚、昇關係極爲密切，交通自亦增繁。通鑑二七三後唐同光二年十月，「吳王如白沙，觀樓船，更命白沙曰迎鑾鎮，徐溫自金陵來朝。……」云云。按陸游入蜀記二（蜀南文集四四）七月一日晚至眞州，「州本唐揚州揚子縣之白沙鎮。楊溥有淮南，徐溫自金陵來觀溥於白沙，因改曰迎鑾鎮。或謂周世宗征淮時，諸將嘗於此迎謁，非也」因徐溫迎觀，故改鎮名是也。通鑑書改名於迎觀之上，蓋因下文紋徐溫他事，故倒其次，亦以文害意。舊五代史一三四僭僞李昇傳，建國曰齊，旋號大唐，「改金陵爲西都，以揚州爲東都。」兩地關係大見密切。

②宋初建軍、置州事，宋代誌書多已詳之，茲不贅。

③續通鑑長編卷五乾德二年條。

④歐陽修眞州東園記（歐陽文忠公集四〇），「眞爲州，當東南之水會，故爲江淮兩浙荊湖發運使之治所。」下文云東南六路。又海陵許氏南園記（同上卷）「許君爲江浙荊淮制置發運使，其所領六路七十六州之廣，……視江湖數千里之外，如運諸掌。」即治眞州之江淮發運使也。紀勝三八眞州風俗形勝目，引壯觀記，「隋唐以前，江都之盛，甲於天下，儀眞於古未聞也。」然「水行當荊湘閩粵江浙之咽，陸走泗上不三日，爲四達之衝，爲郡雖未遠，邑里日

增，盡移隋唐江都之舊。」又四六目引天聖五年水牐記，云眞州「南踰五嶺，遠浮三湘，西自巴峽之津，東泊甌閩之域，經涂咸出，列壤爲雄，……聚四方之俗，操奇貨而遊市，號爲萬商之淵。」具見宋代眞州取代唐代揚州在交通商貿上之地位。

自白沙渡江至南岸下蜀戍，在句容縣北六十里江濱，與白沙南北相望，自宋迄今爲鎮（約E119°8'・N32°8'），又西南約近百里至上元縣（今南京市）①建中四年，兩稅使包佶在揚州，懼陳少遊之逼，奔白沙，急棹過江至上元，往江鄂等州②，蓋即此道也。上元縣，至德中曾置昇州，旋省，唐末復置③。

①下蜀戍　前引通鑑（二二一、二二二）劉展、田神功皆由白沙襲下蜀。胡注：「昇州東北九十里至句容縣，有下蜀戍，在句容縣北，近江津。」按通典一二八，潤州句容縣有下蜀戍。新志五，昇州有下蜀戍。九域志六江寧府，句容縣在東九十里，縣有下蜀鎮。景定建康志一六，下蜀鎮在句容縣北六十里。下蜀驛西至柴溝驛十五里，東至鎮江府界十五里。柴溝驛西至東陽驛十五里。東陽驛西至金陵驛四十五里。金陵驛亦名蛇盤驛，而蛇盤鋪、蛇盤市在上元縣東二十里，有館驛。則下蜀驛西至上元縣九十五里也。陸游入蜀記二，遊眞州東園，「登臺望下蜀諸山，平遠可愛。」則即在白沙對岸。檢一統志江寧府卷山川目・下蜀港條，在句容縣北六十里，府城東北百里。後有河入大江，俗曰官港，即古漕河也。」又戍山條，引建康志，「在句容縣北六十里，北臨大江。相傳，齊沈慶之嘗戍守於此。」蓋即下蜀戍相近之山也。紀要二〇句容縣戍山、下蜀港兩條略同。又一統志關隘目下蜀鎮條，即通典下蜀戍。宋置鎮。唐世置鹽鐵轉運使在揚州，宋發運使在眞州，皆於倉城南岸置倉轉搬。今下蜀鎮北有倉城基，並鹽倉遺址尚存。」按此雖未必爲唐宋倉城遺址，但唐宋於此置倉，固當事實。檢今圖，尚有下蜀地名，可約計經緯度。

②舊一二六、新二二四上陳少遊傳。

③寰宇記九〇、新唐志三昇州目。

　　按下蜀之名，唐前似未見。然秦漢時代有江乘縣，始皇三十七年南遊，登會稽，「還過吳，從江乘渡（江），並海北至琅邪。」江乘亦在句容北六十里，東至京口，西至建康，皆百里，蓋即唐下蜀地，或相近。則自先秦已爲江上古渡①。始皇並海北行，而西迂道自江乘渡者，蓋亦避大江下游海濤之險耳②。晉元帝率國人南奔，蓋亦由此渡江，故就江乘地建南琅邪國也③。漢末南朝，江南用兵，江乘屢見史册，顯爲京口、建康間軍道之要。其時大路，由江乘西南經羅落橋（上元縣東北四十五里），黃城（攝山之西），東陵（覆舟山東北），至建康城約近百里④。路經攝山之北⑤。唐道殆略相同。

①江乘　史記始皇紀，三十七年，南遊，上會稽，「還過吳，從江乘渡，並海上，北至琅邪。」集解、索隱皆引漢地志丹陽郡有江乘縣。正義，「江乘故縣在潤州句容縣北六十里，本秦舊縣也。」據通鑑七秦始皇紀胡注，正義之說本自括地志。據括地志此說，其地似與唐宋下蜀相近，但正北、或東北、西北方位難定，按寰宇記九〇昇州上元縣，「琅邪城在縣東北六十里。王隱晉書云，江乘南岸滿〔蒲〕洲津有城，即琅邪城。」又宋書州郡志一，南徐州南琅邪郡，「成帝咸康元年，桓溫領郡，鎮江乘之蒲洲金城上，求割丹陽之江乘縣境立郡，又分江乘地立臨沂縣。」景定建康志二〇琅邪城條，引舊志，在江乘縣界，「今句容縣琅邪鄉即其地。」卷一六，琅邪鄉在句容縣西北。復檢宋書州郡一，南徐州治京口，去京都（建康）陸路二百里，所屬南琅邪郡，去州陸路一百里。則南琅邪郡在京口、建康大路之正中間，正應爲下蜀之地，或稍西耳。又分江乘縣置臨沂縣。按通鑑九二晉元帝永昌元年，王敦叛，帝使劉隗軍金城，周札守石頭。胡注，金城在丹陽江乘蒲洲上。又九七康帝建元二年紀，胡注略同。據景定建康志一五江乘縣、臨沂縣兩條，晉咸康七年分江乘西南境，僑置臨沂縣，屬琅邪郡。「實錄云，（臨

沂）縣城西臨大江，在舊江寧縣北四十里。南徐州記云，縣有落星山，去縣四十里。今上元縣長寧鄉攝山之西白常村蓋其地。距上元縣三十八里。」則臨沂縣分江乘西南境置，在攝山之西。近檢南京史話頁29，有南京六朝以前古城遺址圖，繪江乘於攝山之西，此當為臨沂故城址，非江乘也。

②始皇迁道者，按始皇紀此次南巡，「浮江下，觀籍柯，渡海（？）渚，過丹陽，至錢唐，臨浙江，水波惡，乃西百二十里從狹中渡，上會稽」云云。即爲浙江海濤險惡之故。按實宇記一二三揚州六合縣，「赤岸山，南兗州記云，瓜步山東五里，有赤岸，南臨江中。羅君章云，赤岸若朝霞，即此類也。濤水自海入江，衝激六七百里，至此岸側，其勢始衰。郭景純江賦云，鼓洪濤於赤岸，即此。」下文考證，赤岸只在白沙之西不遠，則江乘故渡，正在大江海濤始衰處，故始皇寧迁道從江乘渡江，正如前在錢唐迁百二十里從浙江上游狹中渡也。

③晉琅邪國人渡江者，宋書州郡志一南徐州，南琅邪郡領臨沂、江乘兩縣。「晉亂，琅邪國人隨元帝過江千餘戶，太興三年立懷德縣。丹陽雖有琅邪相，而無土地（僑置無實土）。成帝咸康元年桓溫領郡，鎮江乘之蒲州金城上，求割丹陽之江乘縣境立郡，又分江乘地立臨沂縣。」則琅邪國人過江始居江乘，蓋即其渡口處。

④秦漢時代，江南置縣稀少，此處置縣，當爲一要地。自漢末至南朝，常見史冊，即就通鑑所記，至少有下列五次：

　漢獻帝興平二年，孫策自歷陽拔橫江，渡江攻牛渚，取秣陵城，攻湖孰、江乘皆下之，進擊劉繇於曲阿（今丹陽縣治）。（卷六一）

　魏文帝黃初五年，爲水軍，浮淮如壽春，至廣陵，吳徐盛建計，植木衣葦，爲疑城假樓，自石頭，至於江乘，……又大浮舟船於江。（卷七〇）

　晉安帝元興三年，桓玄篡立，劉裕自京口起兵討之，軍於竹里。玄遣吳甫之逆擊之。兩軍遇於江乘，甫之敗死。裕進戰羅落橋。景遣軍二萬分屯東陵與覆舟山西，裕自覆舟山東，擊東陵，大破

之，入建康。（卷一一三）

梁武帝太清二年，侯景圍臺城，邵陵王綸率諸軍「自京口西上」，「景遣軍至江乘拒綸軍。趙伯超曰，若從黃城大路，必與賊遇，不如直指鍾山，突據廣莫門，出賊不意，城圍必解矣。綸從之。」（卷一六一）

敬帝紹泰元年，陳霸光自京口帥馬步自江乘羅落西襲王僧辯於石頭城。（卷一六六）

此五事，除江乘外，有四個地名，爲京口、建康間軍道所經，茲續考如次：

其一竹里。觀劉裕事，當在江乘之東。而同書一〇九，安帝隆安元年，王恭自京口上表，罪狀王國寶，舉兵討之，國寶遣兵戍竹里。胡注：「竹里今建康府竹篠鎮是其地，在行宮城東北三十許里。」紀要二〇江寧府江寧縣直瀆條，從其說，並詳竹篠鎮、竹篠港之地望，在攝山之西，則在江乘之西甚遠，與劉裕事不合。考元和志二五潤州句容縣，「竹里山在縣北六十里，王塗所經，塗甚傾險，行者號爲翻車峴。山間有長澗，高下深阻，舊說云似洛陽金谷。」下引劉裕事。一統志江寧府卷山川目，亦主此說云，「六朝時，京口至建康皆取道於此。」是也。則地果與江乘相近，或稍東歟？又古跡目，「竹里城，建康志，在句容縣北六十里，東陽鎮東二十五里。齊永元中，張佛護等拒崔慧景時所築。」蓋又築城也。

其二羅落橋。觀劉裕事，當在江乘之西。紹泰元年陳霸先事，亦近江乘。劉事胡注：「橋在江乘縣南，蓋緣水設羅落，因以爲名。」陳事胡注：「江乘縣之羅落橋，自江乘至羅落橋，（爲）京口趨建康之大路。」一統志江寧府卷津梁目，羅落橋「在上元縣東北。……建康志，石步橋在縣東北四十五里，即古羅落橋也，下有羅落浦，北入大江。（按見景定建康志一六）紀要二〇，「在府東北四十里，地名石步鎮，亦名石步橋。橋下有羅落浦，受攝湖之水，北入大江。」又紀要直瀆條，引金陵志，「石步港在上元縣東北四十里攝山之西，亦北達大江，宋置石步岩巡司，爲廣江戍守處。」是此橋在江乘建康間大路之中途，攝山之西。

其三，黃城，太清二年紀，云此城當大路。據景定建康志一六黃城大路條，黃城村在上元縣清風鄉。又亭子橋條，「在上元縣清風鄉

黃城之東。徐鉉棲霞寺新路紀云，建高亭於路周，跨重橋於川上，即此橋也。……去棲霞寺三里。」則黃城必在棲霞山之西，殆與羅落橋相近。

其四東陵。劉裕事，胡注：「建康之西有西陵，其東有東陵，東陵在覆舟山東北。」按景定建康志一七，覆舟山在城北七里，東際青溪。則東陵在城東北不遠處。

⑤景定建康志一六，「竹里路在句容縣北六十里倉頭市東南竹里橋，南邊山，北濱大江。父老云，昔時路行山間，西接東陽，繞攝山之北，由江乘、羅落以至建康。……今城東余婆崗至東陽路，乃後世所開，非古路也。」

又白沙之西四十餘里有瓜步山，在六合縣東南二十里，東臨大江，亦當滁水入江水口①，山為南朝緣江軍戌要地，用兵之際，屢見史冊。最早見者，宋元嘉末，魏太武大軍南侵，登瓜步山，隔江望秣陵，緜數十里②。據鮑照瓜步山揭文，其時山在江中，後蓋江沙滯淤，乃為江岸耳③。其東五里又有赤岸山，南臨江中，崖岸土赤，望若朝霞，古代海濤湧江而上六、七百里，至此始衰④。故此段江面津渡為便。唐代揚州商旅亦往往有取此瓜步渡江者⑤。

①輿地紀勝三八眞州古跡目，瓜步山在揚子縣西四十里。下引魏太武事。按宋之揚子縣為眞州倚郭縣，即唐之白沙地。則山在白沙西四十七里也。紀要二三揚州府儀眞縣，瓜步山在縣西四十七里，與六合縣接界處。其餘瓜步山及太武事，見元和志闕卷逸文卷二揚州目（據通釋二，周輯）、寰宇記一二三揚州六合縣目本條。惟「當滁水入江水口」一句，據輿地紀勝四二滁州景物上引元和志，「滁水經滁及六合縣，至瓜步入於大江。」寰宇記一二八滁州清流縣目滁河條，略同。

②宋元嘉二十七年魏太武南侵事，宋、魏兩紀記之甚詳。唐宋志書亦明載。紀要二〇江寧府六合縣瓜步山條首列魏太武事，下述此後

事云：（元嘉）二十八年，魏師還，帝如瓜步。既而使沈慶之徙彭城流民數千家於瓜步。三十年武陵王駿討元凶劭，豫州刺使劉遵考亦遣將軍於瓜步。大明七年，帝如瓜步。廢帝子業，自白下濟江至瓜步。東昏侯末，命李叔獻屯瓜步，叔獻降於蕭衍。梁紹泰二年，齊兵犯建康，陳霸先遣將渡江襲齊行臺趙彥深於瓜步，獲艦百餘艘。陳大建十三年，閱武於大壯觀山，命陳景帥樓船出瓜步江。具見瓜步爲南朝國都建康北面江防之要。

③鮑照瓜步山揭文（全宋文四七）云：「瓜步山者，亦江中渺小山也，徒以因迴爲高，據絕作雄，而凌清瞰遠，擅奇含秀，是亦居勢使之然也。」據此，山本在江中，隋唐以後，大江日狹，山已變爲江岸。

④寰宇記一二三揚州六合縣目，「赤岸山，南兗州記云，瓜步山東五里有赤岸，南臨江中，羅君章云，赤岸若朝霞，即此類也。濤水自海入江，衝激六七百里，至此岸側，其勢始衰。郭景純江賦云，鼓洪濤於赤岸，即此。」紀勝三八揚州景物上，赤岸，「其山崖與江岸數里，土色皆赤。」一統志江寧府卷山川目，引舊志，「亦名紅山。〔紀要二○江寧府六合縣赤岸山條，引寰宇記「山高十二丈，周四里，臨大江，土色皆赤。」今本寰宇記無此文。〕

⑤太平廣記三五五廣陵賈人條，「廣陵有賈人，以柏木造牀，凡什器百餘事，裝作甚精，其費已二十萬，載建康，賣以求利。晚至瓜步，微風起，因泊山下。（出稽神錄）」按瓜步山、瓜洲步皆得省稱爲瓜步，故唐宋文獻往往混淆，詳前論瓜洲步條。惟廣記此條云「泊山下」，必此瓜步山處；揚子縣南之瓜洲步，乃江水中沙洲，不能有山。

瓜步山之西，南朝以來又有長蘆，爲沿江戍守處。北宋見爲鎮，在六合縣南二十五里江濱①。李白有送當塗趙少府赴長蘆詩，即由揚州輕舟至長蘆，蓋趙由此渡江赴任所歟？②歐陽修由揚州舟行至江寧府，中經眞州、江口，自長蘆渡江，顯爲中古時代一渡口處③。故劉邠詩云「越舶吳商倚萬

燒」④也。

①九域志五眞州六合縣有長蘆鎭。考南齊書四七魏虜傳，建元初，虜寇至，江北居民皆驚走。乃於緣江置軍，其長蘆置軍三。又通鑑一六三，梁簡文大寶元年，安樂侯乂理出奔長蘆。胡注：「今眞州六合縣有長蘆鎭及長蘆寺。淳熙十二年，徙寺於滁口山之東。張舜民曰，長蘆鎭在滁河西南。」則長蘆早爲沿江鎭戍處。檢紀要二〇江寧府六合縣，「長蘆鎭在縣南二十五里，濱長蘆江，舊爲戍守處。」一統志江寧府卷關隘目略同。然胡注云在滁河西南，當在瓜步山之西。檢全國交通線路里程圖（南京圖），果然。

②李白送當塗趙少府赴長蘆（太白全集一六）云，「我來揚都市，送客迴輕舠，維舟至長蘆，目送煙雲高，搖扇對酒樓，持袂把蟹螯，前途儻相思，登嶽一長謠。」王琦注指爲六合之長蘆。是由揚州輕舟送至長蘆而別，趙蓋即此渡江至當塗耳。

③歐陽修于役志，景祐三年（1036），南貶夷陵。七月經揚州趨眞州，換客舟，庚子，次江口，辛丑次長蘆，壬寅夜乘風（渡江）次清凉寺，癸卯晨至江寧府。即由白沙西取長蘆渡江而南也。檢一統志江寧府卷山川目沙河條，「江水支流也。在江浦縣東三十里，東流經六合縣長蘆鎭，一曰西河，亦曰長蘆江，流至瓜步口復入江。宋會要，天聖三年（1032），發運使張倫請開眞州長蘆口河，屬之江，即此。按府志，謂天禧中范仲淹領漕事，以大江風濤之險，開此河，引江水。未知何據。」按歐陽修行程，在開河後四年，蓋即由眞州江口，緣江岸西航，至瓜步入長蘆江（沙河），至長蘆鎭渡江而南歟？王安石亦有舟過長蘆詩（臨川先生文集三三）。蓋皆此路。
又陸游入蜀記二，七月四日「發眞州。岸下舟相先後發者甚衆。……舟行甚急，過瓜步山。山蜿蜒蟠伏，臨江起小峯，頗巉峻，絕頂有元魏太武廟。……入夾行數里，沿岸園疇衍沃，廬舍竹樹極盛，大抵多長蘆寺莊，出夾望長蘆，……江面渺瀰無際殊可畏。……晚泊竹篠港，……距金陵三十里。」此其航程與歐陽氏略同，所謂「入夾」，蓋即張綸開長蘆河也。

④劉邠〔放？〕詩見輿地紀勝三八眞州景物下，長蘆寺條。

據上所考，揚州商旅循渠西航至白沙，可直渡江至下蜀戍，亦可更西，分別自瓜步山或長蘆南渡也。

(三) 東渠

揚州東渠即茱萸溝，自州東北十里茱萸灣引合瀆水（山陽瀆）東經茱萸埭，張綱溝（州東三十里），岱石湖，至海陵縣，傳爲漢吳王濞所開，以通海陵倉者①。唐代日僧圓仁入唐巡禮，自大江口北岸登陸，循水道西航至揚州，謂之爲掘溝。其流程，自揚州東流六十五里，中經仙宮觀（今仙女廟）至宜陵館（今鎮），又五十里至海陵縣（今泰縣），又二百二十里至如皋鎮（今縣），又一百五十餘里，至掘溝鎮。「溝寬二丈餘，直流無曲」，溝上鹽官船舶相繼不絕。此即當時揚州東通海濱之渠道②。按此諸地名，皆見今圖。掘港鎮，今仍舊名，近置如東縣（E121°10'，N32°20'），南至江岸約百里，東北兩面去海皆僅三十里之譜，有港口，是溝通海濱，即明清迄今圖之運鹽河也。③

①寰宇記一二三揚州廣陵縣，「茱萸溝在縣東北一十里。西從合瀆渠（即山陽瀆官河），東過茱萸埭七十里至岱石湖入西四里對張綱溝入海陵縣界。按阮昇之記，吳王濞開此溝通運至海陵倉。」「張綱溝在縣東三十里，從岱石湖入四里至溝心，中與海陵分界。」御覽七五地部溝條，「阮勝之記曰，吳王濞開茱萸溝，通運至海陵倉，北有茱萸村，以村立名。」輿地紀勝三七揚州景物下引元和志，在江陽縣東北九里。「隋仁壽四年開，以通漕運。」蓋重開之。此即揚州東渠也。

②圓仁行記一，開成三年六月自日本渡海，七月二日登陸於大江口

北之白潮鎮桑田鄉東梁豐村，地屬海陵縣。由白潮口操舟逆水行，途中至一村。得舟四十餘舫，水牛牽之，自掘港庭〔鎮〕（今圖E121°10'，N32°20'）取掘溝西航，經郭補村，赤岸村，（寰宇記一三〇泰州「東南至如皋赤岸鄉界一百三十里。」）一百五十餘里到如皋鎮，進堰有如皋院。又西如皋茶店，堀溝北岸店家相連。航行二百二十里中經延海鄉，至海陵縣，官寺七所。其一西池寺在縣東，有塔七級。又西五十里至宜陵館。又西航經仙宮觀（今宜陵、江都間道上有仙女廟）至禪智橋，橋北禪智寺，橋西行三里至揚州府，去宜陵館六十五里。（此六十五里起自何處不明，據一統志揚州府關隘目書之。）圓仁稱此水道爲掘溝，云，「掘溝寬二丈餘，直流無曲，此即隋煬帝所掘矣。」溝中鹽官船三五編結，相隨而行，不絕數十里；沿途楊柳竹林人宅相連，鵝鴨甚多，有養水鳥二千有餘者。溝中蚊蟲甚厲，人難入眠。

③圓仁記沿途境況甚詳，所經地理亦分明，自東而西，掘港、如皋、海陵、宜陵皆可查見於今圖（民國地圖集，中共地圖集。）最東端地名掘港鎮（E121°10'，N32°20'，ONC-G-10作Chueh Chiang）近已置如東縣，南去大江約百華里，（紀要二三，泰州如皋縣，掘港在縣東南百三十里，西通運鹽河，東抵海。又通州石港場條，掘港場在州北九十里，正合。）東北兩面去海皆僅約三十里之譜。。此即唐代揚州東通海濱渠道也。此人工水道，今可準確指言，即今揚州市（江都）東通海濱掘港鎮之運鹽河。檢一統志揚州府卷·山川目運鹽河條，「自府城北灣頭閘下，承邵伯新河水，東經泰州西三十里斗門鎮，又東貫城爲市河，又東行一百二十里至海安鎮，入通州如皋縣界。又通州卷山川目，運鹽河條，自泰州海安鎮東南流至如皋縣，又東至州城之北分支入海。紀要二三揚州府茱萸灣條亦記此河云：舊志，運鹽河即灣頭河之分支也，由灣頭而東七十里至斗門，入泰州界，又東百六十里至海安入如皋界，又東南百十里至白蒲，入通州界，又東七十里至新寨入海門界，又東八十里達呂四場。（今圖在海濱E121°35'·N32°）其支流通各鹽場。此述東端較詳。據此兩書所記，即今圖之流程，上勘圓仁所記，此運鹽河流程，千餘年來無大變動。

明清志書，運鹽河南北支渠甚多。其南流入大江之支渠有甚古者，則中古揚州東南通大江之故渠道也。例如唐末，州東有東塘，即灣頭至宜陵運渠之堤塘，可泊舟兩千艘①。蓋水甚深廣，故劉商詩云，「煙波極目已霑襟，路出東塘水更深」②也。東塘有渠道南接大江，殆即白獺河歟？是即茱萸溝自宜陵分支南流者，今已淤廢。③

①通鑑紀事，唐末屢見東塘，如中和元年，高駢揚言討黃巢，「悉發巡內兵八萬，舟二千艘，出屯東塘。」（卷二五四）又光啓三年，蘇州刺史張雄爲徐約所逐，帥其衆逃入海。復「自海泝江，屯於東塘，遣其將入據上元。」（卷二五七）又天復二年，馮弘鐸居昇州，自恃樓船之強，兵敗，「收餘衆，沿江將入海」，揚行密遣人說之，使自歸，「弘鐸至東塘，行密自乘輕舟迎之，從者十餘人。」（卷二六三）天復三年，潤州團練使安仁義陰欲擊楊行密，故先「悉焚東塘戰艦。」（卷二六四）中和元年胡注：「東塘在揚州城東，即今灣頭至宜陵一帶塘岸。」天復三年胡注「揚州東塘，淮南之戰艦聚焉，對岸即潤州界，故仁義得焚之。」據此諸條，灣頭至宜陵之一段茱萸溝，堤塘瀦水必甚豐廣，故能容船艦二千艘，殆因與岱石湖相連之故。

②劉商詩見其送豆盧郎赴廣陵（全唐詩第五函六冊商集二）

③前引通鑑，張淮「自海泝江，屯於東塘，」馮弘鐸先至東塘，楊行密自揚州輕舟迎之。是雄與弘鐸舟行至東塘，非自瓜洲、白沙渠道經州城至東塘者，則瓜洲以東，大江北岸必有水道北通東塘也。此水道云何？考輿地紀勝三七揚州景物下云：
「白獺河，在縣城（江都）東六十里，一名龍兒港。圖經云，嘗有怪物自海陵穿入此港，至古鹽河南岸，變爲白獺，故名。」
按宜陵正在江都東六十餘里，古鹽河上，則白獺河上口在宜陵，即東塘之東端。一統志揚州府卷山川目白獺河條，「舊志，謂之白塔河。」紀要二三揚州府白塔河條，「府城東北六十里，南通揚子江，北抵運河。」又引漕河考：「宣德七年，陳瑄開白塔河，置新閘、潘

家莊、大橋、江口四閘，令江南運船從常州西北孟瀆河過江入白塔河，經運鹽河至灣頭，達漕河，以省瓜洲盤壩之費，人以為便。」此即宋白獺河故道而疏之也。一統志同條，「正統四年廢，今冬涸春汛，民得灌溉之利。」檢民國地圖集‧江蘇人文圖，宜陵東南尚有大橋地名。即古白獺河自宜陵東南入江也。唐末諸人由大江上航至東塘者，殆即由此河歟？或更東之一河耶？

宜陵之東海陵縣，南朝時代，地猶草萊，「多麋，千萬為羣」，故有「麋畯」之名①。唐世蓋已大開闢，為淮南大縣，民戶殷盛，置鹽監，年產六十萬石，為全國之最，唐末置鎮遏使，五代楊吳置制置院，南唐昇置泰州，故為揚州以東之重地②。其地南至大江七十五里，今有濟川河南通大江，「商舶皆由此入」。此河道可上考至唐代，蓋亦唐代茱萸掘溝南通大江之一支③。中古時代此段江面壯闊，為觀濤勝處，今已潮沙壅積為太平洲，置揚中縣④。不復有盛濤景觀矣。

①寰宇記一三〇泰州治海陵縣，麋畯條引博物志云，「海陵縣多麋，千萬為羣，掘食草根。其處成泥，名曰麋畯，民隨而種，不耕而穫其利，所收百倍。」按續郡國志三廣陵郡，「東陽故屬臨淮。」劉昭注「縣多麋。博物記曰，千萬為羣，掘食草根，其處成泥，名曰麋畯，民人隨此畯種稻，不耕而穫，其利百倍。」顯然與寰宇記引博物志為一事。或許自淮水以南至大江之北，整片地區，在古代皆草萊未闢，麋鹿成羣，不限於一地，而東陽有麋畯、海陵有麋畯之名，故並引博物志以實之耳。又按王充論衡四書虛篇，「海陵麋田，若象耕狀。」則此地麋鹿成羣，漢已有記錄。

②海陵縣，漢置，有海陵倉。漢書五一枚乘傳，說吳王曰「（漢）轉粟西鄉，陸行不絕，水行滿河，不如海陵之倉。」謂吳國富庶也。唐承前置縣。會昌四年，與天長同升為望縣，見唐會要七〇州縣分望目，於淮南道地位顯著。縣有鹽監，見新書食貨志二。通鑑

二五七，光啓三年，鄭杷知海陵監事，即此職。輿地紀勝四〇泰州古迹目海陵倉條引元和志，「今海陵縣，官置鹽監，一歲煮鹽六十萬石，而楚州鹽城、浙西嘉興臨平兩監所出次焉，計每歲天下所收鹽利當賦稅三分之一。」（寰宇記一三〇泰州海陵縣有此條，不云元和志。）故海陵爲大監，地富庶。縣昇爲望，宜也。故民戶亦衆多。新五行志一，大和四年，揚州海陵火。燔民舍千區。通鑑二五七，光啓三年，海陵鎮遏使高霸帥其兵民數萬戶遷於廣陵。此兩事皆其證。亦惟富盛又當軍事要衝，故置鎮遏使。至楊吳乾貞中，置海陵制置院，南唐昇元元年升爲泰州，見寰宇記一三〇泰州目。紀勝四〇泰州風俗形勝目引江南李王時大廳題名壁記云，「以海陵有屯田煮海之饒，因建爲泰州。」是也。

③寰宇記一三〇泰州，「南至大江七十五里。」檢今圖，正合。一統志揚州府卷山川目運鹽河條，「自泰州城南運河壩分一支南流爲濟川河，三十里至廟灣，又二十里至通州泰興縣之柴墟鎮，西南達揚子江。商舶多由此入。」今圖亦有此河道。檢紀要二三揚州府泰興舊城在縣西北，即柴墟鎮。「紹熙五年，淮東提舉陳損之言，柴墟鎮舊有堤堰，爲泰州洩水處，久廢壞，議復修之。」則今圖水道（濟川河）至少可上稽至宋代，疑當更早歟？檢寰宇記泰州泰興縣，在州南四十五里，本海陵縣濟南鎮地，僞唐昇元三年析海陵縣之南界五鄉爲泰興縣。」又紀要二三泰興舊城條，引舊志，南唐時，泰興縣西北四十里有濟川鎮。則唐世已有濟川之名必矣，即州南通大江之水道也。

④南齊書州郡志上，南兗州，州鎮廣陵，「刺史每以秋月多出海陵觀濤，與京口對岸，江之壯闊處也。」觀今圖，泰縣之南江面既不壯闊，亦不與京口（鎮江）對岸。但此段江流分南北兩支，北支北岸屬泰縣，南支南岸屬鎮江、丹陽縣，南北兩支流間有太平洲，置揚中縣。地典云，太平洲，清末宣統年間始置太平廳，民國置太平縣，改名揚中，以在揚子江之中也。漁業極盛，地亦肥沃。度此情形，似爲江中之一積沙洲。檢一統志鎮江府卷山川目丹徒縣（今鎮江）東，沿江次第有焦山（縣東九里）、雩山（縣東三十里）、大濤山（近雩山）、華山（縣東六十三里）、圌山（縣東北六十

里），則此段江面西南岸有山脈阻限，ONC-H-12，鎮江之東江岸，自西而東有海拔350、817呎兩山峯，論方位里距，當即霙山、大濤山與圌山、華山，在太平洲正西，江之西岸，頗疑中古時代太平洲尚未形成，故此段江面極闊，又與京口對岸，海濤上湧，衝擊西岸羣山，故致波濤洶湧壯觀耳。　按撰此條既竟，復得論衡四書虛篇云，「其（潮水）發海中之時，漾馳而已。入三江之中，殆小淺狹，水激沸起，故騰爲濤。廣陵曲江有濤，文人賦之，大江浩洋，曲江有濤，竟以隘狹也。是廣陵濤盛，漢已極有名。而王充解釋江濤形成之故乃由海潮湧入隘狹水道處所激起，正可與以上說明相印證。

復次，海陵東南又有道二百三十里至大江中流之湖逗洲。洲東西八十里，南北三十五里，自南朝已見史。上多流人，煮海爲業。按此二百三十里似亦水道，其洲則今靖江縣地，惟大江北流今已淤塞，致洲之北岸與江北陸地連成一片耳①。渡江而南，即爲江陰縣，南唐昇元中建爲江陰軍，宋承之，爲江南軍事重地②。

①寰宇記一三〇泰州海陵縣，「胡逗洲（一作壺豆洲）在縣東南二百三十八里海中，東西八十里，南北三十五里，上多流人，煮海爲業。梁太清六年，侯景敗，將北赴此洲，爲王僧辯軍人所獲。」紀勝四〇泰州景物下引此條，同。檢梁書五六侯景傳，兵敗至松江，「自滬瀆入海，至壺豆洲」，爲羊鯤所殺。校記，南史壺作湖，本書羊鯤傳及通鑑作胡。據鯤傳、通鑑，景衆入海，鯤誂舟師，沿江而上趣京口，至胡豆洲也。又按寰宇記同目，「孤山在縣東南二百十里。段〔阮〕昇之南兗州記云，孤山有神祠，側悉生大竹，伐之必祀此神。」檢視今圖，泰縣東南二百三十里江中，必在江陰縣北靖江縣或其東二三十里之江流中。靖江縣東北近地有孤山，（ONC-H-12有此山，E120°18，N32°4，海拔190呎。）西北至泰縣正約二百餘里，則胡豆大洲正當在今江陰縣北靖江縣城地區。然今圖，此段江面甚狹，亦無大洲。檢一統志常州府卷山川目，孤

43

山「在靖江縣東北二十五里，舊在大江中，去岸五六里，距山百步有石磴，亦在水中。明成化間，潮汐〔沙〕壅積，轉而成田。今山在平陸。」又大江條引通志，在江陰縣北一里，而靖江之東南。又引靖江縣志，「（大江）舊自郡北迤東，至今縣西，分爲二派，繞縣南北以入海。縣居江海之交，中流屹立。明天啓以來，潮沙壅積，縣北大江竟爲平陸。」（參紀要二五常州府靖江條各條。）是則靖江縣地本爲沙洲，江繞南北。又檢同卷沿革目，靖江縣，明成化七年析置靖江縣，東西距一百二里，南北距五十二里。是明代中葉始置縣，明末大江北支始爲潮沙壅積，致沙洲與北岸連爲一片，而轄境幅員正與唐宋之胡豆洲略同，惟增江沙壅積之面積耳。然則今可斷言，中古之胡豆洲正即明清迄今之靖江縣地也。今圖，泰縣東南至靖江縣亦有水道，（ONC-G-10最顯著。）寰宇記二百三十里，縱非即此水路，要爲古代海陵東南至江岸之一道，渡胡豆洲達大江南岸。（又據紀要二五常州府靖江縣大江條，引志云：「縣本江中一洲，曰馬馱沙，中分爲二，曰馬馱東沙、馬馱西沙，江環四面。」「馬馱」「胡豆」兩音不知是否有遞變之關係？）又按宋史地理志四，泰州，「建炎四年置通泰鎮撫使，紹興十年，移治泰興沙上。」再檢紀要二三揚州府泰興舊城條，在縣西北四十里柴墟鎮，熙寧中築城。建炎三年，岳飛駐泰，「徙保柴墟鎮，渡百姓於沙上。」則興泰亦爲沙地，疑亦爲沖積而成，惟時間較早耳。

②江陰縣軍，詳元和志二五常州江陰縣目、紀勝九江陰軍目。紀勝本軍風俗形勝引大觀中蔣靜黃田港閘記，「富商大賈長枑巨舶，夷蠻海錯，魚鹽果布之屬，輻輳城中。」此言其商業繁盛。又引乾道八年知軍向子豐奏箚，「北與通泰相對，東連海道，西接鎮江，最爲控扼。」此言其交通之便，北對通泰，正當北渡湖逗洲也。

最東者，如皋鎮東南六七十里至蒲堰，北宋有白蒲鎮（今鎮），又六十里至狼山鎮（今南通縣）。今有水道運鹽河，蓋亦中古茱萸掘溝之一支流也①。狼山鎮在江海水域中，天祐中，北岸沙漲，海域始狹爲小江，曰橫江，東通大海②。五代置靜海都鎮制置院，有鎮遏使以鎮之。周得之，

置靜海軍，宋昇置通州③。五代，都鎮統四鎮：狼山鎮統狼山（今南通南十五里）以西地。大安鎮治南布洲，在都鎮南四十里（今大安E121°‧N31°48'）。豐樂鎮治東布洲，在都鎮東南二百餘里，北宋置海門縣。（約今海門縣東百里之啓東縣E121°38'‧N31°48'地。）崇明鎮治顧俊沙（今崇明島）。後三鎮至五代，仍在江海水域中。都鎮南四十里有布洲夾，潮勢如箭激，殆即兩布洲北岸之海峽歟？由四鎮西南渡江至香灣（今江陰縣東二十里江濱）、福山（今常熟縣北四十里江濱）等地，皆南達蘇常④。而海門出海，南宋以料角、東沙為發碇地，蓋所從來久矣⑤。按唐末五代，南北政權，屢戰於大江海口之南北⑥，又狼山迤東鹽場甚多⑦，北軍進退，鹽產運銷，皆必有取如皋狼山間水道者，則揚州東渠極東之所至矣。

①宋以下通州，今南通縣，唐末五代置狼山鎮，見通鑑二九三胡注引宋白說，詳後註④引。前引圓仁記，掘溝經如皋而西，經海陵至揚州。如皋即今如皋縣，通州即今通州南通縣。檢紀要二三泰州如皋縣，東南至通州一百四十里。一統志通州卷，如皋縣東南至州治一百三十里。檢寰宇記一三〇通州，北至如皋縣界清水港五十里。西北至蒲堰南清水港如皋縣界六十里。又九域志五泰州，如皋縣有白蒲鎮。一統志通州卷關隘目，白蒲鎮在州西北六十里，接如皋縣界，則今白蒲鎮即九域志所記者，亦即寰宇記之蒲堰地。檢今圖，白蒲鎮正居如皋、南通之中路。寰宇記，通州西北至蒲堰六十里，則其至如皋縣正約一百三四十里，即紀要、一統志所記之明清里程也。按一統志通州卷山川目，運鹽河在州北。其流程自如皋之西北，分支東南流，環繞城廓，分支入海。檢今圖，正有一河自如皋流至南通入海。據圓仁記，掘溝上鹽船極多，其作用正在運鹽。狼山海門地區鹽產既盛，則中古掘溝固當有如皋東南流至狼山鎮入海之一線。然則今運鹽河此一支流正當即古掘溝之一支流也。且九域志五，如皋縣有如皋浦。又寰宇記，如皋縣有「如皋港在縣西一百

五十步，港側有如皋村，縣因此得名。」上引寰宇記，如皋通州道中又有清水港之名。是在中古，如皋可能有海港東南與海相連，水道相通，固無問題。

②寰宇記一三〇通州，治靜海縣，「古橫江在州北，元是海，天祐年中沙漲，今有小江，東出大海。」紀勝四一通州景物下，古橫江條引晏公類要，同。風俗形勝目引寰宇記，小江下作「自東北出大海。」是則靜海縣地，唐末以前在江海水域中也。

③通州沿革，詳寰宇記一三〇通州、輿地紀勝四一通州沿革目並注。置鎮遏使詳下注④。

④五代時期，大江出口處，發生幾次南北戰事，通鑑紀之如下：
後梁貞明五年，吳越王鏐遣錢傳璙「帥戰艦五百艘自東洲擊吳」，吳遣彭彥章拒之。四月乙己，「戰於狼山江」，吳兵大敗。胡注：傳璙「自常州東洲出海，復泝江而入以擊吳。」（按通鑑書五代事，東洲之名，除此條外，又見卷二六七、二六八。其卷二六八，胡注以常州之東洲說之，蓋是。其卷二六七，本文明云「常州之東洲」，而胡注以宋白所記海門縣南江中之東洲當之，顯誤。至於卷二七〇此條，似為海門之東洲，胡注又以常州之東洲說之，亦誤。）「今通州靜海軍（今南通縣）南五（書作十五）里有狼山，山外即大江，絕江南渡，舟行八十里抵蘇州界。」（卷二七〇）
同年七月，吳越王鏐遣傳璙攻吳常州，徐溫帥諸將拒之，使「陳璋以水軍下海門出其後。」溫敗傳璙於無錫，璋敗吳越於香彎。胡注：「海門在今通州東海門縣界。大江至此入海。」（卷同上）
後周顯德三年二月，吳越王弘俶遣羅晟帥戰艦屯江陰，唐靜海制置姚彥洪帥兵民萬人奔吳越。胡注：「通州（即唐靜海）南至大江二十四里，絕江而南，即吳越之蘇州界。」（卷二九二）
顯德四年，征南唐。十二月下揚州。丁丑拔泰州。五年正月「壬辰，拔靜海軍，始通吳越之路。」先是帝遣「尹日就使吳越，語之曰，卿今去雖汎海，比還，淮南已平，當陸歸耳。已而果然。」胡注：「先是，唐於海陵之東境置靜海都制置院，西至海陵二百

七十五里。宋白曰，靜海軍本揚州狼山鎮地，南唐於狼山北立靜
海制置院，周得之，建靜海軍，尋升爲通州。」又云，「自靜海軍
東南至江口，於狼山之西渡江登陸，抵福山鎮，則蘇州常熟縣
界，吳越之境也。」（卷二九三、二九四）

顯德五年三月，「上聞唐戰艦數百艘泊東沛洲，將趨海口，扼蘇
杭路。」遣慕容延釗將步騎，宋延渥將水軍「循江東下」。甲午，
延釗奏大破唐兵於東沛洲。」胡注：「東沛洲在泰州東南大江中，
元是海嶼沙島之地。宋白曰，東沛洲在通州東南，通州海門縣
界。州當作洲。」（卷二九四）

同年三月戊戌，吳越奏遣將邵可遷以戰艦四百艘屯通州南岸。胡
注：「周旣克靜海軍，置通州。通州南岸蘇州常熟縣，福山鎮之
地。」（卷同上）

據此諸條，大江口北岸，通州靜海縣，唐置狼山鎮（今南通縣），
與海門縣同爲南渡大江，通江陰、常熟，吳越之路。江南登岸點，
則有香彎、福山鎮等地。而江中則有東布洲爲之津梁。茲就江岸江
心諸地名，續詳如次：

狼山　胡注在靜海軍南五里。檢寰宇記一三〇通州、靜海軍，治靜
海縣，「南至狼山一十五里。」（今本作振山，一統志通州卷引作狼
山，紀要二三亦作狼山；振字形譌。）「狼山、軍山、塔山、馬鞍
山、刀刃山並在江海之際。」胡注「五里」上脫「十」字。

海門縣　寰宇記一三〇，通州海門縣，「（州）東南隔海水二百餘
里，六縣。本東州鎮，因州升爲海門縣。」紀勝四一通州，引作東
洲鎮，又引通州志，亦作洲。是也。紀云州東南二百餘里，隔海
水。紀勝四一通州海門縣引通川〔州〕志，同。即在海中，至少爲半
島。九域志五通州海門縣，州東二百一十五里，三鄉，崇明一鎮。
則在今南通縣東南甚遠之海域中，至少爲一半島，與州有海水相
隔。檢一統志通州卷，「東至海門廳一百里。」但海門廳卷，「地由
海中漲出」，乾隆三十三年，割通州十九沙，崇明十一沙，及續漲
之天南一沙，置之。故舊非陸地。紀要二三，通州海門縣在州東四
十里，今圮於海，縣廢。其海門城條云，「舊城在州東二百十五
里。元末，以水患徙治禮安鄉，去州城百里。正德中徙餘中場，嘉
靖二十四年，又徙金沙場，皆寄治州境。邇來復圮於海，蓋非復舊

壞矣。」檢乾隆內府輿圖，（乾隆二十五年銅版）果無海門。檢今圖，海門縣蓋即清代廳治。五代宋縣殆在今縣之東百里之譜。紀要引志云，宋時大海去縣八十里。疑宋縣在今啓東縣（E121°40'‧N31°48'）境。然則江口北岸，雖沙洲漲圮不常，但今圖啓東以東海岸線之經度殆與宋代海岸東限略同，並未向東有極大伸展也。

香灣　紀勝九江陰軍景物下，採香徑條，「縣東二十里。……十國紀年，吳徐溫張可琮以江陰之兵敗吳越於香灣，即此。」紀要二五常州府江陰縣香山條，同。一統志常州府山川目作縣東二十九里。

福山鎮　紀勝五蘇州府景物上，福山在常熟縣。又景物下，「金鳳山在昆山縣四十里。又名覆釜山，天寶六載名金鳳山。乾化三年改名福山。」是似在兩縣之間。然紀要二四蘇州府常熟縣，福山在「縣北四十里，下臨大江。」下云覆釜山改名金鳳山，福山，並同。又云「唐天祐初，吳越於此築城戍守，挍扼江道，亦謂之金鳳城，與大江北岸通州之狼山相值。」下引周顯德五年邵可遷事。又福山港自城北水門北流四十里經福山入大江，亦曰福山塘。一統志蘇州府卷山川目，略同。則地在常熟縣北四十里江濱；若昆山北，似不能在江濱也。又據紀要福山港前後各條，相近有港浦甚多且大，多通大江，由此可直入蘇州。

東沛洲　據胡注並宋白說，當爲通州東南江海中一沙洲，在海門縣界。似即上文所考之東洲。此洲，輿地紀勝四一通州卷記之最詳。其沿革目云：

「五代史云，通州本海陵之東境，置靜海制置院。通川〔州〕志云，，海陵之東有二洲。唐末割據，存制居之，爲東洲鎮遏使。制卒，子廷珪代之爲東洲靜海軍使。廷珪始築城，錢鏐遣水軍攻破之，虜廷珪；而吳又命廷珪獨子彥洪爲靜海都鎮遏使，修城池官廨，號靜海都鎮，今城是也。改東洲爲豐樂鎮，顧俊沙爲崇明鎮，布洲爲大安鎮，狼山西爲狼山鎮。至南唐李璟嗣位，始補靜海制置使。通鑑顯德三年，唐靜海制置使姚洪帥兵民萬人奔吳越之地。」

其古迹目又云：

「靜海都鎮，吳置，今州城是也。」

「豐樂鎮，吳改東洲爲豐樂鎮，周顯德中廢。」

「崇明鎮，吳改顧俊爲崇明鎮，周顯德中廢。」

「大安鎮，吳改布洲爲大安鎮，周顯德中廢。」

「狼山鎮，吳改狼山西爲狼山鎮，周顯德中廢。」

是吳與南唐置靜海都鎮於靜海，即宋之通州城（今南通縣）。下轄四鎮。狼山鎮領狼山西地，蓋最居西。次東三鎮，豐樂縣在東洲，崇明鎮在顧俊沙，大安鎮在布洲。又景物下云：

「布洲夾在靜海鎮南四十里，潮勢如箭激。」「南布洲，舊是森然大海，其中漲沙復爲布洲場，今爲金沙場。」「金沙場鹽額十八萬石。」「東布洲，原是海嶼沙島之地，古來漲起，吳爲東洲，忽布機流至沙上，因名布洲，既成平陸，民戶亦衆。」

是則東洲即東布洲，布洲即南布洲。所謂「東」「南」，當就與都鎮之相對方位而言，則南布洲置大安鎮，當在都鎮之南，有金沙場；東布洲置豐樂鎮，當在都鎮之東。

關於南洲　寰宇記一三〇利豐監，在通州城內南三里，管八場，曰利豐、西亭、永典、豐利、石港、利口、金沙、餘慶，大多見於一統志通州卷關隘目金沙場、豐利場條，皆在通州（南通）附近地區之東部，去州三十里至百里。金沙場即在州東三十里。足見南布洲去州城不遠。又南布洲置大安鎮，檢中國地名錄有大安地名，在 E121°‧N31°48'。又檢民國地圖集‧江蘇人文圖，地在南通縣東南約三四十里大江中沙洲上，近江之北岸；而中共地圖集32上海市圖，已與北岸陸地連爲一片。此沙洲殆即五代南布洲耳。

關於東洲　前論海門縣，已引證甚詳，即宋置海門縣地，爲通州東南二百餘里江海中之一沙洲，約今海門縣東百里之啓東縣地。

至於顧俊沙上之崇明鎮，雖無確證指明即今崇明島；但今南通、海門地區，南通狼山以西地區屬狼山鎮，以東以南地區屬大安鎮，置在南布洲島上；其東今海門、啓東地區屬豐樂鎮，置在東布洲島上，則崇明鎮非今崇明島地莫屬矣；況顧俊沙，固當爲一沙洲也。

以上已就靜海都鎮所統四鎮逐一考明其所在；所不能定者，布洲夾究指南洲、東洲之北，大江北流而言，抑指兩洲之南大江南流而言歟？北流顯較狹，似較可能。

49

⑤海航發碇　紀勝四一通州景物上料角條，「海門有料角，昔號形勝控扼。紹興間，差舟船把搖。其沙脈坍漲不常，潮小則委婉曲折，水落可見；潮水大，則一概漫沒，非熟於往來舟師，未易及此。向來膠西之捷，蓋由於此。」〔按膠西之捷，見宋史三七〇李寶傳。寶師由蘇州發江陰出海北上。據紀勝此條，蓋由料角出海。〕又東沙條，「繫年錄云，秦檜言，通州入海當由料角及東沙汲域。」此雖為南宋書編，但云「昔號形勝控扼」，蓋所從來已久。

⑥見前注④所引諸證。

⑦靜海鹽場　寰宇記一三〇通州靜海縣，「管鹽場八。」海陵監「煮鹽之務也」。本在海陵縣，「開寶七年，移監於如皋縣置，從鹽場之便近也。」所管有南四場、北四場。又利豐監「古煎鹽之所也。」「在通州城內南三里，管八場。」下記八場之名與產量。故通州為自古盛產食鹽地區。

本文寫作期間，曾獲教育部專案研究費補助。

景印本・第十七卷

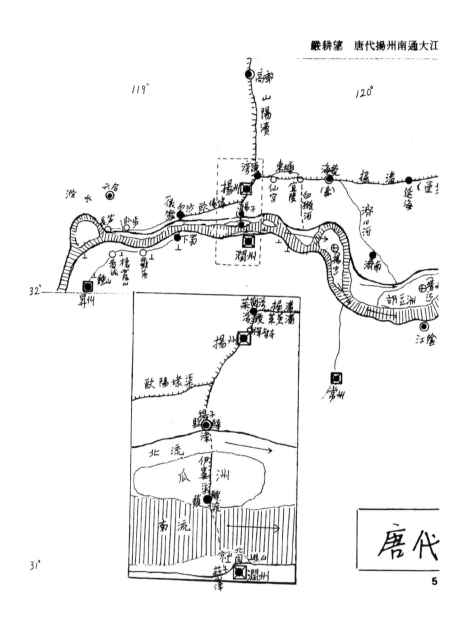

嚴耕望　唐代揚州南通大江

編按：原圖修復放大見圖錄冊，圖版二十三

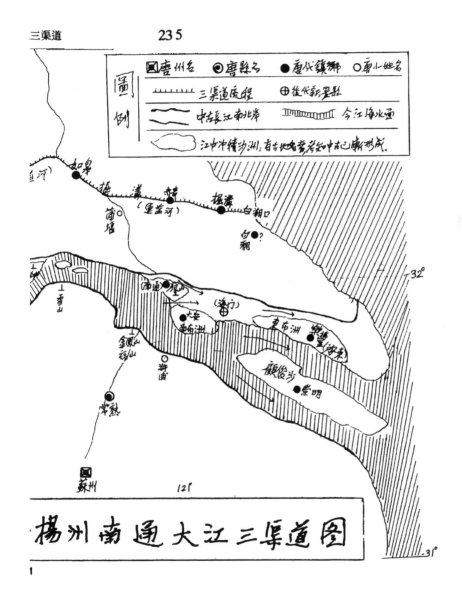

揚州南通大江三渠道圖

Three Canals flowing southward from Yang Zhou to Yangtze River in the Tang Dynasty

唐代揚州南通大江三渠道

by Ken-wang YEN (嚴耕望)

In the Tang Dynasty, the southern section of Tong Ji canal (通濟渠), called San Yang Du (山陽瀆), i.e. Yu Gou (邗溝) in ancient times, connected Huai Shui (准水) and Da Jang (大江). To the south of Yang Zhou (揚州) was Da Jang. It was only generally known that the southern section of San Yang Du flowed southward from Yang Zhou to one canal in Da Jang.

In fact, there were three routes flowing eastward, southward and westward from Yang Zhou to Da Jang. The San Yang Du, being the southern route (the central route), flowed southward to Guazhou Wan (瓜洲灣) of Yang Zi Jin (揚子津), then to Da Jang. The western route, called was also Ou Yang Dai (歐陽埭). First used in Eastern Jin Dyansty, it flowed in a southwestern direction to Bai Sha Zhen (白沙鎮), i.e. today's Yi Hui prefecture (儀徵縣), then to Da Jang. There was also the eastern route, called Jue Gou (掘溝), flowing eastward from the gulf head, passing through Hai Ling prefecture (海陵縣), i.e. today's Tai prefecture (泰州), to Ru Gao Zhen (如皋鎮), i.e. today's Ru Gao prefecture (如皋縣), then to Jue Gou Zhen (掘溝鎮), and lastly to the ocean. In Hai Ling and Ru Gao, there were water routes flowing southward towards Da Jang. These were said to be constructed by Yang Ti (煬帝), and are today known as the Yun Yan River (運鹽河).

In conclusion, in the Tang Dynasty, there were three routes, namely, the central, eastern and northern canals, flowing southward from Yang Zhou to Da Jang. Therefore water communication was very well developed.

鴉片戰爭前的中英茶葉貿易

全漢昇

一

　　世界新航路發現後，自明季至清中葉，中國海外貿易較前發展，對外輸出各種貨物，尤其是絲貨（生絲及絲綢），更成爲特別重要的出口品。當十六、七世紀太平洋成爲「西班牙湖」的時候，航行於墨西哥、菲律賓之間的大帆船，把自中國向菲島輸出的絲貨運往美洲出售，有「絲船」之稱；墨西哥的紡織工業，以中國生絲作原料來加工織造，有一萬四千餘人因此獲得就業的機會。除西班牙大帆船外，葡萄牙、荷蘭的商船，也沿着好望角航路把中國絲貨運銷於歐洲各地。①

　　在明、清間出口貿易中佔據第一位的絲貨，尤其是生絲，到了康熙（1662－1722）末葉，或一七一八年，因爲茶葉出口激增，其地位卻給茶葉搶奪了去，以後茶葉在海外貿易中都高據第一位。②當十七、八世紀間歐洲人飲茶風氣盛行的時候，歐洲各國商船紛紛來華購運茶葉，而英國人特別喜愛飲茶，茶的銷路越來越大，更促進中、英間的茶葉貿易，使中國茶葉輸出激增。因爲茶葉的大量出口，和中國人民所得與就業機會的增大有密切的關係，本文擬對清中葉或鴉片戰爭前中、英茶葉貿易的歷史，作一初步的探討。

二

　　近代中國茶葉的對歐出口貿易，在歐洲各國商人中，最先由荷蘭人經營。荷蘭東印度公司於一六一〇年首次運茶往歐洲，比英國東印度公司於一六六九年纔把第一批茶葉運英出賣，要早半個多世紀。荷人壟斷對歐輸出的華茶貿易，他們運茶回國，約於一六三五年運銷於法國，於一六四五年運銷於英國。③

　　當華茶最初運抵歐洲的時候，由於價格昂貴，只有富人才買得起來飲用，被認爲是一種奢侈品。後來飲茶風氣自荷蘭傳播至法、德、英等國，

在一六六〇年倫敦的咖啡室供應顧客飲茶，到了十七世紀末葉茶已經成爲歐洲街頭的大眾飲品。④因爲要滿足歐洲人越來越增加的需要，荷蘭東印度公司在爪哇巴達維亞（Batavia）大量收購華茶，運歐出售。自一七二九年開始，該公司派船由荷直航廣州，購買茶葉及其他貨物，運回本國出賣。自一七三九年起，中國茶葉已經成爲荷蘭東印度公司船舶自東方運歐的價值最大的商品。⑤

　　大約由於荷蘭商人的壟斷，一六五〇年英國市場上每磅茶價爲六鎊至十鎊，因品質而異。到了一七〇三年，每磅茶價平均跌至十六先令。⑥英國東印度公司直接輸入華茶後，於一六七八年至一六八六年，在英賣茶，每磅平均賣價爲十一先令六便士至十二先令四便士；由一七〇八至一七一〇年，每磅賣十一先令十一便士。其買價每磅不過一先令至二先令，除運費、納稅等開支外，利潤當然很大。⑦由於鉅額利潤的吸引，東印度公司自華輸入英國的茶葉越來越多，在亞洲貿易中地位越來越重要。現在根據該公司的紀錄，把自一六六九年至一七六〇年自華輸入茶葉的數量、價值及其在自亞洲輸入貨物總值中所佔的百分比，列表如下。

（表）

第一表　一六六九至一七六〇年英國
輸入華茶的數額與價值

年　份	數額（磅）	入口值（鎊）	茶入口值在亞洲 貨物入口值中的百分比
1669	222	120	0.1
1671	264	20	0.0
1673	44	50	0.0
1678	4,713	207	0.1
1679	340	36	0.0
1682	7	13	0.0
1685	12,070	2,422	0.5
1686	5,055	371	0.0
1688	1,666	177	0.1
1689	26,200	781	0.6
1690	38,390	1,723	1.4
1691	12,228	471	0.6
1692	6,374	1,255	4.8
1697	8,921	8,091	5.5
1699	13,082	1,581	0.4
1701	121,417	17,638	3.0
1702	43,625	9,125	2.5
1703	19,395	3,072	1.2
1704	19,974	4,750	3.0
1705	2,523	2,718	1.3
1706	460	47	0.0
1713	158,107	9,746	1.8
1714	213,499	24,416	4.9
1717	397,532	35,085	7.0
1718	542,443	38,000	8.2
1719	516,105	39,174	6.1

3

1720	318, 416	26, 243	4. 5
1721	1, 241, 629	120, 750	18. 7
1722	1, 355, 764	98, 017	19. 2
1723	663, 311	46, 457	6. 2
1724	1, 078, 600	76, 032	9. 7
1725	132, 256	8, 438	1. 9
1726	717, 236	43, 896	7. 3
1727	265, 087	16, 733	2. 4
1728	262, 911	19, 701	3. 6
1729	1, 452, 628	68, 379	9. 2
1730	1, 710, 440	113, 038	18. 5
1731	1, 811, 115	118, 721	16. 4
1732	1, 554, 684	68, 448	10. 2
1733	820, 422	38, 008	6. 7
1734	727, 499	27, 502	3. 8
1735	568, 546	32, 273	4. 3
1736	672, 089	39, 338	6. 4
1737	1, 644, 516	87, 228	14. 8
1738	778, 498	44, 146	7. 5
1739	1, 765, 694	76, 308	10. 1
1740	1, 320, 935	75, 497	13. 0
1741	877, 370	42, 156	5. 4
1742	1, 762, 061	86, 727	10. 0
1743	1, 645, 892	88, 651	11. 5
1744	725, 928	30, 289	4. 6
1745	883, 070	48, 156	6. 1
1746	410, 990	23, 001	2. 9
1747	3, 168, 558	158, 915	20. 0
1748	3, 688, 082	205, 823	31. 0
1749	2, 324, 755	139, 418	21. 2

4

1750	4,727,992	229,237	22.6
1751	2,855,164	142,195	16.4
1752	3,110,427	155,384	18.0
1753	3,524,859	153,869	18.3
1754	3,881,264	165,611	21.2
1755	3,977,092	203,763	21.8
1756	3,612,233	175,595	22.3
1757	3,735,596	168,380	27.1
1758	2,795,130	101,017	15.7
1759	3,928,628	146,129	19.8
1760	6,199,609	280,755	39.5

資料來源：K. N. Chaudhuri, *The Trading World of Asia and the English East India Company, 1660－1760*, Cambridge Unirersity Press, 1978, pp. 538－539, 97.

　　根據第一表，可知英國東印度公司自一六六九年起輸入華茶，初時數量不大，後來在一七二一年超過一百二十萬磅，到了一七四七年超過三百萬磅，再往後在一七六〇年更超過六百萬磅。在自亞洲輸入英國的貨物總值中，華茶初時所佔比例不大，及一七四八年佔百分之三十一，到了一七六〇年更佔百分之三九‧五。

　　英國東印度公司購運華茶，旣然越來越多，自然要與過去獨佔華茶對歐輸出貿易的荷蘭東印度公司互相競爭。在一七三〇至一七三一年，英國東印度公司在英國拍賣茶1,049,593英磅，而荷蘭東印度公司在荷蘭拍賣茶1,005,845荷磅（一荷磅等於1.09英磅，故合共為1,096,371.05英磅），略較前者為多。⑧自一七二九至一七三二年，荷蘭商人在廣州收購福建武夷茶（紅茶），大約因為善於利用市場供求的變化，買價比英商便宜得多；其後到了一七三三年，英人改進了購茶的策略，買茶所付價格，開始比荷人便宜。參考第二表。

（表）

第二表　一七二九至一七三三年英、荷商人
在廣州購買一担紅茶的價格（兩）

年　份	英商所付茶價	荷商所付茶價
1729	27.3	24.6
1730	21.4	18.8
1731	17.4	17.3
1732	16.8	14.5
1733	13.2	14.9

資料來源：Kristof Glamann, *Dutch-Asiatic Trade, 1620-1740*, The Hague, 1958, pp. 235.

三

　　飲茶可以消解油膩，有益健康；隨着茶輸入量增大，價格下降，茶在英國成爲大衆飲品，許多人吃早餐時都要飲茶。因爲茶成爲英國人的必需品，需要彈性不大，十八世紀中葉後，英國政府由於對外戰爭，開支龐大，乘機提高茶稅稅率，以增加財政收入。由一七六八至一七七二年，英國政府徵收茶葉進口稅，稅率爲百分之六四；其後由一七七三至一七七七年，增至百分之一〇六；由一七七八至一七七九年，百分之一百；一七八三年，百分之一一四；一七八四上半年，百分之一一九。⑨由於茶稅太重，英國茶價上漲，高達爲荷蘭的三倍。⑩

　　由於英、荷茶價的懸殊，荷蘭及其他歐陸國家商人乘機把茶葉走私運入英國，以賺取超額的利潤。自一七七二至一七八〇年，每年華茶平均對歐輸出18,838,140磅，其中只有5,639,938磅（佔百分之二九·九）爲英國東印度公司船隻運輸至英國，其餘除在歐陸消費外，每年平均走私運入英國的茶葉，多至7,698,202磅。爲着要杜絕走私，英國政府於一七八四年實施減稅法（Commutation Act），把茶葉稅稅率由百分之一一九劇減爲百分之一二·五。⑪減稅法實施後，英、荷茶價不再那麼懸殊，走私無利，英國合法進口的茶葉越來越多。自一七七六至一七八〇年，英國東印

全漢昇　鴉片戰爭前的中英茶葉貿易　　**243**

度公司由廣州輸出茶210,207担，佔出口總額百分之三十一；減稅法實施後，自一七八六至一七九〇年，由廣州輸出茶增加至774,386担，佔出口總額百分之六十七。⑫關於英國東印度公司在實施減稅法前後經營華茶貿易情況，參考第三、四兩表。

（表）

第三表　東印度公司每年平均自華輸英茶葉量

年　份	茶葉量(担)	指數(1780－84年平均＝100)
1760－64	42,066	75.7
1765－69	61,834	111.2
1770－74	54,215	97.5
1775－79	33,912	61.0
1780－84	55,590	100.0
1785－89	138,417	249.0
1790－94	136,433	245.4
1795－99	152,242	273.9
1800－04	221,027	397.6
1805－09	167,669	301.6
1810－14	244,446	439.7
1815－19	222,301	399.9
1820－24	215,811	388.2
1825－29	244,704	440.2
1830－33	235,840	424.2

資料來源：嚴中平等編，《中國近代經濟史統計資料選輯》，科學出版社，1955，頁一五。

第四表　東印度公司每年自廣州輸出茶葉量

年　　份	茶葉量（磅）
1767	17,348,472
1768	19,416,996
1769	21,886,788
1770	22,089,769
1771	13,118,293
1772	22,521,899
1773	17,723,851
1774	17,812,861
1775	16,243,915
1776	21,785,434
1777	19,695,488
1778	15,674,321
1779	17,419,906
1780	18,572,203
1781	14,243,531
1782	18,768,495
1783	28,989,060
1784	28,114,728
1785	29,891,591
1786	31,957,939
1787	36,425,603
1788	31,206,445
1789	28,258,432
1790	25,404,280
1791	19,480,397
1792	25,408,614
1793	26,165,635
1794	29,311,010
1795	24,950,300
1796	42,870,060

資料來源：Earl H. Pritchard, *Anglo-Chinese Relations During the Seventeenth and Eighteenth Centuries*, Rainbow-Bridge Book Co., 1970, p.216.

根據第三、四兩表，可知減稅法實施後，英國東印度公司輸入華茶，越來越多，到了一八〇〇至一八〇四年，每年平均輸入茶額，增加至約爲一七八〇至一七八四年每年平均的四倍，其後更多。在歐陸方面，當英國茶價因稅重而高漲的時候，荷蘭、法國、丹麥及瑞典，由一七七六至一七八〇年，共自廣州購茶488,372担，其中有不少走私轉運入英國。減稅法實施後，因爲走私茶至英國，無利可圖，荷蘭等國於一七八六至一七九〇年，在廣州購茶銳減爲322,386担。⑬在一七八九年，荷蘭人承認不再是歐洲市場上華茶最大供應者，其地位爲英國人取而代之。⑭在英國方面，因爲茶稅降低，茶價便宜，茶銷路增大，東印度公司自廣州輸出茶葉，數量越來越大。在一八〇二至一八〇三年，英船在廣州購運茶葉總值，多至爲荷蘭及其他歐陸國家商船合起來的六倍至七倍。自一八〇八至一八一一年，由於拿破侖戰爭，除美國爲中立國，其商船仍然販運茶葉外，在廣州市場上，只有英船購運茶葉出口。⑮

一七八四年減低茶稅後，到一七九五年，由於財政上的迫切需要，英國政府把茶稅稅率提高至百分之二十五；後來繼續增加，到一八〇六年增至百分之九十六，一八一九年增至百分之一百。因爲英人喝茶風氣越來越普遍，茶消費量有增無減，華茶貿易繼續擴大。東印度公司對中英貿易的獨佔權至一八三三年爲止。在一八三三年之前若干年內，東印度公司每年獲利在一百萬鎊至一百五十萬鎊之間，其利潤全部來自華茶貿易；英政府對輸入華茶徵收的稅款，每年多至三百三十萬鎊，約佔一年國庫收入的十分之一。英國人飲茶要加糖，英國每年輸入食糖，至少有一半用於飲茶，而政府又徵收糖稅。據一八一二年計算，英國政府每年直接間接因人民飲茶而徵收到的稅款，多至五百萬英鎊。因爲茶在英國成爲全國人民的飲料（National Drink），英國國會特地通過法案，規定東印度公司必須經常存儲足夠一年消費的茶葉。⑯有鑒於華茶貿易的重要性，東印度公司船隻每年自廣州購運茶葉的價值，在輸出商貨總值中都佔很大的比重，尤其是自一七八四年減稅法實施之後。參考第五表。

（表）

第五表　一七六〇至一八三三年東印度公司
每年平均自廣州輸出茶葉的價值

年　份	每年平均輸出值（兩）	佔輸出商貨總值的百分比
1760－64	806,242	91.9
1765－69	1,179,854	73.7
1770－74	963,287	68.1
1775－79	666,039	55.1
1780－84	1,130,059	69.2
1785－89	3,659,266	82.5
1790－94	3,575,409	88.8
1795－99	3,868,126	90.4
1817－19	4,464,500	86.9
1820－24	5,704,908	89.6
1825－29	5,940,541	94.1
1830－33	5,617,127	93.9

資料來源：嚴中平等編，前引書，頁一四。

　　在十九世紀頭三分之一時間，英國每年輸入華茶約二十萬餘担，或三千萬磅左右。[17]到了一八三四年，英國國會取消東印度公司對華貿易的獨佔權，英國商人紛紛來廣州設立商行，購運茶葉，在一八三六年多至48,520,508磅"[18]英商自一八三四年四月一日至一八三五年三月三十一日，由廣州購運茶葉出口，共值銀11,149,674元，或8,027,885.28兩；自一八三五年四月一日至一八三六年三月三十一日，出口值多至13,852,899元，或9,656,814.96兩。[19]這和東印度公司獨佔華茶貿易末期每年在廣州購茶約值銀五百多萬兩比較起來，顯然增加許多。

四

　　東印度公司一方面自廣州購運大量茶葉，他方面輸出羊毛織品等英國貨物，可是後者在華銷路不如理想。因爲自英運華貨物，其價值遠不及以

茶為主的中國出口貨那麼大，東印度公司不得不把鉅額白銀運往中國，以彌補貿易入超。在三十多年前，作者曾發表一篇論文，指出自一七〇八至一七五七年，英國白銀輸入中國，共達6,485,327.35鎊；在一七七六至一七九一年間，其中七年，共輸入3,676,010鎊。[20]關於英國白銀輸入中國情況，參考第五、六兩表。

（表）

第六表　一七六〇至一八〇〇英國及印度白銀輸入中國數額

年　份	數額（兩）
1760－61	765,414
1761－62	216,000
1762－63	322,410
1763－64	528,609
1764－65	338,781
1765－66	1,690,479
1766－67	1,930,593
1767－68	620,040
1768－69	521,427
1769－70	489,186
1770－71	822,044
1771－72	879,630
1772－73	574,872
1773－74	81,452
1776－77	394,016
1777－78	230,400
1778－79	90,720
1783－84	8,640
1786－87	2,062,080
1787－88	1,912,320
1788－89	2,094,878
1789－90	1,521,920
1790－91	2,106,041
1791－92	172,800
1792－93	518,400
1796－97	120,960
1797－98	626,965
1798－99	1,326,830
1799－1800	1,623,171

資料來源：Earl H. Pritchard, *The Crucial Years of Early Anglo-Chinese Relations, 1750－1800,* Pullman, Washington, 1936, p. 399.

全漢昇　鴉片戰爭前的中英茶葉貿易　　　**249**

第七表　一七八六至一八二三年英國白銀輸入中國數額

年　　份	數　額（西元）
1786	2,742,566.40
1787	2,543,385.60
1788	2,786,187.74
1789	1,748,153.60
1790	2,801,034.53
1791	231,824.00
1792	688,812.00
1796	160,876.80
1797	833,338.10
1798	1,758,238.72
1799	2,158,917.43
1800	585,336.99
1801	108,222.10
1803	1,912,342.22
1804	1,104,253.78
1815	1,455,935.04
1816	3,406,266.99
1820	2,637,311.53
1823	916,665.01

資料來源：W. E. Cheong, *Mandarins and Merchants: Jardine Matheson & Co., a China agency of the early nineteenth century*, Loudon, 1979, p. 19. 按 4 西元等於 3 兩，又等於 1 鎊。見 H. B. Morse., 前引書，Vol. Ⅰ, Ⅹ Ⅹ Ⅱ。

為着要改變英國白銀流入中國的趨勢，東印度公司特別拓展印、華貿易，把印度出產的貨物，尤其是棉花、鴉片，大量運往中國出賣。中國的棉紡織業，到了清朝（1644－1911）中葉，消費棉花越來越多，本國出產棉花有供不應求的趨勢，印度棉花的輸入正好滿足國內市場的需要。在一七八五至一八三三年，廣州輸入印度棉花共達13,404,659担，每年平均輸入273,564,4担。[21]以棉花爲最大宗的印、華貿易，東印度公司特許私家商人經營，後者把印棉運往廣州出賣，把出賣所得銀款交由東印度公司支配。[22]自一七七六至一八三三年，印度棉花輸華價值越來越大，參看第八表。

（表）

第八表　一七七五至一八三三年印度棉花輸華價值

年　份	每年平均價值(兩)	指數(1780－84年平均＝100)
1775－79	288,334	123.7
1780－84	233,074	100.0
1785－89	1,698,001	728.5
1790－94	1,683,486	722.3
1795－99	1,875,677	804.8
1817－19	4,527,211	1,942.4
1820－24	2,958,249	1,269.2
1825－29	4,307,677	1,848.2
1830－33	4,097,033	1,767.8

資料來源：嚴中平等編，前引書，頁一一。

根據第八表，可知在一七八〇至一七八四年，印棉每年平均輸華價值爲銀二十多萬兩；其後越來越多，到一八一七至一八一九年，每年平均高達四百五十多萬兩，爲一七八〇至一七八四年每年平均的十九倍半左右。自一七七五至一七九五年，英商在廣州出售印棉所得價款，約佔東印度

全漢昇　鴉片戰爭前的中英茶葉貿易　　　251

公司收入的三分之一有多。直至一八二三年，棉花都是自印度輸華價值最
大的商品。㉓自一八二四年起，鴉片輸華激增，其價值開始超過棉花。㉔
在十九世紀三十年代及四十年代，印棉入口值約爲鴉片入口值的一半。㉕
由於印度棉花、鴉片的輸入中國，英國對華貿易由入超變爲出超，自一八
一八至一八三四年，英船自華輸出白銀約值五千萬元。㉖

五

　　由於十八世紀中、英茶葉貿易的發展，中國茶葉成爲出口貿易價值最
大的商品。隨着茶葉輸出的增多，中國人民因茶的生產與貿易而獲得更大
的就業機會，更多的國民所得。自廣州輸出的茶葉，主要來自福建武夷
山。約在清朝中葉左右，其中「甌寧一邑，不下千（茶）廠。每廠大者百
餘人，小亦數十人。」㉗可見當日受雇在甌寧茶廠做工的茶工，約多至一
萬餘人。又位於武夷山地區的崇安縣，「乾隆（1736－1795）間，邑人鄒
茂章以茶葉起家二百餘萬（兩）。」㉘鄒氏因投資於茶業而大發其財，顯
然和中、英茶葉貿易暢旺，利潤增加，有密切的關係。

　　因爲大量華茶向英輸出，中國對英貿易長期出超，從而英國鉅額白銀
流入中國，潤滑了中國商業的輪子，對中國經濟當然有利。英國因爲要避
免白銀長期流入中國，除輸出英國貨物外，又發展印、華貿易，把印度出
產的棉花、鴉片運往中國出賣。在中國方面，大量印度棉花的輸入，正好
滿足棉紡織業對於原料的需要，爲男耕女織的廣大地區帶來就業的機會。
可是，英國人把印度鴉片輸入中國，傷害了中國人的身體，同時又使中國
對外貿易入超，白銀外流，最後引致鴉片戰爭，可說是中國的大不幸！

註解：

①拙著，〈自明季至清中葉西屬美洲的中國絲貨貿易〉，《香港中文大學中國文
　化研究所學報》，第一卷，香港九龍，一九七一；拙著，〈略論新航路發現
　後的海上絲綢之路〉，《中央研究院歷史語言研究所集刊》，第五十七本第二
　分，台北，一九八六；拙著，〈明清間中國絲綢的輸出貿易及其影響〉，陶
　希聖先生九秩榮慶祝壽論文集編輯委員會編，《陶希聖先生九秩榮慶祝壽論
　文集：國史釋論》，上冊，台北，民國七十六年；拙著，〈略論明清之際橫

15

越太平洋的絲綢之路〉,《歷史月刊》,第十期,台北,民國七十七年十一月。

②陳慈玉,《近代中國茶業的發展與世界市場》,台北,民國七十一年,頁7。

③T. Volker, *Porcelain and the Dutch East India Company*, Leiden, 1954, pp. 48—49; G. B. Masefield, "Crop and Livestock", in E. E. Rich and C. H. Wilson, eds., *The Cambridge Economic History of Europe*, Vol. IV (Cambridge University Press, 1967),pp. 297—298。又 Walter Minchinton, "Patterns and Structurs of Demand 1500—1750", in Carlo M. Cipolla, ed., *The Fontana Economic History of Europe: The Sixteenth and Seventeenth Centuries*, Glasgow, 1974, pp. 126, 說荷蘭東印度公司於一六〇九年首次自中國運茶往歐洲,和上述一六一〇年略異。

④C. R. Boxer, *The Dutch Seaborne Empire 1600—1800*, London, 1965, p. 177; T. Volker, 前引書,p. 49。

⑤C. R. Boxer, 前引書,p. 177。

⑥E. E. Rich and C. H. Wilson, eds., 前引書,pp. 297—298。

⑦Bal Krishna, *Commercial Relations between India and England*, London, 1924, pp. 152—153。

⑧Kristof Glamann, *Dutch—Asiatic Trade, 1620—1740*, The Hague, 1958, p. 225。

⑨Earl H. Pritchard, *The Crucial Years of Early Anglo—Chinese Relations, 1750—1800*, Pullman, Washington, 1936, pp. 146—147。

⑩C. J. A. Jörg, *Porcelain and the Dutch China Trade*, The Hague, 1982, p. 39。

⑪Earl H. Pritchard, 前引書,pp. 146—148; 陳慈玉,前引書,頁8。

⑫H. B. Morse, *The Chronicles of the East India Company Trading to China, 1635—1834*, Oxford, 1926, Vol. II, p. 117; Kuo—tung Anthony Ch'en, *The Insolvency of the Chinese Hong Merchants, 1760—1843*, Taipei, 1990, p. 45。

⑬Kuo—tung Anthony Ch'en, 前引書,p. 45。

⑭C. J. A. Jörg, 前引書,p.43。

⑮C. Northcote Parkinson, *Trade in the Eastern Seas, 1793—1813*, Cambridge University Press, 1937, p. 93。

⑯同書，pp. 93—94; Michael Greenberg, *British Trade and The Opening of China 1800—42*, Cambridge Universfty Press, 1951, pp.3—4。

⑰本文第三表；Michael Greenberg, 前引書，p. 3。

⑱*Chinese Repository*, Vol. ⅩⅡ，1843年10月，pp.516—517，原書未見，茲引自姚賢鎬編，《中國近代對外貿易史資料，1840—1895》，北京，一九六二，第一册，頁284。

⑲Hsin—pao Chang, *Commissioner Lin and the Opium War*, Cambridge, Mass., 1964, pp. 225—227。

⑳拙著，〈美洲白銀與十八世紀中國物價革命的關係〉，《中央研究院歷史語言研究所集刊》，第二十八本，台北，民國四十六年；又見於拙著，《中國經濟史論叢》（新亞研究所，一九七二），第二册，頁502。

㉑方顯廷，《中國之棉紡織業》，商務印書館，民國二十三年，頁41—43。參考拙著，〈鴉片戰爭前江蘇的棉紡織業〉，《清華學報》，新第一卷第三期，台北，民國四十七年九月；又見於拙著，《中國經濟史論叢》，第二册，頁625—649。

㉒John K. Fairbank, *Trade and Diplomacy on the China Coast: The Opening of the Treaty Ports, 1842—1854*, Combridge, Mass., 1953, Vol. Ⅰ, pp.59—60。

㉓同上；Michael Greenberg，前引書，p. 81。

㉔W. E. Cheong, *Mandarins and Merchants*, London, 1979, p. 8。

㉕John K. Fairbank，前引書，pp. 287—288。

㉖Hsin—pao Chang，前引書，p.42。

㉗蔣蘅，〈禁開茶山議〉，見《雲寥山人文鈔》，卷二，頁21；原書未見，茲引自彭澤益，〈清代前期茶業資本主義萌芽的特點〉，《中國社會經濟史研究》，一九八二年第三期，廈門，頁19。

㉘衷幹著，〈茶市雜詠〉，見林馥泉，《武彝茶葉之生產製造及運銷》，附錄，頁81；引自彭澤益，前引文。

The Tea Trade Between China and England before the Opium War
鴉片戰爭前的中英茶葉貿易
by Han-sheng CHUAN (全漢昇)

The first recorded tea shipment by the Dutch East India Company to Europe was in 1609. From Holland the habit of drinking tea spread to France in 1630s, and to England in 1640s.

In England the popular demand for tea, together with the ease by which revenue could be collected from it, had caused the government throughout the 18th century to load it with duties, which between 1768 and 1772 amounted to 64%. The exigencies of the exchequer, however, caused the government to increase the duties to an average of 106% for the years between 1773 and 1777; the duties were even raised to 114% in 1783 and to 119% for the first half of the year 1784. Consequently the yearly average of tea sold at the East India Company's sale declined rapidly.

The alarming decline in the British tea trade, a result of heavy duties, led to the House of Commons on August 16, 1784 to pass the Commutation Act, which reduced duties on tea from an average of 119% to 12½%. This reduction of duties by lowering price made smuggling of tea unprofitable and the East India Company's tea trade increased rapidly.

The competition of foreign buyers at Canton varied a great deal. Swedish, Danish, Prussian, Hamburger, French and Dutch purchases of tea in Canton in the season 1802−3 amounted altogether to only between a seventh and a sixth of the English investment.

The most powerful economic factor at Canton was the need for cargoes to sell to China. The East India Company's tea shipments out of Canton greatly increased. Here the so-called "country trade" (the trade between India and China) entered the scene as the necessary link in a triangular commerce between India, China, and England. This country trade was conducted by private individuals who were licenced by the Easts India Company in India and remained under its control in the Far East. Until 1823 raw cotton from India was the largest import. The funds realised by this trade in its sales at Canton were paid into the Company treasury there in return for bills of exchange on London. Between 1775 and 1795 the Company was already deriving more than a third of its funds from this source.

In 1824 opium from India became the principal commodity imported at Canton when the value of imported raw cotton was surpassed. Opium thereafter became the most important staple of the country trade, which provided the much-needed funds for the East India Company to buy tea at Canton. The turn of the balance of trade between Great Britain and China in favor of the former resulted in China's outflow of silver. From 1818 to 1834 British ships brought away $50 million worth of silver from China.

景印香港新亞研究所《新亞學報》（第一至三十卷）

明嘉靖年間（1522－1542）
中國對安南莫氏政權的處理政策

鄭永常

一、前言

中國與越南（安南）的關係，二千多年來糾纏不清，關係屢變。自秦漢至隋唐，越南北部地區內屬中國，這是不爭的事實。但是五代以後，越南爲一獨立國家，其與中國維持的所謂宗藩關係，實質只是一種外交上的互相承認。可是，王朝中國對於這個曾經內屬爲郡縣之地的越南，多少有著眷戀之情。因此，宋、元、明、淸四朝，中國都曾對越南用兵，無論其出兵理由爲何，那種剪不斷，理還亂，是離愁，別有一番滋味在心頭的心境，一直纏繞着中國。

特別是明朝（1368－1644）的二百七十六年，中國對安南的政策，變化極大，不易爲人理解。明太祖（1368－1398）立國後，首要的工作是應付北方的蒙古人，他將安南列爲不征之國，①防止了宋、元以來中國不斷的對安南用兵，這是一種務實的外交政策。不過，明太祖的理想政策，很快便被他的後繼者明成祖（1403－1424）所打破。明成祖藉著安南黎季犛的纂陳自立，以號稱八十萬大軍攻入安南，並乘機收回漢唐時代中國在安南的統治權，正式派遣官員治理其地。可是，安南人並不甘心再受中國統治，抗明事件不斷的出現，明朝要數度調軍南下，才能平定安南陳氏後人陳簡定、陳季擴的復國戰爭。然而，明軍的鎭壓並沒有將反抗者完全的壓下來。永樂年間安南地區動亂頻仍，及至明宣宗（1426－1435）即位，在痛定思痛的情況下，不得不放棄對安南的統治，以確保中國的安定局面。②

這是明朝前期中、越關係的一場惡夢；從明太祖的不征政策，到明成祖揮軍佔領，以至明宣宗的棄守安南，意味著中國對安南有一種解不開的鬱結。這種鬱結幾乎在明朝中葉的嘉靖年間引起另一場惡夢。原來嘉靖初年，安南黎氏政權爲權臣莫登庸所纂奪，明世宗忽然有「興滅繼絕」，出

兵安南的意圖。最後，中、越雙方不但沒有武裝衝突，相反的，中國竟然承認莫登庸政權在安南的統治地位。

這次中、越的外交風波，日本學者大澤一雄先生在其大作〈十六・七世紀における中國・ヴエトナム交涉史に關する研究〉一文中，③有詳細的討論。不過，大澤一雄先生似乎對於地方軍政官員在這次中、越交涉事件中所起的作用不夠重視。因此，不能全面的交代清楚嘉靖時中國對安南政策的轉變；即由出兵「興滅繼絕」到承認纂位者的個中原委。本文目的是通過對中央與地方官員處理安南事件態度的考查，察看嘉靖皇帝對安南的政策，逐漸被轉移的經過。

二、明嘉靖以前安南政局的演變與莫登庸崛起的經過

安南黎朝的開國者就是著名的民族英雄黎太祖黎利（1428－1433），他在明宣德三年（黎順天元年，1428）成功的迫使明軍撤出安南，並在明宣德六年（黎順天四年，1431）得到中國承認「權署安南國事」。及至明正統元年（黎紹平三年，1436）中國才正式冊封黎麟為「安南國王」，兩國的外交關係完全回復正常的狀態。④自那時起，中、越兩國沒有大規模的衝突。只是在明成化十六年（黎洪德十一年，1480）占城奏安南歲歲侵擾，請求明出兵征討。其時太監汪直用事，向明憲宗（1465－1487）「上取安南之策」並傳旨取永樂中調兵數，後得尚書余子俊及職方員外郎劉大夏力陳利害，出兵之議才作罷休。⑤

是時，安南在黎聖宗（1460－1497）的統治下，造就出安南黎朝的全盛時代。《大越史記全書》形容他「創制立度，文物可觀，拓土開疆，皈章孔厚，真英雄才略之主，雖漢之武帝，唐之太宗，莫能過矣。」⑥黎聖宗，明史稱黎灝，在位期間橫跨明代英宗、憲宗、孝宗三朝，歷37年。他不但南下侵擾占城，西向攻打哀牢、八百等國，且侵犯中國雲南邊境。但是，明朝只命兩廣守臣移文「數其不能恤鄰道之順逆」，勸安南「敦睦鄰好」。那位奉命前往廣西等地勘處安南事情的行人王勉，回京後上言黎灝久蓄不臣之心，請求出兵往正其罪，結果被指「引啟邊釁」，關進錦衣衛獄。⑦可見，明朝自宣宗以後，對安南的政策緊守著「不征其國」的祖訓。對於占城苦苦哀求中國派遣大臣調解與安南的戰爭，也被明朝拒絕，只是敕諭占城國王修飭武備，抵抗安南的入侵以保國家的獨立。⑧

2

不過，安南自黎聖宗死後，國力開始衰退。傳至威穆帝時，明史稱黎誼（1505－1509），由於嗜酒好殺，縱容外戚，百姓怨怒，內亂亦相繼而起。⑨莫登庸就於這時候登上歷史的舞台。明正德三年（黎端慶四年，1508）威穆帝以莫登庸爲天武衞都指揮使司都指揮使。⑩莫登庸，本是宜陽古齋社人，小時候以漁爲業，長大後考中力士出身，以武舉入宿衞，至是陞都指揮使。⑪其時威穆帝心懷猜忌，戕害宗室大臣，於是人人自危。宗室簡脩公黎濚勾結朝臣黎廣度、阮文郎及子阮弘裕、鄭惟岱及弟鄭惟憻等密謀造反，殺威穆帝自立，越史稱襄翼帝，明史稱黎晭（1509－1515）。在這次政變功臣之中，阮、鄭兩家族的功勢最大，而莫登庸似乎仍未露頭角。

　　幾個月後，襄翼帝下詔，置「天武、聖威二衞在錦衣、金吾之上。」⑫登庸本來是天武衞指揮使，襄翼帝的改置顯然是視登庸爲自己的親衞軍了，所以明年的四月，莫登庸順利的被封爲武川伯。這時，莫登庸在軍事的實力上顯然比不上阮文郎父子，也及不上鄭惟岱兄弟。鄭惟憻就因平定陳珣之亂進封爲源郡公，其後又平定黎熙、鄭興、黎明徹之亂。⑬自是，鄭氏軍權日重。明正德十一年（黎洪順八年，1516）三月，水棠人陳暠自謂帝釋降生，起兵東潮瓊林寺，進攻東京（河內）以西的菩提營，襄翼帝命阮弘裕往勦。鄭惟憻乘機發動政變殺襄翼帝，改立錦江王子黎椅，⑭是爲黎昭宗（1516－1522），明史稱黎譓。

　　鄭惟憻在討陳暠期間被殺，安南政局更是混亂。鄭惟憻義子陳眞，族人鄭綏與阮弘裕仇隙最大，各自屯兵相拒，甚而相攻。莫登庸就在鷸蚌相爭的情勢下，靜靜地坐收漁人之利，開始發揮在朝政方面的影響力。他奏殺那位借佛經佛寺來愚民惑衆的陳公務，並彈劾承憲官黎瓘、杜韜等迷信邪說，又奏請誅殺投降陳暠的紹國公黎廣度，指責他「不顧君父之厚恩，綱常之大義」。⑮明正德十三年（黎光紹三年，1518）莫登庸進封爲武川侯。

　　同年的七月，可說是莫登庸政治生涯的轉捩點。由於陳眞權力過大，黎昭宗先下手殺陳眞。結果，陳眞餘黨阮敬、阮盆舉兵犯京師，黎昭宗出走嘉林，召阮弘裕出兵勤王，但阮氏猶豫不出，莫登庸乘機挾天子以令諸侯。鄭綏見形勢不利，隨即擁立靜脩公子黎榜爲帝，其後又改立榜的同母弟黎楄。黎昭宗命莫登庸提統水步諸營事，全力征勦鄭綏等。⑯明正德十四年（黎光紹四年，1519），莫登庸圍攻慈廉，殺黎楄，鄭綏遁走。黎昭

宗還京，登庸進爵明郡公，節制各處水步諸營。明年又進封為仁國公並加封太傅，節制十三道水步諸營，至是，黎氏軍權完全控制於莫氏手中。

明嘉靖元年（黎光紹七年，1522），莫登庸威權日重，以假女入侍黎昭宗，實際是監視他的一舉一動，又令長子登瀛（明史稱方瀛）為毓美侯，掌管金光殿。換言之，朝廷內外已為莫登庸控制。他「步行則鳳蓋銷金，水行則龍舟引纜，出入禁宮，無所忌憚。」⑰可見登庸已聲威震主了。昭宗看在眼裏，知道大難將臨，暗中使人通知擁兵西京的鄭綏迎援，乘夜逃離京師。莫登庸隨即擁立其弟黎椿為皇帝，是為黎恭帝（1522－1527），明史稱黎憓。自是，鄭綏擁黎昭宗於西京謀復辟，莫登庸時遣大軍攻襲。明嘉靖三年（黎統元三年，1524），莫登庸進封為平章軍國重事，太傅仁國公。明年登庸捉到了黎昭宗，一年後遣人把他暗殺。昭宗一死，再沒有人可以阻止他的野心，篡位只是等待適當的時機而已。明嘉靖六年（黎統元六年，1527）四月，黎恭帝進封莫登庸為安興王，加九錫。同年六月，莫登庸迫黎恭帝禪位，自稱皇帝，改元明德。嘉靖八年（莫明德二年，1529）十二月，傳位長子莫方瀛，改元大正。嘉靖十一年（莫大正三年，1532）十二月，黎朝舊臣安清侯阮淦在哀牢迎立黎昭宗的兒子黎寧為帝，是為黎莊宗（1533－1566），改元元和，以清化為中興基地，展開同莫氏的爭戰。⑱

三、明世宗對安南政局的態度——從漠視到用兵

明嘉靖元年（1522）正月，世宗命編修孫承恩、給事中俞敦出使安南，詔諭即位改元事。使者行至廣西龍州，遇安南國內大亂，道路不通。使者在太平府等候至明年的二月，見其內亂仍未靜止，才中斷使命回朝。俞敦在回京途中病逝。⑲其時，接近中國邊境的安南太源、諒山一帶，為陳暠之子陳昇盤據，那時陳暠逃匿或死，餘眾由其子昇統率，莫登庸正出兵征勦。及後，又有寶川侯黎克綱、艮富侯黎伯孝等在嘉林地方作亂。⑳這些亂事很快便被登庸平定，中、越交通基本上已沒有障阻，安南內部的戰亂多集中在南部一帶。然而，明朝廷對安南內部的紛爭，似採取一種漠視的態度，中央不但沒再遣使南下，邊境官員亦拒絕接納莫登庸使團的進貢或黎昭宗使團的求援。㉑

顯然，朝廷是知道安南內部局勢的。明嘉靖三年（1524）十二月，巡

按廣西監察御使汪淵，便曾就安南的國內形勢向朝廷匯報。[22]相信當時中央與地方都取得共識，就是採取不加干涉的政策。明嘉靖五年（1526）莫登庸用「千金幷象犀南沉諸香」賄賂欽州判官唐清爲黎椿求封，唐清簽署州印，代向兩廣提督府申報，結果，給都御史張嵿發覺，將唐清拘禁於廣東按察司獄，及後唐清死於獄中。[23]唐清明顯的犯了受賄及受理安南求封表文的錯誤。

自是，中、越兩國的外交陷於停頓的景況。雖然莫登庸在嘉靖七年（1528）遣禮部尚書阮文泰等來奏事及進貢，那時候登庸已篡位自立，當然極希望得到明朝的冊封，但是他的使節團途經諒山的時候，受到反對莫氏的人之攻擊而折回河內，因此使節團並沒有抵達中國。[24]七年後，亦即嘉靖十四年（1535），此時莫登庸已傳位其子方瀛，自稱爲太上皇，他成功的遣使者抵達中國，當時廣西左江分守參議官何璦接受其求封表文，結果何璦也因此而被免官。[25]

同年十月，安南人武嚴威、武子陵等人因逃避莫登庸的追捕，移居水尾州，暗中與雲南八寨司副長官瓏徹及教化三部司土舍張澤交通。其後，莫氏移文知會八寨司要揖拿武嚴威等人，武嚴威以爲被出賣，竟脅持瓏徹。鎮守雲南的黔國公沐紹勛以「中國職官見困賊手，不宜置之不問」向朝廷請示，兵部覆令嚴兵守隘，防止外人越境，遣人索回瓏徹，但不得輕率啟邊釁。[26]可見，當時中國對安南的政策，仍然是採取不接觸，不干涉的漠視態度。

不過，寧靜的中、越邊界，隨著世宗皇帝的關注，忽然烏雲密佈，戰爭瞬間籠罩著中、越兩國。嘉靖十五年（1536）顯得極不尋常。那年十月六日明世宗二子出生，即行詔告天下，世宗認爲「華夷」也應一體知悉。因此，命禮部遣正副使者捧詔書往諭朝鮮、安南二國。[27]這一次不經意的事，竟然揭開了世宗皇帝對那炎荒徼外的小國之興趣。十一月三日禮部尚書夏言奏說安南二十年不修職貢，國內篡亂，道路不通，現時不宜遣使詔諭，以全國體，宜遣使勘問，以行天討。明世宗隨即下令禮、兵二部商議征討的事。[28]十一月十三日，禮、兵二部會議後奏說：令廣西選深曉夷情，熟知道路者，伴同使者入安南勘問；敕鎮守兩廣及雲南總兵官即整飭漢土官軍，調度錢糧嚴備；命人密諭那位犯邊脅持雲南官員的安南人武嚴威歸附，往征安南叛逆。[29]十一月二十二日，勘問使團由錦衣衞的陶鳳儀、王桐、鄭璽、納朝恩等組成，分別前往雲南和廣西調查。而兵部對征討安南

的軍事部署亦會議完畢。㉚

當時，征討安南的主要原因，是指責它二十年不入貢，有失遠夷事大的職責。傳統的中國王朝，對受中國册封的外國依期入貢，視爲臣服的表現。嘉靖初年，由於明世宗面對的是與內閣官僚的權力鬥爭，沒有餘暇顧及安南的問題。但是到了嘉靖十五年，他已牢牢地將皇帝的權威建立起來。是時，禮部尚書夏言甚得世宗器重，這一年的十二月他開始入閣參預機務，當然希望有一番作爲。他與兵部尚書張瓚等，並沒有提出反對用兵安南的意見。在他們的奏議中常提及的是安南本爲中國領土，宋朝始稱國；明成祖如何平定和郡縣其地；以及其國久不入貢，廢棄正朔，割據篡逆，又不來告變；並說什麼君主華夷，應行天討，以正王法等等冠冕堂皇的說話，無疑地鼓舞了明世宗的大皇帝心態。這位由藩王世子入繼大統的皇帝，除了與內閣重臣爭權外，也許還有成爲一位雄主的願望吧。安南事件是對他的一次考驗。

四、中央與地方官員對用兵安南的爭議

明世宗用兵安南的決定，當然很快的爲中央官員知悉，隨著而來的是一場應否用兵安南的大爭論。首先掀起這場爭論的人物是南京戶部左侍郎唐胄，他在嘉靖十五年（1536）閏十二月一日上疏指出，因爲安南不入貢而對其用兵，非但不可以，就是「有甚於此者，亦未可輕擧」。他提出了「七不可伐」的意見，大概的意思是：一、安南不征著在祖訓；二、太宗郡縣其地，得不償失，故宣宗棄之；三、夷狄分亂，中國之福，不當與之校問；四、若征之不得，喪師損威，宋、元可爲明鑒；五、安南欲貢不得，以此罪之，於辭不順；六、今貴州有凱口之師，兩廣糧儲匱乏，大工迭興，諸省帑藏皆缺，財力不足以擧兵；七、北虜日强，邊卒屢叛，北顧之憂方殷，又啟南征之議，恐生意外。他進一步指出「今嚴兵待發之令初下，而侵漁騷擾之害四出，憂不在四夷，而在邦域中矣。」所以，他建議停遣錦衣衞勘官，並罷一切預飭兵糧之令。㉛兵部認爲唐胄意見「忠謀」，明世宗要待勘查明白後再作商議。可見，世宗並不理會唐胄的諫止，他繼續進行既定方案，敕諭提督兩廣侍郎潘旦會同巡按御史，督同各將領土官整搠兵馬，鋒利器械，候總兵官進兵調用。㉜並在嘉靖十六年（1537）一月，下令在家守喪的右都御史毛伯溫即赴京師，參贊征安南軍務。㉝

這一年的二月，安南黎莊宗（黎寧）派遣的使者鄭惟憭等，從海路乘坐廣東商船來華，並潛行到達北京，請求中國興師問罪，征討莫登庸。由於鄭惟憭的投訴，加強了明世宗用兵安南的決心。同年四月，禮、兵二部與廷臣會議，指出莫登庸有十大罪，不容不討。其罪狀如下：一、逼逐黎譓，占據國城；二、逼取國母；三、鴆殺黎憲，僞立己子；四、逼黎寧遠竄；五、僭稱太上皇帝；六、改元明德、大正；七、設兵關隘，阻拒詔使；八、暴虐無道，荼毒生靈；九、阻絕貢路；十、僞置官屬等。這明顯是根據鄭惟憭的申訴來判定的。㉞換言之，鄭惟憭的來華，使世宗出兵的理由更見充份。不過，出兵的原因已從責其不入貢，轉移至扶黎討莫的「興滅繼絕」之觀念上。他認爲莫登庸罪惡顯著，因此，出兵安南的心更爲堅定。明世宗隨即下令起用胡璉、高公韶總督糧餉；管官、江桓、牛桓爲副總兵；楊鼎、田茂、孫維、武高誼充參將；樊泰、蕭鼎、湯慶、陳偉充遊擊將軍，並命戶部詳細擬定糧餉的調度及令兵部擬具進軍等事宜。又令前往勘查安南久不入貢的使者陶鳳儀等回京，命咸寧侯仇鸞爲總兵官，毛伯溫參贊軍務。㉟高級將領的調動，就在這個月內準備就緒。

明世宗征伐安南的急迫感，除了以上所說的因素外，是否也受著那位在嘉靖十四年（1535）六月，被降職爲廣東欽州知州的原大理寺丞林希元所影響呢？㊱本來中央官員貶謫邊疆，自古以來都是尋常事，但是，這位「平生有安南之志」的讀書人，㊲被貶到欽州後，眞的要施展他的平生之志了。林希元在一篇名爲〈陳愚見贊廟謨以討安南疏〉的奏疏中，大力主張對安南用兵，提出了「安南當討者三，當取者二，可取者四」的說法。他認爲如今安南鷸蚌之勢，對中國有利，是千載一時，良辰不再的機會。㊳可見，林希元對於安南曾是中國郡縣的情意結，是濃得化不開的。世宗用兵安南的決定，竟然得到這位被貶官萬里的邊臣支持，當然會感到十分興奮的了。

不過，並不是所有朝臣都支持明世宗用兵安南的，反對的聲音接踵而來。嘉靖十六年（1537）四月，兵部左侍郎潘珍上疏指出，現今北方的蒙古人「聯帳萬里，烽警屢報，自春迄今，月無虛日，而我士伍不充，芻糧耗匱，隱憂積患，各邊同然。顧乃釋門庭之防，忽眉睫之害，殫竭中國之力，以遠事瘴島，非計之得也。」他建議停止遣將調兵及運糧，只須派有才望的文武大臣兩名，駐防在中、越邊境上，操練兵馬等，以壯黎寧聲威，不必用兵亦可成功。㊴其時，世宗皇帝用兵安南的意志頗爲堅定，記得去

年閏十二月，戶部左侍郎唐冑上疏反對用兵，世宗也沒有對他採取什麼行動。但是，潘珍這次的直言，却被世宗斥爲不諳事體，惑亂人心而被褫奪官職。他的族子提督兩廣軍務兵部左侍郎潘旦亦上奏指出，安南之事「律以中國之法，皆非所宜。」應該戒嚴以觀其變，等待安南局勢安定後再論其入貢。但是，禮部尙書嚴嵩、兵部尙書張瓚等認爲潘旦的意見，有失「「興滅繼絕之仁，誅殘去暴之義。」主張繼續採取軍事行動。⑩可見，當時禮、兵二部都附和著世宗的想法。結果，不到一個月的時間，潘旦被調回南京，改以山東巡撫蔡經提督兩廣軍務。⑪

嘉靖十六年（1537）五月九日，毛伯溫到達北京，等候出征安南。他條陳「議處安南六事」曰：正名、用兵、用人、理財、明賞罰、一事體等六大原則。他的建議得到明世宗的賞識，認爲「具見經略」。而兵部亦支持毛伯溫的意見說：「用兵進止，悉聽便宜。除兩廣、雲南總兵總督有事計議而行，其餘副參以下及撫鎮三司等官，俱聽節制。」明顯的，那時候兵部與世宗皇帝並沒有停止征討安南的想法，但是《明世宗實錄》竟記載了世宗停征安南的批示說：「近據黎寧奏稱，莫登庸篡逆，阻絕朝貢，未審眞僞，且令地方官員，從宜撫勦。」又令毛伯溫「在院管事，督餉紀功等官，俱暫停止。」⑫

這種突然的擧措，令人摸不著事件的來龍去脈，《明史》以「帝意忽中變」來形容箇中不明白的道理。⑬日人大澤一雄認爲世宗皇帝的「中變」，是因毛伯溫在「議處安南六事」中提及，若莫登庸投降，便待以不死的論調所促成。⑭事實上，「帝意忽中變」並不是忽然地改變，而是經過愼重的考慮才作出抉擇的。《明世宗實錄》的編者，將世宗這段停止征討安南的批示放入五月丁亥日（九日），使到整段文意跳躍而矛盾，《越嶠書》則將世宗的批示放在兵部武定侯郭勛的奏疏後。這篇奏疏《明世宗實錄》不載，但這是一篇十分重要的文章。在這篇文章裏，郭勛一改從前支持出兵安南的態度，用較爲婉轉而愼重的語氣說：「兵戎乃臣職務，少有知識，豈忍緘默。」然後指出兩廣、雲南的衛所官兵，只能夠防守，必須調動廣西、四川、湖廣、雲貴等四省的狼兵、土兵、勾刀手等才有實力攻打安南，但四省相去千里，不能即時徵集足夠的兵數。又從財用、得人、時日等方面申論征安南的困難，請世宗敕諭禮、兵二部會同廷臣從詳計議。換言之，郭勛是希望世宗重新考慮征討安南的決定。結果，世宗忽然中斷征討安南的計劃，只是命地方官員採取適當的撫勦行動。⑮

郭勛一改支持出兵的態度，是因爲他對征討安南所面對的困難有了進一步的了解。他的論據，基本來自廉州府知府張岳所奏上的〈論征安南疏〉。相信張岳這篇奏疏，在六月初已爲禮、兵、戶部等大臣參閱。他表明上疏的目的是恐防某些「生事樂禍之臣，」「迎合附會，謀動兵戈。」這是直指欽州知州林希元對安南的野心。他對於用兵安南，提出六種「不可」的理由。他認爲，一、勞師萬里，爲夷狄定位，不是長久的政策。二、乘人之危，取人之國，義者不爲。三、萬一戰敗，誰背負喪權辱國的責任呢？四、現時兩廣困弊，猺獞集結，官軍僅足以守備。而狼兵、土官、勾刀手等連年征調，內懷讎怨。另一方面，安南天氣暑濕，易生疾病，萬一師老財匱，猺獞乘虛而起，兩廣即時會動亂四起。五、梧州的軍餉，儲積不多，如果四十萬大軍屯食兩廣，糧餉如何籌措？六、如今天下承平日久，人不知兵，兵不習戰，將帥都是些膏粱子弟，又缺乏作戰的經驗，那些談用兵的人，都是掇拾古人糟粕，沒有眞才實學，以他們來舉大事，必定失敗。㊻

張岳這篇奏疏，得到郭勛的支持，對世宗停止征討安南起了積極的作用。嘉靖十六年（1537）六月二十一日，本來要隨軍出征，以備總兵官諮詢的黎寧使者鄭惟憭，被遣送回國。㊼這應該是停止征討安南後的安排，因爲鄭惟憭留在中國的作用已經不大。可見，當時世宗似沒有再用兵的心了。可以肯定的說，世宗停止征討安南的決定最遲在六月中作出，㊽但在五月的時候，他仍未有放棄用兵的想法。五月二十七日，湖廣道監察御史徐九皋應詔陳說，雲南、兩廣糧草缺乏，東南地方又遭水旱，請暫緩征討安南；給事中謝廷萑亦有暫緩出征安南的論調，結果兩人都因疏本內有訛字，而被奪俸二個月。㊾這期間，御史余光亦上疏認爲，今次用兵安南過於倉卒，恐怕「師寡且老，糧盡不繼，其害不可勝言。」又說「郡縣其地，以華治夷，終難於守。」㊿這些言論當時並未動搖世宗用兵安南的野心，但是反對意見如此的多，使他不得不謹愼加以考慮。所以，當張岳、郭勛的奏疏一上，世宗隨即作出停征安南的決定。

可惜，兩個月之後，即嘉靖十六年（1537）八月八日，明世宗又重新下令照原定計劃征討安南。原來雲南巡撫都御史汪文盛擒獲莫登庸的間諜及所撰〈大誥〉，世宗認爲莫登庸「僭擬背叛，罪在不赦。」[51]是時，汪文盛頗有進攻安南的野心。他聯結黎氏舊臣武文淵，向朝廷獻上進兵地圖，說武文淵有兵萬人，願爲先鋒嚮導，領兵進勦，並强調必可打敗莫登庸。[52]當時，汪文盛作戰準備頗爲積極。他在雲南與安南之間的水陸要道蓮花

灘上布防；增添設備，搬運糧米，打造船隻，整理器械，挖掘戰壕等作為進攻的大本營。他不但與武文淵等安南人結盟，又徵調老撾、車里、八百等宣慰司以及孟艮等處土舍的慣戰夷兵和象馬，聯軍進攻安南。[53]由於雲南地方官員的積極態度，再次燃燒起世宗征討安南的心。不過，世宗下令照原定計劃征討安南，還應與廣東欽州知州林希元的大力倡議有關。

當時，林希元便曾差人赴京，奏陳「取交（安南）之策」。[54]其實，宋、元以來，自認有雄才大略的中國皇帝，也不容易解開安南脫離中國獨立這個情意結。當世宗皇帝看到林希元的奏疏時，便感慨地說：「我謂海內無豪傑，今尚有乎！」隨即向內閣大臣夏言等表示決意出兵。閣臣見世宗意志堅決，只有唯唯諾諾。郭勛私下丟一冷語說：「那一塊地，雖得他，何用？」張瓚曾指著林希元的小吏說：「你們老爺事成了，你欽州有若干錢銀與吏酒飯。」[55]可見，他們對林希元積極倡議用兵安南是很不滿的。那時，用兵安南的意念，已從「興滅繼絕」轉移到取回這一塊地了。

事實上，不但中央閣臣對林希元不滿，地方官員對他的倡議亦極反感。那位廉州知府張岳就曾寫信給林希元，直斥其非的說：「此事關天下利害，其行其止，非由吾兄一人。」又說：「欽州非用武之地，尊相無封侯之骨。」[56]張岳曾勸他在「論孟故紙中，尋箇安身立命處，」不要以馬伏波事業為志願。[57]他上奏指責林希元為功名所蔽，不明客觀形勢的轉變，「專講取交之策」，誤導國家。並向世宗表明用兵安南，沒有取勝的把握。[58]而巡按廣東御史余光，也清楚地指出，莫登庸完全控制安南，並不如在京時所聽說的三支互爭，形同鷸蚌，可收漁人之利的形勢。所以，他認為不應出兵。可是，明世宗與林希元一樣，都有安南之志。又怎能聽進這些意見呢？結果，余光因「比擬不倫」被罰停俸一年。[59]這時，征討安南的決定明顯地含有侵略的意圖。

最遲在嘉靖十六年八月八日，世宗便再度下令征討安南。那年的下半年，似是策劃調兵運糧征討安南的時刻。[60]到了嘉靖十七年（1538），雲南對出兵安南的態度有很大的轉變。三月二十四日，黔國公沐朝輔及巡撫雲南都御史汪文盛等，奏請寬免莫方瀛，承認莫氏藩臣地位，並請從蓮花灘撤回駐防官軍。[61]汪文盛本是主張對安南用兵的，為什麼願意接受莫氏的投降？林希元曾指責他「一得當路之旨，遂爾退縮，」不敢再談用兵的事。[62]原來，自從出兵的消息傳至安南後，莫登庸便積極部署以應付中國的軍事干涉。他首先出兵打敗與雲南結盟的安南人武文淵，然後以三萬大軍攻

打黎寧，將黎寧迫至老撾境附近。汪文盛恐怕莫登庸突入雲南，隨即調動老撾、車里、元江府等地土兵七萬五千名，戰象五百隻以作防禦。[63]雲南不但在邊防上備受安南的壓力，在境內，亦因爲轉餉征討安南，引致人民羣起在軍門外鼓譟示威。[64]沐朝輔、汪文盛等在內外壓力下，改變了征安南的立場，接受莫氏的降附及承認莫氏政權存在的事實。

不過，沐朝輔的建議被朝廷拒絕了，認爲是莫登庸緩兵之計。兵部在三月二十八得到世宗的同意，推舉咸寧侯仇鸞爲總兵官，毛伯溫參贊軍務，前赴兩廣統率征安南大軍。[65]同年四月初四日，征討安南的形勢有了新的變化，提督兩廣軍務兵部右侍郎蔡經，奏上了一份十分詳盡而務實的有關征討安南的報告。他指出，如果出兵三十萬員來計算，以一年爲期，合用糧餉一百六十二萬石；造舟買馬等用銀七十三萬餘兩，現在竭盡兩廣的儲備尚欠兵一十七萬員，米一百二十萬石，銀三十四萬一千兩。假如不能在一年內將安南征服，那麼兵源和糧餉的支援，便成爲很大的問題。他認爲，在這情況下進兵安南，顯得過於輕率，也不合時機。他建議，先行承認黎寧爲安南國王的地位，然後以「興滅繼絕」激勵人心，那麼才能裏應外合，打敗莫登庸。[66]

蔡經顯然認識到，如果爲了將安南再次納入中國版圖而用兵，代價是十分沉重的。那時候，中央用兵安南的決心似是不能逆轉的了，他爲了減輕兩廣地方的負擔，所以建議爲黎寧正名，使莫登庸內部加速分化，待兵糧充分準備後，才以「興滅繼絕」之師進攻安南。可見，當時兩廣的高級軍事官員對於用兵安南的看法，跟雲南方面是很不同的。不過，無論是沐朝輔還是蔡經，都不能切合世宗的心意，只有林希元最能與他相通。林希元守在欽州，當然洞悉蔡經等人的觀點。他在一篇名爲〈走報夷情急處兵以討安南疏〉中指出，現時黎莫相殺，是進攻安南的良機。他駁斥那些以中國財力不足爲疑的人，認爲攻取安南用兵不過二十萬員，二年的軍費；銀一百六十萬兩，糧四百萬石。他坦率地對世宗說：「安南一塊之土，終無獨立之理，其勢必折入中國。」[67]林希元的目標十分明確，也與世宗的立場一致，可惜他只是一名小官。

明世宗對於邊疆地方官員的不協調現象，相信會感到十分苦惱。他當然希望邊臣們都能了解他用兵安南的心意，更重要的是要得到兵部的全力支持。四月初六日，他將三方面的意見交回兵部武定侯郭勛、尚書張瓚等再開會討論。結果，兵部只就進軍時應注意的事項逐一羅列，對於用兵安

南的終極目的，沒有表態支持。可見，兵部是用較消極的方法，反對出兵安南。四月十五日，世宗十分不滿的指責兵部不能作出明確的決定，又宣布撤消征討安南的計劃。他說：「安南此事，識體達道者則見得分曉。朕聞卿士大夫私相作論，謂不必整理他（安南），你部裏二三次會議，也不見力主何處為正。既都不協心國事，且罷。仇鸞、毛（伯溫）著在京別用。」⑥⑧世宗「罷征安南」的決定，表現得十分意氣和不滿。自嘉靖十五年迄今，整整一年半時間，他從來沒有明確的向朝臣表示，要兼併安南的意向。他希望利用林希元的倡議，使朝臣明白他的心意，從而表態支持他出兵安南。可是，朝廷的中央大臣，並不想發動對安南的戰爭。結果，明世宗兼併安南的意圖，一再受到挫折。

五、莫登庸來降與秘密外交

明世宗「罷征安南」後，隨即任命毛伯溫協管都察院，及巡撫順天府。他似乎放棄對安南用兵了。可是，在嘉靖十八年（1539）二月初二日，世宗忽然起用禮部尚書黃綰、學士張治等出使安南，宣諭冊立皇太子的事。⑥⑨這次遣使的目的，顯然是想偵察安南的實情。⑦⑩那時候，相信明世宗已經收到有關莫登庸父子再次請降的消息。二月十四日，安南莫方瀛的降表經鎮南關送抵朝廷。降表中開陳安南國土地人民實數，並「伏望天朝處分」。⑦①從降表的內容及語氣來看，莫方瀛的態度較去年有了很大的轉變。

去年莫方瀛遞與雲南的降表中，提及地圖戶籍時，他竟說「本國所屬地理，具在《大明一統志》內，不必圖獻。」⑦②可見，當時莫登庸父子的態度，是十分倔強的。兵部武定侯郭勛就曾經批評莫方瀛「立心不善，意欲求封。」⑦③那麼，為什麼現在又願意聽候明朝「處分」呢？原來在事件的背後，有著連串的外交活動。這些與莫氏的外交接觸，顯然不是朝廷授意，而是私底下進行的。秘密外交的主要人物，是提督兩廣軍務蔡經、廉州府知府張岳及廣西副使翁萬達等三人。

由於蔡經和張岳都不贊成對安南用兵，所以兩人很早便商量如何調解中、越之間的衝突。事實上，當蔡經在嘉靖十六年中，調任兩廣提督軍務時，張岳便向他陳說「用兵之害」。蔡經反問張岳能否保證不用兵而令莫登庸投降，否則難「以塞明詔」。當時張岳曾保證：「欲降之，必令納地，令貶號，且令匍伏詣關獻國中圖籍，聽上處分。」自那時起，蔡經便將這

個重任交給張岳，而張岳亦展開與莫氏的秘密外交接觸。[74]

嘉靖十七年三月三十日，張岳收到莫方瀛的奏本後，便寫信與蔡經討論。他指責莫方瀛雖然在奏本加上「臣父子已甘有罪」一言，但是辭氣「似尚倔強，未肯輸服。」他認爲，必定要令莫方瀛父子「深自悔罪，言黎家無人，暫爲天朝護守印信，不敢專有土地，謹以國中圖籍，獻之朝廷。且乞恩願世爲藩臣，入貢不絕。」[75]那麼，才能使明世宗心氣平和，不堅持用兵，體面地承認莫氏政權的事實。張岳與蔡經的討論，其實也是張岳與莫登庸秘密談判的內容。他暗示莫登庸父子應如何應付來自朝廷的「興師問罪」，教他多做點外交工夫，取悅明世宗及中央官員。那時候，張、蔡二人的態度與雲南沐朝輔等人的看法趨於一致；就是將黎寧踢開，承認莫氏政權，才能避免這場戰爭。不過，張岳想得更爲透徹，認爲莫登庸父子若不誠心向明世宗請罪，不能改變世宗用兵安南的心態。[76]

張岳恐莫登庸傲慢不恭，所以知會林希元，若在欽州操練兵馬時，首先要「大聲勢揚出，使賊（莫登庸）聞吾用兵而莫測。」[77]目的是威脅莫登庸，迫使他誠心誠意的向中國投降。張岳曾經諭令莫方瀛將奏本，先另具「揭貼」呈他查閱，看看是否眞的「輸情伏罪，乞哀丐命」，才代他將奏本轉達朝廷。[78]一般來說，外夷的奏本都已「印封」，邊臣無權拆看，張岳的做法顯然是不依常規辦事。當時，莫登庸父子對中國心存警惕，對張岳也不完全信任。因此，秘密外交的進展，並不理想。

及至嘉靖十七年四月十五日，朝廷頒令「罷征安南」，張岳的反應是世宗皇帝「決不肯如是罷了」，認爲戰爭仍會一觸即發。所以，他仍然與莫登庸保持秘密的外交接觸。他曾向蔡經建議：只從邊界撤回打手、殺手、土兵，而官軍仍留在地方，不時又發一兩班官軍增援，用以威嚇莫氏父子，迫他就範。張岳亦曾就朝廷「罷征」的問題警告莫方瀛，指責他「前次揭帖，未見納地請罪之意，於理不當接納。汝可回去思省停當，遵照舊規，在憑祥伺候，如此則義正理順。」否則，兩廣不能合理回覆朝廷，只有整飭兵馬，支持朝廷征討安南的建議了。[79]經過大半年的秘密外交談判，莫氏父子終於接受張岳的建議，在嘉靖十八年二月十四日正式向中國遞交降表，列明土地戶籍的實數，請中國處分。張岳也許因爲打破中、越兩國的外交僵局而爲明世宗賞識，早在嘉靖十七年的八月調陞爲浙江按察司副使。

前文提及明世宗在嘉靖十八年二月二日，任命黃綰出使安南的事。從世宗答允黃綰的請求，授權他節制兩廣、雲南兩地的大小官員來看，他此

行顯然是身負重責的了。他又請求內閣將安南歷年受封紀錄，編成一帙以備應對；並請挑選兩名有才識而不阿黨的官員隨同前往。這些請求，明世宗都一一答允。[80]可見，黃綰這次出使安南，除了查勘莫登庸父子是否眞誠投降外，也許還爲了承認莫氏政權而做好預備工作。可是黃綰這個人過於謹小愼微，再提出了黎寧與莫登庸的眞僞問題。[81]

本來，明世宗對於用兵安南已經是意興闌珊，張岳的安排似乎是最有體面的一著。黃綰竟又提出這個兩難問題，所以同年的七月，當黃綰爲他的父母請贈時，明世宗便指他「多端請辭，畏縮闒茸」，把他的官罷了。世宗更就安南事件，痛斥大臣一番，命令兵部立即會議決定如何處理。[82]八月，廷議有了結論；認爲莫登庸父子「願以土地人民，悉聽天朝處分」，似亦值得同情。並提出了「治以不治，王者之師」的說法。但是，恐防莫氏父子不是誠心投降，有意欺詭朝廷，因而建議再遣仇鸞、毛伯溫南征。不過，廷議清楚指出；這次出師，只是迫使莫氏父子「束身」投降，「其餘一切不問」。[83]換言之，不談黎寧的「興滅繼絕」問題，也不討論林希元「郡縣其地」的想法。事實上，今次派遣仇鸞、毛伯溫率兵南下，很大程度是滿足明世宗幾年來出兵安南的願望。

這次南征安南，也引起朝臣不同的回響。曾經在正德時出使安南的南京兵部尚書湛若水認爲，莫氏若眞的「悔罪」，便應迎接黎氏恢復舊位，朝廷不應因莫氏「卑詞」請罪，便承認他的合法地位。[84]那位對西南夷甚有認識的田汝成說：「征之，不若棄絕之」。他進一步指出，安南的賦稅不入中國庫房，其用人行政亦不受中國專制。因此，安南的禍福興廢，不是中國所能追究的。[85]可見，他根本反對中國干涉安南的內政。不過，一直認爲安南無獨立之理的林希元，仍然堅持用兵的觀點。他在〈條上征南方略疏〉中強調，如果取得安南並不難守。只需要在龍編（河內）置一鎮撫官，兩廣兼制諒山、海陽，雲南兼制光明（宣江）；安南便「如澤中之羊，隨發即撲。」[86]

那時候，明世宗知道用兵安南的事，得不到朝臣的全力支持，所以，他只希望能夠體面地化解與莫氏政權的矛盾。但是，林希元並不心息。他指莫方瀛的來降，不過是「緩我之師，要我之封爵，以定其位。」他透露在嘉靖十七年六月的時候，莫方瀛伏兵烏雷地區，殺死中國官軍六名，虜去一艘戰船，更甚的是「斥吾中國爲化外」。他認爲仇鸞、毛伯溫南下查勘，也不能得知實情，因爲兩廣、雲南的邊臣都爲莫氏請降。不過，林希

元也認識到，用兵安南已是不可能的事了。所以，他退而求其次的建議，如果莫氏真心請降，便應接受下列四項處分：一、還我四峒（嶄溧、古森、了葛、金勒）侵地；二、使黎寧不失其位；三、使黎氏舊臣如鄭惟僚、武文淵皆有爵土；四、奉正朔，革去年號，不得仍前背叛。[87]顯然，林希元是想乘著莫氏投降的機會，「舉其國而九分之」，以防止安南再次坐大，威脅中國南疆的安全。可是，林希元的建議根本是不切實際的，要使「黎寧不失其位」，除非是對莫氏採取軍事行動。但那時明世宗，已不願再因黎寧的事而苦惱。他看完林希元的奏疏後批說：「安南事已簡命文武重臣往議，諸臣勿復妄言。」[88]

明嘉靖十八年（1539）九月，莫方瀛親征反叛者阮仁連，途中得病退回河內，十一月底莫方瀛病逝，他的長子福海繼位。這一年的十一月，雲南方面已知會莫方瀛有關朝廷派遣大臣南下勘查的事，並促他具備降表、土地人民實數及頭目結狀，親身赴中國邊營投遞。[89]嘉靖十九年（1540）的春天，毛伯溫、仇鸞等抵達廣州後，會同兩廣官員商議調集兵糧的事。隨即檄諭安南人民，說明中國今次出兵是來「興滅繼絕」，如果有人「能擒斬莫登庸、莫方瀛父子者，賞銀二萬両……願以一州一府歸附者，即以其州府與之，仍賞銀一千両。」[90]毛伯溫似是要擾亂莫氏的軍心吧。是時，原廣西副使翁萬達調陞為浙江右參政，蔡經認為萬達熟識安南國情，奏請留他在廣西，處理安南的事。[91]事實上，翁萬達與蔡經、張岳等早已有了共識，就是接受莫氏的投降。他留下來，對毛伯溫處理安南的決策加強了影響力。

嘉靖十九年的上半年，中、越關係仍然處於緊張的狀態。由於明朝的態度搖擺不定；一會兒罷征，一會兒遣使撫諭，一會兒又派遣中央大臣齊集兵馬壓境勘問，使得莫登庸極為惶恐不安。[92]他要應付來自雲南、廣西、廣東三地的檄問，但又不知誰是主力。他懼怕好戰的林希元向他突襲，可是，他最信任的中國官員張岳則已經調離廣東。他不知道與張岳的協議是否仍然有效，更不知道中國是否想扶植黎寧，令他最傷感的當然是莫方瀛的去世。莫登庸除了應付來自中國的壓力外，更要面對黎寧的復國勢力。他面對眼前種種錯縱複雜而又不明朗的形勢，也不知如何去處理。這便是為什麼莫登庸會「首鼠兩端」[93]，不立即「束身待罪」向中國投降的原因。

毛伯溫為了迫使莫登庸盡快投降，開始調整對付莫登庸的策略。嘉靖十九年六月二十八日，他一方面奏請徵集兩廣官軍及土兵共十一萬一千人，

並請從湖廣、福建等地徵調土兵及海兵等，目的是加強軍事上的壓力，迫使莫登庸就範；另方面，奏請將張岳調回廣東。目的是借助張岳的聲望，勸莫登庸及早降服。[94]換言之，他與蔡經、翁萬達和張岳在處理安南的問題上，取得一致的看法。那時，翁萬達提出對付安南的三大策略：一、揖讓而告成功，上策；懾之以不敢不從，中策；芟夷絕滅，終爲下策。[95]他們既然都不贊成對安南用兵，下策顯然是不適宜的；上策也因爲莫登庸抱著狐疑的態度而未能成功；中策是唯一的途徑了。

爲了成功地誘使莫登庸的來降，減少他的疑慮，毛伯溫等人確實做了很多妥協性的工作。首先，他下令與莫氏的文書往來全由廣西憑祥的鎮南關處理，雲南、廣東派員駐在憑祥，兩地不得私自檄問。[96]他將那位堅持攻打安南的林希元調往福建等地募兵，一方面可以減少莫登庸心理上的疑惑；一方面避免林希元阻礙納降的工作。[97]翁萬達更向毛伯溫提議「今宜勿獨以一黎寧爲辭」[98]，否則難以取信於莫氏。那時，翁萬達、張岳兩人正積極的展開與莫登庸的秘密接觸。是時，與毛伯溫一同南下的總兵官咸寧侯仇鸞，在嘉靖十九年九月二十一日因與鎮守安遠侯柳珣不和，忽然被明世宗敕令回京。他的空缺由柳珣取代。[99]原來在八月的時候，莫登庸計劃到鎮南關投降，但是，仇鸞竟命令部下王政、黃浩等從欽州潛入安南，索賄黃金二千両，才准來降。翁萬達揭發了仇鸞的不法行爲，明世宗亦借意將仇鸞調走，以免防礙毛伯溫的納降政策。[100]

同年九月，翁萬達爲了加強談判的籌碼，促毛伯溫以大軍壓境，迫使莫登庸接受中國開列的條件。[101]毛伯溫亦親至南寧督軍，大軍分三路壓境。一、正兵從廣西的憑祥、龍州、思寧進，共六萬八千名；二、奇兵從廣西的歸順、廣東的欽州、烏雷（海哨）進，共四萬二千名，又中軍營務管領共五千一百二十七名；三、雲南兵從蓮花灘進，共四萬二十名，及武文淵士兵共六萬三十名。三路大軍的總兵數共二十一萬五千多人。其實，當時的所謂三路大軍並未齊集，毛伯溫只是製造「必征」的形勢，用來恐嚇莫登庸。[102]是時，安南亦進入戒備狀態，而莫登庸當時的兵力約二十萬，他並揚言由海道襲擊廣東。[103]不過，他不是眞的要對抗中國的干涉，他知道這是不可爲的事。他只是虛張聲勢加強與翁萬達協商，尋求一個雙方都能夠接受的和議。

同年的十月十三日，莫登庸基本上接受了翁萬達所提的條件，即「毋求封、毋求貢、束身請罪、歸地納印、去僭號、奉正朔」[104]，且答應親到

中國境上投降，但是，對於「割地黎寧一節，執辭頗堅，難以開諭。」⑩
毛伯溫雖然同意蔡經等人承認莫登庸統治安南大部分地區的事實，但他也
希望爲黎氏盡點宗主國的義務；就是將清化以南的地方劃歸黎寧管轄，使
黎氏如林希元所說「不失其位」，那便可兩全其美了。可是，莫登庸對於
有關黎寧的事，一點不退讓。翁萬達認爲不必因黎寧的事誤了與莫登庸取
得的協議，結果，毛伯溫放棄了黎寧，接受了這個安排。

　十月中旬，莫登庸離開國都前赴中國。不過，他不是直走廣西鎮南關，
而是先到欽州防城投降。其實，莫登庸的目的是加強永安州的部署，以
防備林希元突然發難，襲擊他的根據地海陽都齋。事實上，林希元確曾有
這個想法。莫登庸先到欽州的事，引起坐鎮在鎮南關，預備受降的毛伯溫、
蔡經等人的不滿，認爲林希元有意阻撓莫氏投降，結果，林希元因此事被
彈劾而罷官。⑩

　明嘉靖十九年（1540）十一月三日，莫登庸「素衣繫組」率侄兒莫文
明及頭目、耆老等親到鎮南關投降。毛伯溫向明世宗奏稱：「（莫登庸）
願去僭號，奉正朔，歸欽州之四峒之地。」並請「內屬稱藩，歲領大明一統
曆書，刊報國中。」⑩可見，毛伯溫是爲莫登庸開脫篡奪的罪。他認爲，
永樂時黎利叛亂，都能得到寬恕，莫登庸的罪似亦應減輕。關於黎寧的身
分，他說：「據諸司查勘蹤跡，委的難明。」⑩很明顯，毛伯溫是向明世
宗暗示，不必再追究黎寧的問題。因爲他十分明白在黎寧的問題上，莫登
庸是一點也不會退讓的，若世宗下令徹查，那麼幾經艱苦與莫氏達成的秘
密協議，便會毀於一旦。⑩

　明嘉靖二十年（1541）四月四日，明世宗正式接受莫登庸的投降，改
安南爲都統使司，以莫登庸爲都統使，允許莫氏子孫世襲。其實，安南仍
自成一獨立的國家，不受中國的管轄。至於黎寧，世宗也不加以追究了。⑩
同年八月初九日，莫登庸還未受都統之職，便因爲「感冒嵐瘴」而病逝。
嫡孫莫福海遲至嘉靖二十一年（1542）十二月十五日，才正式承襲都統使
之職。⑪自是，中國與莫氏維持著友好的關係，中國也不再介入黎、莫二
氏的紛爭。及至明萬曆年間，安南都統使莫茂洽被黎氏後人維潭攻殺，莫
氏求中國出兵，而黎維潭控制安南後亦向中國「叩關請通貢」。明朝制定
了所謂「不拒黎不棄莫」的政策，將莫氏後人分別安插在高平、海東、安
樂等地；並在萬曆二十五年（1597），正式授黎維潭爲安南都統使。⑫可
是，黎、莫二氏的爭戰直至明末清初仍沒有停止。

17

六、結　語

　　明嘉靖年間中、越兩國的緊張關係，總算和平地渡過了。這究竟是嘉靖皇帝軟弱的結果，還是地方官員發揮了強有力的制衡作用呢？也許這次事件能夠反映出明世宗是一個講求實際的人。明朝中國爲了尋求與莫登庸的妥協，不惜犧牲對黎寧的道義責任；爲了表現天朝的威信，硬要將安南國王的名號改爲都統使，以滿足「率土之濱，莫非王臣」的「阿Q精神」。黃仁宇先生談及古代中國的官僚政治的特點時說：「有時自知至善至美事實不可能，寧可在實質上打折扣，表面文章絕不放棄，甚至以儀禮代替行政。」⑬這一段歷史正好爲黃先生的說話作一註脚呢。

注釋：

①呂本，《明太祖寶訓》（中央研究院歷史語言研究所校印本，民國56年），卷6，總頁487；茅瑞徵，《皇明象胥錄》（台灣商務印書館，《四部叢刊廣編》，第17册，民國70年），目錄。

②詳參拙文《明洪武宣德年間中越關係研究》（香港新亞研究所博士學位論文，民國80年，未出版）

③大澤一雄先生這篇文章連續發表在《史學》，第38卷，第2號，第3號（1965）及第39卷，第2號（1966）；其後又加以改寫爲〈黎朝中期の明・清との關係係（1527－1682）〉收入在山本達郎先生主編的《ベトナム中國關係史》（（山川出版社，1975）。

④詳參《明洪武宣德年間中越關係研究》，頁131－136。

⑤張鏡心，《馭交紀》（商務印書館，叢書集成初編，民國24年），卷8，頁109。

⑥陳荆和編校，《大越史記全書》（東京大學東洋文化研究所，東洋文獻センター叢刊，第44輯，昭和60年），中册，〈本紀〉，卷12，頁639。

⑦《馭交紀》，卷8，頁109－110。

⑧前揭書，頁110。

⑨《大越史記全書》，中册，〈本紀〉，卷14，頁780。

⑩前揭書，卷14，頁784。

⑪前揭書，卷15，頁835。案：莫登庸的先祖莫挺之爲陳朝狀元，官至左僕射。其太祖父莫遠在永樂時降附明軍，爲張輔的嚮導，協助擒獲黎季犛父子，官至交阯布政司右參政。不過，明人訛傳莫登庸本廣州東莞縣蛋民，其父流寓安南海陽路宜陽縣古齋社。（見李文鳳《越嶠書》（手抄本），卷7，頁12)

⑫《大越史記全書》，中册，〈本紀〉，卷15，頁794。

⑬前揭書，卷15，頁800；803。

⑭前揭書，卷15，頁809－813。

⑮前揭書，卷15，頁815－816。

⑯前揭書，卷15，頁821。

⑰前揭書，卷15，頁826。

⑱前揭書，卷15，頁834－835；838；841。

⑲張廷玉，《明史》（北京中華書局，1984年），卷321，頁8330；《馭交紀》，
　　卷9，頁117。

⑳《大越史記全書》，中冊，〈本紀〉，卷15，頁825－826。

㉑《馭交紀》，卷9，頁117記謂：「三年（1524），春四月，登庸假穗名，
　　差阮光論來貢，並求封。抵鎮南關，左江道僉事楊鳳阻之。」案：是時，登
　　庸應是以黎椿之名求封，椿即登庸所立的黎恭帝。（參李文鳳，《越嶠書》，
　　卷6，頁21－22）又「四年（1525）……八月，譓（黎昭宗）遣頭目者人阮拔萃
　　等來奏，請兵救援，左江道復阻，還。」（見《馭交紀》，卷9，頁117）

㉒嚴從簡，《殊域周咨錄》（民國19年5月，故宮博物館圖書館印行），卷6，
　　〈安南〉，頁2－3；並見談遷，《國榷》（北京中華書局，1988年），卷
　　53，〈世宗嘉靖三年〉，頁3315。

㉓《越嶠書》，卷6，頁22；《馭交紀》，卷9，頁117；《明史》，〈安南
　　傳〉，卷321，頁8330。

㉔《越嶠書》，卷6，頁23。

㉕同前註。

㉖張溶，《明世宗實錄》（中央研究院歷史語言研究所校印本，民國54年），
　　卷180，總頁3853，〈嘉靖十四年十月乙未〉條。

㉗前揭書，卷192，總頁4066，〈嘉靖十五年十月壬子〉條。

㉘前揭書，卷193，總頁4071，〈嘉靖十五年十一月乙卯〉條。

㉙前揭書，卷193，總頁4080－4081，〈嘉靖十五年十一月乙丑〉條；《越嶠
　　書》，卷12，頁4－5。

㉚前揭書，卷193，總頁4083－4084，〈嘉靖十五年十一月丙子〉條；《越嶠
　　書》，卷12，頁6－8。

㉛前揭書，卷195，總頁4115－4117，〈嘉靖十五年閏十二月壬子〉條；《越
　　嶠書》，卷12，頁17－21。

㉜《馭交紀》，卷9，頁118－119。

㉝《明世宗實錄》，卷196，總頁4149，〈嘉靖十六年一月癸卯〉條。

㉞前揭書，卷197，總頁4156，〈嘉靖十六年二月壬子〉條；卷199，總頁
　　4177－4178，〈嘉靖十六年四月庚申〉條；《越嶠書》，卷12，頁8－17。

㉟前揭書，卷 199，總頁4179－4182，〈嘉靖十六年四月庚申；辛酉〉條；
《馭交紀》，卷 9，頁119。

㊱前揭書，卷 176，總頁3804－3805，〈嘉靖十四年六月己亥〉條。

㊲林希元，《林次崖集》（台北，國聯圖書出版社，據平露堂刊本《皇朝經世
文編》影印，第十一冊，民國53年），卷 4，〈安南成功乞查補罪以全臣節
揭帖〉，頁11。

㊳前揭書，卷 3，頁15－22。

㊴《明世宗實錄》，卷 199，總頁4182，〈嘉靖十六年四月辛酉〉條。

㊵前揭書，卷 199，總頁4186－4188，〈嘉靖十六年四月丁卯〉條。

㊶潘旦的調職，應與掌管征討安南軍務的右都御史毛伯溫不和有關。他在嘉靖十
五年（1536）十一月受命爲兵部左侍郞，兼右副都御史提督兩廣軍務，當他
南下廣東路經毛伯溫故里時，曾警告毛伯溫說：「安南非門庭寇，公宜以終
喪辭。往來之間，少緩師期。俟其聞命求款因撫之，可百全也。」所以，當
毛伯溫在嘉靖十六年五月到京後，便提議撤換潘旦。（見《明史》，卷203，
頁5360－5361）

㊷《明世宗實錄》，卷 200，總頁4194－4197，〈嘉靖十六年五月丁亥〉條。

㊸《明史》，卷321，頁8332。

㊹大澤一雄，〈十六・七世紀における中國・ヴエトナム交涉史に關する研究〉
〔三〕，《史學》（第39卷，第 2 號，1966年），頁60－63。

㊺《越嶠書》，卷12，頁23－25。

㊻張岳，《小山類稿》（台灣商務印書館，據《文淵閣四庫全書》影印，第1272
冊，民國75年），卷 1，頁290－292；《馭交紀》，卷 9，頁120－121。

㊼《明世宗實錄》，卷201，總頁4221，〈嘉靖十六年六月戊辰〉條；卷199，
總頁4178，〈嘉靖十六年四月庚申〉條。

㊽這年的六月二十八日，浙江道御史何維柏謂：「安南悔過，征討罷役，六省
生靈旣各遂安居之願，獨伯溫一人未遂考思之情，臣請陛下保溫之節，廣錫
類之孝責，令陳情乞終禮制。」（前揭書，卷 201，總頁4223，〈嘉靖十六
年六月乙亥〉）

㊾前揭書，卷 200，總頁4209－4210，〈嘉靖十六年五月乙巳〉條。

㊿《越嶠書》，卷12，頁21－23。

51《明世宗實錄》，卷 203，總頁4250，〈嘉靖十六年八月甲寅〉條。

52前揭書，卷204，總頁4262，〈嘉靖十六年九月壬午〉條；《明史》，卷321，
頁8332；《越嶠書》，卷12，頁26。

53《越嶠書》，卷13，頁25－26。

54《小山類稿》，卷 8，〈與林次崖論征交事〉，頁378。

(55)前揭書，卷 4，〈安南事始末記〉，頁24。
(56)同注(54)。
(57)《小山類稿》，卷 8，〈答林次崖欽州〉，頁376。
(58)前揭書，卷 8，〈論征交利害與廟堂〉，頁378－379。
(59)《明世宗實錄》，卷 205，總頁4277－4279，〈嘉靖十六年十月壬子〉條；《越嶠書》，卷13，頁 5 － 7 。
(60)《小山類稿》，卷 8，〈答廉州朱二守〉，頁383。
(61)《明世宗實錄》，卷 210，總頁4342，〈嘉靖十七年三月丁酉〉條；《越嶠書》，卷13，頁14—15。
(62)林希元，《林次崖集》(明萬曆間刻本，香港新亞研究所藏微卷，R1000)，卷 4，〈速定大計以破浮議以討安南以解倒懸以慰民望疏〉頁30－34。
(63)《越嶠書》，卷 6，頁24；《林次崖集》(《皇朝經世文編》，第十一冊)，卷 3，頁23。
(64)焦竑，《國朝獻徵錄》(台灣學生書局，民國54年)，卷 102，〈雲南左布政使王公俊民墓志銘〉，總頁4566。
(65)《明世宗實錄》，卷 210，總頁4342－4343，〈嘉靖十七年三月丁酉〉條；《國榷》，卷56，〈世宗嘉靖十七年〉，頁3555。
(66)《皇明脩文備史》(北京書目文獻出版社，《北京圖書館古籍珍本叢刊》，第八册，1987年)，〈安南奏議〉，頁831－836。
(67)前揭書，〈安南奏議〉，頁 836 － 838；《林次崖集》(《皇朝經世文編》，第十一册)，卷 3，頁22－29。
(68)前揭書，〈安南奏議〉，頁840－841；《明世宗實錄》，卷 211，總頁4352，〈嘉靖十七年四月戊午〉條。
(69)《明史》，卷17，頁229。
(70)前揭書，卷197，頁5221。
(71)《明世宗實錄》，卷 221，總頁4595，〈嘉靖十八年二月癸丑〉條。是時，安南有府53、縣 171、州49、鄉31、坊36、社8509、村 182、庄 595、洲45、册 437、峒 365、源 7、場21，共有人民：戶30，5271；口 1，759，800。(《越嶠書》，卷14，頁 8)
(72)《越嶠書》，卷13，頁13。
(73)前揭書，卷14，頁 1。
(74)《馭交紀》，卷 9，頁 121；汪森，《粵西文載》(台灣商務印書館，據《文淵閣四庫全書》影印，第1465册，民國75年)，卷18，頁 773；方瑜，《南寧府志》(北京書目文獻出版社，《日本藏中國罕見地方志叢刊》，1990年)，卷11，頁544。

⑦⑤《小山類稿》，卷 8，〈與督府蔡半洲論撫諭交夷〉，頁383－384。

⑦⑥前揭書，卷 8，〈論撫諭事情〉，頁386，張岳認爲莫登庸父子的奏本語氣，必定要「極卑哀，不如雲南之潦草，乃爲得體。」

⑦⑦前揭書，卷 8，〈論防備交夷〉，頁384。

⑦⑧前揭書，卷 8，〈論撫諭事情〉，頁386。

⑦⑨前揭書，卷 8，〈論辭夷使往憑祥納款〉，頁386。

⑧⓪《明世宗實錄》，卷 224，總頁4647－4649，〈嘉靖十八年五月庚午〉條。案：莫方瀛也曾提及黃綰出使安南的事，他說：「幸蒙聖察，曲賜矜憐，特降明旨罷兵，及議簡尚書黃充使。」（見《越嶠書》，卷14，頁36。）

⑧①同前注。

⑧②前揭書，卷 227，總頁4720，〈嘉靖十八年閏七月辛酉〉條。

⑧③《越嶠書》，卷14，頁17－19。

⑧④前揭書，卷14，〈治權論〉，頁 9－17。

⑧⑤前揭書，卷14，〈安南論〉及〈安南發難〉，頁25－30。

⑧⑥《林次崖集》（《皇朝經世文編》，第十一冊），卷 3，〈條上征南方略疏〉，頁33。

⑧⑦《林次崖集》（香港新亞研究所藏徽卷，R1000），卷 4，〈定大計以御遠夷疏〉，頁18－25。

⑧⑧《明世宗實錄》，卷 236，總頁4817，〈嘉靖十九年四月丁卯〉條。

⑧⑨《越嶠書》，卷14，頁36－37。

⑨⓪前揭書，卷14，頁31及35。

⑨①《明世宗實錄》，卷 234，總頁4790，〈嘉靖十九年二月丁卯〉條。

⑨②翁萬達，《翁東涯集》（北京書目文獻出版社，《北京圖書館古籍珍本叢刊》，第106冊，1987年），卷15，頁 660，翁萬達寫給毛伯溫的信〈其一〉中說：「諜者報云：莫登庸近持精兵五六萬人，往來山海之間。又云：莫登庸甚驚懼。」

⑨③《南寧府志》，卷11，頁545。

⑨④《明世宗實錄》，卷 238，總頁4849，〈嘉靖十九年六月戊子〉條。

⑨⑤《明史》，卷 198，頁5245；《翁東涯集》，卷15，頁 663。案：張岳甚得莫登庸信任。莫曾遣人密覘曰：「廉州守安在？」岳至，登庸曰：「張太守在，吾無恐矣。」（《南寧府志》，卷11，頁545）

⑨⑥《翁東涯集》，卷15，頁651－652。

⑨⑦《林次崖集》（《皇朝經世文編》，第十一冊），卷 4，〈安南成功乞查功補罪以全臣節揭帖〉，頁15－16，紀錄了林希元對於被調到福建募兵，心中

極不愉快。他對翁萬達說：「爲我語半洲（蔡經）公，我看諸公之意，只是欲納降，恐我在此打攪，故令我遠去，以便行事。若果納降，亦要停當，切莫將就了事，負此良時。」翁以告半洲，隨以半洲之意來問曰：「登庸如果投降，將何以處之？如今講定了然後行，它日勿謂我輩賣先生也。」元曰：「今方瀛已死，登庸勢孤，國人離畔，登庸之事，大半是不成矣。若又如前日納降請封，此決難准，想彼亦不敢望。若不費吾斗糧一矢而來降，功亦可嘉。吾前奏欲九分其地，此必用兵然後得，旣不用兵，它自來降，亦難執前議。果然來降，何以見是眞實投降？必遣子入質，如南越嬰齊乃可。果爾，與做宣慰司可也。」翁曰：「宣慰司，品級小。」元曰：「唐以安南爲都護府，五代時有諸總管府，得便宜行事。今不與爲總管，則與爲都護可也。四峒之地，決要還我，如不還四峒之地，雖云納降，其事決不可了。」翁曰：「決是如此行。」

⑨⑧《翁東涯集》，卷15，頁661。

⑨⑨《明世宗實錄》，卷241，總頁4880，〈嘉靖十九年九月己酉〉條。

⑩⑩馮時暘，《安南來威圖册》（北京書目文獻出版社，《北京圖書館古籍珍本叢刊》，第10册1987年），中卷，頁452；並見《國朝獻徵錄》，卷39，〈資善大夫兵部尙書東涯翁公萬達行狀〉，總頁1612。

⑩①《翁東涯集》，卷15，頁653。

⑩②《安南來威圖册》，中卷，頁443；《殊域周咨錄》，卷六，〈安南〉，頁14。其實，當時的軍兵數並未完全齊集，翁萬達感到十分無奈。他說：「今所整搠者三萬有奇，蓋兼報效之數耳。近日移文催督，雖盡取用，其實，將來止可得二萬餘。右江目兵，又難猝集，意甚難之。」（《翁東涯集》，卷15，頁653。）

⑩③《殊域周咨錄》，卷6，〈安南〉，頁14；《翁東涯集》，卷15，頁654。

⑩④《馭交紀》，卷10，頁127。

⑩⑤《翁東涯集》，卷15，頁655。

⑩⑥《林次崖集》（《皇朝經世文編》，第十一册），卷4，〈安南成功乞查功補罪以全臣節揭帖〉，頁10及13；《林次崖集》（香港新亞研究所藏微卷，R1000），卷6，〈莫登庸至欽州投降紀事揭帖〉，頁1－2。案：林希元罷官的敕令是在嘉靖二十年正月二十四日下的（見《明世宗實錄》，卷245，總頁4928），他對於世宗的決定感到十分沮喪。他認爲莫登庸的「繫頸來降」全是他在欽州「大嚷」的結果，因此「雖無首功，而首功之實，自不容掩也。」並認爲「今日處分安南，元實預議，而其事卒無不合。則其心可原，其功可錄，其罪可勿論。」（見〈安南成功乞查功補罪以全臣節揭帖〉一文）也許世宗將林希元罷黜，是不想再有人挑起中、越之間的矛盾。

⑩《安南來威圖册》，中卷，頁439－440。

⑯前揭書，頁445。

⑩莫登庸對黎寧一事確是十分堅持的，因爲這關乎他是否有效統治安南的問題。所以，他在降表中有關黎寧的事，全不妥協的說：「至於惟憭所稱黎寧者，國人相傳皆以爲阮淦之子。黎氏委果無人，臣已於國都爲設香火以存黎氏之祀。今雲南乃又以黎寧爲黎氏之後，見在老撾，已達聖聽，臣何敢諱。惟願以廣陵等七州、紅衣等寨及某處某處附近之地，割與管轄徑屬雲南。惟仰蒙聖恩，特遣使臣一二員直抵本國遍訪舊民，如有黎氏子孫，臣當率衆迎歸，全以土地奉還，豈直割與前項地方而已。若果如國人所云，亦乞憫念生靈，俾有統攝。」（見《安南來威圖册》，中卷，頁436。）

⑩關於黎寧一事，世宗說命令「守臣勘訪」，可是，雲南、兩廣官員早已放棄支持黎寧，這必然得不到結果。（見《明世宗實錄》，卷248，總頁4971，〈嘉靖二十年四月庚申〉條。）

⑪《安南來威圖册》，中卷，頁461－463。

⑫《馭交紀》，卷11，頁141－146。

⑬黃仁宇，《放寬歷史的視界》（台灣允晨文化實業股份有限公司，允晨叢刊19，第十三版，民國80年），〈中國歷史與西洋文化的匯合〉，頁182。

本文是作者在新亞研究所當博士後研究（1991－1992）的研究論文，感謝所長全漢昇老師的指導及研究所的全力支持。

China's Policy Towards the Mac Regime in Annam, Ming Chia-tsing (1552 − 1542)

明嘉靖年間（1522－1542）中國對安南莫氏政權的處理政策

by Wing-sheung Cheng（鄭永常）

When Emperor Shih-tsung ascended the throne, he devoted himself wholly to the consolidation of royal authority, and neglected the usurpation in Annam. It was not until the dispatch of imperial mission to Annam in the fifteenth year of Chia-tsing (1536) that he began to realise the situation. The circumstances led him to execute military operation to Annam. Because of the apparent influence of Lin Xiyuan, the chief of the Qinzhou prefecture, Emperor Shih-tsung executed increasing military power, firstly to blame Annam for not paying tribute, then for extinction purposes, and lastly for re-conquering the land. Nevertheless, the emperor's scheme could not materialize, because of the obstruction of the provincial authorities of Guangdong and Guangxi. Eventually, Emperor Shih-tsung was forced to accept the reality of Mac Dang-dung's rule over Annam. This reflects that from mid Ming dynasty onwards, although royal authority could expand, the emperor could not always effectively impose his will on the provincial authorities.

景印香港新亞研究所《新亞學報》（第一至三十卷）

略論柳、蘇、周三家詞用韻之寬嚴

韋金滿

一、前　言

　　柳永、蘇軾及周邦彥，皆爲北宋有名之詞家。柳詞拓小令爲慢詞，擴大詞之體製；蘇詞拓代言之喁喁小語，爲立言之浩歌；周詞審音，創三犯四犯之調，爲大晟之樂正，此三家允爲宋詞鼎足之詞宗。惟歷代論詞者對三家之評騭，或毀或譽，高下淺深，各有差異。譬如：柳永詞，論者頗稱其「音律諧婉」①；蘇軾詞，論者訾其「往往不協音律」②；周邦彥詞，論者極稱其「詞韻清蔚」③、「律最精審」④。諸家之說，即均從聲律之協否作爲褒貶之標準。蓋詞爲合樂傳唱之歌詞，以聲律節拍爲主。楊守齋嘗曰：「詞若歌韻不協，奚取焉。」⑤故吾今撰論斯篇，即從柳蘇周三家詞用韻之寬嚴，從而揭示三家詞中，何者爲瑜爲美爲可師法？何者爲瑕爲纇爲不足法？

　　竊考韻書之作，始於朱敦儒嘗應制詞韻十六條，而外列入聲韻四部，其後張輯釋之，馮取洽增之。至元，陶宗儀議其侵尋、鹽咸、廉纖閉口三韻混入，欲爲改定。今其書不傳，無從揚搉矣。降至清世，詞韻專書，如雨後春筍，舉其著者，若沈謙之詞韻略；趙鑰、曹亮武之詞韻；李漁之詞韻；胡文煥之文會堂詞韻；許昂霄之詞韻考略；吳烺、程名世、江昉、吳鐽等輯之學宋齋詞韻；鄭春波之綠漪亭詞韻；各書之韻目及分部，純駁不一，殊難全璧。逮乎戈載，「取古人之詞，博考互證，細加辨晰」，凡三閱寒暑而成詞林正韻一書，分詞韻爲十九部——平上去十四部，入聲爲五部。於是，倚聲者始有所依據。臨桂王運鵬云：「按詞韻之最古者，爲菉斐軒詞韻，秦敦夫太史刻之，而疑爲元明之季謬托，又疑其專爲北曲而設，信然。外此，如文會堂學宋齋諸家，多強作解事，未足據依。戈氏書最晚出，亦最精核，可謂前無古人矣。……金科玉律，實爲詞家所不可少。」雖其中牴牾闕漏之處亦復不少，但近世塡詞家，皆奉爲圭臬。故本文列舉柳蘇周三家詞韻，悉依戈書分部。

二、柳永樂章集之用韻

柳永〔耆卿〕樂章集，依唐圭璋全宋詞所輯，共二百零六首詞。其中超出戈書分部者，凡六類十四首，茲分析如下：⑥

1.有以第三部灰韻與第五部佳皆咍韻相協者，共三首，如：

玉蝴蝶〔漸覺芳郊明媚〕一首，以「埃、裁、開、雷、萊、徊、釵、臺、疊、陪、來」爲韻。其中「埃、裁、開、萊、釵、臺、來」等屬第五部咍韻，而「雷、徊、疊、陪」等屬第三灰韻。

西施〔苧蘿妖艷世難偕〕一首，以「偕、懷、猜、來、埃、徊、臺」爲韻。其中「偕、懷」等屬第五部皆韻，「猜、來、埃、臺」屬第五部咍韻，而「徊」屬第三部灰韻。

瑞鷓鴣〔天將奇艷與寒梅〕一首，以「梅、開、裁、腮、來、苔」爲韻。其中「梅」屬第三部灰韻，而「開、裁、腮、來、苔」等屬第五部咍韻。

2.有以第三部上去聲與第四部上去聲相協爲韻者，共五首，如：

鬥百花〔煦色韶光明媚〕一首，以「媚、樹、絮、緒、戶、度、處、雨」爲韻。其中「媚」屬第三部至韻，而「樹」屬第四部遇韻，「絮、處」等屬第四部御韻，「緒」屬第四部語韻，「戶」屬第四部姥韻，「度」屬第四部暮韻，「雨」屬第四部噳韻。

洞仙歌〔乘興〕一首，以「去、渚、圃、舉、旅、市、處、阻、據、苦、暮、緒」爲韻。其中「去、處、據」等屬第四部御韻，「渚、舉、旅、阻、緒」等屬第四部語韻，「圃、苦」等屬第四部暮韻，而「市」屬第三部止韻。

內家嬌〔煦景朝升〕一首，以「霽、媚、翠、計、里、際、麗、遞、棄、緒、氣、睇」爲韻。其中「霽、計、麗、遞、睇」等屬第三部霽韻，「媚、翠、棄」等屬第三部至韻，「里」屬第三部止韻，「際」屬第三部祭韻，「氣」屬第三部未韻，而「緒」屬第四部語韻。

訴衷情近〔雨晴氣爽〕一首，以「處、翠、起、裏、倚、醉、際、里、睇」爲韻。其中「處」屬第四部御韻，而「翠、醉」等屬第三部至韻，「起、裏、里」等屬第三部止韻，「倚」屬第三部紙韻，「際」屬第三部祭韻，「睇」屬第三部霽韻。

夜半樂〔凍雲黯淡天氣〕一首，以「氣、渚、處、起、舉、浦、樹、

去、女、語、駐、據、阻、路、暮」爲韻。其中「氣」屬第三部未韻，「起」屬第三部止韻，而「渚、舉、女、語、阻」等屬第四部語韻，「處、去、據」等屬第四部御韻，「浦」屬第四部遇韻，「路、暮」屬第四部暮韻。

3.有以第七部上去聲與第十四部上去聲相協爲韻者，共二首，如：

鳳歸雲〔戀帝里〕一首，以「眼、燕、選、絆、簟、宴、宦、散、遠」爲韻。其中「眼」屬第七部產韻，「燕、宴」等屬第七部霰韻，「選」屬第七部獮韻，「絆」屬第七部換韻，「宦」屬第七部諫韻，「散」屬第七部翰韻，「遠」屬第七部阮韻，而「簟」則屬第十四部忝韻。

滿江紅〔匹馬驅驅〕一首，以「畔、半、喚、亂、感、館、暖、滿、短」爲韻。其中「畔、半、喚、亂、館」等屬第七部換韻，「暖、滿、短」等屬第七部緩韻，而「感」則屬第十四部感韻。

4.有以第八部上去聲與第十六部入聲相協爲韻者，只一首，如：

尾犯〔夜雨滴空階〕一首，以「索、貌、落、卻、諾、約、酌、博」爲韻，其中「索、落、諾、博」等屬第十六部鐸韻，「卻、約、酌」等屬第十六部藥韻，而「貌」則屬第八部效韻。

5.有以第十一部上去聲與第十三部上去聲相協爲韻者，僅一首，如：

紅窗聽〔如削肌膚紅玉瑩〕一首，以「瑩、正、寢、性、永、定、倖」爲韻。其中「瑩、定」等屬第十一部徑韻，「正、性」等屬第十一部勁韻，「永」屬第十一部梗韻，「倖」屬第十一部耿韻，而「寢」則屬第十三部寢韻。

6.有以第十七部入聲與第十八部入聲相協爲韻者，共二首，如：

輪台子〔霧斂澄江〕一首，以「碧、月、笛、色、客、隔、息、織、得、側、益、陌、魄、役、擲」爲韻。其中「碧、客、陌、魄」等屬第十七部陌韻，「笛」屬第十七部錫韻，「色、息、織、側」等屬第十七部職韻，「隔」屬第十七部麥韻，「得」屬第十七部德韻，「益、役、擲」等屬第十七部昔韻，而「月」則屬第十八部月韻。

傾杯〔鶩落霜洲〕一首，以「色、歇、驛、笛、織、憶、翼、客、跡、國、碧」爲韻。其中「色、織、憶、翼」等屬第十七部職韻，「驛、跡」等屬第十七部昔韻，「笛」屬第十七部錫韻，「客、碧」等屬第十七部陌韻，「國」屬第十七部德韻，而「歇」則屬第十八部月韻。

3

三、蘇軾東坡樂府之用韻

蘇軾〔東坡〕東坡樂府，依龍榆生箋註本，共三百四十四首詞。其中超出戈書分部者，凡十五類三十三首，茲分述如下⑦：

1.有以第二部平聲與第七部平聲相協為韻者，僅一首，如：

滿庭芳〔香靉雕盤〕一首，以「光、妝、棠、颺、間、常、腸、長、唐」為韻。其中「光、唐」等屬第二部唐韻，「妝、裳、颺、常、腸、長」等屬第二部陽韻，而「間」則屬第七部山韻。

2.有以第三部平聲與第五部平聲相協為韻者，共十一首，如：

定風波〔兩兩輕紅半暈腮〕一首，以「腮、回、開、杯、來」為韻。其中「腮、開、來」等屬第五部咍韻，而「回、杯」等則屬第三部灰韻。

南鄉子〔晚景落瓊杯〕一首，以「杯、堆、來、醅、臺、腮、迴、開」為韻。其中「杯、堆、醅、迴」等屬第三部灰韻，而「來、臺、腮、開」等屬第五部咍韻。

南鄉子〔不到謝公臺〕一首，以「臺、哉、來、才、頰、杯、開、栽」為韻。其中「臺、哉、來、才、開、栽」等屬第五部咍韻，而「頰、杯」等則屬第三部灰韻。

南鄉子〔恨望送春杯〕一首，以「杯、回、懷、催、臺、來、徊、灰」為韻。其中「杯、回、催、徊、灰」等屬第三部灰韻，而「懷」則屬第五部皆韻，「臺、來」等亦屬第五部咍韻。

南歌子〔紫陽尋春去〕一首，以「來、回、開、醅、催、臺」為韻。其中「開、來、臺」等屬第五部咍韻，而「回、醅、催」等則屬第三部灰韻。

南歌子〔寸恨誰去短〕一首，以「裁、開、猜、灰、哉、來」為韻。其中「裁、開、猜、哉、來」等屬第五部咍韻，而「灰」則屬第三部灰韻。

阮郎歸〔一年三度過蘇臺〕一首，以「臺、開、猜、來、催、哈、栽、衰」為韻。其中「臺、開、猜、來、哈、栽」等屬第五部咍韻，而「催、衰」等則屬第三部灰韻。

虞美人〔湖山信是東南美〕一首，上闋以「來、徊」為韻。其中「來」屬第五部咍韻，而「徊」則屬第三部灰韻。

減字木蘭花〔曉來風細〕一首，上闋以「梅、來」為韻，下闋以「開、

回」爲韻。其中「梅、回」等屬第三部灰韻，而「來、開」等則屬第五部咍韻。

減字木蘭花〔鶯初解語〕一首，下闋以「回、苔」爲韻。其中「回」屬第三部灰韻，而「苔」則屬第五部咍韻。

臨江仙〔昨夜渡江何處宿〕一首，以「淮、哀、來、諧、催、懷」爲韻。其中「淮、諧、懷」等屬第五部皆韻，「哀、來」等屬第五部咍韻，而「催」則屬第三部灰韻。

3.有以第三部上去聲與第四部上去聲相協爲韻者，共二首，如：

漁家傲〔一曲陽關情幾許〕一首，以「許、去、住、處、霧、雨、絮、路、似、度」爲韻。其中「許」屬第四部語韻，「去、處、絮」等屬第四部御韻，「住、霧」等屬第四部遇韻，「雨」屬第四部噳韻，「路、度」等屬第四部暮韻，而「似」則屬第三部止韻。

定風波〔月滿苕溪照夜堂〕一首，下闋以「似、取」爲韻。其中「似」屬第三部止韻，而「取」則屬第四部噳韻。

4.有以第三部上去聲與第五部上去聲相協爲韻者，共二首，如：

定風波〔好睡慵開莫厭遲〕一首，下闋以「態、事」爲韻。其中「態」屬第五部代韻，而「事」則屬第三部至韻。

殢人嬌〔白髮蒼顏〕一首，以「界、礙、彩、在、態、黛、佩、帶」爲韻。其中「界」屬第五部怪韻，「礙、在、態、黛」等屬第五部代韻，「彩」屬第五部駭韻，「帶」屬第五部太韻，而「佩」則屬第三部隊韻。

5.有以第五部上去聲與第十一部上去聲相協爲韻者，僅一首，如：

定風波〔好睡慵開莫厭遲〕一首，下闋以「在、詠」爲韻。其中「在」屬第五部代韻，而「詠」則屬第十一部映韻。

6.有以第六部平聲與第十一部平聲相協爲韻者，僅一首，如：

浪淘沙〔昨日出東城〕一首，以「城、情、傾、春、塵、村、辛、英」爲韻。其中「城、情、傾」等屬第十一部清韻，「英」屬第十一部庚韻，而「春」則屬第六部諄韻，「塵、辛」等屬第六部眞韻，「村」屬第六部魂韻。

7.有以第六部平聲與第十三部平聲相協爲韻者，僅一首，如：

江城子〔膩紅勻臉襯檀脣〕一首，以「脣、新、春、顰、人、陰、深、沈、心、今」爲韻。其中「脣、春」等屬第六部諄韻，「新、顰、人」等屬第六部眞韻，而「陰、深、沈、心、今」等則屬第十三部侵韻。

5

8.有以第七部上去聲與第十四部上去聲相協為韻者，僅一首，如：

漁家傲〔些少白鬚何用染〕一首，以「染、點、箭、厭、貶、敢、忝、冉、漸、減」為韻。其中「染、貶、冉」等屬第十四部琰韻，「點、忝」等屬第十四部忝韻，「厭、漸」等屬第十四部艷韻，「敢」屬第十四部敢韻，「減」屬第十四部豏韻，而「箭」則屬第七部線韻。

9.有以第九部平聲與第十部平聲相協為韻者，共二首，如：

臨江仙〔細馬遠馱雙侍女〕一首，以「鞾、家、花、斜、車、砂」為韻。其中「鞾」屬第九部平聲戈韻，而「家、花、斜、車、砂」等屬十部麻韻。

減字木蘭花〔琵琶絕藝〕一首，下闋以「家、他」為韻。其中「家」屬第十部麻韻，而「他」則屬第九部歌韻。

10.有以第十部上去聲與第十七部入聲相協為韻者，僅一首，如：

定風波〔好睡慵開莫厭遲〕一首，上闋以「色、雅」韻。其中「色」屬第十七部職韻，而「雅」則屬第十部馬韻。

11.有以第十五、十六、十八部入聲與第十七部入聲相協為韻者，僅一首，如：

滿江紅〔江漢西來〕一首，以「碧、色、客、說、讀、惜、瑟、忽、鶴」為韻。其中「碧、客」等屬第十七部陌韻，「色」屬第十七部櫛韻，而「讀」屬第十五部屋韻，「鶴」屬第十六部鐸韻，「說」屬第十八部薛韻，「忽」屬第十八部沒韻。

12.有以第十六部入聲與第十八部入聲相協為韻者，僅一首，如：

減字木蘭花〔空床響琢〕一首，下闋以「索、撥」為韻。「索」屬第十六部鐸韻，而「撥」則屬第十八部末韻。

13.有以第十七部入聲與第十八部入聲相協為韻者，其四首，如：

滿江紅〔清穎東流〕一首，以「滅、疊、瑟、髮、側、說、月、色、雪」為韻。其中「滅、說、雪」等屬第十八部薛韻，「疊」屬第十八部帖韻，「髮、月」等屬第十八部月韻，而「瑟」則屬第十七部櫛韻，「側、色」等屬第十七部職韻。

滿江紅〔天豈無情〕一首，以「客、雪、石、隔、必、白、覓、睫、絕」為韻。其中「客、白」等屬第十七部質韻，「石」屬第十七部昔韻，「隔」屬第十七部麥韻，「必」屬第十七部質韻，「覓」屬第十七部錫韻，而「雪、絕」等則屬第十八部薛韻，「睫」屬第十八部葉韻。

念奴嬌〔大江東去〕一首，以「物、壁、雪、傑、發、滅、髮、月」

為韻。其中「物」屬第十八部勿韻，「雪、傑、滅」等屬第十八部薛韻，「發、髮、月」等屬第十八部月韻，而「壁」則屬第十七部錫韻。

醉落魄〔蒼顏華髮〕一首，以「髮、決、絕、別、咽、頰、裛、說」為韻。其中「髮」屬第十八部月韻，「決、咽」等屬第十八部屑韻，「絕、別、說」等屬第十八部薛韻，「頰」屬第十八部帖韻，而「裛」則屬第十七部緝韻。

14.有以第十七、十八、十九入聲互為協韻者，共三首，如：

勸金船〔無情流水多情客〕一首，以「客、識、卻、得、月、節、雪、插、咽、別、闕、髮」為韻。其中「客、卻」等屬第十七部陌韻，「識」屬第十七部職韻，「得」屬第十七部德韻，「插」屬第十九部洽韻，而「月、闕、髮」等則屬第十八部月韻，「節、咽」等屬第十八部屑韻，「雪、別」等屬第十八部薛韻。

三部樂〔美人如月〕一首，以「月、絕、缺、咽、葉、雪、疾、答、切、折、發」為韻。其中「疾」屬第十七部質韻，「答」屬第十九部合韻，而「絕、缺、雪、折」等則屬第十八部薛韻，「咽、葉」等屬第十八部葉韻，「切」屬第十八部屑韻，「發」屬第十八部月韻。

皁羅特髻〔采菱拾翠〕一首，以「得、客、結、合、拍、滑、覓」為韻。其中「結」屬第十八韻屑韻，「滑」屬第十八部黠韻，「合」屬第十九部合韻，而「得」則屬第十七部德韻，「客、拍」等屬第十七部陌韻，「覓」則屬第十七部錫韻。

15.有以第十八部入聲與第十九部入聲相協為韻者，僅一首，如：

醉落魄〔輕雲微月〕一首，以「月、發、合、節、滑、說、歇、別」為韻。其中「月、發、歇」等屬第十八部月韻，「節」屬第十八部屑韻，「滑」屬第十八部黠韻，「說、別」等屬第十八部薛韻，而「合」則屬第十九部合韻。

四、周邦彥片玉集之用韻

周邦彥〔美成〕片玉集，依陳元龍注本，一百二十七首詞。其中超出戈書分部者，凡三類十首，茲分析如下：

1.有以第六部上去聲與第十一部上去聲相協為韻者，僅一首，如：

品令〔夜闌人靜〕一首，以「靜、影、近、陣、恨、問、印、定、盡」

爲韻。其中「靜」屬第十一部靜韻，「影」屬第十一部梗韻，「定」屬第十一部徑韻，而「近」則屬第六部焮韻，「陣、印」等屬第六部震韻，「恨」屬第六部恨韻，「問」屬第六部問韻，「盡」屬第六部軫韻。

　　2.有以第七部上去聲與第十四部上去聲相協爲韻者，共八首，如：

　　玲瓏四犯〔穠李夭桃〕一首，以「艷、臉、亂、換、見、薦、蒨、眼、點、散」爲韻。其中「艷」屬第十四部艷韻，「臉」屬第十四部琰韻。「點」屬第十四部忝韻，而「亂、換」等則屬第七部換韻，「見、薦、蒨」等屬第七部霰韻，「眼」屬第七部產韻，「散」屬第七部翰韻。

　　過秦樓〔水浴清蟾〕一首，以「斷、扇、箭、遠、染、變、倩、點」爲韻。其中「斷」屬第七部換韻，「扇、箭、變」等屬第七部線韻，「遠」屬第七部阮韻，「倩」屬第七部霰韻，而「染」則屬第十四部琰韻，「點」屬第十四部忝韻。

　　齊天樂〔綠蕪凋盡台城路〕一首，以「晚、剪、掩、簟、卷、限、轉、遠、薦、斂」爲韻。其中「晚、遠」等屬第七部阮韻，「剪、卷、轉」等屬第七部獮韻，「限」屬第七部產韻，「薦」屬第七部霰韻，而「掩、斂」則屬第十四部琰韻，「簟」屬第十四部忝韻。

　　夜遊宮〔客去車塵未斂〕一首，以「斂、點、見、箭、轉、亂、遠、面」爲韻。其中「斂」屬第十四部琰韻，「點」屬第十四部忝韻，而「見」則屬第七部霰韻，「箭、面」等屬第七部線韻，「轉」屬第七部獮韻，「亂」屬第七部換韻，「遠」屬第七部阮韻。

　　歸去難〔佳約人未知〕一首，以「變、淺、遠、怨、散、斷、念、見、難、眼」爲韻。其中「變」屬第七部線韻，「淺」屬第七部獮韻，「遠」屬第七部阮韻，「怨」屬第七部願韻，「散、難」等屬第七部翰韻，「斷」屬第七部換韻，「見」屬第七部霰韻，「眼」屬第七部產韻，而「念」則屬第十四部琰韻。

　　拜星月〔夜色催更〕一首，以「暗、院、爛、見、面、畔、散、館、歎、斷」爲韻。其中「院、面」等屬第七部線韻，「爛、散、歎」等屬第七部翰韻，「見」屬第七部霰韻，「畔、館、斷」等屬第七部換韻，而「暗」則屬第十四部勘韻。

　　繞佛閣〔暗塵四斂〕一首，以「斂、館、短、慢、滿、遠、婉、岸、線、面、箭、見、亂、展」爲韻。其中「館、慢、亂」等屬第七部換韻，「短、滿」等屬第七部緩韻，「遠、婉」等屬第七部阮韻，「岸」屬第七

部翰韻，「線、面、箭」等屬第七部線韻，「見」屬第七部霰韻，「展」屬第七部獮韻，而「斂」則屬第十四部琰韻。

鳳來朝〔逗曉看嬌面〕一首，以「面、遍、亂、見、斂、斷、拚、暖」為韻。其中「面、拚」等屬第七部線韻，「遍、見」等屬第七部霰韻，「亂、斷」等屬第七部換韻，「暖」屬第七部緩韻，而「斂」則屬第十四部琰韻。

3.有以第十八部入聲與第十九部入聲相協為韻者，僅一首，如：

華胥引〔川原澄映〕一首，以「葉、嗋、軋、怯、鑷、閱、篋、疊」為韻。其中「葉、鑷」等屬第十八部葉韻，「軋」屬第十八部黠韻，「閱」屬第十八部薛韻，「篋、疊」等屬第十八部帖韻，而「嗋」則屬第十九部洽韻，「怯」屬第十九部業韻。

五、三家詞用韻之寬嚴

三家之行韻，有其相同點，亦有其相異之處。譬如以第三部「灰」韻與第五部平聲「皆」、「咍」、「佳」等韻字相協；以第三部仄聲韻字與第四部仄聲韻字通協；以第五部上聲「蟹」韻與第十部仄聲韻字相協；以第六部平聲韻字與第十一部平聲韻字相協；以第七部仄聲韻字與第十四部仄聲韻字相協；以第十七部入聲韻字與第十八部入聲韻字相協；以第十八部入聲韻字與第十九部入聲韻字相協，皆三家用韻相同之點也。至如柳永以第八部去聲「效」韻字與第十六部入聲韻字相協；以第十三部上聲「寢」韻字與第十一部仄聲韻字相協；蘇軾以第三部仄聲韻字與第五部去聲「代」韻字相協；以第五部去聲「代」韻字與第十一部上聲「映」韻字相協；以第六部平聲韻字與第十三部平聲韻字相協；以第七部平聲「山」韻字與第二部平聲韻字相協；以第九部平聲韻字與第十部平聲韻字相協；以第十部上聲「馬」韻字與第十七部入聲「職」韻字相協；以第十五、十六、十七、十八諸部入聲韻字相協，皆三家用韻相異之點也。孰寬孰嚴，孰得孰失，詳論之如次：

第十三部「灰」韻字，其主要元音為－a，第五部平聲「皆」韻字，其主要元音為－e，「咍」韻字之主要元音為－a，「佳」韻字之主要元音為－ae，此諸韻字之韻尾同為i，則「灰」韻字自可與「皆、咍、佳」等韻字通協，而戈載詞林正韻以「灰」韻字入第三部而遺「咍」韻字入第五部，

未免有商榷之處矣。近人葉詠琍云：「灰之入第三部，戈氏亦非無所據。蓋灰韻音讀自北宋末期已自uai轉讀爲uei，音近於支脂諸韻之合口音ui，戈氏據北宋以後多數協韻考之，故割灰於第五部使入於第三部矣。」⑧雖可替戈氏飾非，然「灰」韻必列入第五部與「咍」韻同協，絕無可疑。然則柳蘇二家以「灰」、「咍」諸韻字互協，庶無可非議者也。

耆卿將第三部「止」韻、「至」韻與第四部仄聲韻字相協，而東坡又以第四部「語」韻、「噢」韻與第三部仄聲韻字相協，恐係詞人之方音，「語」、「紙」、「御」、「寘」已相混，遂得合用，實屬特別變例者也。近人王力有言：「依現在所能發見者，則有語御與紙寘相通。這裏所謂語御，包括廣韻的語麌御遇；所謂紙寘，包括廣韻的紙旨止尾薺寘至志未霽祭。」⑨即指此也。至其可以通協之理，據王氏以爲「可能是『y』、『i』兩音頗有近似之處，詞人從寬通協。」⑩然則，柳蘇二家將第三部仄聲與第四部仄聲通協，亦似無可置評者也。

漢字每一字之讀音，其字尾之收音分之爲三個開口收音，口斂脣，曰展輔，曰直喉；三個合口收音，曰穿鼻，曰抵顎，曰閉口。本師何敬羣先生嘗言：「展輔者，收音時自然展開兩腮若微笑然，詞韻第三部五部之韻均屬之。斂脣者，收音時自然斂脣若吹噓然，詞韻第四部八部十二部之韻屬之。直喉者，收音時張口衝喉而出，詞韻第九部十部之字屬之。穿鼻者，收音時舌本閉喉，氣從鼻出，如英語ng收音，詞韻第一部二部十一部之字屬之。抵顎者，收音時舌尖抵上顎，阻其氣，如英語之n收音，詞韻第六部七部之字屬之。閉口者，收音合其口，如英語之m收音，詞韻第十三部十四部之字均屬之。」⑪準此，則柳蘇周三家將第七部抵顎韻字與第十四部閉口韻字相協，實屬不當。同時，柳永將第十一部仄聲與第十三部仄聲相協，蘇軾將第六部平聲與第十一部平聲或第十三部平聲相協，周邦彥將第六部仄聲與第十一部仄聲相協，率皆爲落韻，不足以爲取者也⑫。

耆卿、東坡二人，將第十七部入聲韻字與第十八部入聲韻相協，就音理而論，第十七部入聲「質」、「術」、「櫛」諸韻之主要元音與第十八部入聲「物」、「迄」、「沒」諸韻相同，則戈氏以「質」、「術」、「櫛」諸韻入第十七部，而別立「物」、「迄」、「沒」諸韻爲第十八部，實未愜於音理。且就晚唐五代至北宋年詞人，亦多以此二部合用爲韻者，實當時習見之協韻慣例也。如溫庭筠菩薩蠻詞，以「日」、「拂」二字同協，而「日」屬第十七部入聲質韻，「拂」則屬第十八部入聲物韻；歐陽

韋金滿　略論柳、蘇、周三家詞用韻之寬嚴

修漁家傲詞，以「密、出、一、拂、匹、失、乙、日、溢、疾」等字通協，其中「密、一、匹、失、乙、日、溢、疾」等字屬第十七部入聲質韻，「出」屬第十七部入聲術韻，而「拂」則屬第十八部入聲物韻；晏幾道更漏子詞，以「客」、「折」二字同協，而「客」屬第十七部入聲陌韻，「折」則屬第十八部入聲屑韻。由是觀之，柳蘇二家將第十七部入聲韻字與第十八部入聲韻字兼括用之，實為合理，未可以為落韻而詆之也。

東坡美成合第十八部十九部韻字互協，亦有其必然之理。蓋以音理準之，第十九部入聲「合、盍、業、洽、狎、乏」諸韻，均屬咸攝，其主要元音正與第十八部入聲「葉、帖」諸韻相同，戈氏既以「葉、帖」二韻入第十八部，而遺咸攝其他六韻獨立為第十九部，似有乖於音理矣。然則，蘇周二家將第十八部十九部入聲字互為協韻，殆亦受語音之影響使然，而非失韻者也。

柳永尾犯一首，以第八部去聲效韻「貌」字與第十六部入聲「鐸、藥」諸韻合用，實有其故。效韻音值為au，號韻音值為au，藥韻音值為ak，鐸韻音值為ak，其主要元音相同或相近，此數韻合用，殆亦合理。

蘇軾滿庭芳一首，以第七部平聲山韻「間」字與第二部平聲「陽、唐」諸韻合協，大抵山韻音值為an，陽韻音值為an，唐韻音值為an，江韻音值為oŋ，其主要元音相同與相近，其協韻亦語音之關係也。

同時，東坡定風波一首，以第三部去聲志韻「事」字與第五部去聲代韻「態」字相協；殢人嬌一首，以第三部去聲隊韻「佩」字與第五部去聲「怪、代、駭、太」諸韻字相協，實屬無可厚非者。蓋以平聲「灰」、「咍」二韻字合用準之，則第三部上聲「賄」、去聲「隊」似亦可與第五部上聲「海」、去聲「代」合用之。同時「事」屬止攝，「態」屬蟹攝，其所以通協者，此或係東坡口音之合口介音特強，主要元音受介音－u之影響，由－uai變為－uei，與止攝－ui相近，故得偶然合韻也。

此外，東坡定風波一首，以第五部去聲代韻「在」字與第十一部去聲映韻「詠」字通協，蓋代韻音值為ai，廢韻音值為ei，映韻音值為en，其主要元音與廢同，而與代近，故東坡通協，在音理上，亦有可言。

東坡臨江仙一首，以第九部平聲戈韻「鞾」字與第十部平聲麻韻相協；減字木蘭花一首，以第九部平聲歌韻「他」字與第十部平聲麻韻相協，實亦有由。蓋「鞾」字，廣韻云：「鞵也，亦作靴。」，「靴」字，戈氏詞韻列入第十部平聲麻韻「呱」字之下，注云：「許茄切。」廣韻注曰：

「本作鞾。」是「鞾」與「靴」通，故「鞾」字與第十部平聲麻韻字相協，不爲過也。至於「他」字，廣韻將之列入下平聲七歌韻「佗」字之下，注云：「託何切。」正韻將之列入戈韻，並注曰：「湯何切，從音拖，與『佗』、『它』通，彼之稱也，此之別也。」集韻將「它」除收入八戈韻外，又列之於九麻韻。「他」字旣可與「它」通，則東坡以之與第十部麻韻字相協，似亦在北宋時，「他」字已與麻韻混用無疑矣。

東坡定風波一首，以第十部上聲馬韻「雅」字與第十七部入聲職韻「色」字相協，以音理準之，庶亦爲失當者也。蓋「雅」字屬假攝，而「色」字屬梗曾攝也。

東坡滿江紅一首，揉合第十五部十六部十七部十八部諸韻字通協；減字木蘭花一首，將第十六部與第十八部入聲韻字合用，以音理準之，實屬取之過寬，不足爲正也。

總而言之，將第六部韻字與第十一部韻字相協，乃蘇周二家之通病；將第七部與第十四部韻字相協，又爲三家之通病。同時，柳永將第十一部韻字與第十三部韻字相協，蘇軾將第六部韻字與第十三部韻字相協、第十部韻字與第十七部韻字相協、第十五、十六、十七、十八等部韻字互協、第十六部韻字與第十八部韻字相協，要皆柳蘇二家用韻失當之處。此外，柳蘇二家詞中，曾犯重韻之失。譬如柳永傾杯樂〔樓鎖輕煙〕一首，前段句云：「樓鎖輕煙，水橫斜照，遙山半隱愁碧。」過片句云：「但淚眼沉迷，看朱城碧。」重「碧」字韻。蘇軾十拍子〔白酒新開九醞〕一首，後疊云：「強染霜髭扶翠袖，莫道狂夫不解狂。狂夫老更狂。」重「狂」字韻。又如戚氏〔玉山龜〕一首，前段句云：「綠髮方瞳圓極，恬淡高妍。」結句云：「依稀柳色，翠點春妍。」重「妍」字韻。考諸詞律詞譜所載上述詞篇，皆無押重韻之體，比之美成，用韻略謙寬緩，不免有失律之誚矣，宜乎劉熙載稱美成「律最精審」也⑬。

六、結　論

從上分析，可知柳蘇周三家詞之用韻，各有異同。以嚴寬而論，周詞最嚴，柳詞次之，而蘇詞則最寬也。由於敎務頻仍，時間倉卒，斯篇之論，深信舛訛者多，尚祈海內大雅君子，不吝賜敎，是所至幸。

注釋：

①語見陳振孫直齋書錄解題。

②語見陳師道后山詩話。

③語見胡薇元歲寒居詞話。

④語見劉熙載藝概。

⑤語見作詞五要。

⑥近人葉慕蘭論柳永詞超出仲恒十九部詞韻者凡五類：1.第三部之灰韻與第五部皆、哈、佳通協；2.－t、－k、－p相混；3.－n、－ng、－m相混；4.第三部紙寘與第四部語御通協；5.馬、夬、卦、禡及蟹、馬、禡、卦相協〔柳永詞研究第二章第四十六頁，文史哲出版社印行〕可備一說。

⑦近人陳滿銘論蘇軾詞越出戈書部界者十類二十八首：1.第三四兩部通協者只一首；2.第三、五兩部通協者共十三首；3.第六、十一兩部通協者只一首；4.第六、十三兩部通協者只一首；5.第七、十四，兩部通協者只一首；6.第十五、十六、十七、十八等四部通協者只一首；7.第十六、十七兩部通協者共二首；8.第十七、十八兩部通協者共四首；9.第十七、十八、十九等三部通協者共三首；10.第十八、十九兩部通協者只一首。〔蘇辛詞比較研究第二章第二十一頁，文津出版社〕此說亦似有兩權之要。

⑧見葉著清眞詞韻考第五章結論第七十四頁，文史哲出版社印行。

⑨見王著漢語詩律學第三章第三十九節詞韻中，第五五五頁。

⑩同上。

⑪見何師敬群詞學纂要第一章概說第五頁，遠東出版社印行。

⑫吳梅曰：「第六部之眞、諄，第十一部之庚、耕，第十三部之侵，即宋詞中亦有牽連混合者。張玉田山中白雲詞，至多此病，……皆混合不清。於是學者謂名手如玉田，猶不斷斷於此，不妨通融統協，以寬韻脚。不知此三韻本非窄韻，……即以詩論，此三韻亦無通押之理，何況拘守音律之長短句哉。其他第七部與第十四部韻，詞中亦有通假者，此皆不明開閉口之道，而復自以爲是，避難就易也。」〔詞學通論第三章論韻第二十二頁，香港太平書局出版。

⑬同④。

A Brief Discussion on the Rhyme Scheme of Liu, Su and Zhou

略論柳、蘇、周三家詞用韻之寬嚴
by Kam-moon WAI（韋金滿）

Liu Yung（柳永）, Su Shih（蘇軾）and Zhou Bang Yan（周邦彥）all master poets of the Northern Song Dynasty. Liu innovated xiao ling（小令）as man ci（慢詞）, and thus enlarged the definition of ci（詞）. Su innovated 'whisper' in dai yan（代言）. Zhou was careful in the choice of rhyming. These three poets are considered as the masters in the ci of the Song Dynasty.

However, in the past centuries, critics varied greatly in their opinion on these three poets. For example, the ci of Liu were considered as graceful in rhyming. The ci of Su Shih were considered as non-matching in rhyming. Zhou's ci were considered the best and most precise in terms of rhyming. All the critics based their criteria on the matching of words and rhyme. These critics felt that ci should be song-like, thus rhyming was the most important aspect. Yang Shou-zhai（楊守齋）once commented that poems with non-matching words and rhyme were inferior poems. This paper is written with a view to review these three poets, based on their rhyme usage, in order to see which one was better.

播州事件——明代邊政之個案研究

李龍華

目　錄

一、前言
二、播州土司與明朝政府之關係
三、播州事件之分析
四、播州平定之善後事宜
五、結論

提　要

　　楊氏因軍功而盤踞播州，自唐乾符三年（ 876 ）迄明萬曆二十八年（1600），共歷七百二十四年。本文旨在考論播州之亂，兼論明政府與土司之間的關係，播州平定後之善後事宜，以及明代邊務政策的得失。

一、前　言

　　播州地區大概在今日貴州省之東北部，包括北自正安，南至凱里，西起仁懷、遵義，東迄湄潭、餘慶等地。約位於東經106 度至108 度，北緯26.5度至28.5度之間。面積大小若台灣，形狀亦略似而座向不同：播州坐西北而朝東南，台灣則反之。①其地域則「廣袤千里，介川湖貴竹〔疑州字之誤〕間」，其地勢則「西北塹山〔一作土〕爲關，東南附江爲池，蒙茸鑱削，居然奧區」。②就今日之地理學知識而言，播州北有大婁山脈透迤綿延，中南部有天險烏江橫流其間，東有湖南山嶽而西有雲南高原，左右爲之屏障，儼然成爲一個與世隔絕之獨立王國。由於地理上得天獨厚之優勢以及與中土歷代皇朝周旋得宜，楊氏家族得以長期統治播州，上自唐朝僖宗乾符三年（ 876 ），下歷五代、兩宋、元朝至明朝，最後因叛亂被明廷所平定，於萬曆二十八年（1600）結束其統治，前後共計七百二十四年，比秦朝之後中國任何朝代之國祚都要長久。③

1

二、播州土司與明朝政府之關係

楊鏗是明代（1368－1644）第一任播州宣慰使，也是自唐以來的第二十一任播州首領。（參考附錄：播州楊氏家族世系表）明太祖洪武五年（1372），楊鏗歸附明廷，仍任原職，下轄兩個安撫司（草塘、黃平）和六個長官司（眞州、播州、餘慶、白泥、容山、重安）。④從此，楊氏在播州的地位和統治權獲得明朝廷的肯定。按照規例，土司必須向明朝廷履行三年一次的朝貢義務。⑤由於楊鏗與朝廷關係良好，他在位三十年（1372－1402）間，播州向明室朝貢共計一十九次，其中九次是楊鏗親自赴京履行的。⑥有明一代，播州土司在二百二十八年（1372－1600）中共履行一百一十四次朝貢，平均兩年一貢，是所有明代土司中朝貢次數最多者。⑦

洪武七年（1374）中書省奏：「播州既入版圖，當收其貢賦，歲納糧二千五百石爲軍儲。」明太祖認爲不必太嚴厲執行，僅令「田賦隨所入，不必以額。」⑧事實上，此時太祖希望穩定西南，要借助土司兵力來清除蒙古人在雲南的殘餘勢力。⑨平定雲南之後數年，洪武十七年（1384），很多西南地區的土司都開始繳納賦稅，⑩估計播州也在所難免。根據何喬新在成化二十二年(1486)的調查，播州在成化十四至十五年(1478－1479)年間的賦糧額已增至每年三千三百九十八石。⑪到了十六世紀後期，播州叛亂之前，賦糧額又增至每年五千八百石。⑫可見播州賦糧越來越重。

土民除了繳納賦糧之外，還要服役。徭役中除了修橋築路和驛站郵傳的一般雜泛差役外，還要長途跋涉以運輸稅糧和貢品，貢品中又以運輸巨木最爲辛苦。因爲古代建築以木爲棟樑，尤其大型建築如宮殿廟宇，所需巨木的體積和長度要求更高。但是採伐巨木，極爲困難危險，所謂「入山一千，出山五百」，⑬作業中傷亡人數甚高。而從西南運輸巨木至京師（明初是南京，十五世紀以後是北京），距離之遠，行程之長，工作之艱鉅，可以想見。如以所費價值計，每根巨型大木之搬運費需四千至五千兩銀，較小的也要一、二千兩。⑬

除了徭役之外，軍役也是一個很沉重的負擔。洪武十四年（1381），太祖命播州出兵二萬人和提供戰馬三千匹從征雲南。⑭翌年（1382），雲南平定，太祖派遣軍官駐守雲南，却要楊鏗負起護送之責，每名軍官配以五十五名土兵隨行。⑮雖然文獻上不見駐軍數目的記載，但估計由土兵組成的護送隊將會是一支龐大的軍隊。此後，播州成爲鞏固西南的軍事補給

2

站和中間轉運站。爲了快捷傳遞消息，政府又在播州增建三個驛站。⑯使這些站場有效運作之重擔當然又落在播州土民肩上。同年，又以播州的沙溪爲軍事基地，築沙溪城，並且建立一支由一千漢軍和二千土兵組成的軍隊來守衞。⑰從此之後，播州土兵常被徵召出征平亂。下表爲有明一代播州土兵參與戰爭之紀錄。

表一、播州土兵參與征戰表

次數	年份	出征地點	平亂對象	播州士兵人數
1	1381	雲南	蒙古餘孽與生苗	20,000
2	1409	播州	當科、葛雍等十二寨蠻	（不詳）
3	1416- 7	貴州東南	清水江蠻	（不詳）
4	1432	播州	穀徹等四十一寨蠻	（不詳）
5	1452	貴州、湖廣	臻、剖、五坌等苗	（不詳）
6	1456	貴州、湖廣	銅鼓、五開苗	（不詳）
7	1474	播州	賊齋果	（不詳）
8	1476-7	播州	夭壩干、灣溪苗	10,000
9	1478	播州	爛土苗	（不詳）
10	1494	（不詳）	生苗	（不詳）
11	1501	貴州	賊婦米魯	5,000
12	1517	播州	苗蠻	（不詳）
13	1586	四川	松潘諸番	7,000
14	1587-8	四川	越嶲、邛部夷	（不詳）

資料來源：《明實錄》，冊105,頁3763-3766；《明史》，冊26，頁8039-8049；冊27,頁8187；《遵義府志》，冊２,頁892-901；張瓚，《東征紀行錄》（上海，叢書集成本，1937），頁７。

3

三、播州事件之分析

當討論到朝廷與土司之關係惡化時，很多學者都歸咎於皇朝統治者對土司的經濟剝削和徭役苛求。[18]但播州楊應龍之叛變的真正原因並非如此。毫無疑問，播州繳納賦糧由明初的年額二千五百石增至十六世紀後期的五千八百石，增加幅度是百分之二百三十二，即超過原來的1.32倍。另外，每年又要繳納銀3,164.7両支助貴州布政司。[19]換言之，播州負擔繳糧與納銀之雙重捐稅。但這不是楊應龍叛變的主因。因為他可以轉嫁這些負擔到土民身上，甚至仿效政府加稅，乘機增加土民之稅銀以自肥。例如在播亂之前，他要土民每畝田加徵銀數錢，名曰「等賣」，並利用此額外之收入來召募苗兵，以增強自己的武力。[20]況且，播州供應貴州的稅銀並沒有依額全部完納。據調查，由萬曆十八至二十七年（1590－1599）的十年內，播州應向貴州納銀總數是31,647両，但實際上祇完納1,817両，（同[19]）僅是總數的5.75％。類似的拖欠在其他土司地區也是很普遍的。例如湖廣每年供供給貴州銀30,720両，但由成化二十年至二十二年（1484－1486）的三年內總共拖欠65,000餘両。[21]明朝廷也不會因這些拖欠而大興問罪之師。

前面陳述過的播州應服的軍徭雜役也算是繁雜而沈重的。尤其是巨木的採伐與運輸，至為艱鉅。但楊應龍並不因此而拒辦造反，反而樂而為之。在萬曆十一年（1583）和十二年（1584），大火焚毀若干宮殿，朝廷命湖廣、四川、貴州等處運大木維修或重建。[22]楊應龍響應詔命，並於萬曆十四年（1586）運巨木七十根遠赴北京。朝廷因他獻木量多而質優，因此賜他「飛魚服」。應龍意猶未足，要求像他祖父楊斌一樣，獲賜更高一級的「蟒服」。朝廷拒授，並解釋因楊斌有軍功纔獲此特賜。而且朝廷也為了安撫楊應龍，又加給他一個「都指揮使」的軍銜。[23]反過來說，假使楊應龍不能完成運木的任務，朝廷也不會興師問罪的。例如貴州水西宣慰使安國亨獻木求賜飛魚服，而木沒有運抵京師，犯了欺君之罪，朝廷也祇是收回所賜，而命安國亨完成運木任務來贖罪而已。[24]

至於軍役方面，楊應龍不但沒有加以拒絕，反而努力作戰，以期望贏得朝廷的好感和更高級的賜贈。在萬曆十五年（1587）底，四川境內的越嶲、邛部諸夷作亂，徐元泰徵播州、酉陽等地士兵共五萬人平亂。這次平亂歷時半年，次年（1588）中纔結束。而楊應龍所率領的播州士兵身先士

卒，大獲全勝。㉕由此可知，楊應龍不會因軍役問題而引起播州與政府之間的衝突。

在分析播亂主因之前，先要了解幾種情況。按明律規定：「凡土官衙門人等，除叛逆機密並地方重事，許差本等頭目赴京奏告外，其餘戶、婚、田土等項，俱先申合干上司，聽與分理。」㉖而下級土司的「襲替、貢馬、表箋須宣慰印符」。㉗因此，播州宣慰使楊應龍對其轄下各司具有司法行政權力。而被史書上形容爲「桀黠」、「驕蹇」、「雄猜」、「嗜殺」的楊應龍可能會利用職權而乘機魚肉土民，橫加剝削。㉘因此，播州與明室的衝突並非全部播州土司皆與明室爲敵，反之，五司七姓（黃平、草塘、餘慶、白泥、重安等五個土司及田、張、袁、盧、譚、羅、吳等七大家族）因爲不滿楊應龍的酷殺樹威，都叛離楊應龍而依附朝廷。㉙所以在萬曆十九年（1591）貴州巡撫葉夢熊提出五司改土爲流、歸屬重慶府的主張時，㉚他們似乎也沒有反對，也許他們覺得在地方政府的保護下更具安全感。由此可見，明朝廷和地方政府，尤其是貴州布政司，所針對的祇是楊應龍及其支持者，而不是播州宣慰司及其轄下全部土司。

上述田、張二大家族皆與楊應龍有婚姻關係，但楊應龍嗜殺成性，在萬曆十五年（1587）因嬖倖小妾田雌鳳而殺其正妻張氏及岳母。他對法律的觀點與衆不同，認爲五司七姓皆其屬下，指出古時西南少數民族的「夜郎君長例得生殺其屬」，因此，他殺了妻子也不算大罪。而且自謂「前後頗有功於漢」，明朝廷不應該爲了維持漢法而助其下屬與他爲難。㉛但他卻因殺了妻子及岳母而種下禍根。當他在萬曆十五、十六年（1587－1588）爲明朝廷派士兵到四川平亂，正是「有功於漢」時，張家不敢造次。第二年（1589）張氏的叔父張時照聯合播州長官司的何恩和草塘安撫司的宋世臣，向貴州巡撫葉夢熊控告楊應龍造反。因爲光是告他殺人不能構成興師平亂的理由，造反卻是大罪，況且葉夢熊又是個强硬的主勦派。果然，葉夢熊上疏要求出兵大征播州。但四川方面卻持相反意見，主張安撫，因爲還須楊應龍在四川平亂。如此主勦、主撫各不相讓，交議三年（1589－1592）最後朝廷裁定楊應龍罪祇殺人而非叛變，祇須由四川、貴州兩省會勘即可，不必勞駕中央派員處理。㉜

綜上所述，可見播州先有內部矛盾。楊應龍自認爲對五司七姓有生殺之權，五司七姓則認爲楊應龍對他們欺壓太甚。而朝廷卻利用這些矛盾來乘機削弱土司之權力。如貴州巡撫葉夢熊主張將五司改土歸流，隸屬重慶

府，即是削弱楊應龍之統轄權力，使其孤立無助。當朝廷衡量主勦、主撫兩種政策時，認為兩者皆不適宜，蓋勦伐則耗費太昂，安撫則形同放縱。最佳的處理辦法還是付諸司法，依法律裁判，毋須花費分文，即可置楊應龍於死地。如此，大患既除，亦可順勢收回土司之政權。

萬曆二十年（1592），明地方政府對楊應龍的提問，可以說是文官政府對土司政權的挑戰，也是明朝法律和土俗的較量。那時，楊應龍對朝廷仍然恭順，自問並無造反之罪，於是欣然接受。他估計主勦派在貴州，對自己不利，要求赴四川的重慶府受審。當時的貪官污吏以土官為奇貨可居，多加敲詐勒索。如約定某日入境候審，當他依時抵達，官佐故意遷延不行；待他剛離開時，官佐則突然出現，而誣告他以跋扈不服罪，必得重賄纔停止作弄他。當他抵達重慶府後，未審却先入獄，在獄中又為獄卒凌辱，諸多需索。因此，他對政府官員極為不滿，懷恨在心。㉝更有甚者，在其意料之外，他竟然被判死刑。他認為是朝廷有意借法律之名來殺他。雖然，殺人者死，法有明文。但土司俗例對殺人賠命的詮釋有異，而且播州楊氏家族中已有先例，即第二十五世宣慰使楊愛的同父異母弟楊友因公擅殺、謀嫡位、盜官錢等皆審判有罪，但僅判遷居保寧接受羈管，尚不至於判死刑。㉞雖然沒有任何文獻史料可以證明朝廷與楊應龍之間有免判死刑的協議，但從朝廷同意巡撫王德完以楊應龍無造反之意而應免於死刑的主張，㉟可以算是一種默契；否則，楊應龍也不會冒險前往受審。今既判死刑，惟有上訴求赦一途，楊應龍願以二萬両銀贖罪。御史張鶴鳴正想駁回此訴求，恰巧日本入侵朝鮮，朝廷下令全國徵兵以援朝抗日；楊應龍趁此良機，自願帶五千土兵報效。在此情況下，朝廷批准楊應龍贖罪免死，並釋放回播州。㊱雖然，他的援朝土兵已準備啟程，但禮部尚書于慎行恐他帶兵出征中途有變，最後朝廷還是制止他出發赴朝鮮作戰。㊲

萬曆二十一年（1593），楊應龍又被告發殺了催他付贖金的政府官員並嫁禍為生苗所為。㊳這件事的真相未明，朝廷却遽爾下令四川、貴州兩省重審。經過上次審訊不愉快的過程和判決死刑的結果，這次楊應龍斷然拒絕。四川巡撫王繼光一力主勦，獲得朝廷的支持。翌年（1594）春，明政府派軍分三路進勦播州，楊應龍率領他親自訓練的苗兵據守婁山關，準備與官軍作戰。這是一向恭順的播州土司自明開國二百二十二年以來，第一次與明朝廷發生了武裝衝突。楊應龍有膽量以武力對抗朝廷，一方面是迫不得已，因為接受重審則難免再判極刑；若不受審，則祇有抗勦到底，

不然只好坐以待斃。另一個原因是有先例可援，就是戰勝而求情，則可免一死。事緣十五世紀中葉（隆慶元年至萬曆五年，1570－1577），貴州水西宣慰使安國亨殺安萬銓之子安信，信兄智及其母告國亨反，朝廷發兵，爲國亨所敗。國亨事後進行了幾項求情措施：（一）遣使哀辭乞降，（二）割地安置安智母子，（三）補償朝廷兵費。朝廷果然赦免國亨的死罪，祇革其職，改由其子安民襲位。㊆從這個先例看來，楊應龍是有一試之必要。況且川軍曾借他助戰，實力如何，他很清楚。結果，正如所料，楊應龍大敗四川官軍於白石口。貴州官軍加入戰圈也無功而回。而川貴兩省協議再勤，却被御史薛繼茂否決。此時，楊應龍仿照二十年前水西安國亨的做法，寫信給朝廷求赦。禮科給事中楊東明提議，由中央級大員前赴播州查勘。情有可原，則赦其不死，否則發動川、湖、雲、貴聯軍進勤。㊇

萬曆二十三年（1595），邢玠以兵部左侍郎兼右副都御史的身份兼督四川、貴州軍務前往四川處理播亂事件。首先，邢玠傳檄楊應龍，謂「當待以不死」。又由兵部尚書石星請水西安疆臣向楊應龍游說，並轉致石星手札。有了這些書面保證之後，楊應龍接受第二次審訊。結果是：（一）黃元、阿羔、阿苗等十二人代替楊應龍受死刑；（二）楊應龍要繳納贖金四萬両銀和助採巨木；（三）革除楊應龍的宣慰使職位；（四）楊應龍長子朝棟先降級爲土舍，負責督催糧馬，如五年內能守法奉公，經過保舉的手續可襲原職；（五）楊應龍次子可棟作爲人質羈留在重慶府，直至楊應龍完納贖金爲止；（六）五司暫改屬黃平安撫司。㊉

這個判決結果表明楊應龍大爲吃虧。理由之一，在戰場上楊應龍本是個勝利者，現在却成爲被告。理由之二，楊應龍雖有書面保證，但還是被判死刑，不過由所謂「首惡」十二人代他受刑而已。理由之三，楊應龍仍然有罪，不過可用贖金和採木代替。理由之四，楊應龍被革職，子朝棟不能立刻繼承，要降爲土舍，五年方可有條件眞除。這個機會隨時會因催納糧馬不足而喪失。況且仇家多，誰會保舉朝棟襲職？理由之五，叛離五土司已改屬。表示楊應龍已喪失五司的土地和管轄權力。理由之六，作爲人質的可棟可能會重蹈楊應龍的覆轍而被貪官污吏勒索不止。這種賄金和贖金（是第一次審判的贖金之兩倍）以及採木之費，因五司改屬而無從籌措。如不能完納，則次子不能歸家，而長子未必能復職，楊應龍及其家族的政治經濟生命即近於完結。而在明朝廷這一方面，花費浩大的援朝抗日戰爭正是如火如荼，而今不費一兵一粟却有如此優艮的成績。可以說，在戰場上輸

給楊應龍，却在法庭上贏了他。怪不得事後對邢玠及參與人員皆論功行賞。
⑫

楊應龍雖然大權旁落，但愛子情深，仍然依例按期繳納贖金和運輸巨木，希望早日父子團聚。萬曆二十四年（1596）在楊應龍和朝棟名下分別各有獻大木二十根的紀錄。⑬如無意外，數年之後，待贖金納完，則次子可歸家團聚，長子可承襲父職，而楊應龍仍可作爲一個小土司的父親，度其餘年。不幸的是，楊應龍的次子可棟死於重慶府質所，老年喪子，傷心痛恨可想而知。可棟的死因不詳，間接可能和勒索迫害有關。而直接死因，不外是毆打致傷，患病失醫，或營養不良，屢弱致死等。即使是意外身亡，與人無尤，楊應龍亦會歸罪重慶府官吏的照顧不周。尤有甚者，當楊應龍要求運屍歸葬時，官吏以楊應龍未完納贖金而不許。這與土俗隆喪厚葬的風俗習慣有極大的矛盾。例如第二十七世播州宣慰使楊相客死水西，其子楊烈雖與乃父有隙，仍要求父屍歸葬。水西反要求割水煙、天旺兩地，楊烈也在所不惜。⑭蓋歸葬家鄉，所謂落葉歸根，乃至高之葬禮；而死無葬身之地，乃奇恥大辱。漢官不察？抑是明知故犯，藉機敲詐？莫可深究。這是播亂的重要轉捩點。

楊應龍雇上千僧人爲次子可棟遙祭招魂之後，便與明地方官員和仇家誓不兩立，重組武裝，準備戰鬥。他的武裝經費來源是沒收殷富人家的財產，兵源是用重金厚幣召募而來的生苗，訓練其健者名爲「硬手」，分遣土目，置關據險。然後率苗兵沿途焚劫，對象包括原來的五司七姓，以及漢軍守備的興隆、都勻各衞。萬曆二十五年（1597），流劫江津、南川；次年（1598）大掠貴州的洪頭、高坪、新村諸屯；又侵湖廣四十八屯，範圍愈來愈廣，不僅爲向五司七姓報復而已。再次年（1599），貴州巡撫江東之用三千兵應戰，全軍覆歿。綦江城中新募兵不滿三千，楊應龍攻破綦江城，盡屠城中人，投屍蔽江，水爲之赤。這樣大規模的流竄濫殺，已無主撫派置喙的餘地了。楊應龍能統率生苗土兵縱橫三省數年，主要是朝鮮戰情緊迫，朝廷無暇南顧。直至萬曆二十八年（1600），朝鮮戰事結束，朝廷才命總督李化龍節制川、湖、貴諸省軍事，調東征諸軍南下，聯合陝西延綏、寧夏、甘肅、固原四鎮，與河南、山東、浙江、湖廣、廣西、雲南、貴州、四川諸省，以及各地土司的漢土聯軍，約共二十四萬人，分八路挺進播州，由二月二十二日至六月六日，歷時一百多天，才徹底平定。楊應龍自殺身亡，弟兆龍、子朝棟等被俘。⑮自唐楊端入播（876）迄楊

8

應龍亡（1600），共二十九世，歷七百二十四年，才正式結束楊氏家族在播州的統治。

綜論播亂的原因，不在於楊應龍對明朝廷的不恭順，對助戰平亂的不賣力，或者對賦役的不完納；反之，明朝廷對楊應龍的朝貢、助戰、繳賦或獻木的滿意度非常高，尤其播州土兵的饒勇善戰，對明朝廷的地方靖亂有不可磨滅的功勞。從播亂歷史的發展看來，楊應龍之叛亂是逐步被迫衍生而成的，其中明朝官吏要負極大的責任，用「官逼民反」來形容也不過份。茲逐點分析論列如次。

第一點是禍起蕭牆，內部分裂。楊應龍嗜殺成性，也是罪不容恕。他以殺妻惹禍，進而引致眾叛親離、自毀城牆。因為嫡妻張氏乃播州所屬五司七姓中之大家族之一，勢力甚大。五司七姓的叛離使楊應龍更形孤立。明地方官員乘機採用分化政策，更藉此提議改土歸流。而楊應龍妻張氏之族叔誣告楊應龍造反，明朝廷才有藉口在萬曆二十年（1592）進行第一次審訊楊應龍。

第二點是漢土法律觀念之差異。土司認為殺人罪可贖，不致於死。明朝廷以大明律例為根據：殺人償命，以為判死刑是依法審判，至為合理。但明官審判時用漢法，執行時用土俗。土俗用贖金，判以極刑則可多得贖金。故第二次審訊（1593），明官又食言而判楊應龍死刑。從贖金的加倍，不難看出明官方意在斂財。而可棟死後，究竟完納贖金與運屍歸葬，孰輕孰重？又為漢法與土俗衝突之所在。

第三點是官吏不良，激發矛盾。這又可分兩個層次的官吏來討論。先從下層官吏來說，明朝官俸不高，以致貪官污吏乘機勒索。例如楊應龍赴審時的人為誤期，獄中受辱，以及作為人質的次子可棟可能庾死羈留所，都與此有關。再從上層官吏來說，作為朝廷的地方代理人的封疆大吏，無論主勦派或主撫派，都藉楊應龍事件來作邀功晉升的機會。主勦者如一舉滅播，當然功勞最大。而主撫者是四川的地方官，希望安撫楊應龍，然後利用播州土兵赴川助戰平亂，以解決四川之問題。可以說，明邊臣利用楊應龍之犯罪，各以其本位利益提出解決之辦法，毫無依據法律以秉公辦理之意。

從以上的幾點分析，明室對播州土司的削弱，從對楊應龍的一審判罰金獻木，到二審的革職、削地、奪權，已達到嚴格控制的目的，毋須進一步的勦滅改流。可惜官吏不良，拒絕楊應龍運屍歸葬而激發叛亂，延綿四

載，毒流三省。到此地步，朝廷不可能坐視不理，一俟朝鮮戰事結束，即調大軍勦平播州。

四、播州平定之善後事宜

播州事變之前，萬曆十九年（1591）貴州巡撫葉夢熊曾有將五司改流之主張。播州平定後，朝廷及地方官員皆異口同聲地建議改土歸流。㊻這是自永樂十一年（1413）貴州的改土歸流以來又一次雷同的邊務改革。前者是各土司合併成八府四州而置於一新設的貴州布政司之下。這次是將播州宣慰司分割為二府：遵義府領一州、四縣、一衛，北歸四川布政司管轄；平越府領一州、三縣、二衛、二長官司，南屬貴州布政司治理。茲將其統屬關係表列如下：

第二表　播州改土歸流後府州縣統屬表

布政司	府	州	縣	衛	長官司
四川	遵義	眞安	遵義 桐梓 綏陽 仁懷	威遠	
貴州	平越	黃平	餘慶 甕安 湄潭	清平 興隆	凱里 楊義

資料來源：《明史》，冊 4，頁1034，1207－7；《遵義府志》，冊 1，頁80。

從上表可見除了兩個低層的長官司仍保留外，其餘的中上層土司，包括與楊應龍敵對的五個土司（黃平、草塘、餘慶、白泥、重安）在內，全被撤裁。而三個軍事衛所的設立，很明顯地表示政府仍不放心楊應龍的殘餘勢力或土著之反抗力量，因而有所戒備。李化龍的《播州善後事宜疏》

10

中，所提議的善後措施如「設屯衞」、「設兵備」、「設將領」三項，都是加強軍事控制的設施。如遵義府下設一衞，一衞下有五所，每所駐軍一千，即共有五千。每軍分田三十畝，自耕自食，不必納糧，如同衞所屯田制度一樣。又設兵備道以統籌衞所及鄰近土司兵務，凡該地方一切「招集兵民、修築城堡、布置邊防、儲積糧餉，疏通驛遞，禁伏豪強諸事，聽其隨時督理」。另設總兵官及以下將校率領官軍土兵，隨時執行任務。⑰

流官政府成立之後，絕大部份的中上級官員都是漢人。李化龍從鄰近府、州、縣推薦了一個約二十位能幹官員組成的領導班子，佔據著如知府或同知等重要位置。原來反對楊應龍而依附朝廷的五司土官，在新政府中降級任用。如江外諸司安撫與正長官降爲該縣的土縣丞，副長官爲土主薄；又如同知羅氏降爲土知事。⑱

從前土司定額納糧給明政府，是用土辦法向土民徵收的，與中土地方政府那樣有賦役黃册作爲根據的方法不同。今已改流，當然要用漢法來定田賦了。因此，李化龍提議新任府官親率州、縣官劃定疆界，沿丘履畝，逐一丈量，分爲等則，造册呈報。然後總計田地若干，徵本色，折色若干，等二年之後才開始繳納。由於大戰剛結束，遺棄田地多無主人，因此，一方面爲防止冒領佔領，一方面分田給播州舊民耕種，每人三十畝，上下田均配（純下田不得超過一百畝，純上田不得超過二十畝）。仍有餘田，則招湖、川、貴三省漢人來承種，條件是要納糧當差。⑲此後，播州地區將有兩種發展情況：一是大地主消失，多是小自耕農，二是漢移民漸多，漢、土人口比例有所改變。

播州舊有的漢化教育並不普遍，僅白田、黃平兩地有學校。早在洪武十二年（1380）有長官司學，永樂四年（1406）升格爲宣慰司學，不知何時廢置，後改建爲一間名叫「梓潼觀」的道教廟宇。⑳李化龍提議在改流後，除修葺舊學外，在眞安州加建一所學校，並在三校加設教授、訓導等教職人員，以廣招學生。待各縣人文漸盛，物力稍舒時，才各設縣學。㉑由於漢人官吏及漢移民的增加，漢化教育自然會得到推廣。

五、結　論

明代邊務政策有兩大特色，一爲土司制度之建立，一爲改土歸流之實施。而播州之於明代，兩者兼而有之。播亂之前，作爲土司一實例，可以

反映其與明政府之關係及其所盡土司之職責與義務。播亂之後，可以觀察明政府如何在播州實施改土歸流。藉著對播亂因素的分析，又可探討明代政府的土司政策之得失。

中國歷代皇朝對少數民族多採羈縻政策，任其自治。迄蒙元入主中國，始正式派官名「達魯花赤」者與土酋共治，遂開土司制度之先河。明承元制，大爲恢拓，建成統屬分明，階級有別之嚴密制度。大抵以地近中土而漢化較深者，置爲土府、土州、土縣，建制如內地之府、州、縣；地遠中土或居於崇山峻嶺之有實力土酋，則封爲宣慰、宣撫、安撫、招討、長官等司。土府州縣屬文職，歸布政司管轄；宣慰等司屬武職，受都司衛所節制。二者仍以土酋爲首席長官，用以駕御土民；其下佐貳或經歷則用流官（以漢人爲主），管理戶口錢糧等事務，同時對土酋亦寓監察之意。土司之主要職責爲管治區內土民戶、婚、田土等事，派兵協助政府保境平亂，出征禦敵。而其義務則爲定期朝貢，採木獻馬等。播州宣慰司爲明代土司中位階最高者，其任務亦較爲繁雜。在軍事上，其出兵協助政府軍征討不服，見諸文獻者凡十四次，出兵人數最多的一次爲二萬人。朝貢方面，其於明代在位二百二十八年間，總共履行一百一十四次，密度爲諸土司之冠。至於建驛站、築城垣等，史不絕書；最爲艱鉅危險之採運巨木，亦屢見不鮮，並嘗爲朝廷賜飛魚服，以示嘉獎。其爲明代最恭順的土司之一，殆無疑問。

然而，播州事件之演變，前後八載（1592－1600），反映明室與播州之關係日漸惡化。播州宣慰使楊應龍以殺妻而被誣告造反，第一次審判，判死刑而准以二萬両銀贖罪。翌年再度被控，楊應龍拒絕受審，以致發生與朝廷對抗之行動。結果朝廷軍隊敗北，楊應龍亦求降，因有第二次之判決：楊應龍革職、削土、奪權、次子作人質，而且贖金加倍。後以其作質之次子死於質所，且不准歸葬；而贖金過重，恐不能完納而致其嗣子不得襲職。楊應龍乃再叛，屢敗官軍，歷時三年，毒流三省，後動員全國之力量始平定之。

播州之亂旣平，因改土歸流，漢官爲長官，土官降爲副貳，政府亦投資其地，修驛站、建官衙、築城垣、興學校，招募漢移民入居，賦役義務亦漸改爲中土制度，播州日漸漢化，如同中土，此皆改土歸流之功。

注釋：

①房兆楹在他的《李化龍傳》中，估計播州之面積如今日之瑞士（瑞士的面積

李龍華　播州事件──明代邊政之個案研究　　309

是41,287.9平方公里），而播州東西1,220里，南北1,040里，折成公制，相當於31,720平方公里，與台灣之面積34,263平方公里較爲接近。參考李化龍，《平播全書》（上海，叢書集成本，一九三七），册四，頁三二三；L. C. Goodrich et. al., *Dictionary of Ming Biography, 1368－1644*（New York, 1976）V. I. p. 823；Hsieh Chueh-min（謝覺民），*Atlas of China*(U.S.A., 1973）P.148；〔不著編著者〕*Atlas de la Suisse*（Wabern-berne, 1966）1 a。

②茅瑞徵，《萬曆三大征考》（台北，華文書局，一九六八），頁六七，播州條。谷應泰，《明史紀事本末》（台北，三民書局，一九六九），下册，頁六九一，〈平楊應龍〉。

③宋濂，《楊氏家傳》（《宋學士全集本》，一八八七），卷十，頁三一下。張廷玉，《明史》（北京，中華書局點校本，一九七四年），册二七，頁八〇六七。

④《明史》，册二六，頁八〇三九，〈四川土司〉。

⑤申時行，《大明會典》（台北，新文豐出版公司，一九七六），册三，頁一六一六，〈朝貢〉四。

⑥《明實錄》（台北，中研院史語所校本，一九六二），册三，頁一三一八至一三一九；册四，頁一六二四，一六九三，一七九八；册五，頁一九五六，二〇〇七；册六，頁二五〇八，二五七一；册七，頁二七八七，二八七二，三〇二七，三一五九，三一六九，三二〇五；册八，頁三二七三，三三五五至三三五六，三三六九，三四七二，三五六八至三五六九。

⑦黃開華，〈明代土司制度設施與西南開發〉，載《明史論叢》（台北，學生書局，一九六九），册五，頁一二〇，一六三。

⑧《明實錄》，册四，頁一五五八。

⑨《明史》，册二六，頁八〇四〇，〈四川土司〉。

⑩《明史》，册二六，頁八〇〇二至八〇〇四，〈四川土司〉。

⑪何喬新，《勘處播州事情疏》（長沙，紀錄彙編本，一九三八），册五一，頁九。

⑫李化龍，《平播全書》，册四，頁三二八。

⑬呂坤，〈憂危疏〉，載陳子龍編《明經世文編》（香港，中華書局，一九六二），册五，頁四四九五。

⑭《明實錄》，册五，頁二一八六；《明史》，册二六，頁八〇四〇，〈四川土司〉。

⑮《明實錄》，册五，頁二二三二。

⑯《明實錄》，册五，頁二二三八。

13

⑰《明史》，冊二六，頁八○四○，〈四川土司〉。

⑱參考嘉弘，〈試論明清封建皇朝的土司制及改土歸流〉，《四川大學學報》第二期（一九五六年四月），頁六六至六八；江應樑，〈明代雲南境內的土官與土司〉（昆明人民出版社，一九五七），頁一七至二五；胡慶鈞，〈明代水西彝族的奴隸制度〉，《歷史研究》（北京）第五至六期（一九六四年十二月），頁一五○。

⑲郭子章，〈平播善後事宜疏〉《明經世文篇》，冊六，頁四五五一。

⑳《平播全書》，冊四，頁三二八。

㉑《明實錄》，冊一○四，頁三五三三。

㉒談遷，《國榷》（北京，中華書局，一九五八），冊五，頁四四六三，四四六六。

㉓《明史》，冊二六，頁八○四五，〈四川土司〉。

㉔《明實錄》，冊一○四，頁三三二○至三三二一，三三三九，三五六七至三五六八；冊一○五，頁三七五九，三七六七。

㉕鄭珍纂《遵義府志》（台北，成文出版社，一九六八）冊二，頁九○○至九○一；《明實錄》，冊一○五，頁三七六三至三七六六；《國榷》，冊五，頁四五三二至四五三三，四五四五。

㉖《大明會典》，冊四，頁二三六一，「刑部」一一。

㉗《萬曆三大征考》，頁七三。

㉘申時行，《雜記·川貴土司》載《明經世文編》，冊五，頁四一七三；《萬曆三大征考》，頁六八；《明史》，冊二六，頁八○四五，〈四川土司〉。

㉙出處同上注。諸書皆謂「五司七姓」叛離楊應龍。五司之名見《平播全書》，冊五，頁四九八。七姓之名見《明史紀事本末》，下冊，頁六九一，「平楊應龍」。

㉚《明史》，冊二六，頁八○四五，〈四川土司〉。《遵義府志》，冊二，頁九○一。

㉛《萬曆三大征考》，頁六九。

㉜《明實錄》，冊一○六，頁四三○三至四三○四；《國榷》，冊五，頁四六四五。

㉝申時行前引文。

㉞何喬新，《勘處播州事宜疏》，冊五一，頁一上至五三下。《明史》，冊二六，頁八○四二，〈四川土司〉。

㉟《明實錄》，冊一○七，頁四六○四。王德完奏稱：「楊應龍罪在嗜殺，非叛也。宜令解職聽襲，待以不死。主謀馮時熙、李斌等宜服上刑。……請行川、貴撫按勒限勘奏。」從之。

㊱《萬曆三大征考》，頁六九。

㊲《國榷》，册五，頁四六八〇，四六九〇；《明實錄》，册一〇七，頁四七四四。

㊳《明實錄》，册一〇七，頁四八六〇。James B. Parsons, "Yang Ying-Lung", in *Dictionary of Ming Biography, 1368－1644*, V.2, p.1554。

㊴何喬新前引文。《明史》，册二七，頁八一七一，〈貴州土司〉。

㊵《明實錄》，册一〇八，頁五〇四四至五〇四五，五一三七至五一三九。

㊶《明實錄》，册一〇八，頁五一五九至五一六〇，五二五五；《萬曆三大征考》，頁七一至七三；《明史》，册二六，頁八〇四六至八〇四七；《遵義府志》册二，頁九〇二。

㊷邢玠晋陞爲右都御史，王士琦晋陞爲川東兵備道副使，其餘各有賞賜。參考《明實錄》，册一〇九，頁五四〇三。

㊸《明實錄》，册一〇九，頁五六五〇；《國榷》，册五，頁四七八〇。

㊹《明史》，册二六，頁八〇四四，〈四川土司〉。

㊺《萬曆三大征考》，頁七三至八四；《明史紀事本末》，册下，頁六九五至六九八，《明史》，册二六，頁八〇四七至八〇四九；《遵義府志》，册二，頁九〇三至九一〇。

㊻除了兵部之外，山西道監察御史李時華、總督川、湖、貴州軍務李化龍、貴州巡撫郭子章、湖廣巡撫支可大，偏沅巡撫江鐸、四川巡按崔景榮、貴州巡按宋興祖、湖廣巡按王之賢等，皆同意播州改土設流，分置郡縣。參考《明實錄》，册一一一，頁六五一九至六五二一；《平播全書》，册四，頁三二一至三三三；《明經世文編》，册六，頁四五四七至四五五四。

㊼《平播全書》，册四，頁三二四至三二六。

㊽《平播全書》，册四，頁三二六至三二七，三三一至三三二；《遵義府志》，册二，頁七〇二至七〇六。

㊾《平播全書》，册四，頁三二八至三二九。

㊿《遵義府志》，册一，頁四四一。

(51)《平播全書》，册四，頁三二九至三三〇。

附錄：播州楊氏家族世系表

楊氏遠祖

端　（１）　〔唐乾符三年（876）入播州〕

牧南　（２）

部射　（３）

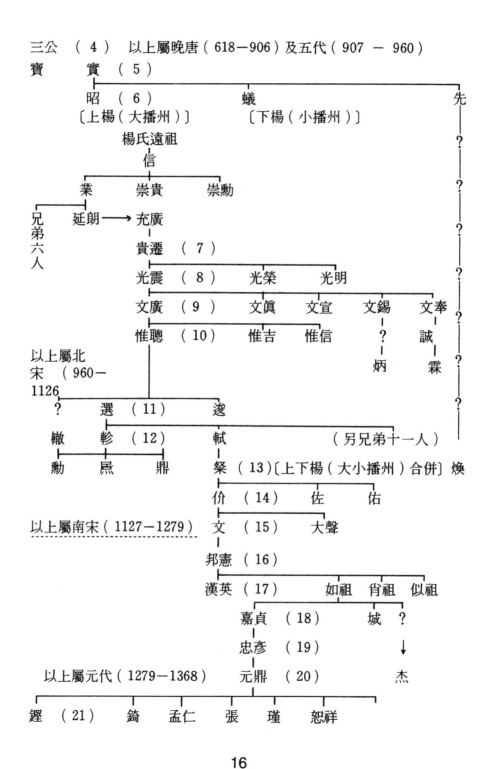

李龍華　播州事件──明代邊政之個案研究

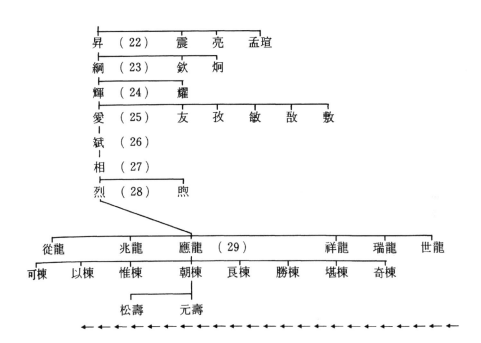

The Po-chou Uprising — A Case Study on the Tribal Administration of the Ming Government

播州事件——明代邊政之個案研究

by Lung-wah Li（李龍華）

The Yang clan had ruled over Po-chou for seven and a quarter centuries since 876 A.D. The uprising headed by the clan ruler of the twenty-ninth generation Yang Ying-lung was suppressed and the Po-chou tu-ssu (tribal government) was abolished in 1600. This article addresses the relationship between the Yang clan and the Ming Court and explores the background of the uprising. The evolution of the frontier policy and tribal administration adopted by the Ming Court is also examined.

從宋太祖崇儒看學風之產生

趙效宣

宋代學風，日本學者言之備矣。茲文則僅就學風之「產生」略為說明耳。

（一）崇儒政策

中國歷史發展到唐玄宗天寶末年（756），安祿山、史思明叛亂，藩鎮割據為禍，中原丘墟。繼而兵擅於將，將擅於兵，互相擁立①，史云：宋太祖黃袍加身後，寢食不安之餘，擬除去禍源，乃杯酒釋諸將兵權，②其他武臣，欲盡令讀書，貴知為治之道，③用讀書人④典郡，⑤純用文治。⑥將武人逐出政治範圍，代之而興者則為文人，然文人之來源將如何而得？儒林公議曰：「以隆興學校為心。」⑦宋會要曰：「專師儒，欲教而後用，養而後取。」⑧於是獨尊儒教，⑨長編曰：「崇尚儒術，制度禮樂，一出儒術，行孔子之道，君君而臣臣，京師達於郡、縣，皆崇嚴廟貌，尊祀之於學宮。」⑩蓋州、縣學校皆設置於孔子廟中，由是宮、府中人士亦為之改變，玉壺清話曰：「太祖本人則廣閱經、史，且督促宰相趙普讀書，以致普手不釋卷。」⑪宋史曰：「而太宗、真宗在藩邸時既已有好學之名矣。」⑫此種好學，即為後世子孫之家法。故呂本中云：「宋朝以家學為家法，故子孫之守家法，自家學始。」⑬總觀宋史，宋代宗室子孫確少有失德者，蓋與家學有不可分關係。然以當時社會久經戰亂烽火，人民流離失所，史云：「當時學者尚少，一般儒生，往往多依靠山林，最有名者，有嵩陽、嶽麓、睢陽及白鹿洞等四大書院，太祖於是賜予扁額。」⑭賜額嘉獎，以圖倡興地方教育也。至於中央，長編曰：「屢幸國子監，⑮令增葺周世宗所建國子監學舍，及孔子廟祠宇，塑繪先聖先賢先儒之像：自贊孔、顏，命宰臣兩制以下分撰餘贊。於是左諫議大夫河南崔頌判國子監事，始集聚生徒講書。太祖聞而嘉之，遣中使徧賜以酒果。尋又詔一品禮，立十六戟於文宣王廟門。」⑯其貴顯與敬重如此。

太祖崇尚儒術，聽政之暇，觀書為樂，殆至宵分，手不釋卷。及太宗即位（977）史云：「驛送國子監出版之九經給譚州嶽麓山，盧

山白鹿洞書院，使生徒肄習。」⑰又曰：「置三館養天下士。」⑱又嘗留意於中央學，宋史云：「幸國子監，令直講孫奭講尚書說命三篇。」⑲又留意於字學，以許慎說文差謬，「乃令徐鉉等人精加讐校，定為三十卷。」⑳至今論小學者，必以說文為主。又積急整理搜訪圖籍，曾鞏曰：「復設署禁中，收舊府圖籍與吳、蜀之書，分六庫以藏之。㉑太平興國九年（984）詔曰：『宜令三館，所有書籍，以開元四部書目比較，據見闕者，特行搜訪，仍且錄所少書，告示中外，若臣僚之家有三館闕書，許詣館進納，及三百卷已上者，與一子出身，不及三百卷者，據卷帙優給金帛。如不願納官者，借本繕寫，寫畢却以付之。蓋以教化之本，治亂之源，若非書籍，何以取法？」㉒故頒布此詔書，以示鄭重其事耳。

真宗即位（998）史云：「諸路、州、縣，凡有學校聚徒講誦之所，並賜九經。」㉓以便諸生習誦。於中央方面，據宋史曰：「幸國子監，召學官崔偓佺講尚書大禹謨。」㉔至景德二年（1005），長編云：「幸國子監，閱書庫。」㉕又云：「大中祥符元年（1008），幸曲阜縣，拜謁文宣王廟，酌酒告神，有司規定儀制，止肅揖，真宗特再拜。又去孔林，以樹木擁遮道路，乃降輿騎馬到孔子墓前祭奠及行禮。」㉖對至聖先師之尊敬可謂備而且至矣。又曰：「又賜九經、三史，令兗州選儒生就廟講說。」㉗史云「其後則就廟創立學舍，乃在齋廳講說。」㉘蓋縣學之始也。長編曰：「「且頒令諸州釋奠至聖文宣王廟儀注及祭器圖。」㉙圖、文備具，遂為後世之法。其本人與中央學據宋史新編曰：「五年（1012）冬十月辛酉，作崇儒術論，刻石國學。」㉚國子監之國子太學也。史云：「乾興元年（1022），又詔：『令於兗州文宣王廟立學，給田十頃，仍令密州馬耆山講書太學助教楊光輔特遷一官為兗州學講書。』」㉛是為州郡建學之始也。

仁宗即位（1022）大典云：「晏殊知應天府，乃大興學校；范仲淹方居母喪，殊延以教諸生。」㉜從此天下州、府逐漸興辦學校。茲依所得資料年代先後，附見下表。

趙效宣　從宋太祖崇儒看學風之產生　317

年　代	府州學名	典　籍　出　處	備註
仁宗天聖八年（1030）二月庚寅。	江甯府學	長編卷一〇九，頁十三。	學田十頃。
天聖九年（1031）三月癸亥。	青州州學	長編卷百十，頁四。	九經。
明道元年（1032）七月甲戌。	壽州州學	長編卷百十一，頁八。全文卷七，頁三三三。	九經。
二年（1033）五月庚寅。	大名府府學	長編卷百十二，頁十四。全文卷七，頁三三七。	九經。
景祐元年（1034）正月甲子。	京兆府府學	長編卷百十四，頁一。全文卷七，頁三四二。	學田五頃。九經。
五月壬申。	河南府府學	長編卷百十四，頁十六。	改爲國子監
六月己丑朔	陳州州學	同上。	學田五頃。
同上。	揚州州學	同上。	同上。
閏六月戊午朔。	杭州州學	長編卷百十四，頁二十。	學田五頃。
冬十月辛巳。	舒州州學	長編卷百十五，頁十五。	學田五頃。
二年（1035）三月乙未。	亳州州學	長編卷百十六，頁七。	學田五頃。
同上。	秀州州學	同上。	同上。
同上。	濮州州學	同上。	同上。
同上。	鄭州州學	同上。	同上。
四月戊辰。	楚州州學	長編卷百十六，頁十。	九經。
十月己巳。	蘇州州學	長編卷百十七，頁十四。宋元通鑑卷十八，頁五。全文卷七，頁三五四。	學田五頃。
十月壬子。	蔡州州學	長編卷百十七，頁十二。全文卷七，頁三五四。同卷，頁三六一。	學田十頃。
十一月辛巳朔。	應天府府學	長編卷百十七，頁十五。全文卷七，頁三五四。	學田十頃。
十二月乙丑。	孟州州學	長編卷百十七，頁十九。全文卷七，頁三五五。	學田五頃。
三年（1036）正月己酉。	洪州州學	長編卷百十八，頁二。全文卷七，頁三五五。	學田五頃。
同上。	密州州學	同上。	學田五頃。
三月癸巳。	潞州州學	長編卷百十八，頁五。全文卷七，頁三五六。同卷，頁三六四。	學田五頃。
景祐三年（1036）三月癸巳。	常州州學	長編卷百十八，頁十五。全文卷七，頁三五六。同卷，頁三六一。	學田五頃。
四月乙亥。	衡州州學	長編卷百十八，頁九。全文卷七，頁三五七。	

3

頁　28　－　329

五月戊子。	許州州學	長編卷百十八，頁十一。全文卷七，頁三五七。	
五月辛卯。	潤州州學	同上。	
五月戊戌。	眞州州學	長編卷百十八，頁十三。	學田五頃。
六月戊申。	越州州學	長編卷百十八，頁十五。全文卷七，頁三五九。	學田五頃。
六月壬子。	階州州學	同上。	同上。
六月甲子。	眞定府府學	同上。	同上。
同上。	博州州學	同上。	同上。
同上。	鄆州州學	同上。	同上。
八月甲寅。	幷州州學	長編卷百十九，頁四。全文卷七，頁三五九。	
九月戊寅。	絳州州學	長編卷百十九，頁七。全文卷七，頁三六〇。	
十月辛未。	合州州學	長編卷百十九，頁十四。	
十一月乙亥。	江州州學	長編卷百十九，頁十四。全文卷七，頁三六〇。	
四年（1037）四月乙巳。	宣州州學	長編卷百二十，頁六。全文卷七，頁三六一。	學田五頃。
八月戊戌。	華州州學	長編卷百二十，頁十五。全文卷七，頁三六三。	
同上。	福州州學	同上。	自是須藩鎭許立學。
十二月壬申。	路州州學	長編卷百二十，頁十九。	學田五頃。
十二月乙酉。	徐州州學	長編卷百二十，頁二十一。全文卷七，頁三六五。	學田五頃。
寶元元年（1038）二月甲戌。	鄆州州學	長編卷百二十一，頁十一。全文卷七，頁三六七。	學田五頃。
三月己酉。	潁州州學	長編卷百二十一，頁十六。宋會要崇儒二，頁二一八八下。	自是大州許立學。
七月癸丑。	襄州州學	長編卷百二十二，頁四。全文卷七，頁三七〇。	學田五頃。
二年（1039）二月庚午。	明州州學	長編卷百二十三，頁四。全文卷七，頁三七一。	學田五頃。
三月丙辰。	泉州州學	長編卷百二十三，頁八。全文卷七，頁三七二。	學田五頃。
十一月辛丑。	建州州學	長編卷百二十五，頁三。全文卷七，頁三七四。	學田五頃。
慶曆三年（1043）十二月庚申。	廣州州學	長編卷百四十五，頁二十。宋史全文續資治通鑑卷八，頁四二五。	

據表知仁宗景祐四年（1037），藩鎮建立學校。寶元元年（1038）則大郡亦建立學校。至慶曆四年（1044），則州、縣不分大小皆立學校，見下表。

地方學校分布表

地區	府學	州學	軍學	監學	縣學	小學	塾	書院	鄉校	義學	蕃學	里學	其他
浙江	1	10			39	1	3	7	1			2	
福建		5	2		36	1	3	10			1		1
江蘇	2	8	3		19		2	4	1	1			
安徽		11	3		12		2	2					
湖北	2	12	5		10		2	4					
湖南	1	15	2	1	23		5	5					1
江西		9	3		41	1	4	12	1	1			
四川	6	31	7	1	24		2	1	6				
廣西	1	14			1				1				
廣東		17	1		7	2							
河南	3	14	3		13			2					國子監1 京學1
山東		19			4		4						
河北	2	7	3		3		3						
山西		7	1		4		1						
關陝	6	28	4		8	1							
總計	24	207	37	2	244	6	31	47	9	3	1	2	4

此為地方學校之大概情形（此表乃據拙撰教育政策初稿，故未註出處。）；至於中央方面，據長編曰：「仁宗景祐元年（1034）以河南府學為國子監。」㉝又曰：「慶曆三年（1043）以南京府學為國子監。」㉞而國都開封之國子監則在仁宗即位之初，詔：「增國子監進士解額二十員。」㉟康定元年（1040）「賜田五十頃。」㊱慶曆三年（1943），「又賜學田二十二頃。」㊲四年（1044），「以上清宮田園邸店賜之。」㊳計有房二百餘楹，制度猶狹小，不足以容納學者，乃以錫慶院、朝集院先後改作學宮。㊴仍為不便，遂以馬軍都虞候公廨為太學學宮。㊵又割親王府第，㊶收買民居為齋舍。㊷至此，國子監始落成。史云：「五月壬申，仁宗幸國子監，謁至聖文宣王，有司云：『舊儀，止肅揖。』而仁宗則特再拜。」㊸

蓋援眞宗之例，以示異禮耳。總觀前論頗如陳傅良所言：「自太祖建隆（961至3）至仁宗天聖（1021至32）、明道（1033）間，一洗五季之陋，知鄉方矣。而守固蹈常之習未化。范仲淹始與其徒抗之以名節，天下靡然從之，人人恥無以自見也。歐陽修出，而議論文章粹然爾雅，軼乎魏晉之上。久而周濂溪出，又落其華，一本於六藝，學者經術，遂庶幾於三代，何其盛哉？則宋代人物之所由衆多也。」㊹至此，太祖之崇儒、興學、重道政策，大致粗定，歷朝相承，均循此方向發展，雖經播遷，亦未嘗更改也。

（二）重道尊賢

宋代之學校，均設立於孔子廟中，據漢班固曰：「自漢武帝時（西曆前140至87）令天下郡國皆立學校官。」㊺蓋先有學校而後立學校官也。胡寅言:「凡建學校者,必祀孔子,以示道業有所宗。」㊻王安石言:「孔子爲百世師,通天下州、邑皆爲之作廟。」所謂孔子廟也。㊼魏了翁言:「考魯哀公十七年，立孔子廟於故宅，閱千餘年，未嘗出闕里。」㊽闕里，乃地名也，在山東省曲阜縣城中，家語，孔子始教學於闕里，即孔子之故里也。了翁又言：「自漢儒始有先聖先師之說，然而郡國雖立學校官，考諸史，亦未見有釋奠之文。」㊾余靖曰：「蓋以古者立學校，必行釋奠之禮，天子諸侯皆親臨之，周人祀周公，魯人祀孔子爲先聖。」㊿乃至聖先師孔子也。羣書考索曰:「東漢明帝永平二年(59)始詔令郡、縣、道行鄉飲於學校,祀周公、孔子。」(51)余靖曰：「以三王之道，備於周公，堯、舜、文、武之道，備於孔子。」(52)故魏了翁曰：「則先聖之祠有出闕里矣。」(53)然猶未見有作廟之令文，「至魏齊王（240）、晉武帝（266），釋奠於學，雖昉見史册，而未有原廟也。唐高祖武德二年（619）廟周公、孔子於胄監。太宗貞觀四年(621)定以孔子爲先聖,而黜周公。」(54)於是詔:「令天下州、縣皆立孔子廟，則廟制始徧乎各州縣。」(55)抵宋朝，林應炎曰：「自（仁宗）慶歷詔天下州、縣立學,而學必祀宣聖，明尊師也。」(56)師,先師孔夫子也。故魏了翁曰：「上自國都，下至州、縣,通立孔子廟於學宮。」(57)金石萃編曰：「以先聖乃道之所自出，而道非學校不行。故宋世之州、縣,因先聖有廟，所以重道也，即廟有學，所以傳道也。」(58)了翁曰「是以儒衣冠學道業者，列室於廟中，使後生晚進，朝夕目瞻其遺像，睟容心慕，有嚮風而興起者，至德日蘊月積，幾於顏氏之子者有之，得其位，施其道，澤其生

民者，代有之。」⑤又曰：「故父詔子，承師傳友，習以工文藝，爲儒者之巨擘，以決科第，爲稽古之極切，以善權利爲用。」⑥其實爲人人所追求之最終目的也，雖口若懸河，千言萬語，最終亦仍不過如此而已。

其次爲「祠」，朱子曰：「凡鄉寓之賢，遊宦之國，有顯著貢獻者，所在郡人、學官爭爲祠室，以肖其道德之容，以致其尊奉之意。」⑥如河東人呂希道，宋史云：「希道知解州，始州人不知向學，希道毀淫祠及寺無舊額者百餘處，取其材，廟學宮，士得居處講習，即學爲立生祠。」⑥祠，祠宇也。其他諸祠，略成下表以明之。

地 區	祠 名	祠 主	典 籍	備 註
鄂 州	州學四賢祠。	濂溪、二程、朱子。	正誼堂全書，周濂溪先生全集卷十一，頁三十至二黃幹撰鄂州州學四賢祠記。勉齋集卷五，頁十二至四同。	教授石繼喻建。
黃 州	二程先生祠。	程顥、程頤。	武英殿聚珍版，蒙齋集卷十四，頁十七黃州重建學記。朱文公集卷八十，頁一四五六黃州州學二程先生祠記。	教授馮去疾建，以二程實生於黃陂也。
漢陽軍	軍學五先生祠。	二程先生、游定夫、濂溪周先生、朱子。	正誼堂全書，黃勉齋先生集卷五，頁十至二漢陽軍學五先生祠堂記。	漢陽與黃陂鄰壤，游酢嘗守是邦，假守黃榦建。
應城縣	縣學上蔡謝先生祠。	謝良佐。	四部叢刊初編縮印本，朱文公文集卷八十，頁一四五四至五德安府應城縣上蔡謝先生祠記。	縣令建安劉炳建
潭 州	州學先賢堂。	濂溪先生、二程先生、龜山先生、文定五峯二胡先生、晦庵先生、南軒先生。	漁墅類稿卷五，頁一潭州州學先賢堂記。	知州陳元晉建。
長沙縣	縣學四先生祠堂。	元公、胡仁仲、張敬夫、朱元晦。	四部叢刊初編縮印本，鶴山先生大全文集卷四十八，頁四〇四至五長沙縣四先生祠堂記。	縣丞李充宗攝縣事建。
湘鄉縣	胡文定、張宣公二先生祠堂。	胡文定公、張宣公。	四庫珍本，麗軒集卷五，頁三至五胡文定公、張宣公二先生祠堂記。	縣宰林得中建。
南康軍	軍學濂溪先生祠。	周濂溪。	正誼堂全書，周濂溪集卷十二，頁十一至二南康軍新立先生祠記。	軍守朱熹建。

邵　州	州學周子祠堂。	周濂溪。	四部叢刊初編縮印本，朱文公文集卷八十，頁一四八至九邵州州學濂溪先生祠記，四部叢刊，鶴山先生大全文集卷三十五，頁十二答寶慶涼教授。同書卷四十九，頁十三寶慶府濂溪先生祠堂記。	教官徐清伯建。
道　州	州學濂溪先生祠堂。	周濂溪。	正誼堂全書，周濂溪集卷十一，頁十八至二十三道州濂溪書院記，正誼堂全書，張南軒集卷四，頁十六至七道州重建濂溪周先生祠堂記。	州守向子齋建。
永　州	柳子厚祠堂。	柳子厚。	國聯版，金石萃編卷一三四，頁二五九三柳子厚祠堂記。	知州柳拱辰建。
	州學周先生祠堂。	周濂溪。	正誼堂全書，張南軒集卷四，頁十八永州州學周先生祠堂記。	州守福康陳輝建。
江　州	州學四先生祠。	濂溪元公、明道純公、伊川正公、晦庵文公。	正誼堂全書，周濂溪集卷十一，頁十一至三王似撰江州州學四先生祠。	教授臨川鄧蜚英建。
德安縣	縣學呂廣問祠。	縣令呂廣問。	文海本，宋史翼卷十，頁十七呂廣問傳。	邑人建。
建昌軍	五賢祠。	其鄉之賢者。	正誼堂全書，朱子文集卷十七，頁十四至五邵武縣丞謝君墓碣銘。	軍學教授謝逸建。
臨江軍	蕭公祠。	蕭正肅公。	四庫珍本，雲莊集卷四，頁五十三至四蕭正肅公祠堂記。	太守楊恕建。
廬　陵	州學三賢祠。	唐顏文忠公、建中宰相姜公、宋余襄公。	南宋文範卷四十六，頁一至二州學三賢祠堂記。	太守金華倪普建。
	三忠祠堂。	歐陽文忠公、楊忠襄公、胡忠簡公。	四部叢刊，文山先生全集卷十九，頁二十二丞相傳。津逮秘書，益公題跋卷十二，頁十至一題方季申所刻歐陽文忠公集古跋。學津討原岳珂程史卷十一，頁十一三忠堂記。	趙汝厦立。
	州學葛司成祠堂。	葛教授。	胡澹庵先生文集卷十九，頁三至七葛司成祠堂記。	教授李君璘建。
隆興府	府學濂溪先生祠。	周濂溪先生。	四部叢刊初編縮印本，朱文公文集卷七十八，頁一四三七至八隆興府學濂溪先生祠記。	教授南康黃顥建。

袁　州	州學三先生祠。	濂溪先生、兩程先生。	四部叢刊初編縮印本，朱文公文集卷七十八，頁一四三六袁州學三先生祠記。	太守廣漢張杓建。
贛　州	興國先賢祠堂。	程珦大中公、二程純公、正公。	南宋文範卷四十六，頁八贛州興國先賢祠堂記。	縣令何時建。
南安軍	軍學三先生祠堂。	周子、二程子。	中華書局，葉適文集卷十一，頁一九一南安軍三先生祠堂記。	知軍信安東行父建。
韶　州	州學兩公祠堂。	張文獻公、余襄公。	四部叢刊，誠齋集卷七十二，頁十韶州學兩公祠堂記。	郡博士廖德明建。
南雄州	州學四先生祠堂。	周子、二程子、朱子。	正誼堂全書，眞西山集卷二，頁十九至二十一南雄州學四先生祠堂記。	教授三山陳應龍建。
南恩州	州學知州黃公祠。	黃公度字師憲。	文海本，宋史翼卷二十四，頁七黃公度傳。	邦人建。
福　州	州學五賢祠。	濂溪、明道、伊川、橫渠、晦庵。	正誼堂全書，熊勿軒集卷三，頁五至八三山郡泮五賢祠記。	熊之璋建。
建寧府	府學游、胡二公祠堂。	御史游公、文定胡公。	正誼堂全書，張南軒集卷四，頁二十四至五建寧府游、胡二公祠堂記。	知府陳正同、轉運副使任文薦、沈樞建。
建陽縣	縣學四賢堂。	陳洙、陳師錫、游酢、蕭之敏。	四部叢刊初編縮印本，朱文公文集卷七十八，頁一四三七建寧府建陽縣四賢堂記。	縣令會稽姚耆寅建。
	縣學四君子祠。	朱子、黃榦、朱、范二太史，劉、魏二聘君配。	正誼堂全書，眞西山集卷二，頁十八至九建陽縣學四君子祠記。	知縣劉克莊建。
南劍州	州學四先生祠。	周子、二程子、朱子。	正誼堂全書，周濂溪集卷十二，頁十七南劍州學四先生祠記。	教授陳應龍建。
汀州府	州學二先生祠。	朱文公、郡人楊考功。	世界書局，大典卷七八九二，頁一汀州府二先生祠。	郡守趙崇模朔。
長汀縣	縣學六君子祠。	周濂溪、程明道、程伊川、張橫渠、張南軒、朱晦庵。郡人鄭蔡州立中、楊考功方配。	世界書局，大典卷七九二，頁一汀州府六君子祠。	郡人鄭蔡州立中建。

漳　州	州學有賢堂。	在唐三人：常袞、歐陽詹、周匡。在宋一人：李彌遜。	世界書局，大典卷七二三六，頁十四有賢堂。清漳集楊汝南漳學新修有賢堂記。	漳人建。
	州學楊龜山祠堂。	楊龜山。	四庫珍本，南澗甲乙稿卷二十一，頁十四至八朝散郎直秘閣致仕陳君墓誌銘。	
	州學陳瓘祠堂。	陳瓘。	四庫珍本，南澗甲乙稿卷二十一，頁十四至八朝散郎直秘閣致仕陳君墓誌銘。	
明　州	豐稷祠。	豐稷。	文海本，宋史翼卷四，頁二十蘇玭傳。四部叢刊，渭南文集卷三十九，頁五吏部郎中蘇君墓誌銘。	通判蘇玭建。
	陳瓘祠。	陳瓘。	文海本，宋史翼卷四，頁二十蘇玭傳。四部叢刊，渭南文集卷三十九，頁五吏部郎中蘇君墓誌銘。正誼堂全書，楊龜山先生集卷四，頁七至八沙縣陳諫議祠堂記。	通判蘇玭建。
	州學九先生祠堂。	慶歷之楊、杜、二王、樓公。淳熙之舒、沈、楊、袁諸公。	四明叢書，深寧文鈔撫餘編卷一，頁十一九先生祠堂記。	郡博士戴君友重修。
鄞　縣	縣學乾淳四先生祠。	張宣公、朱文公、呂成公、陸文安公。	四庫珍本，蒙齋集卷十四，頁十六至七鄞縣學乾淳四先生祠記。南宋文範卷四十五，頁十袁甫撰鄞縣學乾淳四先生祠記同。	主簿趙希聖建。
溫　州	樂清縣學三賢祠堂。	王十朋、錢堯卿、賈如規。	中華書局，葉適文集卷九，頁一四九樂清縣學三賢祠堂記。	州守建。
台　州	州學上蔡先生祠堂。	謝良佐。	中華書局，葉適文集卷十，頁一六五上蔡先生祠堂記。	太守黃誾建。
常　州	州學東坡祠堂。	蘇軾。	學海類編，梁谿漫志卷四，頁七毗陵東坡祠堂記。	太守晁疆伯建。
高郵軍	郡庠四賢堂。	中丞孫公、給事喬公、龍圖秦公、孝子朱公。	四庫珍本，江湖長翁集卷二十一，頁八至十四賢堂記。	太守陳公建。
舒　州	文翁廟。	文翁。	四部叢刊，渭南文集卷三十八，頁十五監丞周公墓誌銘。文海本，宋史翼卷十四，頁十八至九周必正傳。	知州周必正建。

池　州	范仲淹祠堂。	范仲淹。	四部叢刊,范文正公集褒賢祠記卷一,頁四池州范文正公祠堂記。	以文正少長於長山朱氏,長山去縣城僅十五里。
徽　州	州學朱文公祠堂。	朱熹。	正誼堂全書,黃勉齋集卷五,頁九徽州朱文公祠堂記。	
婺源縣	縣學三先生祠。	周濂溪、二程。	四部叢刊初編縮印本,朱文公文集卷七十九,頁一四一至二徽州婺源縣學三先生祠記。	知縣玉山周師清建。
成都府	府學忠烈廟。	范仲淹。	四部叢刊,范文正公集,年譜頁三十七宣和五年慶帥宇文虛中奏。	宇文虛中請賜忠烈廟額,慶陽、平江府、成都府等凡十九處並有范仲淹祠。朝旨,所在監司郡守學官,歲時詣祭祀。
	府學三先生祠。	周濂溪、二程先生。	正誼堂全書,周濂溪先生全集卷十二,頁十二至五成都府學三先生祠記。四部叢刊,鶴山先生大全文集卷三十八,頁一成都府府學三先生祠堂記。	制置使長沙吳獵建。濂溪嘗仕合陽,二程先生則嘗侍大中公游於廣漢、成都,最後伊川入居涪。
眉　州	州學四賢堂。	孫文懿公及三蘇先生。	世界書局,永樂大典卷七二三六,頁二十四賢堂。	
	州學五先生祠。	周敦頤、程顥、程頤、張載、朱熹。	宋史卷四〇八,頁一吳昌裔傳。	教授吳昌裔建。
合　州	州學濂溪先生祠堂。	周濂溪、二程子。	正誼堂全書,周濂溪先生全集卷十一,頁二十八至九合州建先生祠記。四部叢刊初編縮印本,鶴山先生大全文集卷四十四,頁三八一至二合州建濂溪先生祠堂記。	魏了翁奉使東川日建。
簡　州	州學四先生祠。	周元公、程純公、正公、張明誠中子等。	正誼堂全書,周濂溪先生文集卷十二,頁十四至七簡州州學四先生祠記。	此文為魏了翁撰。
長寧軍	軍學六先生祠堂。	周元公、二程、橫渠張先生、朱子、張宣公。	四部叢刊初編縮印本,鶴山先生大全文集卷四十八,頁四一〇至一長寧軍六先生祠堂記。	知軍高瞻叔定子所建。
綿　州	州學十賢堂。	龐統、蔣琬、杜微、尹默、李白、陳諶、蘇易簡、王仲華、歐陽修、黃庭堅。	金華叢書,王象之撰蜀碑記卷十,頁一直隸綿州。	
潼川府	府學四賢堂。	濂溪、橫渠、明道、伊川。	世界書局,永樂大典卷七二三六,頁二十四賢堂。	

總觀上列各表中諸祠主之道德、政事、學問、文章，皆足以模範典型，師表後學。⑥③朱子曰：「使學者日夕瞻望，而興起敬慕之心。」⑥④雲莊集引詩曰：「高山仰止，景行行止。」⑥⑤黃榦則謂：「以孔、孟之廟森乎其前，諸名賢之祠列乎其後。」⑥⑥故雲莊集又云：「使在學之士，苟能考諸公之言行，而服膺之，本之以誠，而持之以久，異時必見諸事業。」⑥⑦如文天祥廬陵人，據吉水胡廣言：「天祥稍長，遊鄉校，見學宮祠鄉先生歐陽文忠公、楊忠襄公、胡忠簡公、周文忠公像，慨然曰：『沒不俎豆其間，非夫也。』至理宗寶祐三年（1255）舉進士」⑥⑧後，衞國干城，卒以身殉之。鄉賢許有壬稱：「其向之願乎！其亦宋三百年養士之功乎！」⑥⑨豈僅此一端耶？趙宋一代，有關養士之功，無論直接間接，已知未知，實可謂數不勝數也。

宋制，諸郡國學校之祭祀，據歐陽修言：「每年春秋仲月上丁日，各祀其鄉之孔子廟與先賢祠。」⑦⓪若南宋高宗時，據史載：「紹興六年（1136）三月庚午詔曰：『南劍州學，春秋釋奠，就祭陳瓘祠堂。』」⑦①陳瓘即陳諫議。南澗甲乙稿曰：「陳安節除權發遣南劍州，暇日，詣學舍，指楊龜山、陳諫議二祠像以勸學者曰：『二公延平之望也，諸生可外求哉！』」⑦②延平乃福之南平，即南劍州也。檢白鹿書院教規曰：「府、州、縣所在地，俱長官行三獻禮，即古釋奠之禮也。」⑦③繫錄載高宗紹興十有五年（1145）太學正孫仲鰲言：「郡、縣庠序，春秋釋奠，郡守、縣令或不躬親，望賜申戒。從之。」⑦④對釋奠之重視可知也。王禹偁言：「三獻終，而神悅，禮無違者，道不虛行，觀者如堵牆，化之猶影響，俎豆之事修矣，禮樂之道興矣。十室之邑期忠信，以如丘一變之風，闡詩書，而及魯。」⑦⑤魯，孔子之所生地也。方回曰：「孔子以求仁之學傳後人，漢、唐、宋三代宗其道，享國逾千年。堯、舜以執中之學傳後聖，夏、商、周三代宗其道，享國垂二千年。天之相斯文也，既生孔子於前，以集先聖之大成，又生朱子於後，以集諸儒之大成，故學之大成殿祀孔子為先聖，從祀之廡，至朱子而止。」⑦⑥其他宦游之國，鄉寓之賢，亦各就其祠祀焉。

（三）禁異端

宋儒對異端之學之起源，據永康陳同父亮言：「異端之學，何所從起乎？起於上古闊略，而成於春秋戰國之君子，傷周制之過詳，憂世變之難捄，各以己見而求聖人之道，得其一說，附之古，而崛起於今者也。老、莊為黃帝之道，許行為神農之言，墨氏祖於禹，而申、韓又祖於道。」⑦⑦

東萊呂祖謙云：「自名其家者蠭起，孟子獨與楊、墨辨，夫豈餘子瑣瑣不足數耶！申、商刑名之學行於秦，老、莊虛無之說放於晉，使楊、墨得志，其禍亦何以加？墨氏兼愛，施猶及人，楊氏爲我，意專私己，朱蓋尤下於翟，孟子乃謂逃墨必歸於楊，逃楊必歸於儒。」[78]林駧言：「問禮老聃，問樂萇弘，此孔子之恕也。禽獸楊、墨，妾婦儀衍，此孟子之嚴也。嗟夫！孔、孟家法，源流則一，同師帝王，同用仁義，同尊六經；至處異端之學，或恕或嚴，矛盾異見，抑何耶？蓋夫子之勉人爲善也，言足以庶幾於道，識未至於甚悖乎理，海涵春育，不至皦，是在蠻貊而引之之意；孟子之爲世衞道也，售僞以假眞，似是而實非，痛懲深詆，惟恐不力，是以門墻而麾之之見，先輩謂夫子猶元氣渾然有四時之象；孟子猶太山有岩岩不可犯之狀者，正此言也。然夷子竊仁，貽禍萬世，老氏道德，流爲少恩，其爲吾道害也烈矣，故夫子雖曰小道可觀，而攻乎異端一言，與門人弟子警戒，提撕甚切也。然則學孔、孟之學者，其可不以衞吾道排異端爲家法哉！自孔、孟不傳之後，而黃老之學唱於蓋公，和於賈誼，大熾於司馬談之父子，而吾道又一厄矣。董仲舒推明孔氏，力挽正學，清淨之說方息，而賢良之科始盛，百氏之術既罷，而六經之學益彰，文章彬彬，煥然有三代之風者董氏之力也；自仲舒既歿之後，而釋氏之學，漢明帝無故開其端，梁武無識宗其教，唐憲又從而實其怪異之迹，而吾道又再厄矣。韓昌黎火其書，廬其居，欲巾澄觀，欲冠靈師，原道一篇，名教砥柱，佛骨一疏，羣疑冰釋，障百川而東之，回狂瀾於既倒者昌黎之功也。」[79]至宋代有直講李先生泰伯更進一層詳述其粗俗醜惡之迹。其文曰：「佛教初由梵僧至中國，不知其道而務駕其說，師徒相承，積數百年，日言天宮地獄，善惡報應，使人作塔廟，禮佛飰僧而已。厥後，菩提達摩以化緣在此土，始傳佛之道，以來其道，繇茲立大精舍。聚徒說法，以衣鉢相傳授；居無彼我，來者受之，嗣無親疏，能者當之，諸祖既歿，其大弟子各以所聞，分化海內，自源而瀆，一本千支；羣居之儀，率從其素，故崇山廣野，通都大城院，稱禪者，往往而是，庸俾邪妄無識，洗心從學，王臣好事，稽首承教，蓋與夫老氏之無爲，莊周之自然義，雖或近我，其盛哉！然末俗多僻，護其法者，有非其人，或以往時叢林，私於院之子弟，閉門治産，誦經求利，堂虛不登，食以自飽，則一方之民，失所信嚮矣。通人高士，疾之茲久，而未克以澄清。」[80]其病源可追溯至五代十國之際，如林駧云：「世更五季，吾道湮鬱甚矣，異端邪說，爭鳴競吠。」[81]趙宋立國七十餘年，而舊染未洗也，故

樓鑰云：「老與佛之學，行於世尚矣，未知孰爲輕重；然道流不能及信佛者之衆，蓋嘗聞之歐陽公矣。大略以爲佛能箝人情，而鼓以禍福，故人之趨者衆而熾。老氏獨好言淸靜靈仙之術，其事冥深，不可質究，故佛氏之動搖興作，爲力甚易。而道家非遭人主之好尙，不能獨興，且曰其間能自力而不廢者，豈不賢於其徒者哉！」[82]徒子徒孫之耐性與推動其教義深入人心，甚爲人畏服。故羅從彥豫章集曰：「太宗之世，太宗嘗謂宰相趙普曰：『朕於浮屠氏之教，微語宗旨；凡爲君治人，却是修行之地，行一好事，天下獲利，此所謂利他者是也。若梁武帝之所爲，眞大惑耳，書之史册，爲後世笑。』趙普曰：『陛下以堯舜之道治世，以浮屠之教修心。』」[83]由是知太宗對佛教仍在半信半疑，故羅從彥曰：「太平興國中（九七六至八四）嘗謂宰相曰：『邇來貢舉混雜，乃有道、釋之流還俗赴舉，此等不能尚一其業。他日居官，必非廉士，進士須先通經術，遵周、孔之教，當下詔切責之。』」[84]其後有司馬光更徹底更具體反對老、佛曰：「浮屠取其空，莊、老取其無爲自然，捨是無取也。或曰空則人不爲善，無爲則人不可治。」[85]其後，繼之而起者有羅從彥云：「況絕乎人倫，外乎世務，非堯、舜、孔子之道也。」[86]於是陳亮曰：「究其初，豈自以爲異端之學哉！原始要終，而卒背於聖人之道，故名異端，而不可學也。」[87]是以林駉曰：「自歐陽修攻於前，石徂徠排於後，而先正諸公羣起而斥之，後學免擿埴之惑，吾道增杲日之輝，自今觀之，仁義之說勝，則楊、墨之學廢，歐陽公之本論然也，本論一出，而天下始知勝之之道，遷四民之常居，毀中國之衣冠，石徂徠之經說然也，經說一出，而天下又知可怪之害，欲除其弊，先從其徒，非李方叔浮圖之論乎！讀其論者，則知銷之有道矣。欲非其非，必反其是，非李泰伯廣潛之書乎！觀其書者則知彼說必窮矣。明道極推其教之失，則曰滯固者入於枯槁，疏通者歸於恣肆。是說也，其中異學之膏肓歟！伊川推其難辨之弊，則曰楊、墨之禍，慘於申、韓，釋氏之禍，慘於楊、墨之說也，其爲吾道之大閑歟！」[88]其言誠是，楊、墨之患，豈可不防？故王安石云：「科舉進士業，禁止學習百家諸子之學說，俾學者得以專意於經義。」[89]史載哲宗元祐二年（1087）詔曰：「今天下之士，通於經術，而知所學矣。」[90]徽宗崇寧元年（1102）詔曰：「非先聖賢之書，並元祐學術政事，不得以教授學生。」[91]二年（1103）講議司奏：「泗州姚孳乞天下之士皆不得於在外私聚生徒，即使邪說詖行無自流行，看詳若不許在外私聚生徒，即不係置學之處子弟無從聽讀，難以施行，其

邪說詖行，非先聖賢之書及元祐學術政事，不許教授條禁，欲徧行曉諭應私下聚學之家，竝仰遵依上條，取進止。七月十三日，奉聖旨依。」[92]依允其所請求也。會要云：「蓋以邪說詖行，違理害義，其能一道德同風俗乎！」[93]至政和四年（1114）黃潛善上言：「比年以來，於時文中，探摭陳言，區別事類，編次成集，便於剽竊，謂之決科機要，嫩情之士，往往記誦以欺有司，讀之則似是，究之則不根於經術本源之學，爲害不細。詔立賞錢壹百貫，告捉；仍拘版毀棄，在京仰開封府限半月，州、縣限一月。」[94]抵南宋高宗紹興二年（1132）徽州人汪彥及言：「新學初建，科場適開，萬方趨嚮，於是乎卜學者，不粹然一出於孔氏，而以專門曲學亂之，可乎？」上曰：「此所以正人心也。詔有司凡私意臆說盡黜之。」[95]十三年（1143）林大聲言：「江西州、縣，有號爲教書夫子者，聚集兒童，授以非聖賢之書，有如四言雜字，名類非一，方言俚鄙，皆詞訴語。欲望非僻之書，嚴行禁止。」[96]沈括言：「江南好訟，有一書名鄧思賢者，作僞詞狀法也。始教以悔文，悔文不可得，則欺誣以取之，欺誣不可得，則求其罪以刮之。鄧思賢人名也，始傳此術，遂名其書，村校中，往往授生徒。」[97]詔：「令本路提刑司繳納禮部看詳取旨。」[98]禮部掌天下學校事務。二十五年（1155）張震上言：「臣願申刺天下學校，禁專門之學，使科學取士，專以經術淵源之文，其涉虛無異端者，皆勿取。庶幾士風近古。從之。」[99]蜀漢張栻言：「蓋自異端之說行，而士迷其本眞，文采之習勝，而士趨於蹇淺，又況平日羣居之所從事，不過爲覓舉謀利計耳。如是而讀聖賢之書，不亦難乎？故學者當以立志爲先，不爲異端迷，不爲文采眩，不爲利祿汨，而後庶幾可以言讀書矣。」讀聖賢之四書六經也。陸象山語繆文子云：「近日學者無師法，往往被邪說所惑，異端能惑人，自吾儒敗績，故能入，使在唐、虞之時，道在天下，愚夫愚婦亦皆有渾厚氣象。是時，便使活佛、活老子、莊、列出來，也開口不得，惟陋儒不能行道，如人家子孫敗壞父祖家風，故釋、老却倒來點檢你，如莊子云：『以智治國，國之賊。』惟是陋儒不能行所無事，故被他如此說；若知者行其所無事，如何是國之賊？今之攻異端者，但以其名攻之，初不知自家自被他點檢，在他下面如何得他服你，須是先理會了我底是得有以使之服方可。」[100]令異端悅服於我，談何容易？故雖有諸賢累累謗毀攻訐，喜笑怒罵，與歷朝三令五申，屢屢告戒驅逐，甚於拒寇敵，惟恐其得以潛窺側睨，亦終未能擺脫老、佛之範疇也。故明鄭瑗言：「就之詩僧而論，絕不愧唐人，然皆因諸巨公以名天下；

林和靖之於天台長吉，宋文安之於凌雲與惟則，歐陽文忠公之於惟儼及孤山惠勒。」⑩又如諸史載「石曼卿之於東都秘演，蘇翰林之於參寥⑩及西湖道潛，徐師川之於廬山祖可。蓋比比皆是，不可殫絕，潛、可得名最重，然世亦以蘇、徐兩公許之太過爲病。餘則徒得所附託耳。」⑩此外有橫浦張氏子韶，象山陸氏子靜亦皆以其學傳授，而張嘗參宗杲禪，陸又嘗參杲之徒德光，故其學往往流於異端而不自知，程子所謂今之異端因其高明者也。⑩以道家者，有蘇轍、⑩陸游、⑩秦觀。⑩齊東野語曰：「世又有一種淺陋之士，自視無堪以爲進取之地，輒亦自附於道學之名，袞衣博帶，危坐闊步，或抄節語錄，以資高談，或閉眉合眼，號爲默識，而扣擊其所學，則於古今無所聞知，考驗其所行，則於義利無所分，此聖門之大罪人，吾道之大不幸，而遂使小人得以藉口爲僞學之目，而君子受玉石俱焚之禍者也。」⑩其他如程頤兄弟，亦未嘗不出入於佛、老，汎濫於諸家，而後歸儒也。實亦宋代學術之眞正面貌也。⑩羅泌曰：「道以異端而明，無異端，則聖人之道尊，然有異端，而聖人之道愈尊，道豈異端之所能昏哉！浮雲翳月，月何嘗昏，其所以爲月者者常存，惟決其翳而月愈清，異端害道，道何嘗昏，其所以爲道者常在，惟去其害，而道愈明爾，道以異端而昏，亦以異端而明也。佛、老、孔氏之道，端大不同矣，而世之人每惑而不能判者，惟不知其所異爾。其所以不知其異者，由其不能合見故也。不合其見，安明其異，不明其異，烏識其尊，此聖人之道所以至今爲不明歟！泌請獻其所以異夫老言命，佛言性，而孔氏則兼陳乎性命，老說生，佛說死，而孔則兼明乎生死，老修道，佛修德，而孔氏則合道德而修之，茲其所以大不同也。雖然，老之於性，非不言也，而以命爲之重，於德非不修也，而以道爲之本。佛者則不然；惟知性之爲急，而無俟於命，知德之爲尚，而不契於道，其所以違於道命者，亦徒不知下學之義，與夫窮理而已矣。若老子者，非惟恭篤禮信，治國有道，而兵戎之爭，尤所致意，博愛之方，旣已異於彼矣。至於孔子則天地功深，生人道備，何特生死性命之一端邪！子曰：『攻乎異端』，斯害也已，夫異端之害道在所攻矣，而聖人且不之攻者，非不之攻也，攻之則害有甚也。春秋之法，責備賢者，彼之道可與行邪！吾固不得而不責，今旣知其不韙，則不應與之矣。乃奮而與之較，旣以爲異端，則不應進之矣。乃引而與之列，虎兕出於柙，而牛羊殉於陆矣，然後從而仇之，是誰之過歟？嗟乎！佛之爲吾道害也久矣，昔之大賢，莫不欲去之也，然迄莫去之

者，睽者又從而挽之也，王子曰：『吾乃今知三教可合爲一。』柳子又曰：『其言往往與易、論語合。』夫將取其不合而辨之，是與而較之矣，夫既引而與之列而三之，是誘而進之矣，豈非攻之則斯害也邪！學者之大患，莫大於不識易而妄言，王子曰：『大易之妙，盡在佛書。』此宗元之憒憒也。更引之邪！今夫蚩氓稚子，見弄木虎者，驚喜嘆訝，且畏且愛，歸而誇於鄰之嫂，逾年未已，而乃不知彼眞虎者，耽耽蹲伏深林之中，神色不動，宛不異狗，第人不可得而即之，然則庸人之要佛者，亦蚩氓稚子之愛木虎者，以其可即而弄之爾。二子之說，予將置之邪！則恐世之人以爲眞，而莫之識辨之邪！則復慮若等惑之之深，而反見誹，以貽斯害之災。雖然，猶不得而不略止之。大抵天下之事，大過則反傷理之常也，眞君之坑沙門毀像事，至與安而復建德之毀經像還僧道，至大象而復，及會昌之撤寺，宗民僧尼，至大中而復，夫亦豈知易道之變通哉！曰，然則終不可攻邪！曰，正其義不憂。」⑩按「正」乃大中至正之矩，而無偏倚過不及之差也。是以朱子曰：「異端害正，固君子所當闢，然須是吾學既明，洞見大本，達道之全體，然後據天理以開有我之私，因彼非以察吾道之正，議論之間，彼此交盡，而內外之道一以貫之，如孟子論養氣，而及告子義外之非，因夷子而發天理一本之大，此豈徒攻彼之失而已哉！所以推明吾學之極致本原，亦可謂無餘蘊矣。」⑪苟或人人若是，尙何憂哉！

（四）誘進

（Ａ）貢士歡送禮

貢士之送行禮，在宋代稱之爲鄉飲酒禮，鄉飲酒儀，據史書記載，有數種意義；其中之一爲賓興，而賓興即所謂貢士，乃爲鄉試中之勝利者，大典曰：「在縣則爲從縣學上舍生升入州學外舍；若逢三年大辟之年，亦有中鄉試而貢入省試者。在州則有州學上舍生升入太學外舍，與中三年大比之貢士，貢入省試。而鄉飲酒之來源，可追溯至周制：有鄉大夫三年大辟，獻賢者、能者於其君，以禮禮賓之，而與之飲酒也。州、縣長春秋習射於庠序，先行鄉飲酒禮。」⑫羣書考察曰：「唐制，賓興賢能，以刺史或上佐爲主人，其制皆倣於古，而小損之。」⑬至宋代，大典曰：「徽宗政和三年（1113）有司奏：『參酌古制，於州、軍貢士之月，以禮飲酒，用知州、軍或本州、軍佐官爲主人。提舉學事司所在，則以提舉爲主人。上舍生當貢者，與州之羣老爲衆賓，其登降之節，與擧酒作樂器用之類，並參照辟雍宴貢士之儀。」⑭抵南宋，歷年行事如下，畏齋集曰：「高宗紹

興十三年（1143）禮部奏：『修定儀制，頒下州、縣，於科舉貢士之歲，行於學校。是日，賓主先舍菜於先聖先師，然後行禮，並不作樂。』」[115]朱子曰：「十七年（1147）左迪功郎陳介言：『乞定州、縣所行鄉飲歲數。』乃命諸州、縣三歲科舉之年行之，其願每歲一行者，亦從其便。」[116]繫錄曰：「二十六年（1156）又命願行於里社者聽。其科舉保任者，並依舊制。」[117]至於行禮中之人物，據大典曰：「行禮之中，有賓，擇鄉里寄居，年德高及致仕者為之。三賓以賓之次者為之。序賓以賢，貴德也。」[118]其目的，據黃勉齋集曰：「一飲一食，一拜一坐，一揖一降，無非教也。」[119]學治續說曰：「其意在一新耳目。」[120]大典曰：「興起人心。」[121]使人嚮慕，於是地方州、軍或縣均行鄉飲酒之禮，考索曰：「每春秋或三年大比，大會羣士。」[122]加以考選，二程文集曰：「以經義、材能、性行三物賓興其士。」[123]此外亦有行射禮者，演山集曰：「有以大射之禮觀德行，取於士者也。」[124]考索曰：「蓋古者諸侯貢士，天子試諸射宮。」[125]宋襲其制，行射禮，宋史曰：「徽宗政和中（1111至8）詔諸路、州、縣，每歲宴貢士於學，因講射禮。」[126]以考其德行之優劣，勝者方得貢舉。

（B）科舉進士業

科舉進士業，據葉適集言：「科舉之興，古今殊制，考之以無所統一之言語，寄之於不可測度之權衡，癡人不求，惟藝是擇，雖復方州論薦，宗伯選掄，以至親煩明主之尊，屈訪大廷之間，防隄最密，謂非不肖之可容，條對甚多，庶幾爽異秀發之實才出此。」[127]斯言誠是也。故江湖長翁集曰：「夷考科舉取士，肇於漢，詳於唐。」[128]王棐曰：「數百年中，鴻儒名士，社稷之臣，由此途出。」[129]人才之外，對學風亦頗有貢獻，故至趙宋立國，九華集曰：「太祖則近酌唐制學校之法，遠稽成周，而損益之。」[130]又用國子司業王棐諫：「興學校，尊師儒，欲教而後用，養而後取之。」[131]之政策，堅定不移，貫澈到底。江湖長翁集曰：「公卿大夫不由是而進，歉如也。」[132]司馬光言：「乃以其所行用人之法，不應鄉舉，無以干祿，非進士及弟者，不得美官。」[133]迨及南宋初年（1127），貴耳集曰：「高宗、孝宗在御，每三年大比，下詔先一日，奉詔露天默禱曰：『朝廷用人，別無他路，止有科舉，願天生幾箇好人，來輔助國家。』及進殿試策題，臨軒唱名，必三日前，精禱於天。」[134]由是觀之，其未中科第者，將何以出仕？可想而知也。如宰相呂公著之子希哲少從焦千之、孫復、石介、胡瑗學。復從程顥、程頤、張載游。以蔭入官，父友王安石勸其勿事

科舉以僥倖利祿，遂絕意進取。范祖禹言於哲宗曰：「希哲經術、操行宜備勸講。」詔：「以爲崇政殿說書。」久之，御史劉拯論：「其進不由科第。」以秘閣校理知懷州（今河南沁陽縣治）。又屢經遷徙，罷爲宮祠，羈寓淮泗間十餘年卒。又陳師道，據后山詩註言：「彭城人陳師道年十六，以文謁曾鞏，一見奇之，留受業。神宗熙寧中（1068至77）王氏經學盛行，師道心非其說，遂絕意進取。及曾鞏典五朝史事，得自擇其屬，朝廷以白衣難之。哲宗元祐初（1086）蘇軾、傅堯俞、孫覺薦其文行，起爲徐州教授。又用梁燾荐爲太學博士。言者謂在官嘗越境出見蘇軾，改教授潁州。又論其進非科第，罷歸。」⑬又如林儔言：「徽宗政和四年（1114）敕諸縣官，對移上、內舍登科人，隨資序到任二年以下充令佐，如不足，申吏部注人。」⑭此足證未經科第者，既不能出任侍講、教授，亦不能任令佐。會要曰：「高宗建炎四年（1130）四月十三日，右朝奉郎鄭待問，特追三官。待問衢州人，因太學內舍生，移歸本貫，政和間（1111至8）獻書補官，不由科舉，吏部以聞，乞審量，故奪之。」⑬又曰：「元係太學生馮堯己主管書寫御前文字，應奉有勞，補假將仕郎，仍理選限，既不由科舉補官，至四年四月二十九日討論，特追兩官。」⑬又曰：「紹興三年（1133）十二月十五日詔：『將淮西州、縣教授，並行減罷，令逐州有出身官兼。』」⑬知無出身者不能出任任何高官。宋史傳曰：「河南壽安人張繹出聞邑官傳呼聲，心慕之，問人曰：『何以得此？』人曰：『此讀書所致爾。』」⑭由是知讀書之可貴也。大典曰：「雖在窮荒之裔，僻邦陋邑，畎畝閭閻之人，皆知誦詩書，窮義理。」⑭曾鞏曰：「以備選士所用之文章。」⑭蓋策問也，質言之，今之試題也。夷堅志曰：「福州人黃左之爲太學生，預孝宗淳熙七年（1180）荐書。是年冬，池陽士人王生亦赴省試，其家甚富，以錢百千與左之，招之結課。」⑭蓋聘請高手爲伴侶以研究策問之試題也。誠齋集曰：「廬陵有鄉先生曰羅天文，以詩學最高，學者爭從之，在庠序，從之傾庠序，在鄉里，從之傾鄉里；蓋來者必受，受者必訓，訓者必成也。」⑭成才也，豫章集曰：「眉山吳季成有子，資質甚茂，季成欲其速成於士大夫之列也，夙夜督其不至，小小過差，則以鞭撻隨之。」⑭曾鞏曰：「蓋不得不篤於所學，至於循習之深，則得於心者。」⑭又章粢曰：「潔身砥礪，以待鄉里之選，躋高科，取顯名者，比比有之矣。」⑭是人人欲中科第，司馬光曰：「然非善爲賦、詩、論策者，不得及第，非游學京師者，不善爲賦、詩、論策。以此之故，使四方學士，皆棄背鄉里，違

去二親，老於京師，不復更歸。往往私買監牒，妄冒戶貫，於京師取解g⑭監牒，國子監生徒牒也。會要曰：「得解進士父母年七十以上，並與初品官，婦人與封號，仍下國子監，應上舍、內舍、外舍生父母準此。」⑭又曰：「其後祖父母之封叙，亦曾施行。」⑮蓋三代受封叙也。

至於殿試，據甲申雜錄曰：「仁宗朝，春試進士集英殿，后妃御太清樓觀之，慈聖光獻出餅角子以賜進士。」⑮說郛曰：「及第者，御賜聞喜宴，必以詩賜之，景祐元年（1034）所賜詩末句曰：『寒儒逢景運，報國合如何？』賜錢三千緡。」⑫又曰：「依舊制，進士首選，同唱第人，皆自備錢爲鞍馬費；而京師遊手之民，亦自以鞍馬俟於禁門外，雖號廷魁，與衆無以異也。眞宗大中祥符八年（1015）二月戊申詔：『進士第一人，金吾司差七人導從，兩節前引。』始與同列特異矣。」⑬節，節級也，下級軍官名。從此而服務於社會，王質曰：「天子非人才無與共治天下，人才也者，其源在鄉，其流在郡，其歸在朝廷。故人才在鄉，不若在郡國，在郡國，不若在朝廷，朝廷人才之海也。而其源則濬於其鄉。趙宋之世，天下爲里若干，而屬諸鄉，爲鄉若干，而屬其縣，縣也者鄉之會也。州也者，又縣之會也。故朝廷自上提其綱，而携其領，使人才而分治也。」⑭是乃爲推行此制者最終之目的也。

（五）學風之產生

（1）印刷術之發達

中外學者對印刷術之論證備矣，茲篇爲避免重複則僅就與本文有關聯處，略作申述而已。印刷術之發明，據宋程大昌言：「夫智者創物，雖則云創，其實必有因藉以發其智也。古未有字，科斗鳥迹實發制字之智也；蔡邕雖曰能書，若無堊帚，亦無以發其飛白之智；吾獨怪夫刻石爲碑，蠟墨爲字，遠自秦、漢，而至於唐張參輩於九經字樣，皆以立板，傳本乃無人推廣其事以槪經史，其故何也？後唐（明宗）長興三年（932）始詔用西京石經本，雇匠雕印，廣頒天下。宰臣馮道等奏曰：『請依石經文字刻九經印板。』則其發智之端可驗矣。」⑮疑此爲九經印板之較早者也。長編曰：「（宋）眞宗景德二年（1005）五月戊辰朔，幸國子監閱書庫，問祭酒邢昺書板幾何？昺曰：『國初，不及四千，今十餘萬，經史正義皆具，臣少時業儒，觀學徒能具經疏者百無一二，蓋傳寫不給，今板大備，士庶家皆有之，斯乃儒者逢時之幸也。』上喜曰：『國家雖尚儒術，然非四方無事，何以及此此？』先是，館閣博聚羣書，精加讐校，經史未有印板者，悉令刊刻。」⑯

趙效宣　從宋太祖崇儒看學風之產生　　　　　　　　　　　335

於是中央與地方諸州互通有無。通考曰：「宇文時中守吳興（浙江今縣），郡庠有二史板，遂二書刻之，後皆入國子監。初，郡人思谿王氏刻藏經，有餘板以刊二史置郡庠，中興，監書多闕，遂取其板以往，今監本是也。」[157]是以國子監印板摹印之設置較完備。[158]長編曰：「三館祕閣內有係國子監印本書籍，應有闕卷、蠹壞，並全不堪者，可並令國子監補印，及別造有新印行書籍。」[159]仁宗天聖四年（1026）摹印律文並疏。」[160]迄南宋，仍繼其業，繫錄云：「高宗紹興二十有一年（1151）秦檜奏：『欲令國子監復刻五經、三史。』上曰：『其他闕書，亦令次第雕板，雖重有所費，亦不惜也。』」[161]由是書籍日多，蓋以其印刷之種類益漸增廣也。會要曰：「二十六年（1156）詔：「今後省試，太學國子監公試、發解及銓試刑法，令國子監印造禮部韻略、刑統、律文、紹興敕令格式，並從官給。」[162]官給書，宋初雖已有之，但僅給九經、子、史於書院學校而已。又曰：太祖乾德二年（964）詔：『賜廬山白鹿洞書院印本九經書。』[163]印本九經即國子監印板九經也。長編拾補曰：「徽宗崇寧四年（1103）詔：『國子監印書賜諸州、縣學。』」[164]使諸州、縣學教材充足，學者得益，而學風亦日趨普及昌盛，以至有盈餘外賣之書籍，會要載有「賣書庫」[165]之設，宋史全文云：「神宗熙寧七年（1074）詔：「國子監許賣九經、子、史諸書與高麗國使人。」[166]長編曰：「哲宗元祐八年（1093）許賣高麗人使冊府元龜、歷代史、太學敕式。」[167]等書，足見國子監之印板已無所不及矣。抵南宋初，據全文云：「高宗紹興十五年（1145）太學博士王之望乞倣端拱、咸平故事，悉取近郡所開郡經義疏及經典釋文，令國子監印千百秩，俾郡，縣各市一本，置之於學。」[168]使學者對經義之解釋統一，而於科學考試則裨益非淺也。此國都國子監所雕印之書籍。至於地方州、縣學。據所得資料中，發見有十數所州、縣學亦有印刷部門之設置。盤洲文集云：「先是，吳興學宮有二史板，又有鏤板，混然不分卷第，所紀但進士而已。」[169]又有慕容彥逢遷越州學教授，教授諸生孜孜不倦，南方士喟然興於學，益繕治黌舍，刊印三史，讎校精審，遂為善書，四方士大夫購求之，鬻以養士，迨今蒙利焉。」[170]由是知州學印書以求牟利，裨補養士也。無怪蘇東坡為杭守時，極力爭取書板曰：「本州學見管生員二百餘人，及入學修假之流，日益不已，蓋見朝廷尊用儒術，更定貢舉，條法漸復祖宗之舊，人人慕義，學者日眾，若學糧不繼，使至者無歸，稍稍引去，甚非朝廷樂育之意。前知州熊本曾奏乞用廢罷市易務書板賜與州學，印賃收錢，以助學

21

糧。或乞賣與州學，限十年還錢，深為不易，伏望聖慈，特出宸斷，盡以市易書板賜與州學，更不估價收錢。」⑰以供士子享用，不失為愛民如子之策也。抵南宋孝宗乾道三年(1167)據海鹽張元濟嵩山集跋云：「晁説之著述甚富，經亂散失，其孫子健訪求遺文，先成二十卷，其後繼有所得，重編為二十卷，刊於臨汀郡（今福建長汀縣治）庠。」⑰知臨汀郡學亦有印刷之設備。四年（1168）冬，樂清人王十朋得郡溫陵（今福建晉江縣），據王氏文集曰：「道出莆田（福建今縣），於是移書興化（今福建莆田縣）守鍾離君、松傅君，得訪於蔡端明故家，而得其文集善本，教授蔣君雝與公同邑而深慕其為人，手校正之，鋟板於郡庠，得古律詩三百七十，奏議六十六，雜文五百八十四，而以四賢一不肖詩置諸卷首，與奏議之切直舊所不載者悉編之，比他集為最全，且屬予序之。」觀鋟板於郡庠，足證興化軍學亦有印刷之部門也。案溫陵乃泉州，今之福建晉江也，司馬光曾孫嘗牧是郡，據潛虛跋尾曰：「右司馬文正公潛虛，應行嘗恨建陽書肆所刊脱略至多，幾不可讀；及得邵武本，雖校正無差，而繇辭多闕，淳熙九載（1182）文正公曾孫待制侍郎出守溫陵，應行備數芹頖，親得公家傳善本，繇辭悉備。復以張氏發微論附之。應行請曰：『願廣其傳。』公曰：『是吾志也。』遂以邵武舊本參稽互考刻之郡庠。淳熙壬寅，孟冬朔日，迪功郎充泉州州學教授陳應行謹跋。」據長術壬寅，南宋孝宗淳熙九年也。張氏乃張敦實，著有發微論十篇。潛虛一卷，司馬光撰，增訂四庫簡明目錄標注續錄言：「宋淳熙泉州本，毛有影宋淳熙本，宋大字本，無字作无，佳。」其印刷術之精粹出色，可知也。次為漢東郡（今湖北隨縣治）學，據趙彥衞撰雲麓漫抄原序曰：「擁鑪閒紀十卷，近刊於漢東學宮，頗有索觀者，無以應其求。」其書內容價值之高可知也。此外為丹陽郡（今江蘇江寧縣）學，據東萊呂祖謙撰少儀外傳書後附其弟祖儉跋尾曰：「丹陽郡文學譚元猷祖儉之同舍生也，欲刊其書於學宮，因識所聞於卷末。（理宗）紹熙二年（1238）七月十五日，呂祖儉書。」文學乃朝廷褒賞之官秩，掌州郡學教官之職。由是知丹陽郡學亦有刊印之設備。又四明學亦同樣有印刷部門，據張洪、齊熙編定朱子讀書法原序云：「（度宗）咸淳乙丑（元年〔1265〕）洪分教四明（今浙江鄞縣）齊君（熙）適遊東浙，益相與商榷，是正其書乃成，助費召匠，亟命鋟梓，與學者共之。」又曰：「咸淳乙丑，熙適留會稽（今浙江紹興縣），而張君職教四明，郵傳如織，因得益加，是正而更定之，於是，無復遺恨。張君且欲刊之鄞泮，以惠多士。」⑰鄞

泮，即四明郡學也。此爲州、郡學對印刷刊印之服務也。次爲縣學，若山陰陸務觀幼子子遹刊其父渭南文集，據集序言：「（寧宗）嘉定十有三年（1220）子遹知建康府溧陽縣（今江蘇溧陽縣西北四十五里）乃鋟梓溧陽學宮，以廣其傳。」⑰是縣學亦有刻板印刷之設置。至於私人企業性者，有汝陽（今山東曲阜縣）人穆修伯長，其文集曰：「修於眞宗大中祥符二年（1009）梁固榜登進士第。老益家貧，家有唐本韓、柳集，乃丐於所親厚者，得金募工鏤板，印數百集，携入京師相國寺，設肆鬻之。」⑰此則相當於私人設廠之印刷業也。由是知印刷術已發展至州、軍、縣學及私人企業中，其盛行之普遍，可想而知也，故對學風之興盛，當有莫大裨益，可不言而喩矣。

（２）古文與集句

（Ａ）古文

古文之產生，據臨江劉淸之言：「夫世人不知古文，己獨爲之，是儒之特立者也。吾見三人矣，董生當秦滅學之後，明孔氏之術道，曹子之言其文甚近古也。雖同時若嚴助、枚皐謂應義理。子長、相如博辨無極，亦自爲其文而已，未始識董生之用心。由東京以後，歷魏、晉、五代，而文益衰。至唐元和間（806至20）昌黎公始知尊孔氏，貴王賤霸，大變而古，李翱、皇甫湜從而和之，然其後亦無傳焉。唐衰歷五季，日淪淺俗，寖以大敝。⑰迄宋，循五代之舊，多駢儷之詞，楊文公始爲西崑體；乃或推孫、丁、楊、劉爲文詞之雄。柳開仲塗、穆修伯長、尹洙師魯、六一先生以古文倡，學者宗之。」⑰茲就其著者略述於後，有

大名（河北今縣）人柳開字仲塗，史云：「生於晉末（947），長於宋初（961），年始十五六學爲章句，越明年，即太祖建隆四年（963），天水趙先生老儒也，持韓文數十篇授開，開遂於家得而誦讀之後，歎曰：『唐有斯文哉！』因謂文章宜以韓爲宗。當是時，天下無言古文者；復以年幼，而莫有與同好者，但朝暮不釋於手，日漸自解之，乃慕其古而名肩愈，字紹元，亦有意於子厚耳。」⑱故能改齋漫錄引其門人張景言「韓道大行，自開始也。開未第時，居魏郭之東，採世之逸事，著野史，自號東郊野夫，作東郊野夫傳。年踰二十，即乾德四年（966），慕王通續經，以經籍有亡其辭者輒補之，自號補亡先生，作補亡先生傳，遂改舊名與字，謂開古聖賢之道於時也，必欲開之爲塗，故字仲塗。」⑲吳曾則謂其「以高文苦學爲世宗師。」⑳誠哉斯言，柳開識見過人，史稱其「起而麾之，髦俊率從焉。仲塗門人能師經探道，扶百世之大教，續韓、孟，而助周、

孔，有文於天下者矣。」⑱故兵部侍郎王祜得開書曰：「子之文出於今世，眞古之文章也。」兵部尚書楊昭儉曰：「子之文章，世無如者，已二百年矣。」蓋指自韓文公古文運動而言也。考文公於唐德宗（ 780 至 805 ）時登進士第，出仕後，嘗被貶官，至憲宗（ 806 至 820 ）時召爲國子博士。由此計算，至宋太祖開寶六年（ 972 ）柳開登進士第時（年二十七，爲古文已十年）⑱洽爲百九十餘年左右，故稱二百年。開嘗自謂曰：「吾之道，孔子、孟軻、楊雄、韓愈之道，吾之文，孔子，孟軻、楊雄、韓愈之文也。」⑱蓋古文也。柳仲塗云：「古文非在辭澀，言若使人難讀誦之在於古，其理高，其意隨言語短長應變，作制同古人之行事，是謂古文。」對古文之界定略如此。雖然，似未能達成其所願也。故陳亮曰：「卒不能麾天下以從己也。」⑱

次爲穆修，史云：「修字伯長，汝陽（今山東曲阜縣）人，後居蔡州（今河南汝南縣），師事陳圖南摶希夷先生，而傳其學。修於眞宗大中祥符二年（ 1009 ），梁固榜登進士第。老益家貧，家有唐本韓、柳集，乃丐於所親厚者，得金募工鏤板，印數百集，携入京師相國寺，設肆鬻之。時學者方從事聲律，未知爲古文，修首爲之倡；其後，河南洛陽尹源子漸、洙師魯兄弟始從之學古文，其文簡而有法。迄仁宗天聖初（ 1023 ），洙與修矯時所尚，力以古文爲宗，遂大振起之。而鄭條、蘇子美獨與兄才翁及修作爲古歌詩、雜文，時人頗共非笑之，而不顧也。於是楊大年、劉子儀因其格而更加以瑰奇精巧，則天下靡然從之，謂之西崑體。」⑱以音聲相和，前後相隨，對偶爲文也。而穆修、張景則反是，墨客揮犀曰：「穆修、張景輩始爲平文，當時謂之古文，穆、張嘗同造朝，待旦於東華門，方論文次，適見有奔馬踐死一犬，二人各記其事，以較工拙；穆修曰：『馬逸有黃犬遇蹄而斃。』張景曰：『有犬死奔馬之下。』時文體新變，二人之語皆拙澀，當時已謂之工。」⑱工，巧也，善其事也。史言：「修率其徒張景專以古文相高，而不爲駢儷之語，則亦不過與蘇子美兄弟倡和於寂寞之濱而已。故天聖間（ 1023至32 ）朝延蓋知厭之，而天下之士，亦終未能從也。」⑱其非習慣成自然，積重難返也。故其命運輒仍與柳開相同耳。

再爲歐陽修字永叔，河南穆公集遺事曰：「修少時，家於漢東（今湖北隨縣），漢東僻陋，無學者，而家又貧，無藏書，州南有大姓李氏者，其子堯輔頗好學。修爲兒童時，多遊其家，見壁間有弊筐，貯故書，發而視之，得唐昌黎先生文集六卷，脫落顚倒，無次序，因乞李氏以歸，讀之，見其言深

厚而雄博。然年歲猶少，未能悉究其意，徒見其浩然無涯，若可愛。是時天下學者，楊、劉之作，號爲時文，能者取科第，擅名聲，以誇榮當世，未嘗有道韓文者。仁宗天聖初（1023）修方舉進士，以禮部詩、賦爲事。」[18]專心鑽研駢儷之詞也。石徂徠集曰：「年十有七試於州，爲有司所黜。因取所藏韓氏之文復閱之，則啞然嘆曰：『學者當至於是而止爾。』因怪時人之不道，而顧己亦未暇學，徒時時獨念於心，以謂方從進士干祿以養親，苟得祿矣，當盡力於斯文，以償其素志。後七年，舉進士及第，登甲科，官於洛陽，而穆伯長、尹師魯、蘇子美之徒皆在，遂相與作爲古文，以變西崑體。」[18]又曰：「學者翕然從之，其有楊、劉體者，人戲之曰：『莫太崑否？』石守道深嫉之，以爲孔門之大害，作怪說三篇：上篇排佛、老，下篇排楊億。於是新進後學，不敢爲楊、劉體，亦不敢談佛，老」[19]案石介時在太學執教，名重朝野，言比金石，故能扭轉社會俗尚。韓琦曰：「修因出所藏昌黎集，而補綴之，求人家所有舊本，而校定之。」[19]蓋綜合諸本，比勘其文字篇章之異同，互相校讐而定其謬誤也。陳亮曰：「慶歷中（1042至8）天子患時文之弊，下詔書諷勉學者以近古。」[19]是以蘇東坡曰：「天下士爭自濯磨，以通經學古爲高。」[19]陳亮謂：「由是聲偶之風漸息，故天下學者趨於古，翕然丕變。」[19]韓琦稱：「是大有功於聖道，而韓文遂行於世，學者非韓不學也，可謂盛矣。」[19]夷考其因，至要者，乃唐之文章已發展至最高峯，故蘇東坡曰：「蓋唐之文章至韓退之而大備，無可疵者。」[19]陸象山曰：「有作文蹊徑。」[19]蹊徑，猶言門徑、門路也。東坡言：「故後之學者多取則其體例爲古文。」[19]爲古文僅其一端而已，其最終之目的，誠如明鄭瑗言：「歐陽文忠公非但倡爲古文，兼亦衞道，致儒術大行。」[19]此爲歐陽文忠公最大貢獻，故臨江劉清之曰：「自爾以來，學者益以光大，非止求夫文之近於古而已。蓋異端既闢，則必以聖人爲師，不專注疏，則必以經旨爲歸，學均爲己，一變至道。」[20]蓋謂歷唐末、五代之卑弱偶儷文格，一返於儒術之道，蘇東坡言：「復以蘇老泉父子、王介甫、曾南豐諸賢相與和之，故能丕變五代之陋，上追兩漢先秦之古雅也。」[20]故劉清之曰：「溯其承傳，爰有端緒。」[20]豈徒爲妄言謬論以惑世哉！

（B）集句

集句者，蓋謂集古人之成句以爲詩也。據金玉詩話曰：「集句體，自宋初有之，未盛也。至石介字曼卿，人物開敏。」[20]蘇東坡曰：「豪於

詩。」⑳實亦豪於文，可謂詩、文俱佳之豪傑之士也。說郛曰：「以文爲戲，然後大著，嘗有手書下第偶成云：「一生不得文章力，欲上青雲未有因，姮娥何惜一枝春，鳳凰詔下雖霑命，豺虎叢中也立身，啼得血流無用處，著朱騎馬是何人？」」又曰：「年去年來來去忙，爲他人作嫁衣裳，仰天大笑出門去，獨對東風舞一場。」至元豐間（1078至85）王文公益工於此，多者至百韻，皆集合前人之句，語意對偶，往往親切過于本詩，後人稍稍有傚而爲之者。」⑳按此體於宋之前嘗有晉傅咸集詩經句以成篇，是集句之較早者歟！

（3）道學

　　道學乃宋儒性命義理之學也。而葉水心則釋爲：「仁、義、禮、樂是爲道，問、辨、講習是爲學。人有不知學，學有不聞道，皆棄材也。古人同天下而爲善，故得謂之道學。」⑳又陸象山曰：「道學者，聖人之學也，聖人之學，心學也，堯、舜、禹之相授受曰：『人心惟危，道心惟微，惟精惟一，允執厥中。』此心學之源也。中也者，道心之謂也。」⑳道據黃震言：「道原於天，闡於伏羲，傳於堯、舜、禹、湯、文、武、周公，而集大成於孔子。」⑳又葉盛云：「故孔子之道也，原於天命，具於人心，非伏羲、神農、黃帝、堯、舜、禹、文、武之聖，無以行斯道於時，以濟生民。非孔子之聖，無以明斯道於書，以救萬世。夫天豈不欲斯道之常行於世，以爲生民無窮之幸哉！顧勢則不能耳，勢不恆然，而天之心則無時而不然。觀孔子之言，纍在六經。」⑳而陸象山則謂：「惟務求仁，蓋精一之傳也。⑳而傳夫子之道者曾子；伯魚死，子思乃夫子適孫，獨師事曾子，故自曾子傳之子思，子思傳之孟子。」⑪一又曰：「故鄒孟氏者，聞而知之，自擬私淑，其爲言曰：『性善。』曰：『義利。』而前聖之道爲愈明。」⑫至是，儒家之道益臻完美。然物極則反，宋文公集云：「自孟氏沒，聖人之道不傳。」⑬老、佛之道代之而興。陸象山曰：「老氏之學，始於周末，盛於漢，迨晉而衰矣。老氏衰，而佛氏之學出焉，佛氏始於漢，行於梁，達磨盛於唐。」⑭由於佛、老之敎盛行，故宋文公集云：「世俗所謂儒者之學，內則局於章句、文詞之習，外則雜於老子、釋氏之言，而其所以修己治人者，遂一出於私智人爲之鑿，淺陋乖離，莫適主統，使其君之德，不得比於三代之隆，民之俗，不得躋於三代之盛。若是者，已千有餘年。」⑮蓋自西漢初（西曆前206）迄唐末（907）、宋初（961）洽爲千餘年間，陸象山曰：「學絕道喪，世不復有師，曰師曰弟子云者，反以爲笑，韓退之、

柳子厚猶爲之屢歎！」[216]此於韓、柳文集中已有詳言，今不贅述。

迨趙宋立國，文及翁云：「自宋受命，肇基立極，太祖皇帝一日洞開諸門曰『此如我心，少有邪曲，人皆見之。』識者謂得三聖傳心之妙。又一日問：『世間何物最大？』時元臣對以『道理最大。』識者謂開萬世理學之源。」[217]理學即性理學或道學，史云：「時有眞源人陳摶字圖南，居華山，好讀易，手不釋卷，以數學授汝陽（今山東曲阜縣）人穆修，字伯長，伯長授學青州（今山東益都縣）人李之才，字挺之，挺之授學河南人邵雍，字堯夫。其所傳先天之學，具見於易圖皇極經世書，故程伯淳作堯夫墓誌云：『推其源流，遠有端緒。』」[218]又曰：「漢上朱震子發言：『陳摶以太極圖傳种放，放傳穆修，修傳周茂叔。』」[219]又貴耳集曰：「濮上陳摶以先天圖傳种放，放傳穆修，修傳李之才，之才傳邵雍。放以河圖洛書傳許堅，堅傳范諤昌，諤昌傳劉牧。修以太極圖傳惇頤，惇頤傳二程。濂溪得道於異僧壽涯，晦菴亦未然其事，以異端疑之。」[220]故謂以上傳承，不爲道學家所尊重，遂直以茂叔爲開山祖師，考遺經而得不傳之緒。[221]朱子曰：「濂溪周先生奮乎百世之下，乃始深探聖賢之奧，疏觀造化之原，而獨心得之，立象著書，闡發幽祕，詞義雖約，而天人性命之微，修己治人之要，莫不畢舉。」[222]又曰：「於以上承先哲，下開來學。」[223]師徒相承，故陸象山稱之曰：「始復有師道之尊；雖然，學者不求師，與求而不能虛心，不能退聽，此固學者之罪。學者知求師矣，能退聽矣，所以尊之者，乃非其道，此師之罪也。」[224]嗚呼！師弟子間之是是非非，向無從心所欲者，即聖人亦不能例外也。史云：「「仁宗慶曆四年（1044），大中大夫程珦以大理寺丞知興國縣事，二子侍焉學焉。六年（1046），珦由興國攝倅南安軍，識濂溪先生周元公於理掾，以二子師之，即明道、伊川二先生也。明道生於明道元年（1032），伊川則生於二年（1033），侍乃翁在興國時，明道年十有二，伊川十有三。」[225]宋史程顥傳曰：「明道自十五六時與弟伊川聞周茂叔論學，遂厭口學業，慨然有求道之志。」[226]蓋十二三歲時也；考其授受之微旨，方應辰曰：「太極一圖，不以語他人，而獨以語二程子；及二程子之教人，則專以語、孟、中庸、大學爲主，而未嘗一語及太極，或遂疑其非元公之書，而爭辯紛紜，學者相拘鑿。嗚呼！夫所謂太極者，其盡在圖也，不窮理之所自來，則滯於形氣之粗下，而不足以爲造化之樞紐，品彙之根柢。不體理之所實在，則淪於空寂之高虛，而不足以貫本末，而立大中該全體，而達妙用。天之所以高，地之所以下，陰陽之所以動靜，此何物哉！必有爲之主宰者，未

有天地，未有民物以前，又何物哉？必先有是理，而後有是物也。周子教人，以窮理之所自來，不得不探天地之根極，萬化之源以爲言，故名曰：『太極。』又以其形，形而實無形也，故曰：『無極而太極。』二程子將教人，以體理之所實在，則不得不就日用事物切近者爲言，故曰：『道不離器，器不離道。』二程子之不言太極，乃所以詳言太極之無在無不在也。何也？入孝出悌，徐行後長，即太極也。桑麻粟菽，日用飲食，即太極也。出門如賓，承事如祭，即太極也。爲堯、舜，則揖遜，爲湯、武，則弔伐，爲禹則胼胝，爲回則簞瓢，即太極也。去齊則接淅，去魯則遲行，爲乘田，則羊茁，爲委吏，則會計，當即太極也。語其隱，則上天之載，無聲無臭，語其費，則即事在事，即物在物。」㉒是以朱子曰：「太極云者，合天地萬物之理，而一名之耳。其爲陰陽五行造化之頤者，固此理也。其爲仁、義、禮、智、剛、柔、善、惡者，亦此理也。性此理而安焉者聖也，復此理而執焉者賢也。」㉓故方應辰曰：「程子之言道器，其得於周子太極之說歟！」㉔此爲周、程師弟子對太極圖承傳之剖析也。

次曰通書，據王佖言：「通書四十章，發明至理，直見精微。」㉚襃典曰：「乃同歸一誠，俾聖學燦然復明也。」㉛蓋以理學家謂孟子沒後，孔子之道不得其傳，周濂溪出，始復其道，故云復明也。

復次曰易傳諸書，據葉盛言：「發揮天人之蘊，開示學者，身心用功之要；其推明前聖之道爲益切，所謂天地不悖，鬼神無疑，考前聖而不謬，俟後聖而不惑者；至於人知有孔子，而伏羲、神農、黃帝、堯、舜、禹、湯、文、武之道，的然如見，可舉而行，此天之愛生民，其心固如是而必於孟子、周、程焉。」㉜是理學家以周、程上繼孟子也。朱夫子曰：「考周子之言，其實不離乎日用之間，其幽探乎陰陽五行，造化之頤者，固此理也。而其實不離乎仁、義、禮、智、剛、柔、善、惡之際，其體用之一源，顯微之無間，秦漢以下，誠未有臻斯理者，而其實則不外乎六經、論語、中庸、大學、七篇之所傳也。㉝據史記孟軻傳，軻著孟子七篇，㉞故云。張南軒曰：「其教人也，使之志伊尹之志，學顏子之學，推之於治；先王之禮、樂、刑、政，可舉而行，如指諸掌。」㉟朱子曰：「河南兩程先生，旣親見之，而得其傳。」㊱又曰：「故以大學、論語、中庸、孟子爲標指，而達於六經，使人讀書窮理，以誠其意，正其心，修其身，而自家而國，以及於天下。其道坦而明，其說簡而通，其行端而實，是蓋將有以振百代之沉迷，而納之聖賢之域。其視一時之事業、詞章、論議、氣節所

繫，孰爲輕重，所施孰爲短長，當有能辨之者。」⑳斯言誠是，故張南軒曰：「推明究極，廣大精微，殆無餘蘊，學者始知夫孔、孟之所以教，蓋在此，而不在乎他學，可以至於聖治，不可以不本於學。而道、德、性、命，㉘仁、義、忠、信之實，著天理、時中之妙，迪帝王治化之原。」㉙皆爲孔、孟之學中所首要注重之者，張南軒曰：「初不外乎日用之實，其於致知、力行，具有條理，而詖淫邪遁之說，皆無以自隱，可謂盛矣。」㉔魏了翁撰道州書院記曰：「故相與翕然宗之，張、楊、游、呂、侯、謝、尹、張諸儒口傳面授，至於朱、張、呂氏，推而大之。」㉑其中最顯者莫如晦庵朱先生，據其門人黃榦曰：「先生稟資高明，勵志剛毅，深潛默識，篤信力行，體用一源，顯微無間之旨，超然獨悟，而又條晝演繹。」㉒故王似撰江州州學四先生祠曰：「闡幽發微，剖析至到，前人舉其要，先生敷暢之，前人啟其端，先生會通之；是理之奧，大昭明於天下，夫人皆得以目擊而心迪之。」㉓誠哉斯言，周子之後，苟無二程，其道未必如今之顯；二程之後，苟無朱子，其道亦未必如今之盛也。故黃勉齋曰：「以示後學，周、程之道，至是而始著矣，窮理盡性，以至命，存心養性，以事天，非周、程、朱四先生，孰發之？道之不明，以學者無所見，而異端禍之也。四先生之道，本諸人心之所固有，天理之不可易，則邪說不得肆，而皆趨於至正之途，止於至善之地。」㉔實乃孔、孟之道爲周、程、朱所承繼，以教來學之士，故張南軒曰：「學者當以立志爲先，不爲異端訹，不爲文采眩，不爲利祿泪，而後庶幾可以言讀書矣。聖賢之書，大要教人使不迷失其本心者也，夫人之心，天地之心也，其周流而該徧者本體也；在乾坤曰元，而在人所以爲仁也，故易曰：『元者善之長也。』而孟子曰：『仁者人也，合而言之，道也。』禮曰：『仁者，天地之心也。』而人之所以私僞萬端，不勝其過失者，梏於氣，動於欲，亂於意，而其本體以陷溺也，雖曰陷溺，然非可逐殄滅也。譬諸牛山之木，日夕之間，豈無萌蘖之生乎！患在人不能識之耳。聖賢教人，以求仁，使之致其格物之功，親切於動靜語默之中，而有發乎此也，有發乎此，則進德有地矣。故其於是心也，治其亂，收其放，明其蔽，安其危，而其廣大無疆之體，可得而存矣。」㉕是以楊龜山謂曰：「肄業於其中者，溉其文，茹其實，心得而身行之，以趨聖賢之域，然後爲學之成也。」㉖考其學問之道，要以眞德秀、黃榦所言最透徹，其文曰：「堯、舜、禹、湯、文、武、周公生，而道始行，孔子、孟子生，而道始明。孔、孟之道，周、程、張繼之；周、程、張子之道，文公朱先

生又繼之。此爲道統之傳承也。」㉔然道統之承傳，中間嘗歷異端之侵襲，不知凡幾？黃震曰：「戰國時，楊、墨嘗害此道統，孟子闢之，而道以明。漢、魏以降，佛、老嘗亂此道，韓文公闢之，而道又明。唐中世以後，佛氏始改說心學，以蕩此道，濂、洛諸儒講性理之學以闢之，而道益明。伊川既沒，講濂、洛性理之學者，反又浸淫於佛氏心學之說，晦庵先生復出，而加之是正，歸之平實，而道益大明。其說雖根柢於無極太極，實則歸宿於仁義中正。雖探原於陰陽性命，實則體驗於躬行踐履。雖亦未嘗不主於心，實則欲正此心，以達之天下國家之用，非其他所謂即心是道，絕物而立於獨棄實而流於虛也。」㉔此爲朱子與歷朝諸賢衞道之始末也。

（４）學校修建及生徒食宿與課業

（Ａ）國子太學之修建及生徒食宿與課業

宋代國子太學修建，據長編曰：「京都雖於宋初在周世宗所建國子監學舍內孔子廟祠宇中置國子監爲講學之地。」㉔但劉敞謂「無師弟子之教，諸生至者無所觀習，皆欲著名廣文館，覬三歲一貢士，爲苟可以幸其身耳。其非冑子者，至以錢入吏，自隱爲士大夫之後。再爲求舉於鄉，又連不獲。」㉕乃鄉學里選中落選者也。故田況曰：生徒不上三十人，率蒙稚未能成學者；遇秋試詔下，則四方多士，競投牒於學，干試求薦，罷則引去，無肯留者。初試補監生，但無大謬，無不收采，生員得牒以歸，則自稱廣文館進士，致廣文靑靑，由是不歸。監出一牒，生員輪緒二千餘，目爲光監，利爲公廨之用。直講置員，但蹴爲資地，希遷榮耳。自仁宗慶曆初（1042）山東石介、孫復皆好古醇儒爲直講，力相贊和，期興國學。」㉕謂國子太學也。史稱：「復著春秋尊王發微十一篇，經術大鳴於時，爲宋學重紀綱尊名分之始。」㉕次爲石介據長編曰：「介在太學，以文學行義，名重一時，經術博深，議論堅正，扶持名教爲己任。以師道自居，門人弟子從之者甚衆，太學之興自介始。」㉕介嘗與歐陽永叔書曰：「介端然於學舍以教人爲師友，率然筆札自異，學者所法。噫！國家興學校，置學官，止以教人字！將不以聖人之道教人乎！將不以仁、義、禮、智、信教人乎！介坐堂上，則以二帝三王之書，周公之禮，周之詩，伏羲、周公、孔子之易及孔子之春秋，與諸生相講論，堯、舜、禹、湯、文、武、周公、孔子之道，不嘗離於口也。三才、九疇、五常之教，不嘗違諸身也。教諸生爲人臣，則以忠，教諸生爲人子，則以孝，教諸生爲人弟，則以恭，教諸生爲人兄，則以友，教諸生與人交，則以信。率諸生於道，納諸生於善，

厰諸生以成人。諸生不學乎堯、舜、禹、湯、文、武、周公、孔子之道，不孝於親，恭於其兄，友於其弟，信於朋友，而拳拳乎！」[254]藉此可悉知大宋立國八十餘年，國子太學中為人師長者，對學子所授課業之方法內容，猶盤桓於混淆粗淺階段。迨至皇祐至和間（1049至54）王得臣曰：「泰州如皋（江蘇今縣）人胡瑗字翼之為國子直講。」[255]其教學方法則大有改進，史云：「翼之教授學者，首明體、用、文之學；君臣父子仁義禮樂，歷世不可變者，其體也。詩、書、史、傳、子、集，垂法後世者，文也。舉而措之天下，能潤澤其民，歸於皇極者，其用也。[256]曰講易，每引當世之事明之，至小畜，以謂畜止也，以剛止君也。已，乃言及中令趙普相藝祖日，上令擇一諫臣。中令具名以聞。上卻之，弗用。異日又問？中令復上前箚子，亦卻之。如此者三，仍碎其奏，擲於地；中令輒懷歸。它日復問？中令仍補所碎箚子呈於上，上乃大悟，卒用其人。」[257]此則不愧為大臣也！趙普之諫諍，足以為後世法，故能感動學子，影響於後代，自不待言矣。而胡瑗亦可謂善諭者也。趙善璙曰：「又每語諸生，食飽未可據案，或久坐，皆於血氣有傷；當習射、投壺、游息焉。」[258]如此教導學子，焉能不強身健體，兼亦有益於心神發育也。自警編曰：「初，有番禺大商，遣其子來就學，其子僮宕，所齎千金；得病甚瘠，客於逆旅，若將斃焉。偶其父至京師，閔而不責，携其子謁瑗，瑗告其故曰：『是宜先驚其心，而後誘之以道者也。』乃取一帙書曰：『汝讀是可以先知養生之術，知養生之後，可以進學矣。』其子視其書，乃黃帝素問也，讀之未竟，惴惴然懼，伐性之過甚悔，痛自責，冀可自新。瑗知其已悟，召而誨之曰：『知愛身，則可以修身，自今以始，其洗心向道，取聖賢之書，次第讀之，既通其義，然後為文，則汝可以成名。聖人不貴無過，而貴改過，無懷昔悔，第勉事業。其人亦穎銳，學二三年，登上第而歸。足證其教育諸生，皆有法度也。」[259]有法度，學子方有規矩可循，於是教育始能成功。李方叔鳶曰：「然當是時也，太學之法寬簡，國子先生必求天下賢士，真可為人師表者，就其中又擇其尤賢者，專委掌教導規矩之事。故於嘉祐元年（1056）十二月乙卯，有旨，胡瑗專掌太學之政，瑗文學行義，一代高之，既專學政，遂推誠教育多士，身率天下之士，不遠萬里來就師之。方是時，游太學者，端為道藝，稱弟子者，中心悅而誠服之也。瑗亦甄別人物，擇其過人遠甚，人畏服者，獎之激之，以勵其志。又各因所好，類聚而別居之，故好尚經術者，好談兵戰者，好文藝者，好尚節義者，好農田水利、刑政、算數者，

皆所以類羣居，相與講習。而瑗亦時召之，使論其所學，爲定其理，或自出一義，使人人以對，爲可否之時，取當時政事，俾之折衷，故人皆樂從而有成。」⑳究其成功之道，乃在於類別科系，聽其所好，盡展所長，使學者易於領悟、接納，縮短研習時間，造就專才。史言：「時程頤適游太學，瑗以顏子所好何學論試諸生，得頤所試大驚，即延見，處以學職。蓋自瑗掌太學，其正、錄第補諸生，以爲學校職掌。於是其徒益衆，太學至不能容，取旁步軍營房處之。禮部所得士，瑗弟子十常四五，隨材高下，喜自修飭，衣服容止，往往相類，人過之，雖不識，皆知爲瑗弟子也。」㉑由是觀之，胡瑗所掌管之太學教育已達到相當水平，宋史全文曰：「擢與經筵，仍兼學正，治太學如故。」㉒以示嘉獎。至於學生之食宿，據諸史記載：「其在學諸生，則以官賜莊園房錢等瞻之，徧加廩給，宿於齋，食於學。」㉓會要曰：「由國學公廚使臣職掌之。」㉔蓋官費敎養之也。史云：「自孫復、石介、胡瑗以經術來居太學，而李泰伯、梅堯臣之徒又以文墨議論游泳於其中，而士始得師矣。故太學之盛，蓋極於此，史稱慶曆之風，信不誣也。」㉕蓋謂學風之鼎盛，莫過於慶曆間（1042至8）也。

（Ｂ）州、縣學之修建與生徒食、宿及課業

宋代州、縣學之修建，據王安石言：「天下不可一日而無政敎，故學不可一日而亡於天下。古者井天下之田，而黨庠、遂序、國學之法立乎其中，鄉射飲酒，春秋合樂，養老榮農、尊賢，使能攷藝選言之政，至於受成、獻馘、訊囚之事，無不出於學，於此養天下智、仁、聖、義、忠、和之士，以至一偏一伎一曲之學，無所不養，而又取士大夫之材行完潔，而其施設已嘗試於位而去者以爲師，釋奠釋菜以敎，不忘其學之所自，遷徙逼逐以勉其怠，而除其惡，則士朝夕所見所聞，無非所以治天下國家之道。其服習必於仁義，而所學必皆盡其材，一日取以備公卿大夫百執事之選。」㉖故范仲淹曰：「三代右文，四郊立學，尊賢師道，敎育賢材，被服禮樂之風，準繩仁義之行，切磨國器，標率人倫，式致用於薦紳，乃助成於聲敎，俊造以之富盛，基業由是綿昌。至於唐家，中外建學，文物之盛，三代比隆。」㉗歷五代，而後趙宋立國，陸放翁曰：「崇經立學，以爲治本。」㉘齊東野語曰：「廣學校以儲材。」㉙魏了翁曰：「自仁宗慶曆詔天下州、縣皆立學，於是州、縣立學官以附於廟。」㉚廟，孔子廟也，知宋代之州、縣學皆設置於孔子廟中。又學官，敎授也，掌州、縣學之學糧及學政。北山小集曰：「自大觀學法行，天下西被氐羌，南踰牂牁，嶺海萬里之外，

荒漠不毛之地，皆為郡、縣置學官，師弟子絃誦之聲相聞，三尺之童，不談天人之道，詠功德以志榮名，取顯仕者，輿臺樵木，知笑之。」㉗抵南宋高宗紹興十四年詔：「天下州、縣皆立學。」㉗庸齋集載：「邑士陳彥信曰：『子知邑大夫修學之意乎？』曰：『將以教也。子知大博督記之意乎？』曰：『將揭所以教也。』」㉗教為興學校也。在興建學校中最具有意義者，莫過於烏程縣（今浙江吳興縣）學、吳郡（今江蘇吳縣）學與滕宗諒所建學，宋史新編曰：「滕宗諒字子京，河南人，第進士，通判江寧府，徙知湖州，知涇州，徙知慶州，知虢州，復徙岳州，稍遷蘇州，所蒞州，喜建學，而湖州最盛，學者傾江淮間。」㉗此於學風興起當有莫大之助力焉。吳郡學，乃由范文正公所建立。史云：「蘇州奏請立郡學。先是，范文正公得南園之地，既卜築而將居焉，陰陽家謂：『必踵生公卿。』公曰：『吾家有其貴，孰若天下之士咸教育於此，貴將無已焉！』遂即地建學，既成，或以為太廣。公曰：『吾恐異時患其隘耳。』元祐四年（1089）公之子純禮出自奉常制置江淮六路漕事，持節過鄉郡。即學拜公像，覩學之敝，復請於朝，新而廣之，吳學至今甲於東南。」㉗另一原因乃為師資，中吳紀聞曰：「仁宗景祐中（1034至8）范文正公上疏請建郡學，首以胡翼之安定先生為吳興學官，繼移此邦，先生居學，嚴條法，以身先之，雖大暑，必公裳終日，延見諸生，以嚴師弟子之禮；解經有至要義，懇懇為諸生論其所以治己而治乎人者，學徒千數，日月刮劘，為文章皆傳經義，必以理勝，信其師說，崇尚行實。自後登科為大儒者累世不絕，如滕章敏、范忠宣、錢內翰淳老皆從先生之學者也。至今學宮畫像而祠之。」㉗此吳學之空前盛況也。至於烏程縣學，據何薳春渚紀聞云：「余拂君厚，霅川（今浙江吳興縣治）人也。其居在漢銅官廟後，溪山環合，有相宅者言：『此地當出大魁。』君厚之父朝奉君云：『與其善之於一家，不若推之於一郡。』即遷其居於後，以其前地為烏程縣學，不二三年，君厚為南宮魁，而莫儔、賈安宅繼魁天下，則相宅之言為不妄。」㉗此種專尚公益，而損害己利之精神，確實可貴，故略言及之以為賢者之倡。三山陳垓曰：「興學守、令之職也。」㉗故陸游渭南文集與蜀文輯存曰：「州縣守、令設置之基本意義在於教化、教養，養為食宿，教為興學校。」㉗史云：「故事：州守、縣令、尉到任履新，祗謁孔子廟，乃許視事。」㉗二程子抄釋曰：「范公甫將赴河清（在今河南孟津縣東南二十里）尉，問到官三日，例須謁廟如何？曰：『正者謁之，如社稷及先聖是也。其他古先賢哲，亦當謁

之。』又問：『城隍當謁否？』城隍不典，土地之神，社稷而已。何得更有土地邪？又問：『只恐駭衆爾！』曰：『唐狄仁傑廢江浙間淫祠千七百處，所存惟吳太伯、伍子胥二廟爾！今人做不得，以謂時不同，是誠不然，只是無狄仁傑耳。當時子胥廟存之，亦無謂。』」釋社稷爲土地之神，蓋統言之耳。城隍據城池而言，古人祭門行，而況此乎⁉此爲小程夫子對祭廟神之意見也。香溪集載仍有詔云：「守長佐貳，關決學政，一或不虔，爲不任職。」[281]故長編與玉海曰：「三年遷官，考秩考績，學爲首務進退州、縣文武吏。」[282]由是州、縣長吏人人畏懼，金石補正曰：「公宇甯儉，而州、縣學舍，雖斗邑亦無敢不備也。」[283]故宋代州、縣學之多，竟能超越唐代，而學風之興盛亦世所罕見也。

補試：乃生徒之補試，猶今之招生試也。宋人對於學生之補試，據朱子年譜曰：「紹興二十三年（1153）初任同安（福建今縣）主簿，縣牒委補試，喚吏人問例？云須榜曉示，令其具檢頗多。即諭以不要如此，只用一幅紙，寫數榜，但云：『縣學某月某日補試，各請知悉。』」[284]此同安縣學之招生。其他諸縣，雖手續有別，約亦不出此類也。招入學中生徒之年齡多在十餘歲左右，如葉水心曰：「公姓俞氏，字伯仁，臨安人，年十三入縣學，筆墨意度如成人，長老皆器此兒行貴矣。」[285]自縣學畢業後，升州學或太學。宋遺民錄曰：「陸君實諱秀夫，居京口（今江蘇鎮江市），郡有孟先生，以宿學教授生徒，大小學多逾百人。年十五應鄉舉，得貢補太學牒，後三年，歲在丙辰，用鄉書登乙科。」[286]蓋中進士乙科，丙辰爲理宗寶祐四年（1256）也。生徒之人數，各地每每年年時時各異，如潤州學，據范仲淹曰：「約有三十餘人。」[287]溫州學，繫錄云：「五百人。」[288]福州學，長編曰：「嘗至數百人。」[289]蘇州學，中吳紀聞曰：「養士百員至數百人，或數千人。」[290]常州學，宋史翼曰：「常號多士，籍於學者千餘人。大觀三年（1109）廷試，常士預選者五十三人。上賜詔曰：『進賢受上賞，知州、教授特轉一官。』」[291]以嘉獎其興學養士之成功，兼亦對學風有莫大之貢獻也。

食宿：對於生徒之食宿與待次，據陸象山言：「所有州、縣學學生均有在學校中食宿與等待填補空缺之別。」[292]史稱：「縣學生之由學校供飲食與齋宿者，約二十至五十人不等。而待補在外者，大約五十人左右共約百許人。」[293]又云：「其入學與齋宿者，皆以考試決定何人可以入學，與何人免費食宿。」[294]州學生，史曰：「州學生亦有部分自官家供食。而具員於齋

者，大約一百人左右；約略人日給米二升，錢二十四錢。」㊋黃裳曰：
「另有待補者，則待次於館。」㊌蓋館舍或客舍也。故陸象山曰：「自食
而學於其間者，亦約有數十人。」㊍字溪集曰：「每年皆廣招俊秀，藉以
表揚學行，鼓勵風俗，而選拔其中最優秀者爲有食宿之官費生徒。」㊎其
食宿之費用旣自州學提供，而州學之經費又從何而來耶？考官費來源中，
最主要者爲學田，而學田有

（1）詔賜學田（詳見本文州府興學表）今略舉數則爲例如下表。

年月日	州學名	學田數	典籍出處	備考
仁宗天聖八年 （1030）十二月庚寅。	江寧學	學田十頃。	長編卷一〇九，頁十三。	
景祐二年 （1035）十月己巳。	蘇州學	學田五頃。	同上書卷一一七，頁十四。	
景祐三年 （1036）五月戊戌。	眞州學	學田五頃。	又同上書卷一一八，頁十一。	
景祐四年 （1037）二月丙寅。	常州學	給學田五頃。	又同上書卷一二〇，頁三。	

（2）太守爲州學生謀廩食，如王荆公曰：「陸廣彥博治泉，爲置廩州學，
士懷我育。」㊏蓋諸生得以給食，安心向學，而感太守之恩惠也。抵南宋
韓元吉言：「紹興七年（1137）潁州李文淵深道知南劍州，在郡三年，得
官田數百斛，給郡學，養諸生以倍，郡人繪像祠焉。」㊐以報其德政也。
又「斛」本爲宋制量器，或十斗或五斗爲斛。蓋以所產糧數代畝數也，此
習中原多有之。再爲台州學，葉適集曰：「自嘉定五年（1212）黃𥙿子耕
來守，他日，邦賦之沒於羣姦者一收斂，公使之消於妄費者悉減節，遂能
以其餘增大學生食。」㊑即州學生食也。此於宋人載記中，將州學稱大學
者多有之。又曰：「溫州學，積久蠹毀，寧宗嘉定七年（1214）留公茂潛
來守，旣修崇之，食增田焉。告諸生曰：『峙節廬廩，苟厚其養而已。若
夫本原師友，必納道德，太守職也。』」㊒斯言誠是，教化、教養乃爲太
守之眞正政治目的所在，豈可緩也。

（3）教授：教授之職務爲何？據朱子云：「教授者，以天子之命教授其
邦人，凡邦之士廩食，縣官而充弟子員者，多至五六百餘，少不下百十數，
皆惟教授者是師，其必有以率屬化服之，使躬問學蹈繩矱，出入不悖所聞，

然後爲稱。」㉝其中以廩食爲最重要。如吳興學，據顧臨言：「著於天下，當其盛時，學者不可勝錄，然常患惠而養之者不至也；彼千里而來，有及門而不能留者，有留而不能久者，將返，則有戚然不足之歎！自學初得賜田五頃，而瀕湖多潦，歲入無幾，由今樞密胡公爲郡，始爲辦學資，漸以及諸生之寒俊者。繼胡公者，或增焉，然亦莫之充也。嘉祐中（1057至63）臨嘗承乏教授，計其資，十常不能及一二，既數年，廼會太守鮑侯軻恤其不給，慨然思有以廣其資，方謀諸士僚，適聞秀州杉陽涇有民訟田，頻年不決，官將兩奪之，鮑侯喜曰：『吾謀得矣。』乃用書懇請於轉運使，願得貸錢購所爭之田，以贍學者。會轉運使賢，樂聞其請。遂用貸錢六十萬得田七頃，其田當沃壤，舊無暵潦之患，以二年之入，償貸錢，然後率爲學糧，歲可食百員。」即可供壹百名公費生徒之食用。至南宋光宗紹熙四年（1193）臨邛常濬孫爲福州學教授，朱子曰：「爲之飭廚饌，以寧其居。」㉟而猶有進者，若莆田方澄孫蒙仲之爲邵武軍學教授，節浮費，去冗食，歲餘，會學廩之贏益，以所却茶湯錢，得舊楮三萬二千買田七百餘秤，積三歲之入可得萬楮。」㊱案楮，楮幣也，即鈔，南宋紹興初（1131）軍餉不繼，造此鈔以誘商旅也。又秤，本爲正輕重之器，蓋以田產量計之也。再爲學廩有倉有坊，據大典曰：「建安志：學有都鹽坊；月發贍學鹽，別有定數官府掌之。有倉，今在府學公廚之西，專以受納七縣學糧錢米（白米八百三十七石有奇，錢一百七十五貫有奇，城下地稅錢一百六十九貫有奇。）柳江志：贍學倉在都倉之西。」㉟劉克莊曰：「至於學也倉也，與社稷並而不敢廢。」㊳倉儲之來源，皆出於地方，吹劍外集云：「理宗淳祐元年（1141）余兄文龍爲會稽尉，見府學職事移文委催社倉米，究其所以則皆是息，年年白納，永無除放之期，學職垃緣苛取，乘勢作威，拘催鞭撻，無異正賦。」㉟此等倉米之支出，主要爲供學生與教授之食用。葉水心曰：「叔向名葵，姓陳氏，處州青田人，教授婺州，教官歲取錢米於學，取職田於東陽縣數百千。」㉥學生之支取，據楊龜山曰：「學校養士，反不如居養安濟所費之多。如餘杭學，今止有三十人，而居養安濟乃共有百餘人，居養安濟人給米二升，錢二十。爲士者，所給如其數，加四錢耳。而士未必常在學也。」㉥則其所費固宜精檢。宋史翼曰：「時瀾調溫州天富鹽官，郡侯雅敬瀾，檄攝郡文學，生徒間有不居學而靡廩食者，繩以規，不聽，自罰俸以礪之。」㉟以身作則，激勵學者，助長學風，有益社會，其志可嘉，其行可憫也。

（４）縣令對於生徒廩食學田之措施，朱子曰：「吾友石君子重調南劍州尤溪縣，縣故窮僻，學校久廢，君買田數百畝以充入之。」⑬案子重名敦。再如長溪縣（今福建霞浦縣），葉水心曰：「初設學，不置糧，士雖居不能食也。先令黃君龜朋自出新意，分釐收拾艱苦，然後得食。」⑭民以食為天，固不可緩也。又有崇安縣，朱子曰：「故有學，而無田，孝宗淳熙七年（1180）知縣事趙侯（缺名）始至而有志焉；一日，視境內浮屠之籍，其絕不繼者凡五，而其田不耕者，以畝計凡若干。乃喟然而歎曰：『吾知所以處之矣，於是悉取而歸之於學，蓋歲入租米二百二十斛，而士之肄業焉者得以優遊卒歲，而無乏絕之慮。」⑮於是可以安心向學矣。反之，若處之松陽學，據呂東萊曰：「松陽（浙江今縣）學故有田，軍興調度急，吏質其田，而學廢；潘好古敏修以錢百二十萬贖歸之學以復興，其後為吏者不復顧省，學又廢，好古不得已歸諸郡庠，處之學所以裕於養士者，由好古之助也。」⑯助人為學，善莫大焉。蓋以自古好學之士，出於貧寒之家者頗不乏人；設若無以為食，焉能為學，故歷任賢令多首重其事。眞西山曰：「理宗寶慶丙戌（二年〔1226〕）秋，清源留元圭來令建安（今福建建甌縣），謁歆於先聖廟，顧學雖頗具，獨廩給之費莫知所自出，每春秋舍菜，先期補弟子員，賦以餐錢俾與厥事，事已，散去，惕焉，為不寧。下車餘二年，畢力經營，得在官之田若干，歲租僅百石，悉舉而歸之學。」⑰學子始無飲食之憂。再如無錫縣學之學田，據江蘇金石記謂：「無錫縣學田乃買民之田，田分高田、中田、低田：三等收租，獨高田租收白米與大麥、小麥。」⑱所收租糧既多，即難免生弊，蓋通弊也。眞西山曰：「理宗紹定五年（1232）秋九月，政和縣（福建今縣）學成，令括蒼徐君（缺名）有餘力，稽其糧儲之入，吏不得乾沒。」⑲此為令之應有職責，君子防未然，苟能持之以久，則盜竊之弊絕迹，學者坐食其租賦，安心向學，而學風亦蒸蒸日上矣。

齋舍：學生之飲食、住宿已如上述，至於所住之房屋亦甚重要，誠如眞西山所謂：「齋學之制。」⑳齋舍之多寡，依學校之大小及學生人數之多寡，實際需要各有不同。如福之邵武軍學，據直講李先生言：「自庠門開，不幾月，慕焉而來者不絕，將恐褊小弗能容，又翼中門築兩齋。」㉑汀州州學，大典曰：「（高宗）紹興三年（1133）郡守鄭公强以州學不當置城外，遂度城內州東地改卜焉；分列六齋。（理宗）嘉熙二年（1238）郡守戴公挺、教授張實甫以廟學混處為非是，倣太學規模營衲今學，前三齋相疊曰潛心、時習、修身。後三齋相比曰克己、中立、志道，並南向，齋各有樓。」㉒

又曰：「寧宗）開禧間（1205至 7 ）宰劉泳之建學門兩廡四齋。（理宗）淳祐間（1241至52）宰陳顯伯闢學宇，爲齋三，曰尙志、閱禮、修性。」㉓又汀之寧化縣學，大典曰：「（理宗）寶祐間（1225至 7 ）宰林公玉重刱四齋，曰時習、養心、服膺、致知。」㉔又汀之清流縣學，大典曰：「（理宗）嘉熙間（1237至40）令林奕建齋四：據德、依仁、游藝、居敬。簿徐登爲之記。」㉕又福之同安縣學，據清人陸隴其曰：「更同安縣學四齋名，曰如彙征之名，乃學優而仕之事，非學者所宜先也。揭而名之，是以利祿誘人，豈敎學者之意哉！今欲復四齋之舊，以志道、據德、依仁、游藝目之。」㉖案州、縣學齋名，多倣太學之齋名，然非爲相襲也。至於南劍支邑順興（疑爲昌之譌字，以有順昌無順興也。）縣學，演山集曰：「溫陵宋君適來爲順興令，易材廢舊而新之，爲之八齋，翼於兩廡之間，或背於堂，或面於殿，諸生接席而坐，鼓篋而進，問者有應，疑者有質，由者有戶，升者有堂，入者有室，望者有門牆之峻，樂之所寓，前揖仁者之山。」㉗此乃齋舍內外之清晰寫照。而山陰陸務觀則對此等齋寮稱之爲「絃誦之舍。」㉘程俱謂：「荒漠不毛之地，皆爲郡、縣置學宮，師弟子絃誦之聲相聞。」㉙其學風之興盛可知也。其他地區，如錢塘縣學，鶴林集曰：「趙侯興權來尹京兆，於縣之東得承舊寺徙他所，遂建學其上，地疏爲二，齋列爲六，宿直之廬，靡不嚴備。」㉚又如高郵軍興化縣學，據三山陳垓言：「（寧宗）嘉定十七年（1224）春，宰陳垓爲四齋；曰博文、曰敏行、曰貫忠、曰篤信，齋有爐、亭、殿，加兩挾，周以陛楯植扉，中門列戟十二。」㉛此外爲住宿齋舍中之學生，夷堅志曰：「（徽宗）政和初（1111）建康（今南京市）學校方盛，有頭陀道人之（明鈔本作入）學，至養口（葉本作正）齋前，再三瞻視不去；齋中錢、范二秀才詰之曰：『道人何爲者？』對曰：『異事異事！八坐貴人都著一屋，關了兩府，直如許多便沒興不喞溜底也。』同舍生十人，唯邢之絳者最負才氣，爲一齋推重，後四年，其言悉驗，秦乃太師檜也，范擇善（同）、段去塵（拂）、魏道弼（良臣），三參政，何任曳（若）、巫子克（伋），兩樞密，錢端脩（時敏）、元英（周材），兩從官，一忘其姓名，獨邢生潦倒，得一官即死。」㉜案喞溜：方言，謂快速，猶敏捷也。又曰：「金堪湖州安吉人，初名谷，（孝宗）淳熙庚子（七年〔1180〕）入州學義勝齋，當元夕，諸生盡告假出游，金獨坐讀書，夜半就寢。」㉝住宿之外，則慮齋舍積久蠹毀，或稱屋老必壞，故朱子曰：「葺齋館，以寧其居。」㉞如溫

州學，葉適曰：「學立於紹興初（1131），嘉定七年（1214）留公茂潛來守，即修崇之，食增田焉，告諸生曰：『峙飾廬廩，苟厚其養而已；若夫本原，師友必納道德，太守職也。』」㉟另有三山陳垓亦有類似之言：

「講學師友之職也，興學守、令之職也。」㊱蓋以興學始可養士，養士始可化民成俗，由是守、令之政，莫不以勸學爲先也。

課業： 在課業方面，首重敎授之官，大典曰：「宋（仁宗）慶歷中（1041至8）始詔諸郡立學，委轉運使及長吏於州、縣官內奏選爲敎授，若少文學可差，即令本處舉行義之人在學。至（神宗）熙寧中（1068至77）始專致敎授官。」㉝亦稱敎官，或校官，此官則僅限於府、州、軍學方有之，縣學則未也。故鶴林集曰：「如縣無校官，則命令佐主學事；至是，江以南彬彬多文學之士矣。」㉞文士既多，學風亦必自然隨之而興盛也。然亦必賴諸賢令之努力敎導之也。張鎡曰：「何郡王執中知秀州海鹽縣（浙江今縣），建鄕校，擇子弟入學，親爲講說。」講論、分析、學習以勸課之也。韓元吉曰：「曾崇字希元知湖州安吉縣（今浙江吳興縣治），浙之劇地，乃新縣學舍，延俊秀，勸以向道藝，務爲善。」㊴案周禮天官冢宰曰：「會其什伍，而敎之道藝。」疏：「道則師氏三德三行也。藝謂禮、樂、射、御、書、數。」㊵即六藝也。由是知縣學生所習學課業之範圍頗廣，涉及到人生各方面。朱夫子言：「吾友石君子重，調南劍州尤溪縣，縣故窮僻，學校久廢，士寡見聞，不知所以爲學。君至，即命其友古田林用中來掌敎事，而選邑子願學者充弟子員，始敎之日，親率佐史、宿賓客往臨之，因爲陳說聖賢敎學，凡以爲修己治人之資，而非如今之所謂者。聞者皆動心焉。自是，五日一往，伐鼓升堂，問諸生進業次第，相與反復以求義理至當之歸，員外諸生數十，或異邦之人，皆裹糧來就學。」㊶足證其所辦敎育有成就。又澠水燕談錄曰：「丹陽顧方篤行君子也，（仁宗）皇祐末（1054）登進士第，再調明州象山縣（浙江今縣）令，际事之初，建學舍，率其子弟之秀者敎之；暇日，親爲講說掖誘，使進於善，逾年，民大化服。」㊷此乃爲令者之職也，所謂化民成俗，否則，將爲不稱職。如王安石初仕爲明州鄞縣令，以建學爲首務。故王應麟曰：「鄞在漢爲鄮，唐屬明州，建夫子廟於縣東，五代改鄮爲鄞，宋始立學，王文公宰縣，因廟爲學，敎養縣之子弟，風以詩書，衣冠鼎盛。」㊸蓋自學校之建，俊乂興起也。又退齋集曰：「梅仲

蕃從祖大卿石巖公當宋（理宗）寶祐間（1253至 8）教鄞學諸生經術，文章經其口講指畫，皆爲名士。」㉟此爲宋代學者眾多原因之一也。長編曰：「（仁宗）嘉祐三年（1058）秋七月癸酉，福州進士周希孟爲本州州學教授，以知州蔡襄言其文行爲鄉里所推也。襄世閩人，知其風俗，往時閩士多好學而專用賦以應科舉，襄得希孟，專用經術傳授學者，嘗至數百人，襄親至學舍，執經講問爲諸生率。」㉟如此方爲稱職，蓋承流宣化，太守之職也。其他有徐天祐、曾肇教授。據楊龜山曰：「曾肇字子開，登進士第，調台州黃巖縣主簿，邵安簡公聞其賢，請爲州學教授，四方之士，蓋有聞風重道，接踵至者，踏門授經無虛席。是時，上方嚮用儒臣，欲以經術造士。」㊱宋史翼曰：「徐天祐字受之，中進士第，爲大州教授，日與諸生講經，聽者感發。」㊲知其教誨之道，已深入人心矣。若胡安定瑗之在湖州，庶可以爲後世法已。自警編曰：「安定胡先生在湖學時，福唐劉彝執中往從之，學者數百人，彝爲高弟，凡綱紀於學者，彝之力爲多。（神宗）熙寧三年（1070）召對，上問從學者何人？對曰：『少從學於安定先生胡瑗。』上曰：『其人文章與王安石孰優？』彝曰：『胡瑗以道德仁義教東南諸生，臣聞聖人之道，有體、有用、有文，君臣父子仁義禮樂，歷世不可變者其體也。詩書史傳集，垂法後世者文也。舉而措之天下，能潤澤其民，歸於皇極者其用也。國家累朝取士，不以體用爲本，而尚其聲律浮薄。臣師瑗當（仁宗）寶元康定（1039至41）之尤病其失，遂明體用之學，以授諸生，夙夜勤瘁，二十餘年，專功學校，始自蘇湖，終於太學，出於門者，無慮二千餘人，故今學者，明夫聖人體用以爲政教之本，皆臣師之功也。」㉟又范仲淹曰：「竊見胡瑗志窮墳典，力行禮義，見在湖州郡學教授，聚徒百餘人，不惟講論經旨，著撰詞業，而常教以孝弟，習以禮法，人人嚮善，閭里歎伏。」㉟蓋以其能移風易俗，拓展社會向前邁進一大步，豈非教化之功乎！次爲胡瑗學生徐積，會要曰：「（哲宗）元符三年（1100）四月十八日，以同進士出身徐積爲楚州教授，以經術教導三十年。」㉟容齋五筆曰：「每升堂訓諸生曰：『諸生欲爲君子，而勞己之力，費己之財，如此而不爲，猶之可也。不勞己之力，不費己之財，何不爲君子？鄉人賤之，父母惡之，如此而不爲可也；鄉人榮之父母欲之，何不爲君子？』又曰：『言其所善，行其所善，思其所善，如此而不爲君子者，未之有也。言其不善，行其不善，思其不善，如此而不爲小人者，未之有也。』」㉟誠爲金石之言，如此訓導學者，焉能不爲君子也？是故

子程子曰：「朝廷設教官，蓋欲教人修身、齊家、治國、平天下之道，苟能修職，則不素餐兮，孰大於是。」㉝誠哉斯言，是以宋人興學養士，首重經術，申明修己治人之學。次為建州教授胡憲，宋史傳曰：「胡憲字原仲，日與諸生接，訓以克己為人之學；聞者始而笑，中而疑，久而觀其所以修身事親接人者，無一不如所言，遂翕然悅服，學者自是大化。」㉝是為以身體力行而使士子悅服也。此外為以理學教人者，有如莆陽比事曰：「劉夙嘗教授溫州，於科舉外以義理之學淑人，陳傅良、葉適以諸生見，夙得其文，大稱賞曰：『是必以文名天下者。』」㉞其後悉如其言，傅良與適果卒成大儒。又科舉者，蓋謂詩賦對偶也。 王十朋言：「四明吳先生名世鉅，儒才高行聳，以斯道自任，未嘗屈節以阿世。頃以朝廷之命，主師席於東嘉，教人以正心誠意之學，每以身先之，不期年，而士子皆有所矜式。」㉟蓋學者喜見其師躬行實踐之教，於是人人敬法之，其為化民成俗之道乎！他如鄭所南集曰：「先君字叔起，號菊山，庚子（理宗嘉熙四年〔1240〕）於潛縣（浙江今縣）請主於潛學。壬子（淳祐十二年〔1252〕）漕臺請為諸暨縣（浙江今縣）主學，蕭山縣（浙江今縣）主學。甲寅（寶祐二年〔1254〕）無錫縣（江蘇今縣）率請至邑庠開講，環轍淮左浙右，據坐皋比，深衣竹笏，講性理學，一時學者翕從焉。」㊱雖然，對講說之內容亦不可不細心抉擇。朱子曰：「承在縣庠為諸生講說，甚善。但所寄諸說求之，皆似太過，若一向如此，恐駸駸然遂失正途，入於異端之說，為害亦不細。」㊲至於州學，廣漢張栻嘗言：「諭及學校之事，此為政之所當先也。湖學安定先生經始，當時作成人才亦可謂盛矣。間欲招陳君舉來學中，此固善，但欲因程文而誘之讀書，則義未正，今日一種士子，將先覺言語，耳剽口誦，用為進取之資，轉趨於薄此，極害事。若曰程文外，明義利之分，教導涵養，使漸知趣嚮，則善也。」㊳是為道學家教人之主要宗旨也。

此外為宗學之課程，後村集曰：「傅公諱伯成，字景初，教授明州，以年未壯，不欲以師自居，乞教授內外宗學，首以語、孟、中庸、大學，次以他經、子、史立為次序，俾士誦習。其尤秀異者，別創大雅齋居之。」㊴知宗學之課業與州、縣學比較無大差異，僅有先後之分而已。以上為總述諸生之課程、飲食、齋宿、房舍之大概，朱子曰：「謹其出入之防，嚴其課試之法，朝夕其間，訓誘不倦，於是學者競勸。」㊵乃嚴格管教之效也。又課試有三歲科舉之試與堂試之分，夷堅志曰：「湖州學每歲四仲月堂試

諸生三場，謄錄封彌與常試等，其中選首者，郡餉酒五尊，第二第三人三尊，第四第五人兩尊，既試揭榜。」㊱至於科舉之試，據浮沚集曰：「（徽宗）崇寧天子繼述先帝，常患科舉試官一日之選，不足以得士之實，參稽古今，作新一代之文，州建學校，置官師，置三歲科舉之試，爲三舍考選之法。又設八行之舉，以察隱德，凡士之占一藝，著一行者，莫不畢舉於時。」㊲可謂無遺才矣。桐江續集云：「天下三年一試，秋闈數百人取一人。三年一試。春官百人取六人，餘有待補。太學生外舍、內舍與春官取中人同到殿，殿試前三名謂之狀元、榜眼、探花。而釋褐兩優上舍恩例視殿試第二三名，凡三年賜祿袍，不過五六百人耳。」㊳從此步入社會，其爲學而優則仕之謂歟！

（C）小學之修建及生徒食宿與課業

宋代之小學教育，據樓鑰言：「夫小學者，謂小年所當學，非曰學之細也。」㊴袁燮曰：「蓋訓飭童稚，立身行己之本，所以謹其初，幼而學之之教也。」㊵故王應麟曰：「小學者，大學之基也，見末知本，因略致詳，誦數以貫之，倫類以通之，抹不雜，約不陋，可謂善學也已。」㊶此爲設置小學教育之宗旨。通考曰：「神宗元豐時（1078至85）置在京小學，曰就傅、初筮凡兩齋。徽宗政和四年（1114）小學生近千人，尚有繼至者，分十齋處之。」㊷由是知小學生增加之倍數相當驚人。會要曰：「隸國子監大司成。崇寧元年（1102）八月二十二日，宰臣蔡京等言：『乞州、縣並置小學，十歲以上皆聽入學。府、州、軍隸教授，縣隸學長。』㊸學長者，掌縣學之首長也。又曰：「其學額：大州止五十人，其下三萬戶縣四十人，其下止於五人。其後梓州增十五人，共六十五人，溫州增三十人，共八十人。」㊹金石補正曰：「嘉定縣小學三十人，迎師以教之，縣給之帖糧。」㊺是自縣府供給生徒飲食也。葉水心曰：「製釋奠器服。」㊻每年春秋二季，祭祀孔子時，生徒所著之衣服，及所使用之祭器也。賓退錄曰：「蜀，嘉、眉多士之鄉，凡一成之聚，必相與合力建孔子廟，春秋釋奠，士子私講禮焉，養士其中，謂之小學。」㊼小學之課業，據張南軒曰：「講乎爲弟爲子之職，而躬乎灑埽應對進退之事，周旋乎俎豆羽籥之間，優游乎絃歌誦讀之際，有以固其肌膚之會，筋骸之束，齊其耳目、一其心志。」㊽然後可以誦書矣。會要曰：「小學生並置功課簿藉，分上、中、下三等：能通經爲文者爲上，日誦本經二百字，論語或孟子一百字以上爲中，若本經一百字，論語或孟子五十字者爲下，仍置歷書之。」㊾蓋如今之記分簿也。陸放翁曰：「伯

甫姓方氏，名士繇，莆陽（今福建莆田縣）人，入小學，與它童子從師授經，既退，意不滿，爲朋儕剖析義理。師聞之，悚然自失。」㉕由是知小學生之知識程度已相當可觀矣。惜飲食給停無常，長編拾補曰：「徽宗崇寧四年（1105）九月己亥，制曰：「朕聞先王成人有德，小子有造，今天下承平，休養日久，垂髫幼稚，在所樂育，仰學事司、州、縣長吏，多方勸誘，令入小學，依太學例，量合支數，破與飲食。」」㊱又通考曰：「五年（1106）參在京小學規約，頒之州、縣，其小學生，皆自備餐錢附食。」㊲是爲在學校中搭伙食也。拾補曰：「大觀四年（1110）八月戊寅詔：『州小學生，更不給食。』」㊳ 十朝綱要曰：「宣和二年（1120）罷其法，詔：『小學給食，依元豐法。』」㊴會要曰：「願與額外入學者，聽不給食。」㊵此北宋時期對小學生飲食政策也。

抵南宋，對小學教育政策，仍然搖擺不定，疑非屬守、令職責內事也。如寧宗嘉定五年（1212）黃子耕嘗爲台州太守，葉水心曰：「自黃太守來，他日邦賦之沒於羣姦者，一收斂，公使之消於妄費者悉減節，遂能以其餘與小學，作櫺星門。」㊶孔子廟前門也，俗亦稱大門。由是知已建有孔子廟矣，既有廟即有學矣，蓋以宋法，興建州學爲太守之首務，故作櫺星門及小學，以補其闕也。

（D）書院之修建及生徒食宿與課業

書院之興建，據陳傅良云：「書院不知起何時，蓋漢初，郡國往往有夫子廟，而無教官，且不置博士弟子員，其學士嘗課試供養與否？闕不見傳記，然諸儒以明經教於其鄉，率從之者，數十百人，輒以名其家，齊、魯、燕、趙之間，詩、書、禮、易、春秋、論語，家各甚盛，則後世之書院近之矣。」㊷教官官名，即教授也。蓋謂書院已盛行於中原矣。又曰：「然自唐季至於五代用兵，而教事闕。」㊸史云：「士病無所於學，往往相與擇勝地，立精舍，以爲羣居講習之所。」㊹如閩之王氏，據范祖禹云：「姓王諱延嗣字季先，始以五經教授學徒，人皆以唐五經呼之。未幾，國亂，南唐兵取閩。季先抵延平（今福建南平縣）因愛其佳山水，遂有終焉之意，乃易姓唐，以字爲名。延平人物凋零，鄉無校，家無塾，士風不振，青衿之徒，散之城闕，君始以五經教授學徒。」㊺其他規模較大者有如

衡之石鼓書院，據朱子言：「起唐憲宗元和間（806至20）州人李寬之所爲。至宋初（961）時，嘗賜勅額。太宗至道二年（996）知州事錢熙給石鼓書院基址，乃復稍徙而東，築書堂。」㊻蓋讀書堂也。廖行之曰：

「眞宗大中祥符初（1008），建夫子廟，書院之名始著。」[387]由是知書院中建有孔子廟，無怪世人稱州學仿書院之制也。

潭之嶽麓書院，據陳傅良云：「於宋太祖開寶中（969至76）尚書郎朱洞典長沙，左拾遺孫逢吉通理郡事，於岳麓山抱黃洞下肇起書院，廣延學徒，太宗驛送國子監九經。二公罷政不嗣，諸生逃解，六籍散亡，弦歌絕音，俎豆無覿。」[388]又曰：「眞宗嗣位之明年（999）詔以供備庫副使隴西李允則知軍府事；乃詢問黃髮，盡獲故書，誘導青衿，肯構舊址，外敞門，屋中開講堂，揭以書樓，序以客次，塑先師十哲之像，畫七十二賢，華袞珠旒，儼然如生。請闢水田，供春秋之釋奠。」[389]春秋二祭也。史云：「咸平四年（1001）允則奏岳麓山書院修廣舍宇，有書生六十餘人聽誦。乞下國子監降釋音文疏史記篇韻等書。庶興學校，以厚民風。詔從之。」[390]蓋欲增長學風，以風化一方也。

南京之應天書院，史文載：「宋初（961）有戚同文者，通五經，業高尚不仕，聚徒教授，常百餘人；許驤、郭承範、董循、陳興、王礪、滕涉皆其門人。富弼、范仲淹皆游息於斯，爲一世偉人。同文卒後，無能繼其業者。」[391]史書曰：「眞宗大中祥符二年（1009），府民曹誠即楚邱戚同文舊居，以金三百萬，造舍五十餘間，聚書千五百餘卷，博延生徒，講習甚盛。府奏其事。詔賜額曰應天府書院，命奉禮郎戚舜賓主之。仍令本府幕職官提舉，以誠爲府助教。」[392]官名，蓋以其出金建學之褒勉也。朱子曰：「仁宗天聖三年（1025）十一月，知應天府李及言：『本府書院，甚有學徒，自建都以來，文物尤盛。欲望量於發解進士元額之外，乞發解三人。』從之。」[393]蓋增解三人，以示獎勸也。

南康之白鹿洞書院，據長編云：「剏於南唐。宋太宗太平興國二年（977）知江州周述言：『廬山白鹿洞學徒常數十百人，望賜九經肄習。』詔國子監給印本，仍傳送之。並命之祿秩，賜之扁牓，所以寵綏之者甚備。蓋於汎埽區宇，日不暇給之際，獎勸封殖，如恐弗及，規模遠矣。」[394]又曰：「五年（980）六月，以白鹿洞主明起爲蔡州褒信縣主簿，起以講學爲業。太宗聞之，故有是命。所以勸儒業，榮鄉校也。」[395]知對獎勵教育，不遺餘力也。

河南之嵩陽書院，據會要曰：「太宗至道二年（996）賜額及國子監印本九經。」[396]又曰：「仁宗景祐三年（1036）九月十五日，西京留守言：『重修太室嵩陽書院，乞降勅額。』勅以嵩陽書院爲額。」[397]全文曰：

「寶元元年（1038）夏四月，賜河南府嵩陽書院田十頃。」㊴此在賜田於書院中獨屬最多者，知對河南一帶之敎養獎勸，關懷備至也。

江寧之茅山書院，據會要曰：「仁宗天聖二年（1024）五月，知江寧府王隨言：『處士侯適於茅山營葺書院，敎授生徒，積十餘年，自營糧食，望於茅山齋糧剩數，就莊田內，量給三頃，充書院贍給。』從之。」㊴以上爲宋興之初，天下書院建置始末大要如此。通考曰：「西京嵩陽書院、江寧府茅山書院，後來無聞。獨四書院之名著，是時猶未有州、縣之學，先有鄉黨之學，以州、縣之學，有司奉詔旨所建也，故或作或輟，不免具文；鄉黨之學，賢士大夫留意斯文者所建也，故前規後隨，皆務興起，後來所至書院尤多，而其田土之錫，敎養之規，往往過於州、縣學，蓋皆欲倣四書院耳。」㊵知四書院之名所以猶盛稱於今者，蓋以其有延續中國固有敎育之功；例如學校之架構組織，以至敎學內容規範，至今猶爲吾人稱頌不已。故苟無四書院之存留，則固有敎育與其他文物俱燬滅於唐季五代之兵燹矣。朱子曰：「復以郡、縣之學官，置博士弟子員，皆未嘗考其德行、道藝之素；其所受授，又皆世俗之書，進取之業，使人見利而不見義，士之有志於爲己者，蓋羞言之。是以常欲別求燕閒清曠之地，以供講其所聞也。」㊵蓋欲互相觀摩切磋，以增廣識見，而益致其精微也。

（E）鄉學塾館之修建及生徒課業

鄉學塾館，據雲莊集言：「古之敎法起於家，而成於鄉，蓋爲鄉學家塾也。塾之爲言，熟也。謂敎者熟於其敎，毋致扞格而無序，學者熟於其業，毋致寒暴之罔功。塾倣書院、精舍之制，禮殿廡門、講堂、齋舍，各有其所。所習不過閨門子弟之職，用之則爲公卿大夫之材，是何也？閭有塾，族有師，亡馳騖之累也。」㊷鶴山集曰：「以二十五家之閭之左右爲塾，以閭居之有道德者爲左右師，而閭中之童稚子弟，總角入塾，導以灑掃應對，幼學之節，而養其良知之本。」㊸又曰：「大抵敎之以詩、書、禮、樂，事親從兄，親師取友，以行乎孝、弟、忠、信之實。蒙養豫敎，薰陶涵濡，是以人有士君子之行。」㊹此爲閭塾之敎育也。誠齋集曰：「至於一家，猶有塾。」㊺青山集曰：「塾也者，大夫致仕者之敎於家，以淑其鄉之後也。」㊻此爲家塾之敎育也，四明文獻集曰：「又有山林特起之士，卓爲一鄉師長，或授業鄉校，或講道閭塾，本之以孝、弟、忠、信，維之以禮、義、廉、恥，守古訓而不鑿，修天爵而無競，養成英才，純明篤厚，父兄師友，詔敎琢磨，致鄉校林立。」㊼其中最多者莫如南劍州。輿地紀勝曰：「閩之南劍，

負山阻水，爲福建襟喉之地，家樂敎子，五步一塾，十步一庠。」⑭又如杭之錢塘，據大典曰：「錢塘鄉校、家塾、舍館、書會，每一里巷，須一二所，絃誦之聲，往往相聞。」⑭學校之多可知也。次爲四川，據賓退錄曰：「蜀之嘉、眉，史稱多士之鄉，凡一成之聚，必相與合力建孔子廟，春秋釋奠，士子私講禮焉，名之曰鄉校；普州二所。」⑭紀勝曰：「遂寧府官館鎮於鳳凰山之麓有鄉校，邑人李彥輔等建。雲會鎮西北十五里有鄉校，土人文肅羽。白水鎮，在忠信山下之鄉校，土人令狐古羽。潤國鎮東南山麓之鄉校，土人徐德任所羽，計共四所。」⑭賓退錄曰：「嘉定府五縣，凡十有八所。眉州四縣，凡十有三所。」⑭平均每縣約爲三四所左右。再爲山西，據賢奕編云：「程伯淳（顥）令晉城（山西今縣），諸鄉有校，暇時親至；兒童讀書，爲正其句讀，敎者不善，則爲易置。俗始甚野，不知爲學，乃擇子弟之秀者，聚而敎之。」紀勝曰：「士子朝誦暮絃，洋洋盈耳。」⑭學而優則仕，大典曰：「遇大比之歲，間有登第補中書選者。」⑭故四明文獻曰：「百年文獻，賢者耆舊，益盛以大。」⑭其言甚是，蓋以學校爲製造人材之所，年復一年，人材輩出，影響所及，學風亦日盛矣。則堂集曰：「有爰即三冬閒暇，共探六藝之精微。」⑭又曰：「此等篤意內修，熱心向學之士，往往隱居農、工、商、賈之間。晝治其業，夜課書史；暇則相與聚而講習，故其氣象藹然有仔生之風。」⑭蓋以學校衆多，敎育普及，學風高漲，薰陶成性所致也。

（六）結語

宋太祖建國初，酌唐代學校之法，復考周制，稍加損益，而製成宋代隆興學校，崇尚儒術政策；欲敎而後用，養而後取，實行鄉擧里選之科擧制度。故南宋高宗云：「國家用人，別無他路，止有科擧。」然不善爲賦、詩、論策者，不能考取科擧，於是人人不惜千方百計，望能學成考科擧所用之賦、詩、論策，乃專攻經、史、詩、賦及古文之術；在表面上爲人人擬考取科擧作官，實際上而造成普遍學術風氣之產生。復以道學之興起，深探聖賢仁、義、禮、智、剛、柔、善、惡之奧，體理之所在，復師道之尊，敎人讀書窮理，以誠其意，正其心，修其身，自家而國以及於天下，是蓋將有以振百代之沉迷，而納之聖賢之域。致有宋一代之學術，錦上添花，放出粲然異彩，直至今日，猶爲吾人所樂道不已者也。

註釋

①拙撰「五代兵災中士人之逃亡與隱居」見新亞書院學術年刊第五期，頁二九一至三三〇。

②參見四部集要子部，說郛卷九十二，頁一（1258）國老談苑。世界書局，長編卷二，頁十一太祖建隆二年秋七月戊辰，初，上旣誅李筠條。鑄版宋史卷二五〇，頁五一七八，一石守信傳。

③正誼堂全書、羅豫章先生文集卷一，頁九脣堯錄一太祖。

④南宋六十家集，退庵先生遺集卷下，頁一鶴山文集序。宋史卷四三九，頁一文苑一。適園叢書，太平治蹟統類卷二十七，頁一祖宗聖學：太祖皇帝。

⑤學津討原，揮麈後錄卷一，頁十太祖旣廢藩鎮條。

⑥正誼堂全書，石守道先生集卷下，頁十一宋城縣夫子廟記。

⑦稗海本，儒林公議卷上，頁二太祖少在兵戎間條。

⑧中華書局，宋會要選舉六，頁四三四五下嘉定十二年九月二十七日，國子司業王楺。

⑨世界書局，長編卷六十，頁一眞宗景德二年，五月戊辰朔，幸國子監閱書庫。同書卷一五五，頁三仁宗慶曆五年三月辛未詔。樂靜集卷十七，頁一謝徐州范教授。

⑩正誼堂全書，石守道先生集卷下，頁十一宋城縣夫子廟記。

⑪進步書局，玉壺清話卷二，頁四太祖嘗謂趙普曰條。適園叢書，太平治蹟統類卷二十七，頁一祖宗聖學：太祖皇帝。

⑫宋史卷四三九，頁一文苑傳。

⑬文海本，宋史全文續資治通鑑卷五，頁二〇三咸平元年，春正月，註：呂本中言。

⑭金華叢書，東萊集卷六，頁九至十一白鹿洞書院記。四部叢刊，鶴山先生大全文集卷三十九，頁七石泉軍軍學記。宋史新編卷三十八，頁二十四（184）職官三。

⑮世界書局，長編卷二，頁十五建隆二年，十一月己巳，幸國子監。同書卷三，頁二建隆三年，正月癸未，幸國子監。

⑯世界書局，長編卷三，頁七建隆三年，六月辛卯，周世宗之二年，始營國子監條。中華書局，宋史卷一，頁十一建隆三年，六月己未，賜酒國子監。同書卷一〇五，頁一周顯德二年，別營國子監。

⑰適園叢書，太平治蹟統類卷二十七，頁一至五祖宗聖學；太祖皇帝、太宗皇帝、眞宗皇帝。金華叢書，東萊集卷六，頁九至十一白鹿洞書院記。四部叢刊，鶴山先生大全文集卷三十九，頁七石泉軍軍學記。世界書局，長編卷十

八，頁九太宗太平興國二年，三月庚寅，知江州周述言。同書卷四十八，頁十一咸平四年，六月辛卯，以國子監經籍賜潭州岳麓書院。

⑱中華書局，繫年要錄卷一五○，頁二四一八至九紹興十有三年，十有二月癸巳詔。中華書局，宋會要職官三，頁二四二四上皇祐元年，七月五日，知諫院錢彥遠等言。同書選舉十五，頁四五○三上嘉祐三年，五月三日，國子監言。又同書選舉二十八，頁四六九○上紹聖元年，五月十三日，三省言。世界書局，長編卷一八七，頁八嘉祐二年，五月壬申，管勾國子監吳中孚言。同書卷三七四，頁六元祐元年，四月己丑祕書省言。

⑲中華書局，宋史卷五，頁九十六淳化五年，十一月丙寅，幸國子監，賜直講孫奭緋魚。世界書局，長編卷三十六，頁十六淳化五年，十一月丙寅，上幸國子監，四部叢刊，南豐先生元豐類稿卷四十九，頁十五學校。四庫珍本，范太史集卷二十二，頁一進幸學故事箚子。

⑳世界書局，長編卷二十七，頁二十一雍熙三年冬十月庚申，上留意字學。同書卷三十，頁十三端拱二年，五月戊戌，上嘗謂直史館句中正曰條。

㉑四部叢刊，南豐先生元豐類藁卷四十九，頁二十文館。

㉒太宗皇帝實錄卷二十八，頁十三太平興國九年，春正月壬戌詔。

㉓世界書局，長編卷四十九，頁二眞宗咸平四年，六月丁卯詔。台灣商務版，宋元通鑑卷十一，頁二咸平四年，六月丁卯詔。宋史新編卷三，頁八咸平四年，六月丁卯詔。

㉔中華書局，宋史卷六，頁一○九咸平二年，七月甲辰，幸國子監。

㉕世界書局，長編卷六十，頁一景德二年，五月戊辰朔，幸國子監閱書。宋史卷四三一，頁七邢昺傳。

㉖世界書局，長編卷七十，頁十二至三大中祥符元年，十一月戊午朔，旦，幸曲阜縣，謁文宣王。四庫珍本，范太史集卷二十二，頁一進幸學故事箚子。適園叢書，太平治蹟統類卷二十七，頁三祖宗聖學：眞宗皇帝。

㉗世界書局，長編卷七十，頁十四大中祥符元年，十一月丁卯，次范縣。

㉘世界書局，長編卷七十一，頁四大中祥符二年，春正月癸未，以孔宜子殿中丞勗知曲阜縣條。文海本，宋史全文續資治通鑑卷八，頁四二五。

㉙世界書局，長編卷七十三，頁二十一大中祥符三年，六月丙辰，頒諸州釋奠元聖文宣王廟儀注。

㉚宋史新編卷三，頁九大中祥符五年，冬十月辛酉。

㉛世界書局，長編卷九十九，頁十二乾興元年，十一月庚辰，判國子監孫奭言。四部叢刊初編縮印本，鶴山先生大全文集卷三十九，頁三三四至五石泉軍軍學記。中華書局，宋史卷一五七，頁三六五八至九選舉三。文海本，宋史全文續資治通鑑卷六，頁三○三乾興元年，冬十一月庚辰，判國子監孫奭言。

㉜世界書局，長編卷百五，頁二天聖五年，正月庚申，降樞密副使刑部侍郎晏殊知宣州條。世界書局，永樂大典卷二一九八四，頁十八至九循陽志。宋李仲著撰古循重修儒學記。

㉝世界書局，長編卷百十四，頁十六景祐元年，五月壬申，以河南府學爲國子監。

㉞世界書局，長編卷百四十五，頁二十慶曆三年，十二月戊午，以南京府學爲國子監。文海本，宋史全文續資治通鑑卷八，頁四二五慶曆三年，十二月戊午，以南京府學爲國子監。

㉟世界書局，長編卷百一，頁八天聖元年，冬十月癸亥，增國子進士解額。

㊱世界書局，長編卷百二十六，頁一康定元年，春正月壬戌，賜國子監學田五十頃。宋史卷十，頁十三本紀，寶元二年，十二月壬戌，賜國子監學田五十頃。

㊲世界書局，長編卷百四十四，頁三慶曆三年，冬十月壬寅，以玉清照應宮田二十二頃賜國子監。

㊳世界書局，長編卷百四十六，頁十四慶曆四年，二月乙巳，以上清宮田園邸店賜國子監。

㊴世界書局，長編卷百四十八，頁十四慶曆四年，四月壬子，判國子監王拱辰言。文海本，宋史全文續資治通鑑卷八，頁四二五慶曆四年，夏四月，判國子監王拱辰、田況、王洙、余靖等言。湖北先正遺書，魏泰撰東軒筆錄卷六，頁十二王荆公在中書作新經義條。

㊵世界書局，長編卷百五十四，頁十一慶曆五年，二月乙巳，以馬軍都虞候公廨爲太學，同書卷二二七，頁十二熙寧四年，冬十月己卯，侍御史知雜事鄧綰言。文海本，宋史全文續資治通鑑卷八，頁四二五慶曆五年，春正月己巳，三司。

㊶聚珍版，景文宋公集卷十三，頁一五三太學建講殿割王第西偏營置。

㊷世界書局，長編卷三〇五，頁三元豐三年，六月戊戌，國子監言。

㊸世界書局，長編卷百四十九，頁十一慶曆四年，五月壬申，幸國子監，謁至聖文宣王。宋史卷十一，頁七本紀。慶曆四年，四月壬子，以錫慶院爲太學。台商務版，宋元通鑑卷二十二，頁三至四慶曆四年，五月壬申，帝至太學謁孔子。四庫珍本，范太史集卷二十二，頁一進幸學故事箚子。

㊹四部叢刊初編縮印本，止齋先生文集卷三十九，頁二〇一溫州淹補學田記。

㊺中華書局，班固撰漢書卷八十九，頁三六二五文翁傳。

㊻四庫珍本，胡寅撰斐然集卷二十一，頁六至九祁陽縣學記。

㊼臨川先生文集卷八十二，頁九十五繁昌縣學記。

㊽四部叢刊，魏了翁撰鶴山先生大全集卷四十五，頁三八五至七瀘州重修學記。南宋文範卷四十五，頁三至六瀘州重修學記同。

㊾四部叢刊，鶴山先生大全集卷四十九，頁一潭州州學重建稽古閣明倫堂記。
㊿廣東叢書，武溪集卷六，頁七至八康州重修文宣王廟記。
(51)新興書局，羣書考索前集卷三十七，頁九三五至七鄉飲酒。
(52)廣東叢書，武溪集卷六，頁七至八康州重修文宣王廟記。
(53)四部叢刊，鶴山先生大全文集卷四十九，頁一潭州州學重建稽古閣明倫堂記。
(54)四部叢刊初編縮印本，鶴山先生大全文集卷四十五，頁三八五至七瀘州重修學記。南宋文範卷四十五，頁三至六瀘州重修學記同。
(55)四部叢刊，鶴山先生大全文集卷四十九，頁一潭州州學重建稽古閣明倫堂記。同書卷四十五，頁三八五至七瀘州重修學記。
(56)希古樓刊，八瓊室金石補正卷一二一，頁四至六林應炎撰嘉定學重修大成殿記。
(57)正誼堂全書，周濂溪集卷八，頁三至四邵州新遷學釋菜祝文。四部叢刊初編縮印本，鶴山先生大全文集卷四十八，頁四〇四至五長沙縣四先生祠堂記。
(58)金石萃編卷一三九，頁二十五至七涇陽縣重修孔子廟記。
(59)正誼堂全書，周濂溪集卷八，頁三至四邵州新遷學釋菜祝文。四部叢刊初編縮印本，鶴山先生大全文集卷四十八，頁四〇四至五長沙縣四先生祠堂記。
(60)四部叢刊初編縮印本，鶴山先生大全文集卷四十八，頁四一〇至一長寧軍六先生祠堂記。
(61)四部叢刊初編縮印本，朱文公文集卷七十九，頁一四四一至二徽州婺源縣學三先生祠記。四部叢刊初編縮印本，鶴山先生大全文集卷四十八，頁四〇四至五長沙縣四先生祠堂記。
(62)文海本，宋史翼卷一，頁十八呂希道傳。
(63)正誼堂全書，張南軒集卷四，頁二十四至五建寧府學游、胡二公祠堂記。
(64)四部叢刊初編縮印本，朱文公文集卷七十九，頁一四四一至二徽州婺源縣學三先生祠記。正誼堂全書，周濂溪先生全集卷十一，頁三十至二黃榦撰鄂州州學四賢祠記。
(65)四庫珍本，雲莊集卷四，頁五十二至四蕭正肅公祠堂記。
(66)正誼堂全書，黃勉齋集卷五，頁十至二漢陽軍學五先生祠堂記。
(67)四庫珍本，雲莊集卷四，頁五十二至四蕭正肅公祠堂記。
(68)四部叢刊，文山先生全集卷十九，頁二十二吉水胡廣撰丞相傳。
(69)四部叢刊，文山先生全集卷二十，附錄，頁十三許有壬撰文丞相傳序。同卷，頁十一文信國公祠堂祭田。
(70)中華書局，歐陽文忠全集卷三十九，頁六至七襄州穀城縣夫子廟記。
(71)文海本，宋史全文續資治通鑑卷十九，頁一三七二紹興六年，三月庚午詔。

中華書局，繫年要錄卷九十九，頁一六二四紹興六年，三月庚午詔。文海本，中興聖政卷十九，頁十紹興六年，三月庚午詔。

⑫四庫珍本，南澗甲乙稿卷二十一，頁十四至八朝散郎直祕閣致仕陳君墓誌銘。

⑬學海類編，白鹿書院教規（不分卷）頁六附釋菜禮、釋奠禮。

⑭中華書局，繫年要錄卷一五四，頁二四九六紹興十有五年，閏十有二月丁巳，太學正孫仲鰲面對條。

⑮四部叢刊，小畜集卷十六，頁十崑山縣新修文宣王廟記。

⑯四庫珍本，桐江續集卷三十五，頁七潤學重修大成殿記。

⑰國學基本叢書，陳亮撰陳龍川文集卷十一，頁十五子房、賈生、孔明、魏徵何以學異端？案老、莊之學，據玉堂嘉話卷五，頁八至九衡麓胡先生云：「老、莊見周末文勝，人皆從事於儀物度數，不復以誠、信為主。故欲掃除弊迹，以趁乎本真，而矯枉太過，立言有失，元虛幽眇，不切事情，遂使末流遺略禮法，忽棄實德，浮游波蕩，其為世害更甚於文滅質。」云云可為參考也。

⑱四庫珍本，東萊外集卷一，頁十一至二策問。

⑲四庫珍本，林駉撰古今源流至論後集卷八，頁十四至五排異端。

⑳四部叢刊初編縮印本，李覯泰伯撰，直講李先生文集卷二十四，頁一七七至八八太平興國禪院什方住持記。

㉑四庫珍本，林駉撰古今源流至論後集卷八，頁十五排異端。

㉒四部叢刊初編縮印本，樓鑰撰攻媿集卷五十七，頁五二七望春山蓬萊觀記。

㉓國學基本叢書，羅從彥撰羅豫章文集卷二，頁二十五至六太宗條。

㉔國學基本叢書，羅豫章文集卷二，頁十八太平興國中條。

㉕四部叢刊初編縮印本，溫國文正司馬公集卷七十四，頁五四〇釋老。

㉖國學基本叢書，羅從彥撰羅豫章文集卷二，頁二十五至六太宗條。

㉗國學基本叢書，陳亮撰陳龍川文集卷十一，頁十五子房、賈生、孔明、魏徵何以學異端？

㉘四庫珍本，林駉撰古今源流至論後集卷八，頁十五至六排異端。

㉙王安石撰臨川先生文集卷四十二，頁十二乞改科條制劄子。同書卷三十九，頁七十九上仁宗皇帝言事書。

㉚世界書局，長編卷三九九，頁九元祐二年，四月丁未詔。中華書局，宋會要選舉十一，頁四四三三下哲宗元祐二年，四月二十六日詔。

㉛文海本，皇宋十朝綱要卷十六，頁三五四崇寧元年，十二月丁丑詔。中華書局，宋會要刑法二，頁六五一七上崇寧元年，十二月二十七日。世界書局，長編拾補卷二十二，頁三崇寧二年，七月庚寅，講議司言。

㉜知不足齋，道命錄卷二，頁四元祐學術政事不許教授指揮。

㉛中華書局，宋會要刑法二，頁六五一七上崇寧二年，七月十三日，知泗州姚 孳狀。同卷，頁六五一九上大觀二年，正月二十九日詔。世界書局，長編拾 補卷二十二，頁三崇寧二年，七月庚寅，講議司言。

㉜愧郯錄卷九，頁十四場屋編類之書。

㉝中華書局，葉適文集卷二十四，頁四七九故樞密參政汪公墓誌銘。

㉞中華書局，宋會要刑法二，頁六五七下紹興十三年，閏四月十二日，尚書度 支員外郎林大聲言。

㉟學海類編，棠陰比事原編（不分卷）頁二十九事功。

㊱中華書局，宋會要刑法二，頁六五七下紹興十三年，閏四月十二日，尚書度 支員外郎林大聲言。

㊲中華書局，繫年要錄卷一六九，頁二七六六紹興二十有五年，冬十月乙亥朔， 祕書省正字張震面對言。

⑩中國省志彙編，湖南通志卷六十六，頁一五八八張栻桂陽縣修學記。四部叢 刊初編縮印本，象山先生全集卷三十五，頁二八六先生語繆文子條。

⑩寶顏堂秘笈，明鄭瑗撰井觀瑣言卷二，頁九韓昌黎與歐陽六一條。

⑩春渚紀聞卷六，頁九十三東坡事實：寺認法屬黑子如星條。中華書局，斜川 集卷二，頁八至九送參寥師歸錢塘。中華書局，後山集卷十一，頁五送參寥 序。中華書局，淮海集卷二，頁七至八同子瞻、參寥游惠山三首。同卷，頁十 五與子瞻、參寥會松江得浪字。同書卷十四，頁七至八與參寥大師簡。

⑩四部叢刊初編縮印本，渭南文集卷二十九，頁二六二跋雲丘詩集後。

⑩四庫珍本，齊東野語卷十一，頁十二至三道學。

⑩中華書局，欒城後集卷五，頁五四三眞人告我晝夜念條。同書卷四，頁六至 七除夜一首。中華書局，欒城三集卷五，頁三至四卜居賦一首并序。中華書 局，欒城集卷十四，頁六至七次韻子瞻送楊傑主客奉詔同高麗僧遊錢塘。寄 龍井辯才法師三絕并序。眉山蘇籀撰雙溪集（不分卷）頁二二二遺言：「老 年作詩云：『近存八十一章注，從道老聃門下人。』蓋老而所造益妙，碌碌 者莫測矣。」又曰：「公悟悅禪定，門人有以漁家傲祝生日及濟川者，乃賡 和之：『早歲文章供世用，中年禪味疑天縱。』」又東坡求龍井辯才師塔碑 於黃門書云：「兄自覺談佛不如弟。又韓淲撰澗泉日記卷下，頁五曰：『子 由文字，晚年多泥老、佛之說。』」中華書局，宋元學案卷九十九，頁十五 蘇黃門老子解：朱子曰，蘇侍郎晚爲是書，合吾仔於老子，以爲未足，又並 釋氏而彌縫之，可謂奸矣。

⑩中華書局，劍南詩稿卷三十九，頁五新裁道帽示帽工。新製道衣示衣工。同 書卷四十六，頁五至六長飢，贈道流。又同書卷六十，頁七道室試筆。又同 書卷六十一，頁二道室。又同書卷六十三，頁七讀王摩詰詩，愛其散髮晚未

趙效宣　從宋太祖崇儒看學風之產生

簪，道書行尙把之句，因用爲韻，賦古風十首，亦皆物外事也。又同書卷六
十四，頁一至二自笑。道院逑懷。又同書卷七十四，頁九學道。

⑩中華書局，臨川集卷七十三，頁七至八回蘇子瞻簡。

⑩四庫珍本，齊東野語卷十一，頁十三道學。

⑩國學基本叢書，羅豫章先生文集卷七，頁八十五顯自十五六歲時條。

⑩四庫珍本，路史卷三十四，頁三十一至三道以異端而明。

⑪正誼堂全書，濂洛關閩書卷十九，頁四朱子七。

⑫世界書局，永樂大典卷一二〇七一，頁一鄉飲酒儀。四部叢刊，直講李先生
文集卷十八，頁一教道第一與第三。新興書局，羣書考索續集卷八，頁三七
〇〇至一記鄉飲酒。同書前集卷三十七，頁九三五至九鄉飲禮。

⑬新興書局，羣書考索前集卷三十七，頁九三八至九鄉飲酒禮。

⑭世界書局，永樂大典卷一二〇七一，頁一鄉飲酒儀，文海本，皇宋十朝綱要
卷十七，頁四〇四癸巳，政和三年，十一月甲寅，令州郡宴貢士於學。

⑮四明叢書，畏齋集卷三，頁四慶元鄉飲小錄序。世界書局，永樂大典卷一二
〇七一，頁一鄉飲酒儀。新興書局，羣書考索前集卷三十七，頁九三五至九
鄉飲禮。中華書局，繫年要錄卷一四八，頁二三八七紹興十有三年，夏四月
癸亥詔。

⑯四部備要，朱子大全別集卷七，頁五鄉飲舍菜二先師祝文。中華書局，繫年
要錄卷一五六，頁二五二四紹興十有七年，春正月辛卯，左迪功郎沈介言。
文海本，宋史全文續資治通鑑卷二十一，頁一六二〇紹興十七年，春正月辛
卯，左迪功郎沈介言。

⑰中華書局，繫年要錄卷一七二，頁二八三六紹興二十有六年，夏四月戊戌，
左承議郎通判撫州張洙條。中華書局，宋會要選舉一六，頁四五一六下發解
紹興二十六年，四月二十七日，臣僚言。世界書局，永樂大典卷一二〇七一，
頁一鄉飲酒儀。

⑱世界書局，永樂大典卷一二〇七一，頁一至五鄉飲酒儀。新興書局，羣書考
索前集卷三十七，頁九三五至四一鄉飲禮及鄉飲酒之義。

⑲正誼堂全書，黃勉齋集卷五，頁二十三至四趙季仁習鄉飲酒儀序。

⑳讀畫齋叢書，學治續說（不分卷）頁二十舊典關勸懲者不可不舉。

㉑世界書局，永樂大典卷一二〇七二，頁九新編大成集，前丞相江古心序。

㉒新興書局，羣書考索前集卷三十七，頁九三五至四〇鄉飲禮。

㉓正誼堂全書，二程文集卷一，頁十一至五請修學校尊師仔取士箚子。正誼堂
全書，學規類編卷二十七，頁二程明道請修學校尊師仔取士箚子。宋元通鑑
卷三十一，頁十八至九神宗紀一。玉海卷一一六，頁九熙寧議貢舉學校制。

53

⑭四庫珍本，演山集卷十八，頁十二至三太平州蕪湖學記。同書卷五十九，頁七雜說。希古樓刊，八瓊室金石補正卷百十五，頁二十二至五上虞縣修學記。

⑮宋史卷一一四，頁二十一志。新興書局，羣書考索前集卷三十七，頁九五五至六一鄉射。世界書局，長編拾補卷三十二，頁十五政和三年，十二月甲寅，河北路轉運判官張孝純言。

⑯宋史卷一一四，頁二十一志。

⑰中華書局，葉適文集卷二十七，頁五五八至九謝宰執登科。善本，蓮峯集卷九，頁七代張承務謝官啟。

⑱四庫珍本，江湖長翁集卷二十三，頁二十三至四揚州進士題名記序代人。

⑲中華書局，宋會要選舉六，頁四三四五下嘉定十二年，九月二十七日，國子司業王棐言。

⑳九華集卷十一，頁十七科目策。

㉑中華書局，宋會要選舉六，頁四三四五下嘉定十二年，九月二十七日，國子司業王棐言。

㉒四庫珍本，江湖長翁集卷二十三，頁二十三至四揚州進士題名記，代人。

㉓正誼堂全書，司馬溫公文集卷五，頁十五貢院乞逐路取人狀。四部集要子部，說郛卷七十八，頁四（1119）欒城遺言。

㉔學津討原，貴耳集卷下，頁三高宗孝宗在御條。

㉕鑄版，宋史卷三百三十六，頁五三七九至八〇呂公著、呂希哲傳。武英殿聚珍版，后山詩註，頁一彭城陳先生集記。同書卷十一。頁五別鄉舊。四部叢刊，后山詩註卷三，頁十四次韻蘇公勸酒輿詩。宋史新編卷一七一，頁九陳師道傳。學海類編，猗覺寮雜記卷一，頁二陳無己平生尊黃魯直條。宋史卷四四四，頁六陳師道傳。

㉖中華書局，宋會要職官六十一，頁三七七五下政和四年，三月二十二日，提舉荊湖南路學事林儔奏。

㉗中華書局，宋會要職官七十，頁三九五一上建炎四年，四月十三日，右朝奉郎鄭待問條。

㉘中華書局，宋會要職官七十，頁三九五一下建炎四年，四月二十九日，左朝奉大夫主管建州武夷山沖右觀馮堯己特追兩官。

㉙中華書局，宋會要崇仔二，頁二二〇三下紹興三年，十二月五日詔。

㉚中華書局，宋史卷四二八，頁一二七三三張繹傳。

㉛世界書局，永樂大典卷二一九八四，頁十二章棨撰廣州府移學記。

㉜宋文鑑卷八十，頁六至八曾鞏撰筠州學記。

㉝夷堅支甲卷七，頁四黃左之。

⑭四部叢刊，誠齋集卷八十一，頁四羅氏一經堂集序。

⑭四部叢刊，豫章黃先生文集卷二十五，頁七跋虔州學記遺吳季成。

⑭宋文鑑卷八十，頁六至八曾鞏撰筠州學記。

⑭世界書局，永樂大典卷二一九八四，頁十二章粢撰廣州府移學記。

⑭正誼堂全書，司馬溫公文集卷五，頁十五貢院乞逐路取人狀。

⑭中華書局，宋會要職官九，頁二五九八上淳熙三年，三月二十五日，禮部尚書趙雄言。

⑮中華書局，宋會要職官九，頁二五九八下淳熙十一年，二月十日，吏部言。

⑮學海類編，甲申雜錄（不分卷）頁三仁宗朝春試進士條。

⑮四部集要子部，說郛卷六十九，頁二十四（1031）庚溪詩話。同書卷九十六，頁三十三（1313）燕翼詒謀錄。學海類編，玉壺詩話（不分卷）頁十二太宗皇帝既輔藝祖條。世界書局，長編卷二四三，頁九熙寧六年，三月壬戌，御集英殿，賜正奏各進士條。

⑮四部集要子部，說郛卷九十六，頁八（1301）燕翼遺謀錄。

⑮湖北先正遺書，雪山集卷七，頁十興國軍大冶縣學記。

⑮照曠閣，程大昌撰演繁露卷七，頁六印書。

⑮世界書局，長編卷六十，頁一景德二年，五月戊辰朔，幸國子監閱書。宋史卷四三一，頁七邢昺傳。

⑮文獻通考卷二百，頁二十九經籍考二十七史。

⑮參見靖康紀聞（不分卷）頁四十二靖康二年，正月三十日，金人（中略）索國子監印板。世界書局，長編卷一〇四，頁二十四天聖四年，十一月辛亥，國子監摹印律文。

⑮世界書局，長編卷三七四，頁六元祐元年，四月己丑，祕書省言。

⑯世界書局，長編卷一〇四，頁二十四天聖四年，十一月辛亥，國子監摹印律文并疏條。

⑯中華書局，繫年要錄卷一六二，頁二六三八紹興二十有一年，五月乙丑，秦檜奏。

⑯中華書局，宋會要卷職官十三，頁二六六九上紹興二十六年，三月十九日詔。

⑯中華書局，宋會要禮六十二，頁一六九五下乾德二年，三月，知江州周述言。

⑯世界書局，長編拾補卷二十一，頁八崇寧二年，四月庚午詔。

⑯中華書局，宋會要職官二十七，頁二九五七上提舉在京諸司庫務司。

⑯文海本，宋史全文續資治通鑑卷十二，頁六七二熙寧七年，二月庚寅詔。

⑯世界書局，長編卷四八一，頁三元祐八年，二月辛亥，禮部尚書蘇軾言。

⑯文海本，宋史全文續資治通鑑卷二十一，頁一六一二紹興十五年，閏十一月丁酉，進呈太學博士王之望面對。

⑯參見四部叢刊,盤洲文集卷三十四,頁六大宋登科記序。文獻通考卷一九九, 頁十八經籍考二十六史。

⑰清光緒本,摛文堂集附錄(不分卷)頁三慕容彥逢墓誌銘。

⑰蘇東坡奏議卷六,頁一乞賜州學書板狀。

⑰四部叢刊,嵩山集卷二十,頁十海鹽張元濟跋。

⑰四部叢刊,梅溪王先生文集後集卷二十七,頁五蔡端明文集序。知不足齋本, 袁采撰袁氏世範首頁。守山閣叢書,呂祖謙撰少儀外傳書尾呂祖儉跋。四 庫珍本,張洪、齊熙同編朱子讀書法(不分卷)頁一編定朱子讀書法原序。

⑰四部叢刊初編縮印本,渭南文集卷首,頁一至三吳寬撰新刊渭南文集序、幼子 子遹序。四部叢刊,後村先生大全集卷首,頁二後村先生大全集序(劉序)。

⑰四部叢刊初編縮印本,河南穆公集遺事(不分卷)頁二十七穆參軍遺事。

⑰四部叢刊初編縮印本,河南穆公集,遺事(不分卷)頁三十一淳熙丁未衡陽 假守臨江劉清之謹題。

⑰參見上條與四庫珍本,雲麓漫抄卷八,頁五本朝文條。學津討原,聞見前錄 卷十五,頁九本朝古文條。西崑體:據廣文書局本,宋稗類鈔卷五,頁三十 五詩話云:「祥符、天禧中(1008至1021)楊大年、錢文僖、晏元獻、劉子 儀以文章立朝爲詩,皆宗尚李義山,號西崑體。」

⑰四部叢刊初編縮印本,河東集卷二,頁十二昌黎集後序。中華書局,吳曾撰 能改齋漫錄卷十,頁二八二至三古文自柳開始。文庫本,容齋續筆卷九,頁 八八至九國初古文。鑄版宋史卷四四〇,頁五六一〇,四柳開傳。

⑰中華書局,能改齋漫錄卷十,頁二八二至三議論。

⑱知不足齋,澠水燕談錄卷三,頁一知人。

⑱四部叢刊初編縮印本,河東集卷二,頁十二昌黎集後序。中華書局,能改齋 漫錄卷十,頁二八二至三古文自柳開始。萬有文庫,容齋續筆卷九,頁八八 至九國初古文。照曠閣本,邵氏聞見前錄卷十五,頁十至一本朝古文。

⑱萬有文庫,容齋續筆卷九,頁八十八至九國初古文。中華書局,能改齋漫錄 卷十,頁二八二至三議論。

⑱四部叢刊初編縮印本,河東先生集卷一,頁九至十應責。

⑱知不足齋本,老學叢談卷中上,頁十二至三柳仲塗條。國學基本叢書,陳龍 川文集卷十一,頁十二至三變文法。

⑱四部叢刊初編縮印本,河南穆公集遺事,頁二十七穆參軍遺事。萬有文庫,容 齋續筆卷九,頁八十八至九國初古文。中華書局,能改齋漫錄卷十,頁六十 二至三古文自柳開始。知不足齋,曲洧舊聞卷四,頁九穆修伯長在本朝爲初 好古文者。稗海本,東軒筆錄卷三,頁六文章隨時風美惡。照曠閣本,邵氏 聞見前錄卷十五,頁十至一本朝古文。

趙效宣　從宋太祖崇儒看學風之產生　371

⑱墨客揮犀卷二，頁二往歲士人多尚對偶為文條。

⑱國學基本叢書，陳龍川文集卷十一，頁十二至三變文法。稗海本，儒林公議
　卷上，頁三楊億在兩禁變文章之體。稗海本，東軒筆錄卷三，頁六文章隨時
　風美惡。正誼堂全書，石守道先生集，頁二附朱熹輯徂徠先生行實。

⑱四部叢刊初編縮印本，河南穆公集，遺事，頁二十七至八登甲科。四部叢刊
　初編縮印本，石徂徠集，行實，頁二天聖以來條。

⑱四部叢刊初編縮印本，石徂徠集，行實，頁二。

⑲同上。宋史新編卷一六三，頁十二石介傳。

⑲正誼堂全書，韓魏公集卷二十一，頁二十一祭少師歐陽公永叔文。四部叢刊
　初編縮印本，河南穆公集，遺事，頁二十八唐至元元和間條。歐陽修全集卷
　三，頁一三六至七記舊本韓文後。照曠閣本，邵氏聞見前錄卷十五，頁十至
　一本朝古文。

⑲國學基本叢書，陳龍川文集卷十一，頁十二至三變文法。

⑲風窗小牘卷下，頁十三至四東坡歐公集序。

⑲國學基本叢書，陳龍川集卷十一，頁十二至三變文法。

⑲正誼堂全書，韓魏公集卷二十一，頁二十一祭少師歐陽公永叔文。四部叢刊
　初編縮印本，河南穆公集，遺事，頁二十八唐至元元和間條。歐陽修全集卷
　三，頁一三六至七記舊本韓文後。照曠閣本，邵氏聞見前錄卷十五，頁十至
　一本朝古文。萬有文庫，容齋續筆卷九，頁八十八至九國初古文。中華書局，
　欒城後集卷二十三，頁二歐陽文忠公神道碑一首。

⑲津逮祕書，東坡題跋卷五，頁二書吳道子畫後。野客叢書卷十九，頁十五韓
　退之文章。

⑲中華書局，象山全集卷三十五，頁二十六語錄。

⑲津逮祕書，東坡題跋卷五，頁二書吳道子畫後。野客叢書卷十九，頁十至一
　韓退之文章。

⑲寶顏閣祕笈，明鄭瑗撰井觀瑣言卷二，頁九韓昌黎與歐陽六一皆以文衛道條。

⑳四部叢刊初編縮印本，河南穆公集，遺事，頁三十一淳熙丁未衡陽假守臨江
　劉清之題。

㉑中華書局，元豐類稿，頁一序。四部集要子部，說郛卷七十八，頁五（1119）
　欒城遺言。

㉒四部叢刊初編縮印本，河南穆公集，遺事，頁三十一淳熙丁未衡陽假守臨江
　劉清之題。

㉓四部集要子部，說郛卷四十九，頁八（788）金玉詩話集句。

㉔廣文書局，宋稗類鈔卷六，頁二十六至七詆毀，東坡云條。

57

㉕四部集要子部，說郛卷四十九，頁八（788）集句。

㉖中華書局，葉適文集卷二十，頁三八一文林郎前祕書省正字周君南仲墓誌銘。

㉗中華書局，象山全集，頁一序。

㉘南宋文範卷四十六，頁十二黃震撰江西提舉司撫州臨汝書院山長廳記。

㉙正誼堂全書，周濂溪集卷十二，頁十二至五，葉盛撰道源書院記。

㉚中華書局，象山全集，頁一叙。

㉛中華書局，象山全集卷一，頁十至一與李省幹二。

㉜正誼堂全書，周濂溪集卷十二，頁二十二至五，葉盛撰道源書院記。

㉝四部叢刊初編縮印本，宋文公文集卷七十八，頁一四三五至六袁州州學三先生祠記。

㉞中華書局，象山全集卷三十五，頁三十語錄。

㉟四部叢刊初編縮印本，宋文公文集卷七十八，頁一四三五至六袁州州學三先生祠記。

㊱中華書局，象山全集卷一，頁十至一與李省幹二。

㊲南宋文錄錄卷十三，頁二十文及翁撰貽書堂記。

㊳中華書局，宋史卷四五七，頁一三四二〇至一陳摶傳。同書卷四三一，頁一二八二三李之才傳。又同書卷四二七，頁一二七二六邵雍傳。四部叢刊初編縮印本，河南穆公集，遺事，頁二十七至九陳摶。照曠閣本，邵氏聞見前錄卷十八，頁四至六康節先公條。同書卷七，頁十至一華山隱士陳摶條。宋史新編卷一六三，頁十二李之才傳。四庫珍本，步里客談卷上，頁二邵康節先天學條。

㊴中華書局，宋史卷四三一，頁一二八二三李之才傳。宋史新編卷一六三，頁十二李之才傳。學海類編，賓退錄卷二，頁二康節邵先生之學條。四部叢刊初編縮印本，河南穆公集，遺事，頁二十八陳摶。照曠閣本，邵氏聞見前錄卷七，頁十一至二种先生放條。案太極圖：蓋倡自河上公，乃方士修煉之術也。河上公名本圖爲無極圖：魏伯陽得之，以著參同契。鍾離權得之，以授呂洞賓，洞賓得之，以授陳摶，摶又得先天圖於麻衣道士，皆以授种放。

㊵汲古閣，貴耳集卷下，頁二十三濮上陳摶條。

㊶中華書局，象山全集，頁一汪序。

㊷四部叢刊初編縮印本，朱文公文集卷七十八，頁一四三五至六袁州州學三先生祠記。

㊸中華書局，象山全集，頁一汪序。四部叢刊初編縮印本，朱文公文集卷七十八，頁一四三七至八隆興府學濂溪先生祠記。

㊹中華書局，象山全集卷一，頁十至一與李省幹二。

㉕南宋文範卷四十六，頁八至九方逢辰撰贛州興國先賢祠堂記。正誼堂全書，
周濂溪集卷十二,頁二十二至五葉盛撰道源書院記。對周濂溪與二程間之師徒
關係：宋元學案卷十一，濂溪學案，卷十二，頁十八至九宗義案語。又卷十
六，頁九汪玉山與朱子書及鮚埼亭集外編卷三十八，頁九〇八周程學統論悉
矣，今不贅，從朱說。

㉖正誼堂全書，張南軒集卷四，頁十八至二十永州州學周先生祠堂記。中華書
局，宋史卷四二七，頁一二七一六程顥傳。

㉗南宋文範卷四十六，頁八至九方應辰撰贛州興國先賢祠堂記。四部叢刊初編
縮印本，朱文公文集卷七十八，頁一四三七至八隆興府學濂溪先生祠記。

㉘四部叢刊初編縮印本，朱文公文集卷七十八，頁一四三七至八隆興府學濂溪
先生祠記。

㉙南宋文範卷四十六，頁八至九方應辰撰贛州興國先賢祠堂記。四部叢刊初編
縮印本，朱文公文集卷七十八，頁一四三七至八隆興府學濂溪先生祠記。

㉚正誼堂全書，周濂溪集卷十，頁十一至三王佖撰江州州學四先生祠。四庫
珍本，巽齋文集卷十四，頁一至五韶州相江書院記。

㉛正誼堂全書，周濂溪集卷十三，頁十歷代褒典。

㉜正誼堂全書，周濂溪集卷十二，頁二十二至五葉盛撰道源書院記。

㉝四部叢刊初編縮印本，朱文公文集卷七十八，頁一四三七至八隆興府學濂溪
先生祠記。

㉞中華書局，史記卷七十四，第十四，頁二三四三孟子荀卿列傳。

㉟正誼堂全書，張南軒集卷四，頁十六至八道州重建濂溪周先生祠堂記。

㊱四部叢刊初編縮印本，朱文公文集卷七十八，頁一三五至六袁州州學三先生
祠記。

㊲四部叢刊初編縮印本，朱文公文集卷八十，頁一四五六黃州州學二程先生祠
記。

㊳正誼堂全書，張南軒集卷四，頁十六至八道州重建濂溪周先生祠堂記。

㊴正誼堂全書，張南軒集卷四，頁十八至二十永州州學周先生祠堂記。

㊵正誼堂全書，張南軒集卷四，頁十六至八道州重建濂溪周先生祠堂記。

㊶正誼堂全書，周濂溪集卷十一，頁十八至二十一道州書院記。學津討原，齊
東野語卷十一，頁十二道學。

㊷正誼堂全書，黃勉齋集卷五,頁十二至四鄂州州學四賢堂記。學津討原，齊
東野語卷十一，頁十二道學。

㊸正誼堂全書，周濂溪集卷十，頁十一至三江州州學四先生祠。

㊹正誼堂全書，黃勉齋集卷五，頁十二至四鄂州州學四賢堂記。

㉔正誼堂全書，張南軒集卷四，頁七至八桂陽軍學記。

㉔正誼堂全書，楊龜山集卷四，頁九至十一浦城縣重建文宣王殿記。

㉔正誼堂全書，黃勉齋集卷五，頁九徽州朱文公祠堂記。正誼堂全書，眞西山集卷二，頁十九至二十二南雄州學四先生祠堂記。

㉔南宋文範卷四十六，頁十二黃震撰江西提舉司撫州臨汝書院山長廳記。

㉔世界書局，長編卷三，頁七建隆三年，六月辛卯，周世宗之二年始營國子監條。同書卷四十二，頁一至二至道三年，九月壬午，左正言直史館孫何表獻五議。

㉚中華書局，劉敞撰公是集卷四十八，頁五八三雜著：諭歸條。

㉛世界書局，長編卷四十二，頁一至二至道三年，九月壬午，左正言直史館孫何表獻五議。稗海本，田況撰仟林公議卷上，頁十五至六國朝以來條。

㉜四部叢刊初編縮印本，范文正公集，褒賢祠記卷二，頁三三八文正公書院記。適園叢書，太平治績統類卷二十七，頁三十四累朝任用逸民，慶歷二年冬甲子，以泰山處士孫復爲試校書郎國子監直講。此外據曲洧舊聞卷二，頁九載有「本朝談經術始於王軫大卿著五朝春秋行於世。其經術傳賈文元，文元其家壻也。王荊公作神道碑略云：『此一事，介甫經術實文元發之，而世莫有知者。』當時在館閣談經術，雖王公大人莫敢與爭鋒，惟劉原父兄弟不肯少屈；蘇東坡祭原父文特載其事，有『大言滔天，詭論滅世』之語。祭文宣和以來始得傳於世。」云云可爲經學創始之證參考也。

㉝世界書局，長編卷四三六，頁六元祐四年，十二月乙卯，知樞密院事孫固、門下侍郎劉摯、尚書左丞韓忠彥言。同書卷一九〇，頁二十嘉祐四年，十月乙卯，慶歷中石介在太學條。石徂徠集卷上，頁一歐陽修徂徠石先生墓誌銘。

㉞正誼堂全書，石守道先生集卷上，頁四十一答歐陽永叔書。

㉟湖北先正遺書，王得臣撰麈史卷上，頁十忠讜。文獻通考卷四十二，頁三九五太學。

㉟王荊文公詩卷二十，頁九十五寄贈胡先生。台商務版，宋元通鑑卷三十一，頁三十五至六熙寧二年，十二月丙戌，召胡瑗門人劉彝入對。

㉟湖北先正遺書，王得臣撰麈史卷上，頁十忠讜。文獻通考卷四十二，頁三九五太學。

㉟歷代小史卷六十八，趙善璙撰自警編（不分卷）頁三十二安定先生條。

㉟歷代小史卷六十八，趙善璙撰自警編（不分卷）頁三十二客有語胡文定條。王荊文公詩卷二十，頁九十五寄贈胡先生。學津討原，李廌師友談記（不分卷）頁二十四，頃年有客話胡翼之條。

㉟學津討原，李廌撰師友談記（不分卷）頁二十三呂元明希哲條。正誼堂全書，

熊勿軒集卷三，頁八至十晉江縣學記。新興書局，羣書考索卷三十，頁九士
門。

㉖世界書局，長編卷一八四，頁十四嘉祐元年，十二月乙卯，太子中允天章閣
侍講胡瑗管勾太學。文海本，宋史全文續資治通鑑卷九，頁五三三嘉祐元年，
十二月乙卯，天章閣侍講胡瑗管勾太學。宋文鑑卷一四五，頁一九一四歐陽
修撰胡翼之墓表。

㉖文海本，宋史全文續資治通鑑卷十一，頁六一三熙寧元年，正月丙申詔。

㉖文海本，皇宋十朝綱要卷十八，頁四三〇庚子宣和二年，六月乙未詔。世界
書局，長編卷一五二，頁一慶曆四年，十一月戊午朔，判國子監余靖言。同
書卷三〇五，頁三元豐三年，六月戊戌，國子監言。

㉖中華書局，宋會要職官五十九，頁三七二八上隆興二年，二月二十一日，吏
部言。同書禮十六，頁六八五上淳熙四年，二月八日詔。世界書局，長編卷
三〇二，頁九元豐三年，二月癸卯詔。

㉖國學基本叢書，陳龍川文集卷十一，頁十二至四變文法。世界書局，長編卷
四三六，頁六元豐四年，十二月乙卯，知樞密院事孫固、門下侍郎劉摯、尚
書左丞韓忠彥言。王荊文公詩卷二十，頁九十五寄贈胡先生。台商務版，宋
元通鑑卷三十一，頁三十五至六熙寧二年，十二月丙戌，召胡瑗門人劉彝入
對。

㉖王安石撰臨川先生文集卷八十三，頁三慈溪縣學記。

㉖正誼堂全書，范文正公文集卷二，頁三代胡侍郎奏乞餘杭州學名額表。

㉖四部叢刊初編縮印本，陸放翁撰渭南文集卷十九，頁四紹興府修學記。

㉖學津討原，齊東野語卷六，頁十七杭學游士聚散。

㉗四部叢刊，鶴山先生大全文集卷四十六，頁十五華亭縣重修學記。四部叢刊
初編縮印本，范文正公集，褒賢祠記卷一，頁三二六高郵軍興化縣重建縣學
記。

㉗四庫珍本，北山小集卷十九，頁一衢州開化縣新學記。

㉗常州先哲遺書，孫覿撰鴻慶居士文集卷二十二，頁四臨安府臨安縣學記。

㉗四庫珍本，庸齋集卷五，頁一永福縣修學記。

㉗宋史新編卷九十四，頁九十八下滕宗諒傳。

㉗四部叢刊，范文正公集，年譜，頁十四景祐二年條。

㉗墨海金壺，中吳紀聞卷二，頁八安定先生。

㉗學津討原，何薳撰春渚紀聞卷一，頁四烏程三魁。

㉗四部叢刊，范文正公集，褒賢祠記卷一，頁十三山陳垓撰高郵軍興化縣重
建學記。

61

㉗宣統三年，本支後裔重刊，節孝先生文集卷二十八，頁十江寧府句容縣廳壁記。四部叢刊初編縮印本，渭南文集卷三十六，頁三一七朝奉大夫fi公墓誌銘。蜀文輯存卷九十九，頁十三至四新繁縣學記。希古樓刊，八瓊室金石補正卷百十九，頁三至七嘉定縣學記。

㉘參見中華書局，繫年要錄卷一五二，頁二四五四紹興十有四年，冬十月庚子詔。四部叢刊初編縮印本，朱文公文集卷七十八，頁一四三二至三衢州江山縣學記。蜀文輯存卷二十五，頁十七至八（356）李曼撰移建孔子廟碑。

㉛惜陰軒叢書，宋四子抄釋卷六，頁五二程子抄釋下，伊川語。百部叢書，香溪集卷十七，頁一至四衢州龍游縣學田記。

㉒世界書局，長編卷百十三，頁八仁宗明道二年，冬十月辛亥詔。湖北先正遺書，宋景文集卷二十八，頁九乞知州轉運使三年理一任劄子。四部叢刊，豫章黃先生文集卷二十四，頁五全州盤石廟碑。毓秀堂刊，青陽山房集卷四，頁十八至二十慈利州天門書院記。玉海卷一一八，頁一選舉考課。

㉓希古樓刊，八瓊室金石補正卷百十九，頁三十一至三嘉定縣修學記。

㉔世界書局，清王懋竑著朱子年譜卷一上，頁十紹興二十三年條。

㉕中華書局，葉適文集卷十九，頁三七一至二朝奉郎致仕兪公墓誌銘。

㉖宋遺民錄卷十，頁九陸君實傳。

㉗四部叢刊初編縮印本，范文正公集，尺牘下，頁二三六李泰伯。四部叢刊初編縮印本，直講李先生文集外集二，頁三八四范文正公。

㉘中華書局，繫年要錄卷一百二十二，頁一九六九紹興八年，秋七月辛丑，左迪功郎溫州州學教授葉絖上書。

㉙世界書局，長編卷一八七，頁十三至四嘉祐三年，秋七月癸酉，福州進士周希孟爲國子監四門助教本州州學教授。

㉚知不足齋本，中吳紀聞卷五，頁十八王教授祭學生文。宋史卷四四三，頁八王逢傳。宋史新編卷一七○，頁八王逢傳。同書卷九十九，頁一一二范純祐傳。臨川先生文集卷九十三，頁九十二王會之墓誌銘。

㉛文海本，宋史翼卷二十六，頁十八林慮傳。

㉜四部叢刊，象山先生全集卷十九，頁二宜章縣學記。

㉝參見四部叢刊初編縮印本，直講李先生文集卷二十五，頁一八四送余疇若南豐掌學序。四部叢刊，眞西山文集卷三十六，頁三跋包敏道講義。四庫珍本，演山集卷十五，頁一順興學記。案劍州屬縣有順昌，無順興，疑興爲昌字之譌筆；春秋有爲尊者諱，有爲親者諱，不知此爲誰而諱耶！

㉞參見四部叢刊，鶴山先生大全文集卷六十五，頁六跋四十年前補試卷。武英殿聚珍版，蒙齋集卷十四，頁四浮梁縣修學記。正誼堂全書，朱子文集卷十二，頁二至三補試牓諭。四部叢刊，象山先生全集卷十九，頁二宜章縣學記。

趙效宣　從宋太祖崇儒看學風之產生　　　377

㉖參見四庫珍本，性善堂稿卷十三，頁十一涪州教授陳孚由墓誌銘。四庫珍本，
演山集卷十七，頁六安肅軍建學記。文定集卷二十一，頁十一左奉議郎汪公
墓誌銘。四庫珍本，演山集卷十五，頁一順興學記。四部叢刊，龜山先生語
錄卷三，頁十八學校養士。

㉖四庫珍本，黃裳撰演山集卷十七，頁六安肅軍建學記。

㉗四部叢刊，象山先生全集卷十九，頁二宜章縣學記。

㉘四庫珍本，字溪集卷八，頁十一至四重修夔州明倫堂記。

㉙王安石撰臨川先生文集卷九十二，頁八十一京東提點刑獄陸君墓誌銘。

㉚四庫珍本，南澗甲乙稿卷十九，頁十八至二十三右朝請大夫知虔州贈通議大
夫李公墓碑。

㉛中華書局，葉適文集卷十，頁一六五上蔡先生祠堂記。

㉜中華書局，葉適文集卷十，頁一七八至九溫州新修學記。

㉝正誼堂全書，朱子文集卷九，頁二漳州教授廳壁記。

㉞宋文鑑卷八十三，頁一一一九顧臨撰湖州學田記。

㉟正誼堂全書，朱子文集卷十，頁十六福州州學經史閣記。

㊱四部叢刊初編縮印本，後村先生大全集卷九十，頁十四邵武軍學貢士莊。

㊲世界書局，永樂大典卷七五一二，頁二十二倉。

㊳四部叢刊初編縮印本，後村先生大全集卷八十八，頁十八華亭縣建平糶倉。

㊴知不足齋本，吹劍外集（不分卷）頁三十六淳祐元年條。

㊵中華書局，葉適文集卷十七，頁三二五陳叔向墓誌銘。

㊶國學基本叢書，楊龜山集卷二，頁三十四語錄。

㊷文海本，宋史翼卷二十五，頁四時瀾傳。

㊸正誼堂全書，朱子文集卷十七，頁四知南康軍石君墓誌銘。

㊹中華書局，葉適文集卷十一，頁四一五至六長溪縣修學記。

㊺正誼堂全書，朱子文集卷九，頁二十三至四建寧府崇安縣學田記。

㊻金華書局，呂東萊先生文集卷七，頁七朝散郎潘公墓誌銘。

㊼四部叢刊，眞西山文集卷二十六，頁二十六建安縣學田記。

㊽東京大學出版，周藤吉之著宋代經濟史研究，頁七八南宋稻作の地域性：二，
田の種類と稻作との關係。石刻史料叢書，甲編之十九江蘇金石志卷十七，
頁十九至三十八無錫縣學淳祐癸卯續增養士田記（在無錫縣學）。

㊾四部叢刊，眞西山文集卷二十五，頁十三政和縣修學記。

㉚四部叢刊，眞西山文集卷二十六，頁二十六建安縣學田記。

㉛四部叢刊初編縮印本，直講李先生文集卷二十三，頁六邵武軍學置莊田記。

㉜世界書局，永樂大典卷七八九二，頁二十四汀州府學校。

㉒同上。

㉔世界書局，永樂大典卷七八九二，頁二十五汀州府學校。

㉕世界書局，永樂大典卷七八九二，頁二十四汀州府學校。

㉖正誼堂全書，讀朱隨筆卷四，頁二十一第七十四卷，更同安縣學四齋名。

㉗四庫珍本，演山集卷十五，頁一順興學記。

㉘四部叢刊初編縮印本，渭南文集卷十九，頁四紹興府修學記。

㉙四庫珍本，北山小集卷十九，頁一衢州開化縣新學記。

㉚四庫珍本，鶴林集卷三十六，頁十錢塘縣學記。

㉛四部叢刊初編縮印本，范文正公集，襃賢祠記卷一，頁三二六陳垹撰高郵軍
興化縣重建縣學記。

㉜夷堅丁志卷十，頁四建康頭陀。

㉝夷堅支戊卷十，頁一金谷戶部符。

㉞正誼堂全書，朱子文集卷十，頁十六福州州學經史閣記。

㉟中華書局，葉適文集卷十，頁一七八至九溫州新修學記。

㊱四部叢刊初編縮印本，范文正公集，襃賢祠記卷一，頁三二六高郵軍興化縣
重建縣學記。

㊲世界書局，永樂大典卷二二八三，頁九湖（湖州府九）。

㊳四庫珍本，鶴林集卷三十六，頁十錢塘縣學記。

㊴四庫珍本，張鎡撰仕學規範卷十七，頁三引欽宗朝名臣傳。同書卷二十，頁
六引皇朝名臣四科事實。四庫珍本，南澗甲乙稿卷二十一，頁四三七高郵軍
曾使君墓誌銘。

㊵世界書局，周禮注疏及補正，周禮三，頁十七天官冢宰。

㊶正誼堂全書，朱子文集卷十七，頁四知南康軍石君墓誌銘。

㊷知不足齋本，澠水燕談錄卷三，頁五知人條。

㊸四明叢書，深寧文鈔摭餘編卷一，頁二重修鄞縣儒學記。

㊹四明叢書，退齋集卷三，頁二十二元程端禮撰送集慶學政梅仲著秩滿歸德
序。

㊺世界書局，長編卷一八七，頁十三嘉祐三年，秋七月癸酉，福州進士周希孟
爲國子監四門助教。

㊻國學基本叢書，楊龜山集卷六，頁九十八曾文昭公行述。

㊼文海本，宋史翼卷三十五，頁七徐天祐傳。

㊽歷代小史卷六十八，頁四十四至五自警編。

㊾四部叢刊初編縮印本，范文正公集，奏議下，頁二十一奏爲薦胡瑗、李覯充學
官。

㊿中華書局，宋會要選舉二十八，頁四六九一下學官。

(351)萬有文庫，容齋五筆卷一，頁二徐、章二先生教人。宋史卷四五九，頁十六至八徐積傳。宋史新編卷一七九，頁一徐積傳。

(352)正誼堂全書，濂洛關閩書卷六，頁七程子善治第七。

(353)正誼堂全書，朱子文集卷十六，頁二十籍溪先生胡公行狀。宋史卷四五九，頁八胡憲傳。宋史新編卷一六六，頁二十一胡憲傳。

(354)宛委別藏影寫元刻本，莆陽比事卷五，頁五永嘉理學高密儒風。

(355)四部叢刊，梅溪王先生文集前集卷十七，頁一送吳教授秉信歸省序。

(356)知不足齋本，鄭所南先生文集（不分卷）頁六十五附先君菊山翁家傳。

(357)正誼堂全書，朱子文集卷六，頁四十二至三答許順之。

(358)正誼堂全書，張南軒先生文集卷一，頁三答湖守薛士龍寺正。

(359)四部叢刊初編縮印本，後村先生大全集卷一六七，頁一龍學行隱傅公行狀。

(360)正誼堂全書，朱子文集卷十，頁十六福州州學經史閣記。

(361)夷堅丙志卷七，頁五子夏蹴酒。

(362)武英殿聚珍版，浮沚集卷七，頁九許少明墓誌銘。

(363)四庫珍本，桐江續集卷三十四，頁十七送仇仁近溧陽州教序。

(364)四部叢刊初編縮印本，樓鑰撰攻媿集卷五十四，頁七五五至六建寧府紫芝書院記。

(365)叢書集成，袁燮撰絜齋集卷十，頁一四四至五建寧府重修學記。希古樓刊，八瓊室金石補正卷百十八，頁二十二至五度正撰中江縣重修學宮記。

(366)四明叢書，王應麟撰深寧文鈔摭餘編卷一，頁三十六小學紺珠序。

(367)新興書局，文獻通考卷三十五，頁三二九選舉八童科小學附。中華書局，宋史卷一五七，頁三六六一選舉三。

(368)中華書局，宋會要選舉九，頁四四〇九上政和四年，五月二十二日詔。同書崇仟二，頁一九一下崇寧元年，八月二十二日，宰臣蔡京言。

(369)中華書局，宋會要崇仟二，頁二一九九下徽宗政和四年，九月十一日，權發遣泉州鄭南言。

(370)希古樓刊，八瓊室金石補正卷百十九，頁二十一至四嘉定重修縣學碑銘。

(371)中華書局，葉適集卷十七，頁三二七至九黃子耕墓誌銘。

(372)學海類編，賓退錄卷一，頁十一嘉眉多士之鄉條。山房考索後集卷二十七，頁十二小學。

(373)正誼堂全書，張南軒集卷四，頁四至五邵州復舊學記。正誼堂全書，濂洛關閩書卷六，頁十程子四小學

(374)中華書局，宋會要崇仟二，頁二一九八下政和四年，六月二十五日，禮部言。

新亞學報第十七卷

㊟四部叢刊初編縮印本,渭南文集卷三十六,頁三一九上方伯謩墓誌銘。

㊟世界書局,長編拾補卷二十五,頁十九崇甯四年,九月己亥制,給食,而山房考索後集卷二十八,頁九學法,崇寧四年條謂不給食。未知孰是,今兩存之,附此待考。

㊟文獻通考卷三十五,頁三二九選舉八,童科小學附。

㊟世界書局,長編拾補卷二十九,頁十八大觀四年,八月戊寅詔。

㊟文海本,皇宋十朝綱要卷十八,頁四三〇宣和二年,七月己亥詔。又同月丁巳詔。

㊟中華書局,宋會要崇仔二,頁二二〇〇上徽宗政和四年,十二月四日,尚書省言。

㊟中華書局,葉適文集卷七十,頁一六五上蔡先生祠堂記。

㊟四部叢刊初編縮印本,陳傅良撰止齋先生文集卷三十九,頁一九九至二〇一潭州重修嶽麓書院記。

㊟四部叢刊初編縮印本,陳傅良撰止齋先生文集卷三十九,頁一九九至二〇一潭州重修嶽麓書院記。

㊟四部叢刊初編縮印本,朱文公文集卷七十九,頁一四五〇至二衡州石鼓書院記。希古樓刊,八瓊室金石補正卷百十六,頁十至四石鼓書院記。宋史新編卷三十八,頁二十四(一八四)職官三。文獻通考卷六十三,頁十九教授。四部叢刊初編縮印本,後村先生大全集卷九十三,頁八〇七泉山書院。四部叢刊初編縮印本,范文正公集卷七,頁五十六南京書院題名記。

㊟四庫珍本,范祖禹撰范太史集卷三十六,頁二十三王延嗣傳。

㊟四部叢刊初編縮印本,朱文公集卷七十九,頁一四五〇至二衡州石鼓書院記。希古樓刊,八瓊室金石補正卷百十六,頁十至四石鼓書院記。文獻通考卷四十六,頁四三一學校七。

㊟四庫珍本,廖行之撰省齋集卷四,頁十七至二十四石鼓書院學田記。

㊟四部叢刊初編縮印本,陳傅良撰止齋先生文集卷二十九,頁一九九至二〇〇潭州重修嶽麓書院記。四部叢刊初編縮印本,小畜集卷十七,頁一一五潭州岳麓山書院記。

㊟四部叢刊初編縮印本,陳傅良撰止齋先生文集卷二十九,頁一九九至二〇〇潭州重修嶽麓書院記。四部叢刊初編縮印本,小畜集卷十七,頁一一五潭州岳麓山書院記。

㊟文獻通考卷四十六,頁四三一學校七。同書卷六十三,頁十九教授。宋史新編卷三十八,頁二十四職官。中華書局,宋會要崇仔二,頁二二〇七鄉學。世界書局,長編卷四十八,頁十一咸平四年,三月辛卯,以國子監經籍賜潭

州岳麓書院條。案李允則乞下國子監所降書名，語焉不明，疑有差誤，故通考亦未詳言。

(391)文獻通考卷六十三，頁十九教授。宋史新編卷三十八，頁二十四職官。南宋文錄錄卷十三，頁十一王應麟撰赤城書堂記。四部叢刊初編縮印本，范文正公集卷七，頁五十六南京書院題名記。

(392)參見四部叢刊初編縮印本，朱文公文集卷七十九，頁一四五〇至二衡州石鼓書院記。希古樓刊，八瓊室金石補正卷百十六，頁十至四石鼓書院記。文獻通考卷四十六，頁四三一學校七。學津討原，徐度撰卻掃編卷上，頁九五代之亂條。四部叢刊初編縮印本，范文正公集卷七，頁五十六南京書院題名記。中華書局，宋會要崇仟二，頁二一八八上大中祥符二年，二月二十四日詔。

(393)中華書局，宋會要崇仟二，頁二二〇七鄉學。

(394)世界書局，長編卷十八，頁九太平興國二年，三月庚寅，知江州周述言。南宋文錄錄卷十一，頁十白鹿洞書院記。文獻通考卷四十六，頁四三一學校七。同書卷六十三，頁十九教授。宋史新編卷三十八，頁二十四職官。續宋編年資治通鑑卷十，頁二辛丑淳熙八年，十一月，浙東提舉朱熹。

(395)中華書局，宋會要崇仟二，頁二二〇七鄉學。世界書局，長編卷二十一，頁五太平興國五年，六月己亥，以江州白鹿洞主明起條。

(396)文獻通考卷四十六，頁四三一學校七。同書卷六十三，頁十九教授。宋史新編卷三十八，頁二十四職官。中華書局，宋會要崇仟二，頁二二〇七鄉學。同卷，頁二二八八至道二年，七月六日，賜嵩陽書院額。

(397)中華書局，宋會要崇仟二，頁二二〇七鄉學。

(398)文海本，宋史全文續資治通鑑卷七，頁三七〇寶元元年，夏四月條。

(399)中華書局，宋會要崇仟二，頁二二〇七鄉學。

(400)文獻通考卷四十六，頁四三一學校七。

(401)四部叢刊初編縮印本，朱文公文集卷七十九，頁一四五〇至二衡州石鼓書院記。

(402)四庫珍本，雲莊集卷四，頁二十六至七政和縣修學記。四部叢刊初編縮印本，渭南文集卷十五，頁一三九至四〇陸伯政山堂類稾序。

(403)四部叢刊，鶴山先生大全文集卷五十，頁四通泉縣重修學記。同書卷四十七，頁四夔州重建州學記。

(404)四部叢刊初編縮印本，鶴山先生大全文集卷五十，頁四二六至七通泉縣重修學記。

(405)四部叢刊，誠齋集卷七十五，頁二邵州重復舊學記。四明叢書，王應麟撰四明文獻集卷一，頁十七廣平書院記。

⑩四庫珍本，靑山集卷三，頁二十一集義堂記。

⑩四明叢書，四明文獻集卷一，頁十八先賢祠堂記。

⑩文海本，輿地紀勝卷百三十三，頁三風俗形勝。

⑩世界書局，永樂大典卷七六〇三，頁十八杭州府錢塘縣。

⑩學海類編，賓退錄卷一，頁十一嘉眉多士之鄉條。

⑪文海本，輿地紀勝卷一五五，頁四景物上。學海類編，賓退錄卷一，頁十一
　嘉眉多士之鄉條。

⑫學海類編，賓退錄卷一，頁十一嘉眉多士之鄉條。

⑬賢奕編卷二，頁十四至五官政。文海本，輿地紀勝卷百三十三，頁三風俗形
　勝。

⑭世界書局，永樂大典卷七六〇三，頁十八杭州府錢塘縣。

⑮四明叢書，王應麟撰四明文獻集卷一，頁十八先賢祠堂記。

⑯善本，則堂集卷四，頁二十三鄉人請張教授疏。又路幕請張教授疏。

⑰善本，則堂集卷三，頁一塑夫子像說。

From Song Tai Zu's Adoration for Confucianism to the Popular of Learning

從宋太祖崇儒看學風之產生

by Hsiao-suan CHAO (趙效宣)

The first emperor of Song Dynasty, Zhao Kuang Yin, adopted the philosophy of Confucianism (Ruxue). Scholars were appointed to government administration. Government fundings were expended on building schools throughout the whole country and on supporting youngsters to study, eat and live in the schools. An imperial examination named Keju was established to select outstanding scholars to be government officials. The examination was conducted in three formats – Shī (poetry), Fu (descriptive prose with verse), and Lun Ce (discourse in politics). The impact was that everybody began to study hard and tried to learn how to write Jing (classic scriptures), Shĭ (history), Shī (poetry), Fu, and Guwen (prose in classical literary style). People wanted to sit for the examination in order to obtain a position in the government and this indirectly led to the popularity of learning. There are also scholars of Taoism who taught people to read and think. The prosperity of study atmosphere in Song Dynasty is still a hot topic nowadays.

景印香港新亞研究所《新亞學報》（第一至三十卷）

中國學術思潮之流變

金達凱

（一）兩漢經學

中國傳統文化，以儒學為主流；儒家學術思想，則以經學為骨幹。而經學體系的形成與經典地位之建立，則始於先秦，奠基於兩漢。

「經」字的原始意義，是指紡織物的經緯線。說文：「經，織也」；玉篇：「經緯以成繒布也」。推之於政治，則「以經邦國」、「經綸天下」；推之於學術，則具有「綱領」「法則」之涵義。由此可知，凡古代聖賢的言行教誨，載在典籍，流傳後世，可以垂訓戒而作法則者，才可稱之為「經」。

儒家如此，道家、墨家、佛家以及其他宗教，對它們的重要典籍，亦皆稱「經」。如老子書五千言稱「道德經」，墨子學說稱「墨經」。佛教經典稱佛經，基督教和天主教稱耶穌教義為聖經，伊斯蘭教稱穆罕默德言行錄為可蘭經。

儒家的經學，是由詩、書、易、禮、樂、春秋所構成，這些典籍的基本性格，是古代政治、社會、人生長期經驗的積累，並經過整理、選擇、解釋，用作政治社會和人生教育的基本教材。因而自西漢以來，兩千餘年來，成為中國學術的寶藏，在歷史上逐漸形成特殊的地位。

然在孔子之前，未有「經學」之名，僅稱「六藝」。其後「六藝」專指禮樂射御書數，詩書易禮樂春秋則稱「六經」。禮記經解：「孔子曰，入其國，其教可知也。其為人也，溫柔敦厚，詩教也；疏通知遠，書教也；廣博易良，樂教也；潔淨精微，易教也；恭儉莊敬，禮教也；屬辭比事，春秋教也」。表明六經皆已納入經學範疇，故篇名「經解」。莊子天運篇：「孔子謂老聃曰：丘治詩、書、禮、樂、易、春秋六經，自以為久矣」。又孝經亦稱經，孝經鈎命訣引孔子之言：「吾志在春秋，而行在孝經」。鄭玄注孝經序曰：「孝經者，三才之經緯，五行之綱紀，孝為百行之首，經者，不易之稱」。可知「經」字之出現，始於孔子或稍後時期。

六經之說，因樂經早失傳，所以在事實上，祇有五經。其後，「經目」

遞增，有「七經」、「九經」、「十經」、「十三經」之稱。

後漢書趙典傳注：「以孝經、論語配五經，稱爲七經」。到了唐代，春秋經和禮經又各分爲三：左氏傳、公羊傳、穀梁傳稱「三傳」；儀禮、周禮、禮記稱「三禮」，和詩經、書經、易經合起來，稱爲「九經」。

到劉宋，將周易、尚書、毛詩、禮記、周官、儀禮、春秋左氏傳、公羊、穀梁各爲一經，論語、孝經爲一經，是爲「十經」。

到趙宋，在論語、孝經之外，又推崇爾雅、孟子兩書，於是有「十三經」之稱。

此外，還有「十四經」、「二十一經」之說，但沒有成立。現在通行的，祇是五經，再進一步，便是十三經。基本上，還是以五經爲主體。

五經在學術上的價值，史記太史公自序說：「易著天地、陰陽、四時、五行，故長於變；禮，經紀人倫，故長於行；書，記先王之事，故長於政；詩，紀山川、谿谷、禽獸、草木、牝牡、雌雄，故長於風；樂，樂所以立，故長於和；春秋，辨是非，故長於治人。是故禮以節人，樂以發和，書以道事，詩以達意，易以道化，春秋以道義」。

這一段話是說明這些經典的特性及其致用之方。如果按現在學術分類或圖書分類來說，五經或十三經，都屬於人文科學，包括語言文字學、哲學、史學、文學等學科；廣義的說，包括政治、法律、教育、經濟、社會等方面。大而言之，爲治國、施政的大道；小而言之，是個人立身處世的張本。所以這幾部書，不僅是儒家的經典，且是中國歷史文化的結晶。

現代民主國家重視憲法，如果「違憲」，在政治責任上，是嚴重的。古代中國人說「離經叛道」，在道德觀念上，也是嚴重的。所以，經在古代中國，直到近代，是居於社會憲章的地位。

前曾談到，儒家經典體系之形成，始於先秦時代；儒家經典地位之確立，則始於兩漢。西漢初，因天下初定，漢高、惠帝、呂后時，公卿皆武力有功之臣，文帝好刑名之言，竇后、景帝又好黃老之術，見輕儒者。武帝即位後，趙綰、王臧、兒寬輩明儒學，其後採納董仲舒「罷黜百家，獨尊儒術」的建議，置五經博士。於是以經學爲中心，有八家之學。如史記和漢書儒林傳所載，言「詩」於魯則申培公，於齊則轅固生，於燕則韓太傅。言「尚書」自濟南伏生。言「禮」自魯高堂生。言「易」自菑川田生。言「春秋」，於齊則胡毋生，於趙則董仲舒。及竇太后死，田蚡爲相，絀

2

黃老、刑名百家之言，延文學儒者數百人，而公孫弘以「春秋」白衣位列三公，封平津侯，天下學士靡然而向。由此進入經學昌明的時代。

兩漢經學有今古文之分，西漢重視今文經學，稱爲今文學派；東漢重視古文經學，成爲古文學派。這所謂今文古文，乃指文字的異體而言。西漢通行隸書，用隸書抄錄的經典，容易認識，謂之今文經學。由先秦傳下而用古籀文書寫的經典，不易辨認者，稱爲古文經。

五經中，發生今古文之爭者，主要是「尚書」，亦稱「書經」。

尚書是上古歷史檔案的彙編，包括不同時代史料，大部份爲三代前後帝王向臣民發出的訓諭和向軍旅宣佈的誓師詞，以及大臣向君主提出的建議和規勸，還有若干關於遠古歷史的傳說。其所涉及的時代，上起唐、虞，下至春秋前期，上限和下限之間，約有一千八九百年的時間，至今則將近有四千年的歷史。可以說是我國最古老的一部古籍，因而問題也很多。

首先因爲尚書的年代太久，其所記載的是三千多年前的語言，語意和詞滙與秦漢以後的古文有所不同，和今天的語言辭句更有很大距離，所以不易理解。其次，古代沒有紙張，書寫的工具缺乏，一般文書文字力求精簡省約，詞句未能充份表達，也增加了理解的困難，乃至標點斷句也不容易。三是三代（夏商周）至秦漢，文字經過數次改變，尚書自然也經過不同字體的傳抄，在字體變換和抄寫過程中，難免有認錯和寫錯的情況，以致在流傳的各種本子之間，特別是在今古文不同本子之間，存在不同程度的分歧。因此，兩千餘年來，歷代學者研究尚書者，雖下了很大工夫，作了許多考證和考訂的工作，寫了不少的註解，對某些問題提出各樣的看法。但仍然未能解決有關的疑難。甚至「尚書」尚字的意義，亦無法得到共許與共識。

關於「尚書」的名稱，一般認爲「尚」和「上」是同義字，「尚書」等於「上書」。但對於這個「上」字又有許多不同的說法，其中言之成理者有三：一是認爲「上」是「上古」的意思，「尚書」是「上古的書」。二是認爲「上」是表示崇高和尊敬，「尚書」是地位高上爲後人所崇敬的書。三是認爲「上」是代表君上、帝王，因爲這部書的內容主要是記載君主的言論，具有以上御下、教訓臣民的意義。

問題還不在名稱的如何解釋，而在流傳不同的本子，涉及到書的眞僞問題。

經過秦始皇「焚書」的一場火，燒了當日民間有關儒家的藏書。後來項羽進入關中，又在咸陽放火，燃燒了三個多月，沒有熄滅，又把秦之宮殿和博士們所藏的典籍燒光了。尚書當然在內，逃不掉這兩場劫難。到西漢初，出現了尚書的一個殘本，其後又出現另一個殘本，前者被稱爲「今文尚書」，後者被稱爲「古文尚書」。不久又出來簡稱「百兩篇」的本子，一起流傳。到了晉朝，又有一個來路不明的本子，竟然流行起來，代替了原先流傳的今文尚書和古文尚書。但是經過後代許多學者的研究，發現這個流行的本子，其中有一部份是後人僞造的。這僞造的部份稱爲「僞古文尚書」。於是在今古文之爭之外，又有「僞古文」版本問題。

漢初最先出現的殘本，出自伏生。伏生名勝，山東濟南人，原爲秦博士，手中保存有一部尚書，是隸書抄本。秦末戰亂，將書藏在家中牆壁內，自已避亂外鄉；等到劉邦統一全國，地方秩序恢復，伏生回家取出藏書，但不幸損壞了一部份，祇剩下二十八篇。這二十八篇是：

（一）堯典；（二）皋陶謨；（三）禹貢；（四）甘誓；（五）湯誓；（六）盤庚；（七）高宗肜日；（八）西伯戡黎；（九）微子；（十）牧誓；（十一）洪範；（十二）金縢；（十三）大誥；（十四）康誥；（十五）酒誥；（十六）梓材；（十七）召誥；（十八）洛誥；（十九）多士；（二十）無逸；（二一）君奭；（二二）多方；（二三）立政；（二四）顧命；（二五）費誓；（二六）呂刑；（二七）文侯之命；（二八）秦誓。

此時伏生年紀已老，記憶力衰退，加以多年荒疏，對於遺失的篇章已無法背誦，祇好將這二十八篇遺文在本鄉傳授門徒。到漢文帝時，朝廷開始重視文化事業，蒐求古籍，聽說伏生講授尚書，但因年老體衰，行動不便，於是派奉常（後稱太常）掌故（官職名）晁錯前往伏生家學習，將二十八篇抄了回來，成爲官方承認的定本。

景帝時，鼓勵民間獻書，若干殘篇斷簡陸續出現，在尚書方面，發現了一篇「泰誓」，也是用隸書寫的，將它加入伏生的二十八篇，成爲二十九篇。這就是「今文尚書」。

其後，魯共（恭）王劉餘（景帝之子，所封魯國在山東曲阜）好治宮室，看中孔子的故居，要將它拆掉，擴建宮殿。拆毀孔宅時，在牆壁中發現幾部用先秦古文字寫的木簡書，其中有一部是尚書，大概是孔家爲躲避

秦火而收藏起來的。魯共王把這些古書交還孔家,又聽到屋內有鐘磬琴瑟之聲,有些恐懼,也不敢佔用孔宅了。

孔壁古文尚書有四十五篇,除包括前述今文本的二十九篇外,還多出十六篇。這多出的十六篇是:

舜典、汩作、九共、大禹謨、棄稷、五子之歌、胤征、湯誥、咸有一德、典寶、伊訓、肆命、原命、武成、旅獒、冏命。

此時孔家有一位認識古文字的學者叫孔安國,孔氏將此古文尚書和早先出現的今文尚書加以對照,再用隸書將古本的二十九篇重新摹寫一遍,對於多出的十六篇,因無今文對照,一時難以釋讀,乃維持原狀,獻於朝廷,存入皇室的書庫。所以西漢一代流傳的是今文尚書,而由伏生系統各立門戶的歐陽高、夏侯勝、夏侯建三家,都立於學官,各置博士一員。而古文尚書則是未得官方承認的私學。

漢成帝、哀帝時,著名學者劉向、劉歆父子奉命整理「中祕書」,向死後,由劉歆負責主持,將宮中圖書分類編目,編成一部「七略」,這是我國目錄學最早的一部重要文獻。此時,今文尚書三家的本子有些不同,大、小夏侯兩家仍是二十九篇,歐陽家則將「盤庚篇」分為上、中、下三篇,變成三十一篇。古文尚書的篇數也有改變,除「盤庚篇」分作三篇外,「泰誓」也分作三篇,「顧命」後半分出單成一篇,叫「康王之誥」,於是二十九篇成為三十四篇。至於「逸書」十六篇,則將「九共」篇分為九篇,成二十四篇,總篇數由四十五篇變成五十八篇,分為四十五卷。

劉歆整理尚書時,曾將今文本和古文本相應各篇作一對照,發現今文本兩篇有脫簡,總共脫三簡,脫落了六、七十個字,另外脫去的單字幾十個,以及有七百多字彼此不同。可知當日今古文兩種尚書版本的不同,僅此而已。

至東漢,古文尚書逐漸抬頭,雖未立學官,但影響甚大。古文尚書在東漢的抬頭,其因素有三:其一、倡導古文尚書的人,多是博學之士,如杜林、衛宏、賈逵、馬融、鄭玄等,在學術界的聲望很高,名氣很大,弟子甚多,著述豐富,推動提升了研究古文經學的風氣。而講今文尚書者,則多是達官權貴,在政治上雖有勢力,在學術上表現平凡,號召力不足。其二、研究古文尚書的學者,多能自闢蹊徑,並不墨守「師法」,其著作的學術價值較高。而今文家則謹守「師法」,着重於繁瑣的「章句之學」,

缺乏創新的精神，因而削弱了對社會的影響力。其三、東漢中期以後，今古文之間的門戶之見與派性之爭有所緩和，朝廷對今古文兩派也採取兼容並存的政策。章帝建初四年（西元七九年）在白虎觀舉行學術會議，討論五經異同（白虎觀爲漢廷一所宮殿名稱，班固曾將這次討論的結果編寫一部書，叫「白虎通義」，簡稱「白虎通」），參加者多爲兼通今古文的學者，章帝並接受賈逵建議，指令今文學者選派程度較好的學生學習古文尚和左傳等古文經。

此外，東漢熹平石經之後，曹魏正始年間，又刻了一次石經，而且用三種不同字體將各經重寫三遍，這三種字體是先秦的籀文、秦朝的小篆和當日通行的隸書，這也縮小今古文經文的界限，促進了各學派的混一。

到西晉，因發生「永嘉之亂」，劉聰陷洛陽，劫掠一空，從漢魏以來收藏的典籍遭受重大損失，由伏生至歐陽及大小夏侯各家的今文尚書全部喪失，原由漢室「中秘書」保存的古文尚書，亦由此完全失傳。

東晉元帝時（西元 317－322 年），忽然出現了所謂「孔傳古文尚書」，即由孔安國作傳的尚書，據說是由豫章內史梅賾獻出的。自漢魏以來，經學界從無孔安國爲尚書作傳的說法與記載，來源可疑。而且東晉祇有豫章太守而無「豫章內史」的官職，而做過豫章太守的是梅賾的弟弟梅陶而不是梅賾本人；又梅陶做豫章太守時，是成帝而非元帝。稍加查考可斷其非。但當日原有的今古文本都已失傳，不得不應用這個半眞半假的「孔傳尚書」的本子。

這本「孔傳尚書」共五十八篇，其中三十三篇爲舊本所有，是眞的。二十五篇則可能出於後人之僞造，是假的。到了陳朝，學者陸德明著了一部「經典釋文」，採用了「孔傳尚書」的本子，對原有的三十三篇，都附錄了馬融、鄭玄、王肅三家注解作對照，使三家注得以流傳下來，但也擴大了僞書的通行與影響。唐初的「五經正義」，肯定了「孔傳尚書」的地位；玄宗天寶三年（744 年）命學者衛包將「孔傳尚書」由隸書改爲楷書，這也就是今天我們所見到的本子，從唐初算起，這個本子已流傳了一千三百多年。

到南宋，學者吳棫、朱熹先後提出疑問，指出「孔傳尚書」的三十三篇和二十五篇在文體上顯著不同，前者艱澀難讀，後者平易可解，而且漢魏兩朝未有人見過這二十五篇文字。又有人指出，孔安國所獲得的古文尚

書，除三十三篇是後來馬融、鄭玄等注釋的尚書外，二十五篇則是先秦古籍有關引文和注文，與「逸文」十六篇也無關。到清代，乾嘉學派提出更多的論據，否定「孔傳尚書」中的二十五篇。所以二十五篇為偽書，已成定論。不過有人說古文尚書為劉歆偽造，「孔傳尚書」的二十五篇為王肅所偽造，這不免失之武斷，難為經學界所接受。

「孔傳尚書」屬於真本的三十三篇，實際上就是伏生所傳的二十八篇，亦即孔安國用隸書摹寫孔壁遺文二十九篇。這二十九篇全為司馬遷史記所採用。例如：五帝本紀全載「堯典」，夏本紀全載「禹貢」、「皋陶謨」（益稷在內）、「甘誓」諸篇。殷本紀全載「湯誓」、「洪範」、「高宗肜日」、「西伯戡黎」諸篇，「微子」篇載其半，「盤庚」篇略載大意。周本紀、魯世家全載「牧誓」、「金縢」二篇內容，「無逸」、「呂刑」、「費誓」載其半。「多士」、「顧命」載大意。此外如燕世家採用「君奭」，衛世家採用「康誥」、「酒誥」及「梓材」，秦本紀採及「秦誓」。這說明這二十八篇的成書年代，當在先秦或以前，而非晚出。既有經學的意義，又有史學的價值。

以上係就尚書一經而言，其他各經，問題較少，從略。總之，漢代為儒學發揚的朝代，也是經學昌盛的時代。史記儒林列傳載重要儒林人物五十三人，特別敘述當代傳述五經的十位經師。漢書儒林傳更指出自武帝立五經博士、開弟子員，至元始（平帝年號），百有餘年，傳業者寖盛，支葉蕃滋，一經說至百餘萬言，大師眾至千餘人。到東漢，五經博士共有十四家，博士弟子增至三千餘人。而圍觀熹平石經者，途為之塞。

漢代經學之昌盛，一方面因當時為盛世，有利於學術之研究發展；另方面又因王朝之重視與提倡，罷黜百家，獨尊儒術，尤其五經博士之設立，為經學界開闢了仕進之坦途。又雖然西漢和東漢初期有今古文之分，存門戶之見。但自章帝白虎觀集會，有「網羅遺失、考詳同異」之提法，門戶之見漸消，今古文走上綜合求同之路。

（二）魏晉玄學

東漢末，因黨錮之禍，黃巾之亂，動搖了王權基礎，以致群雄並起，三國鼎立，曹魏篡漢，漢室滅亡。自魏文帝（曹丕）黃初元年（漢獻帝建安二十五年，西元 220 年），終元帝（曹奐）咸熙二年（ 265 ），共四十六年時間，為曹魏時期。自司馬炎於泰始元年（即曹奐咸熙二年，西元

265 年）篡魏，改國號爲晉，至恭帝（司馬德文）元熙二年（420 年）亡於劉宋，共一百五十六年，連同曹魏四十六年，共二百零一年，就是魏晉時代。

晉又分西晉和東晉，西晉起武帝司馬炎泰始元年（265），終愍帝司馬鄴建興五年（317），計五十三年。東晉起元帝司馬睿建武元年(317)，終恭帝司馬德文元熙二年（420），計一百零四年。

西晉統一蜀吳未久，發生賈后八王之亂，導致胡族入侵，懷愍二帝被擄，五十三年西晉亡。自此進入南北朝的對立，南朝自東晉至（劉）宋、齊、梁、陳五朝，篡奪頻仍，不斷發生流血政變。北中國經過五胡十六國的擾攘紛爭，倏起倏滅，動亂不已。直至隋文帝（楊堅）開皇元年(581)代北周稱帝，開皇九年（589）滅陳，統一中國，始結束將近四百年的混亂局面。

在魏晉南北朝這一歷史階段中，由於戰亂連年，政治黑暗，名士多有殺身之禍，社會既受嚴重摧殘，而學術思想亦產生重大變化，士大夫之間興起清談學風，而清談的內容則是玄學。

玄的本義是幽遠幽深，不着邊際，老子「玄之又玄，衆妙之門」。王弼注：「玄者冥也，默然無有也」。所謂玄學，是離開現實社會問題和政治問題，也離開具體的學術架構，而是進行抽象的思辨，從形而上的角度，尋求抽象的空虛的概念世界，以寄託和安頓苦悶的人生。而玄學則是通過清談的方式來表達、來辯論。所以清談與玄學，是一體的兩面，密切而不可分。

清談不自魏晉始，東漢已有清議與清談。東漢的處士橫議，放言高論，批評時政得失，當時叫做「清議」。清議招來了黨錮之禍，清議便成爲橫議，於是由橫議清議一變而爲不着邊際的清談。後漢書郭泰傳載：「孔公緒清談高論，噓枯吹生」。說明孔公緒便是清談出色的人物。

不同的是，東漢的清議，其對象是談論時政的得失，對人物的品評，可說是民意的一種反映，是社會的輿論。而魏晉清談，則有如現代的座談會、討論會，有一個主題，圍繞着主題，展開「析理」。所以清談，便是談理。談理有「主」有「客」，談勝了就是「勝理」，談輸了算是「屈理」。

清談是玄談，或是談玄。當時談士或談客的談論中心，是周易、老子和莊子，合稱爲「三玄」。

老莊之學的前身，是西漢的黃老之學，先是文景的清靜無為，後來變為漢武的長生久視（視是活的意思，見呂氏春秋重己篇注）。而長生久視，可言而不可信，可望而不可即，於是再變為純任自然的老莊之學；加上周易，成為三玄。當日闡揚三玄之學的著作，周易方面有王弼的「周易注」和「周易略例」；老子方面有何晏的「老子道德論」，王弼「老子注」，阮籍「道德論」、「通老論」，鍾會「道論」，孟康「老子注」，荀融「老子義」，范望「老子注訓」，孫登「老子集解」。莊子方面有阮籍「達莊論」，崔譔「莊子注」，向秀「莊子注」，司馬彪「莊子注」，郭象「莊子注」等。

據三國志魏志和晉書等史籍記載，**魏晉**名士多愛好老莊，如何晏「好老莊言」，王衍「祖述老莊」，阮籍「尤好老莊」，嵇康「長好老莊」，向秀「好老莊之學」，庾亮「性好老莊」；可見當日的學風，已突破兩漢經學的藩籬，而倒向清談玄學的狂潮裏。

魏晉玄風，始於正始，所謂「正始之音」，就是「玄音」。

正始為齊王曹芳的年號，其年代為西元二四○年至二五○年，此時漢**魏**經已交替，而曹**魏**又面臨司馬氏篡奪前夕，學術思想也醞釀變化與新舊不同的組合。

東漢末年，中原大亂，上層社會人士多避難南來，「新學」思想，即以老莊「虛無之論」作基礎的社會思想，開始流行於荊州和江東一帶。後來曹操一度大軍南下，曾帶領一部份學者北歸，於是荊州名士再到洛下。但這些人不滿意曹氏父子的擅權，意見不投，多被摧殘。此後司馬氏又師曹氏篡奪故技，名士更多有遇害之事。正始期間或稍後，司馬父子對異己的殺戮更加殘酷。如西元二四九年，司馬懿殺曹爽、何晏、桓范、丁謐、鄧颺等八族；二五四年，司馬師殺夏侯玄、李豐、廢齊王曹芳；二五八至二六二年，司馬昭殺毌邱儉、諸葛誕、曹髦、嵇康、呂安等。在這險惡的環境，士人們在意識上不滿現實，乃至積極反抗現實；但在行為上則消極地逃避現實，沉迷虛玄的境界，以求心靈的寄託。這當是**魏晉**玄風形成的時代背景。

自太康至元康間，晉武帝（司馬炎）死後，惠帝（司馬衷）即位，這是中國歷史上最昏庸的一位皇帝，國內饑荒，民間無食時，卻說「何不食肉糜？」由於惠帝昏弱，乃由賈后擅權，殺楊駿、衛瓘，殺太子遹（惠帝

長子，非賈后所生），終演成八王之亂，十六年間，先後參加這一場骨肉相殘鬥爭的，有汝南王亮、楚王瑋、趙王倫、齊王冏、成都王穎、河間王顒、長沙王乂、東海王越等八個王，削弱了司馬氏的統治力量，終導致西晉政權的崩潰。晉懷帝（司馬熾）永嘉五年（西元 311 年），匈奴族劉曜陷洛陽，帝被擄。又五年（316），劉曜陷長安，愍帝（司馬鄴）出降，西晉遂亡。後由司馬氏宗室瑯琊王睿在建康建立東晉王朝，是爲元帝。此時士人，一部份留在北方，參加抗胡工作；一部份則隨晉室南渡，在南方建新家園。因江南環境安定，物產豐饒，道佛思想流行，除玄學繼續發展外，在文學方面，還產生了玄言詩，以詩歌的形式來申述哲學的義蘊，以遊仙的幻想來安頓個人放任的襟懷。這是永嘉亂後，所謂「中朝」時期以及江左玄風的大概。

一般來說，魏晉玄學的代表人物，爲何晏、王弼、夏侯玄，竹林七賢、王衍、樂廣、郭象、裴頠等，以下略述他們的生平與其思想。

何晏，字平叔，南陽人，生年不詳，卒於西元二四九年，爲漢末大將軍何進之孫，父何咸早故，母爲曹操所納，晏亦養於魏宮。幼年即具慧心，有異才，史載「魏武帝讀兵書，有所未解，試以問晏，晏分論所疑，無不冰釋」（太平御覽三八五引「何晏別傳」）。及長，好老莊言，善談易老，以才辨顯於貴戚之間。著有「道德論」、「無名論」、「無爲論」等，對當日玄風，有一定程度之影響。

但他也是一位經學家，著有「論語注」；同時以儒家的道德標準，勸告魏主曹芳對生活行爲有所檢點，守禮向善。其在「奏請大臣侍從游幸」的奏議中說：「善爲國者必先治其身，治其身者慎其所習。所習正則其身正，不令而行；所習不正則其身不正，雖令不從。是故爲人君者，所與游必擇正人，所觀覽必察正象，放鄭聲而弗聽，遠佞人而弗近，然後邪心不生而正道可宏也。……」這完全是儒家的觀點，也表現了何晏本身嚴肅積極的一面，並無放蕩不羈或虛言玄遠的情形。

後曹爽輔政，用晏爲散騎侍郎，吏部尚書，主選舉，形成有勢力的政治集團與學術集團。正始十年（249）正月六日，曹爽等陪同魏主曹芳出城祭掃高平陵——魏明帝曹叡陵，司馬懿父子乘機在洛陽發動政變，將曹爽、曹羲兄弟及何晏、鄧颺、丁謐、李勝等斬首，誅及三族，正始名士集團受到嚴重打擊，曹魏軍政大權亦由此落入司馬氏之手。

金達凱　中國學術思潮之流變　　　　　　　　　395

　　王弼（ 226 － 249 ），字輔嗣，山陽人，一說爲今河南焦作人，但近人改正此說，指出三國時的郡縣有兩個山陽，一爲縣級，即河內郡山陽縣，乃今河南焦作。一爲郡級，屬兗州山陽郡。王弼的家鄉，則在山陽郡的高平縣，乃今山東金鄉縣西北（丁冠之「山東古代思想家王弼」，王曉毅「中國文化的清流」轉引）。又「金鄉縣志・輿地」篇說，「縣北門內西有王弼注易處」。也正好間接證明王弼爲山陽郡高平縣，而非河內郡山陽縣。

　　王弼爲漢末荆州名士王粲之姪孫，弼兄王業在西晉官至司隷校尉，其本人更是中國歷史上少見的天才，年十餘，好老氏，通辯能言，在清談場合談鋒捷便，力挫羣賢。其對儒道經典的研究，深具匠心，爲當日玄學界所重視。據說何晏見過之後，曾讚揚說：「仲尼稱後生可畏，若斯人者，可與言天人之際乎！」（何邵「王弼傳」）。

　　王弼因家學淵源及個人獨特之天賦，年紀甚輕，就具有超人的抽象思維能力，與對儒道哲學精義有洞徹的瞭悟，且具有規模宏大的理想主義的思想體系。雖然在人生旅途上僅走過二十三個年頭，卻寫出豐富的著述，其存世或見於史籍著錄的有十種：

　　「周易注」六卷；

　　「周略例」一卷；

　　「周易大演論」一卷；

　　「周易窮微論」一卷；

　　「易辯」一卷；

　　「論語釋疑」三卷；

　　「老子道德經注」二卷；

　　「老子指略」二卷；

　　「王弼集」五卷；

　　「集錄」一卷。

　　以上著作，迄今流傳於世的有「周易注」、「周易略例」和「老子注」。而全文已佚，尚有若干文義章句爲他人引用保存在他書者，計有「周易大演論」有約百字的一段佚文被引用留存於韓康伯「易系辭」注中。「論語釋疑」，宋代後已佚，僅有部份佚文存於何晏「論語集解」及邢昺「正義」和皇侃「義疏」中。「老子指略」亦自宋後亡佚，據王維誠

研究，「雲笈七籤」中「老君指歸略例」以及「道藏」中「老子微旨略例」，為王弼佚文，輯成「老子指略」。

又今人樓宇烈將王弼「周易注」、「周易略例」、「老子注」、「老子指略」及「論語釋疑」、「大衍義」等佚文，合輯為「王弼集校釋」一書，有便於研究王弼思想者的參攷。

王弼不僅是魏晉時著名的玄學家，在中國思想界開闢了新的境界，在儒學和老學系統中建立了玄學。而從魏晉至清末一千五百餘年間，研究「周易」的書，數以千計，但學術水準都未超越王弼；王弼的論點，迄今仍雄視易學講壇。可惜這位天才少年學者，天不假年，否則當會有更大的成就。

夏侯玄（209－254），字太初，沛國譙人；祖父夏侯淵、族祖夏侯惇、父夏侯尚，皆為曹魏政權建功立業的軍事將領。年十七，便繼承父尚爵位，弱冠時為散騎黃門侍郎，當日「散騎皆以高才英儒充其選」。因恃才傲物，為魏明帝曹叡所不喜，妨礙了仕途，在政治上不甚得意。但在貴族子弟中卻有「重名」，為一時宗主，與諸葛誕、鄧颺、李豐、裴徽、王廣等相結納，被稱「四聰八達」團體。據「魏書・諸葛誕傳」注引「世語」指出：「是時，當世俊士散騎常侍夏侯玄、尚書諸葛誕、鄧颺之徒共相題表，以玄（等）四人為四聰，誕（輩）八人為八達，中書監劉放子熙、孫資子密、吏部尚書衛臻子烈三人……容之為三豫，凡十五人，帝以構長浮華，皆免官廢錮。」何晏也在內，「南陽何晏、李勝、沛國丁謐、東平畢軌，咸有聲名，進趣於時，明帝以其浮華，皆貶黜之」。（「魏書・曹爽傳」）這些人士，都是正始名士的代表人物，亦正是當日清談和玄學的先驅。

在思想上，夏侯玄是將道家的人性自然論和儒家的綱常禮教結合起來，融為一體。一方面參與清談，「弘辯博暢」，宏揚老子學說，鼓吹人性自然，說「天地以自然運，聖人以自然用」。另方面在選舉人才時，則主張以綱常為標準，以「孝行著於家門」、「仁恕稱於九族」、「信義行於鄉黨」者為推舉對象。這種既重視個性自由，又主遵守禮教之約束，將老莊思想和儒家的修為加以統一，可說是魏晉名士人格的普遍特徵，不僅夏侯玄一人如此。

夏侯玄之為當日士人所推重，並不在他的思想理念；而在他超然自

適、不爲外物所牽、不爲外界所累的精神境界。對突發事件處之泰然。在一次雷轟電擊的大雷雨中，仍從容不改常態。「夏侯太初嘗倚柱作書，時大雨，霹靂破所倚柱，衣服焦然，神色無變，書亦如故。賓客左右，皆跌蕩不得住。」（「世說新語・雅量」）甚至遭東柳之禍時，神態仍極安詳。「玄格量弘濟，臨斬東市，顏色不變，舉動自若……」（三國志・魏書本傳）古人嘗謂「慷慨成仁易，從容就義難」，將生死看得如此平淡，如此自然，不能不說是玄學所產生的精神力量。

與正始名士同時，而顯名稍後的清談之士爲「竹林七賢」。「七賢」之名，見於「魏氏春秋」與「世說新語」：「陳留阮籍、譙國嵇康、河內山濤，三人年皆相比，康年少亞之。預此契者，沛國劉伶、陳留阮咸、河內向秀、琅玡王戎。七人常集於竹林之下，肆意酣暢，故世謂竹林七賢」。

以活動年代來說，竹林七賢也是在正始時期，並且七賢中多數人的年齡都超過王弼。西元二四九年司馬氏發動高平陵政變時，山濤已四十四歲，阮籍三十九歲，嵇康二十六歲，向秀二十二歲，王戎才十六歲，阮咸和劉伶生卒年不詳，但年長於王戎、向秀。可知他們是正始時期另一學術流派，同樣推動魏晉清談與玄風。所不同的，是正始名士都側身權貴之間，都參加現實政治活動。而七賢除山濤、王戎參與政治，擔任重要官職外；餘皆逃避現實，寄情竹林風景之鄉，沉酣酒藥，度其放浪不羈的生活。以下略談阮籍、嵇康、向秀等人的生平與思想。

阮籍（210－263），字嗣宗，建安七子之一阮瑀之子，晉書本傳說：「籍本有濟世志，屬魏晉之際，天下多故，名士少有全者，由是不與世事，酣飲爲常」。他曾登廣武台，觀楚漢戰爭的遺跡，發出感嘆說：「時無英雄，遂使豎子成名！」又出門駕車不按照道路行走，「車跡所窮，輒慟哭而反」。這可能是故意裝糊塗，所以當司馬昭每與之言，皆言及玄遠，未嘗臧否人物。又嘗縱酒沉醉，顯然有意避禍。他曾作詠懷詩八十二首，這是苦悶低沉時代的反映，有許多話要說，但又不能明顯的說。因此，他的詠懷詩，流露出悲涼抑鬱的感情，至於語意則多隱晦，難以理解。「文選」注說：「（阮）嗣宗身仕亂朝，常恐遇禍，因茲詠懷，雖志在刺譏，而文多隱避，百代之下難以情測」。然而他的詩也不是完全不可解，例如「揮袂撫長劍，仰觀浮雲征。雲間有玄鶴，抗志揚哀聲」。則流露出他的反抗的思想。而他藉大醉六十餘日，避過了司馬昭爲司馬炎的求婚，也正是這一堅強性格的表現。

嵇康（224－263），字叔夜，比阮籍有更強的個性，更有不妥協的精神，山濤想推荐他接替自己作尚書，他就寫信與之絕交（「與山巨源絕交書」），對司馬氏的權臣鍾會亦不賣賬，有一次鍾會去看他，嵇康坐在灶旁不予理睬，鍾會拂袖而去。嵇康突然問道：「何所聞而來？何所見而去？」鍾答：「聞所聞而來，見所見而去」。反映出他們善辯的本色。後來嵇康被陷害致死，臨刑時神態湛然，教人將他的琴取來，彈了一曲「廣陵散」，嘆曰：「從此廣陵散絕矣！」時太學生三千人集於刑場，請以為師，終未能挽救他的不幸的命運。死時四十歲。

向秀（約227－272），字子期，是七賢中玄味較重的一位，曾作「儒道論」，宣揚儒道之同一。其「莊子注」，獲當日學術界好評，譽為「發明奪趣，振起玄風，讀之者超然心悟，莫不自足一時也。」（晉書本傳）

在宇宙本體論方面，其在「莊子注」中指出：「吾之生也，非吾之所生，則生自生耳，生生者豈有物哉？故不生也。吾之化也。非物之所化，則化自化耳，化化者豈有物哉？……明夫不生不化者，然後能為生化之本也」。這是說，萬物是自生自化的，不存在一個「生生者」或「化化者」之物，但生物的不生不化者，又是一切生生化化的根源。在人生生活方面，反對清心寡慾，提倡生活情趣，認為燕婉娛心，榮華悅志，服饗滋味，以宣五情，納御聲色，以達性氣，此天理之自然」。但又認為情慾之需求，須受禮教的制約。「口思五味，目思五色，感而思室，飢而求食，自然之理也，但當節之以禮耳。」（難嵇叔夜「養生論」）儒道合一論，為正始名士思想的共同趨向，後來郭象的玄學亦由此而展開。

山濤，字巨源（205－283），王戎，字濬沖（234－305），阮咸，字仲容（阮籍之姪，並稱「大小阮」）等，亦為清談與玄學的中堅份子，但沒有重要學術著作。劉伶（字伯倫，生卒年不詳）以嗜酒出名，其「酒德頌」有云：「幕天席地，縱意所如；……惟酒是務，焉知其餘。」還常食藥，藥名「五色散」，又名「寒食散」，是以砒石之類的烈性礦物所製成，吃熱的會毒死人，祇能冷服，故名「寒食散」。食後有幻覺，故放浪形骸，蔑視名教，在行為上，成為玄學派的另一典型。

七賢之後，在玄學上有成就的是郭象，郭象（257－312），字子玄，是著名的清談家，常參加王衍等名士的聚會，王衍稱譽「聽象語，如懸河瀉水，注而不竭」。著有「莊子注」，其在「莊子注序」中談到他的思想

主旨，是「明內聖外王之道」，即融合名教與自然，無為與有為同一的社會政治哲學思想。同時承認自由縱慾與綱常禮教都是合理的，可以共存並行。其設想的人格世界是：「夫聖人雖坐廟堂之上，然其心無異於山林之中，世豈識之哉？徒見其載黃屋，佩玉璽，便謂足以纓紱其心矣；見其歷山川，同民事；便謂足以憔悴其神矣，豈知至至者之不虧哉！」（「莊子逍遙游」注）

郭象理論的另一特點，是否認萬物之上有一造物者的存在，認為事物是各自獨立地產生和變化的，此種獨自產生和自行變化，名之為「自生和獨化」。即是說，每個人的產生和變化，是在各自獨立的個體之內，而不在外在的客觀的事物。所謂「造物者無主而物各自造，物各自造而無所待焉。」（「齊物論」注）

由於郭象的某些觀點與向秀相同，以致傳說郭之「莊子注」本於向秀的「莊子注」。

「晉書・郭象傳」有云：「先是注莊子者數十家，莫能究其旨統，向秀於舊注外，而為解義，妙演奇致，大暢玄風。惟秋水、至樂二篇未竟而秀卒。秀子幼，其義零落，然頗有別本遷流。象為人行薄，以秀義不傳於世，遂竊為已注。乃自注秋水、至樂二篇，又易『馬蹄』一篇，其餘衆篇，或點定文句而已」。

這一公案，迄今無定論。查「晉書」修於唐太宗貞觀十八年至二十年（644－646年），距西晉亡已有三百餘年，距東晉亡也有二百餘年，成書年代較晚，有關向郭版權問題，未知材料來源如何？以常情言，郭亦有才名，為另一玄學名家王衍所稱讚。且既能自注「秋水」「至樂」二篇，又改注「馬蹄」一篇，表明其對莊學並非門外漢，當不致全竊向秀之說為已說；可能有所參考，或若干觀點相同，以致為人所誤傳耳。

趙翼「廿二史箚記・六朝清談之習」，對魏晉玄學曾有總括性的叙述：「清談起於魏正始中，何晏、王弼祖述老莊，謂天地萬物，皆以『無為』為本。『無』也者，開物成務，無往而不存者也。陰陽恃以化生，萬物恃以成形，賢者恃以成德，不肖恃以免身。故無之為物，無爵而貴矣。今散見於各傳者，裴遐善言玄理，音詞清暢，泠然若琴瑟。嘗與郭象談論，一座盡服。衞玠善玄言，每出一語，聞者無不咨嘆，以為入微。王澄有高名，每聞玠言，輒嘆息絕倒。後過江與謝鯤相見，欣然言論終日。王敦謂

鯤曰：昔王輔嗣吐金聲於中朝，此子復玉振於江表，不意永嘉之末，復聞正始之音。毛衍爲當時談宗，自以論『易』略盡，然亦有未了。每曰：不知此生當見有能通之者否？及遇阮修談『易』，乃嘆服焉。王戎問阮瞻曰：聖人貴名教，老莊明自然，其旨同異？瞻曰：將毋同。戎即辟之，時人謂之三語掾。……此可見當時風尚大概也。……」

總體而言，魏晉玄學是以老莊和周易爲立論的基點，以王弼爲代表的「以無爲本」、「以無爲用」的理論，完全是老學的「清靜無爲」的發揮。「凡有皆始於無，故未形無名之時，則爲萬物之始。及其有形有名之時，則長之、育之、亭之、毒之，爲其母也。言道以無形無名始成萬物，萬物以始以成而不知其所以然，玄之又玄也。」（弼注老子第一章）「天下之物，皆以有爲生，有之所始，以無爲本。」（弼注老子四十章）

前一段話主要是說，在萬物未有形成前，道爲萬物的生育者，創造者。在萬物形成後，道爲萬物賴以生存之依據。至於亭毒二字之用，亦來自老子「亭之毒之，蓋之覆之」。王弼注：「亭，謂品其形；毒，謂成其質」。河上公注本，作成之熟之；畢沅亦認爲亭毒成熟，聲義相近。後遂成造物生成庶類之辭。

後一段話，則以爲天下萬物，雖由有形物所產生，但有形物之初級階段，即萌芽時皆以無形物爲母體。故曰「以無爲本」。所謂「以無爲本」者，乃指宇宙之本體，由無到有，由無形無名演變到有形有名。蓋事物之存在，爲自然發展的結果，並非一開始就有成長和成熟的事物。以生物進化過程言，由無生命而產生單細胞，由單細胞發展爲雙細胞，再發展爲多細胞；亦即由無到有，由少到多，由低級階段到高級階段。最後成爲繁盛的動植物世界。所以「以無爲本」之說，既有玄味，亦有哲理，在事物方面有其進化觀。

然在「貴無論」盛行之際，亦有相反的論點提出，此即裴頠的「崇有論」。

裴頠（267－300），字逸民，在政治上，參加賈后集團，官至尚書左僕射，有治國才能。其撰寫「崇有論」，是鑑於當日「貴無論」尤其是「新貴無派」（王衍、樂廣等）所形成的虛無主義的社會思潮，對現實西晉政權的安定有不利影響。「晉書本傳」說：「頠深患時俗放蕩，不尊儒術，……乃著有之論，以釋其蔽」。「崇有論」指出「老子」書中的清靜

無爲思想，乃是針對有欲的弊病，爲了糾正人類縱欲的缺點，故強調虛無。而虛無觀念，僅爲士人處世態度之一種，並非人生或生活的全部。而後世貴無論者，卻將其無限發揮，無限運用，以致脫離實際，徒陷虛玄，對社會人生並無益處。「遂薄綜世之務，賤功烈之用，高浮游之業，坱經實之賢，……是以立言藉於虛無，謂之玄妙；處官不親所司，謂之雅遠；奉身散其廉操，謂之曠達」。是不合理的推演與擴大。認爲萬有不是由「無」產生，「無」乃有形物消失後的空虛狀態，「無」不能生「有」，也不能養育「有」、變化「有」、成全「有」，所以「有」的存在，乃是依靠自身的有爲，去創造和取得外在的有利條件。其「外資」一詞，就是說事物須借助外部的資源，以填補本身的無，充實自身之有，不是無依據、無「外資」、無條件，就可以由無生有也。這些觀念，對虛無和無爲的玄學風氣，當有一定程度的衝擊。

不過裴頠在「崇有論」之外，也著有「貴無論」。「頠雅有遠量，當朝名士也，又曰民之望也。理具淵博，贍於論難，著『崇有』『貴無』二論，以矯虛誕之弊，文辭精富，爲世名論」。（三國志裴潛傳注引）如不是玩文字遊戲，逞辯論之能；則表明在當日「貴無」的社會風氣下，其本身思想也存在「有」「無」相對立的矛盾。

魏晉玄學另一理論是「易」。湯用彤「魏晉玄學論稿」說：「世人多以玄學爲老、莊之附庸，而忘其亦係儒學之蛻變。多知王弼好老，發揮道家之學，而少悉其固未嘗非聖離經。其平生爲學，可謂純宗老氏，實則亦極重儒敎。其解老雖精，然苦心創見，實不如注易之絕倫也」。

「易」與玄旣有深切淵源，與王弼之學亦有密切關係，本節不能不簡介一下「周易」。

周易爲儒家六經之一，故又名「易經」。易經原爲我國古代卜筮書，初成於商周之際，充實於春秋戰國時期。在「周易」產生之前，還有兩部性質相同的書，一爲夏代的著作，名叫「連山」；另一爲商朝的著作，稱爲「歸藏」。據說兩書的性質和結構，與「周易」相近，都是爲卜筮之用的工具書。但具體內容，因年代久遠，史料湮沒，今日已難探究其眞相。但也表明，在中國的歷史長河中，中華民族的祖先，早已具有文化意識，早知道針對自然現象，識其規律，以爲窺測休咎和趨吉避凶的依據。

關於「周易」之成書，非一時一人之作，而係經過長時期之演進。「漢

書‧藝文志」說：「易道深矣，人更三聖，世歷三古」。還有「易歷四聖」之說，即伏羲畫八卦，文王重爲六十四卦，周公作卦爻辭，孔子作易傳。

從結構和內容來說，「周易」包括兩個部份，一爲「經」，一爲「傳」；「經」指「周易」，「傳」指「易傳」。「易傳」是解說「周易」最早的一部書，相傳爲孔子所作，經學家亦將其列入經文，現已成爲易經的組成部份。

易經的內容，以卦象爲主體，「卦象」是每一卦的符號，全書共有六十四個卦，也就有六十四個卦的符號。這些符號的基本形式是「一」與「--」，即一較長的橫劃，兩短的橫劃，叫做「爻」。「一」是陽爻，「--」是陰爻，由這兩個基本符號排列組合，每三個爻組成一個卦，成爲八卦。八卦的形式是：☰（乾）、☷（坤）、☳（震）、☶（艮）、☲（離）、☵（坎）、☱（兌）、☴（巽）。

八卦又兩組重疊，錯綜配合，構成六十四卦。六十四卦中每一卦都有六爻，共三百八十四爻。在每卦的卦象後，都有標題，作爲卦名。又有簡單扼要的卦辭，說明題義，還有爻辭對每一爻的內容作出解釋。所以每一卦，又分卦象、標題、卦辭爻辭四個部份。

爲了便於記憶八卦的不同形式，宋代學者曾作出「八卦取象歌」的歌訣，到今天還在應用。這歌訣是：「乾三連，坤六斷；震仰盂，艮覆碗；離中虛，坎中滿，兌上缺，巽下斷」。

這以三爻組成的八個卦，一般稱之爲單卦或經卦；而由六爻重疊的六十四個卦，則稱爲復卦或重卦。三爻組成的八個卦的基本卦象，是取象於八種自然現象。即：乾卦取象於天，坤卦取象於地，震卦取象於雷，艮卦取象於山，離卦取象於火，坎卦取象於水，兌卦取象於澤，巽卦取象於風。因之全部六十四卦，每卦也就由兩個自然現象合一而成。宋代流傳至今也有「分宮卦象次序」的歌訣，茲不列舉。

現行六十四卦的排列，有儒家倫理思想，可能經過先秦儒家的改定。而長沙馬王堆漢墓出土的帛書周易則按乾卦、否卦、遯卦、履卦、訟卦的次序排列，較少儒家倫理色彩，而且其中幾個卦的排列方式，據說與商代「歸藏」卦序相同。但這是否就是原始「周易」的面貌，現時尚難論定。由於帛書「周易」及若干漢簡有關「周易」的文字出土，使得易學的一個新興支派──「易學簡帛學」正醞釀產生，從而也將擴大易學的研究領域。

其次，關於「易傳」，又名「十翼」、「易大傳」、「周易大傳」等。計十篇：「系辭」上、下篇，「彖」上、下篇；「象」上、下篇，及「文言」、「說卦」、「序卦」、「雜卦」等篇。所謂「十翼」，含有輔助和解釋卦義的意義，是一部哲學書，以哲學思維形式，闡發六十四卦精義，將周易由卜筮書提升到較高級的理性主義層次，建立新的哲學體系，突破「易經」原有的神祕色彩，與多種學術思想相結合，與時代精神相結合。雖然不一定出自孔子手筆，但爲先秦儒家學者的集體創造，當可肯定。

「易傳」的基本觀點，認爲自然界和人類社會是統一的整體，將天、地、人三者作有機的統一。指出「易之爲書也，廣大悉備，有天道焉，有地道焉，有人道焉。」（系辭下）排除了神權觀念，認爲天地萬物以至人類社會都是自然生成：「有天地然後有萬物，有萬物然後有男女，有男女然後有夫婦，有夫婦然後有父子，有父子然後有君臣，有君臣然後有上下，有上下然後禮義有所錯（措）」。（序卦）這種把自然與社會視爲統一的自然發展過程，不僅表現了儒家的思想，也融合了老莊的思想。

由此可知，「易傳」是將易學由神學向哲學過渡的階梯，將周易經文由原始宗教性的卜筮之文轉作宇宙論和人生哲學的解釋。「系辭」說：「天尊地卑，乾坤定矣。卑高以陳，貴賤位矣。動靜有常，剛柔斷矣。方以類聚，物以羣分，吉凶生矣。在天成象，在地成形，變化見矣。是故剛柔相摩，八卦相蕩，鼓之以雷霆，潤之以風雨，日月運行，一寒一暑；乾道成男，坤道成女；乾知大始，坤化成物；乾以易知，坤以簡能；易則易知，簡則易從；易知則有親，易從則有功；有親則可久，有功則可大；可久則賢人之德，可大則賢人之業；易簡而天下之理得矣」。這講的是自然界和人文界的產生過程和基本規律，形成了中國哲學的概念。還提出「日新又新」與德性修養的人生境界，「天行健，君子以自強不息」（乾卦・象），「地勢坤，君子以厚德載物」（坤卦・象）的奮發進取與寬以待人的行爲準則，與老莊的消極退避的心態有所不同。

由於易傳對易學義理的闡發，使周易逐漸脫離了卜筮的範疇，擴大了學術層面，對中國哲學、史學、文學、醫學、政治、倫理、民俗、宗教以至天文、曆法、數學、樂律、建築、軍事等方面，都發生重大影響。自十七世紀傳播到歐洲以後，又引起西方科學家之重視，而與自然科學相結合。

德國哲學家、數學家萊布尼茲（G，W・Leibniz）在1703年發表的一

篇改變世界科技史進程的論文——「談二進制算術」，這種二元數學，為現代電子計算機使用二進位數碼奠定了基礎。當日萊氏發現如把 0 和 1 改用八卦上的陰爻符號- -和陽爻符號一，則二進制的前八位數，竟和八卦的排列完全一致。

又據有關統計，有六位獲得諾貝爾獎的科學家如楊振寧、李政道、普利高浦（比利時）、湯川秀樹（日本）、洪森堡（德）、玻爾（丹麥）等聲稱自己曾經不同程度地受過「易經」思想的影響。

而自六十年代以來，世界學術界已掀起「易學熱」，紛紛成立「易學研究會」，或舉行國際性易學研討會。甚至中國大陸也不例外。這說明易經的學術地位日高，研究的範圍日廣，再也不是單純的卜筮書了。

魏晉清談與玄學思想之流行，其中三分之一是談易，在學術上並不是甚麼倒退，或對國家有甚麼不利。當日因西晉王朝的覆亡，面臨北方胡族的入侵中原，舉目有河山之異，一些東晉人士乃有「清談誤國」之說。傳說王羲之曾告訴謝安，「虛談廢務」，危及社稷。謝安回答：秦二世沒有清談，亦告滅亡。（世說新語·言語）「亡國」論者無視西晉統治者的暴虐昏庸，造成社會不安；不檢討賈后與八王之亂的損耗國力，予外族以可乘之機；卻片面委過於「清談亡國」，是不符合史實的說法。

（三）隋唐佛學

佛教原為古印度宗教，其傳入中土，非始於隋唐；在東漢即已東來，至南北朝、隋唐而大盛。

佛教的開創者為悉迦多·喬達摩（Siddhartha Gautama），是中天竺（中印度）迦羅比國淨飯王或白淨王的兒子，是一位王子。他因為鑒於印度社會上貴族與賤民之間階級之不平等，又感到人生有生、老、病、死四大痛苦；乃拋棄富貴生活，離開宮室，入山修道。最初嘗試通過嚴格的苦行來追求真理，尋求解脫。認為磨擦濕木不能生火，磨擦乾木才能取火；人身亦須經過苦行，消除體液，始可悟出真理。於是減少飲食，七日進一餐，穿鹿皮、樹皮、睡在鹿糞牛糞上，或臥在荊棘上。這樣經過六年，身體消瘦，形同枯木，仍然不能得道。乃開始淨身，恢復正常進食，一日在菩提樹下沉思默想，終悟出「四諦」真義，修道成功。乃周遊古印度諸國，宣揚其慈悲平等的教義。死後，人們尊稱為釋迦牟尼（Sakamuni）或佛陀（Buddha）。釋迦牟尼為梵語之音譯，意為仁者、聖者；佛陀亦梵語音

譯，有時又譯作菩提、佛圖、浮圖、浮屠，亦簡稱爲佛，其意義爲覺悟者或智者。

釋迦牟尼生卒年的說法不一，有謂生於西元前五五七年，卒於西元前四七七年。亦有謂生於前六三四年，死於前五五四年。

佛教的理論集中於「四諦」，即苦諦、集諦、滅諦和道諦。諦，具有實在和眞理的意思。所謂「苦諦」，是說人生都是苦，一切世事都是苦。所謂「集諦」，是說一切的苦，都是由貪欲和愛戀等雜念集合而成。所謂「滅諦」，是說愛滅盡，貪欲滅盡，苦也滅盡。所謂「道諦」，是說滅了苦乃能得道，乃能得到解脫。又認爲人爲「四大」和「五蘊」所合成，「四大」是地、水、火、風；「五蘊」是色（物身）、受（好惡）、想（思慮）、行（造作）、識（了別）。離開四大和五蘊，那就沒有我。他以涅槃爲歸趣，所謂「涅槃」，乃是離生死，歸寂默，化於自然。

傳說佛陀成道後，首先接納了五名信徒，號稱「五比丘」，比丘意譯爲「乞士」，係指跟隨佛陀出家，以行乞爲生的人。後來還有女性出家者，稱作「比丘尼」。由比丘和比丘尼，構成一個集體組織，叫做「僧迦」，或稱「僧尼」，含有「衆和會」之意。

出家的僧尼，須分別過獨身的集體生活，不許從事生產經營，不許儲蓄任何財物，以沿戶乞食爲生。在生活行爲上還有許多戒律，主要是不殺生、不偷盜、不邪淫、不妄語、不飲酒等「五戒」。所以佛教在一般宗教中，爲教規較嚴且實行苦行的一種。

相傳西元前三世紀時，印度孔雀王朝阿育王定佛教爲國教，並派遣教徒南至錫蘭、北至中亞，進行傳教工作。後來就由中亞經陸路、又由錫蘭經水路先後傳入中國。但其詳細時間，歷來傳說不一。而最通行的說法，則是東漢永平七年（西元六四年），明帝夜夢金人，即遣郎中蔡愔等前往天竺尋訪佛法；至永平十年（67）邀同中天竺僧攝摩騰、竺法蘭攜帶佛像和「四十二章經」等，用白馬馱來洛陽，隨後就在洛陽城西雍門外修建白馬寺，並請他們譯出有關經典。這故事見「文獻通考・經籍考」，亦見「隋書・經籍志」；所以一般認爲這是中國正式有佛教、有寺院、有佛像和經典譯述的開始。但「魏書・釋老志」記張騫使西域、始聞有浮屠之教；哀帝時，博士弟子秦景憲受大月氏王使伊存口授浮屠經的故事。可見佛教之傳入中國，有多種來源，非一端所能論定。

佛教進入中國，在佛學思想上的傳播，首先便是譯經。從東漢到中唐，約七百年間，是佛經翻譯極盛的時代。據唐僧智昇「開元釋教錄」所記，當日譯人一七八，譯經二二七八部、七〇四六卷。梁啓超「佛典的翻譯」，將佛典翻譯分爲三時期：從東漢到西晉，約二五〇年間，爲第一期；從東晉到隋，約二七〇年間，爲第二期；從唐貞觀到貞元，約一六〇年間，爲第三期。

在第一期中，由攝摩騰、竺法蘭首先譯出「四十二章經」；其後，安息國（古波斯國名）的太子安世高來到中國，譯了三十四部經典。以上多爲小乘。同時，支讖（月支人，月支讀肉支，古西域國名）及其弟子支亮、支亮弟子支謙，稱爲「三支」，在漢靈帝時，帶同六百多人來中國，並歸化中國。他通多國語言，由吳大帝孫權拜爲博士，在江左翻譯經典；「高僧傳」說他譯有四十九種經，都屬小乘經。又注「安般守意」、「法鏡」、「道樹」等三經，注經由他開始。晉武帝時，有竺法護，一名曇摩羅刹，原是月支人，世居河西敦煌，亦稱敦煌人。他通西域各國語言文字，西遊求經，一共用了二十六年工夫，得梵文經一百五十六部，回到中國，共譯出大小乘經一百五十四部，終身從事譯經，算是第一期中能直接自譯而用功最勤的一位大師。

在第二期中，在翻譯史上貢獻最大的是鳩摩羅什（Kumaradiva），龜茲國人（古西域國之一，今新疆庫車附近），在長安逍遙園設立道場，譯員數百人，共譯出經律論九十四部，四百二十五卷。

當時傳播佛學的另一重要人物法顯，法顯是到印度的第一位中國人，他橫過雪山，進入印度，帶了佛典多種以歸，著「佛國記」。

第三期的重要人物是玄奘，他於貞觀三年（西元 629 年）從長安出發，取天山北路而入印度，經歷國家數百，遍求名師，凡十七年間，備嘗艱苦，於貞觀十九年（西元 645 年）得經典六百五十部回國（我國著名神怪小說「西遊記」，就是描寫唐玄奘西域取經，遭遇八十一難的故事）。與弟子道宣等從事翻譯，前後完成新譯（玄奘以前的翻譯曰舊譯）七十四部、一千三百三十八卷，實是佛門的偉績。

中國佛經翻譯，論舊譯，必稱鳩摩羅什；論新譯，必稱玄奘。玄奘譯的卷帙，比鳩摩羅什多；而羅什譯的範圍，則比奘譯爲廣。這兩位大師，在中國佛典翻譯史上，可算是平分了秋色。

唐武宗時，義淨亦於咸亨二年（西紀671年）經海路赴印度，費時二十五年，周遊三十餘國，獲經典四百餘部，於西元六九五年歸國，譯成五十六部。又別撰「大唐西域求法高僧傳」二卷及「南海寄歸內法卷」四卷。是時從印度或西域諸國前來中國的名僧亦多，從而將隋唐佛教推向了高峯。

從中國佛教史來說，在漢代，佛教雖已東來，但國人對於佛教及佛教對中國社會環境均不瞭解，一般視爲方術之一種，其活動範圍僅限於宮廷貴族爲主的上層社會之中，未能深入民間。至魏晉，佛教有進一步發展，譯經數量大量增加，並出現了中國的義理之學，與儒學、玄學逐漸融貫，開始了它的「中國化」的進程。而中國的高僧、名僧，也從此出現於佛學和哲學的歷史舞台上。如道安、慧遠、法顯、道生、僧肇等等，不僅顯名當時，且對後世發生重要影響。此時佛教界有了自己的目錄之學（「經錄」），還有注釋之學。出家僧人也建立起本身的傳戒制度，開始植根於中國土地之上。

南北朝時期，因各王朝多信佛，並重用僧人，如宋文帝任惠琳參與朝政，稱黑衣宰相；齊高帝任沙門法獻、法暢參知政事，稱黑衣二傑；梁武帝敬重法雲、知藏、僧旻，稱三大法師；陳宣帝崇信智顗，親自聽講經太極殿。以政治力量予佛教以支持，因而寺廟林立，杜牧詩：「南朝四百八十寺，多少樓台煙雨中」，此指金陵而言，金陵一地已有四百八十寺之多，其他可知矣。

在北朝，因統治者多爲落後之荒漠民族，更信佛以佑其身，拜佛以固其位。如前秦苻堅叫呂光帶領七萬軍隊遠征龜茲，爲的是要鳩摩羅什。雖然北方一度遭受「二武法難」（後詳），但未能改變和阻止佛教之傳播。而寺廟與僧徒之發展，尤盛於南朝。「魏書釋老志」載：當時國內寺院多至萬三千餘所，僧侶二百萬人，從西域來的沙門亦有三千餘人。

關於中國寺院的建造，自東漢明帝建白馬寺爲始，歷代陸續增加，後魏時，達三萬餘，北周時達四萬，唐時則四萬有餘。綜計西晉、南北朝至隋唐，依「辯證錄」、「釋氏通鑑」等書所載，寺廟之數，可歸納爲下表（周谷城「中國通史」轉引）：

朝代	寺　　數
西晉	一八〇所

東晉	一七六八所
（劉）宋	一九一三所
齊	二〇一五所
梁	二八四六所
陳	一二三二所
後魏	三〇〇〇〇所
北齊	四〇〇〇〇所
北周	四〇〇〇〇所
隋	四〇〇〇〇所
唐	四四六〇〇所

又柳詒徵先生指出，當日佛寺之建造，其種類與來源甚爲複雜，有由僧徒營建者，有由帝王建造者（如晉簡文帝造波提寺，梁武帝立同泰寺等），有由個人捨宅而成者（如莊嚴寺爲謝尚捨宅所建，平陸寺爲平陸令許桑捨宅建利之類），有專居一僧者（如天竺寺、外國寺等，都是爲供西域某一僧人到中原居住而建之類），有爲人求福者（如蕭惠開爲父建禪岡寺，宋孝武帝爲殷貴妃建新安寺之類），有人民爲帝王而立者（如劉宋泰始中，京師民爲孝武帝立天保寺之類），有達官建寺爲家者（如法輪寺爲何點之家寺，點常居其中之類），一時風尚，波起雲興，故認爲有關統計之未全也。

在佛學方面，大小二乘同時宏法，不同體系教派，紛紛出現，譯經、注釋及有關佛學著述，都超越前代。如梁僧佑的十五卷「出三藏記集」，爲迄今保存完整的早期「經錄」。僧佑的十四卷「弘明集」，則是極爲重要的佛教文獻彙編。梁慧皎十四卷「高僧傳」，是中國佛教史的第一部僧傳，爲以後僧傳或續傳的撰寫，確定了體例和規範。南北朝的寺院經濟，亦較前代有所拓展。可以說，在佛教中國化的過程中，南北朝是一重要的歷史階段。

至隋唐時期，也就是中國佛教的鼎盛期，隨着王朝的統一，南北異趣分途的佛教也趨於統一，隨着相對獨立的寺院經濟的發展和各教派思想理論的成熟，於是具有中國風格和特點的各個佛教宗派也應運而生。此種現象之出現，表明佛教已完成了中國化的過程，在廣大中國土地上開花結果了。

印度佛教原僅有小乘大乘之分，「乘」是運載的意思，佛在「妙法蓮華經」作過這樣的比喻：當一座屋宅遭到了火災，父親吩咐三個兒子，預備三輛車逃難，一輛羊車，一輛鹿車，一輛白牛車，各拉一輛。小乘如羊車，自求涅槃，自求解脫，名聲聞乘。中乘如鹿車，常樂我淨，深知佛法因緣，名辟支佛。大乘如白牛車，悲憫衆生，利益人天，度脫一切，是名菩薩。在事實上，祇有大小兩乘，沒有中乘，中乘祇是一種比較說法，在教義中，沒有屬於它的經典。

佛涅槃後五百年間，祇有小乘，小乘衰微，大乘繼起。大乘的發展又可分三期：一是馬鳴時期，約當六世紀，二是龍樹提婆時期，約七世紀，三是無着世親時期，約八世紀，這全是大乘時代。

傳入中國的教乘，先後發展到十三宗之多，十三宗是：一、成實宗，二、三論宗，三、涅槃宗，四、律宗，五、地論宗，六、淨土宗，七、禪宗，八、俱舍宗，九、攝論宗，十、天台宗，十一、華嚴宗，十二、法相宗，十三、眞言宗。後各宗有所歸併，涅槃併入天台，地論併入華嚴，攝論併入法相，成爲十宗。這十宗，由教乘來判分，則俱舍、成實兩宗，屬小乘教。法相（又稱唯識宗）、三論（又稱般若宗）兩宗，屬權大乘教。它如淨土、律宗、天台、華嚴等，屬於大乘教。然在唐代，祇有三論、淨土、天台、華嚴、律、禪、法相、眞言等八宗流行，茲略述八宗之變遷如下：

三論宗以「中論」、「百論」、「十二門論」而立宗，以東晉之世鳩摩羅什譯三論爲始，其門人僧肇、僧睿、道融、道生、僧導等宏其說，遂創三論立宗的端緒。六傳至隋之吉藏，此宗大成。於是在吉藏以前者，稱「古三論」，亦曰「北地三論」。後者稱「新三論」，亦曰「南地三論」。至唐而高僧輩出，又由高麗傳入日本。

淨土宗以專修往生淨土法門得名，因原無師傳，故又號寓宗。其宗所主，爲三經一論。三經者，「無量壽經」、「觀無量壽經」、「阿彌陀經」；一論爲「淨土論」。開淨土宗之緒者，爲東晉末慧遠在廬山所結之「白蓮社」，故又有蓮宗之稱。

天台宗爲隋朝智顗在天台山（今浙江天台縣境內）所創，故名。此宗教義爲「法華經」，所以又稱「法華宗」。本宗的學統是龍樹、慧文、慧思、智顗、灌頂、智威、慧威、玄朗、湛然九祖相承。湛然作疏釋以授道

邃，日僧最澄於桓武王朝時入唐，赴天台山國清寺就學道邃，歸日本後建延曆寺，天台宗乃東流。

華嚴宗以「華嚴經」爲主，故名。隋時杜順（亦名法順）宏其學，傳於唐之智儼，智儼傳之法藏，法藏作「華嚴疏」，大弘此宗，盛行唐代。

律宗以「律藏」爲宗，律有「十誦律」、「四分律」、「僧祗律」、「五分律」四種，後魏法聰深研義緼，數傳至唐，遂分三派：相部的法礪、南山的道宣、東塔的懷素。唐僧鑑眞傳此宗至日本，鑑眞乃道宣弟子恆景之門人。

法相宗以明諸法的體相爲宗，又因其以「唯識論」爲依據，故又稱「唯識宗」。創宗者爲唐僧玄奘，其弟子窺基長期居住長安的大慈恩寺，又稱「慈恩宗」。

玄奘的譯經，奠定中國法相宗的基礎。他的「成唯識論」，雖名爲譯，實是他的著述。他在舊「俱舍論」之外，又譯有新「俱舍論」。他的弟子普光、法寶、神泰都撰有註疏，稱俱舍三大家。窺基傳其法相唯識因明之學，他有翻譯，亦有著述。窺基、神昉、嘉尚、普光四人爲玄奘門下的四哲，而法相或唯識之學，亦因他們的傳承而發揚。

禪宗，起於印度，發揚光大於中國。傳說在佛祖靈山會上受到啓示的門徒迦葉，爲西域禪宗的初祖。二十八傳至普提達磨（Bodhidharma），梁武帝大通年間（520－526）由天竺泛海來廣州，後入嵩山少林寺，面壁而坐九年，爲中國禪宗的開祖。五傳至唐之弘忍，由此分南北二宗，弘忍有二弟子，曰慧能、神秀；神秀行化於北地，故稱北宗；慧能行化南方，稱南宗。南宗復分爲七派：先是出南岳、青原二派，又由南岳出臨濟、潙仰二派；由青原出曹洞、雲門、法眼三派；臨濟分出楊岐、黃龍二派。北宗未再分派。又由中國傳至日本，所以禪宗爲佛教影響最大的一個宗派。

禪宗的成立與發展，係鑒於佛教經文的繁瑣，經典研究的費時費事，乃以不著語言，不立文字，直指本心，見性成佛爲教義。又稱教外別傳，所謂別傳，就是不用傳統的誦經講道的方法，而用一種直截了當的傳授方式，指引衆生到達彼岸。例如發揚禪宗教義最重要的大師慧能，便是一個不識字的人。相傳五祖弘忍的大弟子神秀功力和名望俱高，而慧能則是不識字的樵夫，初出家時，五祖瞧他不起，派他做伙房僧人，幫助做飯。但他悟性高，定力深，終爲五祖所欣賞。一日召集衆弟子，根據各人對佛法

的見解各作一偈，偈語深透者將以衣缽相傳。神秀書偈云：「身似菩提樹，心如明鏡台。時時勤拂拭，莫使染塵埃」。慧能亦作一偈，請人書於壁上：「菩提本無樹，明鏡亦非台。本來無一物，何處染塵埃」。禪味和境界較神秀尤深一層，弘忍便秘密將衣法傳給他。「傳燈錄」：「五祖傳法於盧行者」（慧能俗姓盧，今廣東新興人），這即是禪宗史的六祖。

真言宗，以秘密真言為宗，故亦稱密宗或瑜珈宗。以「大日經」和「金剛頂經」為教典，以咒語和咒術相傳，有所謂息災法、降伏法、增益法、敬愛法等，倡言可以求雨求晴，祛邪治病，故亦有其活動的空間，有信奉的徒眾。但自唐以後，或隱或現，門庭衰熄。

以上八宗多屬大乘（權大乘、實大乘），在理論上，小乘與大乘的不同，在於前者由斷滅痛苦，去觀察萬法，祇講道、德、相皆空，特注意煩惱的因緣，以求人生苦痛的解脫。大乘則全由空字出發，以萬法由於心識所造，從而標揭空中為有，有中為空，以建立一個常存的真如佛性。唯識宗的理論方向，則是以一個綜合的體系，以圖解決以上各派哲學所陷入的困難，包括了小乘大乘的精義，形成一個綜合的獨立的體系。至於禪宗，則主要以「中國化」為目標，特吸收儒道教義，減少外教色彩，融入中國社會之中。

佛教傳入中國，是在漢唐時代，而漢唐時代又正是儒學和老莊之學的盛行時期。在佛教東來之時，中國本土已有很豐富的文化思想成份，具有抗拒外來文化思想的能力與潛力；所以佛學之來，並非如入無人之境，不免受到各種抵制與排斥。

這種抵制和排斥，主要可分兩方面，一為中國固有的學術思想，一為現實的政治力量。

從學術思想言，有范縝的「神滅論」、顧歡的「夷夏論」、劉勰的「滅惑論」。

范縝為南齊竟陵王蕭子良賓客，子良好佛，而范極稱無佛。子良問曰：「君不信因果，世間何得有富貴，何得有貧賤？」范縝答曰：「人之生，譬如一樹花，同發一枝，俱開一蒂，隨風而墜。自有拂簾幌墜於茵席之上，自有關籬牆墜於溷廁之側。墜茵席者，殿下是也；墜溷廁者，下官是也。貴賤雖復分途，因果竟在何處？」（梁書儒林范縝傳）這些話，自有其理由。後來范縝寫了「神滅論」，子良又集眾僧論難。梁武帝蕭衍即

位，又令臣下六十四人答范論，可知「神滅論」在當日是發生了大的震動。

顧歡的「夷夏論」，是以夷夏之辨黜佛，也是依儒家立場，來反對釋氏習俗。其言曰：「端委搢紳，諸華之容；翦髮曠衣，羣夷之服。……棺殯槨葬，中夏之風；火焚水沉，西戎之俗。全形守禮，繼善之教；毀貌易性，絕惡之學。……今以中夏之性效西戎之法，下棄妻孥，上絕宗祀。嗜欲之物，皆以禮伸；孝敬之典，獨以法屈。悖德犯順，曾莫之覺」。（南史本傳）這是說，中印民族性的不同，域外之教不能行於中國；捨華效夷，於義無取。

而反佛言論最激烈的，則是劉勰的「滅惑論」，或造「三破論」，一曰入國而破國，指僧徒不事生產，不蠶而衣，不田而食，興造無費，導致國空民窮，甚於五災之害。二曰入家而破家，使父子殊事，兄弟異法，遺棄二親，孝道斷滅。三曰入身而破身，對人體一有毀傷之疾，二有髡頭之苦，三有不孝之逆，四有絕種之罪。……不禮之教，中國絕之，何可得從。（柳詒徵「中國文化史」轉引）

到唐代，韓愈以一代文宗，挺身而出，排斥了老，亦排斥了佛。他在「原道」一文中，指出儒家之道，是相生相養之道，是生人之道，而老和佛所說之道，是棄君臣、去父子、禁相生相養之道，以求其所謂清淨寂滅者。是非生人之道。又指出儒家之道，是以誠意、正心、修身、齊家為根本，進而達到治國、明德於天下的目的。這一系列秩序的進程，是要「有為」。而老與佛的治心，則不要天下，不要國家，不要父子兄弟和夫婦，是要清靜寂滅，只要「無為」。並以堯舜禹湯文武周公孔孟為儒家的列祖列宗，是萬世一系的真道統，而非道釋所能及（「昌黎先生集」卷一一）。這些論點與呼聲，不僅對儒家敲響了警鐘，對佛老也發生了重大的衝擊。

在政治方面，佛教則遭遇「三武」之厄，所謂「三武」，為後魏太武帝、北周武帝及唐武宗。

北魏太武帝拓跋燾原信道教，自號太平真君，對佛教並不感興趣。加以道士寇謙之和宰相崔浩主張毀滅佛教；適於長安寺中發現僧侶私藏武器，有勾結叛逆之嫌；又在寺內密室收留婦人，違反清規戒律。乃下詔禁止沙門活動，封閉寺院，聲明「自今以後，敢有事胡神，及造形象泥人銅人者誅」。（魏書·釋老志）於是僧徒四散亡匿，廟宇佛像毀壞無遺。這是一「武」之厄。

一百多年後，北周武帝宇文邕在天和四年（569年）三月十五日敕召名儒道士沙門及文武百僚二千餘人，在文德殿討論三教優劣和廢立，議論紛紛，未有結論。以後經過多次討論，武帝亦參加，終下詔併廢道佛二教，道士沙門一併還俗。（周書武帝紀）事實上，另立道教，廢了佛教。其後滅了北齊，佔了鄴都，再下詔悉毀齊境內的寺廟和佛像，僧尼還俗者達三百餘萬衆。於是從關隴東至北地，佛教一時絕其聲跡。這是二「武」之厄。

唐武宗李炎亦信道教，曾師事道士趙歸眞，由於趙歸眞及宰相李德裕之反對佛教，認爲僧侶太多，皆不納稅，且須寄食於人，實經濟上一大損失。又寺廟之建造，更勞民傷財。乃於會昌五年（845年）實行滅佛。「天下所拆寺四千六百餘所，還俗僧尼二十六萬餘人，收充兩稅戶；拆招提蘭若四萬餘所，收膏腴上田數千萬頃。收奴婢爲兩稅戶十五萬人。」（「唐會要」卷四十七會昌五年八月）這是三「武」之厄。

以上三位「武」帝，皆反對佛教最力者，雖曾滅佛一時，然不數年，所毀者盡復。滅佛之無效果，「毀者盡復」，說明了佛教已在中國社會生根，政治勢力祇能鎮壓於一時，不能收效於長久。其因素之一，當是佛家的「三世輪迴，因果報應」之說，爲廣大農村匹夫匹婦提供了精神上的庇護所。它們平日受地方强梁欺詐，無法反抗；受官吏壓迫，遭遇不平，亦難以申訴。無可奈何中，祇有乞求神靈之保佑，相信菩薩之顯靈，燒一柱香，作一番默禱之後，不平衡的心態會有某種程度的平復。而輪迴報應觀念，也使作惡者有所警惕，不敢過份妄爲。「善有善報，惡有惡報，不是不報，時辰未到」。對不法者會發生嚇阻作用，對善良大衆亦予以精神上的支持。中國政治上長期動亂，而農村秩序猶可維持，不能不說是與佛學思想有關。佛教之仆而復起者，亦證明其爲民間所接受也。

另一因素，則是佛教的「中國化」。中國文化，不僅對邊疆民族有一定同化力；對宗教亦有不同程度同化力，佛教的「中國化」，也可說是與儒家思想相融合。

佛教東來後，因受到儒家倫理思想的抵制，和道家利用政治統治勢力之壓制，使它們覺得外來文化要在中國土地上生根和開花結果，首先須適應中國社會的需要，爲中國善男信女所認同。二是進行體質的改變，與中國傳統文化思想相結合，實現佛教「中國化」。

為了本身的生存和發展，在南北朝和隋唐時期，佛教各宗派已開始注意吸收儒道兩家的思想成份，隨之提出「儒佛一體」、「三教同源」的說法。可以說，佛教宗派在中國的流行程度，取決於它們「中國化」的程度，亦即對儒道思想的吸收程度。天台、華嚴、唯識各宗固然也注意與儒道思想相結合，但表現最好的則是禪宗。尤其是六祖慧能之提倡與實踐，擴大了禪宗的影響，在中國民間和思想界取得一定的地位。

首先，它與儒家「天人合一」的觀念結合，儒家認為「天」不是高不可攀的層次，而是存在於我們人類的心靈中，通過本身的道德修養與精神境界的提升，人類的心靈即可與「天」相接近。天意取決於民意，上天對現實世界的賜福或降災禍，可以說是人世間善行與惡行的一種反應和報應。禪宗的「直指本心」、「見性成佛」的說法，與儒家的「天人合一」觀念相符合。

過去佛教各教派認為，佛教徒要想成佛，須朝夕誦唸大量深奧的經文典籍，還要經過累世修行，施捨財物，才可為來世結下善緣，創造得道的條件。所以成佛是來生的事，困難的事，而且祗有高僧和達官貴人才有此權利，不是一般民眾所能企求。這就加深了佛教的神秘感，拉長俗世與天國的距離。

禪宗則揚棄這套修煉的繁瑣哲學，打破名門貴族的特權，使其平民化，簡易化。慧能說：「佛法在世間，不離世間覺。離世覓菩提，恰如求兔角。」（壇經・般若品）加上「頓悟」的主張，反對「漸悟」的過程，於是人人可以成佛，當下可以成佛。「普渡眾生」，使凡夫俗子、匹夫匹婦，祗要誠心見性，心地光明，與人為善，有善因就有善果，就可得到佛陀的庇護，進入天國之門，從而解脫世間的煩惱。這與孔子所說「仁遠乎哉，我欲仁，斯仁至矣」；及孟子所說「人皆可以為堯舜」的看法，基本相同。

其次，「儒佛合一」、「三教同源」之說，也表現出佛教界在思想上與中國傳統思想的接近。慧遠早提出佛教與儒家「出處誠異，終期則同」之說，孫綽亦有「周孔即佛」「佛即周孔」，救渡眾生的目的一致的看法。至宋代，它們進一步將佛教的「不殺生、不偷盜、不邪淫、不妄語、不飲酒」的「五戒」，比作儒家的仁、義、禮、智、信的「五常」。說「夫不殺，仁也；不盜、義也；不邪淫，禮也；不飲酒，智也；不妄語，信也」

（釋契嵩「孝論」）。他還强調孝道的重要性，說「天地與孝同理也，鬼神與孝同靈也；故天地之神，不可以不孝求，不可以詐孝欺」。又說：「夫孝，天之經也，地之義也，民之行也，至哉大矣，孝之爲道也夫」。（同上）

　　宋代另一名僧智圓特重視中庸，自號「中庸子」，他以「宗儒爲本」，「修身以儒，治心以釋，拳拳服膺，罔敢懈慢」。（「中庸子」卷上）釋惠洪還以人之拳與掌來比喩儒釋的關係，「吾道比孔子，譬如掌與拳。展握故有異，要之手則然」。（「禮嵩禪師塔詩」）這不僅是說「儒佛一家」，並且同爲一手。

　　佛教接受道教思想之影響，亦極明顯。北魏曇鸞，曾從陶弘景受學「長生術」；北齊慧思，立誓願入山修習苦行，要借外丹力修內丹。宋代詩僧有詩云：「有物先天地，無形本寂寥。能爲萬象主，不逐四時凋」。這種禪偈，已含有老莊的意味。

　　又佛學不僅吸收了儒學以至老學的精義，同時也給宋儒義理以補充，宋明理學也吸引了佛學尤其是禪學的思想。至於道教從早期單純的民間思想信仰，變成後來具有宗教儀式的活動，如道藏經典、神學教義、道觀規模以及道士的形象等，都是模仿和受佛教影響之結果。這些當是佛教之能在中國土地上生根苗長的一大原因。

　　近代名史學家陳寅恪教授在馮友蘭「中國哲學史」的審查報告中，提出關於中國思想的演變歷程、儒釋道三家的相互關係，及對馮著的意見。

　　一、從兩晉到現代，講中國思想，可以儒釋道三教來代表。這雖然是通俗的說法，但稽之史實，驗之人情、三教之說，要爲不易之論。

　　二、二千年來，華夏民族所受儒家學說的影響，最深而且至鉅，但都在制度法律及公私生活各方面，而關於學說思想方面，容或不如佛道兩教。

　　三、中國自秦以後，一直到現在，思想的演變歷程，極繁而且極久，祇是爲了新儒學的產生和傳衍。

　　四、新儒家的學說，似乎都有道教或和道教有關的佛教爲之先導。兩晉南北朝隋唐五代數百年間，道教變遷傳衍之始末，及其與儒佛二家互相關係之事實，尚有待於研究。

　　五、道教對於佛教摩尼教所輸入底思想，無不盡量吸收，然仍不忘其本來民族之地位，而融成一家之說，以排斥外來之教義。後來新儒家，即繼承此種遺業而大成者。

六、佛教之忠實輸入不改本來面目者，若玄奘之唯識學，不能保持長久；其能保持長久，必經國人吸收改造之過程。

陳氏指出，佛教宗派中的天台宗，便是道教意義最富的一宗。其創造者慧思所作的「誓願文」，便充份表現出所受於道教影響底思想。

最後，要談一談中國佛教各教派的譜系。綜計自唐至清，有關佛教教派譜系類著作，約有四十餘種。主要為：

天台宗，有南宋士衡撰「天台九祖傳」一卷，記述了天台宗東土高祖龍樹、二祖北齊慧文、三祖南岳慧思、四祖天台智顗、五祖章安灌頂、六祖法華智威、七祖天宮慧威、八祖左溪玄朗、九祖荊溪湛然的事蹟。

華嚴宗，有清續法的「法戒宗五祖略記」一卷，記述了華嚴宗初祖杜順（法名法順）二祖智儼、三祖法藏、四祖澄觀、五祖宗密的事迹。

密宗，有唐海雲的「兩部大法相承師資付法記」二卷，記述了密宗金剛界和胎藏界兩部教法師資傳授史，以及各自依據的本經「金剛頂經」和「大日經」的人略。

禪宗的譜系類著作，唐初就已產生，以後更不斷湧現，至五代時已形成一個系列，大致可分為八類，最主要者有以下二類：

（一）早期禪史，有：1、唐淨覺的「楞伽師資記」一卷，記述了自「楞伽經」的翻譯者，劉宋求那跋陀羅以下，到唐代神秀的弟子普寂為止，八代楞伽師的傳承。2、唐杜朏的「傳法寶記」一卷，記述了北魏菩提達摩至唐代神秀凡七代的師承。3、唐佚名的「歷代法寶記」一卷，記述菩提達摩至保唐寺無住禪師凡十代的傳承。4、唐智矩的「寶林傳」十卷（今存七卷，佚三卷），排定了禪宗西天二十八祖和東土六祖的名次，以及南宗法脈的嫡系與旁系，此為後世禪宗公認的法統說。5、南唐靜、筠二禪師的「祖堂集」二十卷，上始七佛，下至青原下七世和南岳下六世，是現存的最早的燈錄體著作。

（二）關於「傳燈錄」、「古燈會元」、「指月錄」等各系統著作，對佛教各派亦有不同程度敘述，茲不列舉。（見近人陳士強「佛教宗派史上的譜系」）

至於藏傳佛教譜系類著作，漢文本主要有二：一為清土觀的「土觀宗派源流」一冊，以記述藏傳佛教各派之源流及教義為主，兼敘印度、漢地、蒙古、于闐等地佛教和其他宗派，以及西藏地區的原始宗教「本教」的有

關情況。次爲清守一的「西藏剌痲（喇嘛）溯源」一卷，記載了西藏喇嘛教的歷史。

（四）宋明理學

宋明理學爲儒學發展的一個新的階段。宋代儒學，一般稱爲義理之學或心性之學，「理學」則是義理之學的簡稱，或心性之學的概括。它提升了儒學理論，揭舉了儒學的義蘊。

宋代國力衰弱，外侮頻仍，而文化思想和文學藝術卻有高度發展，上承漢唐，下啓明清，宏大了儒學規模，也奠定了中國文化發展的道路。其原因當有三：

第一、趙宋立國方針，爲重文輕武，較尊重知識份子地位，當日文士學者有較多的思想和思考的自由。

第二、趙宋之前，五代十國，篡奪頻繁，社會動亂，經濟殘破，文化事業落後；宋統一全國後，有百餘年的安定時間，社會經濟恢復，加以科舉制度放寬，取才之範圍較廣，有助於文化之發展。

第三、自南北朝隋唐以來，佛教和道教勢力日盛，而佛教道教思想中，又具有形而上的理論，有較多的哲學思維成份，對儒學逐漸構成重大的威脅。因此，宋儒不能不改變千餘年的因襲，突破漢唐儒者訓詁章句的藩籬，發掘儒學眞精神之所在，另創新面貌。可以說，宋明儒之學，增添了哲學的內容，提升了形而上的抽象思維的能力。

「理學」之名，在宋已出現。宋黃震「日鈔」裏，有「讀本朝諸儒理學書」多條，可知宋代已有「理學」的新流行語。至清代孫奇逢作「理學宗傳」，在中國學術思想史上，乃成爲一特定的學術名詞。但「論語」不見「理」字，而「周易・繫辭傳」有「易簡而天下之理得矣」，「說卦傳」：「昔者聖人之作易也，將以順性命之理」、「窮理盡性以至於命」。「樂記」：「物至而人化物也，人化物也者，滅天理而窮人欲者也」。宋儒本之於繫辭傳的道和器（形而上者謂之道，形而下者謂之器）之分，在本體論上而有「理」和「氣」之分。本之說卦傳「順性命之理」，在認識論的認識主體上而有「性即理」之說；本之說卦傳「窮理盡性以至於命」，在認識論的認識客體及方法上而有「格物窮理」之說。本之樂記「滅天理而窮人欲」，在實踐論而有存理去欲之說。宋儒以易傳爲依據，以「理」爲他們的中心思想而建立哲學思想上「理」的一貫體系。

33

「理學」亦稱「道學」，孔子曾說「吾道一以貫之」，「君子學道則愛人，小人學道則易使也」。韓愈「原道」：「道其所道，非吾所謂道也」。是說老氏有老氏之道，釋氏有釋氏之道；自然，孔氏亦有孔氏之道，道有所不同。但祇講學道，沒有講道學，宋儒亦未自稱稱「道學」。以後元代修宋史，倡立「道學傳」，和「儒林傳」分開，於是，「道學」之名以立。

至近代，學術界則以漢、宋學並稱，以「宋學」包括「理學」和「道學」。漢學重訓詁，宋學重義理，所以宋學爲有別於漢學（漢代儒學）而言。清惠棟、戴震首揭「漢學」旗幟，「宋學」之名隨之而起。其後，江藩作「漢學師承記」，又作「宋學淵源記」，於是，漢學宋學之分，成爲中國學術界的分水線。但漢學宋學，主要爲經學的兩大派，而哲學思想則爲宋學所獨佔。

關於宋學之興起和演進，亦即理學道學之興起和演進，「宋史·道學傳」有概括的說明：「……宋中葉，周敦頤出於春陵，乃得聖賢不傳之學，作『太極圖說』、『通書』，推明陰陽五行之理。命於天而性於人者，瞭若指掌。張載作『西銘』，又極言理一分殊之旨，然後道之大原出於天者，灼然而無疑焉。仁宗明道初年，程顥及弟頤生，及長，受業周氏，已乃擴大其所聞，表章大學中庸二篇，與語孟並行。於是上自帝王傳心之奧，下至初學入德之門，融會貫通，無復餘蘊。迄宋南渡，新安朱熹得程氏正傳，其學加親切矣。大抵以格物致知爲先，明善誠身爲要，凡詩、書六藝之文，與夫孔孟之遺言，顚錯於秦火，支離於漢儒，幽沉於魏晉六朝者，至是皆煥然大明，秩然而各得其所。此宋儒之學所以度越諸子而上接孟氏者歟！……」

宋學的代表人物，北宋有周敦頤、張載、程顥、程頤及邵雍，一般稱爲北宋五子。南宋爲朱熹、陸九淵等。按地域，稱「濂、洛、關、閩」之學，被後世奉爲理學四大宗門。

「濂學」指周敦頤，濂是溪水名，出湖南省道縣，西南流入瀟水。這原是周敦頤的故鄉，他就住在這溪水的上游。以後移居廬山蓮花峰前面，峰下有一溪水，西北流入湓江，他亦稱爲濂溪。於是濂溪成爲周敦頤的代號，世稱濂溪先生。但以一股山水小溪，來象徵濂溪先生之學術流派，在氣派上不如關學、洛學和閩學之聲勢之大。

「洛學」指二程（程顥、程頤），世稱大程子、小程子。他們兄弟二人，同在洛陽講學，所以稱為洛學。後來小程子程頤移居河南嵩山西北，地臨伊川，世稱伊川先生，稱大程子程顥為明道先生。

其時在洛陽講學的，不止程氏弟兄二人，在他們之外，還有邵雍（百源），別為一家，應該亦稱洛學。但一般所稱洛學，乃專指二程；邵雍因居河南輝縣的百源山，世又稱百源。朱熹撰「伊洛淵源錄」，記周敦頤以下及二程交遊和門弟子言行；洛以外又稱伊洛。

關學開宗者為張載，為二程的前一輩；但關學之來源，一為范文正仲淹，二受程氏影響，所以論學術地位，洛學較先於關學。

「關」指陝西之關，陝西地居四關之中，東涵谷關，西散關，南武關，北蕭關；所以稱陝西為關中。張載久居陝西湄縣，在中國學術史上，稱他這一學派為關學，又因他在湄縣橫渠鎮上講學，世稱橫渠先生。

宋理學到閩學而集大成，而閩學的代表人物，則是朱熹。朱原是安徽婺源人（婺源屬隋新安郡，朱子署款常稱新安朱熹，宋史道學傳亦稱新安朱熹），但出生於福建，長於福建，老於福建，乃至死於福建，埋骨於福建。雖是安徽人，但變成閩學的代表人物，自是合乎情理之事。

閩學自閩中四先生——陳襄、鄭穆、陳烈、周希孟開始，是閩學的濫觴。到南劍三先生——楊時、羅從彥、李侗（他們都是南劍人），當是閩學的初祖、二祖、三祖，第四傳到朱子，滙眾流而集大成。所以論閩學，畢竟當以朱熹為開山者。

朱子之父朱松（韋齋）以得罪秦檜被貶南劍，為尤溪縣尉，以後罷官，亦住在尤溪城外毓秀峰下的鄭氏草堂，朱子就誕生在這草堂上（西元1130）。這就和閩（福建）及南劍發生了深厚關係，在學術系統上，亦就承繼了南劍三先生的學統。

朱子曾在婺源紫陽山築建紫陽書院，以紀念其先人，故又稱紫陽。其後在建陽蘆峰的山頂，建了草堂。山頂叫雲谷，草堂叫晦庵，自號雲谷老人，亦號晦庵，或晦翁。於南宋寧宗慶元五年（1200）去世，享年七十一。

以上為宋學四大門派之產生情況，南宋名儒陸九淵倡導心學，為理學的重要支流，明代的王陽明（守仁）繼承心學道統，使宋學展延到明代，合稱「宋明理學」。

宋學在地域性的「濂洛關閩」四派，如以學術性質來劃分，亦可區別

為四，即：氣學（張載爲代表）、數學（邵雍爲代表）、理學（二程、朱熹爲代表）、心學（陸九淵、王陽明爲代表）。再簡括一點，也可將宋明理學的代表人物，概括爲「程、朱、陸、王」。

宋明理學各學派之間，在理論和實踐方面雖仍有不同程度的分歧，但他們都被稱爲「宋明理學」，是由於他們具有共同的性質和特點，共同體現了這一時代的民族志節，共同發揚了儒學的新的精神。

近人陳來曾將這一特點歸納爲以下四點：

（一）爲發源於先秦的儒家思想提供宇宙論、本體論的論證。

（二）以儒家的聖人爲理想人格，以實現聖人的精神境界爲人生的終極目的。

（三）以儒家的仁義禮智信爲根本道德原理，以不同方式論證儒家的道德原理，具有眞實的內涵。以存天理、去人欲爲此道德實踐的基本原則。

（四）爲實踐和發展人的精神修養，提出各種「爲學工夫」，即具體的修養方法。這些方法的條目，主要來自「四書」（論、孟、學、庸）及早期道學的討論，而特別集中於心性功夫的修養。（「宋明理學・引言」）

此外，要補充指出的一點，宋學之產生，雖有部份因素來自宋代科舉的「經義」策試之推動；但理學之形成，卻揚棄了科舉的「經義」記誦方式，而在「經義」記誦和策試方式之外，另闢儒學與人生關係的深入探究之路，從而將儒學義蘊提高到宗教哲學的深度。

以下略述濂、洛、關、閩四學的主要內容，亦即周敦頤、程顥、程頤、張載、朱熹之學的重要內容。

周敦頤，字茂叔，生於北宋眞宗天禧元年，卒於宋神宗熙寧元年（西元1017－1073），較長時期曾在湖南、廣東任州縣佐吏，沉滯下僚，但處之泰然，志行高潔，如其「愛蓮說」所說「出淤泥而不染」。

周氏著作，有「太極圖說」、「易說」和「易通」，後者又稱「通書」。

「太極圖說」說：「無極而太極，太極動而生陽，動極而靜，靜而生陰。靜極復動，一動一靜，互爲其根。分陰分陽，兩儀立焉。陽交陰合而生水火木金土。五氣順佈，四時行焉。五行一陰陽也，陰陽一太極也。五行之生也，各一其性。……乾道成男，坤道成女，二氣交感，化生萬物，萬物生生，而變化無窮焉」。

由此可知「太極圖」，最上爲無極而太極，次爲陰陽配合，五行定位，

男女分生，最下為化生萬物。前半為純正哲學，後半為實踐哲學之淵源。純正哲學，是論宇宙萬物之生成次序，由萬物而上推於五行陰陽，以建立絕對的本體底太極。實踐哲學，是論萬事萬物之變化，由萬物而上推於五性形神，以建立「秀而最靈」的人極。後來明劉蕺山（宗周）又根據人極說，與太極圖相對作了人極圖。濂溪「太極圖說」稱「無極而太極」，劉氏的「人極圖說」，則稱「無善而至善」。

濂溪之學，當出於易；他的「通書」，原稱「易通」。太極出於周易繫辭傳，無極則本於老子的「復歸無極」。而人極則出於他自己的創造。有了人極的理論，然後言學便以道為志，言人便以聖為志，聖人可學而至，有了理論的根據。

後來黃宗羲的「太極圖辨」，朱彝尊的「太極圖授受考」，指出濂溪的「太極圖」出於道教的「無極圖」；無極圖由上而下，初一為玄牝之門，次二為煉神化氣，煉氣化神；次三為五行定性，五氣朝元；次四為陰陽配合，取坎填離；最上為煉神還虛，復歸無極。圖的格式，大致一樣，顯然是模倣而來。但道教的「無極圖」，用以講丹法；而濂溪的「太極圖」，則用以說明宇宙萬物生成之次序，以建立其實踐哲學之最高理論，作用完全不同。

濂溪之學術淵源，朱熹「通書序」說：「莫知其師傳之所自」。然晁公武「郡齋讀書志」則說曾師事鶴林僧壽涯。「宋元學案·濂溪學案」指與東林常總遊，總教之靜坐。可知當日學術環境，儒者之與釋道交往，並受其影響，是不可避免的。

程顥，字伯淳，洛陽人，生於宋仁宗明道元年，卒於宋神宗元豐八年（西元1032－1085），曾舉進士，任縣令、著作郎、御史、太常丞等官職，死後，潞國公、太師文彥博題其墓表，稱「明道先生」，後世學者以「明道先生」尊稱之。

顥與弟頤，並稱「二程」，共創「洛學」。程頤作「明道先生行狀」說：「先生為學，自十五六時，聞汝南周茂叔論道，遂厭科舉之業，慨然有求道之志。未知其要，泛濫於諸家，出入佛老者幾十年，返求諸六經，而後得之」。可見明道也是先浸潤釋老之學，然後返樸歸真，深入儒家經典，以成其道學或理學。

大程子沒有系統著作，其為學術界所傳而見於世者，僅「識仁篇」和

「定性書」二文。前者強調「仁者渾然與物同體」，「仁者以天地萬物爲一體」之說。就是說，仁者要將自己和宇宙視作一個整體，相互密切關聯。先秦儒者的仁學觀念，是「推己及人」、「仁者愛人」和「愛人以德」的忠恕精神和道德主義。程氏看來，這祇是仁者個人的道德修養，他不以這種人與人的關係去解釋仁爲滿足；而向前向內推進一步，在心靈上和精神狀態上提高仁的範圍與境界，達到「與天地萬物同爲一體」的最高層次，使仁成爲天的一部份。於是提出「天理」一詞，認爲天道祇是理，理便是天道。也就是說，天理包括了天道、物理、性理與義理，也體現了仁，或包括了仁。所以「天理」就是自然的普遍法則，社會的普遍法則。從本體論說到認識論。

明道的「定性書」，是爲張橫渠而作。所謂「定性」，實際是「定心」。橫渠要定心，但心總是在動，總是爲外物所累，定不下來。於是向程明道討教，在定心方面如何下功夫？明道回答說：「所謂定者，動亦定，靜亦定，無將迎，無內外」。這把動靜打成一片，把內外打成一片，指出心不必是內，物不必是外。這種定的功夫，稱爲「心法」，亦稱「本體工夫」，爲宋儒着力所在，「定性書」開其端。

程頤，字正叔，生於宋仁宗明道二年，卒於宋徽宗大觀元年（西元1033－1107），爲程顥之弟，比程顥小一歲。少年時與兄顥同受學於周敦頤，後入太學，以「顏子所好何學論」，胡瑗（安定）奇其文，延爲學官。後又擢崇政殿說書，擔任哲宗趙煦侍講，他要求改變講師站着輔講的規定，准許坐着講解，以培養皇帝「尊儒重道」之心。紹聖初，因故削籍流放涪州，徽宗即位後，才回到洛陽。據說當乘舟至峽江一處，水流湍急，風浪大作，舟人皆驚恐號泣，惟程頤正襟危坐，不爲所動。後有老者問他：是「達後如此？舍後如此？」意思是說，你是精神境界高，臨危而不慌亂？還是自己強制自己，硬裝出鎮定呢？此可見伊川在實踐上修養功夫之深，亦即是「定性」工夫之深，不是說說而已。

前面談到，程明道少有系統著作，而伊川除「易傳」「春秋傳」外，也沒有其他成本著作。其有關學術見解和主張，多載於語錄，編入「二程遺書」之中。

程頤的學術觀點，同程顥基本上一致，重視「理」，強調「理」，認爲天地以至草木，一切事物之存在，都有其所以然，這所以然就是一切事

物之「理」。人之窮理，就是要探討和追究事物之所以然，深明事物之理。所以「理」是宇宙最基本的元素，超乎氣和其他的因素。

他不贊成張載的氣一元論的論點，張載認為太虛由氣所形成，氣凝聚而生萬物；萬物散而為氣，氣散復歸太虛，宇宙是氣的聚散和交替的自然循環過程。所以「氣」為宇宙的本體。

程頤則認為「天地之化，自然生生不窮，……天地之氣亦自然生生不窮」。即認為氣不是聚散循環，而是生生不已。生生不已來自宇宙固有的必然性。而宇宙的「道」即「理」，就是造化無窮、生生無窮的根源。所以說：「道則自然生萬物」，「道則自然生生不息」；所以「道」是永恆的，為宇宙的最高原理，而氣則有生有滅，不過宇宙的物質之一，還不是宇宙的本體。這種理論奠下了「道學」或「理學」的基礎，也建立了宋學的門庭。

張載（與晉學者張載同名），字子厚，生於宋真宗天禧四年，卒於宋神宗熙寧十年（西元1020-1077），原籍大梁（今河南開封），生於長安，因較長時期在陝西鳳翔府郿縣橫渠鎮講學，世以「橫渠先生」稱之。曾任崇文院校書、同知太常禮院，為「關學」之開創者。

張載少年時喜談兵，因生長西北地區，鑒於邊患之嚴重，任俠使氣，有「欲結客取洮西之地」之志。二十一歲時，上書當時擔任陝西招討副使的范仲淹，陳述有關邊防計劃和用兵之策。范見其人，知其遠器，乃責以儒者自有名教可樂，何必談兵？並授以「中庸」一編，遂翻然有志於道。然不以此為足，「又訪諸釋老之書，累年盡究其說；知無所得，反而求之六經」。（呂大臨「橫渠先生行狀」）通過儒釋道三家的比較研究，遂以儒學為宗，提出「為天地立心，為生民立命，為往聖繼絕學，為萬世開太平。」之崇高理想，並建立了「氣一元論」的哲學理論。

張載的著作很多，有「東銘」、「西銘」、「正蒙」、「經學理窟」、「易說」等。此外還有語錄、文集、理性拾遺，今收入「張子全書」。

橫渠哲學理論，是以氣為主，認為世界是由「氣」體構成，一切存在的事物和現象都是氣。因而以氣為宇宙的本體，萬物的根源。說：「太虛不能無氣，氣不能不聚而為萬物，萬物不能不散而為太虛」。這是說，氣來自太虛，形成萬物；而萬物復化為氣，歸於太虛。所以氣在時間上是永恆的，在空間上是一實體，所以宇宙沒有絕對的虛空。這對佛教的「空虛」

教義，當是一有力批判。又認爲氣有聚散，物有變化，對道教之追求「長生不死」，亦有針砭的作用。

橫渠的重要著作爲「正蒙」一書，全書共十七篇，篇目爲：太和、叁兩、天道、神化、動物、神明、大心、中正、至當、作者、三十、有德、有司、大易、樂器、王禘、乾稱。書成告門人說：「此書，予歷年致思之所得，其言殆與前聖合」。該書亦爲明末學者王船山所推重。「正蒙·太和篇」說：「鬼神者，二氣之良能也」。從宇宙造化來說鬼神，鬼者，歸也；神者，伸也；鬼神不過氣之一伸屈。朱子以他這話要比程伊川所說「鬼神者，造化之跡」；說得分明，有箇陰陽在。由是以批評佛敎之寂滅，爲往而不返，知散而不知聚。由是以批評道敎之執有，爲物而不化，知聚而不知散。而歸結於「存，吾順事；沒，吾寗也」。聚亦吾體，散亦吾體，存之不有，沒之不亡；存則盡性，沒則知命。和佛敎的寂滅，道敎的長生，完全不同。這是純粹的儒家人生態度，也是橫渠哲學思想之一表現。

朱熹，字元晦，號晦庵，生於南宋高宗建炎四年，卒於宋寧宗慶元六年（西元1130－1200），爲閩學的主要代表人物，亦是理學之集大成者。

朱熹十九歲中進士第，歷任泉州同安縣主簿、樞密院編修、秘書省秘書郞，又先後在江西南康、福建漳州、湖南譚州（今長沙）做過行政長官，甚有政績。晚年被召入閣任待制兼侍講，不久，因政治人事糾紛，被罷職，其學派受到壓制。

在學術上，朱子接受了北宋理學的思想體系而加以發揚，他對濂溪的「太極圖說」和「通書」有解，對橫渠的「西銘」有解，親手編次「程氏遺書」和「程氏外書」，又掇拾周、程、張子書，有關體要而切於日用者，彙編爲「近思錄」。把「大學」「中庸」從「小戴禮記」中獨立出來，和「論語」「孟子」合稱「四書」。他以四書爲六經之階梯，以「近思錄」爲四書之階梯。他推重周濂溪「太極圖」，亦信奉邵康節「先天圖」，博採兼綜，承先啓後，自成系統，故曰集儒學之大成。其重要著作有：「四書集注」、「周易本義」、「太極解義」、「西銘解義」等，其講學語錄「朱子語類」有一百四十卷，其文集「朱文公文集」有一百二十卷。

朱子的主要學說爲「格物致知」。儒學和禪學「明心」的目的不同，禪宗明心，是要常樂我淨；儒家明心，是要格物致知。格物致知，出於「大學」，朱氏作「大學章句」，對於格物致知，特別爲之補傳，有新的

闡明。他認為「蓋吾心之靈，莫不有知；而天下之物，莫不有理」。要以吾心之靈，知天下之物之理。他說：「格物以理言也，致知以心言也」。天下之物有理是外，吾心之靈有知是內。天下之物之理，必須由吾心之靈之知，以致其知。深入瞭解事物之本質和特性，豐富本身之知識領域，提昇掌握事物發展規律之能力，以解決事理界的有關問題。所以格物致知，是對一切知識的探求，進行知識之活動。形成一種認識論和方法論，達到內外相通，心物合一，為事理哲學開闢簡捷的途徑。

南宋理學，除閩學或朱學外，還有與朱子旗鼓相當、時相問難的陸九淵，世以「陸學」名之。

陸九淵字子靜， 生於南宋高宗紹興九年，卒光宗紹熙四年（1139－1193），江西撫州金谿人，晚年講學於貴溪（今江西上饒境內）應天山，以山形似象，經他改為象山，自稱象山居士，世稱象山先生。

象山出生於一個九世同堂的貧困大家庭，到他這一代是第五代，全家數百人，除了「二百年古屋」之外，祇有「蔬畦不盈十畝」的土地。治理這樣的一個大家庭，實是一件難事。這是陸氏弟兄學問的起點。

陸氏兄弟三人，九韶（梭山）、九齡（復齋）和九淵，學問方面，三人和而不同，故「宋元學案」別立「梭山復齋學案」，而九淵則單獨為「象山學案」。所以一般所稱「陸學」，乃專指象山之學而言。

象山的學術思想，除了重視「理」，認為宇宙有一顯著之理，「天地之所以為天地者，順此理而無私焉」。更重視「心」，早年就說過：「宇宙便是吾心，吾心即是宇宙」。但是心並非獨立存在，而是理在人身的表現。「天之所以予我者即此心也，人皆有是心，心皆有是理，心即理也」。

在心即理的觀點上，象山認為人皆有先驗（「先驗」為後代名詞，係指在後天經驗之前，為先天所秉賦）的道德理性，即仁義之心，亦即本心。這是根據孟子的理論而加以發揮。孟子曾說：「人之所不學而能者，其良能也；所不慮而知者，其良知也；孩提之童無不知愛其親者，及其長也，無不知敬其兄也」。這是說，人先天具有仁義之心，也就是良心或本心。本心既為人所固有，則為學之道，在發明本心，識其大者，掌握儒學經典的基本精神，即可達到思維的發展，而不必耗費精力於枝節問題的講解與繁瑣的注釋。因此，對於朱子的「句句而論，字字而議」的方法視為「支離」；朱子則批評陸氏的方法為「太過簡易」，這也就是「鵝湖之會」辯論的主題。

宋孝宗淳熙二年（1175）夏，呂祖謙（東萊）邀請朱熹、陸九淵及其他學者聚會於貴溪鉛山鵝湖寺，討論學術異同，即有名的「鵝湖之會」。時朱子四十六歲，象山三十七歲，俱當盛年。座上，陸復齋先誦詩明志：「孩提知愛長知欽，古聖相傳祇此心。大抵有基方築室，未聞無址忽成岑。留情傳註翻榛塞，着意精微轉陸沉。珍重友朋勤切磋，須知至樂在於今。」

象山跟着誦他的和詩：「墟墓興哀宗廟欽，斯人千古不磨心。涓流積至滄溟水，拳石崇成太華岑。易簡功夫終久大，支離事業竟浮沉。欲知自下升高處，眞僞先須辨古今。」

後來朱子亦有和詩相答：「德義風流夙所欽，別離三載更關心。偶扶藜杖出寒谷，又枉籃輿度遠岑。舊學商量加邃密，新知涵養轉深沉。祇愁說到無言處，不信人間有古今。」

陸以朱的教人爲「支離」，朱以陸的方法爲「太簡」，無法取得共識。據「象山年譜」所載，當時象山還要和晦庵辯論，要問堯舜之前，有何書可讀？復齋阻止了他，他亦沒有再說下去。鵝湖之會，似是不歡而散。但復齋與晦庵觀點較接近，且有「志同道合」之說。「朱子年譜」說：「子壽（復齋）頗悔其非，而子靜（象山）終身守其說不變」。後來晦庵祭復齋文，有「志同道合，降心從善」之許。故一般講朱陸異同，乃指晦庵和象山之學的異同。

象山心學，其傳承在人而不在書，故不百年，即漸歸消歇。直到明代中葉，王守仁（陽明）加以傳承，重振宗風，心學再發揚光大，又成一時的顯學。

王守仁，字伯安，生於明憲宗成化八年，卒於明世宗嘉靖七年（1472－1529），原籍浙江餘姚，後結廬會稽山陽明洞，號陽明子，世稱陽明先生。早年留意兵法，出入釋老，二十八歲中進士，上疏反對宦官劉瑾，受廷杖之責，謫貴州龍場驛承，後遷廬陵知縣，巡撫贛南，平漳南、大帽山諸寇，又定寧王朱宸濠之叛亂，升南京兵部尚書，封新建伯。晚年奉兼都察院左都御史，提督兩廣，平定廣西少數民族的暴動。以一虛談心性的理學家，能在軍事上先後建立巨大功業，當是其「知行合一」學說的具體實踐。卒謚文成。其語錄結集爲「傳習錄」，後世編入「陽明全書」。

陽明繼承了陸象山的「心即理」的思想，並提出「心外無理」的命題。

「傳習錄」載，「先生遊南鎮，友指岩中花樹問曰：天下無心外之物，如此花樹，在深山中自開自落，於我心亦何相關？先生云：爾未看此花時，此花與爾心同歸於寂；爾來看此花時，則此花顏色，一時明白起來，便知此花不在爾之心外」。這種回答，雖未否定客觀事物之獨立存在，卻認爲花的顏色的美麗，祇有通過人的主觀意識的認知，纔能彰顯出來。爲「心即理」、「心外無理」的理論，提供了間接的例證。

由「知」的追求，陽明又提出「致良知」和「知行合一」之說。他說「良知祇是個是非之心，是非祇是個好惡」。又說：「聖人之學，唯致此良知而已。自然而致之者聖人也，勉然而致之者賢人也，自蔽自昧而不肯致之者愚不肖者也」。「是非」是知，好惡是行。故知而能行，不知不行，「真知即所以爲行，不行不足謂之知」。可說是理論與實踐之一致。

良知出於孟子「不慮而知者，良知也」，致知則出於「大學」「致知在格物」，「物格而後知致」。陽明將孟子的良知和「大學」的致知結合起來，成爲「致良知」。是要每個人用力盡力瞭解天理良心，以成就自己的道德修養。但是「大學」致知的「知」，並不等於孟子良知的「知」。孟子的良知，係指人的天性、良心，也就是性善論，是道德的自覺，屬倫理學範疇，與陽明的「良知」基本一致。而「大學」的致知，則是針對「物有本末，事有終始，知所先後，則近道矣。」的要求而立論，應作知識的「知」解，屬知識論範疇。二者之間有一段距離，兩相結合，不免勉強。又從字義來看，「良知」既屬人之本性本能，先天存在；而「致」者，則是後天的方法、手段，似乎亦難以調和一致。此所以後來清儒之反對陸王心學之空疏，乃至攻訐宋代理學之爲禪學也。

陽明學在日本思想界流傳甚廣，明治維新後，日本政界人物伊藤博文、西鄉隆盛、東鄉平八郎等皆服膺王學，東鄉還刻有「一生低首拜陽明」的印章。郭沫若留學日本時，因功課之壓力，生理上之故障，煩躁不安，精神恍惚，幾無法支持。校友勸他讀「陽明全集」，並練習靜坐之法以療之。可見到近代，陽明學在日本學界還有相當的影響。

（五）清代樸學

樸學爲清代學術的主流，亦爲中國傳統學術史的殿後者。

所謂「樸學」，乃樸實之學。「漢書·儒林傳」：「寬有俊材，初見武帝，語經學，上曰：『吾始以尚書爲樸學，弗好，及聞寬說可觀，廼從

寬問一篇』」。按寬謂兒寬,清儒因此稱漢學爲樸學。所以樸學又名漢學,在精神上是繼承漢代經師之學,特別重視賈逵、馬融、鄭玄等的訓詁章句學和許愼的文字學,以反對宋明儒之自逞胸臆,補救宋明理學末流的空疏與流弊。因此,與宋學處於對立的地位。

清代樸學流派稱「乾嘉學派」;其實,乾(隆)嘉(慶)兩朝僅是樸學發展的一個重要階段,不能包括樸學早期之起源與後期之演變。可以說,樸學的思潮,貫穿着清初至清末,不僅「乾嘉」而已。

清人入關,君臨中土,是在順治元年(西元1664),順治經過十八年,再經康熙六十一年,雍正十三年,乾隆六十年,嘉慶二十五年,以至道光(三十年)、咸豐(十一年)、同治(十三年)、光緒(三十四年)的數十年,清代樸學應有二百六十餘年的歷史。

滿清入都北京之年,即中國第二次亡於異族之年,在學術上活躍於十七世紀五十年代以後的重要人物,此時的年齡,計黃宗羲三十四歲,張履祥、陸世儀皆三十三歲,張爾岐三十二歲,顧炎武三十一歲,王夫之二十五歲,毛奇齡二十一歲,顧祖禹、魏禧皆二十歲,李顒十七歲,朱彝尊、呂留良皆十五歲,胡渭十一歲,顏元(習齋)九歲,閻若璩八歲。又由明福王朱由崧即位南京(1664),歷唐王(朱聿鍵)至桂王(朱由榔)、由雲南走緬甸(1659),朱明乃完全滅絕,其間存國命於一線者又十五年。在此一階段中,上舉學者,大都有華夏淪胥之痛,並思究其所以淪胥之故,欲挽人心於不死,以繼承儒家以天下興亡爲己任的傳統。所以此一時期的學術大方向,含有民族大義的思想背景,對明代王學的末流,或由正面加以批評,或在繼承中加以矯正與充實,以期對政治社會能產生實際的作用。其最重要者,爲黃宗羲、顧炎武、王夫之三人。他們在明亡之際,皆有奮死衛國的決心和事蹟。當大勢無可挽回,清人基業漸告穩固之後,他們義不帝秦,不仕異族,遁跡林泉,隱居山野,從事著述,以啓後學,而待王者興。分別在經學、史學、學術思想史及經世致用各方面,留下不少重要著作,並開一代學風,闢建清代樸學的道路。所以講清代樸學,不能忽視他們的地位和貢獻。

黃宗羲(1610-1695),字太沖,號黎洲,浙江餘姚人,甲申事變後,事魯王,官御史,明亡,隱居不出,殫精著述,康熙年間,荐舉博學鴻詞科,不就;荐修明史,亦固辭。曾築「續鈔堂」於南雷,學者稱南雷

先生。其著作有「易學象數論」、「明夷待訪錄」、「明儒學案」、「宋元學案」（後者由子黃百川及全祖望續成）、「南雷文定」等。其學以儒為宗，旁及百家，窮經證史，不以鈔錄先儒語錄為滿足，而進行廣泛深入的蒐集與考察。故其為學方法，具有考據義理二義，為清代樸學先行者之一。

顧炎武（1613－1682），初名絳，字寧人，號亭林，明魯王時，與同里歸莊起兵勤王，任兵部職方郎中，入清改名炎武，屢徵不出，周遊四方，睠懷故國，數謁明陵。其學原宗程朱，篤志六經，旁涉典章政制、郡邑掌故，以及天文儀象，兵農河漕之屬。斂華就質，探究原委、精研考證，著有「日知錄」、「肇域志」、「天下郡國利病書」等多種。

「天下郡國利病書」，是對當時的田賦、徭役、鹽課、水利、交通、兵防等要政的利弊，以及疆域、關隘的形勢等，作深入的研究分析，探討朝政衰敗原因，間接提供改革意見和挽救危機的方策。「肇域志」對於郡縣沿革、山川要塞、兵事成敗，以及賦稅、戶口之多寡，地方官職和驛站的廢置等，也都進行詳細考查和記載。這兩部著作不僅閱覽了大量的典籍，而且將實地、實物與文書資料進行對比校勘。「清史稿」本傳記其觀察的情形說：「所至之地，以二騾二馬載書，遇邊塞亭障，呼老兵卒詢曲折，有與平日所聞不合，即發書對勘。……」窮其原委。

「日知錄」為顧氏晚年的著作，也是最精嚴的著作，歷三十餘年始成書。其上篇談經術，中篇言治道，下篇記博聞，共三十二卷。每一事必詳其本末，引據浩繁，開清代考據學的先河。在考據中，首先採用本證、旁證和論證相結合的方法，避免用孤證。特別重要的是，他們並不是為考證而考證，而是通過考證方法，尋出問題的真相，作為後學和後世的參考與借鑑。亭林「與楊雪臣書」，自述其所以著「日知錄」，乃「意在撥亂滌汙，法古用夏，啓多聞於來學，待一治於後王」。這是與後來「乾嘉學派」為考據而考據的情形有所不同。

王夫之（1619－1692），字而農，號薑齋，「自少喜從人間問四方事，至於江山險要，士馬食貨，典制沿革，皆極意研究」。（王敔「薑齋公行述」）中年參加抗清，晚年隱居衡陽城外石船山下，學者稱船山先生。其學以漢學為門戶，以宋五子為堂奧，著有「大學衍」、「中庸衍」、「周易外傳」、「尚書引義」、「詩廣傳」、「讀通鑑論」、「宋論」、「黃

書」等五十二種。王氏旣有反清的堅貞民族氣節，又有萌芽的近代民主思想，對封建性的君臣之義有所懷疑，並認爲土地爲自然界所固有，並非王朝一家的私產，主張「應耕者有其田」。這都是進步的觀念。

在他們的先導下，特別是在時代環境的影響下，清初開始發展了考據的學風，亦即樸學學風。

樸學的範圍有廣狹二義，狹義的係專指考訂歷史事實眞象、古書眞僞和古籍著者及一切有關的問題。廣義的除包括上述的考訂學之外，尙有三部份：

（一）文字學──研究字音和字形的變遷，文字的假借通轉等。

（二）訓詁學──考訂和解釋古籍文字的正確意義，及歷代注釋的有關問題。

（三）校勘學──校正古籍的脫漏及文字的錯誤等。

這一門學問，從顧亭林的「詩本音」、「唐韻正」始，至閻若璩（1636－1704）的「尙書古文疏證」，正式開闢考據的道路。其後在訓詁校勘方面，有江永（1681－1762）「周禮疑義擧要」，惠棟（1697－1758）「易漢學」、「周易述」；戴震（1723－1777）「尙書義考」、「孟子字義疏證」；錢大昕（1728－1804）「廿二史考異」；焦循（1763－1820）「易章句」、「易通釋」、「易圖略」；王念孫（1744－1832）「讀書雜誌」、「廣雅疏證」；王引之（1766－1834）「經義述聞」、「經傳釋詞」；阮元（1764－1849）「經籍纂詁」、「皇清經解」；以至道光年間俞樾「古書疑義擧例」，同治年間孫詒讓「墨子閒詁」等。在文字學方面，有段玉裁（1735－1815）「說文解字注」，王念孫、引之父子的「羣經字類」、「周秦古文解詁」，郝懿行（1755－1823）「爾雅義疏」，王筠（1784－1854）「說文釋例」，朱駿聲（1788－1858）「說文通訓定聲」（註明音與義之關係）等。

清代考據學之盛行，自有多方面原因，但最主要者當在以下幾方面。

其一、在歷史上，每一朝代學者，都有不願依傍前朝流風餘響，而有另立門戶的想法；乃至有輕視前一代學者，以提高本身學術地位的心態。清代學界自不例外。同時宋明理學，經過程朱陸王諸大家的鑽研闡釋，理性與心性理論已發揮到極致，後人難有新的創見，或在原有基礎上有所提高；因之不能不另闢途徑，跳過宋明、隋唐、魏晉，直接兩漢，以繼承

和發揚「漢學」為目標，開啓新一代的學風。

其二、清初統治政策的兩面性，亦可說文化政策的二重性，推動了考據學風的發展。

從一方面看，清初諸帝入主中原後，同歷代少數民族入主中國或建北朝的統治者一樣，力圖通過倡導文治、尊崇儒學、實行漢化之政策，來標榜自己為承祚之正統。並以各種方法爭取漢族學者參與新王朝的文化或政治活動，以攏絡華夏人心，鞏固其統治。康、雍、乾三帝均勤於學習，召請名師侍講，甚有心得。如玄燁長於經史之學，對藝術、書法亦有研究，還熟悉天算、曆法、數學。胤禎、弘曆學力雖不及父祖，亦潛心向學，浸潤經史詩文。三朝還集中人力整理編定若干古文獻，如修「明史」、編「古今圖書集成」、「全唐詩」、「四庫全書」等等，形成了全國研經習史，考訂文獻典籍的風氣，促進了考據學的發展。

從另一方面看，滿清又是一個殘暴部族政權，除承繼明代政體，專制已發展到十分殘酷地步外；且以異族入主中國，由種族的猜忌心理，對漢人和士人的壓迫更為嚴苛。順治二年（1645）下雉髮令，將傳統衣冠完全改變，此為五胡十六國及蒙元所未有的征服手段。又自順治十四年（1657）科場案，十八年（1661）的奏銷案起，至康雍乾三朝之屢興文字獄，大肆屠戮士人。此皆來自種族迫害，非僅專制而已。在文化思想上，在編纂「四庫全書」時，在蒐集圖書的後面，從乾隆二十八年（1763）到乾隆四十七年（1782）的二十年間，共燒書二十四次，燒毀書籍有五百三十八種，一萬三千八百六十二卷之多。不但涉及滿清的，難逃火劫；即和遼金元有關涉者，亦加以毀滅。在此情形下，士人為了生存，祗有鑽進故紙堆中，埋首二千年前舊籍，脫離現實政治，以求免禍。這也當是造成清代學者投入考據的一大原因。

其三、是清人反對科舉和八股時文的情緒的反映。漢代學者尊經，清代漢學者也尊經，但二者尊經的動機、目的並不相同。漢儒尊經，是想以儒家的德治精神，來代替或轉化漢初因繼承秦代政制以刑法為主的刑治思想。所以西漢儒生之反秦反法，乃是間接對當時刑戮過重的貶礪。漢宣帝（戾太子之孫，漢武帝曾孫）以後，社會要求以經學來規制大一統專制政治的運行，他們所謂「經」或「六藝」，實際上是把「孝經」和「論語」算在一起。而清代「漢學」之興起，一是如上所說各項，尤其為求避禍。

另一重要因素，則是當日學者爲了反對科舉，希求突破八股時文的束縛，以尋新的研究對象，開啓眞正學術之門。清代漢學家雖有很多出身科舉，但也有不少失意科場，因應試不第，乃絕舉子業，而走上考據之路者。又因科舉八股文所出試題，主要爲朱注的四書。於是考據學派抬出「五經」來與「四書」對抗，以漢代訓詁來壓制朱注。這也是他們潛意識中提倡「古學」、「漢學」而反對「宋學」的另一原因。

清代學者之考證古籍，一是定底本之是非，二是定立說之是非。認爲不先正底本，則多誣古人；不斷著者立說之義，則多誤今人。於是以漢儒還給漢儒，以魏晉還給魏晉，以宋儒還給宋儒，恢復經典的本來面目。並着重推求古書的語言文字的正確意義。戴東原（震）說：「經之至者道也，所以明道者辭也，所以成辭者字也。必由其字以通其辭，由辭以通其道，乃可得之」。（江藩「漢學師承記」卷五）我國若干重要古籍，經過這些大師們的校勘整理，比三百餘年前有條理和容易瞭解得多了。

但是乾嘉學派的後期日趨繁瑣，爲一事一字一句尋求繁複的證據，使課題遠離實際問題，甚至自立門戶，壁壘森嚴，造成漢宋學的嚴重對立。嘉慶末年江藩所撰的「漢學師承記」，黨同伐異，高自位置，態度極不公平。例如一般認爲清初大儒顧炎武、黃宗羲二人「開古學之端」，這「古學」就是「漢學」。但江藩「漢學師承記」卻故意抹煞，將其「附於册後」，列入最後第八卷。並公然抨擊「兩家之學，皆深入宋儒之室，但以漢學爲不可廢耳，多騎牆之見，依違之言，豈眞知灼見者哉！」又說顧黃「以烏合之衆，當王者之師」。至於所謂「退而輯二君事實」，乃是抄自全祖望的「黎洲先生神道碑」及「亭林先生神道表」，而加以刪節；對黃、顧兩人的治學精神、志節，故意加以隱蔽與歪曲，實乏史德與史識。又「師承記」中的閣若璩、胡渭、惠士奇、惠松崖、王鳴盛、江永、邵晉涵各傳，則皆取自錢大昕「潛研堂文集」卷三十七至四十的各傳，並加以刪竄。實有失爲學風度。

由於某些考據者之偏頗不公，而引起當日另一些學者的批判。古文學家、桐城文派創始者之一的姚鼐，就曾舉學問三端來詰問考據學派之獨尊考證之不當。他說：「余嘗論學問之事有三端焉：曰義理也、考證也、文章也。是三者，苟善用之則皆足以相濟；苟不善用之，則或至於相害」。（「惜抱軒全集」文集四）

乃至漢學家之一的焦循，也反對考據學派的門戶之見。說：「循嘗怪爲學之士，自立一考據名目：以時代言，則唐必勝宋，漢必勝唐；以先儒言，則賈孔必勝程朱，許鄭又勝賈孔。凡許鄭一言一字皆奉爲圭璧，而不敢稍加疑辭。竊謂此風日熾，非失之愚即失之僞，必使古人之語言皆拮厥弊牙而不可通，古人之制度皆委曲繁重而失其便。……古人稱理據根據，不過言學之有本，非謂據一端以爲出奴入主之資也。……」（與王引之書，「焦里堂先生年譜」）

龔自珍更直接寫信給江藩，對江著「國朝漢學師承記」，提出感到「十不安」，實際是針對當時標榜的「漢學」，作了十項扼要批評。這十項批評主要是：讀書應實事求是，千古同之，非漢人所獨專。瑣碎餖飣之事，不得謂爲漢學。漢人家各一經，經各一師，清人無此特點，談不上漢學。若以漢宋爲對立，則漢人何嘗不談性道？宋人又何嘗不談名物訓詁？國初之學，與乾隆以來之學不同，因國初不專立漢學門戶也。（「定庵文集補編」卷三）由此可見龔定庵對乾嘉學派之標榜爲「漢學」亦持反對的態度。

又清代漢學以繼承漢代經學爲誇，但實際上，清人有成就者爲史學，而非經學也。近人柳詒徵教授指出：「世稱乾嘉諸儒者，以其以漢儒之家法治經學也。然吾謂乾嘉諸儒所獨到者，實非經學，而爲考史之學。考史之學，不獨趙翼二十二史箚記、王鳴盛十七史商榷、或章學誠文史通義之類，爲有益於史學也。諸儒治經，實皆考史，或輯一代之學說（如惠棟易漢學之類），或明一師之家法（如張惠言周易虞氏義之類），於經義亦未有大發明。……其他之治古音、治六書、治金石，皆爲古史學，尤不待言。惟限於三代語言文字制度名物，尚未能舉歷代之典籍，一一如其法以治之，是則尚有待於後來者耳」。（氏著「中國文化史」）

由上述可知，清代樸學之興起，有其特定的時代背景，亦有學者的願望與條件。經過他們的努力，將年代久遠、內容複雜、眞僞難分的古籍，廓清其雲霧，爲後世學者提供了方便，爲學術作出了貢獻。但他們過於標榜考據，忽視義理，乃至樹立門戶，以與宋學相對立，使考據學僅建立於材料之上，缺乏思想的融貫，使民族文化少了應有的內涵。當是美中不足。此一學風，直到「五四」後，還主控中國學術界。胡適之先生所提「上窮碧落下黃泉，動手動腳找材料」的口號，以及同派學者「有一分材料說一

分話，有十分材料說十分話，沒有材料不說話。」的主張，很明顯都是受
清代樸學治學方法流風餘響的影響。

本文參攷資料：

1 「史記‧儒林列傳」所載西漢十位經師之事蹟。

2 「漢書‧儒林傳」有關經師之事蹟。

3 三國志、後漢書、晉書有關學術人物列傳。

4 皮錫端「經學歷史」，周予同注釋，（中華書局）

5 徐復觀「中國經學史的基礎」，（台灣學生書局）

6 劉百閔「經子肆言」，（香港上海印書館）

7 馬雍「尚書史話」，（中華書局）

8 章權才「論兩漢經學的流變」，（「學術研究」雙月刊一九八四年第
   二期）

9 （劉宋）劉義慶撰「世說新語」，（梁）劉孝標注。

10 湯用彤「魏晉玄學論稿」，（「人民出版社」）

11 牟宗三「才性與玄理」，（台北學生書局）

12 余嘉錫「寒食散考」，收入「論學雜著」（中華書局）

13 劉蕙孫「中國文化史稿」，（文化藝術出版社」）

14 王曉毅「中國文化的清流」，（中國社會科學出版社」）

15 （清）胡渭「易圖明辨」，王易等整理，（「巴蜀書社」印本）

16 劉正、楊冰「周易通說」，（「河北人民出版社」）

17 李大用「周易新探」，（「北京大學出版社」）

18 曹敏等「學易淺論」，（台北黎明文化公司）

19 高桑駒吉「中國文化史」，李繼煌譯述，（台灣商務印書館）

20 劉雅鳴「海內外學者話易經」，（「瞭望」周刊第四十七期）

21 任繼愈等「佛教史」，（「中國社會科學出版社」）

22 中國佛教會編「中國佛教」，（「知識出版社」）

23 郭朋「中國佛教思想史序」，（「社會科學院研究生院學報」雙月刊，
   一九八五年第二期）

24 方立天「中國佛教哲學的歷史演變」，（「歷史研究」一九九二年第
   三期）

25 李志林「禪宗何以成爲中國最流行的佛學？」（「學術月刊」一九九一年三月號）

26 陳士強「佛教宗派史上的譜系」，（「復旦學報」（社科版）一九九一年第一期）

27 劉百閔「濂溪太極圖和通書在新儒學上的地位」、「洛學的建樹及其開展」、「閩學在新儒學上集大成」，（「經子肄言」）

28 徐復觀「象山學述」，收入「中國思想史論集」，（台中中央書局）「程朱異同」，（一九八二年七月夏威夷「國際朱熹學術討論會」論文，載台北大陸雜誌六十四卷第二期）

29 王守仁「傳習錄」

30 陳來「宋明理學」，（「遼寧教育出版社」）

31 清史稿「儒林傳」及有關傳記

32 黃宗羲「明夷待訪錄」（台灣金楓出版社排印本）

33 顧炎武「日知錄」（宏業書局排印本）

34 王夫之「讀通鑑論」前言（中華書局編輯部撰）

35 「王船山學術思想討論集」，（「湖南人民出版社」）

36 梁啓超「中國近三百年學術史」（中華書局）

37 錢穆「中國近三百年學術史」（台灣商務印書館）

38 牟潤孫「顧寧人學術之淵源」，（「新亞文化講座錄」）

39 王蘧常「顧亭林逝世三百週年祭」，（「復旦學報」（社科版）一九八三年第二期）

40 徐復觀「清代漢學衡論」，（台灣「大陸雜誌」五十四卷第四期）

41 楊國榮「論黃宗羲學術史觀」，（「史學月刊」一九九二年第三期）

42 漆永祥「乾嘉學術成因新探」，（「西北師大學報」一九九一年第二期）

43 來新夏「清代考據學論述」，（「南開學報」一九八三年第三期）

44 江藩「國朝漢學師承記」

45 姚鼐「惜抱軒全集」文集

Development and Change of Academic Thought from the Han Dynasty to the Qing Dynasty

歷代學術思潮之流變

by Ta-kai KING (金達凱)

This paper discusses the development and change of academic thought over the two thousand and one hundred years from the Han Dynasty (B.C. 202 - A.D. 220) to the Qing Dynasty (A.D. 1644 - 1911).

This paper gives a systematic and in-depth discussion on the background, contents, theory structure, and influence of the following five areas of academic thought:

- the study of Jing (經學), meaning the learning devoted to the study of the classics, during the Early and Late Han Dynasty.
- the study of Hsuan (玄學), meaning Taoism/spiritualism during the Wei and Jin Dynasties.
- the study of Buddhism (佛學) during the Sui and Tang Dynasty.
- the study of Li (理學), meaning studying the classics with a rational approach, during the Sung and Ming Dynasties.
- the study of Pu (樸學), meaning textual study of the classics, during the Qing Dynasty.

民族主義運動
對南洋兄弟煙草公司的影響

吳玉英

　　中國人早有抽煙傳統，捲煙在十九世紀中葉由西方傳入後，抽吸人數迅速增加，捲煙銷量突飛猛進。①由於利潤高，前景好，中外煙廠紛紛成立，其中以英美煙公司（以下簡稱英美）的產品最為暢銷，幾乎壟斷中國的捲煙市場。當時所有中外資煙廠中，真正使英美的業務受威脅的，只有南洋兄弟煙草公司（以下簡稱南洋）。

　　南洋的發展過程相當曲折，它的創辦人簡照南既非官宦出身，亦非知識分子；只是一個越洋謀生、徒手興業的日本華僑。他在沒有政府扶持，也沒有西方經濟援助下，慘淡經營，於1905年以十萬元創業。在短短的二十年間，南洋的資本增加到一千五百萬元。其產業包括港、滬兩地製造廠共八所，山東、安徽的收、焙煙廠及遍設於各大城市的分局。《捲煙統稅史》稱道：「以其資本及設備論，在我國今日以後之各公司比較，不得不推為巨擘。且開創辦最先，經驗最富，又為我國煙草業之先導。」②公司規模由小到大，業務由虧至盈，再由盛轉衰。期間經歷無數動盪不安的歲月，包括辛亥革命、五四運動、抗日戰爭，直至中共掌政，跨越超過半個世紀的時空。它在不同的政治、經濟背景下始終屹立不倒，雖然屢次瀕臨困境，仍然毫不鬆懈地面對財雄勢大的英美的商戰，成為民族資本企業的典型代表。至於它的成功，與簡照南善於利用其「民族資本企業」的形象有一定的關係。

　　1904年（光緒三十年）限制華工入境的中美「華工條約」期滿，美國政府要求續訂，美國華人遂發起反對「禁約」運動，中國國內人民羣起響應，掀起了轟動一時的抵制美國貨品運動，當時運動的領導人曾鑄在給原任中國駐美國公使、上海修約大臣伍廷芳的一封信中說：「不用美貨以為抵制之議，風傳海內，無一埠不表同情，內而窮鄉僻壤，外而英、荷屬島，亦均函電紛來，一律照辦，人心團結，大異從前。」③捲煙在當時已成為民間普遍的生活必需品，故同時期十分暢銷的英美煙產品便成為主要的抵制

對象，「不用美國貨，不吸美國煙」為時代口號。英美為挽回產品銷量，不但減價出售，並加送煙，可是仍遭抵制。④

抵貨運動中以廣東人的情緒最激昂，他們雖慣於抽食美國煙，但為民族大義，寧棄所好，「弔煙仔」歌正說明他們的心情：⑤

眞系倒運，系美國香煙，見你而家倒運呀，就想起你從前，你往日行運個陣時，誰把你厭，人人中意你，話你好過活邊，因你個種香氣襲人，勝過燒鴉片，令人聞見就口流涎……煙呀，你有個美字招牌人共見……往日個種交情，今日割斷……

在抵制美貨聲中，英美煙的吸客均改抽其它牌號的捲煙。國人於是紛紛集資創辦煙廠應付需求，1905年成立的民族捲煙公司達十一家，其中有上海的三星、北京的大象、天津的北洋煙公司等。南洋亦於此年響應「實業救國」，在香港成立了。⑥據謂號稱「南洋」這名字實欲與當時設於天津、規模最大的華煙廠——北洋煙草廠「分峙南北，並駕齊驅，同興國貨，共挽利權。」⑦此外「南洋」的另一個含義則是指東南亞，表示該公司以東南亞愛國華僑為支柱，公司的成立，在很多方面得益於愛國華僑的熱心支持。⑧

1902年以後，中國大陸的捲煙市場幾乎為英美獨佔，華煙廠如三星煙廠和北洋煙廠正受着英美兼併的威脅，捲煙市場出現劇烈的競銷，這種氣氛對於當時資金少、設備簡陋的南洋非常不利，故南洋創立初期，自知財薄力弱，未敢入銷中國與英美爭長短，只以香港和東南亞為主，另闢市場，以求奠定業務基礎。南洋煙初期在東南亞的市場，包括泰國、星加坡、馬來亞、印尼、婆羅洲等。這些地區在當時尚未有繁重的關稅，也沒有英美的強大競銷威脅。雖然東南亞地區在1915年已入口價值一百多萬元的美國捲煙，但還沒有煙商在當地建煙廠、種植煙葉，或如英美在中國那樣作有系統的經營。⑨

南洋雖然尚未涉足中國，但中國內地發生的事情，卻給予它一定的影響。1905－1906年抵制美貨運動中，香港居民及東南亞華僑積極響應「不用美國貨，不吸美國煙」的口號，南洋亦高舉愛國旗幟，以國貨自居，提出「振興國貨」、「中國人吸中國煙」、「挽回利權」等口號，南洋煙因而漸受歡迎，在開辦後數月間，業績頗佳。1906年底，工作人員漸現不足，遂增雇男女職工人數近倍，同時原廠已感不敷應用，於1907年初再租入原料和

成品倉。⑩

　　受抵制美貨的餘波影響，1908年初廣東各地人民因清廷釋放私運軍火的日船二辰丸號而羣起抗議，抵制日貨，致日本煙完全不能入銷廣東及附近地區，南洋煙因而沾到一些利益，增加了銷量。但這次抵制日貨爲期極短，未能給予南洋進一步擴展業務的機會。⑪反之，由於南洋出產的白鶴牌漸受歡迎，招英美之忌，便藉口其包裝紙顏色影射英美煙，借香港巡理府之力，强行將二千餘元的白鶴牌在巡理府前焚燬。這對於財勢薄弱的南洋造成沉重的打擊。1908年初，南洋雙喜牌又同樣受到英美的破壞，再一次打擊公司的業務，使公司負債纍纍，在創立僅十三個月內，負債十餘萬元。

　　其後，簡照南與胞弟簡玉階繼續藉着在暹羅兼營販賣風燈和磁器的生意，向來往客戶，特別是東南亞華僑，推銷南洋煙。1911－1912年的辛亥革命，普遍得到華僑支持，他們以購用國貨來表達自己的愛國熱忱，以國貨自居的南洋煙便成爲華僑愛國身份的象徵。在辛亥革命前後，南洋飛馬牌煙僅在爪哇一地的銷量，一個月內多達一千箱。

　　1911年南洋開始轉虧損爲盈餘，獲利約二萬元，其後逐年遞增，1912年至1914年獲利分別爲四萬餘元、十萬元及十六萬元，可見四年間業務出現飛躍情景。⑫

　　1915年四月南洋在廣州設立分局，同年十月又設天津分局，分別主理廣東省及華北各地的業務；隨後上海和漢口分局相繼於1916年三月及十月成立；上海分局經營本地及江浙業務，漢口分局則以兩湖及江西爲營業範圍。⑬1915年7月29日南洋在北洋政府農商部立案，調整資金爲一百萬元。⑭這一切標誌着南洋拓展中國捲煙市場的新起點。

　　南洋最早在國內設立的分局是廣州、上海和天津。根據1915年分區銷貨統計，南方的銷量遠比華北及長江流域各地爲大。⑮這主要因爲南洋早在廣州人心中留下了印象。1915年前南洋煙雖沒有正式入銷廣州的紀錄，但廣州作爲中國的南大門，既爲簡氏的原籍，又與香港相鄰，廣東人對於暢行於香港及東南亞的國產南洋煙不會陌生。此外，簡照南熱心公益，以南洋名義捐錢賑災，被視爲大慈善家，對於南洋煙的銷路自然大有幫助。

　　南洋善於藉贊助公益增加聲譽，爭取社會支持，例如以辦善堂和孤兒院、救濟水災等作自我宣傳，擴大在社會的影響力。爲此，在每項善舉進

行時，必大張旗鼓，隆重宣傳，事後又於報刊補敍一番，結果成績美滿。如1914年廣東省發生水災，南洋捐助五千元；翌年廣東省再次發生水災，正值南洋發展國內市場，為藉機擴大宣傳，南洋舉辦了大規模的賑濟運動：獨力組織救災機構，購買小火輪攜帶糧食到各處救濟，船頭插上「南洋兄弟煙草公司放賑」字句的大旗，以加強宣傳效果。⑯這次活動頓使南洋聲名大噪，老少咸知，間接奠定了南洋以後在中國的業務發展，故其收效之大連簡照南也估計不到：⑰

> ……獨有可惜者，省垣方面之報界，一為水淹所停刊，二為忙碌之中乏人主理，故本公司之辦賑事宜，只能於香港方面發表……然雖如此，收效亦殊速矣。計廣州商務，經此水火之災而後，各行商務無不銳減，惟我公司之煙捲則不然，不惟無減，且更有加……各界人仕之對於我公司直視為一重大慈善團體……本公司之信用更有加焉，尤以學術界，優界中人得感情最厚……此舉連捐輸合計，約費二萬元，而南洋公司之聲名老幼咸知……

僅花費二萬元便使公司聲譽大噪，難怪簡照南於其後一再運用這種宣傳方法。

此外，中國南北的民情迥異，廣東市場有利於南洋煙的發展。胡樸安在《中華全國風俗志》中，對廣東人性格有這樣的描述：

> 廣東人富於排外性。無論政商學界，廼至勞動苦力之夫，莫不抱此思想。屬彼鄉人，雖甚惡之，不肯揚其惡。苟非其類，雖所好，必欲屏斥以為快。如對外之交涉，歷來爭持之烈，均為它省所不逮。其愛國愛鄉之忱，均堪驚歎。

1915年南洋三喜煙被英美控告謂影射其商標，迫於停售，以喜鵲牌代替。廣東煙販與吸家認為英美太無理，紛紛摒棄英美的三炮台煙而改抽喜鵲牌，以致出現代理及煙販爭購南洋煙的情景。⑱至於上海的情況，根據南洋職員王世仁接觸過上海人後，有如下看法：⑲

> 滬人最雜，其愛國貨心亦薄弱，尤有一種心理，凡上等社會及狹邪游中人，吸煙必要價貴為佳，若「三炮台」每罐八角，吸之稱闊；「自由鐘」（南洋煙）只五角，鄙屑不吸。因其價廉，並煙亦輕視之。故我煙能出一隻勝「三炮台」價更貴者，滬人必趨重。

這種迥異的民情，早為英美的香港負責人所注意。1915年他函勸上海負責人不要向廣東人宣傳南洋是日資時說：⑳

非常明顯，要想損害廣東人的思想感情，比起對付他們的北方兄
弟來，是更加困難得多……

可見當時的客觀環境對剛立足廣州的南洋非常有利。

南洋分局成立不久，國內因反對二十一條而發生抵制日貨運動，「愛
國用國貨」的口號遂相應產生，大江南北均有提倡國貨之聲。向以國貨自
居的南洋煙，雖初內銷中國，卻因時勢影響，銷售數量不斷增加。南洋的
經營規模隨着產品銷量迅速增加而不斷擴大，產量在1912年為4,785.61
箱，1915年達18,609.26箱，1917年則多至33,825.13箱。[21]

廣州是南洋煙在國內最大的市場，南洋地球牌成為該市最暢銷的捲
煙。由於分局貨源少，曾出現煙販爭購現象：[22]

每日候買煙者總在二、三百人，故有等着件到分局買煙，從朝至
晚始買得煙一盒。

至於在天津由於受到激烈的抵制日貨運動所影響，南洋煙大受歡迎，
總是貨到即售清，供不應求。[23]

其實南洋煙也曾在這次反日潮流中被英美攻擊為日貨：英美以簡照南
是日籍為口實，派員聚集公眾場所高談闊論，藉機指斥南洋煙為日貨，或
四出散佈謠言指南洋為日資，上等工人皆日人，只苦力為華人，[24]欲使南
洋煙成為受抵制的對象；又利用報紙製造輿論指斥南洋煙為日貨。一篇刊
載於《國民日報》，題為「三喜香煙貨質之來源」的文章，謂「該公司製煙物
料，多是某貨（日貨），如招牌紙、煙紙、捲煙機器、製煙藥料、紙料
等，皆來自某國，甚至製煙較藥亦請某國人（日本人）為之。」[25]1915年
上海英美負責人給濟南負責人的信便提議用輿論方式攻擊南洋：[26]

廣東南洋煙草公司係屬日本人所有，並且受日本人控制的。這篇
文章的譯文也一併附上。假如廣東南洋煙草公司的香煙在你們的
濟南市場上出現，在銷售香煙中涉及到該公司是否純屬中國的公
司爭議問題時，你可以爭取在你們地區內的報紙上將這篇文章登
載出來。這樣，對你們也許是很有好處的。

英美游說抵制南洋煙的對象除捲煙消費者外，更包括領事人員，如曾
持日人與南洋交易的信為憑證，要求某領事出面排擠南洋煙不遂。[27]此
外，香港英美的負責人也為上海的公司搜集了一份題為「廣東南洋兄弟煙
草公司存在着日本資本投資的問題」的資料，企圖通過法律途徑公開指控

南洋煙是日貨。信中謂：㉘

在法庭上進行盤問時，我們的辯護律師將力圖使他們（南洋）說出日本煙草專賣機關是否參與了他們的企業，日本資本是否有所投資，或者他們的工廠裏雇用了日本工人。他必將盡一切可能，使得南洋兄弟煙草公司看起來確實是一個日本人的企業。

對此，南洋一方面透過報章向人民聲明「本公司純係華人資本，敢對同胞之前發爲信誓」，㉙另一方面致函香港華商總會，請求派員調查，又函請廣州報界公會將香港華商總會的調查報告分發各報刊登。結果，在香港華商總會司理葉君蘭前往調查的同時，廣州華商總會亦派員進行查核，並向廣州國貨展覽會發出證實函件，證明南洋「屬華資，員工全華人。」㉚這次事件並未對南洋造成大破壞，人們迅速接納了南洋的有關澄清證明，繼續抵抗日貨，選用包括南洋煙在內的國貨。這件事雖並未引起廣泛注意，但對南洋的聲譽卻不無影響，如華僑陳則山便因得悉簡照南入日籍而函斥之：「向之深喜讀賞者，今一變而爲切齒痛恨矣。鄙人約同人等決與貴公司斷絕見聞，庶免觸目傷心……」㉛

事實上，英美並非無中生有，南洋確和日本有頗密切的關係，故在此事上難以答辯：一、簡照南在日本經商時孕育創辦煙廠的意念，在參觀神戶的煙廠時開始接觸捲煙的製造技巧；二、創辦南洋的資金中，簡氏兄弟所佔的二萬多元，大部分是在經商日本、辦理航運業時積累下的；三、南洋開業時第一批捲煙機器購自日本；四、第一批七男四女的技師均聘自日本；五、簡照南於1902年申請入日籍，有日本名「松本照南」；六、簡照南在日本神戶開設東盛泰，爲批發商號，後來代南洋購辦捲煙機器、捲煙紙和印刷品等。以上六點是南洋創辦時期與日本的關係，充分顯示出簡照南從日本取得創廠的經驗、資金、技術及設備。

南洋煙1915年開始入銷廣州、上海及天津等地後，適逢國內發生連串抵制美、日貨運動，人民紛紛改用國貨，抽食國產煙，故銷量不斷增加，多次出現供不應求的情況，這對於簡氏拓展中國市場的計劃注上強心劑，於是他準備將經營重心由東南亞轉移到中國內地。爲了應付新開闢的國內市場，簡氏兄弟在上海建總廠，負責製煙供應國內市場，香港舊廠則改爲分廠，其製成品主銷東南亞各地。

上海對於簡氏是陌生的，因而，他在籌設滬局及滬廠前曾對該地捲煙

市況作了詳細調查、研究。結果發覺英美煙獨霸滬市，在抵貨運動中影響極微，因爲「無別貨以抵之」，「雖有六、七種自稱國貨，實多冒牌」，[32]所以簡氏對上海未來業務充滿憧憬。但南洋產品初銷上海即遇挫折，因當地大同行二十餘家均與英美訂立不代售別家煙之約，甚至小同行一百七十餘家亦受着同樣壓力。南洋職員雖連日奔走找代理，卻沒有人肯訂貨，最後才勉强找到四家代理。[33]

然而，隨着抵制日貨、提倡國貨運動的持續發生，南洋煙在上海的銷量漸漸增加，街頭各小攤亦有擺賣。此時，南洋乘機加入「國貨維持會」，使產品透過該會的陳列而進行宣傳。其後，上海捲煙店紛紛要求代理，因此在滬廠設立前，上海和天津已與廣州分局一樣，沒有足夠貨源供給買家。[34]

歐戰期間列强疲於應戰，無暇東顧中國市場，正是中國新興民族資產階級抬頭之時，他們藉機發展了一批實業，希望從此一帆風順，大展鴻圖。可是1912年至1914年間日本資本猛烈入侵，入口日貨激增，對新興民族工業造成極大威脅。1919年五月四日巴黎和約事件成爲全民抵制日貨運動的導火線，一時各行各業拒售日貨，報紙也停登日商廣告。上海市內日本商品仁丹、日月光明水等廣告招牌被擊毀的很多，人民反日情緒極度高漲。[35]

南洋在五四運動開始即積極響應，如爲紀念「五九國恥日」停業一天，並申明其產品完全屬於國貨，期待從中獲取比1905－1906年反美運動及1908、1915年的反日運動更大的利益，但相反地，卻重重地摔了一跤。原因簡照南是日籍，1894年簡照南在經營怡興泰，販運土洋新貨於日本、香港、暹羅的同時，曾獨自經營航運業，創設順泰輪船公司，租船行駛越南、緬甸間，其後又自購置輪船「廣東丸」，在日本註冊。爲了便於經商往來，簡照南於1902年四月申請加入日本籍。

南洋的商敵再次以此爲題，興風作浪，結果國內因此掀起抵制南洋煙的運動。五四事件之前，有「英商葉鶴齡鳴謝譚簡二君」一文告刊登於京、津、滬、漢各地，明列「日商簡照南」，當時未見引起注意。1919年五月中旬正當抵制日貨風潮最盛時，出現了一份傳單不點名但字句間卻明顯地指斥簡照南是「日籍，利用日資設廠製煙，假冒國貨欺騙人民」。在反日情緒高漲之際，南洋的敵對者藉機製造輿論，呼籲人民抵制南洋煙。「南洋公

司日人之資本也，假冒國貨以欺同胞也」之言四起。南洋遂於五月十四日首次對日資事件發出「南洋煙草公司敬告國人」文告，文中說明南洋已在農商部註册，股東全是中國人，並聲明簡照南並未脫離中國籍。㊱

敵對和支持雙方透過報刊發表廣告式的文告。五、六月間，近乎二百份爭論激烈的文告出現於各城市的報紙上，平均每天登載五至六份於當時在上海擁有最多讀者、價錢極廉的《新聞報》上。㊲在五月十四至六月十八日間，南洋發表八篇不同的「敬告國人」文告，從各方面提出證據，進行辯護，表明立場。這些文告單在《新聞報》上就刊登了三十五日次，又有包括簡照南脫離日籍的啓事四則，刊登了三十五日次。南洋的維護和支持者亦於此期間紛紛以團體或個人名義，在報上發表文告，或謂南洋煙確是國貨，或謂簡氏持雙重國籍乃華僑慣例，更有不少讚揚南洋熱心公益。其中具名的團體支持者有十多個：中華國貨維持會、中華工業協會、上海粵僑商業聯合會、中華勸吸國貨紙煙會、江蘇教育會、報界聯合會、方便醫院等；具名的捲煙同業有一百五十八人；具名的個人有一百六十一人，文告共十二篇，刊登了七十三日次。至於反對南洋的文告，和對南洋事件有爭論者所刊登的互相駁斥文告共計十五篇，其中最主要部分是圍繞着以全國國貨偵查會名義所提出的「南洋兄弟煙草公司實非國貨」等牽連出來的問題所提出的反復辯駁，從五月二十五日到六月二十一日間共刊登了六十日次。㊳

敵對派在報章上指斥簡照南謂：「簡氏與日本關係，殆不僅國籍一事爲然，尙有財產上資本上之密切關係，及與日本會社訂約包銷該國製造原料之密切關係……」㊴並非全屬造謠。根據南洋香港廠於1915年及1917年原料來源紀錄中，發覺除煙葉外，其他原料包括商標紙、錫紙、竹嘴、香料、元罐、畫紙，分別由日本的東盛泰和明治會社供應。上述各項中除商標紙在1915年以後改由商務、中華書局及廣州關東雅印務局供應，還有竹嘴自1919年起在佛山設廠自製外，並沒有轉換來源地的紀錄。這便顯示南洋在滬廠成立後仍大量從日本購入原料。㊵至於「財政上資金上之密切關係」，可從簡氏兄弟討論資金調度問題的來往函件中證明：「……因接來信云，已電五萬五千元去戶，是以上海未有電去。然滬處欠戶款不少矣。……銀根漸緊，……或着神戶買些滙單來港，此亦可稍舒資轉也。」「欠神戶款料已不少，因前後只滙去二萬元耳。」㊶可見簡照南在日本神戶開設的東盛泰與南洋之間頗多款項往來。此外，南洋曾由日商德田出面代

寫信給英美進行談判交涉，因而成為被指為日資的口實。㊷

以經濟貿易的眼光來看，憑努力和才智賺取日本的金錢和技術來建業者，並無可斥之處；為製造上需要而選購日本原料、與日本的友好機構在資金上互相調借是極平常的事。可是在反日情緒高漲時期，凡與日本有關的人或事，都自然地成為千夫所指的目標：

> 今南洋兄弟煙草公司，明係日本公司而冒充中國公司，明係日本資本，明係日本材料，而冒稱國貨，年騙我輩金錢以萬計，進貢日本人，豈非中國實業界賣國大漢奸乎！豈非中國實業界之曹汝霖、章宗祥乎！㊸

關於簡照南是日籍，又名松本照南一事，早為英美所揭示。1915年英美企圖阻止南洋產品競銷中國市場，曾大事宣傳「簡氏是日籍，南洋非國貨」。可是對於南洋業務的發展未構成威脅，主要原因是簡照南原籍廣東，以廣東人的企業於香港和廣東作據點，有廣東商團及該省地方組織的支持，加上其深得廣東人心的慈善形象，難以受動搖。㊹然而，1919年南洋日資事件的大爭論中，簡照南受到的壓力除了來自上海商人及北京政客外，還有廣東的鄉紳領袖江叔穎。

江叔穎和簡照南屬同鄉，他是進士出身，前清入仕翰林院。民初回廣東後積極參與各種商人的民主運動，活躍於地區政務。他的聲譽並沒有隨清朝的消失而減退，反而穿梭於當地士紳、學者、革命者、商人和報紙編輯之間，社會影響力之巨可見一斑。㊺江叔穎離開政壇後，1917年加入英美，與父親江孔殷同為該公司受薪職員。簡照南恐怕江氏父子在廣東的影響力會對南洋不利，便先發制人，製造輿論謂江氏不應為虎作倀，助英美與南洋競爭而不顧鄉誼。江孔殷於1918年在省報作答辯時諷刺南洋用外國煙葉以自號愛國，愚人以利己。江簡二家遂由此結怨。1918年最早在報紙上刊登文告，指簡照南是日商的便是由江叔穎代擬。在大爭論中簡江兩家均利用報紙文告互相攻擊，引起廣東各界的注意。㊻而江家的幕後支持者便是英美。

為重新在廣東社會中建立信譽及勢力，簡照南邀請廣州十七個社團的四十名代表往香港參觀南洋煙廠。十七社團中包括八間善堂、四間醫院、四個商人及勞工組織、一個學會。參觀團回廣州後聯名發表「廣州各社團調查南洋煙草公司實情證明書」，證明股份純屬簡氏家族，職工均為華人，原料亦為土產。然而，證明書刊出後，代表團的其中三名團員發表文

章謂該團並未從事調查，只在南洋各廠停息數十分鐘後，便由該公司接待遊覽名勝，由簡琴石（南洋股東之一）於宴席間將一份擬好的證明書交予各代表簽名。此外，十七署名團體之一的八屬學會其後刊登聲明謂並未曾派代表出席該參觀活動。[47]結果，這些聲明使人懷疑參觀證明書的可信性，不但不能增加南洋在廣東的信譽，反而促使抵制南洋煙的運動隨着文告蔓延到上海以及全國各地。

南洋在上海所受的抵制及壓力更甚於其家鄉。來自當地商界及財團的抵制壓力離不了英美的挑撥及幕後財物的支持。一些小型的民族廠家也紛紛挺身攻擊南洋爲日資，藉以抬高自己的愛國身份，其中以曾任職南洋的興華煙公司總理陳才寶的破壞性爲最大，其所出煙牌號酷似南洋，又煽動煙業同行派發傳單指斥南洋爲日資。[48]

爲挽回南洋的聲譽及轉移人們的目標，簡照南於是在1919年五月二十八日發表「南洋煙草公司敬告國人」文告，宣布公司擴大組織，公開招收外股：[49]

> 敝公司本爲兄弟所組織而成。……竊念權利私諸一家，不若公諸全國。現經股東公同議決，除有資本五百萬元外，再招股份一千萬元。……俾宏偉之業，日進無疆，且令著有成效之營業，國人得共同享其權利。

南洋欲通過這次招股表示將公司利權公諸國人，肯定公司的股權及資金所屬，以反駁外界的指斥。此外，1919年八月五日發表的招股宣言中，列出張謇、朱葆三、顧馨一、虞洽卿等四百七十二名上海商政界權威人士爲南洋招股的贊成人，藉他們的聲譽、地位博取上海工商界的信任，以挽救公司於狂瀾中。[50]

在北京，英美利用簡照南雙重國籍爲口實，出資四十萬元指使商人黃楚九到北洋政府農商部活動，誣告南洋爲日本資金。黃楚九以二十萬元買通一些政府官員。七月間政府議員何勳業及周維藩分別要求農商部撤銷南洋執照，禁止其營業，措辭偏激。八月九日農商部正式勒令吊銷南洋執照，停止營業，禁止運銷。[51]農商部的聲明發出後，南洋即籲請當時正在北京集會的全國總商會援助，同時上海總商會、上海華僑聯會、上海粵僑聯合會及南洋在廣東工、商、學、善界的支持者、海外華僑都紛紛向北京政府提出抗辯。其中華僑的反應最引人觸目，他們認爲農商部以簡照南具日籍爲撤銷南洋註冊的理由，直接威脅海外華僑的切身利益，故紛函北洋

政府國務院,請求恢復南洋執照,否則便是國家欲棄絕華僑,阻礙實業進行。㉒北洋政府一方面受到華僑團體的壓力,恐激起海外華僑的反感,另一方面簡照南已於五月二十八日公開聲明脫離日籍,並於九月獲准恢復國籍,使農商部對南洋申請恢復營業「無辭可拒」,於十月二十七日回復其註冊,持續近半年的南洋日資風波才算告一段落。㉝

南洋在這事件中損失重大,不但產品銷量驟降,聲譽受考驗,且單就廣告費而言,1919年夏天就花了一百五十萬元,幾乎等於英美整年的廣告費;營業情況卻直至1920年三月尚未能恢復。反觀英美的營業額,在五四罷市結束後即恢復,是年初秋上海的英美廠為應付急劇上升的銷售量,增聘工人及加夜班。㉞

1925年正當中國勞工界為爭取利權而引致工潮迭起之際,上海的日本紗廠因工人罷工而殺死一名工人,成為五卅事件的引端;五月三十日上海公共租界英捕頭鎗殺十人、傷五十人,死者中有英美廠的工人。㉟消息傳開後,全國各地紛紛抵制日、英貨品。五四以來的抵貨運動都以提倡國貨、杜塞漏厄為口號,抵制的對象不單是入口貨,還有在中國的外資企業。於是,英美的產品亦被列入受抵制行列,甚至還是抵制運動的主要目標。㊱

英美煙所以成為抵貨的主要目標,因為有南洋在推波助瀾。這種因素連英美人員也察覺得到,廈門英美的職員在寫給其上海廠董事的信中說:「抵制活動是針對我們的,造成這種情況的大部分原因是由於南洋兄弟煙草公司活動的結果。」㊲一如既往,南洋把抵貨風潮視為推廣銷售其產品的最好機會,故不惜出錢出力推動人民反對英美煙產品。其策略可分下列數項:

㈠從金錢、物質上支持抵貨的工人及團體。在五卅事件後,工會領袖的視線從南洋移向英美,南洋負責人不但毫不猶豫地在物質上支援工人運動,而且捐出十萬元作為上海工人罷工的經費,這筆錢約佔工人全部籌募所得的12%。由於得到經濟上的支持,使英美上海廠的工人可以從六月四日至十月五日持續罷工達一百二十四日。㊳在上海和漢口動亂的消息傳到湖北後,當地各階層人士召開了一個「外交後援會」,南洋的經銷商在該會上捐出一千元,因而被選為委員,藉機操縱抵貨運動的大權來對抗英美。英美湖北段長謂:「……在這樣的偽裝下,該經銷商利用了這個協會的名

義來打擊我們的業務……」(59)

㈡利用派發傳單、小册子、貼街招、刊登報紙廣告及在報刊上發表文章,號召人們不要抽英美煙,並列出該廠產品的牌號提醒人們加以辨認,「力勸所有眞正的中國人……要支持本國工業,抽吸由廣東南洋煙草公司銷售的牌子。」(60)此外,並設法破壞英美煙的形象,如在寧波全市派發招貼畫,那些招貼畫上畫了一隻烏龜站在英美煙盒上,並有「誰吸英美廠香煙的就是烏龜」的題詞。(61)

㈢贊助學生的部分旅費開支以鼓動他們到處公開演說,企圖激發人們的愛國心,抵制英美煙,改吸南洋煙;同時聘請一批推銷員,分布各地從事同樣的演說活動,吹噓南洋煙是在中國所能獲得的最好品種,並要每一個中國人都自覺地不用進口貨,特別是英美煙。(62)

㈣捐錢給學生會,利用學生的激烈愛國反外情緒,駐守船運碼頭截查船艙,禁止英美煙運入,並核查各小經銷商和小販的倉存,威嚇他們不許出售英美煙。其中英美的海門小經銷商只賣了十包「品海」(英美煙)給一個叫賣的小販,這家店就被學生搜查;學生要罰店主一百元,店主拒付罰款,便被學生抓去遊街,並被强迫穿著背上有「賣國賊」和「洋奴」字樣的紅衣服在街上走。(63)結果使英美的業務損失慘重。英美濟南經理敍述其結果說:「在市場上已很難看到一盒我們牌號的香煙,我們的業務已完全停止了。」(64)

㈤運用保護國貨的藉口,使煙商只能售賣南洋煙。如青島及煙台的南洋分局以保護國貨權利爲藉口,將當地所有的捲煙商人組成行會,號召他們把所有尚未出售的捲煙存貨退還給南洋以外的煙公司,將來只賣南洋煙。(65)

㈥毀壞英美的廣告及香煙。南洋不但慷慨地捐款給學生會,還對很多團體免費供應膳食,藉他們對英美產品及廣告進行破壞:除毀壞招牌和廣告牌外,並曾將英美煙在公衆場所如戲院裏當衆燒燬,甚至在傳單中揭示英美的工廠內情及在種煙區對煙農的剝削行爲。(66)

南洋負責人利用學生强烈的民族感及不畏勢利的蠻勁,抵制英美煙,得到非常理想的成績,使英美難以招架,因此對南洋恨之切齒:

> 肯定地說,沒有其他公司受到像英美煙所受到的那麼深的仇恨的。(67)……
>
> 我們(英美)現在不能做任何事情來反對他們(南洋),根據我

們的情緒眞想把他們立即置於死地，但我們太弱了，只能希望困難越快解決越好。⑱

在抵貨運動影響下，英美產品的銷量在1925年下半年出現明顯下降：六月份抵貨運動開始，以寧波一區爲例，英美煙已減少一半銷量，其後兩個月跌幅更大，至八月竟下跌達三十倍；相反地，南洋煙在抵貨運動發生後，銷量大幅度上升。南洋的盈利在1925年驟升約三倍，1926年比1924年更增加近六倍。⑲

英美和南洋在同時受着同樣的歷史事件影響，營業額南洋驟升，英美卻劇降，可謂相映成趣。英美對當時情況有這樣的記載：⑳

> 在上海事件之後，南洋兄弟煙草公司各種牌號香煙的銷量一直在增加。例如「黃金龍」，他們是用來進攻我們的「司令」牌香煙的，現在「黃金龍」在市場上已變得非常活躍……

南洋總公司職工在回憶當年情況時也說：㉑

> 五卅運動時南洋生意盛極一時，連貨存霉煙都賣空。

五卅運動中，抵制英美煙的鼓動者除南洋外，還有其他華煙廠；故英美產品遭抵制後，受益者除南洋外，其他華煙廠亦分得一杯羹。據統計，1925年上海的華煙廠數量從原來的十六間增至五十二間，一片蓬勃情景；但可惜這些華煙廠大多數的規模都很小，而且很快就倒閉了。㉒

南洋的發展實有賴於其國貨的稱號及慈善家的形象。簡照南懂得利用抵制外國貨物的時機，針對國民的政治熱忱及消費者的心理變化，舉着愛國的旗幟，提倡「振興國貨」、「中國人吸中國煙」、「杜塞漏巵」、「挽回利權」的口號。1905年南洋的創立是因爲簡氏兄弟看到國民反美抵制外貨的力量足以使暢銷一時的英美煙大受打擊，於是在發展業務的過程中都以「國貨」自居；此外經常舉辦各種慈善活動，對賑災、資助孤兒院等都積極參加，藉以建立南洋在中國人心中的地位，擴大其影響力，往往因此在歷次的民族主義運動中得到好處。1915年趁着反日熱潮，簡照南將南洋的經營重心由香港轉移到上海，以「國產香煙」的形象打開長江南北的市場。

1919年南洋煙的銷量本來亦應隨着五四運動中的抵制外貨潮流而得到增加，不料它的商敵英美也掌握了其中奧秘，利用簡照南的日籍爲口實，指斥南洋是「日資」、「日貨」，企圖使南洋煙由受愛戴的國貨地位變爲受抵制的日貨。結果南洋在此役受損頗嚴重，不但爲民間輿論反對，且遭政府

勒令停業。要不是它深入民心的慈善形象替它挽回不少民情，它可能一蹶不振。根據方便醫院所述，南洋在1919年前的慈善事項還有捐二十萬元辦大學；四鄉散賑捐款十餘萬元；兵燹賑款二萬餘元；捐建方便醫院留醫病房一座；孤兒院建築費三萬餘元，另每年經常費八、九千元；光華醫院建築費二萬元 ；因米荒而 在上海聯合會及廣東糧食救濟會捐款三十餘萬元。⑦歷年直、魯、豫、陝、晉、黔、蘇、浙、隴、粵各省災荒，南洋都捐巨款賑災，如1920年從每箱煙銷售所得中提取十元賑濟北方旱災。暹羅分局為助長產品銷路，以每箱煙銷售所得捐助當地華僑慈善機關作為宣傳。此外為聯絡煙販的感情，在香港設立五間義學，每校每月得撥款一百元為教育貧窮的煙販子弟。⑦由上述各項可見南洋被刻意塑造為慈善大家的一斑。

南洋的慈善形象深入民間，其於歷次商戰中，雖屢為英美力挫，仍屹立不倒，社會大眾的同情和支持實佔一大因素。例如在1919年南洋因日資日貨問題被圍攻時，其支持者就曾以慈善事業一項作辯護依據：⑦

> 〔南洋〕平日辦地方上公益，不遺餘力，用本良心上之感觸……不過以吾國有此熱心公益之實業家，理當合羣扶植，與外競爭，今見為人摧殘，自不忍默爾而息……

從1905至1930年初中國不停地發生反抗列強勢力入侵的風潮，並帶起抵制外貨運動。南洋以國貨自居，積極參與每一次抵貨運動。1905年簡照南在抵制美國貨的狂潮中創業，雖然產品的質量遠遜暢行於當時的英美煙，但藉着抵貨時勢，南洋煙得到愛國的東南亞華僑抽吸。1911年辛亥革命發生，民族情感高漲，南洋業務初次出現盈利，其後隨着民間的革命熱潮泛濫，它的業務迅速發展。第一次世界大戰期間列強疲於歐戰，英美煙不敷應市，南洋便昂然進入中國大陸市場。五四運動中，「抵制洋貨，提倡國貨」的浪潮澎湃，南洋趁機大展鴻圖。從1909年改組時資產九萬元、負債十三萬元的基礎上積累至1919年，資金達六百多萬元。⑦五卅運動中南洋煽動學生抵制英美煙，並出錢支持抵貨工潮，從中獲利甚豐。南洋工人的薪金向來不但不會高於英美，甚至更低，但其廠內發生的工潮次數卻遠少於英美，如在1918至1930年間英美廠發生三十一次工潮，南洋廠卻只有五次，且每次工潮時間均較英美廠短，工人向資方提出的要求也較溫和。⑦追溯其原因，離不開南洋的國貨形象。民族主義運動中的工潮和南

洋的發展利益是一致的，愈多反對英美的工潮，愈能促進南洋的業務發展。簡照南清楚其中道理，於是高舉愛國旗幟，提倡國貨，抵制外貨。

爲了更鮮明地樹立南洋煙的國貨形象，簡照南設法從本國取得原料。1915年以前，南洋的原料如煙葉、紙、竹嘴、罐等分別由美國、日本及香港所供應。1915至1919年間抵制日貨事件使簡氏看到用日本原料將爲本國人民所唾棄，也許因此促使南洋在1920年初開始在中國建立原料基地，如投資造紙、印刷、製罐、製錫箔及竹嘴等廠，並在山東、河南、安徽設廠收購本國美種煙葉。此外，南洋在港、滬兩地設有製煙廠，加上遍佈全國各地的銷售網，南洋掌握了供、產、銷整個過程的各個環節，具備了一個捲煙企業完整的規模。雖然如此，南洋若與英美競爭市場，無論在財勢、實力各方面都未能趕及，一切全憑南洋的鬥志及不斷地自我改革，才不致爲英美所吞併。

事實上，南洋的產品在品質上並不理想。比諸英美煙，南洋煙無論在煙質、煙味、顏色、裝璜方面都遠遜不及。簡照南在1916年給簡玉階的信中曾說：「我公司於製造法門，無一不疏漏，暗耗無知。」[78]但直到1929年仍存在同樣問題，從當時暹羅分局的意見可見其情況：「弟到各山巴調查，有勸僑胞改用國貨者，皆曰：『吾人非不用國貨也，奈爾公司煙支淋軟、吸食費力，如此製造不良，不宜責人不幫忙。蓋先自求其完善，稍可勉強，自當用本國貨也。』」[79]在眾多牌號可供選擇下，人民雖然愛國，卻不能不爲價廉物美的英美產品所動心。北京商場當時流行一句話：「人叫人，千聲不語；貨叫人，轉頭就來。」[80]可見南洋煙因品質上不及英美產品，平白損失了一批愛國而又不能接受南洋煙味的消費者。

南洋以民族大義爲出發點，在商戰中以國貨爲號召，推銷自己的產品，打擊英美煙市場。1915年抵制日貨時期，南洋加強宣傳其公司全屬華人經營，其產品純爲國貨，[81]人民若然愛國，必須抽吸國產煙：[82]

> 即係日中用一煙支之微，亦要認明嘜頭乃可照買。因雙喜（南洋產品）之嘜全係完全中國之土貨……凡我社會之人定然要將日中所吸之煙支全向雙喜嘜之貨購取……見人買煙者勸買雙喜……

1919年日資問題大爭論中，南洋利用「杜塞漏巵、挽回利權」以激發人民的愛國心，把針對它的目光轉移向英美：[83]

> 香煙一項，吾國歲銷七、八千萬。利權極大，向爲外商壟斷獨登。自本公司出現，稍稍與競，而貿易總額，不逮其2/10，環顧

國中，同業寥寥……

同時對南洋的敵對派責以民族大義：「國人不諒，妒我者時以手段逼人，竟不惜為外公司之前驅。」[84]

簡照南致力塑造南洋煙為國產煙的代表，1915年參加國貨展覽會，在送產品上北京陳列時，特意在煙盒上標明「振興國貨」的字樣，因而獲得總統賞予匾額，南洋煙的國貨形象亦得到更大支持。[85]當英美以兩標問題控告南洋三喜牌時，簡氏不但將事情公諸於世，且當三喜改名喜鵲的時候，利用香港進行飛行表演，觀眾雲集的機會，購得機場廣告專利權，盡收宣傳之效。由於南洋將三喜被迫改為喜鵲的苦衷訴諸社會，引起各界關注同情。簡氏便是這樣藉助時代潮流發展業務，在人民的愛國情漲高漲下，喜鵲牌面世即大受歡迎：[86]

今細查市上……公司生意突然興者，有謂因某公司（英美）對於三喜煙過於無理，故煙販與吸家同時忿激，亦表示熱心國貨也。

南洋雖缺乏英美豐厚的資財，不能遍設廣告牌或雇員深入荒僻地帶廣為宣傳，但其領導人不斷學習英美的經驗，掙扎求存。1917年簡照南親自到蘇州、鎮江、南京等地作一番調查後，驚嘆於英美的宣傳技巧：「一切內地人民不知國貨為何物，總以『大英』牌、『強盜』兩宗為無上之煙，加上空山（英美）廣告密佈街衢，運動鼓吹，不遺餘力。現又運動各煙攤專賣其貨，予以補助利益，各人無不為所動。……是以本公司之煙難行。」[87]因此在宣傳南洋煙的愛國形象上，簡照南特別著重其效果。

南洋的廣告宣傳迎合中國人的愛好、需求及富中國傳統特色，充分配合時代要求：「中國人吸中國煙」、「杜塞漏巵」、「挽回利權」；其產品多以愛國及吉祥字詞為名，如「雙喜」、「新愛國」、「長城」、「富國」、「白金龍」等。簡照南並且聘請當時報界著名特約撰述劉豁公為南洋廣告部主任，圖文並茂地編製了許多觸目的廣告，如用「香煙之王、國貨之光」喻大聯珠煙，以「肥水不落外人田，中國人請吸中國煙」及「不吸香煙，固然最好，要吸香煙，請吸國貨長城牌」等富民族感情的字句配合宣傳反外潮流，顯示着與抽煙者共同抵禦外國的侵略勢力。[88]這些廣告除登載於各報刊外，並有以牆頭廣告佈於街市屋牆上，或製成木牌廣告置於交通要道。此外，劉豁公還製成五彩「人物小畫片」分裝於各種煙盒中，內容主要是《三國演義》、《紅樓夢》、《西遊記》中家傳戶曉的人物，當時的孩子都以能集得全套者為榮。這些廣告，雖然費用每年高達十餘萬元，[89]但對於南洋煙的銷

量起了不少幫助。此外，簡照南又雇人將英美煙放在被鎗斃的犯人屍體上，又謂英美煙哈德門的名字是聯軍入京所經由之城門，沾染中國人的血，均是利用中國人的迷信或國恥之情來破壞敵牌的形象及銷量。⑩

　　1919年南洋因簡照南日籍事件一度被取消註冊。其實若非報刊激烈的爭論及輿論壓力，農商部不會取消南洋的執照；如沒有華僑及工商團體電文交馳要求政府撤回法令，農商部便不會迅速恢復南洋的營業資格。這件事使簡照南深切體會到社會力量的重要，尤其知識分子如大學生領袖的煽動力量是不可忽略的。經過日資事件後，簡照南不單繼續為民眾舉辦慈善活動，更捐資興學，蓄意在知識分子中建立「支持教育」的形象，加強知識分子對南洋的良好印象：除捐贈巨款予暨南、南開、武昌等大學外，並設立助學金，全費資助大學生留學歐美最好的學府，以南洋名義舉辦，費用的三分之二由公司負擔，另三分之一則由簡照南支付。1919年第一批獲得南洋助學金的五名學生便是五四運動中北京大學的學生領袖、《新潮》的主力羅家倫、康白情以及段錫朋、孟壽椿、汪毅照，被稱為五大臣出洋。他們後來學成歸國都各有成就：汪曾任中山大學文學院長多年，羅、段二人在學術界享有盛名；孟曾任職上海大東書局總編輯及教育部參事，康為著名文學家。其後四年間另有四十名大學生得此助學金出洋留學。⑪南洋遣送留學生計劃引起當時社會的廣泛注意。民國九年蔣萬里致函梁啟超，建議由梁出面推薦數人，請求簡照南予以資助留學費用，以配合培養人才宣傳新文化、開拓新政治的理想。同年中，英美效法南洋，亦舉辦助學金計劃，資助學生入讀香港大學。⑫1925年五卅慘案所引發的抵貨運動使南洋的盈利驟升最少三倍，英美卻受到重大損失。在這次抵貨運動中，南洋除以一貫的「愛國吸國產煙」為口號外，更得到學生的支持，到處演講、派發傳單，勸國民抽吸南洋煙，這也許是南洋「支持教育」的一種明顯回饋。

　　二十世紀初年，中國發生連串的民族主義運動，南洋也在「愛國用國貨」的潮流中成立。經過簡照南的特意塑造下，南洋煙在民族主義運動中，總以國貨的形象贏得國民的支持和選購，公司業務也隨着愛國潮流日益發達。然而，水能載舟，也能覆舟，五四運動期間因簡照南曾是日籍，導致南洋的國貨形象受到質疑；南洋的商敵利用愛國潮流挑起日資事件，使南洋煙受抵制，銷量驟減，甚至被政府取消營業執照，聲譽和業務因而

嚴重受損，簡照南爲此曾慨嘆道：「國貨不足恃！」雖然如此，他卻從中認識到社會力量及知識分子支持的重要性。爲配合時代潮流，其經營策略亦作了相應改變：除擴大招股，讓國民分享股權，又在國內自設原料基地，鮮明國貨形象，並積極資助學生出國留學。因此南洋不但沒有在民族主義的洪流中淹沒，反之可以說是利用和配合民族主義運動，克服各種困難，繼續生存和發展。

註釋：

①捲煙在1846年以前由來華旅遊的洋人帶入中國，初期數量極少，故不立關冊，及後漸爲中國人接受。1894年已有不少歐美捲煙被香港和上海的商人輸入中國。最初銷路只限於上海、天津、廣東等大商埠，後來更廣及沿海各地和內陸。1894至1898年間，外國捲煙輸入上海的數額增加接近五倍，而海關貿易冊中，1895年也開始有煙類進口的統計紀錄。參考汪敬虞編《中國近代工業史資料》第二輯（科學出版社，1957年），頁206。

②捲煙統稅局編《捲煙統稅史》（文海出版社，1929年），頁190－191。

③楊國標等著《美國華僑史》（廣東高等教育出版社，1989年），頁372。

④阿英編《反美華工禁約文學集》（中華書局，1962年），頁6－7；丁文《光緒三十一年中英工約風潮》（中央研究院近代史研究所，民國55年），頁23。

⑤哲郎〈弔煙仔〉，見阿英前引書，頁14。

⑥中國科學院上海經濟研究室編《南洋兄弟煙草公司史料》（以下簡稱《史料》，上海人民出版社，1958年），頁1；汪敬虞前引書，頁912－913。

⑦Sherman Cochran, *Big Business in China: Sino-Foreign Rivalry in the Cigarette Industry, 1890－1930*,（以下簡稱 *Big Business in China*, Harvard University Press, 1980）p. 57；《史料》，頁17；楊大金《近代中國實業通志》（台灣學生書局，民國65年），頁449－464。

⑧楊湘海編《中外成功的企業家》（湖北人民出版社，1985年），頁99。

⑨*Big Business in China*, p. 58.

⑩《史料》，頁17－18。

⑪*Big Business in China*, p. 59.

⑫《史料》，頁4。

⑬《史料》，頁27。

⑭《史料》，頁7－8。

⑮《史料》，頁26。

⑯《史料》，頁99。

⑰《史料》，頁98－99。

⑱《史料》，頁93。

⑲《史料》，頁47。

⑳上海社會科學院經濟研究所編《英美煙公司在華企業資料滙編》〔1－4 冊〕，（以下簡稱《英美史料》，中華書局，1983年），頁139－140。

㉑《史料》，頁19。

㉒《史料》，頁31。

㉓《史料》，頁32－33。

㉔《史料》，頁77。

㉕《史料》，頁78。

㉖《英美史料》，頁137。

㉗《史料》，頁78。

㉘《英美史料》，頁138。

㉙《史料》，頁81。

㉚《史料》，頁79－80。

㉛《史料》，頁81。

㉜《史料》，頁41。

㉝《史料》，頁42。

㉞《史料》，頁44。

㉟沈以行〈五四運動中上海工人的罷工鬥爭〉，載《紀念五四十周年論文集》（上海人民出版社，1960年）。

㊱廣東國貨糾正會編《嗚呼！南洋兄弟煙草公司之黑幕》（以下簡稱《嗚呼》，廣東國貨糾正會，民國八年），頁2－4；《史料》，頁95。

㊲《五四運動在上海史料選輯》（上海人民出版社，1967年），頁188；*Big Business in China*, p. 103－104；《史料》，頁95。

㊳《史料》，頁95－96。

㊴《嗚呼》，頁8。

㊵《史料》，頁20。

㊶《史料》，頁54。

㊷《史料》，頁82。

㊸《嗚呼》，頁 8 。

㊹《英美史料》，頁137－140。

㊺林斌〈廣東怪傑江霞公太史軼事〉，載《藝文志》第三十期，頁19－20；*Big Business in China*, p. 105。

㊻《嗚呼》，頁15、24。

㊼《嗚呼》，頁 8 －10。

㊽*Big Business in China*, p. 111；《嗚呼》，頁255－257。

㊾《史料》，頁97。

㊿《史料》，頁98。

(51)《嗚呼》，頁21－22；《史料》，頁82。

(52)《史料》，頁85－86。

(53)《史料》，頁87。

(54)*Big Business in China*, p. 104。

(55)*Big Business in China*, p. 117。

(56)《英美史料》，頁1314。

(57)《英美史料》，頁1358。

(58)*Big Business in China*, p. 178。

(59)《英美史料》，頁1336。

(60)《英美史料》，頁1322。

(61)《英美史料》，頁1335。

(62)《英美史料》，頁1334、1336－1337。

(63)《英美史料》，頁445、1333－1334。

(64)《英美史料》，頁1333－1334。

(65)《英美史料》，頁1332－1333。

(66)《英美史料》，頁1353、1334、1338。

(67)《英美史料》，頁1333。

(68)《英美史料》，頁1334。

(69)《史料》，頁268。

(70)《英美史料》，頁1360。

(71)《史料》，頁148。

(72)《史料》，頁255。

(73)《嗚呼》，頁 6 。

⑭《史料》，頁249－250。

⑮《嗚呼》，頁6、8ｂ。

⑯邊潔〈南洋兄弟煙草公司史料評介〉，載《學術月刊》（1959年第六期）。

⑰*Big Business in China*, p. 208。

⑱《史料》，頁62。

⑲《史料》，頁415。

⑳全慰夫《中國民族資本主義的發展》（河南人民出版社，1982年），頁292。

㉑《史料》，頁101。

㉒《史料》，頁102。

㉓《史料》，頁100。

㉔《史料》，頁100。

㉕《史料》，頁91。

㉖《史料》，頁95。

㉗《史料》，頁58。

㉘平襟亞、陳子謙〈上海廣告史話〉，載《上海地方史資料》㈢（上海社會科學院，1984年），頁141。

㉙劉豁公〈南洋煙草公司簡照南創業史〉，載《藝文誌》第六期，頁17。

㉚《嗚呼》，頁17－18ａ。

㉛《史料》，頁249；楊湘海前引書，頁105；羅敦偉《五十年回憶錄》（中國文化供應社，民國41年）；Y. C. Wang, *Chinese intellectual and the West 1872－1949*（The University of North Carolina Press），p. 152。

㉜《梁任公年譜長編康批梁任公詩手蹟》下冊（世界書局，民國61年），頁581；艾蕪《我的童年時代》（開明書店，民國49年），頁51。

The Influence of Nationalism
on Nanyang Brothers Tobacco Company
民族主義運動對南洋兄弟烟草公司的影響
by Yuk-ying NG (吳玉英)

Nanyang Brothers Tobacco Company was founded in Hong Kong in 1905 just after a boycott movement of American goods in China. At first it was a small company with a capital of only 100 thousand dollars. Business soon grew up since Jian Ziao Nan, Nanyang's founder, was very good at building up Nanyang's image of native products. Besides, Nanyang always gave charities to the needy in Canton, so that Nanyang enjoyed the trust of the Chinese. Then came the 1911 revolution which was generally supported by overseas Chinese. They bought and used Chinese goods to show their patriotism, and Nanyang's products were welcomed, and had a good market.

In 1915, with an additional 1 million dollars, Nanyang established branches in Canton, Tientsin, Shanghai and Hankow, ready to make use of its image of native products to expand business. However, the May Fourth movement of 1919 put Nanyang into adverse circumstances because Jian Ziao Nan had been a nationalized Chinese in Japan, and Nanyang was accused by its enemy as being a non-native company running on Japanese capital. Nanyang suffered a great lost because of this. Fortunately, there came another nationalism movement in 1925, which was a boycott of American goods again. Jian Ziao Nan then pressed it forward by supporting student unions and labor unions to boycott its enemy, The British-American Tobacco Company, and built up Nanyang's native image again. Nanyang had a great progress during the movement.

宋代轉運使之任用制度

謝興周

引言

宋代官制紊亂，尤以地方爲甚，蓋地方長官不像前代只有一員。宋代地方長官大抵以四司爲主：即安撫使、轉運使、提點刑獄官及提舉常平官，而後三者爲監司，自成體系，其中又以轉運使在三監司中，地位與職權最高最重，因其可影響吏治之清濁，民生之富貧，國庫之盈虛，邊防之强弱，以至藩鎭之消長。故雖云紊亂，轉運使課題仍受宋史研究者之重視。現可見到轉運使之論文亦有數種，惟對轉運使任用制度之研究似未夠深入，故仍值得深入探討。本文即爲此一目的而作。現分：選除途徑、任用方式、任用條件與規限、任期、俸給、品位、輿服、中央考課及遷昇途徑九項作較詳細之論述。

(一)選除途徑

兩宋轉運使之任命，其途截然不同。北宋大抵以先選儲人才，然後揀命，此法只於北宋末，因權臣舞權弄柄而有變；至南宋則爲軍將所奏命，無所謂選儲之步驟。現分選才與任用途徑二項說之。

1. 選才：轉運使在北宋時期，無論以何途徑任用，其必先爲大臣或運使薦舉於朝廷，以待任用。故整個北宋間，時有詔侍從官舉才充運使者，其間亦有運使薦上人才以自代者，現分項述之。

A. 侍從選舉：此爲皇帝命侍從大臣舉人才堪充運使之法。續資治通鑑長編（以下簡稱長編）卷二十三云：「（太平興國七年）詔翰林學士承旨李昉及庫部員外郎楊徽之等十一人，舉……轉運使各一人。」（宋會要輯稿〔以下簡稱宋會要〕選舉二七略同）至淳化三年又有詔舉官充轉運使。長編卷三十三云：「（淳化三年）令宰相以下至御史中丞，各舉朝官一人爲轉運使。」（宋史卷五略同）至眞宗時亦然。宋會要選舉二七云：「（咸平元年）詔三司使尙書丞郎……等各於朝官內舉廉愼强幹堪充轉運使副者，不限人數。」（宋史卷六略同）仁宗時亦見之。歷代名臣奏議卷一百

三十二云：「（富）弼爲樞密副使薦張昷之等可充轉運使副……」至哲宗時亦然。宋史卷十七云：「（元祐元年）詔左右侍從各舉堪任監司者二人，舉非其人有罪。」

B. 轉運使薦舉：此多爲轉運使求代，於是朝廷命其薦可代之人。長編卷四十云：「（至道二年）詔徙河北轉運使、祠部郎中陳緯爲陝西轉運使。緯入對，盛稱大名府通判……任中正之才，請以代己……授江南轉運使……」又卷四十八云：「（咸平四年）以殿中侍御史卞袞爲淮南轉運使……時王子輿上表求代，詔令自擇其人，子輿以袞……名聞，故有是命。」宋會要職官六〇云：「（景德元年）以國子博士薛顏爲虞部員外郎夔州轉運使，代丁謂，從其所請自代也……」又職官五九云：「（元豐六年）詔京東路轉運副使吳居厚具所知通判以上及別路監司提舉官可充本路轉運使……」觀知，轉運使之任命前，先命侍從大臣或運使先舉人才，然後始任用。其間或有人數之限，或無，但其後則舉者須負責所舉之人才爲恰當者，否則有罪，可見舉才之法極其嚴格。

2. 任用途徑：所指者即誰人或何機構去任命轉運使。宋代任官，以其品位職級不同而有不同任用途徑。大抵言之有三途。長編卷三百七十：「（元祐元年）殿中侍御史呂陶言……伏謂朝廷差除之法，大別有三：自兩府而下，至侍從官，悉稟聖旨，然後除授，此中書不敢專也。自卿監而下及已經進擢，或寄祿至中散大夫者，皆由堂除，此吏部不敢預也。自朝議大臣而下，受常調差遣者，皆歸吏部，此中書不可侵也……」則可知宋代差官有帝命，中書除任（堂除）及吏部任用。但宋代轉運使常不受任期規限，故無所謂常調差遣者，因之吏部不預運使之任用。若照呂陶所言，則運使爲地方官，亦不爲皇帝任用，但宋代轉運使於宋初期，全爲皇帝任命。長編卷一百五十四云：

「上封者言：伏覩去年（慶曆四年）八月二日敕，今後省府判官、轉運使副……轉運判官更不循例差除。委待制以上，每年於館閣朝官、臺官、提點刑獄、知府內舉一員充……轉運使副，於知州軍、轉運判官內舉一員充提點刑獄，於通判內舉一員充轉運判官者。臣竊聞自來省府判官、轉運使副，在太宗時，並是上意特除。泊眞宗時參令中書選擇……伏望特罷此詔，一切令依舊，中書自銓擇吏才明敏望實兼稱者，充轉運使副……從之。仍令御史臺遍牒諸道州軍。」

則可知太宗時，轉運使爲皇帝親命，至眞宗時則或帝命或中書任命，於仁宗時，則全委中書任命。故如呂氏所言，運使於太宗時爲帝親命，稍後爲中書選擇。大抵北宋以此二途任用轉運使，當中北宋末，權臣用事，至失循資任用之實，見下論述。雖云運使在北宋任用有二途，嚴格言之，則可謂爲皇帝親任一途，亦見下論述。及於南宋，帝權削弱，軍將用事，轉運使由地方最高長官演變爲用事武臣之屬僚，其任用全由武臣控制，已不復中書、皇帝任用之途，當然其間偶有朝廷任用者。現分帝命、中書選除及武臣任用三途論述兩宋轉運使任用之途徑。

A. 皇帝親命：轉運使本非宰臣或侍從，理不應由皇帝親命，但轉運使一職，於宋平定天下，削去外權，改革及制定地方制度上，有着深遠影響，故宋初期，其任用多由皇帝親命，尤以太宗爲然。歷代名臣奏議卷三十九云：「哲宗即位初，起居舍人邢恕上疏曰……唐之所謂采訪使，今之所謂轉運使副判官……此即代天子巡狩者，其任不輕也……」宋史卷一百六十云：「令宰相以下至御史中丞，各舉朝官一人爲轉運使，迺詔曰：國家詳求幹事之吏，外分主計之司，雖曰轉輸，得兼按察，總覽郡國，職任尤重……」容齋四筆卷第十三云：「國朝削併僭爲僞，救民水火之中，然亦有因仍舊弊，未暇更張者，故須賴於賢士大夫昌言之。江左初平，太宗選張齊賢爲江南西路轉運使，諭以民間不便事，令一一條奏。」從上三條史料，當可推知皇帝特重轉運使之任用，而破格親自任命。帝命一途，史料特重言太宗親選任用轉運使之事，其實由太祖至於神宗，對運使之任用，非常留意，雖云有中書任用運使一途，但中書獨立掌委命之權，時間甚短，此從中書除一轉運使時，輒爲皇帝所否決可知，故北宋時期，除短時間爲權臣所掌外，運使任用，實控於皇帝。長編卷十四云：「（開寶六年）中書擬左補闕辛仲甫爲淮南轉運使，上不許。」則明確可知轉運使之任用，於太祖時，實操於皇帝，中書只作起草選人備皇帝審任。又卷一云：「（建隆元年）命戶部侍郎壽陽高防……充前軍轉運使。」此則不能明確知道是否爲皇帝所任用，惟從「命」字之用，此爲皇帝所用公文之稱謂，似可知宋初任用運使，爲太祖所命。宋史卷二百四十九云：「（范）旻……開寶九年，知淮南轉運事。太祖謂旻曰：朕今委卿以方面之重，凡除民隱急軍須之務，悉以便宜從事……」似亦爲皇帝親任，因便宜權，非中書所能授。關於太宗親任轉運使事，史料多且詳，除上引長編及容齋隨筆外，宋會要職官一一云：「初，太宗謂宰臣曰：朕親閱班簿，擇堪河北

3

轉運使者……」（職官九五略同）文獻通考（以下簡稱通考）卷六十一云：「東萊呂氏曰……太宗時轉運使皆人主親自選擇，故淳化五年十一月，上曰多士滿朝，朕試令索班簿閱之，周行之人，魚貫櫛比，不勝其眾矣，比於其中求一才中轉運使……了不能得……以此知轉運使自人主親擇之也。」故可知太宗年代，運使為人主親任。長編卷六十八云：「（大中祥符元年）……，江南轉運使闕，中書進擬人，數見卻，上乃自除（張）士遜為之。」（隆平集卷五略同）此見真宗時，亦有皇帝親任轉運使者。則推知宋初三帝皆有親任轉運使之事，而太宗時更全為其任用。至仁宗時任用轉運使之權，依前引長編上封者之言，當落在中書，即自仁宗始，運使任用途徑轉為中書選用，但觀史所知，此只為形式，任用運使實權，仍操於人主之手，故嚴格言之，終北宋一代，除英宗、哲宗時代未知人主有否親任運使，及徽、欽二宗時，運使之任用，為權臣所弄外，餘皆實人主所任用。長編卷一百一云：「（仁宗天聖元年）以權開封府判官、侍御史俞獻卿為陝西轉運使。先是，宰相連進數人，不稱旨。既而獻卿在所擬中，上曰：此可矣。即命獻卿往。」①知仁宗有親任轉運使。雖云中書、樞密在仁宗時有任用轉運使之權，但歐陽修上仁宗奏疏云仁宗用范仲淹、富弼在兩府，屢建舉官之議，然亦不是自出意見，皆先檢祖宗故事，請仁宗擇而行之②，可知任用轉運使權，仍在皇帝之手，兩府只為形式上之任命機關。至神宗時，雖無親任轉運使，但對運使之任用時有提出意見。如熙甯三年，河東宣撫使韓絳欲用韓鐸為河東轉運使，王安石不可。但其後神宗欲用之③，同年，王安石請用陳襄為集賢殿修撰陝西轉運使。命下，神宗批別進呈而改命同修起居注④。由是觀之，皇帝親任轉運使之途，在北宋佔着極重要位置。

　　B. 中書、樞密選任：如前述，此一任用運使途徑，非為重要者，只為形式上之任命，只於某些時候，曾發揮作用。此一途徑當如前述始於真宗時，而定制於仁宗時，以至於北宋末。長編卷四十三云：「（咸平元年）上謂宰相曰：轉運使按察官吏，事權甚重，任非其人，則州縣受弊……卿等其謹擇之。」見真宗時，宰相任用運使。宋會要食貨四九：「（慶曆三年）詔中書、樞密院同選諸路轉運判官。」宋史卷十一則云：「（慶曆三年）詔中書、樞密同選諸路轉運使。」則仁宗時中書、樞密同選任轉運使。宋名臣言行錄後集卷三云：「寶元中，河東闕漕使，堂上議難得可任者，章郇公言聞搢紳間說文彥博者，磊落有稱……召至堂上……

逾……差委。」宋史卷三百一十五云：「權陝西轉運副使薛向赴闕，樞密院輒畫旨除爲眞……」亦見中書、樞密院任用轉運使之實例。及至神宗時，此一任用途徑稍殺，因皇帝常加意見。長編卷二百五十九云：「（熙寧八年）權同判軍器監、集賢校理兪充權發遣成都府路轉運副使。初，中書擬差判將作監範子奇，上批：子奇……故以命充。」又卷二百七十八云：「注：安石嘗進呈陳襄除龍圖閣直學士，呂嘉問集賢院學士、河北路都轉運使。上曰：陳襄甚好，嘉問更候少時……」則神宗時中書任用轉運使之途徑，爲神宗所左右。觀此，中書、樞密院任用運使權，由眞宗至於神宗間，常爲君主所侵奪，未及皇帝親任之途重要。至於哲宗及徽宗間，權臣用事，運使堂除之法，變爲私意除授，此爲宋代運使任用途徑上一汚點，但若就堂除途徑而言，其爲眞正行使權力之時刻。宋人軼事彙編卷十一云：「劉元城貶梅州，章惇輩必欲殺之，郡有王豪……見惇，自言能殺元城……即除本路轉運判官……」容齋三筆卷第十五云：「政和中（蔡京）以太師領三省事，得治事於家……有一兵齎雙縑及紫匣來，乃福建轉運判官直龍圖閣鄭可簡，以新茶獻，即就可漏上書『秘撰運副』四字授之。」（宋人軼事彙編卷十三略同）見權臣之私意任用運使。觀此，北宋轉運使之任用途徑爲皇帝親任及兩府選擇，而以前者爲主流。

3. 南宋武臣之任用：南宋初，政局不穩，官制混亂，加以軍人抬頭，地方勢力爲主軍者所控制，轉運使無復執行地方最高長官之權力，而爲武臣取代，轉運使轉爲武臣行軍轉餉之屬僚，故其任用，悉聽武臣。有權任命轉運使之武臣有數種，而以宣撫使、都督及安撫使爲主。現分述如下：

A. 宣撫使：其有任用轉運使之權，非始於南宋，而見於神宗間，時只能乞用，未能獨立任用。長編卷二百二十云：「（熙寧四年）韓絳（時爲陝西宣撫使）乞用陝西路提點刑獄韓鐸權河東轉運使。上曰……未可用。文彥博曰：韓絳要鐸了邊事，今不用鐸用他人，恐敗事。」見神宗時宣撫使已有威勢乞用轉運使。至徽宗時，童貫用事，始有權任用轉運使。東都事略卷一百二十四附錄二云：「延禧（外族人）：童貫知延禧失國，乃請兵北伐，徽宗以貫爲河北、河東宣撫使引兵北向……貫用……程唐、王序爲轉運使……」則徽宗時，宣撫使已有權任用轉運使可知。及南宋初年此情況更甚。繫年要錄卷四十七云：「（紹興元年）宣撫處置使張浚承制以中大夫劉錫爲夔州路轉運副使。」又卷四十六云：「（紹興元年）朝議大夫……吳革爲潼川路轉運副使。自置安撫司後，四川監司以敕除者始

此。」而皇宋中興兩朝聖政卷十「安撫司」作「宣撫司」，似後者爲合，因四川在南宋初見有宣撫使，而似未見有安撫使。則可知宣撫使自神宗間開始對任用轉運使起了影響，及於南宋而任用權力不減，至所謂有「敕除」者，惟時間甚短，張浚爲四川宣撫處置使時期，則運使不論何職級，皆爲其所任用。

B. 都督任用：此爲繼宣撫使後南宋之重要武臣，故其亦可任命轉運使，惟須先奏請皇帝。宋會要職官三九云：「（紹興五年）都督行府言……所用錢糧合差官隨軍應辦，欲就差淮南東路宣撫使司參謀官陳桶兼都督府隨軍轉運判官……從之。」又食貨四九云：「孝宗隆興元年四月二十二日都督江淮軍馬張浚言差江東漕臣向子忞兼都督府隨軍運副。從之。」可見有都督奏差轉運使一途，且時期頗長。

C. 安撫使任用：此與都督略同，以奏辟爲用，而以四川爲主。朝野雜記卷九云：「淳熙末，安（丙）觀文爲文州漕官，有薦於吳挺者，檄兼利西安撫司簽廳……及（吳）曦爲殿帥，安通判隆慶府……軍興前辟隨軍轉運……」見安撫使奏辟轉運使。於此附言，北宋靖康初，金人曾逼朝廷敕命轉運使，此爲運使任用之另一途徑。三朝北盟會編卷七十二云：「金人請以……河東轉運使張友極爲大金隨軍轉運使……」

綜合言之，轉運使之任用，先選人才，然後待用，任用途徑，則兩宋不同，北宋以人主親任及中書、樞密選任爲途；南宋軍興，致運使之任用，爲宣撫使及都督所主。

註釋：
①宋史卷三百略同。
②長編卷一百五十四。
③同書卷二百十六。
④太平治蹟統類卷十四。

㈡任用方式

宋代轉運使之任用方式，幾近二十種，但若深入探討之，則可見有其時代特性，大別言之，可分爲四期：宋初，中期、熙寧時期及南宋時期。宋初指太祖建國至至道三年分天下爲十五路前，其任用方式多爲充，知、

同、句當、領、提點或提舉等。宋朝事實卷九云：「……其轉運使職位，國初但曰句當某路水陸計度轉運事……」宋會要食貨四九亦云：「……國初，有轉運副使，或曰同轉運使、知某路轉運事，又有同知及句當者，知州亦有兼轉運使者，其後悉罷知、同知、句當之名，皆止稱侵（應作使）或副使，而知州亦無兼領者……」此爲宋初期之大概。中期指由至道三年，分天下爲十五路而各置轉運使至於神宗熙寧間王安石當政前，此時期爲全國運使建置期，此時任用方式多爲充，權、兼、除、授、管句等。熙寧間之方式，至爲特別，以權發遣方式任用者爲最多。長編卷二百六十九云：「蔡承禧言……朝廷比置權發遣之名，蓋以本資序未有人才，遂於小官拔擢有才之人，以居此任（轉運使之任）……」歷代名臣奏議卷一百六十一云：「（司馬）光爲左僕射時上疏曰……自王安石執政以來，欲力成新法……增轉運副使判官等員數，皆選年少資淺輕俊之士爲之，或通判知縣監當資序及選人，以權發遣處之……」可知其時以權發遣方式任用轉運使。及至南宋，各種任用方式承習前代，並常用「添差」方式，此因轉運員多闕少，特於某路多添一職以處之，時有實權責，時空充職以支俸。充選人多爲宗室人員。現分述之。

1. 充：此爲宋代轉運使最早見之任用方式，亦爲兩宋間一直採用之方式。如建隆元年，命戶部侍郎高防、兵部侍郎邊光範並充前軍轉運使①，又如元符二年，朝請郎曾孝廣充西京轉運判官。②

2. 知：亦爲宋初任用方式。通常以知某州或路事稱之，又有同知等。史例甚多，舉例如下：

「（開寶二年）以刑部員外郎滕白知河東諸州轉運事。」③

「（開寶五年）以大理正李符知京西轉運使。」④

「（開寶七年）命（劉）蟠同知淮南諸州轉運事。」⑤

3. 領：如開寶四年，以右補闕王明領廣南諸州轉運使⑥，如太平興國二年，詔分陝西轉運使爲二司，以張渙領陝西河北諸州，韋務升領陝西河南諸州⑦，又如至道末，沈繼宗領淮南轉運使。⑧

4. 同：此爲某路有二員處時或其官位稍低時用之。國初有同轉運使⑨，如李應機爲同轉運使⑩。此一任用方式，至神宗時廢。據熙寧四年，看詳編修中書條例所狀：諸路轉運使副，或差兩員者並不帶同字⑪，可知。

5.勾當：又有同句當，亦見於國初。當任使者官品較低時用之。舉例如下：

「（開寶九年）以庫部員外郎范旻勾當淮南諸州並淮北徐海沂等州水陸計度轉運公事。」⑫

「（太平興國四年）命行在轉運使劉保勳兼勾當北面轉運使事。」⑬

「（景德四年）虞部員外郎薛顏同勾當轉運事。」⑭

6.兼提點：亦見用於宋初，但時間極短，只見於開寶五、六年間。而任使者官品極高，有唐代以宰相領轉運使之遺意。以此之式任用者，兩宋間只見三人。如開寶五年，命參知政事薛居正兼提點三司淮南、湖南、嶺南諸州水陸轉運事，呂餘慶兼提點三司荊南、劍南諸州水陸轉運使事⑮，又如開寶六年，薛居正拜門下侍郎平章事，仍兼提點轉運使事，又以中書侍郎平章事沈倫兼提點荊南劍南轉運使事⑯。

7.攝：此為全國分路而治時之轉運使任用方式，但不常見。任使者常為資歷較低者。如淮南轉運使王素徙渭州時，移文通判秦州胡楷攝轉運按察使事⑰。

8.權：用意與攝略同，但非署理，只是其本身品位低，故謂權。亦有兼權方式。兩宋皆採用之。如真宗咸平五年，以知閬州、國子博士黃觀權益州路轉運使⑱，元符三年，尚書度支郎中王詔兼權京西路轉運使⑲，又如紹興九年，右中散大夫宋輝權京畿都轉運使職事⑳。

9.兼：亦同見於兩宋間，但南宋較少。所謂兼者，即其本身已領有職事，而兼任轉運使者，多為知州、安撫使及鈐轄等。史料甚多，舉例如下：

「以楊克讓權知升州，尋兼水陸計度轉運事。」㉑

「詔緣軍興，令三路都部署兼河北轉運，以給糧道。」㉒

「劉雄飛、四川安撫制置副使兼夔路轉運使。」㉓

「王繼忠、改鎮定高陽關三路鈐轄兼河北都轉運使。」㉔

10.管句：見於至道後，不常用。有權、兼等。以此方式任用者，本官在神宗前較高，其後則降低。如大中祥符元年，左正言、直史館張知白、權管句京東轉運司事㉕，慶曆元年，知永興軍、吏部侍郎范雍兼管句陝西轉運司計度糧草公事，仍加資政殿學士㉖，可見仁宗時，以此方式任用者，本官品不低。但元豐五年，降授通直郎蔡燁權管句河北路轉運判官

㉗，又同年，降授宣德郎范純粹權管勾陝西路轉運判官㉘，則是時以此方式任用之使者，本官品較低。從而反映出此方式爲任用方式最低等者。

11.主管：見於神宗間。如元豐四年，命寶文閣待制知汝州李承之權主管陝西都轉運司公事㉙。

12.提舉：見於眞宗景德間，不常用，任使者地位甚高。用師時始用此方式。舉例如下：

「眞宗即位……用師，或令都總管兼都轉運使，或提舉轉運事……事畢即停。」㉚

「（景德元年）以（王）欽若判天雄軍府兼都部署、提舉河北轉運司。」㉛

「知制誥、知鄆州丁謂兼鄆齊濮安撫使、並提舉轉運及兵馬。」㉜

13.授：如滕中正授四川東路轉運使（㉝。

14.爲：如宋璫爲峽路轉運副使㉞。

15.改：如趙師虁除直龍圖閣，改江東運判㉟。

16.除：如鄭文寶就除本路轉運使㊱。

17.徙：如鄭文寶徙河東轉運使㊲。

18.拜：如張璦拜淮南轉運使㊳。

由授至拜等方式，均見用於兩宋間。

19.權發遣：始見於神宗時，並常用於熙豐間，爲此期間之特色。任使者多屬資淺官低之人。此爲兩宋任用轉方式之至低等者。至哲宗元祐初始去此方式。宋人蔡承禧言朝廷比置權發遣之名，蓋以本資序未有人才，遂於小官拔擢有才之人，以居此任㊴，司馬光上疏曰自王安石執政以來，又增轉運副使、判官等員數，或通判知縣監當資序及選人，以權發遣處之㊵，通考卷六十一亦云：熙寧二年詔轉運使用本資序人即充，資序下一等爲權，二等爲權發遣。可知由於王臨川主政，增副使及判官員數，致未能任用合資序人充，故於熙寧二年創置「權發遣」之方式以任用轉運副使與判官。至元祐元年始詔自今監司落「權」及「權發遣」字㊶。但旋復用之。現略舉例以見之。

「（熙寧四年）權發遣戶部判官、司門郎中張覯權發遣荆湖南路

轉運副使，虞部員外郎、權發遣荊湖南路轉運副使范子奇權發遣
戶部判官。」㊷

「（徽宗崇寧三年）詔新差權發遣廣南東路轉運判官公事王覺遷
一官。」㊸

「（孝宗隆興五年）權發遣兩浙路計度轉運副使公事劉敏士奏
（所奏從略）。」㊹

則可知，此方式始創於神宗初，而其後沿用之。

20. 添差：爲南宋一代所常用之方式，但始見於北宋。採用此方式
時，大多因員多闕少，或以處置帝後或后妃後人，故創添一闕，以置之。
如任者爲帝後則大多不釐務，只爲虛銜，但可取俸給。舉例如下：

「（建炎三年）直秘閣陳汝錫添差兩浙轉運副使。」㊺

「（紹興二年）詔罷兩浙路添差運判一員。」㊻

「（紹興三十二年）直秘閣浙西沿海制置使隨軍轉運副使龔濤添
差兩浙轉運副使。」㊼

綜觀上述，宋代轉運使之任用方式不下十多種，而各有其時代特色，
初期以知、勾當等爲主，稍後分路而治，則以除授、徙改爲主，神宗時創
置權發遣，南宋則以常用添差爲特色，而方式中以提點，提舉所用時間最
短，以此方式任用者亦最少，但受命者位至宰執，非他方式之受命者所可
比擬。

註釋：

①長編卷一。

②宋會要禮三七。

③長編卷十。

④宋會要食貨四九。

⑤長編卷十五。

⑥同書卷十二。

⑦同書卷十八。

⑧宋史卷二百六十四。

⑨宋會要食貨四九。

⑩同書補編卷二萬一千六百九十。

⑪長編卷二百二十五。

謝興周　宋代轉運使之任用制度　　469

⑫同書卷十七。

⑬同書卷二十。

⑭宋史卷四百六十六。

⑮長編卷十三、宋會要食貨四九、宋宰輔編年錄卷一及宋史卷二百一十。

⑯宋會要食貨四九及宋史卷二百一十。

⑰長編卷一百五十三。

⑱同書卷五十二。

⑲宋會要禮二九。

⑳建炎以來繫年要錄（以下簡稱繫年要錄）卷一百二十六。

㉑長編卷十六。

㉒同書卷五十。

㉓宋史卷四十五。

㉔同書卷二百七十九。

㉕長編卷七十及宋史卷三百一十。

㉖同書卷一百三十二。

㉗同書卷三百二十六。

㉘同書卷三百二十七。

㉙宋會要食貨四九。

㉚同上。

㉛長編卷五十七及宋史卷二百八十二。

㉜同書卷五十八及宋史卷二百八十三。

㉝宋史卷二百七十六。

㉞同上。

㉟同書卷二百四十四。

㊱同書卷二百七十七。

㊲同上。

㊳同書卷三百三十。

㊴長編卷二百六十九。

㊵歷代名臣奏議卷一百六十一。

㊶通鑒紀事長編本末卷九十八。

㊷長編卷二百二十六。

㊸宋會要食貨一。

11

頁 28 － 481

㊹同書瑞異三。

㊺繫年要錄卷三十。

㊻宋會要食貨四九。

㊼繫年要錄卷一百九十六。

㊂任用條件與規限

⑴任用條件

宋代轉運使之任用條件至爲謹嚴，尤以宋初期爲然。此可從太宗之言知之，其云：「多士滿朝，比於其中求一材中轉運使，了不可得」①，可見選任轉運使，其條件甚爲嚴格之一斑，又如「寶元中，河東闕漕使，堂上議難得可任者，章郇公言聞搢伸間說文彥博者，磊落有稱，召至堂上」②，又知其審選之詳密。至其任用轉運使有如此嚴格之條件規定，乃因此職「按察官吏，事權甚重，任非其人，則州縣受弊」③，更繫「民生休戚」，「郡縣政之得失」④，故「太宗特重轉運使」，「不輕於用人」⑤。可見轉運使於郡邑政事之好壞、官吏之幹廉、生民之富貧，有至大影響，故有宋一代，轉運使之任用，條件甚爲嚴格。但其間亦間有因用事或弄權大臣之喜惡，致令嚴格之任用條件受到破壞，而始其事者爲王安石。司馬光云：「自王安石執政以來……又增轉運副使、判官等員數，皆選年少資淺輕俊之士爲之。或通判知縣監當資序及選人以權發遣處之，有未嘗歷親民即爲監司者……」⑥，又如洪邁言：「自熙寧以來士大夫資歷之法，日趨於壞，歲甚一歲，久而不可復淸」⑦，則可見太宗時嚴謹選任轉運使之條件，至王安石執時，全受破壞，造成「綜核之制，未嘗能守」⑧之現象，使資淺輕俊之士充斥轉運使行列。及至南宋，由於秦檜用事、情況更壞。是時任用轉運使，無所謂條件，只憑秦檜個人之喜惡任使，如劉昉「任荊湖南路轉運副使」，非因其才，只因「爲秦檜所喜，故薦用之」⑨，又如「程敦臨爲利州路轉運判官」，只因「與秦檜有太學之舊而躐用之」，知是時轉運使任用條件已不復存在。但除此二人外，大抵轉運使之任用條件，長時期爲有嚴格規定者，現分述如下：

1. 一般條件：運使須符以下條件，始可得任。

　　A. 通曉錢穀：宋收復天下，置轉運使以收天下財權，主理錢穀，故任使者須通曉錢穀。如司馬光言：「置轉運使，朝廷必擇朝士專任，知

州有聲迹，曉錢穀者，乃得爲之」⑩。

B. 清廉：轉運使既總財權，故清廉爲任轉運使之必要條件。如云：「新湖南運判劉誠之放罷，以臣僚言誠之比爲郡守、席捲而去、監司清職，何以供其誅求」⑪。

C. 必爲朝臣：如云「兩朝國史志有使副使判官，並以朝官以上充」⑫，見任使者，必須爲朝官。

D. 必歷州郡：運使職權之一，刺舉部官，故須熟悉州郡之政事，因之歷州郡爲必須條件。如云「臣僚言選任監司，必拘以曾任州郡，方許持節」⑬。

E. 必歷知縣：如「不歷知縣，不除監司」⑭，可知爲轉運使者，必須曾歷知縣者。

F. 須七品以上：如「吏部侍郎張剛言，欲望今後監司有闕，須擇七品以上清望官」⑮，則知轉運使須七品以上。

G. 年不過七十：轉運使須幹鍊之人，年高則頭腦不夠清晰，故不可當此任，故云「典赦應年七十，依法不除監司」⑯。

H. 非元祐黨人：此爲時代性之任命條件，非常規。如「詔自今凡總一路及監司之任，勿以元祐學術及異意人充選」⑰，見禁用元祐黨人之規定。

2. 官職上之條件：此指候選人之見任官職條件限制。可分都轉運使、轉運使副及判官各所須之官職條件言之。

A. 都轉運使：此使爲運使職級中之最高者，故其見任之官職及品位條件極高。此從劉摯之言可見，其云：「河北、河東、陝西素號劇部，向來所用使者，出於暴進，多非更歷民事，人微望輕。雖自過爲威刻，而下終不服。今宜稍復祖宗故事，於三路各置都轉運使，用兩制臣僚充職，以重其任。」⑱又通考卷六十一云「兩省以上則爲都轉運使」，可見都轉運使，其見任官職須兩制之官。南宋時更規定須「兩省五品以上任者」，始可爲都轉運使。

B. 轉運使副：此爲轉運使組織之主體，故對爲使者之見任官職要求亦高。而以見任知州充轉運使副爲主，史例亦多，舉例如下：

長編卷一百五十四：「委侍制以上，每年於館閣朝官……知州內舉一員充……轉運使副……」
卷三百六十八：「詔諸路轉運使副……今後選一任知州以上。」

13

歷代名臣奏議卷一百六十六：「翰林學士呂公著上奏曰臣先准中書批狀……未曾歷知州人，不得權入轉運判官以上差遣。」

見充轉運使必須經歷知州差遣。除歷知州官外，其他職官亦有可任轉運使者，如長編卷一百八十六云：「今天下州三百，縣千二百，其治否，必付之十八路轉運使。而預選者，自三司副使、省府判官、提點刑獄，或以資序，或薦引」，（宋會要職官五九同）見除知州外，尚有見任他官合條件任轉運使者。

C. 判官：判官為轉運使體系中之最低職級者，但其任用條件並不低。長編卷一百九十二云：「置江南東西、荊湖南北、廣南東西、福建、成都、梓、利、夔路轉運判官……第二任知州人為判官……」見須知州始可為判官。又通判亦可為判官者，如「詔轉運判官用通判資序」[19]，又司馬光建言「於通判中舉轉運判官」[20]，則可知北宋時，充轉運判官之見任官職為知州，漸而下降至通判資序，亦可任判官。到南宋時，其條件更下降至歷知縣人亦可任判官，如宋會要職官四五紹聖元年條云：「詔自今初除轉運判官，須實歷知縣以上親民人」，可見任用條件之下降。此一情況，洪邁描述最詳，其云：

「文潞公在元祐中任平章軍國重事，宣仁面諭，令具自來除授官職次序一本進呈。公遂具除改舊制節目以奏，其一云：……知州軍有績效，或有舉薦，名實相副者，特擢升轉運使、副、判官……潞公所奏乃是治平以前常行，今一切蕩然矣……至於監司……不復以序升擢云。」[21]

知南宋任用轉運使副、判官，對見任職官條件之限，已不復申矣。可知轉運使等任用條件，由北宋時須知州，演至南宋時，已不再嚴資序之條件。

綜合言之，轉運使職級之任用條件，在北宋大部分時期，要求極高，因其需主一路之政財，繫生民之貧富，故君主特別留意其任用條件，至熙寧間，王安石變法，始毀任使之舊條件，降資序以任使，南宋後期，更無所謂條件矣。

註釋：

① 長編卷三十六及太平治蹟統類卷三。

② 宋名臣言行錄後集卷三。

③ 長編卷四十三。

④同書卷一百八十六。

⑤宋大事記講義卷四。

⑥歷代名臣奏議卷一百六十一。

⑦容齋四筆卷第二。

⑧同上。

⑨繫年要錄卷一百三十七。

⑩歷代名臣奏議卷一百六十一。

⑪宋會要職官七四。

⑫宋會要食貨四九。

⑬宋會要職官四五。

⑭繫年要錄卷四十七。

⑮同書卷一百七十一。

⑯宋會要職官四五。

⑰皇宋十朝綱要卷十七及宋史卷二十。

⑱長編卷三百六十及歷代名臣奏議卷一百三十八。

⑲宋會要食貨四九。

⑳東都事略卷八十七下。

㉑容齋四筆卷第二。

　(2)任用規限

　　轉運使職權至重，故其任用必有詳密之規限。上至赴任前、任用期間、任用終結，以至於個人行為、親屬、與部官屬吏間之交往、籍貫、按部、宴樂及升任限制，均有詳盡之法制規定，以防私弊，免致政事不修，民吏受害。

　　1. 赴任治事前之規定：此指當朝廷委命一轉運使時，其於未赴治所前，尚在朝廷時，要履行之規限。

　　　A. 陛辭：轉運使於之任前，規定須上殿辭見，並須奏事，未經上殿奏事辭見者不得赴任。長編卷一百云：「中書言諸路轉運使副……辭見，請並許上殿奏事，從之。初，有詔但令兩府大臣附奏。太常丞、直集賢院、判吏部南曹丁度言臣下出外，必有所陳，今一切令附奏，非所以防壅蔽也。故中書為言，卒得請。」宋會要儀制六云：「國朝舊制，凡……轉運……見辭，並聽上殿。」見初時無陛辭上殿奏事制度，只為一種重視轉

運使出任之特許恩制。但其後則演爲定制，非奏事不可赴任。宋會要職官四五云：「詔川廣監司……未經上殿，許先赴任之人，今後任滿，須赴行在奏事訖，方得再有除授。」長編卷三百二十二云：「上批：涇原路轉運副使葉康直權管句環慶路轉運判官公事。李稷已令再上殿奏事，候上殿畢，限三日兼程赴任……」見已成一規定，非上殿不可除任。

B. 宣諭、面諭：此爲朝廷委任轉運使時，召其到闕或都堂宣諭朝廷委任之意。長編卷一百云：「詔賜朝官、京官差充……轉運使副……朝辭日口宣戒諭，仍令閤門祇候朝辭日分明宣諭，兼令本官各錄一本赴任。」宋會要職官四五及食貨四九同云：「上謂輔臣曰：新除兩浙二漕臣，卿等可召至都堂面諭，近屢降寬恤事件，到任後，令遍詣所部稅賦之足否，財用之多寡，民情之休戚，官吏之勤惰，悉加訪問，如有奉行弗虔，職事不舉者，並按劾以聞，庶幾可以警動諸路……」可見轉運使在朝辭日，朝廷給以訓示，以明轉運使之職責所在、所須禁戒。

C. 給敕告：此即今之委任狀。轉運使在赴任前，須取得敕告，始可之任。宋會要食貨四九云：「臣僚言：舊制轉運司官除授，皆命詞給告，昨因渡江已後例給敕命，近年稍復舊制，轉運使副見命詞給告……詔今後除授諸路轉運判官，並命詞給告。」可見宋代轉運使副之任命時，朝廷給以敕告，南宋時，轉運判官亦得之。但亦有地區因遠離朝廷，故不候授告敕而先赴任者，如詔除授四川監司，如已被受信箚，令不候授告敕，先次赴任，自今準此」①。告敕制之源起及色樣，宋會要補編卷一萬七千三百八云：「外路監司轉運判官等以上除貼職之人，並用雜色錦褾絲帶撥花中紅牙軸」。而宋史卷一百六十三之記述更詳盡，其云：

「大抵官告之制，自乾德四年，詔定告身綾紙褾軸，其制闕略……徽宗大觀初，乃著爲新格，凡褾帶、網軸等飾，始加詳矣。凡文武官綾紙五種，分十二等……大綾紙四等。（注……一十張法錦褾撥花常使大牙軸色帶……京畿三路（河東、河北、陝西）轉運使……用之……一等八張盤球錦褾大牙軸色帶……京畿……三路轉運副使、諸路轉運使副……用之……中綾紙二等……一等六張中錦褾中牙軸青帶……轉運判官……用之。」

見官告之始用及轉運使所用官告之色樣，並因其職位不等而各異。

D. 之官日程：轉運使在朝辭、宣諭、得官誥後，得限日赴治所理政。長編卷三百二十二：「涇原路轉運副使葉康直權管勾環慶路轉運判官

公事……候上殿畢，限三日兼程赴任……」見三日內赴任。宋會要職官四五云：「左正言何溥言：乞詔大臣應監司……除命既下，即日起發或以疾故，丐祠祿，俟終滿，方許陳乞……令御史臺糾察，從之。」則於南宋時，運使聞命，即日須赴任所。此恐因轉運使已不比北宋時期，其地位、職權皆弱削，故無人願就，須規定即日起發。於某一地區，因其氣候影響，轉運使赴任之季節亦有特別安排。長編卷六十五云：「詔嶺南官並於春夏除授，聽秋冬赴治，以避炎瘴。」則嶺南轉運使赴任當如之。

E. 赴任交通：自古以來，一般命官赴任，當得自行籌辦路費，有的甚要赤足之官，宋代轉運使則有例外者，雖不知運司各職級皆如此，但有都轉運使在特殊情況下則可乘驛赴任。長編卷三百二十九云：「朝奉郎、試吏部侍郎李承之權陝西都轉運使，乘驛往，候邊事畢如故。」見用驛站赴任之優待。

F. 至任設宴：嚴格來說，此非規定，但已成慣例，故附言於此。宋名臣言行錄卷三云：「舊例監司至之三日，府必作會，公（文彥博）故罷之，（汪）輔之（時為轉運判官）移文定日檢按府庫……」宋史卷三百一十七云：「（邵亢）……從父必……為京西轉運使。必居官震厲風采，始至郡，惟一赴宴集」。見轉運使之任三日內，府州官為之設宴。

G. 謁廟：此亦為一到任時之習慣，非規制。如「京兆姚嗣宗知華陰縣，時包希仁為陝西都轉運使，才入境，至華陰謁廟，而縣官從行」②。見謁廟習慣及其規模。

2. 任用期間：在轉運使治事期間，君主會召回問事，或准歸闕奏事，以使上下能周知天下事。如「上召西川轉運、兵部員外郎馬亮入朝，問以蜀事」③，又如「詔河北、陝西、河東轉運使副有要切公事，須面奏者，許奏取旨，那官員乘驛赴闕，住京不得過十日」④。可見轉運使在任內，有被召赴闕問事或自行赴闕奏事之規定。

3. 任滿之規定：轉運使在任滿後，必須赴闕奏事畢，方許升任、調任或離任，並於朝見日須具任內所作一切之報告，以備皇帝批閱。

A. 代歸奏事：如「右補闕馮翊楊克讓，先自西川轉運副使代歸，奏事稱意，上命坐與語，且諭以將大用」⑤。又「詔川、廣監司、任滿奏事訖方調」⑥。見任滿上殿奏事之制。

B. 任內工作記錄：轉運使任滿代歸，上殿奏事，須呈交任內工作報告。宋會要食貨四九：「詔諸路轉運使副得替日，具在任制置利害並所

奏部內官員使臣遷改職任及慢公不理有負犯者，件析詣實，編寫爲策，候朝見日於閤門通進。」（慶元條法事類五略同）

C.職權移交：宋會要職官四五云：「乞自今後監司……罷，雖被召命，並候親相交割錢物，即須同衙申上，方許離任，或以故去，或以罷斥，亦令佐貳屬官將見在錢物，明著項目，列狀交管，結罪具申朝廷。從之。」（慶元條法事類五略同）可見任滿時，須親相交割錢物，方可離任。

約言之，轉運使由赴任前、任內至任滿，皆有其任用之規限，且甚詳密。

4.升任規限：指升級及通理資序之規限。宋會要食貨四九云：

「殿中侍御史來之邵言：張景先自陝府西路轉運判官不半年就遷本路轉運副使，緣三路轉運副使例比諸路轉運使，超升過甚，昔劉摯執政（ ）愛葉伸自兩浙轉運判官就除副使，士論至今不平，今朝廷淸明，謂如葉伸僥幸之事，不宜復見於今日，望賜寢罷」。

見轉運使不得超升。至理資序亦不可，如「詔監司自今須滿三歲乃得代，仍毋得通理」⑦。所謂通理即連前任官之資歷亦計入見任內，亦即如轉運使任職二年半，若計前任半年之資，則該轉運使已可成任。但朝廷規定漕使不得通理。

5.之官罷任接送人之規定：轉運使上任罷任，均有吏卒接送。慶元條法事類十：

「都轉運使（太中大夫以上）一百三十人

都轉運使一百二十人

轉運使副八十人

轉運判官七十人」

據此，知轉運使上任罷任接送吏卒人數。尚有其他接送人。據慶元法事類十，列表如下：

接送人職名	人　　　數		
	都使	轉運使副	判官
通引客司	六	四	三
書表司	二	一	一
茶酒帳設司 廚子後槽	一十五	一十	
擔負公案軍人		五	

見轉運使各職級之官罷任接送吏卒人數及種類。

　　6.對家眷之限制：轉運使赴治所，可携家人，但禁其為屬吏，亦不得見部官，更禁其權貨，此為防公私不分，影響政令不公也。長編卷九十四云：「河北河東陝西緣邊……京朝官，使臣……自今並許携家赴任。」繫年要錄卷七十五云：「……仍令監司……隨行子弟親屬毋得接見所部官屬，從之，著為令。」宋史卷一百六十云：「淳祐十一年……禁監司……辟親戚為屬吏……」慶元條法事類二十八云：「諸監司……其家人販權貨者……徒二年。」則對轉運使之家人禁為屬吏，禁見部官，禁權貨明確可見。

　　7.避親同任：指如有親戚，任官於同一路，或同司一機關者，須作回避。長編卷二百二十九：「陝西轉運副使、太常少卿毋沆知涇州，祠部郎中趙瞻復權陝西轉運副使。沆子娶呂大防女，大防新知華州，沆乞避親也。」又卷二百六十二云：「權提點河北東路刑獄……范子淵，復為……都大提舉疏濬黃河，避轉運副使陳知儉親也。」宋會要職官六六云：「徙河東路轉運使柳灝與新除陝西路轉運使李昭遘易其任，避親嫌也。」見北宋時親屬不能同任於一路內。但亦偶有例外者。長編卷三百二十九云：「詔中書：李稷（時為陝西轉運使）在永樂城圍閉，見闕轉運使司官，宜差李秬（時為陝西運司管勾文字，為李稷弟）權管勾轉運判官。」則見有兄弟同官一司。此可能軍興急危，不再避親故也。及至紹興初，避親同任之制，更於局部地區內不再施行。宋會要職官六三：「（紹興六年）詔四川都轉運使可依江淮六路發運使副例，見任官內有回避親，並免回避。」所謂「見任官」者，本應避親，但不依規定而不避親，至是時寬其令，明文不避親同任。

8. 家居之規定：運使家泊何郡，歸家次數及住留於家之日數亦有限制。長編卷一百十四云：「又詔川峽路轉運使副……聽泊家鄰路而歲一過之，毋得過十日。」可知規定轉運使之家須泊於鄰路，並只能一歲到住一次，且不能過十日之限，可謂嚴格至極。

9. 購日用物之規定：轉運使買家居日常用物之地點亦有規限。慶元條法事類九云：「諸監司不係置司去處，輒置買非日用供家之物者徒二年。」即日用家居之物須於置司郡邑購買。

10. 與部官關係規定：轉運使爲路制上影響至大之官，而部官甚多，故須規定兩者間之關係，以免影響公正地行使職權。

A. 禁結親：如「禁諸路轉運使副與部內官屬結親，違者重寘其罪」⑧，又如景德三年，詔「近日知州已下，多與部內使臣官屬爲姻後方以聞，致煩移替，自今應轉運使、副使已下，不得與部內使臣官員姻，違者並行朝典」⑨。可知轉運使不得與部官屬員結姻親。

B. 禁迎送：迎送本非規制，只爲轉運使之任罷任時，府州官員接迎其到治所，或罷任時送其離境及送贈物品給運使之習慣，後漸成煩擾耗費之舉，故條禁之，成一規限。長編卷二十八：「詔諸路知州、通判並監當物務京朝官、使臣，無得出城迎送轉運使，從河北轉運使劉蟠請也。」（宋會要食貨四九略同）此見禁出城迎送，即有迎送，亦不能出城。卷一百六十五：「又詔諸路州軍迎送……轉運……須至館方許過詣，仍不許於道路排頓，違者以違制論，其受亦如之。」（慶元條法事類九略同）見更嚴格，不能有道路排頓之禮，並規定受者同罪。宋會要職官四五云：「臣僚言乞下諸路州縣應監司使命經從，只令于門外相見……並不許迎送，免使官吏隳職守，軍兵防奪教閱。從之。」此見更嚴格，只能門外相見及禁迎送以免職事廢曠。朝野雜記卷十二及兩朝綱目備要卷八同云：

> 「（嘉泰三年）上御筆嚴監司互送之禁，然遠方自如……諸路互送，惟健康，成都最厚……是年（四年）六月趙漕（善宣）自成都運判除四川茶馬，時省攝事已久，朝廷本以省將迎之費，茶漕並置司成都城中，而去送迎迓公用水腳之費各司爲數千緡，舊無所謂壓境錢者……趙並不離城中，而亦受壓境錢，茲又可笑也……」

可見迎送勞費，廢惰職事，故申令禁之，惟違命如常，朝廷亦無奈之何。

綜觀言之，則朝廷對轉運使與部吏關係之嚴格規定，亦有其原因，且

爲合理之禁。

11.國籍之限：宋代轉運使之任用，並無國籍限制，故宋代轉運使中，就有高麗人爲之者。如至道二年，「嶺南東路轉運使康戩亦具奏。戩，高麗人，附國子學肄業，太平興國五年登進士第。歷官以淸白聞，其爲轉運使，蘇易簡所薦也」⑩。可見轉運使之任用，並無國籍之限。

12.禁復任：如監司受贓罪定而已罷官者，不得復任監司。宋會要職官四五云：「詔今後郡守監司其間有贓污藉，曾經論列或曾被按劾而事（ ）詔著者（ ）任祠祿之後，不得復任監司……」見有禁復任之制。

13.賞賜規定：此處所指之賞賜，乃轉運使受命任時賞賜，故列入任用規限內。如「黃觀者，改兵部郎中、河東轉運使，賜金紫」⑪，見賜金紫例。如「趙昌言，選爲荊湖轉運副使，遷右補闕」⑫，見加官例。如「樊知古爲河南轉運使，遷駕部郎中，賜錢五十萬」⑬，見加官、賜錢例。又如「臣僚申請將廣西轉運使副，到任恩澤乞罷去」⑭，知廣西運使到任有賜恩澤之規定。

14.假期：轉運使任內享有一定之假期，惜史料不詳，不能深入了解。長編卷三百四十云：「戶部言……本部詳前奏副使（廣南西路轉運副使）馬默在假，今奏判官許彥先出巡……」可知轉運使享有假期。

15.籍貫之限：宋代轉運使之任用，初並無籍貫之限制。宋會要職官四五云：「中書門下省言：諸路監司係通治一路，祖宗法即不避本貫……」此證宋初轉運使之任用不避本貫。及至太平興國七年始詔西蜀、嶺表、荊湖、江浙之人不得爲本道轉運使，此乃因其地皆爲收復之地，而轉運使之置，乃爲收削地方政、財之權，故禁任本道人。長編卷二十三云：「詔御史臺：應見任文武官悉具縣貫、歷職、年紀、著籍以聞……內有四蜀、嶺表、荊湖、江浙之人，不得爲本道……轉運使……」則可見有地區性任用轉運使有本貫之限。其後更禁轉運使與同貫人同任於一路。長編卷二百八十一云：「（熙寧十年）詔自今川峽四路轉運，提點刑獄、提舉常平官，不得兼差川峽人。」即於此時川峽轉運使與他同貫監司不可同任一路。及至政和間，則全國性禁監司任本貫。宋會要職官四五云：「詔今後監司不許任本貫或產業所在路分。」可知此時轉運使不任本貫之限行於全國。但其間或因需要，或因求才而用，亦得例外。長編卷二百二十一云：「權陝西轉運使副、度支郎中皮公弼權發遣江淮等路發運副使，開封府判官、祠部郎中趙瞻權陝西路轉運副使。上謂瞻陝西人，必熟知本路人情，故使代

公弼。」宋史卷二百七十七云：「（裴莊）……出爲荊湖北路轉運使。（淳
化）五年，李順亂蜀，命與雷有終並兼峽路隨軍轉運，同知兵馬事。或言
莊本蜀人，不宜此任，上益倚信之，許以便宜。」見本貫之限，在君主主
張任用及求才需要下，亦得破例。以上爲北宋任用轉運使之本貫限制概
況。以下則言南宋情況，其本貫之限，與北宋大同小異，而避本貫之因，
則與北宋迥異。南宋南渡後初期，政局未穩，官制亦廢敗，故對轉運使避
本貫之限亦無法執行，及至紹興二年，運司禁任本貫始再申明。宋會要職
官四五云：「詔今後監司令三省取見本貫不得除鄉貫係本路人。」（宋史卷
二十七及皇宋中興兩朝聖政卷十一略同）繫年要錄卷五十一更明言其禁任
本貫人之因，其云：「（紹興二年）詔自今監司不得任本貫，其見在任者
皆移之。時言者論近兩浙轉運使盧知原等，皆係本貫之人，利於殖產營
私，應副親識，干求請托，一切用情，望別與差遣，庶革逐賂徇私之弊，
稍復祖宗立法之意，故有是命。」此見紹興初復詔禁任轉運使本貫人，乃
因要革去徇私舞弊之政風。但亦有例外者。繫年要錄卷六十四云：「右奉
直大夫江南東路轉運判官郭康伯爲淮南轉運副使，兼權淮東提刑，填復置
闕，康伯以寓居揚州辭，詔勿避。（注：日曆，康伯除淮漕，在四月庚
寅，而免避本貫，在三月……必有一誤。）」見免避本貫例。亦可能因此
情況，故對轉運使禁任本貫之限，其後稍有寬鬆。宋會要職官四五云：
「（紹興七年）中書門下省檢會紹興七年五月二十六日敕，勘會諸路監司
係通治一路，祖宗法即不避本貫，內本貫係置司州軍者，即行回避，有旨
今後除授監司可依前除指揮施行。」（繫年要錄卷一百一十及皇宋中興兩
朝聖政卷二十一略同）則於是時只避貫置司州郡。但至乾道五年復申禁任
本貫轉運使之制。皇宋中興兩朝聖政卷四十七有「復監司避本貫法」語，但
未能成功執行。其卷六十一云：「（淳熙十一年）上曰……蜀中監司……
若皆蜀人，則人情宛轉，甚非法度。」可知蜀中轉運使有本貫人，而因要
革去徇私之弊，故皇帝不斷申明轉運使避任本貫之制。

綜上言之，則見兩宋皆禁轉運使任本貫，但前者成功，後者則不能持
之以法，有不少轉運使得任本貫例。而禁運使任本貫之因，兩宋各異，前
者爲收天下權力，轉運使爲執行此措施之官，故剛收復之地，當不能任剛
收復之人爲運使，因而此禁能堅決執行；後者之禁因，則爲革去私弊，使
郡政公正廉明，故未似北宋之堅定執行，因之不能全面成功。

16.產業之限：轉運使被禁任用於其產業所在之路分。如政和三年，

「詔今後監司不許任產業所在路分」⑮。

17. 年齡之限：宋代轉運使之委任，年齡似無一定之限制，惟不應爲年少之人。歷代名臣奏議卷一百六十一云：「（司馬）光……上疏曰……置轉運使……朝廷必擇朝士專任，知州有聲迹……乃得爲之……自王安石執政以來……皆選年少資淺輕俊之士爲之……」此可知宋代任命轉運使多以經知州者，故其年齡當不年靑。長編卷二十三云：「詔御史臺：應見任文武官悉具……年紀……以聞……」則可知年齡爲任命時之考慮因素。至於何種年紀不能除授轉運使，宋會要職官四五云：「……年七十，依法不除監司……如歷任有治績而精力尚強之人，令三省取旨。」洪邁容齋隨筆卷第三云：「……比者以朝臣屢言，年及七十者不許任監司……」可知年及七十不能爲轉運使，除治狀佳，精力尚盛則有例外。

18. 禁養術士：爲轉運使者，不可私養術士。宋史卷二百七十六云：「（徐休復）……充兩浙東北路轉運副使……休復與轉運使王延範不協，乃奏延範私養術士……」見禁養術士。

19. 禁宴與受物：此亦恐部官以宴會或送禮物給轉運使而致郡政不公，故禁之。宋會要職官四五云：「（政和六年）詳一司敕令所奏：臣僚上言近降旨陝西路監司不得赴州郡筵會及收受上下馬饋送，欲乞應諸路監司及依陝西路已降指揮施行……詔依條立到諸監司，趣赴州縣筵會及收受上下馬供饋者各徒二年。」慶元條法事類九云：「諸監司……非任滿替移，雖有例州輒饋送罷任之物及受之者並坐贓論。」長編卷一百九云：「……其轉運使副巡歷所至，除遇公筵，方得赴坐。」此見規定轉運使不得與部官隨便宴會或受部官之饋物。至於赴妓樂宴會亦爲朝廷所禁。宋史卷十七云：「轉運……預妓樂宴會徒二年。」（慶元條法事類九略同）宋人軼事彙編卷十九云：「新法（熙寧新法）督責監司尤切，兩浙路張靚、王庭老、潘艮器等，因閱兵赴妓樂筵席侵夜，皆黜責……」。見嚴禁轉運使赴妓樂宴會。但在特殊情況下，則可赴有樂筵會。長編卷三百十六云：「詔陝西諸路轉運司，令軍興常管設兵將用樂，其有事合商議者，許赴有樂筵會。」如遇聖節亦可，不過禁用本司錢排辦宴食。慶元條法事類九云：「諸……監司遇聖節，若傳宣使命……許赴公筵，因點檢或議公事，許赴酒食……」又云：「諸……監司……遇聖節，輒以本司錢排辦宴設者，以違制論。」可見轉運使如遇聖節，在有限制情況下，可赴公筵或酒食，惟禁用公錢排辦之。

20.禁門客受饋：轉運使之門客亦有規限要守。如「諸監司門客於所部干托騷擾收受饋送及非所處飲宴者杖八十」⑯。

21.上壽之限：轉運使不許上壽，惟京畿路轉運使例外。如至和元年，「詔京畿轉運使，自今遇乾元節，許上壽」⑰。

22.可任路分數目：轉運使可任多於一路分之差遣，即不禁任用於某一路。如「王立，歷江南東、陝西、河北、河東路轉運使」⑱，又如「馬尋，歷廣東、淮南、兩浙轉」⑲，可見轉運使可任職多路。

綜論之，宋代轉運使之任用規限十分詳密。不論赴罷任、任用期內，以及其個人、家屬、門客、部官等，均有明確之規定。

註釋：

①宋會要職官四五及宋史卷三十四。

②王銍默記卷中。

③長編卷四十八及宋史卷九十八。

④宋會要儀制六。

⑤長編卷十五。

⑥宋史卷三十四。

⑦宋史卷二十一。

⑧長編卷六十三。

⑨宋會要職官四七。

⑩長編卷四十、六十二及宋史四百八十七。

⑪宋史卷二百六十一。

⑫同書卷二百六十七。

⑬同書卷二百七十六。

⑭宋會要職官四五。

⑮宋會要職官四五。

⑯慶元條法事類九。

⑰宋會要儀制六。

⑱宋朝事實類苑卷二十三。

⑲宋史卷三百。

㈣任期

　　宋代轉運使之任用期限，凡四變：太祖至仁宗初，並無任期之限，此基於宋初置轉運使本爲應副軍伍征伐，無法預知任用時限之故；及至仁宗間，久任之說始見醞釀，而於神宗時定久任之制；又至徽宗初年，從久任轉定爲三年之制，此制似至高宗後期仍用；及至高宗後期，轉運使之任期，已無所謂久任或三年之制矣，而演爲短期任用之情況。現分述如下：

　　1. 太祖至仁宗時期：此時期並無任期之限，故有由數日之任以至十餘年之任期不等。宋史卷二百七十六云：「（樊知古）……知江南東路轉運事。數日，改授江南轉運使……」見數日而改任。長編卷一百八十四云：「河北轉運使，少府監李參爲右諫議大夫。參前自鹽鐵副使、司封郎中遷少府監，將漕河北，至是才三月也。」三月而改任例。又卷二十云：「……刑部郎中許仲宣爲西川轉運使……在職踰三歲……」則知有踰三年者。又卷五十六云：「夔州路轉運使丁謂……部民借留，凡五年不得代……」宋會要補編卷二萬六百六十五、東都事略卷四十九及宋史卷二百八十三略同）見任期有五年者。長編卷六十五云：「河北轉運使、刑部員外郎盧琰上言領職六年，願歸闕，許之。」見領職六年，須自求才可調官。又卷四十四：「河東轉運使掖人宋搏言……以幹治稱，朝廷難其代，凡十一年不徙。」觀此，知在此時期，朝廷對轉運使之任期並無規定，故轉運使之任期因其地方需求、個人才幹、官制調配等而有長短不一之現象。

　　2. 久任之制：此一制度萌芽於仁宗初而定制於神宗時。長編卷一百九十六云：

> 「（嘉祐七年）（司馬）光上疏曰……凡有司官莫不欲久於其任，而食貨爲甚。何則？二十七年耕，然後有九年之食。今居官者不滿三歲，安得有二十七年之效乎……其諸路轉運使，不復以路分相壓，使之久於其任，有實效者，或自權爲正，自轉運副使爲轉運使。無實效者，亦退歸常調，勿復收用……」

又隆平集卷六云：「（王）舉正……言在許州應天府六年，更轉運使十人，數易如此，豈能究宣朝廷惠澤乎？」可見在仁宗時，大臣在惠澤民吏大前題下，始建議轉運使用久任之制。至英宗時，其本人即訓宰臣令轉運使久任。太平治蹟統類卷十二：「（治平四年）上謂文彥博等曰諸路帥臣轉運使，職任至重，一道慘舒繫焉，所宜審擇其人，久於其任……」可見

皇帝因轉運使繫一路之慘舒，故要令其久任。同書卷二十九云：「（熙寧七年）上謂輔臣曰……諸路轉運使得人，更令久任……」長編卷二百五十三云：「荆湖北路轉運使、太常少卿、直龍圖閣孫構爲集賢殿修撰、令久任。」則見熙寧七年時，轉運使久任之制，已爲事實。神宗行此制，當有其原因。同書卷二百五十四云：「上（神宗）謂輔臣曰：天下財用，朝廷若少留意，則所省不可勝計……若每事如此，及諸路轉運使得人，更令久任，使之經畫，財其可勝用哉！」又卷三百五十云：「（元豐七年）中散大夫、前成都府路轉運使李之純爲右司郎中。之純在蜀三任，至是代還，上勞之曰：遠方不欲數易大吏……」則可知神宗要轉運使久任，乃以天下財用及遠地不宜常換之題爲重。

　　3.三年爲任：此始見於崇寧元年。是年詔監司並以三年成任①。大觀三年重申此詔②。可知徽宗時，轉運使久任之制已改爲三年成任，但可再任。宣和四年，詔監司合滿三年或令再任③。此制至南宋初年不改。如建炎四年，詔監司並以三年爲任④。徽宗創行轉運使三年成任，大抵源於仁宗。天聖七年，詔勘會轉運及三年以上者，與改官⑤，又詔「河北轉運使，官未滿三年者，毋得代移」⑥，可知仁宗時已以三年任用爲改官準則，但未明文規定轉運使三年成任，而徽宗則據之，制定爲法。

　　4.高宗末至南宋末期：此時期漕使當亦以久任爲準則，惟由於天下混亂，政局不穩，形成官制不能切實執行，故轉運使之任期，雖有久任之詔，並無其實。繫年要錄卷一百七十七：「（紹興二十七年）右朝請大夫江南西路轉運判官黃仁榮知衢州，右朝奉大夫荆湖北路轉運判官楊沂移江西路。上覽除目曰：監司守臣，席未及暖，已輒更易，不惟迎送勞費，而官吏軍民，於政教獄訟，亦莫知所適從。自今悉令久任。」知高宗推行三年爲任至其末期，因未能切實推行，遂改命久任之制，惜亦未能成功，此從孝宗時之奏議可知。歷代名臣奏議卷一百四十七云：「（蔡戡）上奏曰……凡除一監司，槩以中數歲費三萬緡……且以湖北漕言之，淳熙三年殆今五六年間，凡送迎三十餘次……今江東西、湖南北、福建並置兩漕，其一似可省矣……」知孝宗末，任久之制，不復可行，而改爲任期極短之制。

　　綜觀上述，宋代轉運使之任期因其需要、個人才幹、官制調配、財計運用及郡民政令推行暢順因由下，出現由無限制至於久任，再而爲三年爲任，最後演爲極短期之任等任用制度，可謂頗爲複雜。

註釋：

①宋史卷十九。

②宋會要職官六〇。

③同書職官四五。

④繫年要錄卷四十及皇宋中興兩朝聖政卷八。

⑤宋會要食貨四九。

⑥長編卷一百六十五。

㈤俸給

宋代俸給制度，地方官較中央官為優厚，故常有朝官求補外郡之事，而於地方官中，轉運使之俸給可算特優。長編卷一百七十五云：「（仁宗皇祐五年）詔知州理轉運使資序，自今止給知州添支。初，知諫院李兌言：轉運使主一路兵食戶稅經費財用，故優以賦廩。今或因彈劾罷免，或以年高自求便郡者，多得理轉運使資序而竊厚祿非朝廷勸沮之意。故裁酌之」。（宋會要職官五七同）觀此，轉運使因掌一路財用大權，朝廷厚以俸給，以勸其廉，造成其在地方官中，特享厚俸之現象，故光宗時蔡戡請省轉運使之數有其因。歷代名臣奏議卷一百四十七云：「（蔡）戡……奏曰……國初始置轉運使……天聖中，置轉運判官……凡除一監司，概以中數，歲費三萬緡，俸給五千緡，兵率券食五千緡……巡歷之饋遣宴設……費用不貲。且以湖北漕言之，淳熙三年殆今五六年間，凡送迎三十餘次……今江東西、湖南北、福建並置兩漕，其一似可省矣……」可見轉運使一人，年花費以數萬緡計，而其俸給種類名目亦多，合計之，則費大，故可知轉運使之俸給甚優厚，非為他官所可比。但各路因有輕重，轉運使之俸給因之有別，所支給錢種及數亦有不同。長編卷五十五云：「詔河北、河東、陝西轉運使副，按行邊陲，經度軍費，比之他路，甚為勞止，其月俸可給實錢。」①所指「實錢」為何？宋會要職官五十注云：「……河北、河東、陝西轉運使……並給見錢，餘官悉三分之二給以他物……」可知三路轉運使可全支錢，而不須支以他物代錢，亦即他路運使只支得三分一之錢數，其餘錢數以他物代之。朝廷給俸，以戶口定錢數。宋會要職官五七云：「中書言奉詔選人祿以戶口定數……欲令逐戶路轉運……分三等

至五等以聞，乃隨等定俸，從之。」又云：「詔應陳乞宮觀人……在外曾任……轉運司副使……以依第二等知州例支破添支……轉運判官……以上依第三等……添支。」可見轉運使依戶口等級得支俸給之原則。現分月俸、職田、賞賜及其他四項述之：

1.月俸：即每月可得錢物，包括錢、米麵、羊馬及傔人等。各路多寡，視其路之輕重而有別。現據宋會要職官五七及宋史卷一百七十二②表列如下：

項目	單位	數	量		備　註
		（重路）	（餘路）	（諸路）	
		（都轉運使轉運使）	（轉運使）	（判官）	
錢	千	三十	二十	十	重路指河北、河東陝西、京畿及都監運使等路，餘為餘路。
米	石	七	三	三	
面	石	十	五	五	廣南、福建路，判官加錢五千。
羊	口	十	五	五	
傔	人	十	七	七	
馬	疋	五	三	三	

據此，可知轉運使之俸給以其官品及所任路份之輕重而有不同。右列之錢數，當指銅錢之數計算，但銅非全國皆有，故四川諸路以鐵錢支給，而鐵錢價值較小，因之支給數額較大。宋會要職官五七：「（至道三年）峽路轉運使韓國到闕言川峽州縣募職官等所請月俸銅錢一文止折鐵錢二文，增加鐵錢分數，帝令支銅錢一文易給鐵錢五文。」（宋史卷二百七十七略同）則見銅錢與鐵錢定為一比五。又宋史卷一百七十二云：「……諸路轉運使、副……二十千（註：任四路〔益、梓、夔及利路〕者，給鐵錢一百五十千），判官十千（註：任益、梓、利及夔四路，給鐵錢八十千）……」則此時銅錢與鐵錢又改為一與七至八之比。通考卷六十五俸給條諸路轉運使副下注云：「任成都、杭州、夔路給鐵錢六十千至四十千，凡三等。）」此當為至道間之比率，因之，可知四川地區轉運使俸給支鐵錢，而其數因時代而異，由一與二之比至一與七至八間之比不等。而廣西轉運司等官

員，於元豐間，其料錢等物，可折以銀支給。宋會要職官五七云：「（元豐元年）詔廣西轉運司官員……料錢等物，願以其米折銀者聽。」三路運使支見錢如上述，但三路轉運判官則以折支之法給俸。宋會要職官五七云：「（哲宗元祐元年）給事中胡守愈言河北轉運使范子奇奏乞三路轉運判官依轉運使支見錢，准朝旨依……乞只依舊法折支，從之。」可見宋代轉運使之月俸支給，除三路運使外，餘皆以他物代替見錢給俸。而所支給之錢種，則有銅錢，其值高，又有鐵錢，其值較低。

2. 職田：職田之制，本以養廉，宋史卷一百七十二云：「諸路職官各有職田，所以養廉也。」即朝廷給以職田，使其生活安穩，不生貪念之意，但宋初並不行職田之法，最早見於太宗時，長編卷四十五云：「（咸平二年）宰相張齊賢請給外任官職田……轉運使副使十頃……」③此時仍未成定制。及至仁宗慶曆間，始詔定職田數。長編卷一百四十五云：「（慶曆三年）詔限職田……凡大藩……通判八頃……節鎮長吏十五頃……轉運使副……比節鎮長吏……諸路轉運判官，比大藩府通判。」④則此時已成定制，轉運使副十五頃，轉運判官八頃。及至神宗熙寧間又再詔定，但其數目不變。（見長編卷二百四十三，宋會要職官五八與宋史卷一百七十二）。可見轉運使之職田初無定數，後始詔定為十五頃，判官八頃，至北宋末不變，但及至南宋建炎元年，則廢罷監司州郡職田⑤。可見南宋轉運使並無職田一項之收入。運使職田所處州郡，亦有規定。長編卷一百六十二云：「工部郎中傅永為陝西轉運使……前為梓州路轉運使……轉運使職田在廣安軍……」宋會要職官五八云：「詔訪聞兩浙轉運使副職田元在蘇州，昨緣水災，輒於杭州換易……」此可見轉運使副之職田必不置於置司州郡，大抵以防舞弊之事。又誰去管理此等職田，長編卷三百三十四云：「工部狀：陝西路轉運司言，舊管使副、判官止四廳職田，而昨因軍興，逐路增員乃至十二，雖職事一等勞苦，而餘八員乃無職田，乞許以四廳所收均給。從之。」（宋會要職官五八同）此可知職田由運使自己管理，但一切變動須朝廷批准。亦見運使職田不會因增員而增加頃數。轉運使得職田後，其如何得到收入，此要視其地之出產，土地貧富而定，但為求公平，多折以米價若干石計算給之。長編卷一百六十二云：「轉運使職田在廣安軍，歲入米四百斛，軍遣四校變貿得四千緡……」可見出賣所得米以換錢之法。宋史卷一百七十二云：「……以本路職田令逐州軍歲以子利稻麥等拘收變錢，從本司以一路所收錢數，又紐而為斛斗價直，然後等

第均給。自熙寧三年始,知成都府一千石,轉運使,六百石……轉運判官,視鈐轄(五百石)。(注:初,權御史中丞呂海……同均定成都、梓、利、夔四路職田。誨等以成都路歲收子利稻麥、桑絲、麻竹等物逐處不同,遂計實直紐作稻穀一色,每斗中價百有二十,自知成都府以下官屬等第均定。)」則可知轉運使之職田不論所產何物,封折變爲米價,或出賣米穀,實收錢幣。

3.賞賜:此處所言之賞賜,止及金錢上及衣料等實利之物,因其可視爲轉運使收入之一部分。所得賞賜,並惠及家眷。

A. 金錢上:計有錢、白金、銀及酒錢等。舉例如下:

「魏廷式自陝西至益州同勾當轉運使事……召對,問方略稱旨,,賜錢五十萬。」⑥

「樊知古授江南轉運使,賜錢一百萬。」⑦

「范正辭充江南轉運副使,賜錢五十萬。」⑧

賜錢亦惠及家眷,如詔賜故河北轉運副使王廣廉家眷二百緡⑨。除賜錢外,又有賜白金,如賜夔州路轉運使丁謂白金三百兩⑩,又賜河北轉運副使王嗣宗白金千兩⑪。亦有賜銀,如賜轉運使孫珪銀二百⑫,賜李適銀三百兩,爲四川都轉運使⑬。另有賜諸路轉運使酒錢一百五十貫⑭。

B. 衣料:亦如金錢之賜,非定制,因地區、季節而異。大抵以袍、絹及帛爲主。袍方面,宋初轉運使只得歙正,宋會要禮六二云:「上將軍、統軍、尚書左右丞侍郎、學士給事……轉運使副使……二月後窄衣三事,絹三十匹,十月後歙正綿旋襴一,絹三十匹……大將軍以下……轉運副使判官……二月後窄衣三事,絹二十匹,十月後大綾綿旋襴一,絹二十匹……」則見衣袍及絹之賜,定於每年二月及十月,並視官品高下而有別。但轉運使之賜袍,似非爲優質者,而軍旅之衣賜爲轉運使所管派,但諸將校皆得錦袍,遂致運使大爲不便。長編卷五十七云:「河北轉運使劉綜言,每歲朝廷遣使賜邊城冬服,諸軍將校皆給錦袍,唯轉運使副止頒帛花歙正,拜賜之際,頗用厚顏。(景德元年)丁亥,並賜河東北、陝西三路轉運使副方勝練鵲錦袍。」⑮則可見其後三重路之轉運使副始得錦袍之賜,餘路轉運使則並依舊止賜歙正。及至政和間,賜絹之數略有變動。宋史卷一百五十三云:「(徽宗政和元年)……文武官內職出爲……轉運使副……者,僕射賜窄衣三事,絹五十匹;尚書、丞郎、學士、諫舍、待制……減絹二十匹」則高官出爲轉運使者,其絹賜可達五十匹者。關於賜

絹之史例，尚有非定時而賜之個別特賜例子。長編卷二百四十二云：「賜荊湖北路轉運使孫構絹三百。」又卷三百二十二云：「賜河北都轉運使、集賢殿修撰蹇周輔，轉運判官、朝奉郎李南公……絹二十五匹……」從上可知絹之賜給，有全國性與個別性，定期性與獨立性之別。除賜絹外，時有帛之賜。宋會要方域一五云：「淮南轉運副使張元方賜帛……宋史卷十五云：「杭州路轉運使韓璹等……賜帛……」卷三百二十九言韓得賜帛二百。可見有個別得賜帛者。更有轉運使得賜緋衣與大笏者。宋史卷二百八十八云：「（任中正）……爲……江南轉運副使。中正軀幹頎長，帝擇大笏，命內臣取緋衣長者賜之。」見賜緋衣與大笏。觀上可知衣料之賜有定時與全國性及個別特賜之情況。

4. 其他：包括乞宮觀、公宴之賜、送迎之費及赴任、離任、巡部等之隨員人夫。

A. 乞宮觀：此爲宋代與官致仕之特恩。宋會要職官五七云：「詔應陳乞宮觀人……在外曾任……轉運司副使……以依第二等知州例支破添支……轉運判官……以上依第三等……添支。」見致仕乞宮觀之轉運使得添支。

B. 公宴賜錢：遇節日，運使許支取公使錢以設宴，其數額不小。宋史卷一百七十九云：「臣僚上言：諸州遇天寧節，除公使外，別給係省錢，充錫宴之用。獨諸路監司許支逐司錢物，一筵之饌，有及數百千者……自是詔：遇天寧節宴……監司每司不得過三百貫……」朝野雜記卷十七云：「公使庫者，諸道監帥司……皆有之，蓋祖宗以前代牧伯皆斂於民以佐廚傳，是以制公使錢以給其費……」可見宋代設公使錢，本以佐轉運使宴食之用，與後期公使錢之用途有別。

C. 送迎之錢：轉運使赴任離任時，州軍官員設宴送迎，其初只爲一習慣，耗費亦不大，後漸成不必要之花費，更變爲轉運使收入之一種。朝野雜記卷十二云：「（嘉泰三年）上御筆嚴監司互送之禁，然遠方自如……諸路互送惟建康、成都最厚……是年（四年）六月趙漕（善宣）自成都運判除四川茶馬，時省攝事已久，朝廷本以省將迎之費，茶漕並置司成都城中，而去送迎迓公用水腳之費各司爲數千緡，舊無所謂壓境錢者……趙並不離城中，而亦受壓境錢，茲又可笑也……」則轉運使到任離任有所謂水腳費及壓境錢之收入，且數目不少。

D. 當直人夫：此指運使之任、巡部、奉使及得替時之當直人夫。

a. 赴任：宋初期，轉運使赴任並無規定人夫爲其開路擔擎，時至大中祥符間始有定制，其時稱爲導從。宋史卷一百七十云：「大中祥符五年，以羣官導從不合品式，命翰林學士李宗諤⋯⋯詳定⋯⋯外任⋯⋯轉運使，三十人，副使，二十五人⋯⋯」此時此等人夫只爲運使導引開呵之工作，故人數已算很多，但及至神宗時，人數又有增加，時稱接送人。宋會要儀制四云：「神宗熙寧七年正月一日詔定知判州府使相五百五十人，曾任二府並宣徽節度四百五十人，待制觀察使已上二百五十人，帶都總管者別差三百人，帶安撫鈐轄者別差百人，都轉運⋯⋯使待制已上如知州府例，餘官二百人，通引司吏共九人⋯⋯轉運副使⋯⋯通引等共六人⋯⋯轉運判官⋯⋯百人，通引等共五人⋯⋯」則見都轉運使有接送人二百五十人，通引九人，而當中運使副似有缺略，只知通引六人，運判一百人，通引五人，可知轉運使副接送人當於二百五十至一百人之間。至孝宗時則有減省之事⑯。至慶元間又減爲：

　　　　都轉運使副，六十人。

　　　　轉運使副，五十人。

　　　　轉運判官，四十人。

可知轉運使之隨人，由導從至當直，人數由初時三十人至後期二百多人，其後則減至最多六十人。

　　b. 得替：指致仕或換任等。初期爲十五人⑰，至眞宗時川陝轉運使副有防送公人十人⑱。

　　c. 巡部：轉運使重要職掌之一爲按行州郡，刺舉百官，於其出巡時，亦得人夫擔擎工作，如神宗熙寧七年，詔應轉運使副判官，詣轄下諸州巡歷，每員許帶當直人不得過十五人⑲，可知有十五人爲其當直。

　　d. 奉使：轉運使職掌，本無奉使一項，惟有時亦有特殊任命，如奉使等。當其奉使時，當直人夫有五十人。如在慶元間凡轉運使副奉使，當直人夫便是五十人⑳。

　　綜合而言，運使俸給較其他地方官爲優厚，所支取的多爲實物，如米麥、絹帛等，支得實錢者，只有河東、河北及陝西三路轉運使副，而其衣賜亦特優於他路。除定月支取俸給外，還有個別之賞賜，多爲金、錢、絹帛等，故運使之俸給以衣及金錢爲主。

註釋：

①宋會要職官五七及隆平集卷一略同。

②宋史云「三路轉運使」，而會要云「都轉運使」，疑三路都轉運使與轉運使同俸給。

③宋史卷一百七十二同。

④宋會要職官五七。

⑤宋史卷二十四。

⑥太平治蹟統類卷三。

⑦宋史卷二百七十六。

⑧同書三百四。

⑨長編卷二百三十五。

⑩同書卷五十一及宋史卷二百八十三。

⑪同書卷二百八十七。

⑫同書卷二百五十五。

⑬繫年要錄卷一百四。

⑭宋會要食貨二一。

⑮宋會要禮六二、玉海卷八十二及宋史卷一百五十三略同。

⑯宋會要儀制四。

⑰同上。

⑱同上。

⑲同上及職官四五。

⑳慶元條法事類五。

㈥品位

　　轉運使本身只為一職使，故無官品，須從其所守官之品位觀之。據所得史料，作一粗略統計，得出數字顯示①，都轉運使之官品為三品至六品不等，而以四品為多，轉運使為四品至七品，而以六品者居多，轉運副使由六品至八品，而以六、七品為主，轉運判官則由六品至八品不等，而以六、七品居多。整體言之，則轉運使職級在八十一人中，有三十四人為六品者，即佔多數，可見轉運使此職級官品以六品為主。都轉運使官品，據統計數字顯示，主要為四品，正乎合宋會要食貨四九所記「兩省五品以上

任者爲都轉運使」。以上爲宋代轉運使官品之概略情況。但亦有特殊現象，如太祖開寶五年，命參知政事薛居正兼提點荆南等水陸轉運事，呂餘慶兼提點荆南等州水陸轉運使事②，則是時轉運使品位爲二品，但其後不復見。南宋高宗後，正使漸不除授，副使亦漸少除授，於是，在其時，以轉運判官爲主，故轉運使職級之官品亦隨之而下降，當以六、七品爲主，惜限於史料繁複，未能作出統計數字，以致不能見其趨勢。另一特殊情況，就是當轉運使被命爲隨軍，隨駕轉運時，常加官品或以高官者爲之。如開寶二年，以樞密直學士趙逢爲隨駕轉運使③，知逢官品爲三品，此比當時一般轉運使官品較高。又如仁宗康定元年，以陝西轉運使、兵部員外郎、直史館明鎬爲工部郎中，陝西隨軍轉運使④，則鎬由從六品升爲正六品，然後爲隨軍轉運使。宋代賞賜官員有賜品服一項，轉運使於兩宋間常得三品服之賜，故一些轉運使在表面品位上較其所守本官品爲高，如仁宗景祐元年，賜轉運使刑部郎中楊日嚴，兵部員外郎張存三品服⑤。日嚴及存本爲六品官，但所服官服爲三品。又如紹興五年，賜范正國三品服，以爲江右轉運判官⑥，正國本爲右朝奉郎，官只七品，而服三品官服。

　　總言之，宋代轉運使官品以六品爲主，都轉運使則以四品居多。宋初漕使品位平均較其他時代爲高，而南宋中期後，漕臣官品平均較其時代爲低，是時以副使及判官掌運司，正使不除之故。又任命隨軍轉運使，通常加官，故官品常較普通漕使稍高，亦有官服與本官品位不相符之特殊情況。

註釋：

②見附表。

②長編卷十三。

③同書卷一百二十六。

④同書卷一百二十六。

⑤同書卷一百十五。

⑥繫年要錄卷九十四。

轉運使官品統計表

職級	官品／人次	太祖—眞宗	仁宗	英宗—徽宗	高宗	合計	資料來源
都轉運使	三		1	1		2	
	四	1	1	4	2	8	
	五			1		1	
	六				1	1	
	七		2	1		3	
轉運使	四	2	1			3	
	五			1		1	據本文轉運使遷官表
	六	8	7	6	1	22	
	七	6	7			13	
轉運副使	六	3		2	2	7	
	七	3	2	2		7	
	八			3		3	
轉運判官	六			3	1	4	
	七			4	1	5	
	八			1		1	

(七)輿服

宋代轉運使之官服，大抵以緋綠爲本，但其後可借紫，再由借紫服演爲賜章服，以之與吏有所分別，並顯其身貴。至其出入，均有轎可用，而其行伍頗具聲威。惟借服之制甚爲混淆，時有監司不能清楚知道，應服何種服色。如容齋三筆卷第一，「唐制借服色得於君前服之，國朝之制，到闕則不許。乾道二年，予以起居舍人侍立，見浙西提刑姚憲入對，紫袍金魚。既退，一閤門吏踵其後囁嚅。後兩日，憲辭歸平江，乃徘袍。予疑焉，以問知閤曾覿曰：聞臨安守與本路監司皆許服所借，而憲昨紫今緋，何也？覿曰：監司惟置局在輦下則許服，漕臣是也；若外郡則否……姚蓋失於審也，然考歷格令既不頒於外，亦自難曉。文惠公知徽州日，借紫，及除江東提舉常平，告身不借，予聞嘗借者當如舊，與郎官薛艮朋言之，於是給公據改借。後於江西見轉運判官張堅衣緋，張嘗知泉州，紫袍矣，予舉前說，張欣然即以中考功，已而部符下不許，扣其故，曰：唯知州借紫而就除本路，雖運判……皆得如初，若他路則不可。竟不知法如何該說也，若曾因知州府借紫，而後知軍州，其服亦借，不以本路他路也……」可見借服之制混淆不清，不知何時何地始可借也。現分借紫、賜章服及用轎述之。

1.借紫：宋初，轉運使大抵以衣緋綠爲主，其後始許借紫。宋會要輿服四，「太宗太平興國二年二月三日詔朝官出……轉運使副衣緋綠者並借紫……」（宋史卷一百五十三及通考一百十三略同）此爲借紫之始。至於帶色方面，通考卷一百十三，「紫衣犀帶，緋衣塗金寶瓶帶」見轉運使佩帶之式樣。

2.章服：所謂章服，即服緋紫者必佩魚謂之章服，此在唐代作符契之用，但在宋代則以之爲身份象徵，與吏分別之用。章服之制，始於嘉祐三年，宋會要輿服四，「嘉祐三年詔三品（品字疑應作路字）轉運使朝辭上殿日，與賜章服，諸路轉運使，候及十年，即與賜章服……服緋紫者必佩魚謂之章服……」（宋史卷一百五十三略同），則見章服非全國轉運使皆得之，初只賜三品（疑爲三路：河北、河東、陝西）轉運使，他路轉運使須候任及十年始可得之。及至政和元年，運使始許皆得佩魚。太平治蹟統類卷三十政和元年，「監司……詔始許佩魚。」可知於政和元年間，轉運使得賜始可佩魚，及此年後，佩魚爲運使常制，非帝所賜矣。其所以可佩魚

者，宋史卷一百五十三，「徽宗政和元年尚書兵部侍郎王詔奏：今監司……並許借服色而不許佩魚，即是有服而無章，殆與吏無別，乞今後應借緋紫臣僚，並許隨服色佩魚，仍各許入銜……」則為與吏有色別，於政和元年，許監司佩魚，以明貴賤，前引宋史卷一百五十三云「魚袋，其制自唐始，蓋以為符契也。其始曰魚符，左一，右一，左者進內，右者隨身，刻官姓名，出入合之，因盛以袋，故曰魚袋。宋因之，其制以金銀飾為魚形，公服則繫於帶而乘於後，以明貴賤，非復如唐之符契也。」可知宋代轉運使佩魚之用意，以顯身貴也。

3. 轎：宋代轉運使出入許用轎，且行伍聲勢令人感到驚擾。宋人軼事彙編卷十四，「舊制，監司官雖甚卑，遇前執政宰藩，亦肩輿升廳事。宣和初薛肇明自兩地出守淮南，有轉運判官，年少新進，輕脫之甚，肇明每不堪之。到官未幾，肇明還舊廳，因與首臺蔡元長語及之。且云乘轎且抵腳踏子始下，呵輿之聲驚耳……」可見轉運使出入有乘轎權，且行伍有聲威。

綜合言之，轉運使可借紫服，可佩魚，以明貴賤，惟借服之制甚為混淆不清，時有服錯者，亦有權用轎，且行伍有聲威。

(八)中央考課

宋代轉運使之考課，大抵可分四期言之。真宗咸平二年前，並無考課之法，此為第一期，咸平二年始立轉運使考課之法，此為第二期，仁宗慶曆八年廢賞罰考課法後至神宗年間為第三期，南宋年間，為第四期，現分述如下。

第一期之特點為並無明令考課之法，大抵以各地文武臣僚上報轉運使之政績為依據，如開寶五年，「大理正內黃李符知歸州，轉運司制置不合理者，符即上言」①，可知以知州上報漕使政事，又太平興國四年，許仲宣為西川轉運使，當用兵江表時，有言其「乾沒官錢」於是即時「召還，令御史臺盡索財計簿，鈎校歲餘」②，見有召還為御史所考較之法。淳化三年，則「詔諸道轉運使自今釐革務平議獄訟，漕轉金穀成績居最者，所在州府軍監，每歲終，件析以聞」③，則以地方官依轉運使「平議獄訟」及「漕轉金穀」之成績為考績之法，可視為考課之初型。至淳化五年，則有權上報漕使課績之地方官，僅為知州與通判，故有「詔給諸道轉運使御前印

紙，令部內知州通判批書殿最，每歲滿，上審官院考校黜陟之」④。據上所述，則於此期，朝廷對轉運使之課績考較，只以地方官為主，並無專人或部門專責考較之。

第二期為轉運使考課法之建立期，其特點在於有專人或部門負責，而考績內容亦明確有條目。最早專責考較漕使課績之機關為三司，咸平二年，朝廷「令諸路轉運使，自今管內增益戶口，及不因災傷逃移者，並書於歷，委三司考較，報審官院，以為殿最」⑤，則知是時漕使之考課，已由地方官改為中央官執行。及至咸平四年，查道更以為不單要賞轉運使，並且要罰不職者，其獻議使漕使之考課法，更完備，其言「朝廷命轉運使、副，不惟商度錢穀，蓋亦廉察郡縣，庶臻治平，以召和氣。今觀所至，或未盡公，蓋無懲勸之科，至有因循之弊。望自今每使回日，先令具任內曾薦舉才識者若干，奏黜貪猥者若干，朝廷議其否藏，以為賞罰」⑥，其議即為君主所採納。及於天禧三年，真宗更「詔轉運使副任滿代還者，並依京朝官例，於審官院投狀考課」⑦，則考課之法，於此正式確立。至康定元年，權三司使公事鄭戩更以為應差近臣與審官院共同磨勘轉運使之課績，其理由為「國家所置諸道轉運使副，即漢刺史、唐觀察使之職，其權甚重」，而朝廷能稱治，則因「漢法，刺史許六條問事。唐校內外官，考立二十最，觀察使在焉」，因之「是必責功過，明黜陟，吏勸其官」，而宋代則於是時已「承平八十載，不用兵四十年，生齒之眾，山澤之利，當十倍其初」，可惜「近歲以來，天下貨泉之數，內上輸入之目，反益減耗，支調微屈」，其認為乃「法不舉，吏不職」，故獻議「宜循漢唐故事，行考課法」，認為「諸道轉運使副，今後得替到京，別差近上臣僚與審官院同共磨勘、將一任內本道諸處場務所收課利與租額遞年都大比較」，「悉取大數多十分，每虧五釐以下罰兩月俸，及一分以下罰三月俸，一分以上降差遣；若增及一分以上，亦別與升陟」⑧，則見轉運使考課又由「戶口增益」轉為「課收利益」作依據，且賞罰更嚴明。故鄭戩「在三司才半歲」，「得羨錢四百萬緡」，乃因其「復轉運使考課格，分別殿最」⑨之故也。但賞罰之法，行之既久，亦生弊端，於是，仁宗於慶曆八年，廢去轉運使考課法，其原因乃「三司請以轉運使漕事集否為升黜之法，意欲使條舉其職，非誘之為聚斂也，邇聞貪冒之人，僥幸恩賞，肆為侵克，豈朝廷之意也。轉運使考課法，其亟除之」⑩，知因賞罰之考課，令轉運使聚斂侵克，故此法須廢。但及至皇祐元年，權三司使葉清臣上言：

「三司總天下錢穀，贍軍國大計，必藉十七路轉運司公共應副，仍須有材幹臣僚，方能集事。近年荊湖等路上供，斛斗虧欠，萬數不少，皆是轉運司無所稟畏，致此弛慢……臣伏見提點刑獄，朝廷以庶獄之重，特置考課一司，專考提刑朝臣進退差遣。臣欲乞今後轉運使副得替，亦差兩制臣僚考較，分上中下等。若考入上上，與轉官陞差遣；上下者，或改章服，或升差遣；及中上者，依舊與合入差遣；中下者，差知州；下上者與遠小處知州；下下者與展磨勘及降差遣。仍每到任成考，並先供考帳，申省關送考課院。今具考課事目如後：一、戶口之登耗，二、土田之荒闢；三、鹽、茶、酒稅統比增虧遞年祖額；四、上供和糴、和買物不虧年額抛數；五、報應朝省文字及帳案齊足。戶口增，田土闢，茶鹽等不虧，文案號違慢為上上考；戶口等五條及三以上為中上考；若雖及三以上而應報文字帳案違慢者，為中下考；五條中虧四者，下上考；全虧及文帳報應不時者，為下下考。」⑪

於是仁宗「詔從之，仍令磨勘、提點刑獄院一處施行」⑫，是時，則始有專門機關掌考轉運使之課績，故條目明細，等級深明，亦即考課第三時期之始。但其執行似不能貫徹，故嘉祐二年，知諫院陳旭上言：

「生民休戚，繫郡縣政之得失。今天下州三百，縣千二百，其治否朝廷故不得周知，必付之十八路轉運使……朝廷有意天下之治，宜自轉運使始。今輒上考課法。其考課法曰，故事轉運使給御前歷子，歲滿上審官院考校之。三司亦當立考課升黜條，其後卒不行，蓋委計司則先財利而忽民事，在審官又因循常務而無課第之實。……今宜付御史臺考校為三等，仍與中書、門下參覆其實。其上等量所部事之劇易而襃進之，中等退補小郡，若風績尤異，即擢以不次。其職事弛廢，不俟歲滿，明行黜削。」

據此，可知轉運使之考課，時行時廢，故有新獻議考課，又再執行，遂于是年，「令翰林學士承旨孫抃、御史中丞張昇磨勘轉運使及提點刑獄課績」⑬，並於嘉祐六年，仁宗下詔曰：

「先王考績之次序雖見於經，而其詳不見於後世。朕若稽古以修眾功，而諸路刺舉之官，未有以考其賢否。比令有司詳議闕制，條奏來上，詢謀悉同……令考校轉運使副……課績院以所定條目施行。」⑭。

則知轉運使之考課，已由專責機關之專人，依條目考課，故轉運使之考課，至是可謂完密。但考課之法，於神宗間，似亦廢弛，故元豐三年，權御史中丞李定上言：「奏行朝廷法令以致之民者諸路監司，而無鈎考之法，今御史臺分察官司違慢。若推此法以察諸路監司，宜無不可者。以戶按察轉運……如此則內外官司各勤職事，朝廷法令不致隳廢」⑮。遂有御史分出考較轉運使之法。而是時之考課內容，則以「勸農桑，治荒廢；招荒亡，增戶口；興利除害；劾有罪、平獄訟；失案察；屏盜賊；舉廉能」⑯七事為主。此分察轉運使之法，至哲宗時不衰，故有詔「每三歲遣郎官或御史出按監司職事」⑰之事。

第四期見於南宋，是期特點，以御史為主要考較轉運使之人員。如葉義問於紹興二十七年入對，首論監司，其云：「監司號為外臺，與御史相表裏，望立為約束，凡監司遇巡按歸任，皆具平反冤訟與搜訪利害各幾事，薦舉循吏與案發奸贓各幾人，陛下與大臣考之，因可以知監司之能否，而行賞罰」⑱，可知並無專人專門機關考較轉運使課績，只以使任滿歸日，以大臣考之。至嘉定十二年，臣僚又主用祖宗考較轉運使之法，其云：「欲朝臣議定職司考課之法，於御史臺別立考課之司……專舉其事以舉刺多者為上，以舉刺少者為中，以無所舉刺者為下……委自御史考察諸路監司……使監司皆知自勉而不至曠職……」⑲，見主以御史考轉運使課績，由是可知南宋考轉運使之課績，並無專責機關，只以大臣御史隨時考之。

綜觀之，則轉運使考課之法，大致分為四期，但無一時期能貫徹執行，時行時廢，須隨論議而再行考課，而首期並無特定人員考課，只以地方長官監察然後上報漕使政績，再演為漕使歸任投績考課；第二期為漕使考課最明確時期，有專人及專門機關考其課績；第三期則以分察考法；至南宋之第四期，則又以隨時隨考之法。至於各期之考課內容亦各異，先以「平議獄訟」，「漕轉金穀」為依據，次以「戶口增益」、「課收利益」為準，繼以「全面考課」為法，最後則重在「舉刺官吏」，這是因各期有各時代性需求，致令考課內容亦不一樣。

註釋：

①長編卷十三。

②同書卷二十。

③太平治蹟統類卷三及宋大詔令集卷一百六十五。

④宋會要職官五九及食貨四九。

⑤長編卷四十五。

⑥同書卷四十八。

⑦同書卷九十三及宋會要職官五九。

⑧同書卷一百二十七。

⑨同書卷一百二十八及宋會要食貨四九。

⑩隆平集卷三及宋會要食貨四九。

⑪長編卷一百六十六及宋會要職官五九。

⑫同上。

⑬同書卷一百八十六。

⑭同書卷一百九十四、宋會要職官五九、皇宋十朝綱要卷六及定史卷十二。

⑮同書卷三百三、宋會要職官一七、皇宋十朝綱要卷十及宋史卷十六。

⑯宋會要職官一〇及宋史一百六十三。

⑰皇宋十朝綱要卷十四。

⑱繫年要錄卷一百七十八。

⑲宋會要職官四五。

㈨遷昇途徑

　　轉運使為一路最高長官，權責至重，故其遷昇之法，亦甚嚴格詳密。而兩宋間對執行遷昇之法，亦能恪守。其間只有仁宗慶曆初，轉運使之遷移急速①，又南宋高宗時，秦檜用事，故令轉運使有驟升②之現象二例外，轉運使之遷昇，均循嚴格之法。負責執行轉運使遷昇之機構在眞宗咸平間為中書省。咸平五年有詔「諸路轉運使副之遷，令中書進擬」③可知。但至神宗熙寧十年時，則審官院認為京東西路權發遣轉運判官事李察以格當升，故有詔任滿日落「發遣」字眼④，可知轉運使之遷昇為審官院所掌。

　　轉運使遷昇之途徑有多種，計有由任輕路漸至任重路，銜稱之遷改，增秩，陞任及減磨勘，轉曹等途徑，而最重要者為升職、遷官及貼職三種。所謂由輕路而轉任重路者，即「轉運使有路分輕重遠近之差。河北、陝西、河東三路為重路，歲滿多任三司使、副。成都路次三路，京東西、淮南又其次，江東西、荊湖、兩浙又次之，二廣、福建、梓、利、夔路為

遠小。已上三等路分，轉運任滿，或就移近上次等路分，漸次擢充三路重任」⑤。可知轉運使之遷昇有由輕路而漸至重路一途。如仁宗時利州路轉運使李繹徙爲河北轉運使⑥，梓州路轉運使傳永爲陝西轉運使⑦等。但仁宗嘉祐七年，司馬光建議「諸路轉運使，不復以路分相壓」⑧，似此遷昇之途被棄用，但相信很快又復用之。前引容齋四筆卷第二有關文潞公進奏宣仁皇后三等路分一條下有「潞公所奏乃是治平以前常行」之語，則可知英宗時亦用此法遷昇轉運使。故北宋時，三等路分之遷昇法長時期爲朝廷所採用，而南宋則因只得十五路之地，已無法用此法。所謂遷昇職銜，如前引長編卷二百八十「京東西路權發遣轉運判官事李察，滿曰落發遣」，又如神宗元豐五年時，「權管勾河東路轉運判官蔡燁權發遣河東路轉運判官」⑨，此條下注：「或權管勾又下權發遣一等」。則可知轉運使之繫銜分等級，而遷昇繫銜亦爲遷昇途徑之一。所謂增秩者，如景德元年，詔鄭文寶爲陝西轉運使，並增秩⑩，此爲等級之遷昇，亦即階秩之遷，此可表示其身份之高下。所謂轉曹，亦即下述之遷官一部分。但轉曹之遷，只限於尙書二十四司之左右及名曹內。而宋代特「重左曹、名曹館職。轉運使得名曹，又遷左曹」⑪，可知轉運使先轉名曹，再遷左曹。但如已爲左曹者，則轉左名曹⑫。此可從眞宗天禧三年，中書言進士及第或帶館職之轉運使副遷轉時，皆欲授名曹可知⑬。但在神宗時，轉運判官依常調但轉右曹⑭。據此，可知轉運使轉曹之序：由右至名，再而左，再而左名。所謂減磨勘或陞任，即升遷轉運使之年資，此爲遷官或升職之基本條件，即須任滿若干年，若干任始可升職或遷官。通常陞任爲陞一任，而減磨勘則爲二至三年不等。此種遷昇途徑，兩宋皆用之，如北宋神宗熙寧間，據粗略之統計，減磨勘人數就共有七人，陞一任者有三人⑮；南宋高宗紹興七年，詔「兩浙江東西湖北漕臣向子諲等七人，減三年磨勘」⑯，孝宗淳熙三年，詔「廣南東路轉運判官減二年磨勘」⑰。可知南宋時亦有減磨勘之遷昇法。

升職一途，據粗略之統計，由太祖至孝宗間，共有八十五人次升職⑱。所升之職位，可分五方面：本職司、中央官、知大府州、路之司級官員及知大宗正寺等。當中升任本司職位人數，以太祖及太宗時爲多。而升中央官，如太祖時之沈義倫爲樞密副使，品位相當高；高宗時，則因秦檜用事，致有驟升任用現象。升知大州府，以仁宗時爲多，其緣拓邊備敵，升轉運使知軍事州府，以其熟習邊事及轉漕之事。升爲路之司級官員，如判官升提刑，都轉運使升經略安撫使、都部署及鎭撫使等，皆以之主兵

事。升爲知大宗正寺，兩宋間，僅一人，非常制，爲特遷之例。

遷官方面，據粗略統計，由太祖至高宗間，共有五十九人次⑲。所遷官以員外郎、郎中爲最多，次爲殿閣直學士、待制，諫議大夫及侍郎又次之。

轉運使遷昇另一途徑，乃授以館閣之職。朝廷以轉運使當要劇之任，欲假此淸職以爲重⑳，如仁宗皇祐四年，江東轉運使張汚直史館，朝廷以其淸謹，故加襃擢㉑。可見當時凡除館閣職者，皆被視爲天下英俊。且一經此職，遂爲名流；對遷官亦有重大影響，因記注官缺，必於館閣取之，非經修注，未有直除知制誥者㉒，故在宋初期，轉運使甚爲重視館閣之遷。但至仁宗慶曆間，館閣之遷，已不爲轉運使所重視，因授此職者多，造成冒濫，致人反輕之，甚至得之者以爲恥辱，故歐陽修建言除授轉運使，更不依例帖職㉓。館閣之升遷，亦有等級，其高者，曰集賢殿修撰、史館修撰、直龍圖閣、直昭文館、史館、集賢院、秘閣、次曰集賢、秘閣校理等㉔。如淳熙二年，李燾爲江西運副，由直寶文閣遷除秘閣修撰，又淮南運判張士元由直秘閣遷除直敷文閣㉕。但無論館閣如何不受重視，朝廷授以轉運使館閣職事爲遷昇途徑之一，兩宋間仍不變。據粗略統計，由太宗至光宗間，共有五十一人貼職㉖。北宋初期，以除授史館爲多，其後則以秘閣爲多，蓋神宗所任轉運使之資歷淺故，南宋時，轉運使一職之任命，則以副使判官爲多，地位較低，故除授館閣之職，亦隨之等級以較低者爲多。於此，須說明，同一運使，可能同時升職、遷官及除授館閣，或同授二項，但亦有只遷升其一者。

綜合言之，轉運使之遷昇，可分爲路分之升、職銜之遷、增秩、陞任及減磨勘、轉曹、升職、遷官及貼職等。貼職雖爲虛銜，但在宋初期，甚爲轉運使所重視，蓋得授此職者，被視爲淸謹英俊之士，且爲遷官最佳之踏腳石。

註釋：

①長編卷一百四十。

②繫年要錄卷一百五十二。

③宋會要職官一一。

④長編卷二百八十。

⑤容齋四筆卷第二及歷代名臣奏議卷一百三十九略同。

⑥長編卷一百十。

⑦同書卷一百六十二。

⑧同書卷一百九十六。

⑨同書卷三百二十六。

⑩同書卷五十六。

⑪宋朝事實類苑卷二十八。

⑫宋史卷一百六十九。

⑬長編卷九十四。

⑭長編卷二百六十六。

⑮沈叔通（長編卷253）（以下長編卷簡稱長）、呂開（長255）、王庭老（長272）、俞充（長280）、段介（長280）、孫迥（長282）、董鉞（長287）、王居鄉（長289）及李南公（長300）、胡奕修（宋會要職官五）。

⑯繫年要錄卷一百八。

⑰宋會要職官四。

⑱見附表。

⑲見附表。

⑳長編卷一百四十五及歷代名臣奏議卷一百五十九。

㉑同書卷一百七十二。

㉒容齋隨筆卷第十六。

㉓見註二十。

㉔見註廿二。

㉕宋會要職官六二。

㉖見附表。

轉運使遷官表

姓名	年代	見任職級 都使	副使	判官	原官品	所遷官品	資料來源 長編/卷	宋會要	繫年要錄/卷	宋史/卷	備註
侯陟	太祖		／		右補闕(七)	侍御史(六)				270	( )示從品
沈義倫	太祖		／		給事中(四)	戶部侍郎(三)	8			264	／示其後再遷級
許仲宣	太祖		／		太子中允(八)	刑部郎中(六)	17				
楊讜	太祖		／		左補闕(七)	兵部員外郎(七)	17				
邊珝	太宗		／		吏部郎中(六)	右諫議大夫(四)	21				
盧之翰	太宗			／	虞部員外郎(七)	戶部員外郎(七)	34				
向敏中	太宗		／		不詳	工部郎中(六)	34				
宋摶	真宗		／		司封員外郎(七)	祠部郎中(六)	52				
王挺	真宗		／		監察御史(七)	殿中侍御史(七)	52				
盧琬	真宗			／	工部員外郎(七)	刑部員外郎(七)	56				
何亮	真宗			／	太常博士(七)	左司諫(七)	67				
趙稹	真宗		／		兵部員外郎(七)	工部郎中(六)	83				又卷93見由兵部員外郎(內)遷工部郎中(內)
寇瑊	真宗		／		殿中侍御史(七)	侍御史(六)	83				
李迪	真宗	／			右諫議大夫(四)	翰林學士(三)	87				
段華	真宗		／		戶部郎中(六)	太常少卿(五)	94				
王博文	仁宗		／		侍御史(六)	兵部員外郎(七)	104				

姓名	朝			差遣	本官	頁碼		備註
胡令儀	仁宗		／	主客郎中(六)	金部郎中(六)	106		
范仲淹	仁宗	／	／	吏部員外郎(七)	龍圖閣直學士(三)	127		
楊偕	仁宗	／	／	龍圖閣直學士(三)	樞密院直學士(三)	129		
明鎬	仁宗	／／	／	刑部員外郎(七)	兵部員外郎(七)		292	長編卷136見由戶部郎中(內)遷左司郎中(六) 又卷137見由戶部郎中(內)遷龍圖閣直學士(三)
文彥博	仁宗	／／	／	吏部員外郎(七)	天章閣待制(四)	137		又同卷見由戶部郎中(內)遷龍圖閣直學士(三)
孫沔	仁宗	／		起居舍人(六)	天章閣待制(四)	140		
龐籍	仁宗	／		天章閣待制(四)	龍圖閣直學士(三)	131		
楊察	仁宗	／		太常博士(八)	左正言(七)	136		
杜杞	仁宗	／／		虞部員外郎(七)	刑部員外郎(七)	148		又卷164見由兵部員外郎(內)遷天章閣待制(四)
王素	仁宗	／		兵部員外郎(七)	刑部郎中(六)	150		
呂公弼	仁宗	／		工部郎中(六)	天章閣待制(四)	170		
陳升之	仁宗	／		集賢殿修撰(不詳)	天章閣待制(四)	175		
唐介	仁宗	／		工部員外郎(七)	戶部員外郎(七)	183		
李參	仁宗	／		少府監(四)	右諫議大夫(四)	184		
王緯	仁宗	／		兵部員外郎(七)	工部郎中(六)	188		
趙抃	仁宗	／		天章閣待制(四)	龍圖閣直學士(三)	203		
范純仁	英宗	／		屯田員外郎(七)	殿中侍御史(七)	205		
謝景溫	神宗	／		屯田郎中(六)	工部郎中(六)	210		

姓名	朝	欄一	欄二	欄三	官職（一）	官職（二）	頁碼	職官	編號	備註
張問	神宗			/	兵部員外郎(七)	禮部郎中(六)		職官11		
王廣淵	神宗	/			工部郎中(六)	寶文閣待制(四)	214			
孫構	神宗	/			屯田郎中(六)	司封郎中(六)	225			又卷253見由司封郎中(六)遷太常少卿(五) 卷272見由太常少卿(五)遷右諫議大夫(四)
							·			
張訊	神宗			/	屯田郎中(六)	司封郎中(六)	225			
蔡延慶	神宗		/		天章閣待制(四)	龍圖閣直學士(三)	247			
劉瑾	神宗			/	祠部員外郎(七)	天章閣待制(四)	253			
張景憲	神宗			/	太常少卿(五)	右諫議大夫(四)	254			
趙濟	神宗			/	太常博士(八)	右正言(七)	291			
蘇澥	神宗		/		殿中丞(不詳)	國子博士(八)	293			
陳安石	神宗		/		天章閣待制(四)	試戶部侍郎(三)	325			
范純粹	神宗		/		奉議郎(八)	左司員外郎(六)	345			
王覿	徽宗			/	奉議郎(八)	承議郎(七)		職官59		
張覺	高宗			/	朝奉郎(七)	考功員外郎(七)			51	
姚絳明	高宗	/			秘閣修撰(六)	權戶部郎(四)			56	
趙開	高宗	/			秘閣修撰(六)	徽猷閣待制(四)			99	
向子諲	高宗		/		徽猷閣待制(四)	試尚書戶部侍郎(三)			118	
王晚	高宗			/	秘閣修撰(六)	集英殿修撰(六)			146	

轉運使升職表

姓名	年代	見任職級			升任職級																			資料來源				備註
		都使	副使	判官	判官	副使	都使	樞密直學士副使	權三司使	尚書戶部侍郎	戶部副使	度支副使	鹽鐵副使	知制誥	天章閣待制	監察御史	知審官西院	知大宗正事	經略安撫副使	制置發運使	提點刑獄	知府州軍	鎮戎使	長編/卷	宋會要	繫年要錄/卷	宋史/卷	
沈義倫	太祖	/																						8			264	表示其後再升
李維清	太宗		/																					24			261	
陳若拙	太宗																							34				
盧之翰	太宗			/																				34			282	
向敏中	太宗																										276	
臧丙	太宗		/																								277	
宋太初	太宗																											
許謙	太宗																											
李寶	真宗																							44				
鄭文寶	真宗																							56				
何元方	真宗																							67			286	
馬元方	真宗																							70			288	
薛映	真宗																										296	
范雍	真宗																										304	
查道	真宗																										304	
劉師道	真宗																										311	
曹穎叔	真宗																							104				
王博文	仁宗																							109				
胡則	仁宗																							127				
范仲淹	仁宗																							129				知并州
楊偕	仁宗																							131				知延州
韓絳	仁宗																							132				
姚仲孫	仁宗																							136				
楊畋	仁宗																							137			292	知并州
明鎬	仁宗																							137				知永興軍
文彥博	仁宗																							138				知渭州
吳遵路	仁宗																							140				知永興軍
孫沔	仁宗																							141				
張昷之	仁宗																							150				
王素	仁宗																							164				知慶州
呂公弼	仁宗																							170				
陳升之	仁宗																							175				

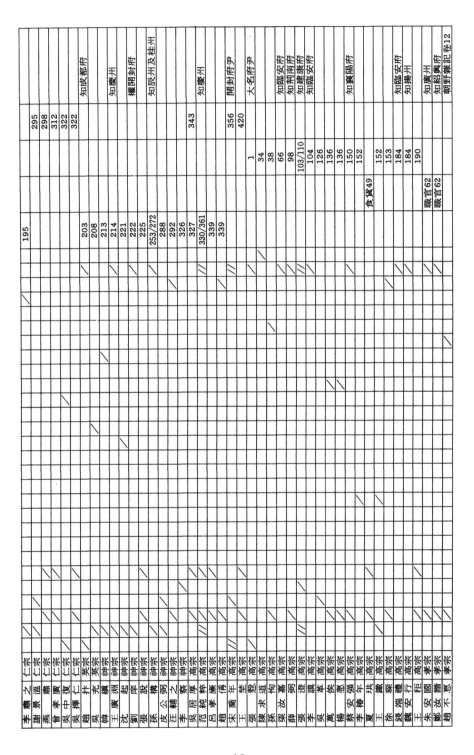

轉運使帖職表

姓名	年代	見任職級				龍圖閣	昭文閣	寶文閣	徽猷閣	敷文閣	集賢院	舍人院	史館	秘閣	資料來源			
		都使	使	副使	判官										長編/卷	宋會要	要錄/卷	宋史/卷
向敏中	太宗			✓										✓		選舉33		
何亮	真宗			✓										✓	67			
王沇	仁宗		✓					✓						✓		崇儒5		
楊察	仁宗		✓								✓			✓	136			
張昷之	仁宗		✓											✓	141			
杜杞	仁宗		✓								✓			✓	148			
呂公弼	仁宗		✓											✓	170			
唐介	仁宗		✓								✓				183			
李肅之	仁宗		✓											✓	195			
李昭述	仁宗		✓											✓				265
明鎬	仁宗		✓											✓				292
燕肅	仁宗			✓										✓				298
馬亮	仁宗			✓										✓				298
呂夷簡	仁宗		✓											✓				311
吳擇仁	仁宗			✓									✓					322
呂大防	神宗											✓			211			
謝景溫	神宗	✓												✓	221			
孫構	神宗		✓					✓							225			
皮公弼	神宗		✓						✓						288			
趙濟	神宗			✓					✓						291			
寋周輔	神宗		✓											✓	288			
趙霆可	徽宗			✓										✓		禮34		
陳宗古	徽宗		✓											✓		選舉33		
陸寶	徽宗				✓									✓		食貨49		
范子奇	哲宗	✓														選舉33		
李邈遜	高宗				✓											職官61		
劉甯止	高宗			✓												選舉34		
張匪	高宗	✓														選舉34		
曾紆	高宗			✓				✓									47	
李譲	高宗			✓				✓									104	
張澄	高宗			✓				✓									103	
俞俟	高宗			✓										✓			110	
吳革	高宗			✓				✓									126	
井度	高宗			✓													140	
蔡安強	高宗				✓									✓			150	
鍾世明	孝宗				✓						✓					職官41		
向子忞	孝宗			✓										✓		職官41		
張士元	孝宗				✓						✓					職官62		
顏度	孝宗			✓				✓								職官62		
柴瑾	孝宗			✓							✓					職官62		
韓曉	孝宗				✓									✓		職官62		
薛居實	孝宗				✓									✓		職官62		
陳孺	孝宗				✓									✓		職官62		
燕世良	孝宗										✓					職官62		
王渥	孝宗				✓									✓		職官62		
吳琚	孝宗				✓			✓								職官62		
趙公碩	孝宗			✓					✓							職官62		
趙不流	孝宗				✓									✓		職官62		
朱安國	孝宗				✓											職官62		
王正己	孝宗				✓			✓								職官62		
沈詵	光宗		✓						✓							職官60		

結 語

由上選除途徑、任用方式、任用條件與規限、任期、俸給、品位、輿服、中央考課及遷昇途徑九項，可以觀知，宋代轉運使之任用制度乃極詳備細密。本來轉運使所守本官品不高，在宋代任官制度下，不由兩府委任，但北宋時期，其任用多由堂除，宋初，更爲君主親自選任，可見轉運使之任用制度與一般官員編制不同。由是轉運使之任用條件與規限特別詳密嚴謹，致使太宗曾不能揀選一適合人選以充轉運使。但一經當選，前途光明，因遷昇途徑多，且可遷昇至三司副使，位列宰執行列。轉運使之俸給亦特優於其他地方官，此對其安於職位，有莫大助益，但不會因之而尸位素餐，因考績制度甚爲詳密。故整體而言，宋代轉運使之任用制度實爲頗善之制。

The Zhuan Yun Shi Appointment System in the Sung Dynasty

宋代轉運使之任用制度

By Xing-zhou XIE (謝興周)

In the Sung Dynasty, there were three levels of local administration, the highest level being the provinces (Lu 路). There were four heads in each province, namely, the Zhuan Yun Shi (轉運使), Ti Dian Xing Yu (提點刑獄), Ti Ji Chang Ping (提舉常平) and the An Fu Shi (安撫使). Among these, the Zhuan Yun Shi was the most important, at least in Northern Sung. Finance, local administration, military matters and legal affairs were entirely under the Zhuan Yun Shi's control. For this reason, the Zhuan Yun Shi could have a great influence on the quality of management of local government officials, living standard of the citizens, treasury situation, and national defense matters. It is thus worthwhile to look into the issue of the Zhuan Yun Shi system. This paper discusses the appointment system of the Zhuan Yin Shi, including

- a. selection of candidates
- b. appointment process
- c. conditions and regulations of appointment
- d. tenure of office
- e. remuneration
- f. rank
- g. sedan and clothing
- h. central decree of merit examination
- i. promotion and transfer

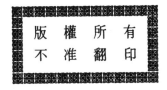

新亞學報 第十七卷

定價：港幣一百五十元
　　　美金二十元

編輯者　　　新亞研究所
　　　　　　九龍農圃道六號

發行者　　　新亞研究所圖書館
　　　　　　九龍農圃道六號

承印者　　　和記印刷有限公司
　　　　　　九龍官塘巧明街
　　　　　　一一九號三樓A座
　　　　　　電話三四一六八八八

中華民國八十三年（1994）八月三十一日初版

景印香港新亞研究所《新亞學報》（第一至三十卷）

THE NEW ASIA JOURNAL

Essays in Commemoration of the Hundredth Birthday of Professor Ch'ien Mu

Contents

Volume 17   31, August, 1994

(1) The Life and Works of Professor Chien Mu, 1895 – 1990 ... Muk Miu LEE

(2) Three Canals flowing southward from Yang Zhou
      to Yangtze River in the Tang Dynasty .... Ken-wang YEN

(3) The Tea Trade Between China and England before
      the Opium War .... Han-sheng CHUAN

(4) China's Policy Towards the Mac Regime in Annam,
      Ming Chia-tsing (1552 – 1542) .... Wing-sheung CHENG

(5) A Brief Discussion on the Rhyme Scheme of
      Liu, Su and Zhou .... Kam-moon WAI

(6) The Po-chou Uprising – A Case Study on the
      Tribal Administration of the Ming Government .... Lung-wah LI

(7) From Song Tai Zu's Adoration for Confucianism to the
      Popular of Learning .... Hsiao-suan CHAO

(8) Development and Change of Academic Thought from
      the Han Dynasty to the Qing Dynasty .... Ta-kai KING

(9) The Influence of Nationalism
      on Nanyang Brothers Tobacco Company .... Yuk-ying NG

(10) The Zhuan Yun Shi Appointment System in
      the Sung Dynasty .... Xing-zhou XIE

NEW ASIA INSTITUTE OF ADVANCED CHINESE STUDIES

景印香港新亞研究所《新亞學報》（第一至三十卷）